喀什年鉴

KASHI YEARBOOK

2018

喀什地区地方志办公室　编

图书在版编目（CIP）数据

喀什年鉴．2018 ／ 喀什地区地方志办公室编．-- 北京：方志出版社，2020.11
ISBN 978-7-5144-4575-6

Ⅰ．①喀… Ⅱ．①喀… Ⅲ．①喀什地区-2018-年鉴 Ⅳ．①Z524.52

中国版本图书馆CIP数据核字（2022）第018745号

喀什年鉴（2018）

编　　者：喀什地区地方志办公室
责任编辑：徐　宏
出 版 者：方志出版社
地址　北京市朝阳区潘家园东里9号（国家方志馆4层）
邮编　100021
网址　http://www.zgfzcb.cn
发　　行：方志出版社发行中心
电话（010）67110500
经　　销：各地新华书店
印　　刷：山东黄氏印务有限公司
开　　本：889mm×1194mm　1/16
印　　张：33.25
字　　数：617千字
版　　次：2020年11月第1版　2020年11月第1次印刷
印　　数：001～500册
ISBN　978-7-5144-4575-6　定价：260.00元
·版权所有　翻印必究·

《喀什年鉴（2018）》编纂人员

主　　编　姚春军

副主编　杨　林

编　　辑　刘海燕

编　　务　周亚娟

编 辑 说 明

一、《喀什年鉴》是由中共喀什地委、喀什行署主办，喀什地区地方志办公室承编的地方综合性年鉴，创刊于 1985 年，间有中断，1999 年复刊并逐年出版。其宗旨是全面、系统、真实地介绍喀什地区的自然、政治、经济、文化、社会等方面的基本面貌和基本情况，为社会各界提供准确可靠的地情资料，为喀什的社会稳定和长治久安、经济发展、民族团结服务，为喀什的改革开放和全面建设小康社会服务，为广大读者服务。

二、《喀什年鉴》（2018 年刊）全书分为 39 部类：特载、概况、专记、大事记、中国共产党喀什地区委员会、喀什地区人大工作委员会、喀什地区行政公署、政协喀什地区工作委员会、纪委·监察、脱贫攻坚、对口援疆、群众团体、法治、军事、外事·侨务、农业、工业、交通运输、邮政通信、城乡建设、商贸、经济监督管理、财政·税收、金融、国土资源、环境保护、科技·地震·气象、教育、文化·体育、新闻出版·广播电影电视、旅游、卫生·医疗、民族·宗教、社会民生、园区建设、市县建设、新疆生产建设兵团第三师图木舒克市、人物、附录。

三、《喀什年鉴》（2018 年刊）翔实地反映 2017 年喀什地区坚持以马克思列宁主义、毛泽东思想、邓小平理论、“三个代表”重要思想、科学发展观和习近平新时代中国特色社会主义思想为指导，按照中央治疆方略和自治区党委的部署，喀什地区各级党政带领各族人民围绕新疆社会稳定和长治久安总目标，攻坚克难，奋力拼搏，全面完成经济社会发展主要预期目标，确保喀什政治安定进步、社会团结稳定，经济发展繁荣，人民安居乐业。

四、《喀什年鉴》（2018 年刊）所使用的国民经济和社会发展统计资料均按喀什地区统计局提供的统计公报口径。综合资料、数据，一般截至 2017 年底。因统计口径等原因，有关部门所用个别数据与统计局的统计资料不尽一致，采用者请予注意。

五、《喀什年鉴》（2018 年刊）所有“分目”和“条目”均由地直各部门，驻喀什中央、自治区各单位（企业）、各县（市）及新疆生产建设兵团第三师负责撰写提供，并经撰稿单位主管领导审核。具有权威性。

六、《喀什年鉴》（2018 年刊）配备检索系统，书前有详细目录，书后配有索引。

要闻大事

2017 年 6 月 23 日，胡春华、马兴瑞等广东省领导及雪克来提·扎克尔等自治区领导共同见证广东和新疆部分项目签约

2017 年 1 月 4 日，喀什地区四大班子领导与第八批省市援疆干部亲切交谈

2017 年 2 月 28 日，喀什地区召开“访惠聚”驻村工作总结表彰暨动员送行大会

2017 年 11 月 9 日，喀什地委书记李宁平主持召开 2017 年第三十一次地委委员（扩大）会议暨第十二次地委理论学习中心组集体学习，学习习近平总书记在瞻仰中共一大会址时的重要讲话精神和 11 月 1 日自治区常委（扩大）会议精神，全体与会同志面对党旗重温入党誓词

要闻大事

2017 年 6 月 15 日，喀什地委副书记、行署专员帕尔哈提·肉孜代表行署与中国南方航空股份有限责任公司、乌鲁木齐航空有限公司签订战略合作框架协议

2017 年 1 月 3 日，喀什地区基层干部向各族群众宣传中共喀什地委、喀什行政公署出台的关于取消一切无偿用工的文件精神受到热烈欢迎

2017 年 1 月 22 日，喀什地区春晚《高歌欢庆迎春来》激情上演

2017 年 3 月 28 日上午，喀什市帕哈太克里乡托万克喀库拉村在村委会广场隆重集会，举行纪念毛主席给帕哈太克里乡农民回信 65 周年暨关心下一代基金捐款活动，村民代表上台朗诵当年帕哈太克里乡农民给毛主席致信的内容

2017 年，喀什地区开展“去极端化”宣讲

要闻大事

2017年5月27日，喀什地区举行首届“感动喀什”十大人物颁奖典礼

2017年8月1日，莎车机场正式通航

2017年10月1日，喀什市多来特巴格乡提勒苏扎克村全体村民和工作队员、村干部与国旗合影，表达对祖国的美好祝福

2017年10月18日早上8点，帕米尔高原的塔什库尔干县“5·11”地震重灾区——塔什库尔干乡库孜滚村牧民苏依克·买达力家就已冒起了炊烟，全家人早早起来收看十九大开幕盛况

2017年11月13日，喀什地区第一期学习贯彻党的十九大精神专题培训班开班

2017年11月8日，广东省人才援喀、对口定点帮扶项目——喀什技师学院在地区高级技工学校新校区揭牌成立，标志着喀什职业技能教育跨上新台阶

抗震救灾 重建家园

2017 年 5 月 11 日 5 时 58 分许，塔什库尔干县发生 5.5 级地震，图为消防官兵奋力抢险

图为部队官兵从废墟中救出一个孩子

疾控中心工作人员做好疫情防控工作

一方有难八方支援，图为志愿者和爱心人士帮忙运送救灾物资

2017 年 6 月 9 日，在塔什库尔干县西环路灾后重建核心区，塔什库尔干县举行“5·11”地震灾后住房重建誓师大会

政治建设

2017 年 5 月，岳普湖县岳普湖乡喀拉玉吉买村“学转促”专题党课开讲。图为全体党员面对党旗重温入党誓词

2017 年 6 月 28 日，喀什地区举办“学讲话　转作风　促落实喜迎党的十九大”专题知识竞赛

2017 年 6 月 30 日，喀什地区千余名农牧民赛红歌喜迎党的生日

2017 年入冬以来，伽师县夏普吐勒镇组织的以“十九大精神与文化进村”为主题的文艺宣传活动在各村上演，共演出 22 场，13500 余名农民群众参加

访民情 惠民生 聚民心

2017年2月25日，喀什地委史志办、地区科协"访惠聚"联合驻村工作队组织喀什市色满乡墩吾依拉村近200名各族群众走进村荣誉室，参观"爱祖国、感党恩、听党走"挂图展览。图为大学生村官古丽米热在给村民讲解挂图内容

2017年3月1日，自治区招商发展局驻喀什市帕哈太克里乡尤喀尔克喀库拉村第四批驻村工作队员（右），从第三批驻村工作队员手中接过驻村工作队旗后表示，将在前三批驻村工作队取得良好成效的基础上，把"访惠聚"工作做得更好、更扎实

2017 年 3 月 20 日，喀什地区工商局驻伽师县古勒鲁克乡卡日库木村工作队联合社会慈善企业共同发起爱心捐赠活动，为该村幼儿园的孩子们捐赠书包、衣服等一批文具和衣物

喀什地区各级“访惠聚”驻村工作队围绕新疆工作总目标，以“村民活动日”为载体，以宣传教育群众为切入点，推进升国旗、政策宣讲、发放惠民补贴“三结合”活动不断走向规范化、制度化、常态化，确保干部经常接受教育、群众长期得实惠。图为 2017 年 5 月 3 日，疏勒县驻洋大曼乡工作队组织村民学习有关政策

访民情 惠民生 聚民心

2017 年 6 月以来，喀什地区各驻村工作队深入田间地头，帮助缺少劳动力的农户抢收麦子，确保夏粮颗粒归仓

2017 年，疏勒县国土资源局驻罕南力克镇诺古特村工作队员深入农户家中、田间地头走访，向群众宣讲党的惠民政策，并在走访宣讲结束后与农户一起劳动，将走访、宣讲、助农秋收结合起来，增进干群关系

2017 年暑假期间，喀什地区各驻村工作队根据每位学生的特长，策划组织多项活动，丰富返乡学生的暑期生活。图为新疆大学驻叶城县柯克亚乡柯克亚村组织返乡学生参加“喜迎十九大——舞动新疆情　唱响中国梦”文艺汇演

脱贫攻坚

2017 年 6 月 12 日，疏勒县塔孜洪乡库拉格拉村干部在发放惠农资金

喀什地区积极拓展就业渠道，探索“公司 + 乡村车间 + 农户”与县乡村三级就业需求有机衔接的新模式，让农村富余劳动力“出家门、进厂门”，居家创收脱贫

泽普县赛力乡塔勒巴格村向建档立卡的贫困户发放“扶贫羊”275只，提高贫困户自我造血能力，确保贫困户早日脱贫。图为发放“扶贫羊”现场

叶城县人社局驻乌吉热克乡巴什硝村尔艾日克工作队队员给村民教国家通用语言

脱贫攻坚

2017年入冬以来，自治区商务厅的8支工作队与北京爱心企业对接，争取到4000件羽绒服，开展“情满寒冬日、爱满岳普湖”暖心冬衣捐赠发放仪式，为困难群众送去温暖

2017年5月8日，喀什市劳动力转移就业暨北部产业园新员工入职欢迎式在喀什经济开发区深圳产业园举行，来自喀什市1500名农村青年变身为产业工人

柏油路修到家门口

经济建设

喀什经济开发区总面积约50平方公里，其中包括喀什市40平方公里和伊尔克什坦口岸10平方公里。图为2017年建设中的喀什经济开发区一角

喀什地区涉及民族特色手工业、纺织服务、食品及农副产品、商贸物流、新型建材及加工组装等劳动密集型“短平快”项目如雨后春笋般出现，增加农民收入。图为“短平快”项目——家禽养殖

自第二次中央新疆工作座谈会提出支持新疆发展纺织服装产业促进百万人就业战略以来，喀什地区纺织服装产业快速发展，在壮大地方经济和促进带动就业方面发挥了积极作用

2017年4月12日，莎车县阿热勒乡阿孜干巴格村农民在巴旦姆林间栽种万寿菊。林果业已成为喀什地区广大农民增收的支柱产业，春耕时节，各族农民群众抓紧时间抢栽抢种，为全年增收打下坚实的基础

泽普县布依鲁克塔吉克乡特色乡镇

经济建设

泽普县沪港电动车制造有限公司的工人正在组装车辆

伽师县结合地理气候优势，引进法兰西、斯泰勒、女神等新梅品种，以套种、建立示范基地等模式逐年扩大新梅种植规模，新梅产业真正成为农民增收致富的支柱产业。图为准备发往全国各地的新梅

对口援疆

2017 年，山东如意集团喀什 80 万锭数字化智能科技纺纱示范基地项目在喀什经济开发区、疏勒县、英吉沙县同时启动投产，项目总投资 40 亿元

山东援疆教师为喀什巾帼家政班学员培训护理知识

2017 年 5 月 31 日，山东援疆指挥部英吉沙分部和地委组织部相关领导干部到芒辛乡 7 村，开展“民族团结一家亲”暨助学促脱贫庆祝“六一”儿童节活动。图为新少先队员入队仪式现场

2017 年 11 月 24 日，山东援疆“电视送农户文化进万家”项目电视发放仪式在疏勒、英吉沙、岳普湖、麦盖提同时进行

对口援疆

上海援疆医生组织开展业务培训，做好“传帮带”

2017 年 7 月 24 日晚，上海文化援疆交流剧目《天鹅湖》喀什首演成功

疏附县少先队员代表赴广州参加公益活动

2017 年 7 月 16 日 9 时 40 分，广东首趟援疆旅游扶贫专列“粤新号”出发

位于疏附县站敏乡的广东恩科电子采取“总部基地 + 乡村车间 + 农户”的模式，解决就业 3500 人

对口援疆

深圳出资 3410 万元援建的塔什库尔干县人民医院

广东佛山援建的佛伽铜城公园

社会事业

2017 年 6 月 7 日，喀什地区有 3.3 万多名考生参加普通高考

校园花样跳绳表演

叶城县少年宫举办“感党恩　向十九大献礼”道德讲堂活动，师生们通过学唱《国歌》、《国旗国旗真美丽》；诵读经典童谣《我爱……》；观看《升国旗》短片认识国旗、为祖国祝福，送吉祥语，进一步激发未成年人爱祖国的情感

社会事业

2017年3月19日，莎车县各族群众载歌载舞欢度诺鲁孜节，香喷喷的诺鲁孜饭，精彩的文艺演出，激烈的斗鸡、斗羊、摔跤比赛，热闹的拔河比赛，让全县人民享受了一次文化大餐和传统节日的盛宴

2017年4月12日晚，喀什地区歌舞团的演员们为南疆某汽车团官兵送去一场精彩的演出。图为精彩的舞蹈《塔吉克姑娘》

2017 年 5 月 2 日晚，上海杂技团在喀什影剧院表演“蹬鼓”

2017 年以来，喀什地区在加快推进新农村基础设施建设的同时，加强“文化大院”建设，为新农村建设注入丰富的精神文化内涵，丰富群众精神文化生活、提升群众幸福指数。图为叶城县江格勒斯乡村民在文化大院内吹拉弹唱

社会事业

2017年入冬以来，莎车县组织群众开展喜闻乐见的文化活动、把党的十九大精神融入文艺节目，推进学习宣传贯彻党的十九大精神进基层工作，让各族群众更加了解了十九大的新理念、新观点，使党的十九大精神家喻户晓、深入人心。图为莎车县文工团为塔尕尔其乡演出

牦牛叼羊比赛

喀什居民的快乐休闲生活

2017年9月25日，内地游客在喀什老城区游览，与当地居民一起跳起了欢快的维吾尔族舞蹈

美丽的阿拉尔金草滩

社会民生

地区大培训大就业用工招聘现场会

村民进入乡村车间稳定就业

2017 年 8 月，伽师县利用周一升国旗、大宣讲、发放惠民资金“三结合”活动，为 279 个村（社区）5807 名群众发放“三老”人员生活补助、安居富民房补助、棉花补贴等惠民资金 1629.4 万元

2017 年 8 月 6 日，喀什市多来特巴格乡提勒苏扎克村组织就业技能培训班的学员和村干部、村民小组长等 70 余人参观喀什大学各类场馆并游览喀什老城景区，增强学员们的时代责任感和自信心

2017 年，喀什经济开发区北部产业园区举行新入职工欢迎仪式

目 录

特 载

概 况

专 记

大事记

中国共产党喀什地区委员会

喀什地区人大工作委员会

喀什地区行政公署

政协喀什地区工作委员会

纪检·监察

脱贫攻坚

对口援疆

群众团体

法 治

军　事

外事·侨务

农　业

交通运输

邮政通信

城乡建设

商　贸

经济监督管理

财政·税收

金　融

国土资源

环境保护

科技·地震·气象

教　育

文化·体育

新闻出版·广播电影电视

旅　游

卫生·医疗

民族·宗教

社会民生

园区建设

市县建设

新疆生产建设兵团第三师图木舒克市

人　物

附　录

索　引

特　载

紧盯社会稳定和长治久安
努力开创喀什社会稳定和长治久安新局面

——在中共喀什地委扩大会议上的报告

喀什地委书记　李宁平

（2017 年 1 月 20 日）

这次会议是在全地区坚定不移贯彻落实以习近平同志为核心的党中央确定的社会稳定和长治久安总目标的关键时期，以新作为和新业绩迎接党的十九大胜利召开的一次十分重要的会议。会议的主要任务是：深入贯彻落实习近平总书记系列重要讲话精神、特别是在第二次中央新疆工作座谈会上的重要讲话和视察新疆时的重要讲话精神，贯彻落实党的十八届六中全会、中央经济工作会议、自治区第九次党代会、自治区党委经济工作会议、自治区稳定工作会议精神，总结 2016 年工作，部署 2017 年任务，团结带领全地区广大党员干部和各族群众，紧盯社会稳定和长治久安总目标，凝心聚力、狠抓落实，为开创喀什社会稳定和长治久安新局面而努力奋斗！

一、在总结工作中认清形势，坚定贯彻总目标的信心

2016 年，在自治区党委坚强领导下，我们团结带领全地区各族干部群众认真贯彻党中央治疆方略，紧紧围绕社会稳定和长治久安总目标，统筹推进稳定发展改革各项事业，实现了“十三五”良好开局。

——社会大局保持稳定。坚持把维护稳定作为首要政治任务，群众安全感进一步增强。

——人民生活持续改善。地区公共财政和援疆资金 80% 以上用于民生建设。学前三年免费双语教育实现应入尽入，免费健康体检覆盖城乡居民，社会保障水平不断提高。新增城镇就业 10.82 万人，8.78 万农村富余劳动力实现稳定转移就业。新建农村安居房 17.18 万套、城镇保障性住房 3.9 万套。23.93 万贫困人口、271 个村脱贫摘帽。城乡居民人均可支配收入分别达到 22625 元和 7936 元，同比增长 9.5% 和 10.2%。

——发展改革深入推进。经济保持平

稳增长，全地区生产总值达到771亿元、增长11.5%，工业增加值75亿元、增长12%，固定资产投资919亿元、增长13.8%，公共财政预算收入63.8亿元、增长11.1%，社会消费品零售总额175.6亿元、增长9.6%，外贸进出口总额16.8亿美元、增长45.5%。基础设施建设不断加强，对内对外开放不断扩大。完成改革任务55项，出台改革政策性文件162个，经济发展、社会建设等重点领域改革稳步推进。

——民族宗教和睦和谐。认真落实党的民族宗教政策，全面开展“民族团结一家亲”活动，全地区干部职工与基层各族群众结对认亲做到“两个全覆盖”。民族团结进步创建活动广泛开展，各族干部群众交往交流日益密切。保护合法宗教活动，关爱宗教教职人员，依法加强清真寺和宗教活动管理，促进宗教领域和谐稳定。

——生态建设成效明显。编制生态功能区划，加大大气、水、土壤污染防治力度，推广应用清洁能源，完成年度减排任务。生态造林43.1万亩，定植经济林27.8万亩。推进阿尔塔什水利枢纽、叶尔羌河综合治理等重大水利工程建设，区域生态环境逐步改善。

——文化建设扎实有效。深入推进社会主义核心价值观和“五个认同”宣传教育，全面开展周一升国旗和大宣讲活动，不断深化意识形态领域反分裂斗争。进一步完善城乡公共文化服务设施，广泛开展群众性文化体育活动，加强与对口援疆省市的文化交流，有效保障各族群众精神文化需求。

——党的建设全面加强。扎实开展“两学一做”学习教育，各级党员干部的“四个意识”不断增强。完成县乡村换届工作，各级领导班子结构进一步优化。深入开展“访惠聚”驻村工作，整顿软弱涣散基层党组织，选派国家干部任村党支部第一书记，党的基层基础和配套组织得到加强。落实管党治党“两个责任”，突出“四项治理”，党风政风持续好转。

成绩来之不易，这是以习近平同志为核心的党中央亲切关怀的结果，是自治区党委、人民政府正确领导的结果，是山东、上海、广东、深圳四省市无私援助的结果，是兵地融合发展的结果，是自治区93个厅局单位“访惠聚”驻村工作队辛勤工作的结果，也是全地区各级党政、兵团第三师、中央和自治区驻喀单位、各族干部群众努力奋斗的结果。在此，我代表地委、行署，向付出辛勤努力的全地区各族干部群众、援疆干部、“访惠聚”驻村干部、解放军指战员、武警官兵、公安民警、第三师干部职工表示崇高敬意和衷心感谢！

在肯定成绩的同时，我们也要清醒地看到存在的困难和问题：一产不优，二产不强，三产不大，基础设施欠账多，平稳健康发展面临不少问题和困难；社会发育发展滞后的区情没有根本改变，就业、教育、贫困等问题突出，提升社会治理体系和能力，保障和改善民生的任务非常迫切；基层基础薄弱的现状没有根本改变，基层组织作用发挥不够、干部能力不强作风不实的问题还未得到全面扭转，强基固本工作亟待加强。

在前进的道路上，我们既要总结经验和教训、正视存在的困难和挑战，更要把握难得的历史机遇。以习近平同志为核心的党中央确定了治疆方略和总目标，出台了一系列特殊支持政策，为我们推进社会稳定和长治久安明确了旗帜方向。山东、上海、广东、深圳四省市坚决贯彻治疆方略和总目标，在资金、技术、人才等方面全方位对口援疆，为我们推进社会稳定和长治久安创造了良好条件。自治区“访惠聚”驻村工作队聚焦落实治疆方略和总目标，维护稳定、服务群众、密切党群干群关系，为我们推进社会稳定和长治久安奠定了扎实基础。

站在新的历史起点上，只要我们深入贯彻落实党中央、自治区党委的决策部署，始终高扬总目标的旗帜，以总目标为总纲、为着眼点和着力点，统领各项工作，就一定能够不断夺取喀什社会稳定和长治久安的新胜利！

二、统一思想，明确任务，全面贯彻党中央、自治区党委的决策部署

今年是党的十九大召开之年，是贯彻落实自治区第九次党代会精神和实现“三年规划”的开局之年，是打赢脱贫攻坚战、全面建成小康社会的关键之年，也是打牢社会稳定和长治久安基础的着力之年。

今年工作的总体要求是：坚决贯彻落实党中央大政方针和治疆方略，坚决贯彻落实自治区党委系列决策部署，不提新理念、不提新思路、不喊空口号，以新发展理念引领经济平稳健康发展，突出凝聚人心持续改善民生，全面从严治党转变作风贴近群众，以优异成绩迎接党的十九大胜利召开。

今年工作的奋斗目标是：确保做到一年稳住。实现大事不出、中事不出，力争小事也不出，社会政治大局持续稳定。**确保做到民生改善。**城乡居民人均可支配收入分别增长10%、11%；教育、就业、医疗、社会保障能力和水平明显提升；22.5万贫困人口、330个贫困村和喀什市、泽普县、麦盖提县、巴楚县如期脱贫摘帽。**确保做到稳中求进。**地区生产总值增长10.5%以上，工业增加值增长12.5%，固定资产投资增长50%以上，公共财政预算收入增长5%左右，社会消费品零售总额增长15%，外贸进出口总额增长20%以上，物价指数控制在3%以内。**确保做到生态良好。**环保意识、治理防治能力明显增强，资源开发利用效率进一步提升，节能节水减排任务全面完成，美丽喀什、洁净喀什建设迈出新步伐。

要顺利完成上述目标任务，全地区各级党政务必紧扣总目标，加强学习、准确理解党中央、自治区党委一系列新思想新理念新举措，切实把思想认识统一到党中央、自治区党委决策部署和要求上来。

要统一到严肃政治纪律、严守政治规矩上来。树牢“四个意识”，特别是核心意识和看齐意识，向党中央看齐、向自治区党委看齐，向总目标看齐。

要统一到落实总目标、强化维稳责任上来。坚持把反恐维稳作为压倒一切的政治任务、重于泰山的政治责任，树牢反恐维稳无局外地区、无局外单位、无局外人的意识，抓紧抓实维稳责任，理直气壮反恐维稳，一刻也不放松、不麻痹、不懈怠。

要统一到夯实基层基础、强化群众工作上来。坚持把基层作为第一阵地，集中力量在村一级用劲，落实直接联系服务群众各项制度，带着感情、带着责任、心贴心做好群众工作，充分发动群众，打好维护稳定的群众基础。

要统一到贴近总目标、着力改善民生上来。坚持民生优先、民生先动，持续推进惠民工程，千方百计解决好各族群众最关心、最直接、最现实的利益问题，办好利民惠民的实事好事，使他们切身感受到党和政府的温暖，最大限度地凝聚民心。

要统一到增强中华民族大家庭意识、促进民族团结上来。坚持团结稳疆，树牢“五个认同”，加深各民族交往交流交融，人人争做民族团结的表率，坚决同一切破坏民族团结的言行作斗争。

要统一到稳中求进、推动科学发展上来。坚持宏观政策要稳、产业政策要准、微观政策要活、改革政策要实、社会政策要托底，牢固树立和贯彻落实新发展理念，主动适应把握经济发展新常态，深化供给侧结构性改革，壮大优势产业，不断增强经济实力。

要统一到精准扶贫、打赢脱贫攻坚战上来。认真落实“六个精准”和“五个一批”要求，坚持脱贫工作要精准、脱贫重点要突出、脱贫政策要发力、脱贫模式要创新、脱贫责任要到位，既讲求数量，更讲求质量，做到真扶贫、扶真贫，坚决防止数字脱贫、弄虚作假。

要统一到全面从严治党、转变工作作风上来。坚持把作风不实视为最大的敌人，驰而不息整治“四风”“四气”，锲而不舍抓落实，讲实话、鼓实劲、出实招、干实事，守土有责、守土负责、守土尽责，坚决杜绝政策棚架。

三、紧盯总目标，在思想上、行动上、工作上落实好总目标

社会稳定和长治久安是以习近平同志为核心的党中央审时度势、运筹帷幄，着眼党和国家事业发展全局，统筹国内国际两个大局，对新疆工作作出的重大战略决策，是喀什一切工作的着眼点和着力点，是统领各项工作的总指针、总遵循。

要把落实总目标作为旗帜方向。落实总目标就是党中央交给我们的重大政治任务，全地区各族干部群众务必要深刻理解总目标的重大意义，筑牢总目标思想基石，始终坚持总目标就是统领、是旗帜、是方向，一切工作都要服从服务于总目标。

要把落实总目标作为行动准则。全地区各族干部群众要始终坚持向总目标看齐，一切工作都要围绕总目标来开展，一切力量都要围绕总目标来部署，一切措施都要围绕总目标来推进，咬定青山不放松，锲而不舍抓落实。

要把落实总目标作为使命担当。这既是我们向党中央、自治区党委立下的“军令状”，也是向各族人民群众作出的庄严承诺。

要把落实总目标作为根本政绩。实践证明，在喀什，只有保持社会稳定，才能最大限度地凝聚人心，才能为各项事业的顺利发展奠定坚实的基础，各族群众也才能够安居乐业、享有幸福生活。失去社会稳定这个根本保障，其他一切都将是无源之水、无本之木，甚至会葬送我们已经取得的发展成果。全地区各级党政、各族党员干部要始终贯彻落实总目标，把反分裂斗争搞得怎么样，是不是保持了安定团结的政治局面、和谐稳定的社会局面作为衡量工作的根本标准，树牢抓稳定就是抓发展、抓稳定就是抓民生，宁可经济增长慢一点，保持了社会大局稳定就是最大功劳的政绩观。多做一些保稳定打基础利长远的事，少一些急功近利和面子工程、形象工程，切实筑牢喀什实现社会稳定和长治久安的基础。要严肃反分裂斗争纪律，坚持有责必履、履责必尽、失责必问、问责必严，对以身试法试纪者，绝不手软、绝不姑息。

四、紧盯总目标，始终保持严打严防高压态势和用劲基层夯实基础（略）

五、紧盯总目标，始终推进经济社会平稳健康发展

人民对美好生活的向往，就是我们的奋斗目标。我们要始终把各族群众的安危冷暖放在心中最高位置，让各族群众不断增强获得感、幸福感。

（一）着力推进经济平稳发展。发展是稳定的基础和保证。要以新发展理念为指导，坚持稳中求进总基调，牢牢把握供给侧结构性改革主线，切实把发展落实到改善民生、惠及当地、增进团结上。

（二）持续推进惠民工程。民生连着民心。要最大限度地满足各族群众住有所居、劳有所得、学有所教、病有所医、老有所养的期望，完成70个民生项目。**推进就业惠民。**加大职业技术学校建设，建立职业培训与企业就业挂钩机制，推广培训补贴直补企业模式，实现初高中未就业毕业生职业技术培训全覆盖。统筹高校毕业生、城镇就业困难人员、农村富余劳动力就业，引导自主创业、就近就业、向内地和援疆省市转移就业。抓住纺织服装业大发展的契机，推进闲散劳动力向产业工人转化。新增城镇就业10万人，农村富余劳动力转移就业85万人次，其中进入工厂稳定就业7万人、向内地成建制转移就业1万人。**推进教育惠民。**巩固15年免费教育成果，坚定不移推进双语教育，新建1152所双语幼儿园，34.1万适龄儿童应入尽入。推进义务教育标准化建设和均衡性发展，加强教师队伍建设，提升教育教学质量。实现困难学生资助全覆盖。加快筹建职业技术学院、技师学院。**推进医疗惠民。**新建178个乡镇（街道）健康体检中心，推进乡镇卫生院、村卫生室标准化建设，常态化开展免费健康体检，建立全民健康档案，发挥体检、预防、治疗联动效应，探索医疗与养老合作机制。深化医疗、医保、医药“三医”联动改革，实现“组团式”卫生援疆地县医院全覆盖，推广分级诊疗、远程会诊，争取小病不出乡、大病不出县、疑难危重病不出地区。加大结核病等传染病、地方病防治力度。制定人口发展战略，严格执行计划生育法规，人口自然增长率控制在16‰以下。**推进社保惠民。**整合城乡医疗保险制度，实施大病医疗和人身意外伤害保险免费普惠政策，落实“七险一金”。扩大城乡居民最低生活保障范围，提高保障水平。建立健全各项社会救助制度，加快推进“双集中”工作，实现1万名有意愿的“五保”老人和孤儿集中供养。**推进安居惠民。**将安居富民、定居兴牧与美丽乡村建设结合起来，扩大整村推进范围，在落实8.3万套安居富民房计划基础上优先实现贫困户住房保障。将保障性住房与去库存、棚户区改造结合起来，扩大住房保障范围，改善低收入家庭生活环境。**推进暖心惠民。**深入实施水、电、路、气、讯、邮政、广播电视、电影、书屋九到农家工程，解决和改善77万人饮水安全问题，新建农村公路4597千米，完成221个未通宽带村网络建设。**推进兴边惠民。**加强边境地区基础设施建设，改善边境地区基本公共服务，提高边民补贴标准，扶持发展边境贸易和特色经济，提升边民脱贫致富和戍边守边能力。**推进安全惠民。**严格落实安全生产责任制，加强食品药品、交通运输、危化物品、建筑施工、电力燃气等重点行业监管。提升防灾减灾救灾能力，支持中央救灾物资储备库喀什分库建设，完成地县4个救灾物资储备库建设，完善各级救灾应急预案。**推进文化惠民。**常态化开展基层文体活动，实现村村有文艺队、天天有广播、周周有活动，扩大阵地文化、节庆文化、广场文化、校园文化影响力，调动群众的参与热情，丰富群众的精神生活。

（三）精准推进脱贫攻坚。喀什是脱贫攻坚的主战场，必须把脱贫攻坚作为第一民生工程，聚焦薄弱环节，打好脱贫攻坚战。**要压实脱贫责任。**严格执行脱贫攻坚一把手负责制，严格考核评估、督查巡查、问责追责。完善援疆扶贫、区内协作扶贫机制，推广先富帮后富、百企帮百村、“访惠聚”驻村贴心扶贫等方式，形成全社会参与扶贫的工作格局。决不允许不切实际地搞提前脱贫，决不允许弄虚作假搞数字脱贫，坚决依纪依法处理扶假贫、假脱贫、侵害贫困群众利益的行为。**要突出脱贫重点。**把保障住房安全作为贫困人口实现“两不愁、三保障”的重点，结合新农村建设，全面完成农村贫困人口住房建设。把易地扶贫搬迁作为山区困难群众脱贫的突破口，结合新型城镇化、工业园区建设，全面完成1.3万户易地扶贫搬迁任务。**要落实精准措施。**把发展产业作为最重要的脱贫抓手，把转移就业作为最稳定的脱贫途径，把政策兜底作为最坚实的脱贫保障，因地因人施策，到户到人扶持，做到精准扶贫、精准脱贫。坚持扶贫与扶志相结合，调动贫困人口脱贫主动性，激活扶贫开发内生动力。

（四）统筹推进城乡发展。坚持规划引领、产业带动，推进以人为核心的新型城镇化，促进城乡一体化发展，不断缩小城乡差距。**增强中心城市的辐射力和带动力。**加快撤地设市和莎车撤县设市，统筹推进喀什、莎车中心城市建设，带动喀什噶尔河流域、叶尔羌河流域南北两大城市带发展。加快以喀什为中心的城市圈发展，做好大喀什市的规划、建设、管理，加快高台民居保护治理，形成现代风格与地域风格相结合的城市风貌，把喀什建成宜居宜业、富有活力的现代城市。提升县城的发展力和竞争力。县城保持现有规模，改造提升老城，着力增强新城的配套服务能力、产业发展能力、就业吸纳能力，吸引农村转移人口定居，使新城热起来、活起来、兴旺起来。**打造一批特色小城镇。**坚持一镇一策，突出地域特色、民族特色、文化特色，与就业、旅游、扶贫相结合，启动12个示范性特色小城镇建设，做到规划高水平、建设高标准，成效明显、带动力强。**建设有喀什特色的新农村。**下大力气解决有新房无新村、有新村无新貌的问题，下大力气改善群众生活环境，提升群众文明程度，建设环境优美、和谐宜居、具有喀什特色的新农村。加快城乡一体化进程，推进公共服务均等化、农村管理社区化、转移人口城镇化。

（五）大力推进生态建设。要始终立足于喀什生态环境脆弱的基本区情，牢固树立绿水青山就是金山银山、沙漠戈壁也是黄金宝地的理念，牢牢守住生态底线。**要落实生态保护责任。**严格落实各级政府改善环境质量、“谁排污谁治理”两个主体责任和生态环境损害终身追究制。突出源头严防、过程严管、后果严惩，严守生态保护红线、环境质量底线、资源消耗上限和环境准入负面清单。**要推进生态环境可持续。**实行最严格的生态保护制度和空间用途管制制度，搞任何建设都要环保先行，搞任何项目都要环评准入，严禁“三高”项目落地。推进“四大生态屏障”建设，科学规划建设生态林，为子孙后代留下绿色银行。要落实责任制，确保成活率，严禁在造林中浪费资源、破坏环境，严禁超越规划打着造林的幌子变相开荒、打井圈地。**要推进资源开发可持续。**落实能源、资源开发“一支笔”审批制度，坚决防止无序开发，坚决打击乱采滥挖、以探代采、无证探采等违法行为。加强湿地和水源地保护，推进盐碱地治理、低产田改造，与援疆省市开展占用耕地异地占补平衡试点。严守水资源管理“三条红线”，落实水资源论证和取水许可制度，以水定产、以水定地、以水定林、以水定城。建立农业节水奖励机制，新建高效节水面积50万亩、防渗渠1200千米。**要确保喀什天蓝地绿水清。**推进洁净喀什建设，打好大气、水、土壤污染防治攻坚战，确保污染源全面达标排放。加快实施煤改气、煤改电工程，全面淘汰城市黄标车，城市空气质量好于二级标准天数达到130天以上。推行河长制，加大克孜河、吐曼河污染治理力度，提高污水集中处理率，严防地表水、地下水、水源地污染。推进工业废物减量化和资源化，提高生活垃圾、医疗垃圾无害化处理率，遏制农村土壤“白色”污染。完成地区环境监测中心、县市空气自动监测站、工业园区污水处理厂、垃圾填埋场建设，让人民群众不断感受到生态环境持续改善的效果。

（六）协调推进融合发展。对口援疆、兵团发展是国家战略，军队是国之柱石。要牢固树立全国一盘棋、兵地一家人、军民一家亲的理念，积极推动喀什与援疆省市、兵团第三师、驻喀部队融合发展。**推进全方位对口援疆。**坚持援疆工作与维护稳定相结合，加大维稳投入力度，为喀什社会稳定和长治久安做出贡献。坚持援疆工作与保障和改善民生相结合，突出医疗、教育、扶贫等领域，把援疆省市人民的温暖送到基层群众的心坎上。坚持援疆工作与产业带动就业相结合，引进既能形成经济优势、又能有效带动就业的产业，促进各族群众就地就近就业。坚持援疆工作与培养干部人才相结合，带动专业技术人员能力提升，为喀什发展提供有力人才支撑。坚持援疆工作与促进交往交流交融相结合，广泛开展文化交流、结对交友活动，推动喀什与援疆省市融情发展。**推进兵地融合发展**。坚持第三师的发展就是喀什的发展，第三师的壮大就是喀什的壮大。全力支持第三师深化改革，使第三师更具实力和活力；支持第三师在喀发展，扩建团场，建设特色团镇，第三师发展得越好说明喀什各级党政的工作越到位。着力凝聚兵地维稳合力，构建协作高效、处置有力的反恐维稳体系。着力凝聚兵地发展合力，构建优势互补、合作共融的产业发展体系。着力凝聚兵地公共服务合力，构建共建共享服务体系。着力凝聚兵地共居交融合力，推动形成兵地各族干部群众嵌入生活、常态交流、共享成果的良好局面。**推进军民团结、双拥共建**。大力支持国防和部队建设，加强民兵、预备役工作，强化国防教育，增强全民国防观念。坚持军地共建、军政合力、军民同心，推进军民融合式发展，全力支持部队改革，着力为驻喀部队官兵拓宽后路、巩固后院、扶持后代，办实事解难事。深入持久地开展双拥共建活动，不断开创军政军民团结的新局面。

六、紧盯总目标，始终坚决从严治党改进作风

坚持党要管党、全面从严治党，充分发挥好党总揽全局、协调各方的领导核心作用，筑牢党在喀什的执政根基。

（一）严格党内政治生活。党要管党，首先要从党内政治生活管起。**严守政治纪律和政治规矩**，牢固树立“四个意识”特别是核心意识、看齐意识，始终如一地向以习近平同志为核心的党中央看齐，向党的理论和路线方针政策看齐，向党中央决策部署看齐，在思想上政治上行动上同以习近平同志为核心的党中央保持高度一致，坚决维护以习近平同志为核心的党中央的权威，全面贯彻以陈全国书记为班长的自治区党委的各项决策部署。**抓好理论武装**，深化“两学一做”学习教育，完善理论中心组学习制度，抓好党员经常性学习教育，用好习近平总书记系列重要讲话编译手册，用总书记重要讲话精神武装头脑、指导实践，坚定“四个自信”。**严格组织生活**，坚持“三会一课”、民主生活会、组织生活会、谈心谈话、民主评议党员等制度，增强党内政治生活的政治性、时代性、原则性、战斗性。**加强制度建设**，坚持和完善已有制度，推动制度创新，加强制度执行，突出落实好民主集中制，促进党内政治生活正常化、规范化。

（二）严肃反分裂斗争纪律。喀什是反恐维稳的前沿阵地和主战场，严守反分裂斗争纪律是对各族党员干部的特殊考验。**坚持没有例外**。严肃纪律无条件、无特殊，一把尺子量到底，始终做到旗帜鲜明、立场坚定、态度坚决、步调一致。**坚持特别从严。**对党员干部在反分裂斗争中的立场表现，做到监督特别从严、查处特别从严。**坚持筑牢防线。**把加强反分裂斗争纪律教育作为重中之重，增强各级党员干部的政治敏锐性和政治鉴别力，始终坚定政治立场，经受斗争考验。

（三）抓好领导班子和干部队伍建设。落实总目标，关键在各级领导班子、关键在干部。**强化党委领导核心作用，**加强对人大、政府、政协和法院、检察院的领导，支持群团组织开展工作，形成各族各界同心同德、同心同向、同心同行的强大合力。**加强领导班子建设，**学习遵守“约法十章”，突出思想、作风和能力建设，争做政治坚定、反对分裂、学习实践、民主集中、维护团结、服务群众、真抓实干、勇于担当、清正廉洁、转变作风的表率。**坚持标准导向，**按照习近平总书记“二十字”好干部标准和民族地区好干部“三个特别”的要求，坚持在急难险重一线识别干部、培养干部，大力选拔对党忠诚、有较强群众工作能力和应对突发事件、驾驭复杂局面能力的干部。树立“做老实人、说老实话、干老实事”的导向，大力弘扬忠诚履职、真抓实干、勇于担当、踏实苦干的工作作风，形成风清气正的选人用人导向和从政环境，努力建设一支政治上强、能力上强、作风上强的干部队伍。发挥好老干部的优势和作用。**实施基层干部能力素质提升工程，**开展大规模、多批次、分层次的干部轮训，增强各级干部对党中央治疆方略、自治区党委决策部署的理解落实能力，提高到村入户做好群众工作、维护社会稳定的能力。

（四）抓好基层组织建设。**坚持力量下沉，**地县乡领导落实包联责任。**要在村一级用劲，**巩固和提升软弱涣散基层党组织整顿成果，推进“五无村”“十星级”创建。**重视发展党员，**坚持标准、保证质量、改善结构，发现一个培养一个、成熟一个发展一个，壮大基层党员队伍，发挥共产党员的先锋模范作用。**扩大基层组织覆盖面，**健全党的基层组织体系，做到党的组织全覆盖、群众工作全覆盖、抓作风转变全覆盖。

（五）推进党风廉政建设和反腐败斗争。一手抓反分裂斗争、一手抓党风廉政建设和反腐败斗争。**强化“两个责任”。**制定主体责任和监督责任清单，把全面从严治党的各项措施细化到岗到人。督促各级党组织和纪委主要负责人落实约谈、述责述廉、接受问询等制度。对工作失职失责的，综合运用通报、检查、诫勉、组织处理、纪律处分等方式严肃问责。推进纪律检查体制改革，强化双重领导体制，聚焦主业转职能，加大监督执纪问责力度。**强化纪律建设。**把2017年作为政治纪律教育年，树牢红线底线意识，积极引导党员干部养成尊崇党章、遵守党规党纪的思想和行动自觉。在公职人员中开展政治纪律教育活动，在宗教教职人员中开展爱国教育活动，在工商业者中开展法治教育活动，加强退休回乡干部、教师管理教育，**强化监督检查。**发挥地委督导组、巡察组和派驻纪检机构作用，围绕各项决策部署落实开展督查督办。建立巡察制度，加大巡察力度，五年内对地直单位和乡镇全部巡察一遍。巩固“四项治理”成果，坚决查处基层干部作风霸道、吃拿卡要、优亲厚友、滥用职权、乱用民力等侵害群众利益的行为。**强化惩治腐败**。坚持有腐必反、有贪必肃，加强执纪执法部门联动，充分运用和把握“四种形态”，坚持抓早抓小、快查快结，坚决纠治和严查发生在群众身边的不正之风和腐败问题，形成反腐败强大合力。

同志们，担当如铁，责任如山。实现喀什社会稳定和长治久安总目标是我们这一代人的历史使命，实现今年社会大局稳定是必须完成的政治任务，我们责无旁贷、义无反顾，唯有破釜沉舟、背水一战，才能决战决胜。让我们紧密团结在以习近平同志为核心的党中央周围，在自治区党委的坚强领导下，牢记使命、不负重托，同心同德、团结奋进，为实现社会稳定和长治久安作出新贡献，以和谐稳定的社会环境迎接党的十九大胜利召开！

在地委扩大会议结束时的讲话

喀什地区行政公署专员　帕尔哈提·肉孜

（2017 年 1 月 21 日）

这次地委扩大会议是在深入贯彻落实习近平总书记系列重要讲话精神、特别是第二次中央新疆工作座谈会和视察新疆时的重要讲话精神，深入贯彻落实党的十八届六中全会、中央经济工作会议和自治区第九次党代会、自治区党委经济工作、稳定工作会议精神，坚决贯彻落实总目标，齐心协力开创喀什美好未来的关键时期召开的十分重要的会议。

昨天上午，地委李宁平书记作了题为《深入贯彻自治区第九次党代会精神，努力开创喀什社会稳定和长治久安新局面》的工作报告。报告通篇贯穿了党中央治疆方略和自治区党委工作要求，全面总结了“十三五”开局之年喀什经济社会发展取得的成绩，深入分析了当前我区稳定发展改革面临的严峻形势，科学论述了坚定坚决树牢总目标的重大意义，明确提出了 2017 年乃至今后一个时期我区工作的总体要求、奋斗目标和努力方向。报告主题鲜明、内涵丰富、目标明确、措施缜密，充分体现了地委坚决贯彻落实党中央、自治区党委决策部署的政治自觉，体现了求真务实、抢抓机遇、真抓实干的奋斗精神，体现了坚持民生优先、民生先动的民本情怀，是动员全区上下夺取喀什社会稳定和长治久安新胜利的纲领性文件。

在分组讨论中，与会同志紧紧围绕工作报告，展开了热烈讨论，进行了思想碰撞，统一了思想，提高了认识，增强了信心，加深了对会议精神的理解。各县市、各部门、各单位联系各自实际，围绕如何实现总目标、打赢脱贫攻坚战、全面建成小康社会作了表态发言，厘清了工作思路，表明了工作决心，坚定了落实总目标的信心。

方向已经明确，关键在于落实。我们要认真学习、全面贯彻落实会议提出的“总体要求”，实现“四个确保”奋斗目标和“五个紧盯总目标”的决策部署，进一步增强行动自觉，细化压实责任，以更高的工作标准、更有力的工作措施、更硬的工作作风、更饱满的精神状态，锐意进取、敢于担当、综合发力，全力开创喀什社会和谐稳定和长治久安新局面。

下面，我就贯彻落实地委扩大会议精神强调几点意见。

一、紧紧围绕总目标，切实把思想和认识统一到地委扩大会议精神上来

一是深入学习、深刻领会。这次会议坚持以社会稳定和长治久安总目标为总纲，始终聚焦总目标、盯住总目标、落实总目标，用总目标凝聚人心、汇集力量，动员全区各族人民共同维护社会稳定和长治久安。各县市、各部门、各单位主要领导、班子成员要带头做会议精神的学习者、宣传者和践行者，将地委扩大会议精神与习近平总书记系列重要讲话精神、自治区党委陈全国书记重要讲话精神相结合，静下心来，逐字逐句、原原本本、反反复复学习，真正学懂吃透会议精神。各级党委及理论中心学习组要结合实际，精心制定学习计划，集中时间和精力，领会讲话精神实质，准确把握、全面贯彻讲话要求。要充分发挥各级领导机关和党员干部的表率作用，坚持一级带一级、一级抓一级，形成学习宣传贯彻的浓厚氛围。要通过学习，切实把思想和行动统一到以习近平同志为核心的党中央确定的治疆方略上来，统一到自治区党委围绕社会稳定和长治久安总目标的系列决策部署上来，统一到地委扩大会议精神上来。

二是广泛宣传，发动群众。各县市、各部门、各单位、各级驻村工作队及派驻重点村的第一支部书记，要把学习宣传贯彻地委扩大会议精神作为当前首要的政治任务，作为围绕总目标做好各项工作的重要抓手，作为宣传发动群众的主要内容，发挥广播、电视、报纸、网络等新闻媒体作用，利用入户走访、周一升国旗，举办大宣讲、报告会，开展结对认亲、文体活动等多种形式，在全社会广泛深入宣传会议精神，营造良好舆论氛围，迅速把会议精神传达到各级干部和基层群众中去，把全区上下的智慧和力量凝聚到实现报告提出的目标任务上来，把地委的要求转化为干好工作的强大动力，细化为抓落实的具体措施，着力在统一思想、凝聚共识、指导实践、推动工作上下功夫。

三是把准方向、狠抓落实。全地区各级党政、各族党员干部要通过认真学习、深刻理解、准确把握李宁平书记报告精神，牢牢把准社会稳定和长治久安这个旗帜和方向，紧紧围绕总目标来统领和统筹推进各方面工作。要十分明确树牢“一个总目标”、贯穿“一条生命线”、把握“两个关键点”、健全“一套机制”、做到“四个努力实现”、开创

“一个好局面”的基本要求，同心同德、凝心聚力，攻坚克难、砥砺奋进，确保实现社会稳定和长治久安总目标，让党中央、自治区党委放心，让各族人民满意。

二、紧紧围绕总目标，努力实现“四个确保”目标任务

（一）略。

（二）深入实施九项惠民工程，确保做到“民生改善”。李宁平书记报告中对做好九项惠民工程提出了许多新理念、新举措，比如说，在城市改扩建征迁过程中，征迁后的生活水平不能低于征迁前的生活水平。各县市、各部门、各单位要按照会议提出的九项惠民工程部署要求，坚持民生优先、民生先动，更好地统筹民生改善和经济发展。扎实抓好重点项目、民生项目、援疆项目建设，优先保障民生投入。重点扶持发展吸纳与喀什资源优势、产业规划、劳动力特点相适应的劳动密集型、服务业、中小微企业等短平快项目，以项目带动就业。在工业园区、乡镇、村（社区）建厂设点，让农村富余劳动力就地就近就业。进一步加大职业技能培训力度，在农村富余劳动力培训上下功夫，确保劳动力想出去、出得去、能就业、有钱赚。坚定不移推进双语教育，抓好义务教育“控辍保学”和高中阶段教育“巩固控流”工作，确保适龄儿童享受“三年免费教育”。实施医疗服务和疾病防控体系标准化建设，扩大远程医疗覆盖面，完善医疗人才“组团式”援疆工作机制，提升医疗服务水平。围绕解决“水、电、路、气、讯、房”等事关群众切身利益的问题，推进农村安全饮水、农网改造、农村公路、天然气利民、安居富民、定居兴牧等一系列民生工程建设，使发展成果更好地惠及各族群众。要按照“九项惠民工程”实施方案要求，抓好督促落实，把各项重点工作和亟待解决的问题变成看得见、摸得着、可操作的具体行动，确保完成既定目标任务。

（三）坚定不移推进经济社会健康发展，确保做到“稳中求进”。紧紧抓住固定资产投资这个经济社会发展的“牛鼻子”，加快推进，补齐短板，确保全区固定资产投资达到1379亿元，增长50%以上。组成20个指挥部、5个专班，压实责任推进项目，全力确保今年交通、水利、能源、通信等99个重点项目顺利开工建设。一是抓好实体经济，壮大特色优势产业。全面落实强农惠民富农政策，推进农业供给侧结构性改革，提升农产品供给质量。围绕“纺织产业、传统产业、战略性新兴产业”发展新动能、新动力，加快构建现代产业体系。大力发展旅游业、商贸物流业、现代金融服务业，加快推动消费升级，释放各领域需求潜力。建好投融资平台，积极承接重大基础设施和民生项目。二是加快改革步伐。推进“放管服”改革，抓好投融资、行政审批等关键领域的改革，最大限度激发市场主体活力，构建“亲、清”的新型政商关系。三是扎实推进“丝绸之路”经济带核心区区域中心建设。加快立体交通建设，推动企业“走出去”，积极开拓周边国家市场，打造东联西出基地，加快“五个中心”建设。四是打赢脱贫攻坚战。按照“压实脱贫责任、突出脱贫重点、落实精准措施”的要求，充分调动各方面积极因素，构建专项扶贫、行业扶贫、援疆扶贫、社会扶贫与区内协作扶贫“五位一体”大扶贫格局，坚决完成22.5万贫困人口、330个贫困村和4个县市脱贫摘帽的任务。五是推进新型城镇化建设。突出地域、民族、文化特色，确保12个示范性特色小城镇建设成效明显。推动基础设施和公共服务向农牧区延伸拓展，建成一批具有喀什特色的新农村。

（四）始终坚持环保优先、生态立区，确保做到“生态良好”。严格落实《喀什地区“十三五”环保规划》，污染源全面达标排放，全面完成节能节水减排任务。一是把环境保护与建设摆在更加突出位置加以谋划推进，将生态保护目标纳入干部政绩考核体系。二是建立健全工作机制，细化分解生态保护具体措施，推动生态保护制度化、规范化。三是强化生态保护红线管控，持续开展重点行业专项整治工作，大力实施公共机构节能减排。四是严格落实“水十条”“气十条”“土十条”“河长制”，推进叶尔羌河流域、克孜河水环境整治，推广热电联产、地源热泵等清洁能源供热。实施最严格的水资源管理制度，严守水资源管理三条红线。五是坚持选商引资、严格环保制度，全力推进生态环境可持续、资源开发可持续，确保喀什天蓝地绿水清。

三、紧紧围绕总目标，切实转变工作作风

一是严守政治纪律和政治规矩。遵守党的政治纪律，最核心的就是坚持党的领导，在思想上政治上行动上同党中央、自治区党委和地委保持高度一致。要始终把对党绝对忠诚作为最重要的政治纪律，把守住纪律底线作为最基本的政治要求，对党中央、自治区党委的决策部署和地委工作要求，必须做到事不过夜、迅速贯彻、严格执行、全面落实。任何工作都必须以贯彻中央、自治区党委、地委决策部署和要求为前提，决不允许“上有政策、下有对策”，决不允许有令不行、有禁不止，决不允许在贯彻执行决策部署上打折扣、做选择、搞变通。

二是切实转变干部作风。陈全国书记就学习贯彻落实中纪委七次全会精神提出了十点要求，李宁平书记对转变干部作风提出了要以上率下、真抓实干、雷厉风行、一心为民、从严从紧的五条要求。这些要求都体现了抓作风建设的鲜明态度，释放了有责必问、问责必严的强烈信号，倒逼干部作风转变。各县市、各部门、各单位、特别是党员领导干部要认真学习领会、坚决贯彻落实党中央、自治区党委和地委关于从严治党、转变作风的要求，内化于心、外化于行，在坚持中见常态，在深化中形成习惯，切实把抓作风建设体现到推进喀什社会稳定和长治久安各项工作中去。牢固树立“工作干不好就食不甘味、夜不能寐”的敬业精神，自觉把岗位当阵地守，把工作当事业干，把奉献当本分看，以强烈的事业心和责任感投入工作，做到守土有责、守土负责、守土尽责。始终把人民放在心中最高位置，扎扎实实走群众路线，全心全意为人民服务，落实好农民减工、村（社区）减负、生产减统、政策减贪“四减”要求，坚决反对“四风”“四气”（官油子之气、不作为之气、漂浮之气、“两面人”之气），对不知责思为、得过且过、敷衍应付的，要严厉问责；对不作为、乱作为、失职渎职的，要严格追责；对吃拿卡要、滥用职权、贪污腐败的，要严肃查处。坚持从严治党，以铁的纪律保证党员领导干部转变作风、履职尽责。

三是全面细化压实责任。“一分部署，九分落实”。各县市、各部门、各单位要结合实际制定工作方案、细化工作措施，善于把中央的大政方针、自治区党委的决策部署和地委扩大会议的各项目标任务，与本县市、本部门、本单位实际结合起来，创造性地抓好贯彻落实，确保每项措施都能经得起历史和实践检验。各级领导干部要牢牢把握地委“四个确保”“五个紧盯总目标”的工作部署，紧扣最关键部位和节点，采取最有效的措施，冲在一线、干在实处。进一步明确各项工作的牵头单位、目标要求、完成时限、实施步骤，将责任落实到人头上，做到每项工作有人抓、有人管、有人负责，做到有部署、有督导、有检查，锲而不舍、一抓到底。要少说多干、真抓实干、干就干成、干就干好，坚决防止工作棚架、浮在面上、流于形式，全力确保实现今年社会大局稳定这项必须完成的政治任务。

四是强化督查抓落实。各县市、各部门、各单位要把督查督办作为保证决策实施的重要手段和工作方法，建立巡察制度，加大巡察力度，突出问题导向，增强问责刚性，及时发现和着力解决工作不落实、执行不到位的问题。对已经落实的要问效果，对正在落实的要讲进度，对尚未落实的要查原因。今年重点加大对维稳措施落实、固定资产投资、干部作风转变三项工作的督导检查力度，对认识不到位、岗位不坚守、责任不担当、工作不落实，失职渎职、玩忽职守、政策棚架、措施不落地等方面出现问题的，都将严肃问责追责、一查到底。

四、紧紧围绕总目标，切实抓好当前各项工作

各县市、各部门、各单位要在认真学习领会党中央、自治区党委决策部署和地委的工作要求基础上，认真总结2016年的工作，深入分析当前面临的形势，科学谋划今年各项工作，扎扎实实做好近期几项工作，为全年工作开好头、起好步。

一是切实抓好节日期间维稳措施的落实。春节期间，地区领导要带头落实值班带班和包联责任，畅通信息报送渠道。各县市、各部门、各单位、各级“访惠聚”工作队及派驻重点村的第一支部书记，要坚守岗位，思想不放松、标准不降低、力度不减弱，做好24小时值班带班、应急值守、走访慰问和民族团结联谊等各项工作，确保节日期间社会大局稳定。

二是有序开展农牧业生产和技能培训。加强农资市场监管、农资储备、农田水利基本建设、农产品市场开拓、防灾减灾等工作，确保农牧业生产各项保障措施得到有效落实。狠抓“科技之冬”活动，做好劳动力供求对接，确保掌握一技之长并能上岗就业。

三是积极推进重点项目前期准备工

作。紧紧抓住自治区交通建设“大机遇”，加快交通、水利、城镇化和新农村基础设施建设，发挥投融资平台作用，解决地区交通设施、棚户区改造、政法项目、双语幼儿园等重点项目资金难题。各县市、各有关部门要加强配合，组建项目专班，帮助企业协调解决土地、环评、融资、审批等问题和困难，确保项目合法合规、工程保质保量，力促项目早动工、早建设、早见效。

四是全力做好节日保障、安抚救助、安全生产工作。稳定粮油、肉、蛋、蔬菜等重要副食品供应，切实做好水、电、油、气、暖等民生保障工作；积极开展“献爱心、送温暖”活动，重点解决好优抚对象、低保户等弱势群体的生活困难和救助工作。做好维稳一线武装力量、各级驻村干部的生活保障和节日慰问工作；深入开展安全事故隐患排查，严查交通运输、食品药品、烟花爆竹、消防安全工作，严防发生重特大安全事故。

同志们，新起点孕育新希望，新征程创造新辉煌。让我们紧密地团结在以习近平同志为核心的党中央周围，在自治区党委、地委的坚强领导下，在全地区各族干部群众的共同努力下，不断适应新常态、迎接新挑战，以更加饱满的热情，更加昂扬的斗志，更加务实的作风，不辱使命、继续前进，为实现社会稳定和长治久安总目标，以优异成绩向党的十九大胜利召开献礼！

概 况

概 貌

【历史沿革】 自汉代开始，新疆地区正式成为中国版图一部分，从汉代至清代，包括新疆天山南北在内的广大地区统称为西域，意为西部疆域。秦末汉初，喀什是作为地方政权的西域三十六国的疏勒（今喀什市、疏附县、疏勒县、伽师县一带）、蒲犁（今塔什库尔干县）、莎车、依耐（今英吉沙县）、子合（今叶城县）、西夜（今莎车县城南）等诸国地。公元前60年，汉朝在新疆设置西域都护府，管理天山南北包括巴尔喀什湖以东以南广大地区，同时中央政府晋封和委派各地官吏。自此，西域正式成为祖国版图的一部分。公元74年，东汉名将班超出任西域都护，驻守疏勒17年。唐代，中央政权对西域管理加强，先后设置安西大都护府和北庭大都护府，在疏勒设置佉沙都督府，后改为疏勒都督府，有下设15个州，范围包括今喀什地区全境及克孜勒苏柯尔克孜自治州，为当时有名的“安西四镇”之一。五代至宋，先后为地方政权喀喇汗王朝和西辽所管辖，喀喇汗王朝曾以喀什为首府多次派使臣向宋朝朝贡。元代为成吉思汗次子察合台封地。明代，为西域四大回城之一。喀什作为“丝绸之路”的交通要冲，一直是中外商人云集的国际商埠。清乾隆时期，喀什是清政府“总理南八城事宜”的喀什噶尔参赞大臣驻地，光绪十一年（1884），清政府设置喀什噶尔道，辖疏勒、莎车两个府和英吉沙尔直隶厅、蒲犁分防厅、和阗直隶州。民国年间，先后在此设立第三（喀什）和第十（莎车）行政区。新中国成立后，是南疆区党委、南疆行署和喀什地委、喀什行署驻地。

【区划】 2017年，喀什地区下辖1个市和11个县，即喀什市、疏附县、疏勒县、英吉沙县、岳普湖县、伽师县、莎车县、泽普县、叶城县、麦盖提县、巴楚县、塔什库尔干塔吉克自治县。喀什市是喀什地区行署所在地，是喀什地区的政治、经济、文化中心，也是新疆唯一的中国历史文化名城。全地区有40个镇、8个街道办事处、128个乡、25个国有农场、16个国有林场、7个国有牧场、2个国有渔场，355个社区、2464个村民委员会。在喀什境内还驻有新疆生产建设兵团农三师及所辖16个团场，自治区属管单位、农场，石油基地、军事机关等单位。

【位置 面积】 喀什地区地处欧亚大陆中部，中华人民共和国西北部，新疆西南部。地处在北纬35° 28′～40° 16′、东经71° 39′～79° 52′之间。东临塔克拉玛干大沙漠，东北与柯坪县、阿瓦提县相连，西北与阿图什市、乌恰县和阿克陶县相连，东南与皮山县相连，西部与塔吉克斯坦相连，西南与阿富汗、巴基斯坦接壤。边境线总长888千米，全地区总面积16.2万平方千米，东西宽约750千米，南北长535千米。

【地貌】 喀什地区三面环山，一面敞开，北有天山南脉横卧，西有帕米尔高原耸立，南部是喀喇昆仑山，东部为塔克拉玛干大沙漠。诸山和沙漠环绕的叶尔羌河、喀什噶尔河冲积平原犹如绿色的宝石镶嵌其中。整个地势由西南向东北倾斜。地貌轮廓是由稳定的塔里木盆地、天山、昆仑山地槽褶皱带为主的构造单元组成。印度洋的湿润气流难以到达，北冰洋的寒冷气流也较难穿透，造成喀什地区干旱炎热的暖温带的荒漠景观。而山区的冰雪融水给绿洲的开发创造了条件，形成较集中的喀什噶尔和叶尔羌河两大著名绿洲。境内最高的乔戈里峰海拔8611米，最低处塔克拉玛干大沙漠海拔1100米，喀什市城区的平均海拔高度1289米。

【山脉】 天山南脉绵亘于喀什区域的北部。自西至东罗列着高山、中山、低山。高山主要有阿赖岭、卡什卡苏山、吐鲁尕尔特及阔克沙勒岭，山脉呈鳍状、长垣状，走向北东，切割较深；中山带主要有喀孜尕尔特山自西向东伸延，切割较浅；低山带自西向东有库木别尔、喀什、阿图什、柯坪等一系列背斜。

柯坪山地位于乌鲁木齐至喀什公路北面，西起东经77° 00′，东至东经77° 5′，分为伽师境内东西走向的西柯坪塔格山和巴楚境内东北—西南走向的东柯坪塔格山。帕米尔高原东部位于喀什境内，北至布仑口谷地，南抵喀喇昆仑山（中巴边境），西抵萨雷阔勒岭，东接西昆仑山。较高的山峰有7719米的公格尔山、7546米的慕士塔格山、7282米的慕士山和6802米的切尔里丘克山。在喀什境内的喀喇昆仑山为山脉的东北坡，长约280千米，平均海拔5500米以上。世界上海拔在8000米以上的14座高峰中，有4座便坐落在喀喇昆仑山脉之中，其中海拔8611米的世界第二高峰——乔戈里峰，是喀喇昆仑山的主峰。在乔戈里峰周围，还有海拔8066米的加舒布尔鲁姆山、海拔8047米的布洛阿特峰，海拔8034米的加舒尔布鲁姆峰。

【平原】 山前倾斜平原是喀什分布较广的一种地形。一般由洪积扇、洪积锥、洪积裙、洪积平原组成。主要有柯坪、乌帕尔、黑孜、柯克亚（乌鲁克）山前倾斜平原。

克孜河冲积平原由冲积扇、冲积平原、干三角洲、托克拉克沙漠组成，由克孜河、恰克玛克河、布古孜河组成平原水系，地形总的趋势是由西向东倾斜，是喀什主要农区之一。

盖孜—库山河冲积平原，地形总的趋势是西南向东北微微倾斜。由盖孜河冲积平原、库山河冲积平原、依格孜亚冲积平原、洪积平原组成。

叶尔羌河冲积平原为年轻的沙质冲积

平原，由叶尔羌河、乌鲁吾斯塘、提孜那甫河组成平原水系，地形总的趋势是从南向东微微倾斜，是喀什最大的绿洲。

【冰川】 喀什地区的帕米尔高原、喀喇昆仑山、昆仑山冰川分布很广。在帕米尔东部山地，冰川总面积2200多平方千米。其中，公格尔山—慕士塔格山冰川面积635平方千米，冰层厚度100米，几乎整个山体都被冰层所覆盖。慕士塔格东坡的可可西里冰川、西北坡的羊布拉克冰川、公格尔山北坡的克拉牙—克拉冰川等都长达20千米，气势磅礴，景观奇异。喀喇昆仑山分布着巨大的冰雪层和冰川，其中著名的音苏提冰川长40.2千米，是中国最大的冰川之一。这些冰川为喀什提供了比较稳定的水资源，故有“固体水库”之称。

【河流】 喀什地区水系受地形地貌、地域降水影响，各河系的源头都位于冰川、山区积雪带，随着山区水分的融冻而使各河的年内枯洪变化明显。各河都为融补型河流。全地区有5大河流，另有短程河3条。

叶尔羌河是喀什地区最大的河流，支流众多，较大的支流有塔什库尔干河、克勒肯河。它发源于喀喇昆仑山的乔戈里峰，属融雪补给型。河流全长1000千米，流域面积10.81万平方千米，灌溉着地区农田面积最大的绿洲——叶尔羌河平原。即莎车县、泽普县、麦盖提县、巴楚县、生产建设兵团农三师11个团场及叶城县、岳普湖县部分农田。夏洪期有余水灌溉下游胡杨林区，在阿瓦提县汇入塔里木河（占塔里木河水量的17%）。年径流量64.33亿立方米，少水年份54.91亿立方米。

克孜勒河发源于吉尔吉斯斯坦境内的特拉普齐亚峰，吉尔吉斯斯坦境内流长778千米，中国境内流长900千米，流域面积1.51万平方千米。克孜勒河进入平原及疏附县苏乎鲁克处分为南北两支，南支喀什噶尔河、北支克孜尔保依河。克孜勒河下游汇集于三角洲的伽师县到西克水库消失。克孜勒河灌溉区包括疏附县、疏勒县、喀什市、伽师县及生产建设兵团农三师伽师总场。年径流量20.21亿立方米。

盖孜河源于慕士塔格峰、公格尔峰、阿克塞巴什峰的融雪，以融雪补给为主，雨水补给量极少。盖孜河河长320千米，流域面积1.62万平方千米，有3条支流，水量较丰的支流为木吉河，另有库西瓦尔及拉依艾更（泉水）支流。盖孜河下游至三角洲的岳普湖县铁里木消失。灌溉区包括疏附、疏勒、岳普湖等县及生产建设兵团农三师两个团场。年径流量9.65亿立方米。由于春季融雪量少，故径流量不能满足灌溉用水需要，时有春旱。

库山河源于慕士塔格峰、公格尔冰峰，以融冰补给为主。河长200多千米，流域面积0.89万平方千米，由卡拉塔什和且木干两条支流汇合而成，另有皮河克和罕铁列克小溪注入。灌溉区包括疏勒县、英吉沙县及东风农场，并消失于疏勒和英吉沙两县。年径流量6.3亿立方米，库山河流域易春旱。

依格孜亚河发源于昆仑山北麓的不勒干积雪带，虽有融雪补给，但其径流形成主要依赖降水和泉水补给。河长76千米，年径流量2.02亿立方米，灌区只有英吉沙县依格孜也尔乡农田，下游消失于山前洪积扇。

另有恰克马克河，因上游引水量大，至喀什地区境内基本断流，只有在暴雨时才有山洪下泄（历史上曾流入克孜勒河），平时河床干涸。吐曼河为地下水补给河，由山前洪积扇、冲积平原的降水下渗补给，浇灌喀什市英吾斯坦乡、阿克喀什乡。提孜那甫河发源于昆仑山的阳吉峰，属融雪补给型。河长430千米，流域面积1.46万平方千米。提孜那甫河流经叶城县境界，最后消失在塔克拉玛干大沙漠。河水灌溉叶城县农田及少量麦盖提县农田。年径流量7.77亿立方米。春季水量少，个别年份甚至断流，时有春旱发生。乌鲁克河、柯克亚河、棋盘河均发源于昆仑山北麓，沿河谷北下，属降水、地下水混合补给型。乌鲁克河年径流量5.01亿立方米，柯克亚河年径流量仅为0.13亿立方米。

【地下水】 喀什地区地下水的动储量约在50亿～60亿立方米（包括上层滞水）。地下水主要补给区是在洪积扇、冲积扇。各大河流在出山口后的砾质洪积物上大量渗漏，其渗漏量约占河水的30%以上，是平原区地下水径流形成的主要来源。地下水运动规模在上游扇形地上主要为补给形成区，至下游则为蒸发消耗区。

【气候】 喀什地区处在中亚腹部，受地理环境的制约，属暖温带大陆性干旱气候带。境内四季分明，光照长，气温年和日变化大，降水很少，蒸发旺盛。夏季炎热，但酷暑期短；冬无严寒，但低温期长；春夏多大风、沙暴、浮尘天气。因地形复杂、气候差异较大，大体可分为5个区。（1）喀什平原气候区。包括喀什市北部、中部广大冲积平原地区，年平均气温在11.4℃～11.7℃，年降水量39～664毫米，春夏秋冬四季分明。气温年变化和日变化大，降水变化显著。日照长，蒸发强，气候干燥。冬季低温期长，夏季长而炎热。春季升温快，常有倒春寒；秋季短促，降温迅速。春季多大风、沙暴。浮尘日数频繁。（2）沙漠荒漠气候区。喀什市南部、麦盖提县东部和叶城东北部属塔克拉玛干沙漠荒漠区。大陆性气候极显著，年平均气温在11℃以上，冬季寒冷，夏季酷热，冷暖变化剧烈。降水稀少，气候干燥，年降水量在40毫米以下。风沙多，日照强。（3）山地丘陵气候区。叶城县中部、巴楚县和伽师县北部，疏附县、英吉沙县和莎车县西部海拔1500～3000米处山区丘陵地带。年平均气温在11℃以下，冬季较长，夏季短促。年降水量在70毫米以上，主要集中在夏季，时有大雨甚至暴雨山洪发生。山区河谷地带气候适宜，夏季温热，冬季偏暖。（4）帕米尔高原气候区。主要是塔什库尔干塔吉克自治县。年平均气温在5℃以下，冬季漫长寒冷，夏季温和。降水较少，主要集中在春夏两季。大风日数多，光照充足，辐射强，天气晴朗。（5）昆仑山气候区。主要包括塔什库尔干县南部和叶城县南部。年平均气温在5℃以下，山峰终年积雪，气候严寒，空气干燥，低压缺氧，风大雪多，天气多变。全年可分为冷暖两季。

【土地资源】 喀什地区土壤有机质含量低，一般在1%以下。2017年全地区耕地70.79万公顷，园地11.9万公顷，草地132.2万公顷。

【水资源】 喀什地区各河系的源头位于冰川、山区积雪带，随着山区不同季节水分的融化而使各河的年内枯洪变化明显。全地区有叶尔羌河流域和喀什噶尔河流域，大小河流10条，其中较大河流有叶尔羌、提孜那甫、克孜勒、盖孜、库山5条。全地区河水年径流量120亿立方米，还有地下回归水10亿立方米，水能蕴藏量760万千瓦，易开发120万千瓦。河流的来水特点是枯、洪期差异较大。6—9月洪水期的径流量为年径流量的60%～80%，此时水位涨落急剧，昼夜变化明显。

【动植物资源】 植物资源有高山植被、平原绿洲植被、荒漠植被、沼泽植被等。截至2017年末，喀什地区森林资源面积为78.30万公顷，其中人工林53万公顷，天然林25.40万公顷，森林覆盖率达4.83%。树种有杨树、柳树、桑树、沙棘、槐树、梧桐、松树、杉树、柏树、红柳、胡杨、沙棘等。果树有桃、杏、梨、苹果、巴旦木、葡萄、无花果、石榴、樱桃、阿月浑子、核桃等。甜瓜和西瓜质地优良、含糖量高。农作物以小麦、玉米、棉花为主，还有水稻、大麦、高粱、油菜、胡麻、葵花、花生、芝麻、小茴香等。药用植物有甘草、党参、麻黄、雪莲等10多种。动物家畜有羊、牛、马、驴、驼、骡、猪、兔等。野生动物有狐狸、野猪、黄羊、雪豹、雪鸡、野兔、松鼠等。还有种类繁多的飞禽。

【矿产资源】 喀什地区已发现矿产67种，矿产地224处。其中大型矿床12处。矿产主要有石油、天然气、煤、油页岩、铁、铬、钛、锰、钒、金、银、铂、铜、铅、镁、钴、钨、美矿、白云岩、萤石、熔剂灰岩、硫铁矿、自然硫、岩盐、蛇纹岩、重晶石、皂石、方纳磷、膨润土、水泥石灰岩、饰面大理石、石英岩、砂岩、黏土、宝石、玉石、东陵石、黄玉、石榴石、电气石、水晶、金刚石、玛瑙等。其中石膏储量居全国前列，蛇纹岩储量居全国第三位，石油、天然气、水泥石灰岩、熔剂灰岩、饰面大理石、花岗岩、磁铁矿、硫铁矿、玉石储量丰富。

国民经济与社会发展

【综合】 初步核算，2017年实现地区生产总值（GDP）848.2亿元，比上年增长6.1%。其中，第一产业增加值282.4亿元，增长3.2%；第二产业增加值215.5亿元，增长2.3%，其中工业增加值85.6亿元，增长2.8%；第三产业增加值350.3亿元，增长10.9%。第一产业增加值占地区生产值的比重为33.3%，第二产业增加值占地区生产值的比重为25.4%，第三产业增加值占地区生产值的比重为41.3%，第三产业成为拉动经济增长的第一动力。人均生产总值18511元，增长5.6%。

年末人口总户数119.08万户，总人口464.97万人，比上年增加13.5万人，城镇人口106.50万人，占总人口比重为22.90%。汉族人口28.8万人，占总人口比重为6.2%；维吾尔族人口429.52万人，占总人口比重为92.4%；塔吉克族人口4.35万人，占总人口比重为0.94%；其他民族人口2万人，占总人口比重为0.43%。全年出生率12.83‰，死亡率4.82‰，人口自然增长率8.01‰。

喀什地区2017年年末人口数及结构一览表

表1

指标	年末数（万人）	比重（%）
全地区总人口	464.97	100.0
其中：城镇	106.5	22.90
乡村	358.47	77.10
其中：男性	234.61	50.46
女性	230.36	49.54
其中：0～17岁	171.05	36.79
18～34岁	135.88	29.22
35～59岁	121.79	26.19
60岁及以上	36.24	7.79

全年实现城镇新增就业人口10万人，城镇登记失业率为2.3%，2017年末实有城镇登记失业人数10859人。

全年居民消费价格（CPI）比上年上涨2.6%，八大类商品中，食品烟酒类上涨2.2%，衣着类下降0.6%；居住类上涨1.3%；生活用品及服务类增长0.5%；交通和通信类下降0.1%；教育文化和娱乐上涨3.4%；医疗保健上涨17.2%；其他用品和服务价格上涨2.2%。

【农业】 2017年，农作物播种面积1658万亩，比上年下降5.21。其中，粮食播种面积698.1万亩，下降7.93%；小麦播种面积363.3万亩，下降6.09%；玉米播种面积292.8万亩，下降8.87%；棉花播种面积666.1万亩，增长10.42%；瓜类播种面积79.6万亩，下降26.61%；蔬菜播种面积81.8万亩，下降3.11%。

全年粮食产量304.7万吨，比上年减产7.2%，其中，小麦产量148.8万吨，减产4.6%；棉花产量72.5万吨，增长13.7%；玉米产量147.6万吨，减产9.0%；蔬菜产量279.8万吨，增长14.3%；瓜类产量224.2万吨，减产23.8%。

全年林果业总产量204万吨，比上年增长5.75%，其中，苹果13.48万吨，下降0.53%，葡萄10.2万吨，下降0.54%，桃子7.33万吨，增长9.33%，杏子56.06万吨，下降3.15%，石榴4.4万吨，增长2.54%，梨子1.6万吨，增长10.25%。

2017年末全区牲畜存栏713.66万头（只）；年末牲畜出栏头数827.01万头（只）。全年肉类总产量32.75万吨；奶产量28.94万吨；禽蛋产量8.82万吨。

全年完成水产品总量1.38万吨，增长2.96%。

年末农业机械总动力452.99万千瓦，比上年增长5.01%。拥有大中型及以上拖拉机 13.38 万台，增长 2.92%；小型拖拉机 3.49 万台，增长 5.44%。

【工业和建筑业】 2017 年，全部工业增加值 85.6 亿元，比上年增长 2.8%。规模以上工业增加值 34.5 亿元，下降 0.9%。在规模以上工业中，按经济类型划分，国有控股企业增加值 6.9 亿元，增长 1.8%；股份制企业增加值 33.7 亿元，下降 1%；私营企业增加值 4.9 亿元，下降 29.8%。按工业三大门类划分，采矿业完成增加值 3.11 亿元，增长 21.3%；制造业增加值 22.84 亿元，下降 6%；电力、热力、燃气及水生产和供应业增加值 8.51 亿元，增长 4.8%。按轻重工业划分，轻工业增加值 10.2 亿元，下降 0.2%；重工业增加值 24.3 亿元，下降 6.9%。

在喀什地区重点监测的产业中，电力工业 3.7 亿元，增长 2.5%；建材工业 8.9 亿元，增长 8.6%；纺织工业 3.2 亿元，增长 28.8%；农副食品加工工业 2.7 亿元，下降 4.5%；有色工业 0.66 亿元，下降 75.1%；化学工业 0.8 亿元，下降 4.8%。六大高耗能行业增加值下降 0.4%，占规模以上工业增加值的比重为 16.8%。

2017 年规模以上工业企业产品产量及其增长速度一览表

表 2

产品名称	单位	产量	比上年增减
铁矿石原矿	吨	1034325	-14.9
小麦粉	吨	14260	-5
饲料	吨	117736	15.4
精制食用植物油	吨	12972	29.2
乳制品	吨	11850	53
家具	件	38212	11.6
硫酸（折 100%）	吨	28342	8
塑料制品	吨	30102.7	29
水泥	吨	5512289.7	-2.3
砖	万块	14248	38.4
生铁	吨	107371	24.9
精炼铜（电解铜）	吨	7372	-37.2
供热量	万吉焦	1492.7	25.7
自来水生产量	万立方米	4906	5.2
发电量	万千瓦时	372234.21	4.31
火力发电量	万千瓦时	269881.81	-1.12
水力发电量	万千瓦时	91589.13	20.45

续表

产品名称	单位	产量	比上年增减 %
太阳能发电量	万千瓦时	10763.27	36.75

全年规模以上工业企业产品销售率98.2%，比上年提高4.7个百分点。完成工业品出口交货值1.4亿元，下降22.2%。

全年实现建筑业增加值129.8亿元，增长1.9%。

【固定资产投资】 2017年，固定资产投资（不含农户）（下同）1046.2亿元，比上年增长16.2%。在固定资产投资中，第一产业投资56.8亿元，下降15.5%；第二产业投资179.9亿元，下降22.7%，其中，工业投资177.4亿元，下降11.1%；第三产业投资809.4亿元，增长34.9%。全年固定资产投资中，基础设施投资286.2亿元，增长121.2%，占固定资产投资的比重为27.4%；民间投资104.0亿元，下降23.7%，占固定资产投资的比重为9.9%；民生投资463.5亿元，增长10.7%，占固定资产投资的比重为44.3%。六大高耗能行业投资52.8亿元，下降29.0%，占固定资产投资的比重为5.0%。

全年房地产开发投资29.3亿元，比上年增长51.4%。其中，住宅投资19.3亿元，增长139.0%；办公楼投资1.03亿元，下降40.6%；商业营业用房投资7.8亿元，增长19.6%。

【国内贸易】 2017年，社会消费品零售总额187.2亿元，比上年增长6.0%。按经营地划分，城镇消费品零售额138.5亿元，增长4.8%；乡村消费品零售额48.7亿元，增长9.7%。按消费形态划分，商品零售额157.8亿元，增长6.0%；餐饮收入额29.4亿元，增长6.3%。按规模划分，限额以上单位消费品零售额40.07亿元，下降8.3%；限额以下单位消费品零售额147.1亿元，增长10.8%。

在限额以上企业商品零售额中，按商品类别划分，粮油、食品类零售额比上年下降35.1%，饮料类下降36.5%，烟酒类下降26.3%，服装、鞋帽、针纺织品类下降38.7%，化妆品类下降40.5%，金银珠宝类下降2.9%，日用品类下降35.9%，家用电器和音像器材类下降9.0%，建筑及装潢材料类下降17.5%，汽车类下降8.7%，石油及制品类下降10.0%。

【对外经济】 2017年，货物进出口总额18.13亿美元，比上年增长8.01%。其中，出口17.83亿美元，增长7.18%；进口0.3亿美元，增长100.67%。货物进出口差额（出口减进口）17.53亿美元，比上年增加1亿美元。

全年招商引资落实执行项目512个，其中，全年招商引资新履约项目356个，落实执行项目引进到位资金240亿元。

【交通、邮电和旅游】 2017年，铁路完成货运量777.5万吨，比上年增长91.46%；公路完成货运量3189.56万吨，增长14.77%；民航完成货邮吞吐量7722.77吨，增长15.89%。

铁路完成客运量470.83万人次，下降2.9%；公路完成客运量4528.06万人次，下降18.71%；民航完成旅客吞吐量240.82万人次，增长12.84%。

年末公路线路里程2.41万千米，其中，高速公路里程828.5千米。年末全区民用汽车保有量53.35万辆（包括三轮汽车和低速货车），比上年末增长17.69%，其中，私人汽车保有量47.37万辆，增长19.17%。

全年完成邮政行业业务总量1.61亿元，比上年增长15.67%。邮政业全年完成邮政函件业务26.61万件，下降23.36%；包裹业务15.79万件，增长13.43%；快递业务量231.56万件，下降7.09%，快递业务收入7267.03万元，下降11.01%。全年完成电信业务总量19.73亿元，增长2.97%。年末全区固定电话用户数28万户，增长17.08%；移动电话用户292.84万户，增长7.1%。电话普及率69部/百人，其中，固定电话普及率6.02部/百人，移动电话普及率62.98部/百人。互联网宽带用户32.76万户，增长37.69%。

全年全区接待游客600万人次，比上年增长21.95%；旅游收入54亿元，增长37.83%。全地区共创建成A级景区50处，其中，AAAAA级2处，AAAA级7处，AAA级25处，AA级16处；星级饭店32家，其中5星级1个，4星级2个，3星级19个，2星级10个；星级农家乐138个，5星级5个，4星级17个，3星级66个，2星级13个，1星级37个；星级牧家乐23个，3星级18个，2星级5个；旅行社32家。

【财政和金融】 2017年，地方财政收入64.15亿元，比上年增长18.59%。其中，一般公共预算收入58.15亿元，下降8.78%。税收收入34.98亿元，增长0.22%。全年地方财政支出606.40亿元，增长18.50%。其中一般公共预算支出602.96亿元，增长22.98%。一般公共预算支出中教育支出129.75亿元，增长12.08%；社会保障和就业支出71.62亿元，增长8.98%；医疗卫生支出44.10亿元，增长0.65%；城乡社区事务支出12.76亿元，增长33.08%；农林水事务支出96.55亿元，增长下降6.04%；住房保障支出55.12亿元，增长21.87%；节能环保支出4.49亿元，下降38.76%；交通运输支出11.64亿元，增长434.25%。

年末金融机构（含外资）人民币各项存款余额1650.24亿元，比上年增长12.26%。其中，非金融企业存款余额361.95亿元，增长4.52%；住户存款余额680.36亿元，增长8.87%。年末金融机构（含外资）人民币各项贷款余额797.51亿元，比上年增长9.53%。其中，短期贷款351.92亿元，比上年增长92.44%；中长期贷款142.12亿元，比上年下降68.64%。

全年保险公司各项保费收入28.75亿元，比上年增长14.31%。其中，财产险收入12.33亿元，增长10.09%；寿险收入10.22亿元，增长1.19%；健康险收入4.86

亿元，增长75.45%；意外伤害险收入1.35亿元，增长25%。

全年各类保险赔款及给付支出9.45亿元，增长15.67%。其中，财产险赔款5.32亿元，增长7.47%；寿险给付1.9亿元，增长1.58%；健康险赔款及给付1.61亿元，增长61%；意外伤害险赔款及给付0.59亿元，增长78.79%。

【居民收入和社会保障】 按常住地分，城镇居民人均可支配收入24103元，比上年增长6.0%。其中，工资性收入14769元，增长5.9%；经营净收入1403元，增长2.6%；财产净收入647元，下降3.1%；转移净收入7285元，增长7.9%。农村居民人均可支配收入8013元，比上年增长6.1%。其中，工资性收入2420元，增长5.6%；经营净收入3811元，增长1.9%；财产净收入61元，增长1.6%；转移净收入1721元，增长17.8%。

年末全区共有20.26万人享受城市居民最低生活保障，91.92万人享受农村居民最低生活保障。参加城镇职工基本养老保险人数10.6万人，比上年末增加375人。参加城乡居民基本养老保险人数192.2万人，增加39.9万人。参加基本医疗保险人数69.66万人，增加2.5万人，其中，参加职工基本医疗保险人数29.18万人，增加1.6万人，参加城乡居民基本医疗保险人数40.49万人，增加9593人。参加失业保险人数18.54万人，增加1.19万人。参加工伤保险人数23.97万人，增加1.24万人。参加生育保险人数21.95万人，增加1.84万人。

【教育、科学技术和文化体育】 2017年，全区有普通高等院校1所，2017年招生3291人，其中少数民族1922人；在校生数12585人，其中少数民族8114人；毕业生数2689人，其中少数民族1642人。教职工1040人，其中少数民族489人；有专任教师748人，其中少数民族331人；具有高级专业技术职称244人，占32.6%，其中少数民族109人；硕士及以上学历501人，占67%。

中等职业教育学校27所，全年招生17019人，在校生48679人，毕业14039人。

普通高中41所，全年招生40782人，在校生112658人，毕业生27018人。

初中141所，全年招生63189人，在校生191625人，毕业生67298人。

普通小学892所，全年招生112900人，在校生551880人，毕业生65813人。

特殊教育学校5所，全年招生212人，在校生859人，毕业生36人。

幼儿园1780所，全年招生218603人，在校生404210人，毕业生108352人。

2017年，地区申请发明专利、实用新型专利和外观设计专利等三种专利申请总量共401件，比上年增长22%。其中，发明专利61件，实用新型专利268件，外观设计专利72件，职务发明（企事业单位申请专利）172件，非职务发明（个人名义申请专利）229件。2017年地区授权专利199件，其中，发明专利13件，实用新型专利135件，外观设计专利51件，职务发明（企事业单位申请专利）92件，非职务发明（个人名义申请专利）107件。

全地区拥有广播电视台12座，乡镇广播站168座，广播综合人口覆盖率98.39%，电视人口综合覆盖率98.71%；电影院15个，电影队168个，农村电影放映次数29663场次。全年出版报纸总印数1391.67万份，各类杂志图书4.74万册。

【卫生和社会服务】 2017年年末，共有医疗卫生机构3243所，拥有床位26895张，卫生技术人员20327人，其中，执业医师和执业助理医师6324人，注册护士7893人。医院150所，其中，综合医院123所，专科医院13所，民族医院11所；拥有床位16793张，卫生技术人员12810人，其中，执业医师和执业助理医师3664人，注册护士5667人。卫生院166所，拥有床位7585张，卫生技术人员4509人，其中，执业医师和执业助理医师1398人，注册护士1280人。妇幼保健院（所、站）13个，拥有床位256张，卫生技术人员297人，其中，执业医师和执业助理医师132人，注册护士84人。村卫生室2308个，乡村医生4608人，卫生院377所。医疗卫生机构疾病预防控制中心14所，卫生技术人员435人。

年末全区社会福利单位22个，从业人员195人；民办老年公寓2个，床位数325张，收养人员118人；农村五保供养机构34所，床位3761张，集中收养2494人；儿童福利院13个，床位数7033张，集中收养7033人。全年销售社会福利彩票4.8亿元，筹集社会福利资金2.73亿元。

【环境和安全生产】 2017年，全区空气监测Ⅳ级以上天数为269天。全喀什地区12县市饮用水源地水质均未受到污染。塔什库尔干河、叶尔羌河、盖孜河、提孜那甫河、库山河、喀什噶尔河、吐曼河、克孜河8条河流16个断面水质监测达到国家Ⅲ类及以上水质标准的比率为93.75%。

全地区完成人工造林面积2.62万公顷，其中，经济林0.62万公顷，生态林1.01万公顷。森林抚育面积1万公顷，当年新封山（沙）育林面积0.23万公顷。

清洁能源占全部发电量的33%，比上年下降了5个百分点，重点能耗企业综合能耗下降4.3%。

全年共发生各类生产安全事故295起，死亡45人，受伤98人，直接经济损失270.7万元，与上年同期相比事故起数增加37起，上升14.34%，死亡人数减少38人、下降45.8%，受伤人数减少3人、下降2.97%，直接经济损失减少619万、下降69.6%。

专记

地区扎实推进“访民情、惠民生、聚民心”驻村工作

2017年，喀什地区2441个“访惠聚”驻村工作队紧紧聚焦社会稳定和长治久安总目标，向“1+2+5”任务对标看齐，集全民之智，举全区之力，全面打好反恐维稳主动战、基层组织堡垒战、群众工作持久战、精准脱贫攻坚战，坚定不移在强基层强基础和转变作风、服务群众、凝聚人心上下功夫，推进“访惠聚”驻村工作有力有序有效开展，以干部的“辛苦指数”换来群众的“幸福指数”。

一、严抓实管，强化组织领导

2017年。地区调整成立由地、县委书记任组长的“访惠聚”驻村工作领导小组和办公室，坚持强力谋划推动，压紧压实工作责任。经常指导跟踪督导，组织召开“访惠聚”驻村工作现场推进会、经验交流会30余次，“访惠聚”驻村工作全面指导9次，推动各项固本强基措施在基层见效。抓实领导干部包点示范和蹲点指导制度，推动工作精力和组织资源配置向基层倾斜，形成一级抓一级，层层抓落实的良好局面。建立日常积分、定期评分、公开晒分、科学用分的积分争星管理办法，实行任务派工单、进度督促单、落实积分单、整改销号单“四单式管理”，推进6.67万余名驻村力量常态化包联走访群众112.37万户，把“访惠聚”各项工作任务落在平时、管在经常、严在细节。

二、标本兼治维护社会稳定

2017年，各驻村工作队始终把维护稳定作为压倒一切的政治任务、重于泰山的政治责任，协助基层全面落实各项维稳措施，推进社会管理综合治理，加强群防群治力量建设，确保各项维稳措施落地生根。

三、强化帮建，筑牢基层基础

2017年，地区加强村带头人队伍建设，选派2558名优秀国家干部担任村（社区）第一书记。采取第一书记转任一批、县市直机关下派一批、乡机关和站所挑选一批、大学生村官选任一批、优秀村党支部书记留任一批的“五个一批”方式，选派2083名国家干部担任村党支部书记，选派3870名国家干部作为村党支部书记后备人选到村培养锻炼。

坚持逐村分析、问诊把脉、找准症结，切实加强889个“四界村”基层组织建设，着力补齐短板、夯实基础。突出整顿组织、整治作风，强力推进软弱涣散村（社区）

巩固提升和软弱涣散村（社区）整顿工作。

驻村工作队重视村干部和后备干部帮带培养，坚持量才施教、跟踪帮带、压担培养，采取驻村工作队“1+N”帮带培养措施，真正实现“水流走了石头还在，石头更硬”的目标。全地区2441名第一书记、1.3万名驻村干部结对帮带村干部5.09余万人次、后备干部6.76余万人次，已培养走上村“两委”岗位任职后备干部3435名。始终把政治标准放在首位，严格落实“25154”机制，共储备入党积极分子后备人选7.96万余人，协助培养入党积极分子5.41万余名，协助发展农牧民党员1.08万名。

四、常态规范　做实群众工作

各驻村工作队把每周一作为主题宣讲日，发放惠农补贴资金50.8亿元；深入开展“民族团结一家亲”活动，各派出单位、工作队结对认亲7.37万余户、23.4万余人，开展民族团结联谊活动4.8万余场次、参加活动746.94万人次，开展宣传教育活动15.1万余场次；开展干部作风和损害群众利益专项整治，从严查处“乱政”“怠政”、不作为、政策棚架等突出问题，依纪依规立案审查6954人，清理清退乱收费、乱罚款、乱摊派等涉农惠农资金5.85亿元，促进基层干部作风明显好转。

各驻村工作队推进学习国家通用语言和举办农牧业实用技术工作累计3664个班次，实现就业6.34万人；部署开展“倡导新风尚，树立新气象，建立新秩序”活动，成立文艺队、体育队，组织开展各类文体活动，把受宗教影响的行为方式扭转过来，把受极端思想毒害的群众解脱出来，还各族群众一片晴朗、清新的天空。

五、办好实事确保群众满意

2017年，喀什地区成为全疆第一个取消农村义务工和“五统一”地区，抓好九项惠民生工程的落实，常态化开展同吃同住同劳动同学习的志愿服务和结亲活动，各工作队为群众办实事好事12.15万余件，投入4.54亿余元；慰问群众55.04万户，发放慰问资金2.12亿余元；帮助1.95万余名困难适龄儿童就学；帮助3.9万余名困难群众就医。群众对驻村干部的满意率由上年90%左右提升到现在99%。

六、持续发力推进脱贫攻坚

2017年，各驻村工作队把党支部建在产业链上，建立产业链党支部842个、产业党小组1276个，管理党员1.6万余名。培育致富标兵，把党员聚在产业链上，培养986名致富能手、经纪人成为入党积极分子，发展231名政治素质好、致富业绩好的致富能手和经纪人成为党员，培养各类党员致富示范户1194户、党员致富标兵125名。拓宽增收途径，让群众富在产业链上，全地区举办实用技能培训班，培训603.26万余人次，1100余名科技示范户、致富带头人与2.23万余户贫困户结成“一对一”帮带对子，已帮带342户贫困户实现脱贫目标。

2017年，地区各驻村工作队协调引进惠民生项目4413个，项目投资4.33亿余元，已完成项目959个，实施“短平快”项目1940个，带动5.71万余名群众就业；引导群众成立农民专业合作社708个，帮助18.75万余户村民发展庭院经济；协助发展或引进中小微企业348个，引进或投入资金5765万元。

（喀什地区“访惠聚”办公室）

全力推进精准扶贫专项行动

2017年，喀什地区认真贯彻落实习近平新时代中国特色社会主义思想，坚持精准扶贫、精准脱贫方略，按照中央、自治区党委脱贫攻坚工作部署，坚持“六个精准”，实施“五个一批”脱贫计划，全力推进“十大专项行动”，实现3.14万户12.7万人稳定脱贫、114个贫困村整村退出，圆满完成年度脱贫攻坚任务，为打赢深度贫困脱贫攻坚战奠定基础。

一、强化组织领导，凝聚攻坚共识

2017年，喀什地区地、县、乡三级及时调整充实扶贫开发领导小组，分别实行党政“一把手”双组长负责制，进一步加强组织领导，高位推动脱贫攻坚工作。定期召开扶贫开发领导小组全体会议、联席会议，每月对扶贫工作进行专报和专项督查并及时通报，坚持主要领导亲自抓，分管领导具体抓，成员单位协调抓，落实县市一名副书记主抓扶贫，乡村一名领导专职负责扶贫制度。多次召开专题会议研究安排部署脱贫攻坚工作，把脱贫责任扛在肩上，把脱贫任务抓在手上、落实在行动上。

二、深入开展建档立卡再复核工作，确保扶贫对象精准

2017年，在精准识贫工作上，全区上下坚持党政一把手亲自抓，认真解决“扶持谁”的问题。全地区组织6万名干部开展扶贫对象精准复核工作，做实精准扶贫基础。12个地厅级领导带队的督查指导组，通过集中培训、全面复核、大平台比对、入户核对、数据校对等措施，逐户逐人进行公安户籍、扶贫信息系统、农户家庭实情三见、三比对、三复核，扶贫对象从基本精准到更加精准。核定地区农村扶贫对象建档立卡系统内规模30.7万户、127.3万人，夯实精准扶贫、精准脱贫的基础。按照自治区党委关于打赢深度贫困地区脱贫攻坚战的部署，地区适时对12个贫困县市摘帽时间表进行优化调整。

三、构建全党动员、社会参与的大扶贫格局

2017年，全区上下牢固树立“没有与脱贫攻坚无关的单位、无关的人”的思想，构建全党动员、社会参与的大扶贫格局，凝聚脱贫攻坚强大合力，认真落实“谁来扶”的问题。

（一）完善脱贫攻坚包联制度

地委、行署与12个县市、189个地直部门、中央（自治区）驻喀单位签订脱贫攻坚责任书，构建脱贫攻坚包联工作体系，确定每个贫困村至少有1个上级部门（单位）结对帮扶、1名县级领导（或科级）定点联系、1名第一书记驻村统筹、1个“访惠聚”工作队驻村工作和1名贫困户家庭1个干部包联，实现所有贫困村、户包联帮扶全覆盖，攻坚期内不脱贫不脱钩。

（二）干部联户全覆盖

2017年，喀什地区领导以上率下，率先垂范，全地区38名地厅级领导包联38个扶贫示范乡。各县市、各单位积极响应，每名县级领导抓一个脱贫攻坚示范村，使1222个贫困村县级领导联系全覆盖。全区各级党员干部胸怀大局，在“民族团结一家亲”活动中，全地区12.58万名干部职工采取“4321”方式与贫困户家庭结对认亲，做到干部联户全覆盖。

（三）“访惠聚”驻村工作队定点帮扶

2017年，村第一书记统筹“访惠聚”驻村工作队、干部支教等资源，全面协调全村脱贫工作，指导帮助贫困村制定脱贫计划，落实扶贫政策，宣传惠民政策，做好精准扶贫等。按照“单位当后盾、领导负总责、队员当代表”的原则，地、县、乡三级2441个“访惠聚”驻村工作队13168名干部深入开展定点帮扶贫困村和帮扶贫困户工作，发挥派出单位的优势和驻村干部的特长，对接贫困村、贫困户的需求，有针对性地制定脱贫计划。

（四）对口援疆四省市“造血式”扶贫

2017年，山东、上海、广东、深圳对口援疆四省市始终紧扣“六个更加注重”重点任务，在人才、产业、项目、科技等方面进行全方位援疆，把援疆资金瞄准贫困人口，更加精准发力，实施“造血式”扶贫，特别是组织务工人员赴援疆省市转移就业上有新突破。

（五）社会扶贫

2017年，地区积极鼓励、引导非公有制经济组织弘扬扶贫济困传统美德，积极参与结对扶贫工作。相继开展“百企帮百村”“青年企业行动”“巾帼脱贫行动”，各类企业积极参与结对扶贫工作，扎实开展扶资金、扶产业、扶就业、扶信息活动，取得实效。

（六）推进“五个一批”脱贫计划

2017年，地区围绕总目标，深入推进“五个一批”脱贫计划。

在产业脱贫方面，按照“立足优势、调整结构、提质增效、做大做强”的思路，加快实施特色农业带动工程。改造庭院近22.77万户，其中贫困户已发展庭院8.99万户，占51.99%。庭院经济已成为美丽乡村建设的助推剂、脱贫攻坚重要的“短平快”项目。

在教育培训转移就业脱贫方面，通过大力实施脱贫攻坚转移就业专项行动，实行疆内转移就业一批、本地企业吸世建设项目参与一批、政府购买服务扶持一批、对口援疆省市输送一批、鼓励自主创业就业一批的就业模式，全地区农村富余劳动力转移就业877万人次，其中建档立卡贫困家庭实现就业9.5万人。

在易地扶贫搬迁脱贫方面，全区稳步推进1.2万户4.6万人的易地扶贫搬迁建设任务。

在生态保护脱贫方面，地委出台2017年1号、2号文件，各县市采用政府购买服务的方式，吸纳农民有偿参与生态林建设，增加生态护林员3748人，每人每年1万元，实现稳定脱贫。

在政策兜底脱贫方面，全地区农村低保对象85.6万人，占全地区农业人口的24%，其中纳入扶贫建档立卡对象37.5万人。农村低保标准自2017年7月1日起提高320元，月补助水平18元/人，实施应兜尽兜、应保尽保，实现低保线和贫困线同步合一。护边员补贴提高到每人每月2600元。

2017年，地区共争取到位财政扶贫专项目资金19.31亿元，比上年增长48%共报备项目1298个，其中：用于产业发展的项目1212个，安排资金18.45亿元，占总资金的95.6%。已完工886个、在建412个，累计拨付资金14.72亿元。

（七）专项督查

为确保脱贫成效，地区纪委牵头成立8个专项督查组，深入各个县市开展“六个精准”、重点村基础设施配套、安居富民房建设三类专项督查组，对督查发现的各类问题，及时跟进通报，跟踪整改落实。

2017年下半年，由地区主要领导带队，组成10个督导组深入各县市开展干部作风、精准扶贫等综合督导，通过对不作为、乱作为等问题采取最严厉的组织处理措施，形成鲜明的用人导向，真正让能通干事者有平台，想干事者有舞台，进一步转变基层干部作风，更好推进脱贫攻坚工作，为打赢两场攻坚战提购供有力的组织保障。

（摘自《喀什日报》）

学转促专项活动

2017年，喀什地区紧盯与群众生活息息相关的领域，以群众满不满意、群众答不答应为标准，紧紧围绕自治区党委和纪委的安排部署，结合实际，扎实开展“学讲话、转作风、促落实”专项活动，着力营造风清气正的政治生态。

是年，喀什地委坚决把铁的纪律挺在前面，坚决整治和查处党员干部作风不实、落实总目标不力、损害群众利益问题，涉案干部有的被撤销公职，有的被党内警告处分，有的涉嫌严重违法违纪的被移交到司法部门进行处理，对党员干部起到震慑作用，也使广大党员干部进一步警醒。

为推进“两学一做”学习教育常态化制度化，地区各级党政认真组织开展“学转促”专项活动，着力解决基层干部落实总目标不作为、以权谋私乱作为、方法简单胡作为、政绩观不清瞎作为、监督不力慢作为等问题，着力在“学”上下功夫、“转”上求突破、“促”上见实效，确保自治区党委的决策部署和地委的工作要求落到实处，让社会稳定和长治久安总目标落地生根、开花结果。各级党组织紧紧围绕“十项整治”和“四风”“四气”开展自查自纠，层层动员，压实责任，确保专项活动扎实有效开展。

是年，各级党组织认真开展学习教育，加大宣传引导，组织各级党员干部深入学习中共十九大精神，结合学习习近平总书记系列重要讲话特别是在第二次中央新疆工作座谈会上的重要讲话和视察新疆时的重要指示精神，认真学习领会十八届中央纪委历次全会、自治区党委第九次党代会和陈全国书记系列讲话精神。把各类党内法规制度列入各级党委理论中心组学习内容、作为地县党校培训的主要课程，用党的十九大精神和习近平总书记系列重要讲话精神武装头脑、指导实践、推动工作。组织6万余名党员干部开展党纪党规知识测试活动，开展应学必学知识点测试、撰写心得体会等方式，深入推进“两学一做”学习教育，不断增强“两学一做”学习效果。同时，开展约谈和访谈，层层传导压力，围绕干部作风整治、宗教管理和社会面防控工作，对407名副县级以上干部进行集体约谈，营造风清气正的政治生态。聘请5000名党风政风监督员，依托地区纪检监察网站App“随手拍”平台进行监督举报。全年共受理群众投诉举报194件，转办194件，办结194件。通过“喀什广播行风热线”节目和“新广行风热线”转办的问题处置并办结一批群众关心的热点和难点问题。

（摘自《喀什日报》）

地区全面取消农村义务工

2017年新春伊始，自治区党委办公厅、政府办公厅发出通知，在全疆范围内全面取消农村义务工。通知要求，要坚决取消农村以义务工为主的一切形式的无偿用工，严禁任何机关和单位以任何方式要求农牧民无偿提供劳务用工，或者变相进行转嫁、摊派和随意罚款。2017年1月26日，喀什地委、行署以喀党〔2017〕1号文件的形式出台《关于取消一切形式无偿用工的决定》。1月29日，以喀党发〔2017〕2号文件发出《中共喀什地委喀什行政公署关于严禁用行政强制手段服务农业生产维护农民生产经营自主权的通知》。

全面取消义务工政策出台后，地区各级党政和驻村工作队第一时间通过走访入户、村民大会等方式向农牧民宣讲、解读政策。地区各县市大力发展纺织服装、食品加工、民族手工业等劳动密集型产业，努力拓宽农村富余劳动力就业渠道，为全面取消农村义务工，解放农村劳动力打下基础。同时，地区积极探索促进农村富余劳动力转移就业的新渠道，大力宣传党的各类就业政策，吸引建档立卡贫困人员大批量地到工业园区就业。截至年末，深圳产业园区已有76家企业投入生产，12000人进厂稳定就业。全面取消农村义务工的惠民政策实施后，农民有了更多的时间进行自主创业和外出务工，实现就业增收和脱贫致富。地区广大农村劳动力主动报名外出务工。2017 年，巴楚县累计新增城镇就业 11243 人，2.4 万余名农村富余劳动力实现转移就业。

全面取消农村义务工的惠民政策，让农民群众有更多的时间走出家门就业创业，迈上增收致富的小康之路。

（摘自《喀什日报》）

大事记

1月

1日 地委领导慰问喀什市执勤一线维稳力量，看望结亲对象，走访慰问“访惠聚”驻村工作队和喀什市城乡社会福利供养中心儿童、老人。

3日 地区召开第八批省市援疆工作总结表彰暨第九批省市援疆干部骨干欢迎大会，总结第八批省市援疆工作，表彰优秀援疆干部人才和援疆企业，欢迎第九批省市援疆干部人才到喀什工作，部署推进援疆工作。

4日 第四届新疆民族团结好少年表彰授奖仪式在自治区举行，疏勒县八一中学初三（10）班管莹同学获“民族团结好少年”荣誉称号。

5日 地区举行宗教教职人员座谈会，强调以“五好宗教教职人员”的标准规范自己言行、发挥好自身优势作用，争做政治上靠得住、宗教上有造诣、品德上能服众、关键时起作用的模范。

同日 开发区企业新疆智辰天林信息科技有限公司被认定为国家级高新技术企业。截至当日，喀什经济开发区共有国家级高新技术企业2家。

同日 地区启动为期五年的集中整治和加强预防扶贫领域职务犯罪专项行动，为全区如期打赢扶贫攻坚战提供有力保障。

6日 地区四大班子成员前往喀什机场、上海、广东和深圳援疆前方指挥部，与援疆四省市第八批援疆干部一一道别送行。

11日 地委召开2017年度第四次委员（扩大）会议，部署稳定工作，听取地区领导赴包联县市督查指导工作汇报，对稳定工作形势进行分析研判，总结经验，查找不足，强化责任措施。

12日 地区认真落实自治区深化“访惠聚”驻村工作的一系列部署要求，全面总结考核2016年工作，扎实推进2017年驻村工作队的选派、培训和交接，有序推进“访惠聚”工作无缝交接。2017年，地区共组建工作队1973个，其中，自治区派驻317个，地区派驻229个，县市派驻1412个，兵团派驻15个。

15日 地委召开第六次委员（扩大）会议，传达学习自治区两会精神，听取《喀什地区2017年重点项目责任分解方案》《关于加快推进喀什地区九项惠民工程的实施意见》。

同日 地区举办2017年自治区“访惠聚”驻村工作队长和第一书记培训班。各县市同步观看开班仪式。

同日 在2016年“CCTV体坛风云人物年度评选”颁奖盛典上，来自岳普湖县的维吾尔族传统摔跤继承人米曼·艾米拉获得大众体育精神奖。

16 日 地区2300多个村（社区）干部群众及2199多所中小学、幼儿园的师生300多万人在周一早上升国旗仪式后，学习习近平总书记给库尔班大叔后人的回信。

19 日 地委召开第七次地委委员（扩大）会议，对地区推荐自治区出席中共十九大代表进行审议。讨论地区下派村（社区）任第一书记名单，学习南疆办《关于改进南疆四地州乡村治理方式的专题报告》，讨论地委领导班子2016年度民主生活会对照检查材料等相关事项。

20 日 中共喀什地委扩大会议在地区会议中心召开。会议主题是《深入贯彻自治区第九次党代会精神 努力开创喀什稳定和长治久安新局面》，会议的主要任务是：深入贯彻落实习近平总书记系列重要讲话精神，特别是在第二次中央新疆工作座谈会上的重要讲话和视察新疆时的重要讲话精神，贯彻落实党的十八届六中全会精神、中央经济工作会议、自治区第九次党代会、自治区党委经济工作会议、自治区稳定工作会议精神，总结2016年工作，部署2017年任务，团结带领全地区广大党员干部和各族群众，紧盯社会稳定和长治久安总目标，凝心聚力、狠抓落实，为开创喀什社会稳定和长治久安新局面而努力奋斗。参加会议的代表们围绕主题报告分成21个组进行讨论，十二县市作表态发言。

22—23 日 喀什地委领导班子召开民主生活会，以学习贯彻中共十八届六中全会精神为主题，围绕“两学一做”学习教育要求，紧扣社会稳定和长治久安总目标，重点对照《关于新形势下党内政治生活若干准则》和《中国共产党党内监督条例》，聚焦政治合格、执行纪律合格、紧密联系地委和地委班子成员工作实际，进行自我检查、党性分析、开展批评和自我批评，深刻剖析思想根源，明确整改方向和措施。

23 日 自治区党委副书记、政法委书记朱海仑赴莎车县佰什坎特镇英麦里村看望自己的结对认亲户，并致以新年的问候和祝愿。

24 日 地区领导分成四组看望慰问地区部分离退休老干部、专家代表、先进模范党员和生活困难党员、困难职工代表。

25 日 地区举行迎新春茶话会。

同日 地区召开维稳工作电视电话会议，就贯彻落实自治区相关会议精神，坚定坚决做好维护稳定工作进行安排部署。

26 日 喀什地委行署决定取消一切形式的无偿用工。

同日 地区四大班子领导前往南疆军区、武警南疆指挥部、自治区南疆办等单位开展慰问活动，并送去慰问金和慰问品。

29 日 喀什地委行署发出《中共喀什地委喀什行政公署关于严禁用行政强制手段服务农业生产维护农民生产经营自主权的通知》。

月内 地区救助管理站启动针对流浪乞讨人员救助的“寒冬送温暖”专项救助工作。

2 月

3 日 地委召开2017年第九次地委委员（扩大）会议暨理论中心组集体学习，

传达习近平总书记在第二次中央新疆工作座谈会上和视察新疆时的重要讲话精神，学习《中共中央、国务院关于深入推进农业供给侧结构性改革加快培育农业农村发展新动能的若干意见》和《中共中央办公厅、国务院办公厅印发〈关于完善农村土地所有权承包经营权分置办法的意见〉》，学习自治区党委《关于印发〈中共新疆维吾尔自治区委员会关于解决当前作风突出问题的意见〉等文件的通知》地区四大班子领导成员、检法两院主要领导、地直相关单位负责人参加会议。

9日 叶城县被自治区党委、自治区人民政府命名为自治区优秀平安县。

21日 地区举办为期一天的自治区驻喀什地区“访惠聚”工作队队长培训班。

23日 山东省、上海市、广东省、深圳市第九批594名援疆干部全部抵达喀什。

25日 地区召开维稳重点工作现场推进会暨维稳工作电视电话会议，贯彻落实自治区党委维稳工作部署。

同日 地区召开宗教教职人员爱国教育专项活动动员视频会，深入学习贯彻全国宗教工作会议、自治区、地区宗教教职人员座谈会精神，安排部署在宗教教职人员中开展爱国教育专项活动。

27日 地区召开党风廉政建设工作会议，总结2016年地区党风廉政建设和反腐败工作，分析当前形势，部署2017年工作任务，推进地区从严治党向纵深发展，为实现社会稳定和长治久安提供坚强保证。

同日 南疆首个汉文书法教室启用暨书法教学名师送教活动在疏附县托克扎克镇中心小学启动。

28日 地区召开“学讲话、转作风、促落实”专项活动动员会，对地区“学讲话、转作风、促落实”专项活动进行动员和部署。会议要求全区各级党组织认真贯彻落实自治区“学讲话、转作风、促落实”专项活动动员部署电视电话精神，确保党中央治疆方略和自治区党委决策部署在喀什落地生根。地委书记李宁平出席会议并讲话，地委副书记、行署专员帕尔哈提•肉孜主持会议。

同日 地区举行“访惠聚”驻村工作总结表彰暨动员送行大会。总结表彰2016年“访惠聚”驻村工作，对新一轮驻村工作进行安排部署。全地区228个先进工作队、1176名先进工作者、31个优秀组织单位受到表彰。

同日 地委召开“民族团结一家亲”工作会议，就推进“民族团结一家亲”工作进行再部署再安排，最大限度消除影响社会稳定的风险隐患，确保喀什社会大局稳定。

3月

3日 地区召开人力资源和社会保障工作会议，要求深入实施就业优先战略，大力推进社保体系建设。

5日 自治区党委副书记、政法委书记朱海仑深入喀什地区伽师县、岳普湖县、疏附县乡村、街道社区、便民警务站、驻村工作队和学习培训中心，调研指导检查维稳工作。

7日 地区召开农村双语幼儿园建设推进电视电话会议，要求实现应建尽建，应入尽入，确保全面普及农村学前三年双语教育目标任务顺利实现。

9日 自治区团委在喀什举办自治区共青团“民族团结一家亲”大宣讲骨干培训班。

12日 南疆五地州稳定工作会议在巴楚县召开。自治区党委副书记、政法委书记朱海仑主持会议，喀什、和田、阿克苏、克孜勒苏柯尔克孜自治州、巴音郭楞蒙古自治州政法、公安等相关部门负责人参加会议。

16日 地区召开群众宣传教育工作电视电话会议，要求推进全地区群众宣传教育工作扎实开展，夯实喀什社会稳定和长治久安的基础。

同日 地区召开非公有制经济领域开展落实总目标、加强法制宣传教育专项活动动员大会。

21日 地区召开依法加强宗教管理工作会议。地委书记李宁平主持会议并要求全面贯彻党的宗教工作基本方针，确保宗教领域和谐稳定。

同日 塔什库尔干县农牧民群众载歌载舞欢度“肖贡巴哈尔节”。

21—23日 中央新疆办副主任杜鹰一行到喀什调研。

27日 南方航空公司正式开通喀什经停库尔勒至西安航线。

29日 地区召开整治干部作风促进群众工作动员大会，要求坚决整治干部作风，打赢群众工作攻坚战。会议以视频方式开到各县市、各乡镇、村（社区）。

30日 山东如意集团80万锭数字化智能科技纺织示范基地设备安装暨投产启动仪式在疏勒县工业园区举行，在喀什经济开发区、英吉沙县的项目同时启动。地委书记李宁平，地委副书记、山东援疆指挥部总指挥杨国强、如意集团董事局主席邱亚夫出席启动仪式并致辞。地委委员、行署常务副专员陈志江主持仪式。

是月 地区各级驻村工作队扎实开展“学雷锋、办实事、树新风”活动。

4月

1日 地区召开宣传思想文化工作会议，强调要紧紧围绕总目标，深入扎实推进意识形态各项工作，要抓好《新疆维吾尔自治区去极端化条例》的宣传，澄清模糊认识，消除思想误区等工作，要求加强党的领导，为做好意识形态工作提供坚强政治保证。

3日 行署召开2017年全体会议暨廉政工作会议，要求以铁的纪律和良好作风保障党中央治疆方略和自治区党委决策部署落地生根，见到实效。

同日 地区整治干部作风促进群众动员大会召开。

同日 地区召开基层宣讲骨干讲法治培训班。

同日 喀什深圳产业园二期厂房投入使用，深企喀什广泓能源科技有限公司率先入驻，填补园区没有高科技企业的空白。

5日 地区召开县市委书记抓基层党建

暨全面从严治党主体责任述职述责视频会，强调各级党委书记要强化抓基层党建和全面从严治党的主责主业意识，进一步促进全地区基层组织建设全面进步、全面过硬。

7—8日 喀什、和田地区社会治理创新工作经验交流座谈会召开。

9日 地区召开组织工作会议，强调高举总目标旗帜，全面从严治党，夯实党的执政基础。

10日 地区举行大培训大就业用工招聘会，141家单位提供17879个岗位。

同日 地区村级技能就业大培训全面展开。12县市2575个村（社区、场）的2686个初级培训班开班，参训总人数15.37万余人。

11日 地区领导对新提职提拔领导干部进行任前廉政谈话。

13日 地区召开对口援疆工作协调领导小组全体会议，听取地区对口援疆工作办公室和四省市前方指挥部上年援疆项目执行情况报告及2017年援疆项目计划报告。强调确保对口援疆工作干在实处，取得成效。

14日 地区召开宗教管理工作突出问题整改动员大会，强调增强做好宗教工作的责任感和紧迫性，夯实社会稳定和长治久安的坚实基础，坚决遏制宗教极端思想蔓延渗透，增强群众对宗教极端思想的免疫力。会议以电视电话会议形式开到各县市、各乡镇。

15日 地区398个重大建设项目集中开工，总投资1243亿元。

16日 地委理论中心组组织集体学习《中国共产党委（党组）理论学习中心组学习规则》《习近平总书记在参加十二届全国人大十五次会议新疆代表团审议时的讲话（全文）》《新疆维吾尔自治区去极端化条例》。

17日 地区举行惠农补贴资金现金发放仪式。

同日 地区召开经济工作会议暨一季度经济运行分析会，要求认认真真、原原本本、不折不扣把自治区党委对经济工作的部署落到实处。

20日 地委理论学习中心组集体学习自治区党委九届二次全体（扩大）会议精神，会议强调把学习讲话精神作为当前和今后的重大政治任务，围绕总目标，推进各项工作。

同日 地区召开扶贫对象建档立卡复核工作会议，要求确保信息精准化、精细化，为全面打赢脱贫攻坚战奠定坚实基础。

同日 由喀什奥都实业有限公司总投资7.95亿元年产20万吨糖厂在伽师县开建。项目分两期建设，全部建成投产后，年产白糖20万吨，是国内加工能力最大、技术最先进的白糖生产基地。

21日 地委召开扩大会议，强调全力推进党中央治疆方略和自治区党委落实总目标决策部署在喀什落地生根。

22日 2017年新疆公务员招录笔试喀什考区开考，喀什市设801个考场、12个考点。自治区面向社会公开考试录用5435名，其中，喀什地区公开考录879人。通过网络报名后，喀什地区参加考试人数为19964人。

23日 地区首批500名城乡富余劳动力统一着装，赴北疆、东疆国有企业就业。

24日 截至是日，全地区累计发放惠农补贴资金20468.16万元，受益农民198814人次。

25日 中央新疆办调研组到喀什地区调研。

30日 地区召开稳定工作推进会，强调全力以赴维护社会大局稳定，为实现总目标打牢坚实基础。会议以电视电话会议形式召开，主会场设在莎车，其他县市设分会场。

是月 地区第二人民医院成功创建全国综合医院中医药工作示范单位。

是月 自治区党委部署帮助转移地区5000名城乡富余劳动力到国有企业就业。

是月 2017年沪喀“银铃行动”第七批老年志愿者招募工作在上海启动，服务领域包括医疗卫生、教育、文化、社会工作等专业，老年志愿者在莎车、泽普、叶城、巴楚县开展2个月的志愿服务。

5月

3日 第21届“中国青年五四奖章”评选揭晓。共青团中央、全国青联决定授予喀什地区公安局特警支队特战大队“中国青年五四奖章集体”称号。

6日 地区召开社会面防控工作电视电话会议，深入贯彻落实自治区党委关于“一带一路”国际合作论坛期间全区安保维稳工作部署，就加强地区社会面防控工作作出全面安排部署。

7日 地区召开“访惠聚”驻村工作推进会，要求紧紧围绕社会稳定和长治久安总目标，认真贯彻落实地委重大安排部署，坚持问题导向，查找薄弱环节，对地区“访惠聚”驻村工作及基层组织建设工作进行再安排再部署。

同日 新疆巴楚县阿里甫足球俱乐部成立。是上海市在新疆成立的首家地方性俱乐部，也是新疆系统性青少年一体化训练、比赛、管理的第一家足球俱乐部。

同日 新疆阿尔塔什水里枢纽工程泽普移民安置区项目建设开工。

9日 地区举行1∶10000基础测绘签约仪式。

10日 自治区召开电视电话会议，部署三年10万名喀什、和田地区城乡富余劳动力有组织转移就业工作。

11日 北京时间5时58分，塔什库尔干塔吉克自治县发生5.5级地震，并伴随多次余震，震中位于塔什库尔干乡库孜滚（3村），北纬37.58度，东经75.25度，震源深度8千米，距离县城24千米左右。地震给当地人民生命财产和经济社会发展造成严重损失。截至5月11日15时，地震已造成8人死亡，29人受伤，1.2万人受灾，3000余间房屋倒塌，3500座羊圈受损，受伤人员均送往医院救治。地震发生后，自治区、地区党政主要领导高度关注，第一时间了解灾情，作出部署，全力以赴搜救人员，抢救伤员，转移群众，全力以赴做好抢险救灾工作，地震灾区受灾群众得到妥善安置。自治区、地县有关部门和社会各界纷纷向灾区、灾民捐款捐物，地区设立救灾专户和物资接收管理机构。

14日 地委召开第一轮巡察工作动员会，强调巡察组要围绕总目标，突出巡察重点，推动自治区党委、喀什地委各项决策部署落到实处。

15日 自治区、地区向塔什库尔干县移交抗震救灾特殊党费100万元，用于支援受灾乡村基层党组织开展救灾工作和帮助受灾群众。特殊党费移交仪式在塔什库尔干乡库孜滚（3村）受灾群众安置点举行。

16日 地区召开塔什库尔干县“5•11”地震抗震救灾工作会议，安排部署抗震救灾、重建家园工作。

17日 地区在英吉沙县召开脱贫攻坚推进会，要求围绕总目标，真抓实干，全力打赢脱贫攻坚战。

20日 上海杂技团一行56名演职人员携海派杂技精品剧目《SPIRAL—炫》到喀什交流演出。

23日 地区召开环境保护督察工作电视电话会议，要求围绕社会稳定和长治久安总目标，推进生态文明建设再上新台阶。

28日 地区在叶城、泽普县召开夏季农业生产现场推进会，要求聚焦总目标，统筹兼顾，扎实抓好夏季农业生产。

29日 地区领导约谈脱贫攻坚战中存在问题较典型的5个县市党政主要领导及分管领导，要求加大问题整改力度，确保打赢脱贫攻坚战。

同日 地区领导集体约谈自治区纪委喀什地区群众工作督导组“回头看”时问题数量排名靠前的地区11个乡镇党委书记、乡镇长，强调提高政治站位，切实增强责任担当。11个乡镇党委书记、乡镇长签订《群众工作回头看问题整改承诺书》

同日 截至当日，全地区累计发放惠农资金7次，共发放资金115778.09万元，受益农民百万人次。

同日 地区举行首届“感动喀什”十大人物颁奖典礼，艾力夏提·吾斯曼、潘玉莲等10人被授予“感动喀什”十大人物称号，曲连东、古丽·祖努等18人被授予首届“感动喀什”十大人物提名奖。

31日 南疆片区第一家院士专家工作站进驻喀什地区第二人民医院。

是月 地区召开交通、电力、易地扶贫搬迁、以工代赈及兴边富民项目指挥部第二次调度会。

6月

3日 地区召开群众工作表彰大会，表彰奖励在群众工作中涌现出的先进集体和先进个人。动员激励各级党政、各级维稳力量、各族干部学习先进、坚定信心、弘扬正气、积极投身到维护稳定，打击暴恐的行动中来，筑牢反恐维稳人民战争的铜墙铁壁。

同日 参加2017年中国初中男子校园足球联赛获得北区亚军的巴楚县三中阿力甫足球俱乐部男子足球队载誉而归。

4日 地区中等职业学校联合喀什中润58同城举办毕业生就业校园专场招聘会，邀请各县市20家企业参加校园招聘，为毕业生提供就业机会。喀什教育学院、喀什财贸学校、喀什艺术学校、喀什师范学校、喀什水利水电学校师生参加专场招聘。

6日 自治区在喀什市召开塔什库尔干塔吉克自治县“5·11”地震灾后恢复重建工作启动会议，要求组织动员各方力量，全面启动扎实推进灾后重建工作。

7日 地区3.3万名考生参加普通高考。

9日 地区在塔什库尔干塔吉克自治县召开“5·11”地震灾后住房重建工作动员大会，安排部署塔什库尔干县地震灾后住房重建工作，强调明确任务，抢抓进度，打好灾后重建攻坚战。

同日 塔什库尔干塔吉克自治县在县西环路重建核心区举行“5·11”地震灾后住房重建开工誓师大会。截至当日，已筹备可用于灾后重建建房资金8807万元，首批66台大型机械设备、1000余名施工队员全部到位。

同日 地区召开推进“两学一做”学习教育常态化制度化工作会议，强调要牢固树立“100—1=0”的思想，增强政治意识、大局意识、核心意识、看齐意识，勇于担当、奋发有为、真抓实干，推进“两学一做”学习教育常态化制度化实际效果。

10日 中国南丁格尔志愿护理服务总队喀什八支分队成立大会在地区第一人民医院举行。

11日 叶城烈士陵园获“国家社科普及基地”称号。

12日 地区召开电视电话会议，安排部署暑期返乡学生教育服务工作，要求各县市充分认识加强返乡学生教育服务工作重要性，扎实做好各环节工作，确保暑期学生群体安全稳定。

15日 新疆民航局和国内20多家航空公司在喀什召开促进喀什地区民航事业发展工作会议，共商喀什民航业发展大计。喀什行署与南航及乌鲁木齐航空签订战略合作框架协议。

19日 喀什特区第二届金融论坛暨企业模式创新研讨会在喀什举行。

20日 地委对38名新提职、提拔的县处级领导干部进行任前集体廉政谈话。

同日 喀什—伊宁—乌鲁木齐航线正式开通。

21—23日 中央政治局委员、广东省委书记胡春华率广东省党政代表团在喀什考察对接援疆工作，强调坚决贯彻中央决策部署，全力以赴完成好对口援疆工作。

22日 首届“科技援疆论坛”在喀什广东科学技术研究院召开。来自全国各地军民融合的科研院所、高新企业、新型研发机构以及喀什地区公安、边防和科技的专家领导等100多人参加论坛。论坛由广东省对口支援新疆工作前方指挥部和广东省科学技术厅主办，喀什广东科学技术研究院和地区科技局共同承办。

23日 地区首届“感动喀什”十大人物先进事迹宣讲活动启动。

23—25日 广东省委常委、深圳市委书记王伟中率深圳党政代表团在喀什市、塔什库尔干县考察调研，强调要争当对口援疆排头兵。

25日 地区完成接入人力资源和社会保障部异地就医联网结算平台测试工作。

27日 地区召开“访惠聚”驻村工作

暨基层组织建设现场推进会，强调努力开创“访惠聚”驻村工作新局面，筑牢社会稳定和长治久安根基。会议以视频形式开到乡镇，主会场设在伽师县。

28日 地区举办“学讲话转作风促落实·喜迎党的十九大”专题知识竞赛。

30日 地区农牧民红歌赛在喀什体育馆开赛，来自12县市的13支代表队的千余名农牧民分别用汉语、维吾尔语交替演绎红色经典歌曲。3000余名现场观众与台上歌手共鸣互动。经激烈角逐，莎车县恰热克镇19村农牧民合唱队获得第一名。

是月 “健康快车·光明行”到喀什。截至是月，“健康快车”先后到喀什6次，为地区贫困白内障患者实施免费手术6053例，直接减免手术费2700万元。

是月 被列入第二批自治区社会科学普及基地名录的喀什老城区保护综合治理纪念馆科学普及基地揭牌仪式在喀什市举行。

是月 总投资1亿元，其中广东援建资金5000万元的喀什青少年活动中心启动试运营。

7月

1日 地区18万余人参加“七一”万人重温入党誓词和入党宣誓活动。

同日 喀什至江西鹰潭直达快速列车正式开通运行。这是喀什首通至宝鸡出疆列车后的再次延伸。

9—11日 第六次全国对口支援新疆工作会议在喀什召开。会议深入贯彻习近平总书记系列重要讲话精神和治国理政新理念新思想新战略，认真贯彻落实党中央关于新疆工作的一系列重大决策部署特别是第二次中央新疆工作座谈会精神，全面总结20年来对口援疆工作，推动对口援疆工作更好发展，促进新疆社会稳定和长治久安。中共中央政治局常委、全国政协主席俞正声出席会议并讲话，中共中央政治局委员、中央统战部部长孙春兰出席并主持会议。

13日 地区召开扶贫领域监督检查工作动员会议，要求以“精准定责、精准监督、精准问责”护航“精准扶贫”。

14日 地区召开脱贫攻坚领导小组工作会议，强调统一思想，突出精准，强化措施，坚决打好打赢全区脱贫攻坚战。

17日 地区举行第八批中央和国家机关、中央企业援疆干部总结表彰座谈会，并为援疆干部颁发荣誉证书。

19日 由广东省援疆工作前方指挥部、广东省科技厅与地区协同创新推动科技援疆合作的喀什广东科技创新信息中心挂牌成立。

21日 地区首届中小学书记校长能力提升培训班结业，来自12县市的1100余名书记校长圆满完成7天的培训。

22—23日 由广东省对口援疆工作前方指挥部、广东省旅游局、喀什行署、地区旅游局和广州铁路（集团）公司主办、广州铁青公司组织承办的“粤新号”旅游援疆扶贫专列载着520多名游客经过7天旅程抵达喀什。23日上午，在喀什噶尔古城举行主题为“感受丝路文化，助力

《包公》《玄奘》发行的第五套中国古代人物系列邮票。

24日 地区召开“三农”助推脱贫攻坚视频会议，要求贯彻落实总目标，扎实做好秋季农业生产工作。

同日 “深圳（盐田港）——喀什·中亚／南亚”多式联运首发班列抵达喀什。这批货物将经喀什综合保税区报关出口，通过公路运输配送至中亚、南亚等目的国。物流运输周期较市场上常用的海运模式大大缩短。

29日 地区召开稳定工作会议，强调聚焦总目标，切实抓好工作落实，为党的十九大胜利召开创造良好环境。

同日 一支由26辆车、63名自驾爱好者组成的车队从北京出发，行经6300千米抵达喀什。

是月 巴楚县城至红海景区旅游专线正式运行。

是月 地区开展“讲变化、讲成就、感恩党”大宣讲活动。全区各县市238名宣讲员经培训后又通过示范性宣讲对基层2500余名草根宣讲员进行集中培训。

10月

1日 喀什地区367万各族干部群众学生在2500多个村、社区、各类学校参加升国旗仪式，并在国旗下聆听“讲变化、讲成就、感恩党”大宣讲。

7日 地区召开群众工作经验交流会，就进一步做细做实群众工作进行再动员再部署，强调当好村级党工委书记，高标准做好群众工作。

10日 地委理论学习中心组进行第十次集体（扩大）学习，强调严格落实各项维稳决策部署，以和谐稳定局面喜迎十九大。学习以视频会议的方式扩大到地区县处级以上领导干部。

15日 自治区“建设美丽新疆，共圆祖国梦想”连环画+系列宣传品在疏附县首发。

18日 地区各族干部群众收听收看中共十九大实况直播。

29日 地区举行党的十九大精神宣讲报告会，号召迅速掀起学习宣传贯彻党的十九大精神热潮。

30日 地区《砥砺奋进的五年》成就挂图在基层展出。全地区3000份挂图全部发放到位。

31日 地委召开扩大会议，强调深入学习宣传党的十九大精神，努力开创喀什社会稳定和长治久安新局面。

是月 广东省2017年首批医疗援疆专家抵达喀什，开展为期3个月的医疗援疆工作。

11月

7日 地区学习宣传党的十九大精神示范性宣讲全面启动。

同日 地区举行第十八个记者节庆祝表彰大会。

8日 喀什技工学院在地区高级技工学校新校区揭牌成立。

9日 地委召开2017年地三十一次地

委委员会议暨理论学习中心组集体学习，强调时刻不忘中国共产党人的初心和使命，为建设新时代中国特色社会主义喀什努力奋斗。全体与会人员面对党旗重温入党誓词。

10日 自治区宣讲团在喀什宣讲十九大精神。

10—12日 以“绿色新疆，林果飘香”为主题的第九届新疆特色林果业产品广州交易会在中国进出口公司交易会琶洲展馆举办，来自全疆13个地州、60多个县市、200余家单位及参展企业，14大类、800多个名优特新产品参展。从中评选出金奖产品25个，其中，喀什新鑫果业有限公司选送的“天尊玉枣”牌喀什灰枣、新建天一盛禾现代农业发展有限公司选送的“天一盛禾”牌开心果、新建伽师县西域果业有限公司选送的“鑫程西域”牌新梅干和新疆叶河源果业股份有限公司选送的“兵团红”牌新疆珍珠枣获金奖产品4个。

14日 地区成立首支出租车志愿消防服务队。

17日 中央文明委在北京召开全国精神文明建设表彰大会，地区文明办被授予“全国未成年人思想道德建设先进集体”荣誉称号。地区共有1个集体、4个乡镇、3个单位、1个学校、3名个人受到表彰，其中三个奖项实现零的突破，三项创历史之最。

21日 东莞台商子弟学校向地区捐赠105万元教育基金。

24日 山东援疆“电视送农户，文化进万家”项目电视发放仪式在疏勒、英吉沙、岳普湖、麦盖提县举行。

25日 地区召开深度贫困脱贫攻坚工作推进会，认真分析地区深度贫困形势，具体安排今后三年脱贫攻坚工作。强调坚定信心，明确方向，坚决打赢脱贫攻坚硬仗。

26日 上海爱乐协会爵士乐团在地区进行首场演出。

28日 深圳证券交易所、国信证券产业扶贫、教育扶贫资金仪式在麦盖提县刀郎双语中学举行。深交所为麦盖提县捐款500万元，为县党建工作捐款15万元党费；国信证券捐款1500万元帮助县成立国信园丁教育基金。

29日 地区以电视电话会议形式召开深度贫困脱贫攻坚精准到户到人培训推进会，对脱贫攻坚工作进行再研究、再部署、再动员，强调做实做细攻坚方案，围绕精准狠抓落实。

同日 全地区完成冬小麦播种面积23.38万公顷，其中平播8.21万公顷，果粮间作折实15.17万公顷，完成地区指导性计划的100.2%。

是月 地区纪委开展集中整治基层“微腐败”问卷调查。

是月 地区党的十九大精神示范性宣讲团经封闭式学习和专题培训后深入各县市、各行业开展示范性宣讲229场（次）专题宣讲，15.46万名各族干部群众聆听宣讲报告。

是月 喀什市十一中“石榴花”啦啦操代表队在2017—2018年全国啦啦操联赛（新疆乌鲁木齐站）暨新疆维吾尔自治区啦

啦操锦标赛中获公开少年丙组街舞校园啦啦操和花球校园啦啦操示范套路两个项目一等奖。

12 月

7 日 喀什地区叶城县境内发生 5.2 级地震，震中位于北纬 35.69 度，东经 77.46 度，震源深度 87 千米，震中距县城 227 千米。

15 日 “阿娜尔”计划——深圳产业园企业社工服务项目启动仪式暨小花帽艺术团进企业送温暖活动在深圳产业园举行。

16 日 地区召开群众工作经验交流会，强调全地区各级党政要坚持不懈、再接再厉，发扬不怕吃苦、勇于奉献的精神，以良好的状态、扎实的作风做好群众工作。

同日 新疆首家无人值守便利店 + 全球进口商城进驻喀什。

20 日 2017 年度“均瑶育人奖”“奖教金”优秀教师表彰大会在喀什师范学校召开，200 名优秀教师获“均瑶奖”，400 名教师获“均瑶奖”提名奖，200 名优秀教师、优秀班主任和优秀教育工作者获“奖教金”表彰。

21 日 截至是日，喀什机场 2017 年旅客吞吐量突破 200 万人次。

同日 新疆火炬正式发行，股票代码为 603080，申购代码为 732080，总发行数量 3550 万股。新疆火炬成为新疆第 53 家上市公司，也是地区首家登陆主板上市的企业。

27 日 教育部对第二批全国中小学中华优秀文化艺术传承学校进行公示，新疆公示的 24 所中小学榜上有名，其中喀什第六中学获得“第二批全国中小学中华优秀文化艺术传承学校”殊荣，传承的项目是民乐。

28 日 北京时间 10 点整，喀什首发直达成都快速班列；北京时间 14:31 分，喀什开通直达西安的快速列车。

28—29 日 喀什地委宣传部主办、喀什地区文化体育局承办的党的十九大精神进万家“三新杯”文艺节目大赛在喀什市举行。

是月 喀什地区 16 户家庭获自治区文明家庭荣誉称号。

是年 地区全力加快推进便民服务站建设。全地区计划建设便民服务站 1053 个，总投资 2.5 亿元。11 月 15 日前，地区所有便民服务站建成投用。

是年 泽普县入选国家有机产品认证示范区。

是年 喀什农产品电子商务产业园入选自治区级创业孵化示范基地。

是年 地区 180 万群众常态化参加周一升国旗宣讲感恩教育活动。

是年 地区扎实推进国家监察体制改革试点工作。

中国共产党喀什地区委员会

【地委书记、副书记、委员、秘书长、副秘书长、办公室主任、副主任名单】

书　记：李宁平

副书记：帕尔哈提·肉孜

鲁旭平

王奕文（2017年1月任职）

牙生·司地克（维吾尔族，2017年11月离任）

丁有明（2017年3月任职）

扎克·左尔东（维吾尔族，2017年3月任职）

陈志江（2017年12月任职）

俱　伟（2017年1月离任）

杨　峥（援疆干部）

贺　宇（援疆干部）

刘卫翔（援疆干部）

杨国强（援疆干部）

委　员：王登良

姜晓龙（2017年3月离任）

王奕文（2017年1月任职）

丁有明（2017年3月任职）

扎克·左尔东（维吾尔族，2017按3月任职）

牙生·司地克（维吾尔族，2017年11月离任）

武洪斌（2017年11月任职）

陈旭光

范宝军

陈志江

张继生

王勇智（2017年9月离任，2018年10月被立案审查）

艾尼瓦尔·吐尔逊（维吾尔族，2017年3月离任，2019年7月被查双开）

吴红展（2017年3月离任）

俱　伟（2017年1月离任）

马　健（2017年1月任职）

代　青

秘书长：吴红展（2017年1月任职，2017年6月离任）

曲连东（2017年12月任职）

佘瑞元（2017年11月任职）

副秘书长：阎旭光

石德胜

李东明（2017年12月离任）

药　宁（2017年12月任职）

陈远健（2017年10月任职）

王鸿喜（援疆干部、2017年3月离任）

方　巍（援疆干部、2017年3月离任）

庄　怀（援疆干部、2017年3月离任）

詹文烈（援疆干部、2017年3月离任）

胡章萍（援疆干部、2017年3月任职）

主　任：李东明（2017 年 12 月离任）
　　　　药　宁（2017 年 12 月任职）
副主任：药　宁（2017 年 6 月任职，2017 年 12 月离任）
　　　　马品正（2017 年 2 月任职，2017 年 9 月离任）
　　　　阿布来提·阿布力米提（2017 年 4 月离任）
　　　　殷　浩（2017 年 6 月任职）
　　　　赵江东（援疆干部、2017 年 3 月任职）
　　　　林国徐（援疆干部、2017 年 3 月任职）
　　　　陈媛媛（援疆干部、2017 年 3 月任职）
　　　　赵文彬（援疆干部、2017 年 3 月离任）
　　　　苏国存（援疆干部、2017 年 3 月离任）
　　　　马松涛（2017 年 6 月离任）
　　　　巩　波（2017 年 9 月离任）

重要会议

【中共喀什地委扩大会议】 2017 年 1 月 20 日，中共喀什地委扩大会议在地区会议中心召开。会议主题是《深入贯彻自治区第九次党代会精神　努力开创喀什稳定和长治久安新局面》。会议的主要任务是：深入贯彻落实习近平总书记系列重要讲话精神，特别是在第二次中央新疆工作座谈会上的重要讲话和视察新疆时的重要讲话精神，贯彻落实党的十八届六中全会精神、中央经济工作会议、自治区第九次党代会、自治区党委经济工作会议、自治区稳定工作会议精神，总结 2016 年工作，部署 2017 年任务，团结带领全地区广大党员干部和各族群众，紧盯社会稳定和长治久安总目标，凝心聚力、狠抓落实，为开创喀什社会稳定和长治久安新局面而努力奋斗。参加会议的代表们围绕主题报告分成 21 个组进行讨论，十二县市作表态发言。

2017 年 4 月 21 日，地委召开扩大会议，深入学习贯彻习近平总书记参加全国人大五次会议新疆代表团审议时的重要讲话精神，学习贯彻自治区党委九届二次全体（扩大）会议精神，紧紧围绕社会稳定和长治久安总目标，进一步研究部署推进喀什稳定发展各项工作，推动以习近平同志为核心的党中央治疆方略在喀什落地生根。会议强调，全地区各级党政和各族党员干部要结合喀什实际，突出重点工作，在抓实抓细上下功夫，地区和兵团第三师要紧紧围绕总目标，推动形成边疆同守、团结联创、资源共享、优势互补、文化交融、共同繁荣的局面。要支持师团深化改革、在喀发展，要发挥好第三师的特殊作用，要推进兵地融合发展。要总结援疆经验、创新援疆模式、更要注重提升基层维稳能力，更加注重造血和交朋友，使援疆工作成为落实总目标的精品工程。用好援疆资金，抓好就业援疆、教育援疆、医疗卫生援疆以及人才援疆等工作。会议以电视电话形式开到各县市、各乡镇。

【地区稳定工作会议】 1 月 25 日，地区召开维稳工作电视电话会议，就贯彻落实自治区党委书记陈全国在自治区党委常委民主生活会上的主持讲话和自治区维稳工作电视电话会议精神，做好当前和今后一个时期工作特别是春节期间的维稳工作进行安排部署。要求全力抓好各项维稳措施落实，坚定坚决做好维护稳定工作。地区四大班子领导、法检两院主要领导、武警南指、武警南疆边防指挥部、武警南疆消防指挥部主官、地直单位主要负责人、各县市政法委书记在主会场参加会议，各县市设分会场。

2月25日，地区召开维稳重点工作现场推进会暨维稳工作电视电话会议，要求全地区各级党政、各族党员干部、各维稳力量认真贯彻落实自治区党委书记陈全国2月21日在自治区维稳指挥部视频调度会上的讲话精神，进一步提高认识，强化对重点工作的把握，特别是对陈全国书记提出的“五点要求”再学习、再提高、再强化，在抓实抓细上下功夫。会议结合自治区纪委对喀什地区的暗访反馈情况，坚持问题导向，就查找整改工作薄弱点进行安排部署。

4月30日，地区召开稳定工作推进会，对近期安保维稳工作进行安排部署，全力以赴维护社会大局稳定，为实现总目标打牢坚实基础。会议以电视电话会议形式召开，主会场设在莎车，其他县市设分会场。

9月29日，地区召开稳定工作会议，就贯彻自治区稳定工作会议精神迅速进行安排部署。会议强调聚焦总目标，切实抓好工作落实，为党的十九大胜利召开创造良好环境。会议以电视电话会议形式召开。

10月25日，地区召开维稳重点工作现场推进会暨维稳工作电视电话会议，贯彻落实自治区党委维稳工作部署。

【地区党风廉政建设工作会议】 2月27日，地区召开党风廉政建设工作会议，总结2016年地区党风廉政建设和反腐败工作，分析当前形势，部署2017年工作任务，推进地区从严治党向纵深发展，为实现社会稳定和长治久安提供坚强保证。会议分为两个阶段，第一阶段以电视电话会议形式开到县市，第二阶段为分组讨论和会场会议。会议强调，要始终保持战略定力和政治定力，严明政治纪律，加强思想教育，改进工作作风，发挥巡察、审计监督作用，严肃惩治腐败，树好用人导向，继续把党风廉政建设和反腐败斗争引向深入，为实现社会稳定和长治久安提供有力保障。

【地区“学讲话、转作风、促落实”专项活动动员会】 2月28日，地区召开“学讲话、转作风、促落实”专项活动动员会，对地区“学讲话、转作风、促落实”专项活动进行动员和部署。会议要求全区各级党组织认真贯彻落实自治区“学讲话、转作风、促落实”专项活动动员部署电视电话精神，确保党中央治疆方略和自治区党委决策部署在喀什落地生根。会议强调，“学讲话、转作风、促落实”专项活动，要牢牢把握三个环节，一是要在“学”上下功夫，深入学习习近平总书记系列重要讲话精神；深入学习陈全国书记重要讲话精神。二是在“转”上求突破，要坚持从严治党，严肃反分裂斗争纪律，向“四风”“四气”开刀，切实维护群众利益。三是在“促”上见成效，促进总目标落地生根，促进“两手抓”工作机制落实，促进反恐维稳措施落实，促进改革发展措施落实，促进民生改善措施落实，促进民族团结措施落实，促进生态保护措施落实，促进党的建设措施落实。地委书记李宁平出席会议并讲话，地委副书记、行署专员帕尔哈提·肉孜主持会议。

【地区举行“访惠聚”驻村工作总结表彰暨动员送行大会】 2月28日，地区举行“访惠聚”驻村工作总结表彰暨动员送行大会。会议紧紧围绕社会稳定和长治久安总目标，认真贯彻自治区“访民情、惠民生、聚民心”驻村工作总结表彰暨动员送行会议精神，总结表彰地区2016年“访惠聚”驻村工作，对新一轮驻村工作进行安排部署。地委书记李宁平出席会议并讲话。地委副书记、行署专员帕尔哈提·肉孜主持会议。地委委员、组织部部长马健宣读《中共喀什地委　喀什行政公署关于表彰“访民情惠民生聚民心”驻村工作2016年度先进工作队、先进工作者和优秀组织单位的决定》。全地区228个先进工作队、1176名先进工作者、31个优秀组织单位受到表彰。会议在充分肯定第三批驻村工作取得的成绩后强调，做好2017年的“访惠聚”驻村工作，要坚持以总目标为旗帜方向、行动准则、使命担当和根本政绩，按照自治区党委的部署要求，在目标上更加聚焦，在措施上更加务实，在落实上更加有力，不断把驻村工作提高到一个新的水平。一要树牢“一个总目标”，真正做到思想上再提高，认识上再统一，责任上再担当，使驻村工作始终围绕总目标来开展、谋划、推进、下好先手棋、打好主动仗。二要把握“一条主线”。突出学习贯彻好党的十八届六中全会精神、习近平总书记系列重要讲话精神特别是在第二次中央新疆工作座谈会上的重要讲话和视察新疆时的重要讲话精神，学习贯彻好党中央治疆方略和新疆工作总目标；坚定坚决、不打折扣贯彻落实中央、自治区党委决策部署，不断夯实喀什社会稳定和长治久安的坚实基础。三是落实好维护社会稳定、加强基层基础、做好群众工作、落实惠民政策、拓宽致富门路、推进脱贫攻坚、办好实事好事、壮大党员队伍等“八项任务”。县市代表、2016年地直驻村工作队队长代表，2017年驻村工作队第一书记代表、地直优秀组织单位代表在大会上发言。

5月7日，地区召开“访惠聚”驻村工作推进会，会议主要任务是紧紧围绕社会稳定和长治久安总目标，认真贯彻落实地委重大安排部署，坚持问题导向，查找薄弱环节，对地区“访惠聚”驻村工作及基层组织建设工作进行再安排再部署。

【地区群众宣传教育工作电视电话会议】 3月16日，地区召开群众宣传教育工作电视电话会议，推进全地区群众宣传教育工作扎实开展，夯实喀什社会稳定和长治久安的基础。会议要求，要扎实抓好宗教教职人员爱国教育专项活动，引导宗教教职人员在爱国爱教、提高造诣、促进和谐、遵规守法、引导信众、抵制极端、促进民族团结七个方面带好头。会议强调，要扎实推进少数民族领导干部大宣讲活动，要全力抓好宣传教育工作的落实。

【地区依法加强宗教管理工作会议】 3月21日，地区召开依法加强宗教管理工作会议，分析地区宗教领域面临的形势，查找工作中的薄弱环节，研究依法加强宗教管理工作，确保宗教领域和谐稳定。会议要求，全地区党政要坚决贯彻党中央、自治区党委关于宗教工作的方针、原则和规定，不要随意创新、先行先试、自搞一套、确保党中央、自治区党委关于宗教工作的决策部署在喀什不折不扣得到贯彻落实。会议强调，要依法加强宗教教职人员队伍建设。一要强化政治标准，坚持把拥护中国共产党的领导，拥护社会主义制度，维护祖国统一、民族团结和社会稳定、坚决抵御民族分裂主义和宗教极端思想渗透、坚决抵制非法宗教活动作为首要标准，强化宗教教职人员同一切分裂祖国行为作斗争的坚定性和自觉性。二要加强爱国教育，在宗教教职人员中开展爱国教育专项行动，加强宗教教职人员对党的民族宗教政策、爱国主义教育，增强他们的国家意识、法治意识、中华民族共同体意识，教育引导他们热爱伟大祖国，拥护中国共产党的领导，拥护社会主义制度，坚持宗教中国化方向，旗帜鲜明地拥护国家利益和祖国尊严。三要加强法治教育，坚持把爱国主义、法律法规作为培训的主要内容，县市长、统战部部长带头讲，采取集中授课、现场解惑、组织讨论、现身说教、课后点评、心理咨询的方式，有针对性地开展教育，批驳歪理邪说，提升法治意识，弘扬新风正气。四要做好培养培训工作，完成65岁以下宗教教职人员的集中培训，在提高宗教教职人员文化水平、宗教修养的同时，要求他们挖掘宗教教义教规中有利于社会和谐、时代进步、健康文明的内容，作出符合社会进步要求的阐释，帮助信教群众解疑解惑，引导群众树立正信。五要严格聘用程序。六要落实关爱措施。七要依法治理非法宗教活动。地委书记李宁平主持会议。

4月14日，地区召开宗教管理工作突出问题整改动员大会，强调增强做好宗教工作的责任感和紧迫性，夯实社会稳定和长治久安的坚实基础，坚决遏制宗教极端思想蔓延渗透，增强群众对宗教极端思想的免疫力。会议以电视电话会议形式开到各县市、各乡镇。

【地区整治干部作风促进群众工作动员大会】 3月29日，地区召开整治干部作风促进群众工作动员大会，认真贯彻落实自治区党委决策部署，直面喀什地区基层干部作风和群众方面的突出问题，统一思想、统一行动、统一步调，以猛药去疴、重典去乱的决心，以刮骨疗毒，壮士断腕的勇气，坚决整治干部作风，坚决打赢群众工作攻坚战，最大限度地争取凝聚人心，筑牢实现总目标的铜墙铁壁、钢铁长城。会议要求，各级党政要准确把握干部作风整治的范围、重点和要求。进一步压紧压实整治工作的责任，做到落实好主体责任、监督责任、领导包联责任。进一步严查重处损害群众利益的问题，做到强化责任追究、回应群众关切、彻底解决问题，从而提升工作能力。进一步强化对基层干部的教育监督，做到树立正确的政绩观、强化宗旨意识、加强纪律教育，把精力放在抓落实、求实效上来，把成效体现在推进社会稳定和长治久安上来。会议以视频方式开到各县市、各乡镇、村（社区）。

【地区宣传思想文化工作会议】 4月1日，地区召开宣传思想文化工作会议，认真贯彻自治区第九次党代会、自治区意识形态工作会议、自治区宣传部长会议和地委扩大会议精神，总结上年工作，分析当前形势，部署2017年任务。会议要求加强党的领导，为做好意识形态工作提供坚强政治保证。会议强调要紧紧围绕总目标，深入扎实推进意识形态各项工作，要抓好《新疆维吾尔自治区去极端化条例》的宣传，澄清几个模糊认识，消除思想误区等工作，以时不我待的责任意识、攻坚克难的昂扬斗志、奋发有为的进取精神，持续用力，久久为功，不断开创工作新局面，以优异的成绩迎接党的十九大胜利召开。会议从深入学习宣传习近平总书记系列重要讲话精神和治国理政新理念新思路新战略，大力营造迎接宣传贯彻党的十九大的良好舆论氛围、打好意识形态领域主动仗、大力推进社会主义核心价值观深入人心、抓好面对面大宣讲工作、着力促进文化繁荣发展、加强基层文化阵地建设、积极主动做好对外宣传工作和加强宣传思想文化干部队伍建设9个方面安排部署2017年宣传思想文化工作。

【地区组织工作会议】 4月9日，地区召开组织工作会议，深入学习贯彻习近平总书记关于全面加强党的建设系列重要讲话精神，深入贯彻自治区党委书记陈全国关于加强新疆党的建设系列决策部署，总结2016年全区党的建设和组织工作。会议要求：全面贯彻中共十八大和十八届三中、四中、五中、六中全会精神，深入学习贯彻习近平总书记系列重要讲话特别是关于新疆工作重要讲话指示精神，全面落实全国组织部长会议、自治区组织部长会议以及自治区党委、地委一系列重要会议部署要求，增强政治意识、大局意识、核心意识、看齐意识，紧紧围绕社会稳定和长治久安总目标，以迎接和贯彻党的十九大为主线，落实全面从严治党新要求，突出转变作风、突出强基固本、聚焦主责主业、强化担当作为，全面提升新形势下组织工作水平。会议强调高举总目标旗帜，全面从严治党，夯实党的执政基础。

【地委第一轮巡察工作动员会】 5月14日，地委以视频会议形式召开2017年第一轮巡察工作动员会，动员部署地、县两级2017年第一轮巡察工作。强调巡察组要围绕总目标，突出巡察重点，推动自治区党委、喀什地委各项决策部署落到实处。要始终聚焦政治巡察、聚焦决策部署巡察、聚焦作风大整改促进群众工作，要从抓住各级党员领导干部、乡村基层干部、服务群众的窗口单位基层干部这几个“关键少数”破题，推动全面从严治党向纵深发展；要深入学校党委领导核心作用不强、加强党的建设实不实、全面从严治党严不严，以及学校各级党组织是不是认真落实全面从严治党要求等情况。会议对2016年地委巡察工作进行全面总结，并宣读了《喀什地委2017年第一轮巡察工作方案》《关于授权地委巡察组对2017年第一轮3个地直单位、9所学校和6个乡镇进行巡察的通知》。

【地区群众工作表彰大会】 6月3日，地区召开群众工作表彰大会，表彰奖励在群众工作中涌现出的先进集体和先进个人。动员激励各级党政、各级维稳力量、各族干部学习先进、坚定信心、弘扬正气、积极投身到维护稳定，打击暴恐的行动中来，筑牢反恐维稳人民战争的铜墙铁壁。会议要求，全区各级党政必须坚定坚决地贯彻落实好以习近平同志为核心的党中央确定的治疆方略和新疆工作总目标，完完整整抓贯彻，不折不扣抓落实。

【地区推进“两学一做”学习教育常态化制度化工作会议】 6月9日，地区召开推进“两学一做”学习教育常态化制度化工作会议，强调要牢固树立“100—1=0”的思想，增强政治意识、大局意识、核心意识、看齐意识，勇于担当、奋发有为、真抓实干，推进“两学一做”学习教育常态化制度化实际效果，迎接党的十九大胜利召开。会议要求，各级党组织和广大党员要着力解决政治不强，理想信念模糊，对共产主义缺乏信仰，对中国特色社会主义缺乏信心，在大是大非问题上头脑不清醒、立场不坚定、旗帜不鲜明等问题。着力解决总目标意识不强，没有真正把着眼点和着力点放在总目标上，对严峻复杂的维稳形势不以为然、工作敷衍应付，上下一般粗，政策棚架、措施空转等问题。着力解决党员党的意识淡化、政治意识、大局意识、核心意识、看齐意识不强，在党不言党、不爱党、不护党、不为党，不按规定参加党组织生活，不按时缴纳党费，不完成党组织分配的任务，不按党的组织原则办事等问题；着力解决方法简单、作风漂浮，对中央、自治区党委和地委决策部署，做选择、搞变通、打折扣，不直面矛盾问题、不履职尽责、不敢担当等问题；着力解决中华民族共同体意识不强，对党的民族宗教政策理解把握不准，“五个认同”意识树得不牢，心存戒备隔阂，以民族划线判断是非曲直等问题；着力解决党员宗旨观念淡薄、落实惠民政策打折扣、搞变通，弄虚作假、欺上瞒下，作风粗暴、与民争利，以权谋私、优亲厚友，索贿受贿、雁过拔毛，不作为、乱作为等问题；着力解决工作消极懈怠、墨守成规，缺乏攻坚克难、改革创新能力等问题；着力解决道德行为不端，违反社会公德、职业道德、家庭美德，不注意个人品德等问题。深刻领会自治区党委书记陈全国反复强调的“干部作风问题是最大的敌人”“干部作风的极端，比极端分子的危害还要大”的重要论述，对照自治区党委、地委督查反馈的作风方面突出问题，坚定坚决地改、毫不迟疑地改、事不过夜地改，把改进作风建设的各项工作抓常抓细抓出成效。会议指出，要结合当前“民族团结一家亲”,“倡导新风尚、树立新气象、建立新秩序”等活动，不断拓展“两学一做”学习形式。会议以视频形式召开至各县市、乡镇（街办）。

【地区脱贫攻坚会议】 4月20日，地区召开扶贫对象建档立卡复核工作会议，全面落实中央、自治区关于精准扶贫建档立卡工作要求，严肃认真做好扶贫对象建档立卡复核工作，为全面打赢脱贫攻坚战奠定坚实基础。会议要求要围绕总目标，进一步提高扶贫对象建档立卡复核工作重要性的认识，全面把握扶贫对象建档立卡复核工作的内容，切实加强对扶贫对象建档立卡复核工作的组织领导，努力完成2017年脱贫攻坚任务。

5月17日，地区在英吉沙县召开脱贫攻坚推进会，紧紧围绕社会稳定和长治久安总目标，进一步提高思想认识、完善攻坚举措、落实政策要求，以更大的决心、更大的力度攻坚拔寨、排难而进，扎实做好年度脱贫工作，坚决打赢喀什地区脱贫攻坚战，为实现“一年稳住、两年巩固、三年常态”目标奠定坚实的基础。要求围绕总目标，真抓实干，全力打赢脱贫攻坚战。

7月14日，地区召开扶贫领域攻坚领导小组会议，强调要高度重视脱贫攻坚工作，把帮助困难群众脱贫致富摆在更加突出位置，出实招、出硬招，在精准上下功夫，坚决打赢脱贫攻坚这场硬仗，确保既定目标任务顺利实现。会议要求，要对照验收标准，坚持问题导向，理出户、村、县的脱贫目标任务，重点围绕“两不愁、三保障”开展工作，认真梳理分析，缺什么补什么，做到脱贫户有产业、有就业、有庭院经济，人均收入能达标，有一技之长，无辍学等，实现稳定脱贫。要进一步强化工作措施，在强化领导上下功夫，在精准上下功夫，在“五个一批”和“十大行动上下功夫”，在发挥行业作用上下功夫，在用足各类政策上下功夫，在社会扶贫帮助上下功夫，在宣传引导上下功夫，在验收程序上下功夫，确保2017年目标任务顺利完成。要通过加大行业的指导力度，建立联席会议制度等方式加大督促检查工作，坚决打好打赢脱贫攻坚战，为实现社会稳定和长治久安总目标奠定坚实基础。以优异成绩迎接党的十九大胜利召开。

7月25日，地区召开深度贫困脱贫攻坚工作会议，贯彻落实全国深度贫困脱贫攻坚座谈会、自治区深度贫困脱贫攻坚工作会议精神，按照习近平总书记和自治区党委书记陈全国部署要求，结合喀什实际，深入分析喀什脱贫攻坚存在的突出问题和短板，切实增强责任意识和执行能力，动员全地区各级党政，以更明确的思路、更务实的举措、更精准的措施推动脱贫攻坚，坚决打赢脱贫攻坚战。会议强调，各级党政、各部门要认真落实习近平总书记在全国深度贫困地区脱贫攻坚座谈会上的八条要求和陈全国书记在自治区深度贫困地区脱贫攻坚会议上提出的“十个聚焦”，对照验收标准，结合喀什实际，以补短板为突破口，在精准上出实招，踏踏实实做好工作。要在“六个精准”上下功夫，确保扶贫对象精、项目安排精准、资金使用精准、措施到户精准、因村派人精准、脱贫成效精准。要通过抓好城乡富余劳动有组织转移就业，实现就近就地就业，落实好护边员“两增五有”待遇，确保边境地区各族群众有序脱贫等方式，在增加就业上下功夫。要通过种植业抓优化，林果业抓提升，畜业抓规模，庭院经济抓改造，科技农抓示范，在产业带动上下功夫。要通过办强学前教育、义务教育和职业教育，落实困难学生资助全覆盖，加强对贫困户的教育引导，在扶智扶志上下功夫。要通过优先完成建档立卡贫困户安居富民房建设，抓紧推动易地搬迁，抓好塔什库尔干县地震灾区灾后重建工作，在住房安全上下功夫。要按照“缺什么补什么”的原则，筹措资金，在重点村的基础设施配套上下功夫。要积极开发生态保障建设公益性岗位，坚持扶贫开发不以破坏生态为代价，把生态补偿脱贫作为“五个一批”的重要方面，在生态脱贫上下功夫。要通过应兜尽兜、应保尽保，认真解决因病致贫、因病返贫户，在社会兜底上下功夫。要动员和凝聚全社会力量广泛参与，构建专项扶贫、行业扶贫、社会扶贫、援疆扶贫“四位一体”大扶贫格局，实现多方力量、多种举措有机结合和互为支撑局面，在统筹力量上下功夫。要通过全面统筹各类资金，开展金融扶贫攻坚行动，在资金支持上下功夫。会议要求，各级党政，各部门要把脱贫攻坚作为重大政治任务和第一民生工程，进一步完善健全体制机制，明确领导责任，加强脱贫攻坚队伍建设。进一步强化责任落实，落实好县市的主体责任，落实好乡、村两级的具体责任，落实好包联领导的包联责任，落实好驻村工作队的帮扶责任，落实好行业部门的专项责任。要严格督查问责，进一步健全督察检查制度，实施最严格的考核评估，加强扶贫领域监督执纪问责工作。会议强调，脱贫攻坚战只能打赢，必须打赢。各级党政、各部门要切实承担起党和人民赋予的重大使命，下定决心、集中力量、突出重点、抓住关键，全力以赴啃下脱贫攻坚的最硬骨头、攻下脱贫攻坚的最难堡垒、解决脱贫攻坚的最大短板，坚决打赢深度贫困地区脱贫攻坚这场硬仗中的硬仗，向党和人民交上一份满意答卷。

9 月 24 日，地区召开“三农”助推脱贫攻坚视频会议，会议围绕加强秋季农业综合管理，安排部署冬播、“菜篮子”工程、特色林果生产管理、现代畜牧业发展、品牌建设、农村土地清理、脱贫攻坚等方面工作，详细安排部署“三农”助推脱贫攻坚工作。要求贯彻落实总目标，扎实做好秋季农业生产工作。

11 月 25 日，地区召开深度贫困脱贫攻坚工作推进会议，落实自治区深度贫困地区脱贫攻坚工作会议精神，认真分析地区深度贫困形势，对今后三年脱贫攻坚工作做出具体安排。会议强调，全地区干部群众要坚定信心、明确方向，坚决打赢深度贫困地区脱贫攻坚这场硬仗。会议要求，全地区各级干部要统一思想，提高认识，深刻领会中央、自治区关于深度贫困脱贫攻坚工作的指示精神，确保各项部署在喀什落地生根。会议强调，要坚持精准扶贫、靶向攻坚，针对每一户致贫原因做到靶向治疗、滴灌式扶贫，精准制定帮扶措施、根据措施安排好项目，根据项目用好资金，真正做到“一户一策、精准帮扶”。要坚持标准导向、注重实效，结合实际发展阶段，严格对标“两不愁、三保障”补短板。要坚持统筹资源、点面兼顾，既要全面推进，强化各项帮扶措施，同步落实“十大专项行动”，提升整体效果；又要重点突破，对贫困程度最深、脱贫难度最大的区域加大政策倾斜力度，集中力量解决关键性制约，打好歼灭战。要坚持各司其职、分工协作，明确职责，压实责任，不提新概念、不讲故事，每一项工作和具体指标都要有专人负责。要加强组织领导，凝聚攻坚合力，用好支持政策，强化监督执纪，为打赢喀什地区脱贫攻坚硬仗提供坚强组织保障。全地区各族干部群众必须凝心聚力、奋力攻坚，撸起袖子加油干、俯下身子踏实干，保质保量完成任务，为实现中华民族伟大复兴中国梦做出喀什贡献。

11 月 29 日，地区以电视电话会议形式召开深度贫困脱贫攻坚精准到户到人培训推进会，对脱贫攻坚工作进行再研究、再部署、再动员，强调做实做细攻坚方案，围绕精准狠抓落实。会议强调，当前和今后一个时期，最重要的任务是集中精力和力量，坚决打赢维稳和脱贫两场攻坚战，脱贫攻坚是一项政治性、政策性很强的工作，要把握好中央“六个精准”“五个一批”“两不愁、三保障”“一高于、一接近”和自治区“九个一批”“十大专项行动”、贫困村民要达到“六有三保障”、贫困村要实现“三通七有”、贫困乡镇要实现“五个有”的政策要求，掌握这些政策的核心要义、理解精神实质，结合贫困户实际，制定更为务实精准的实施方案。地县乡村各级要认真分析贫困成因，做到细、实、精准。要针对致贫原因，形成具体的帮扶措施，做到扶贫措施到户到人形成一卡。要按照“三通七有”的要求，对村级公共设施缺项补项，抓好基本建设，达到基本要求，不能好高骛远。要对每个乡镇的公共设施进行完善，立足当前统筹抓好水、电、路、气、通信等基础设施建设。要用项目支撑脱贫攻坚，坚持从户规划、从人规划制定项目的基本原则，根据基础数据和贫困户的需求制定项目，在实施项目时要做到循序渐进、分期分批。要加强对扶贫干部、入户干部的培训，培养一大批爱扶贫、懂扶贫、干实事的扶贫“明白人”。要加强对贫困户的培训，加强对贫困群众的宣传教育，增强脱贫主体意识，提升脱贫内生动力，提升自我脱贫能力。会议还对贫困户精准扶贫信息采集、统计和维稳工作做出安排部署。

【地区贯彻第六次全国对口援疆工作会议精神电视电话会议】 7 月 24 日，地区召开贯彻第六次全国对口援疆工作会议精神电视电话会议，对进一步做好新形势下对口援疆工作进行再动员、再安排、再部署。会议强调，要把思想和行动统一到对口援疆工作的经验总结和形势判断上来，切实增强“四个意识”，按照党中央、自治区党委部署，推动对口援疆工作取得更大成效。要把思想和行动统一到对口援疆工作的重要原则和要求上来，切实把每一件实事事都办好，把每一件好事都办实，不断增强各族群众的获得感，增强对党的向心力。要把思想和行动统一到陈全国书记的工作部署精神上来，以务真求实的作风、真抓实干的要求抓好贯彻落实，确保对口援疆各项工作任务扎实有效推进，取得实实在在的成效。

【地区教育工作会议】 9 月 16 日，地区召开教育工作会议，会议强调，要深入贯彻落实自治区高校思想政治工作会议、自治区推进中小学双语教育工作座谈会、自治区中小学教育工作观摩座谈会精神，聚焦国语教育这条主线，推进喀什教育质量再上水平，为建设团结和谐、繁荣富裕、文明进步、安居乐业的中国特色社会主义喀什奠定坚实基础。会议要求，各县市、各部门、各单位要站在实现中华民族伟大复兴的高度，站在全面建成小康社会的高度，站在喀什社会稳定和长治久安的高度，充分认识抓好教育工作是实现总目标的治本之策，是促进民族进步的迫切要求，是推动社会发展的重要基础，是打赢脱贫攻坚战的关键举措，是群众对美好生活向往的现实需要，要为广大群众提供更多、更好、更公平接受教育的机会，办好各族群众满意的教育。会议提出，今后教育工作的目标任务是：到 2020 年，全地区义务教育各学段、各年级国语教育全覆盖，少数民族学生基本掌握和使用国家通用语言文字；义务教育标准化建设和均衡发展任务全面完成，义务教育阶段学龄人口入学率保持在 98% 以上；普通高中教育实现量和质的双提升，现代职业教育体系基本建立，高中阶段毛入学率达 90%；高校和高职教育学科和专业结构科学合理，人才培养符合社会发展需要。普及 15 年免费教育，基本扫除青壮年国语盲，教育服务总目标能力明显增强。会议以视频形式召开至各县市。

【地区聚焦总目标正风肃纪专题会议】 10 月 4 日，地区召开聚焦总目标正风肃纪专题会议，深入贯彻落实自治区党委书记陈全国“9·29”讲话精神和地委书记李宁平在地区稳定工作视频会上的讲话精神，深刻汲取自治区纪委和地区纪委近期查办部分典型案件的教训，举一反三，警钟长鸣，教育警示全地区各级党员干部牢固树立总目标、聚焦总目标、落实总目标。会议要求，全区各级干部要一心一意抓稳定，凝心聚力促和谐，全力以赴落实总目标，始终把群众放在心中最高位置，高标准做好群众工作，加强作风建设，密切党群干群关系，在担当上层层压实“两个责任”。会议强调，各级干部要进一步转变工作作风，带着感情、带着责任争取人心、凝聚民心，以实际行动迎接党的十九大胜利召开。会议以视频的形式召开至县市。

【第八批省市援疆工作总结表彰暨第九批省市援疆干部骨干欢迎大会】 1月3日，地区召开第八批省市援疆工作总结表彰暨第九批省市援疆干部骨干欢迎大会，总结第八批省市援疆工作，表彰优秀援疆干部人才和援疆企业，欢迎第九批省市援疆干部人才到喀什工作，在新的起点上部署推进援疆工作。刘仕哲、张峰、吴韬、胡大强四人代表第八批援疆干部人才发言。会议指出：三年来，四省市累计安排产业援疆资金19.5亿元全力推动喀什经济转型升级，增强喀什自我发展能力。坚持把最优秀的人才选派到援疆一线，共为喀什选派669名第八批干部人才，为喀什培养各类干部人才13.1万人，柔性引进人才3750人，极大地缓解了受援地人才短缺的矛盾。会议强调，第九批援疆干部要牢记使命，不负重托，全面贯彻中央治疆理念，认真落实自治区党委和对口援疆省市的工作部署，紧紧围绕总目标，以总目标为纲，统领新疆各项工作。要求各县市、受援单位把对口援疆工作作为全局工作的重要组成部分，摆在突出位置，纳入重要日程，要一如既往地支持配合援疆干部人才开展工作。努力把对口支援省市和援疆干部人才、智力、技术、资金、产业等优势与本地资源、区位优势紧密结合起来，不断深化拓展援疆工作领域。

【地区社会面防控工作电视电话会议】 2017年5月6日，地区召开社会面防控工作会议，深入贯彻落实自治区党委关于“一带一路”国际合作论坛期间全区安保维稳工作部署，就加强地区社会面防控工作作出全面安排部署。要求全区各级党政要切实把思想和行动统一到自治区党委“四条明确要求”上来，严格责任落实；把思想和行动统一到自治区党委“五项重点工作”上来。强调要切实增强做好社会面防控工作的责任感紧迫感，全力抓好社会面防控各项工作，绝不给敌人任何可乘之机。

【2017年中共喀什地委作出的决定、通报、意见（部分）】

1月26日　中共喀什地委　喀什行政公署关于取消一切形式无偿用工的决定

2月15日　中共喀什地委　喀什行政公署关于加强2017年固定资产投资工作的实施意见

2月20日　中共喀什地委　关于印发《地委巡察工作规划》

4月3日　中共喀什地委　喀什行政公署关于开展就业技能大培训的指导意见

9月14日　中共喀什地委　喀什行政公署关于加快农业品牌建设的实施意见

11月2日　印发《关于深入学习宣传贯彻落实党的十九大精神以习近平新时代中国特色社会主义思想为指导开创喀什社会稳定和长治久安新局面的实施方案》的通知

【2017年中共喀什地委办公室下发、转发的通知、意见、部分（部分）】

1月5日　关于印发《喀什地区贯彻落实陈全国书记在全区维护稳定工作会议上的重要讲话精神责任分解方案》的通知

1月11日　关于印发《喀什地区党内规范性文件备案办法》的通知

1月18日　印发《喀什地区关于在宗教教职人员中开展爱国教育专项活动方案》的通知

2月15日　关于印发《喀什地区2017年重点项目责任分解方案》的通知

3月15日　关于印发《贯彻落实自治区党委推进“党的组织和党的工作全覆盖”责任分解方案》的通知

3月15日　印发《关于坚持医疗惠民提高全民健康水平的实施意见》的通知

3月30日　印发《关于坚持教育惠民加快教育事业发展的实施意见》的通知

4月7日　关于印发《喀什地区城乡富余劳动力转移国有企业就业工作实施方案》的通知

5月5日　关于印发《关于惠农补贴现金发放工作的实施方案》和《喀什地区2017年惠农补贴资金现金物资发放周指导计划表》的通知

5月5日　印发《关于进一步加强喀什农业农村工作的实施方案》的通知

5月22日　关于印发《喀什地区迎接中央环境保护督察工作方案》的通知

5月27日　关于印发《喀什地区2017年脱贫攻坚工作责任分解方案》的通知

6月16日　关于印发《喀什地区2017年脱贫攻坚行动计划》的通知

8月13日　关于印发《喀什地委贯彻落实自治区党委〈关于落实全面从严治党主体责任和监督责任的意见〉任务分解方案》的通知

10月12日　关于印发《喀什地区贯彻落实〈服务实体经济防控金融风险深化金融改革的若干意见〉实施方案》的通知

组织工作

【概况】 截至2017年底，喀什地区有基层党委282个，党总支556个，党支部8695个，共有党员193114名。其中：妇女党员58986名，占党员总数的30.54%，少数民族党员157000名，占党员总数的81.30%。党员中，30岁及以下党员27737名，占党员总数的14.36%;31～40岁党员51673名，占党员总数的26.76%；41～50岁党员49141名，占党员总数的25.45%；51～60岁党员31632名，占党员总数的16.38%；61岁及以上党员32931名，占党员总数的17.05%。从学历结构来看，大专及以上学历73606名，占党员总数的38.12%；中专学历22364名，占党员总数的11.58%；高中、中技学历12701名，占党员总数的6.58%；初中及以下84443名，占党员总数的43.72%。全年发展党员15517名，其中：女性党员5849名，占党员发展总数的37.69%；少数民族党员13674名，占党员发展总数的88.12%;高中以上学历5808名，占党员发展总数的37.43%。

截至2017年末，喀什地区有干部128046人，其中女性69403人，占干部总数的54.2%；少数民族干部93302人，占干部总数的72.87%；地区机关干部9909人，占干部总数的7.74%。从学历结构看，研究生学历935人，占干部总数的0.73%；

大学本科学历54190人，占干部总数的42.32%；大学专科学历53969人，占干部总数的42.15%；中专及以下学历18952人，占干部总数的14.8%。从年龄结构看，35岁以下干部68295人，占干部总数的53.34%；36～40岁干部22476人，占干部总数的17.55%；41～45岁干部16567人，占干部总数的12.94%；46～50岁干部11626人，占干部总数的9.08%；51～54岁干部5874人，占干部总数的4.59%；55岁以上干部3208人，占干部总数的2.51%。

【干部选拔任用】 2017年，喀什地委组织部聚焦社会稳定和长治久安总目标，坚持“20字”好干部标准和民族地区“三个特别”要求，选拔任用干部。以大调研、专项督查等为契机，对各县市领导班子和领导干部队伍建设情况进行深度调研，结合“两项工作”专项督导，对在工作中不聚焦总目标，作风不实、不作为、乱作为，甚至充当“两面人”的干部进行组织调整、处理。是年，调整县处级干部共16批次283人，调整下管一级乡镇党政正职、组织部副部长、纪检委副书记12批次211人。

【干部教育培训】 2017年，喀什地委组织部发挥党校干部教育培训主阵地作用，地、县两级党校共举办各类培训班171期、培训各级干部35978人次，各县市通过乡镇党校培训村（社区）干部6.9万余人次。先后举办县处级后备干部中青班（网络班）、“加强党性修养、弘扬优良作风”专题网络培训班、乡镇党政领导班子成员骨干（网络培训）班，培训学员400名，学员在线学习时间达34000余小时。

【基层干部挂职】 2017年，喀什地委组织部选派150名少数民族基层干部赴北疆乌鲁木齐、昌吉州开展异地挂职培训，选派12名干部赴上海市、广东省、山东省挂职。从塔什库尔干县选派22名党政、专业技术干部赴自治区12个厅局挂职锻炼。

【公务员招录培训管理】 2017年，喀什地委组织部坚持“公开、平等、竞争、择优”原则，面向社会公开考录党群系统公务员115名；专场招录内招生乡镇公务员1296名，专场招聘引进690名事业单位工作人员；面向基层为14个地直单位公开遴选32名工作人员。汇总审核各县市调任科级干部124人。落实公务员考核奖励政策，对458名当年考核评为优秀等次的公务员（参照公务员）给予嘉奖；对371名连续三年考核评为优秀等次的公务员（参照公务员），给予嘉奖、记三等功。全年办理公务员录用515人、公务员登记273人、取消录用9人。完成公务员管理信息采集和统计年报工作。

【干部监督】 2017年，喀什地区突出强化干部选拔任用监督工作，按照《喀什地区县市选拔任用乡科级干部审核备案办法》，对县市37批次1773名干部调整进行备案审核，提出意见建议134条。落实领导干部个人有关事项报告随机抽查和重点查核，按照10%的比例随机抽取96名县处级领导干部重大事项报告进行抽查；对5批、99名考察对象个人有关事项报告进行查核，约谈4名未如实报告的考察对象；对2名存在瞒报行为的考察对象，分别给予取消考察对象资格并转任非领导职务和取消考察对象资格处理。从严办理领导干部因公因私出国审批。办理因公出国政审3人次，因私出国政审6人次（均为退休县处级干部出国旅游），收回护照175本，出国境证件136本。办理上级批转、本级受理群众举报信访件19件，对5名相关人员依纪依规进行处理。

【“两学一做”专题教育】 2017年，喀什地委制定《喀什地区关于推进“两学一做”学习教育常态化制度化的实施方案》，为落实学习教育常态化制度化提供科学指导，下发《关于推进“两学一做”学习教育常态化制度化相关工作的通知》，为学习教育树立方向标、划定“路线图”。探索创新组织生活的内容形式和途径办法，地区各级党组织严格落实“三会一课”、民主生活会、组织生活会、谈心谈话、民主评议党员和双重组织生活等制度，实行支部组织生活每月“8+X”计划（“8”为必须完成的规定动作，即以党支部为单位，每月开展一次主题党日活动，党员交纳一次党费，党支部书记听取一次党员思想汇报，党员相互谈心谈话一次，召开一次党员建言献策会，组织党员过一次“政治生日”，开展一次扶贫帮困，“民族团结一家亲”等活动，活动内容不少于8项，“X”为自选或创新动作），由各党支部根据实际，开展主题鲜明、内容丰富、务实管用的活动，有效提升广大党员干部的责任意识、担当意识和奉献意识，密切党群干群关系，扩大学习教育成效。

【党员队伍建设】 2017年，喀什地委组织部对全地区发展党员工作进行为期20天的专项督查，进一步规范发展党员的25个程序，严格落实“25154”机制（每个基层党组织每年至少累计储备25名左右优秀中青年作为入党积极分子后备人选，从中至少培养15名左右入党积极分子，再从中至少平均发展4名党员），在农村储备入党积极分子9.17万名，培养入党积极分子4.38万名，全地区发展党员13067名，其中发展农村党员5170名。从严督促自治区、地区督导发现突出问题的整改，坚决查处“乱政”“怠政”、不作为、工作措施棚架和侵害群众利益等突出问题，促进了基层党员干部作风明显好转。

【企业学校新兴组织党建工作】 2017年，喀什地委组织部深入23家企业进行专题调研，制定下发《贯彻落实自治区国有企业党的建设工作会议精神重点任务及分工的通知》，召开国有企业党建负责人座谈会，细化责任目标，推动33项工作任务按期完成。对11个县市民办学校、中小学校和3所地直中学党建工作进行专项督查。筹建乌鲁木齐市流动人员服务管理党工委，实现流动人口服务管理党组织有效覆盖。成立地、县市新兴组织党工委13个，召开专题会议进行研究部署、协调推进，按照

“无党员抓发展、有党员抓组建、组建后抓提升”的思路，以属地、行业部门双重管理为主导，突出抓保障、抓管理、抓组建，新建党组织 299 个，选派党建指导员 1261 名，有效推进了党组织覆盖。

【干部包户】 2017 年，喀什地区建立落实干部包户走访“积分争星”“双联户”等制度，全地区 4.54 万名驻村工作队员、基层干部包联群众 111.12 万户，累计走访群众 730.5 万户次 2476.9 万人次，排查化解矛盾纠纷 17.22 万件，排查治理各类安全隐患 5.49 万个。全面推行“双联户”制度（连户增收、连户平安），建立“双联户”85.72 万户，推选联户长 16.72 万名。先后四轮组织地、县市直部门单位干部 5.98 万余人次，下沉到村（社区）抓实重点工作，构建基层群众工作体系。

【村级惠民生项目建设】 2017 年，喀什地区积极推进自治区村级惠民生项目建设，各驻村工作队协调引进惠民生项目 2206 个、项目投资 3.86 亿元，帮助 15.21 万名群众就业。深入扎实做好扶贫对象建档立卡复核工作，一家一户摸清基础数据、致贫原因，找准脱贫路子，推动各项帮扶措施落实到村到户。全面落实群众免费健康体检，推进农村学前 3 年免费双语教育，修建 1152 所农村双语幼儿园，34.1 万名适龄幼儿实现应入尽入，投入 2.63 亿元，为群众办实事好事 9.32 万件。

【驻村工作队（员）获自治区表彰】 2017 年 2 月 25 日，自治区党委召开“访惠聚”表彰大会，喀什地区信访局驻喀什市浩罕乡萨依村工作队等 113 个驻村工作队获得自治区“访民情惠民生聚民心”驻村工作 2016 年度先进工作队。韩勇胜等 795 名干部获得自治区“访民情惠民生聚民心”驻村工作 2016 年度先进工作者荣誉称号。喀什地区教育局等 18 个单位获得自治区“访惠聚”驻村工作 2016 年度优秀组织单位荣誉称号。

【组工信息调研】 2017 年，喀什地委组织部认真做好组工信息、组工宣传、组工调研工作，共完成研究成果 22 篇，其中，1 篇获国家级奖项，8 篇获自治区级奖项；撰写报送内参及外宣稿件，4 篇被中组部采用，6 篇被自治区党委办公厅采用，22 篇被自治区党委组织部采用，38 篇被《中国组织人事报》采用，64 篇被《党员之友》采用；编撰印发《喀什党建》汉文版 6 期，维吾尔文版 4 期；3 名信息员获评《中国组织人事报》优秀通讯员，1 名获评《党员之友》《新疆党员报》优秀通讯员。

【组织系统信息网络化建设】 2017 年，喀什地委组织部扎实做好地区组织系统信息网络化建设，完成自治区干部管理信息系统中地区所有县处级干部、自治区选派任职干部、正县级后备干部的信息采集、录入工作，启动地区党组织和党员信息库建设工作。扎实做好党内统计、公务员统计会审，稳步推进地、县市委组织部管理的干部档案数字化建设。

【村（社区）第一书记选派】 2017年，喀什地委基层办认真贯彻落实中央“两个坚定不移”“两个下更大功夫”的要求，扎实做好第一书记选派工作，切实强化第一书记统筹、指导、帮助、监督职能，先后多次研究部署，制定《喀什地区选派优秀干部到村（社区）任第一书记工作的实施意见》《进一步做好选派优秀干部到村（社区）任第一书记工作的通知》，对调优调强第一书记、进一步明确第一书记的任期、注重发挥第一书记主责作用、持续抓好第一书记的培训培养工作、加强第一书记的管理考核和奖惩等进行明确和细化。印发《第一书记工作手册》，强化第一书记统筹驻村各支力量的硬要求，建立落实早派工、晚研判制度，便于第一书记及时进入工作状态，扎实开展工作。是年，全地区共选派第一书记2558人，其中地厅级72人，县处级483人，乡科级1965人，乡科级后备干部38人。

【基层党组织运行保障】 管好用好农村“三老”人员生活补贴，联防队员报酬，村干部、十户长报酬补助，乡镇干部基层补贴等9项4.63亿元补助资金。管好用好自治区基层组织建设补助资金，确保各类资金按时、足额落实到位。落实村干部报酬正常增长机制，将村党支部书记、副职、村民小组长的月均报酬分别提高到3000元、2000元、1000元以上。积极争取中央、自治区党委组织部党费划拨支持力度，为147个村、50个社区和24个新兴组织拨付党员活动经费230万元。有序推进全地区1810个村民服务中心、5366套周转房、364个食堂、646个小澡堂、750个公共厕所建设。

【村委会规范运行】 2017年，喀什地区启动村党的工作委员会试点工作，召开专题培训会6场次、指导建立示范点23个，指导推进综治工作站、群众服务站、扶贫工作站规范建设，明确工作职责、细化工作任务、压实工作责任。截至年末，全地区共建立村党工委2298个，配备站长7589名，成员32420名。选派2083名国家干部到村任党支部书记，村党组织书记公职化占比达81.9%。

【村委会建设】 明确村党的工作委员会书记“建强一个好班子、带出一支好队伍、完善一套好机制、构建一个好秩序、形成一种好风尚”的“五个一”职责，组建由村党工委领导下的村级综治工作站、群众服务站、扶贫工作站，明确“六项职责任务”，建立落实“五会”、委员分工负责制，赋予村党工委书记管理、考核权，保障落实统筹领导、部署工作、指导协调、督查追责“四项职责”，使村级工作有章可循、有人负责，形成村级落实总目标的强大合力。是年，全地区在村一级成立党工委2298个，共配备党工委书记2298人、副书记4721人，委员10895人。

【“四界村”基层组织建设】 2017年，喀什地区着力抓好“四界村”基层基础建设，对全地区889个“四界村”（地州界、县市界、乡镇界、城乡界交界村）管理薄弱、存在重大风险点等实际问题，逐村解剖，列出问题清单，找准问题症结。由252名县市领导带头包联，选派585名国家干部任村党支部书记，调整党工委书记51名，培养村党支部书记年轻储备干部2514名。对“四界村”中的软弱涣散党组织书记坚决撤换，坚持工作重心下移、工作力量下沉、服务资源下倾，统筹政策、项目、资金、资源和更多的人力、物力、财力向“四界村”倾斜，定期研究解决“四界村”问题，常态化开展查薄弱、补短板、防风险工作，建立与相邻兵团、县市、乡镇的联席会议、情报互通、信息共享、定期会商、协调处理等沟通对接制度，及时研究解决工作中遇到的问题和困难，推进“四界村”治理见到实效，确保落实总目标无盲区、无缝隙、无空白点。是年，开展“四界村”基层组织建设889个，“四界村”基础设施明显改善、群众满意度有效提升。

【村党支部书记队伍公职化建设】 2017年，喀什地委基层办全面推进村党支部书记队伍公职化建设。在对村党支部书记队伍逐一摸底排查、精准评估的基础上，制定《村党支部书记调优配强方案》，分批次配备到位，采取第一书记转任一批、县市直机关下派一批、乡镇机关和站所挑选一批、大学生村官选任一批、优秀村党支部书记留任一批的“五个一批”方式，精准选好配强村党支部书记队伍，为实现“一年稳住、两年巩固、三年常态”阶段性目标和长治久安提供坚强的组织保证。截至2017年底，全地区共选派3870名从乡镇招录的内地高校毕业生、军转干部和机关站所优秀年轻干部到村作为村党支部书记后备人选，选派2262名国家干部到村任党支部书记，村党组织书记公职化占比达92%。

【基层党组织整顿】 2017年，喀什地委基层办对重新摸排确定的247个后进村党组织进行集中整顿，采取量身定制整顿方案、分类落实转化措施、常态帮建促进提升、星级创建巩固成果等办法，制定包括问题现象、原因剖析、整改措施、责任人和完成时限的“整顿升级套餐”，配强班子、完善制度、化解矛盾、提升素质，全面落实“建设一个好班子、造就一支好队伍、选准一条好路子、完善一个好机制、健全一套好制度”为目标的帮建措施，从班子团结、工作运行、村务公开、民主管理、制度落实等方面逐一规范，加强跟踪指导和持续帮建，确保经过整顿后的村不反弹、不回潮。坚持整顿有目标、转化有标准，实行第一书记创星增星目标承诺制，完善集创星、评星、授星、摘星为一体的星级评定、动态管理机制，科学制定“争星路线图”和“晋位时间表”，通过对标定星、考评授星、公开亮星和晋位争星措施，实现星数有增加、转化有效果，着力打造有活力、有干劲、有效果的基层党组织。截至2017年底，整顿软弱涣散基层党组织247个。

【干部联系脱贫攻坚示范乡镇】 2017年，喀什地委基层办制定印发《关于抓党建促脱贫攻坚的实施意见》，建立《地厅级领导干部联系脱贫攻坚示范乡（镇）工作制度》《乡镇党委和政府脱贫攻坚工作考核暂行办法》，落实地县党委书记主责，按照地区扶贫部门不少于50人、县级不少于35人、乡镇不少于10人、村不少于5人充实扶贫专干力量，落实好“六个精准”“五个一批”“十大专项行动”和深度贫困村“四个一”措施。把农村扶贫对象建档立卡信息数据复核作为脱贫攻坚的首要任务，动员驻村力量和下沉干部人人参与，采取全面复核、重点抽查、实地核查、系统比对等方式做好基础工作，彻底解决底数不清、情况不明的问题，做到应纳尽纳、应退则退。按照干部精准帮扶任务“4321”全覆盖工程要求（每名地厅级干部帮扶4户、县处级干部帮扶3户、乡科级干部帮扶2户、一般干部帮扶1户），地区12.26万名干部职工与18.6万贫困户结对认亲，做到不脱贫不脱钩。压紧压实驻村工作队包村“五项职责”、驻村工作队员联户“五项责任”，精准推进包村联户脱贫攻坚。各级干部共帮助1.16万户3.79万人实现脱贫，帮助贫困户新建安居房17万套，发展庭院经济17.47万户，成立专业合作社671个，引进微小企业313个。

【社区减负】 2017年，喀什地委组织部、地委基层办制定印发《关于推进社区减负工作的实施意见》，拟定出取消的15项社区执法和专业类工作事项目录、55个社区临时机构目录、37项社区创建考核评比目录、35项社区纸质与电子台账目录。坚持“停、减、并、转、限”原则，采取统一标准“清”、集中部署“治”、联动检查“促”等方式进行清理，实现社区的“还权、赋能、归位”。是年，全地区共减除社区承担的不合理工作308项，取消执法和专业类工作事项111项，取消临时性机构211个，取消牌匾49个，取消创建考核评比项目224项，社区干部参加会议由每月181次减少到113次，社区台账由264项减少到72项，发文由520件减少到334件，各类报表、材料由每月337件减少到231件，社区盖章项目由15项减少到8项。

【基层组织工作专项调研】 2017年，由喀什地委书记李宁平带队、11名地委委员参与，地直相关部门300余人组成10个专项调研组，采取走访群众、入户访谈、座谈讨论、现场交流、问卷调查、查阅资料、背靠背谈话等多种方式，对各县市聚焦总目标、落实自治区党委系列工作部署和加强县市领导班子建设等3个大项、10个小项进行深入调研、全面“体检”。大调研活动覆盖除塔什库尔干县外的11个县市，根据调研发现的问题接受立案审查和党政纪处分党员干部69名，调整县级和乡镇正职领导干部120名。各县市针对调研反馈的2292个问题，认真制定整改台账，逐一定措施、定目标、定时限、定责任人，抓好整改，问题整改有效率90%以上。

【喀什地委党员电化教育中心机构更名】 2017年，根据《关于喀什地区党员干部现代远程教育管理中心更名的批复》，喀什地区党员干部现代远程教育管理中心（喀什地委党员电化教育中心）更名为“喀什地区党员教育中心（喀什地区党员干部远程教育工作办公室）”。

【中共十九大精神专题轮训】 2017年，喀什地区党员教育中心突出抓好中共十九大精神和习近平新时代中国特色社会主义思想学习宣传等专题教育。举办学习贯彻党的十九大精神专题轮训8万人次，大规模集中培训地区县处级干部，乡镇党委书记、乡镇长，街道党（工）委书记、主任，国营农林牧场书记、场长，社区党支部书记、优秀村党支部书记，中青年县处级后备干以及县市党校常务副校长和骨干教师等群体，其中，组织村党支部书记专题培训班1期，培训200人，通过基层党员教育站点集中轮训村党支部书记2150人。

【电教视频直播授课培训】 2017年，喀什地区党员教育中心录制播发中共十九大精神和习近平新时代中国特色社会主义思想培训课程，提前录制地委党校轮训班课程内容，录制包括《地委书记李宁平同志在轮训班开班式上的动员报告》在内的一批关于党的十九大精神培训课程视频11部，通过党员教育信息化平台进行播发推送开展视频直播授课培训班，随时点播、随时选学，确保培训全覆盖。

【党员集中轮训】 2017年，喀什地区党员教育中心开展大规模党员集中轮训。将中共十九大精神列入必学内容，每周利用党员教育站点学用活动组织党员学习收看，是年，参加培训的党政机关和基层党员干部8万余人次。

【党员教育培训】 2017年，喀什地区党员教育中心抓好农村党员远程教育培训和农牧民国语教育、职业技能培训。落实党员接受党性教育“每周一小时”制度，鼓励党员利用党员教育站点开展个性化学习，对农牧民党员开展忠诚教育，增强基层党员政治意识、大局意识、核心意识、看齐意识，自觉向基层党组织靠拢，在维护民族团结和社会稳定中当好排头兵。围绕脱贫攻坚总体部署和地委中心工作，积极利用党校冬春轮训和党员教育平台开展双语教育和职业技能培训，联合地委党校录制剪辑《公务员汉语速成》《维吾尔语会话》和《维吾尔语教程》三本教材，制作120课时教材，定期组织农村党员干部群众集中学习。

【党员专题宣传教育培训】 2017年，喀什地区党员教育中心联合地区“访惠聚”活动办公室、扶贫办、妇联等部门大力宣传党和政府扶贫开发的决策部署、政策举措，发掘脱贫致富先进典型，以宣传鼓干劲，引导广大党员群众凝心聚力，打赢脱贫攻坚战。是年，开展脱贫攻坚培训班、“时代女性”等专题宣传教育培训活动3次，培训14.5万人次；为贫困户量身定制“精准培训”，开发针对性、实用性强的科技片15部，利用基层党员教育站点广泛开展实用技术轮训23万人次。

【电教专题片展播展评】 2017年，喀什地区党员教育中心做好《榜样》“七一”展播片展播及自治区展评活动。完成“七一”展播片的摄制翻译任务33部，邀请地委组织部、宣传部、电视台、报社相关专家对作品先后进行审核2次，认真编排节目播放表，组织党员干部群众收看。报送自治区参展的作品中《祖孙三代戍边情》《我的新疆之家》被自治区党委组织部采用，在新疆卫视、新疆电视台、新疆教育电视台等频道进行播出；《“5A”书记》《头羊》等作品先后被中组部采用。在自治区“七一”展播评比中，《因为爱情》获得二等奖；《撸起袖子又一年》获得三等奖；《祖孙三代戍边情》等两部片子获优秀奖。自治区党员干部现代远程教育教育课件评比中：《“5A”书记》获得一等奖；《头羊》获得二等奖；《我的生命不只为我而活》等6部片子分别在专题片、课件等类别获三等奖。

（孔　宁　颜世洋）

2017年喀什地委组织部调研课题优秀成果

表3

序号	课题名称	奖项	作者
1	维吾尔族党员数量与质量问题研究	新疆党建研究会一等奖	地委组织部课题组
2	“访惠聚”工作在加强基层组织建设、落实社会稳定和长治久安总目标方面作用及效果研究——以喀什地区“访惠聚”工作为例	新疆党建研究会二等奖	地委组织部课题组
3	为红色江山代代相传加强高素质执政骨干队伍能力建设研究	自治区党委组织部三等奖	地委组织部课题组
4	聚焦社会稳定和长治久安总目标推进全面从严治党向基层延伸问题研究	自治区党委组织部三等奖	地委组织部课题组
5	援疆工作20年的成就与经验研究——以喀什地区为例	新疆党建研究会三等奖	地委组织部课题组
6	提高组工干部转业素养问题研究	新疆党建研究会优秀奖	地委组织部课题组
7	好干部标准在新疆的实践——以喀什地区“访惠聚”驻村工作队为例	新疆党建研究会优秀奖	地委组织部课题组

宣传工作

【政治理论学习】 2017年，喀什理论宣传工作紧贴宣传思想工作要求，重点深入学习宣传习近平总书记系列重要讲话精神和治国理政新理念新思想新战略理论，学习宣传贯彻习近平总书记系列重要讲话精神特别是关于新疆工作的重要指示。结合“两学一做”学习教育常态化长效化和自治区“学讲话、转作风、促落实”专项活动，抓好各级党委（党组）中心组学习，制定完善《喀什地区各级党委（党组）理论学习中心组学习制度》，推动喀什地区各级党委（党组）中心组理论学习制度化规范；编印重大会议精神学习手册。围绕自治区人代会精神，突出重大民生建设，编印应知应会要点下发各县市；按照通俗易记的原则，编印《习近平总书记系列重要讲话要点及自治区党委、喀什地委重大安排部署100题》，组织党员领导干部开展测试、知识竞赛、趣味应答、互相提问，引导党员领导干部围绕总目标，认真落实各项工作要求，将思想行动统一到总目标上；紧盯领导干部这个“关键少数”，举办喀什地区“学讲话　转作风　促落实　喜迎党的十九大”专题知识竞赛，全面检验全区党的十八大以来贯彻落实习近平总书记系列重要讲话精神的学习成果。以自查的方式，对地区各级党委（党组）及中央、自治区驻喀单位党组学习习近平总书记系列重要讲话精神进行督查，选报地委、地区中级人民法院、疏附县委作为地区的学习先进典型参加自治区党委在中共十九大后召开的经验交流会；完成《喀什地区迎接党的十九大宣传工作方案》《贯彻落实〈自治区党委关于紧紧围绕社会稳定和长治久安总目标深化全面从严治党的意见〉责任分解方案》中关于理论武装部分的内容，制定出《“砥砺奋进的五年”理论教育方案》，编撰《喀什地区学习贯彻中共十九大精神必记要点》。

【中共十九大精神主题宣传】 2017年，喀什舆论宣传工作围绕新疆社会稳定和长治久安总目标，以迎接中共十九大、学习宣传党的十九大为主线，下发《喀什地区迎接党的十九大宣传工作方案》，认真做好新闻舆论引导工作，策划下发《关于做好党的十九大会议精神宣传报道工作方案》，从六个方面作出详细的安排。组织各媒体刊播《不忘初心　继续前进》7集政论专题片，在全社会营造作为中国人的一种自豪感。在党的十九大召开期间，组织各县市挖掘采写“感党恩、听党话、跟党走”的文章12篇，其中，《永远跟党走，用心培养合格的中国特色社会主义接班人》《喜看陈老七村新变化》《不负誓言　为党的事业奋斗终身》3篇文章在新疆各媒体刊出。同时，积极开展系列宣传报道工作，为喀什推进社会稳定和长治久安营造浓厚的舆论氛围，营造感党恩、听党话、跟党走的良好社会氛围。

【环保督查工作宣传报道】 2017年8月中旬至9月下旬，喀什地区严格按照自治区党委和喀什地委工作部署，在喀什主要媒体开设“环保督查进行时”等专栏，对环保督查情况进行通报，在喀什电视台滚动播出环保督查举报电话、邮箱等信息210次。

【群众工作督查宣传报道】 2017年，喀什地委宣传部制定《自治区纪委督导喀什地区群众工作宣传工作方案》，在喀什主要媒体开设“学、转、促”专栏，针对自治区纪委在喀什地区督导群众工作发现的主要问题，对12名县市委书记、10名乡镇党委书记、乡镇长进行电视访谈，谈认识、谈问题、谈体会、谈责任、谈整改；组织12

名县市长在《喀什日报》发表署名文章；组织县市电视台对24名乡村第一书记、村支部书记代表进行电视访谈。

【获奖新闻】 2017年，在自治区第二十七届新疆新闻奖评选中，喀什11件作品获奖；在新疆广播电视节目奖、播音主持奖、星光文艺奖评选中，喀什19件作品获奖；中国喀什网点击率由2016年的9.5万增加到2017年的340万，独立访客数由2016年的2.2万增加到2017年的25万。喀什零距离粉丝量由2016年的6.78万增加到2017年的12.6万。

王志恒、陈燕《地震后的首个新生儿身体健康》获2017年度第二十八届新疆新闻奖三等奖；麦哈巴·艾则孜、热孜万姑·阿布都卡迪尔、阿曼尼沙·塔依尔《功夫不负有心人》获2017年度第二十八届新疆新闻奖三等奖；向国恺、张爱丽、何婧《半个多世纪后的重聚》获第二十八届（2017年度）新疆新闻奖二等奖；江涛、徐志鹏、向国恺制作的《第六次全国对口援疆工作会议专题》获第二十八届（2017年度）新疆新闻奖网页设计类三等奖；艾克拉吾江·艾克拜尔获第二十届（2017年度）新疆十佳新闻工作者；李波、常磊、苏辉、吴丹、黄李丽、成其浩拍摄的《万众一心众志成城抗震救灾》获2017年新疆广播电视台节目疆三等奖；姜永辉、常磊、祖力胡马尔·麦麦提图尔逊、麦合图姆妮萨·穆合塔尔拍摄的《一名支教老师的高原情缘》获2017年新疆广播电视节目奖三等奖。

【媒体宣传】 2017年，喀什外宣工作紧紧围绕社会稳定和长治久安的总目标，对外讲好喀什故事，传递好喀什声音，树立喀什正面形象，为喀什社会稳定和长治久安营造良好的舆论环境。一是完善做精“采访线”工程，做好媒体采访引导工作，全方位完善“采访线”工程建设工作。按照“内外有别、做出特色”的思路，围绕各县市经济社会发展成就及重点、亮点工作，调整完善地区及各县市对外宣传31条采访线，每条采访线都有各自领域侧重点，涵盖地区经济、教育、文化体育、医疗卫生等方面，对采访线采用动态网格化管理形式，根据现实变化和采访需要进行及时变更和补充。二是建好、用好各类媒体，构建大外宣工作格局。锁定主流媒体、做好主流新闻、重大题材的宣传报道，加大内外宣联动，与中央、自治区新闻媒体建立密切的指导协作关系，促成《新疆日报》喀什记者站的建立，充分发挥驻站媒体作用。利用好新媒体、援疆媒体，建立与援疆媒体的外宣联盟，建好新华社维吾尔文新闻客户端喀什频道。三是积极借势借力，扩大喀什影响力，进一步加大喀什宣传力度，借助中央主流媒体及互联网优势，大力宣传喀什深厚的文化底蕴，独特的民风民俗，吸引世界目光聚焦喀什，提升喀什传播力、影响力，积极宣传推介喀什，努力打响“不到喀什，不算到新疆”的喀什品牌。是年，各大主流媒体宣传报道喀什地委、行署《关于取消一切形式无偿用工的决定》《关于严禁用行政强制手段服务农业生产　维护农民生产经营自主权的通知》

文件精神，央视大型纪录片《天山脚下》、央视十套《文明密码》、纪录电影《共同命运》、新疆日报《边境万里行》栏目对喀什开展系列宣传报道，16家主流媒体对喀什地区先进典型人物潘玉莲老人进行的集中深度连片报道均引起全社会的关注，引起强烈的反响。截至2017年10月，接待中央、自治区及外国媒体138批次560余人。

【意识形态领域反分裂斗争】 2017年，喀什地区围绕意识形态领域反分裂斗争坚持主动出击。一是持续净化文化市场。认真组织开展“净网”“清源”“护苗”“秋风”“固边”五大专项行动，进行集中整治，严厉打击不法行为，严厉打击非法安装境外卫星电视接收装置专项整治行动，拆除安装非法卫星电视接收装置。二是抓好意识形态领域去极端化活动。地区、县市领导班子率先撰写文章，各部门单位、社会各界代表、学校师生、宗教教职人员、个体工商户多层面开展去极端化活动，形成强大声势。三是管好用好建好网络。理顺网络管理体制，加快推进地县两级体系建设，地区各县市均按自治区规定成立网信办。不断发展壮大网评员队伍，加大网上负面有害信息发现处置力度。

【援疆省市文化交流】 2017年，喀什地委宣传部积极与援疆省市对接，举办上海杂技团杂技晚会《炫》、芭蕾舞团《天鹅湖》等剧目到喀什巡演，共演出20余场次，惠及12县市5万余名群众。组织73名喀什演职人员组成“筑梦喀什　感恩援疆”慰问演出团，编排节目15个，9月，赴广东、深圳、上海、山东四省市演出13场次，观众达1.2万余人。

【中共十九大精神宣讲】 2017年，地委宣传部牵头组建地区学习宣传党的十九大精神示范性宣讲团，在全区迅速掀起学习宣传和贯彻落实党的十九大精神的热潮，切实把全区广大干部群众的思想和行动统一到党的十九大精神上来。地区示范性宣讲团成员由地区党的十九大代表、地直有关单位主要领导和自治区高校“访惠聚”驻村工作队教师等25人组成。地委分管领导制定培训及巡回宣讲方案，并向示范性宣讲团成员进行专题授课辅导。宣讲团成员采取通读十九大报告全文、回看十九大实况、集中讨论、参加中央、自治区宣讲团报告会和撰写宣讲稿等方式开展示范性巡回宣讲活动封闭式学习培训。是年11月7—24日，地区党的十九大精神示范性宣讲团分汉语组和民语组，分别就党的十九大报告的主要内容、精神实质、重大观点和重要论断论述等方面的内容分赴地直各有关系统单位和各县市，面向党政机关、教育系统、卫计委系统、农口系统、交通系统、工商财税系统、工业园区企业人口较多乡镇开展示范性巡回宣讲，针对不同群体分类宣讲、有所侧重，并联系工作和自身实际，加深理解。宣讲团每到一个县市还组织县乡村三级宣讲骨干，进行专题辅导培训，使全区3362名宣讲骨干进一步领会精神，改进宣讲方式，让基层群众听得懂、能领会。是年，地区学习宣传党的十九大精神示范性宣讲团深入全区各县市、各行业开展专题宣讲 229 场次，聆听宣讲报告各族干部群众 15.46 万余名。

【冬季大宣讲】 2017 年，喀什地区各县市组建成立专职宣讲团，建立并固定县、乡、村三级宣讲员队伍，按每县市 20 人规模组建县、乡、村三级宣讲骨干 3362 名，确保全地区“冬季”大宣讲工作深入全面开展。向各县市、乡镇、村社区下发《喀什地区基层干部宣讲材料汇编》，组织开展六个专题的“冬季”大宣讲活动。是年，地区示范性宣讲团开展宣讲 506 场次，受教育群众达 45.2 万人次；各县市开展宣讲 30595 场次，受教育群众达 1488 万人次。

【四省市援疆成果图片展】 2017 年 7 月，由地委宣传部组织牵头，四个援疆省市前方指挥部分别制作援疆成果图片系列宣传挂图发放到地区各县市、乡镇、村（社区）展览，展览通过大量生动新旧照片对比，全面展示地区在党中央的亲切关怀和援疆各省市的大力支援下经济社会发展取得的辉煌成就，生动展现群众身边发生的新变化、新气象、教育引导各族群众爱祖国、感党恩、听党话、跟党走。地区 12 县市 2400 多个村（社区）组织村（居）民观看援疆成果图片展。

【中共十九大精神进万家“三新杯”文艺节目大赛】 2017 年 12 月 28—29 日，喀什地委宣传部主办、喀什地区文化体育局承办的党的十九大精神进万家“三新杯”文艺节目大赛在喀什市举行。竞赛以宣传党的十九大精神为主题，聚焦社会稳定和长治久安总目标，大力弘扬主旋律，通过丰富多彩、农牧民群众喜闻乐见、具有特色的文艺活动，倡导新风尚、树立新气象、建立新秩序，提高广大农牧民群众的精神文化素养，展示各族群众团结进取、风发向上的精神面貌。全区 12 支参赛队创作 69 个主题鲜明的原创节目。大赛评出一等奖 5 个，二等奖 10 个，三等奖 15 个，优秀组织奖 4 个。

（喀什地委宣传部）

精神文明建设

【精神文明创建】 2017 年，喀什持续巩固精神文明创建成果，加强对文明单位、文明村（社区）的动态管理，制定地区文明单位、文明村（社区）动态管理办法，对各级文明单位、文明村（社区）进行摸排、开展自查和动态管理，对精神文明创建工作严重滑坡的文明单位、文明村（社区）进行约谈并要求限期整改，对精神文明创建出现“一票否决”问题的文明单位、文明村（社区）进行摘牌，实施文明单位退出机制，提升文明单位、文明村（社区）的创建质量。地区文明委共撤销文明单位 62 个、文明村 42 个、文明社区称号 8 个。

是年，认真贯彻落实自治区美丽乡村建设推进会精神和《关于以美丽乡村建设为主题进一步提升农村精神文明建设水平的指导意见》，组织各级文明村（社区）进一步加大美丽乡村建设力度，改善农村人居环境，倡导科学文明生活方式，积极建设村民富、村庄美、村风好的美丽乡村。大力倡导移风易俗，扎实开展环境综合整治工作，着力改善乡村整体面貌、提升群众生活质量。

是年，组织开展第五届全国文明单位、文明村镇推荐工作。按照推荐范围和条件，由各县市文明委推荐，征求县市纪检综治、发改、人口计生、安全生产、食品安全等部门意见，县市文明委研究上报地区文明办，根据管理权限，地区文明办再次征求地区纪检、综治、发改、人口计生、安全生产、食品安全等部门意见，逐一进行审查。经地区文明委研究上报自治区文明办，自治区文明办审查和抽查后，提出建议名单报自治区文明委审定，在主要媒体公示后报中央文明委。是年，喀什地区中级人民法院、自治区人民检察院喀什分院、中国移动通信集团新疆有限公司喀什地区分公司创建为全国文明单位；伽师县英买里乡库木艾日克村、泽普县阿依库勒乡塔勒克其村、塔什库尔干塔吉克自治县塔合曼乡白尕吾勒村创建为全国文明村镇；喀什市第十二小学创建为全国文明校园。截至年底，喀什地区有自治区文明单位 245 个、自治区文明村 62 个、地区文明单位 538 个、地区文明村 135 个、地区动态管理合格文明社区 29 个，荣获全国文明村镇荣誉称号 9 个、荣获全国文明单位 9 个、荣获全国文明校园 1 个。

【首届文明家庭评选活动】 2017 年，喀什地区文明办广泛发动群众，将“传家训、立家规、扬家风”活动与文明家庭评选紧密结合，精心组织开展首届地区文明家庭评选活动。喀什地区文明办择优推荐 36 个家庭参与首届自治区文明家庭评选，艾力夏提·吾斯曼、周新华等 16 个家庭被授予首届自治区文明家庭荣誉称号。

【“大美新疆·大爱故事”讲故事大赛】 2017 年 6 月，喀什地委宣传部、地区文明办在全地区范围内开展“大美新疆·大爱故事”讲故事大赛，经层层选拔，推荐 3 名骨干选手参加自治区讲故事大赛活动决赛，其中，姑丽扎尔汗·艾尼扎尔获得自治区讲故事大赛一等奖，何小艳获得三等奖，喀什地委宣传部获得自治区优秀组织奖。

【公民道德建设】 2017 年，喀什地区积极推进公民道德建设成果，扎实开展第十六个公民道德建设月活动。以月促年，广泛组织开展“四个一”（一堂道德教育课、一次宣誓活动、一次故事会、一次献爱心活动）道德实践活动，不断提升社会文明程度，建设喀什道德高地。各级文明单位、村、社区创新“四个一”道德实践活动的内容、形式和载体，以道德讲堂为主阵地，以“爱国、团结、奋斗、感恩”为主题，开展主题道德讲堂活动。组织开展“砥砺奋进的五年”主题作品征集活动，征集微电影（微视频）、媒体公益广告和户外大屏公益广告（视频类公益广告）作品 14 部、摄影图片作品 500 余幅，“图说我们的价值观”平面公益广告作品 56 幅，参加自治区开展的“砥砺奋进的五年”主题作品征集展示活动；认真做好感动人物、道德模范和最美新疆人选树推荐和表彰活动。组织开展首届“感动喀什”十大人物评选表彰宣传活动。经广泛宣传发动、层层选树推荐、会审初评核实、公示评议投票、事迹宣传展播，征求政法、组织、纪检、计生、公安等部门单位意见，组委会评议审定、公示结果等环节，评选出艾力夏提·吾斯曼等10名地区首届“感动喀什”十大人物并进行表彰。是年，疏勒县潘玉莲、塔什库尔干县拉齐尼·巴依克被授予第五届自治区道德模范荣誉称号。疏勒县潘玉莲被授予第六届全国道德模范。

【未成年人思想道德建设】 2017年，地区文明委主持召开两次专题会议，专门研究解决未成年人想道德建设方面的困难和问题，并与区文明办签订全区精神文明建设（含成年人思想道德建设）目标责任书；结合喀什实际，将未成年人思想道德建设工作纳入单位年度工作计划，摆上重要议事日程。

截至是年，全区各级各类学校都专门配有德育办主任和德育老师，各级学校实行每日首课5分钟民族团结教育、每周两节民族团结教育课制度。以文明单位零基启动为契机，创建自治区级德育示范学校36所、地区级196所、县市级418所，在全区未成年人思想道德建设中发挥示范引领作用。同时，建好管好用好乡村学校少年宫，成功申报并建成乡村学校少年宫156所。地区教育、财政等部门每季度对乡村学校少年宫进行一次督查指导和通报，每半年分片区召开一次乡村学校少年宫观摩会，充分发挥少年宫以乐促知、以技促能、以德育人的载体作用，让全区12市117万（其中乡村80多万）城乡成年人受益。

各级学校努力打造“我们的节假日”品牌，结合各类传统节日、法定节日和各类纪念日，广泛开展“我的中国梦”主题教育，在未成年人群体中持续深化社会主义核心价值观教育实践，将“五心教育”主题渗透到日常的教育教学工作中，在中小学校广泛开展民族团结和传递正能量主题活动，组织开展喀什地区“民族团结好少年”评选表彰活动，选树一批未成年人身边的民族团结先进典型，形成未成年人共同的道德追求；举办以“民族团结一家亲”为主题的演讲比赛、作文评选等活动，推动各中小学在未成年人中开展“走亲戚、结对子”“民汉联谊、互帮互学”等丰富多彩的主题教育活动，强化未成年人民族团结意识；组建宣讲团，深入12县市中小学校开展“感动喀什十大人物”宣讲活动；认真开展“护苗行动”，地区文明委协调文化、工商、公安等职能部门强化文化市场监管，坚决取缔学校周围200米内开办网吧、电子游戏场所、歌舞厅等娱乐场所，严格禁止网吧接纳未成年人，取得良好效果。

是年，组织实施自治区2017年度新建中央专项彩票公益金支持乡村学校少年宫项目学校12所，争取项目资金180万元。贴近学生特点和需求，做好乡村学校少年宫项目负责人培训，扎实开展丰富多彩的文体娱乐活动和力所能及的技能培训活动，把乡村学校少年宫建成以乐促智、以技促能、以读养德的好载体，抵御宗教极端思想渗透的好阵地。结合中国人民解放军建军90周年纪念活动，组织未成年人广泛传唱歌颂党、歌颂伟大祖国、歌颂中国梦和反映社会主义核心价值观的优秀歌曲。组织开展“童心向党”歌咏活动，面向各中小学校征集优秀童谣曲目，择优向新疆文明网推荐6组18首优秀作品。

【四大文明行动】 2017年，喀什地区围绕讲文明、有公德、守秩序、树新风（以下简称四大文明），开展倡导绿色生活反对铺张浪费行动，各县市、各单位、部门举一反三，学习运用典型案例，坚持教育引导、严格管理并举，纠正和劝导各类不文明出行、就餐、旅游等行为，有效遏制餐桌浪费、包装过度和极少数人的生活奢侈等现象。开展“文明驾驶，安全出行，礼让斑马线”宣传教育活动，共发放宣传单6000余份；开展“文明古城、笑脸迎客”文明旅游行动，参加活动1440余人。开展“我为旅游景区代言”文明素质提升培训活动，培训1796人次。开展“绿色出行、低碳生活”活动，在宾馆、饭店、酒店、单位食堂等各类餐饮企业张贴“浪费可耻、适量点菜”等提示标语8000余张。组织协调喀什各大新闻媒体常态化刊播刊登文明旅游公益广告，做好国庆假期文明旅游公益广告宣传活动。

【评选表彰首届“感动喀什”十大人物】 2017年，喀什地区成立首届“感动喀什”十大人物评选活动组委会，在全区开展首届“感动喀什”十大人物评选活动。参评对象是近年为喀什团结和谐、繁荣富裕、文明进步、安居乐业做出突出贡献，引发人们内心深处共鸣感动喀什的感人事迹的人士（含非喀什籍）。通过广泛宣传发动、层层选树推荐、会审初评核实、公示评议投票、事迹宣传展播，征求政法、组织、纪检、计生、公安等部门单位意见，组委会评议审定、公示结果等环节，评选出艾力夏提·吾斯曼等10人为地区首届“感动喀什”十大人物称号。是年5月27日，首届“感动喀什”十大人物表彰活动在地区公安局警察培训基地举行，授予艾力夏提·吾斯曼、潘玉莲、拉齐尼·巴依克、刘志军、艾买尔·依提、塔什普拉提·尼扎木敦、玉素甫·阿布拉、刘哲昕、艾尔肯·巴克、唐华贞为首届“感动喀什”十大人物。授予曲连东、陈世全、海日古丽·嘻迪尔、阿布都外力·阿不都热依木、刘前东、阿卜杜热依木·阿卜杜克热木、古丽·祖努、祁占林、阿依谢姆·图热克、巩固、李新蓉、依力·喀迪尔、帅玉学、肉孜阿吉·买买提、闫豪、阿依努尔·哈力克、张勇、陈沸湃、曾丽娟为首届“感动喀什”十大人物提名奖。

【潘玉莲、拉齐尼·巴依卡获第五届自治区道德模范】 2017年4月，自治区组织开展第五届自治区道德模范评选表彰活动。喀什地区文明办结合“感动喀什”十大人物评选活动，推荐潘玉莲、艾力夏提·吾斯曼、玉苏甫·阿布拉、塔什普拉提·尼扎木敦、拉齐尼·巴亚卡、李新蓉6人为第五届自治区道德模范候选人。12月23日，疏勒县潘玉莲、塔什库尔干县拉齐尼·巴依卡获第五届自治区道德模范荣誉称号。

【第六届全国道德模范评选推荐】 2017年5月，中央宣传部、中央文明办、中央军委政治工作部、全国总工会、共青团中央、全国妇联举办第六届全国道德模范评选表彰活动。喀什地区按照发动群众推荐、组织遴选推荐、集中宣传公示等程序，推荐艾买尔·依提、拉齐尼·巴亚卡、潘玉莲、塔什普拉提·尼扎木敦4人为第六届全国道德模范候选人。11月，第六届全国道德模范颁奖仪式在中央电视台举行，艾买尔·依提获第六届全国道德模范诚实守信荣誉称号，拉齐尼·巴亚卡、潘玉莲荣获第六届全国道德模范提名奖。

【获授全国精神文明建设表彰】 2017年11月17日，中央文明委在北京召开全国精神文明建设表彰大会，地区被授予全国文明村镇的代表赴京参加表彰大会。会上，地区文明办被中央文明委授予"全国未成年人思想道德建设先进集体"荣誉称号；伽师县英买里乡库木艾日克村、泽普县阿依库勒乡塔勒克其村、塔什库尔干塔吉克自治县塔合曼乡白尕吾勒村被中央文明委授予"全国文明村镇"荣誉称号；地区检察分院、中级人民法院、中国移动通信集团喀什地区分公司被中央文明委授予"全国文明单位"荣誉称号；喀什市第十二小学被中央文明委授予"全国文明校园"荣誉称号；叶城县艾买尔·依提被中央文明委授予"第六届全国诚实守信道德模范"荣誉称号。截至是年末，地区共有全国文明县城1个、全国未成年人思想道德建设先进集体1个、全国文明村镇6个、全国文明单位12个、全国文明校园1个，全国道德模范1名、全国道德模范提名奖获得者3名。其中全国文明校园和全国道德模范是首次获评。

网络信息安全管理

【网信队伍建设】 2017年4月21日，中共喀什地委网信办及12县市网信办正式成立，人员相继到位。截至年末，全地区有网评员3789人，网络监督员1250人。

【网络空间净化】 2017年，喀什地委网信办充分调动网安、公安、通管等多方面资源，形成强大监管合力，加强对网站、微信、QQ群、贴吧、论坛等平台管控各类违法不良信息。

【多媒体平台安全管理】 2017年，喀什地委网信办联合地区公安局、地区经信委、地区通管办等相关单位在关键敏感时间节点，先后对全地区各类网站尤其是政务类网站安全问题进行监督检查5次，及时查找安全隐患，要求各相关网站立即关停、整改，确保全地区关键信息基础设施绝对安全。是年，地区重点清理各类网站291家，微信公众平台191家，论坛1家，客户端3家，关闭僵尸或长期无人管理的网站15家。

【网上正能量舆论引导】 2017年，喀什地委网信办充分利用本地中国喀什网、地、县市“零距离”微信公众平台等网络媒体做好网上正能量传播，大力推送“十九大精神进万家”“民族团结一家亲”“扶贫攻坚”“访惠聚驻村工作”“各族儿女念党恩”等重点内容，努力让喀什网络空间正能量充沛，主旋律高昂，让党的十九大精神真正深入千家万户，让党和国家的亲切关怀真正深入人心。

【网络文化社会工作建设】 2017年，喀什地委网信办严格结合喀什地区工作实际，开展“我是一颗石榴籽”“万名大学生说新疆”“青春喜迎十九大　共筑网络强国梦”等主题鲜明、形式多样、内容丰富的网络文化活动。在“我是一颗石榴籽”大型网络文化活动中，《我的人生从这里启航》《跨越千里的民族情》《幸福像花儿绽放》等9件优秀作品获自治区党委网信办奖励。

（喀什地委网信办）

统战工作

【干部群众结对认亲】 2017年，全地区126556名干部（职工）与247070名群众结对认亲，开展“民族团结一家亲”和民族团结联谊活动。是年，累计为群众办实事好事115.1万件、捐款2182.46万元、捐物288.4万件、开展各类活动156.28万场次。

【驻村管寺】 2017年，喀什地区扎实推进驻村管寺工作，建立健全各管委会工作职责，完善各项规章制度，加强对清真寺和宗教活动的管理服务，确保宗教领域和谐稳定。

【宗教教职人员爱国教育】 2017年，喀什地区制定《喀什地区关于在宗教教职人员中开展爱国教育专项活动方案》，加强对宗教教职人员培训工作的组织领导，分期分批选送宗教教职人员参加县市、地区、自治区集中培训，实现集中教育培训全覆盖。

【组织宗教教职人员赴内地参观考察宣讲】 组织宗教教职人员赴内地参观考察，组织考察返回宗教教职人员开展到内地的所见所闻及亲身感受宣传宣讲，开展爱国感恩教育，抵御极端思想渗透，维护社会稳定和长治久安。是年，赴内地参观考察宗教教职人员500人；开展宣讲1000余场次，听众30余万人次。

【宗教教职人员培训】 2017年，喀什地区举办宗教教职人员培训班1期，参训人员120人；举办宗教教职人员爱国教育专项活动暨宗教教职人员集中培训班，参加人员688人。

【开展“去极端化”工作】 2017年，喀什地区认真学习贯彻《新疆维吾尔自治区去极端化条例》，明确“去极端化”工作目标任务，邀请自治区“去极端化”宣讲团深入各县（市）开展以“强化正信挤压，促进宗教和谐，建设法治新疆”为主题的

“去极端化”宣讲教育活动34场次、受宣传教育人数达25万余人次。组织统战、民宗系统“去极端化”宣讲骨干深入12县市、地直单位开展18场“去极端化”大宣讲，受教育人数达3万余人次。

（宋亚威）

信访工作

【概况】 2017年，喀什地区信访局围绕社会稳定和长治久安总目标，牢固树立以人民为中心的发展理念，服务大局，重点解决信访突出问题，创新信访工作机制，着力打造“阳光信访、责任信访、法治信访”。全地区信访总量实现同比批次下降8%的工作目标。呈现出总量减少、结构向好、秩序平稳的良好态势。

【分类处理信访投诉请求】 2017年，喀什地区信访局有序推进依法分类处理信访投诉请求工作，适时召开信访案件推进会，安排部署依法分类处理工作，向参会单位印发地区依法分类处理信访投诉请求汇编，深入推进依法分类处理信访诉求，依法处置非正常上访行为，推进信访秩序好转。是年，地直27个部门，疏勒、麦盖提、叶城、岳普湖、巴楚县相关部门完成清单梳理和应用工作，对群众反映的信访诉求进行实体受理、办理和答复。

【叶城县启动初次信访事项简易办理办法】 2017年，叶城县聘请协调工作组人员，对于事实清楚、责任明确、争议不大、易于解决的信访事项适用信访事项简易办理程序，简化程序，缩短时限，更加快捷地受理、办理。

【信访工作考核评价体系】 2017年，喀什地区信访局建立以“三率”（及时受理率、按期办结率、群众满意率）为核心的信访工作考核评价体系，推动各县市各有关部门将工作重心转移到源头治理信访问题上来，实现信访存量、增量“双下降”，是年，地区信访部门及时受理率为75.96%，按期办结率为81.7%，群众满意率为98.45%。

【视频会议室及视频接访系统建设】 2017年，喀什地区在原有视频会议室基础上搭建设备并联通线路，将地区视频会议系统接入电子政务外网，初步实现与自治区视频会议系统的互联互通。有序推进全地区视频接访系统建设工作，在喀什人民群众来访接待中心部署中国移动公司视频云平台，并同各县、市实现设备互联，实现全地区信访部门之间一对一、多对一的视频接访和“三跨三分离”等疑难复杂信访问题的在线协调。

【领导干部接访下访】 2017年，喀什地区四大班子及检法两院领导亲自接待群众，地委书记李宁平、行署专员帕尔哈提·肉孜、常务副专员陈志江等党政领导亲自阅批群众来信；召开地区联席会议安排部署信访工作13次，对4件重点案件作出批示并落实包案化解责任。地区各级领导干部在重大会议、敏感节点下沉基层，采取定点接访、带案下访、重点约访、上门回访等方式协调解决群众信访问题240余件次，最大限度地把问题解决在基层，把矛盾化解在萌芽状态。

【信访积案“百日攻坚”活动】 2017年6月初至9月中旬，喀什地区信访局联动十二县市信访局开展规范基础业务和信访积案“百日攻坚”活动，推进信访积案清仓见底。成立领导小组，下设办公室，为活动扎实开展提供组织保障。制定《信访积案“百日攻坚”实施方案》，明确工作目标、成立组织机构、确定方式方法、提出工作要求，确保活动有序开展。开展信访积案“回头看”，对2016年各县市、相关地直单位化解的86件积案开展“回头看”，对工作不规范、信息录入不全不准、缺少附件等问题要求限期整改；对群众满意的已处理积案要求上传息诉罢访承诺书；对涉法涉诉积案要求上传判决仲裁材料；对依法按政策处理到位但群众仍不满意积案要上传解释疏导和帮扶救助措施办法。对自治区信访局排查梳理地区新增信访积案12件和地区信访局排查梳理新增信访积案38件全部落实领导包案化解责任，制定责任分解表，落实五包措施，对化解时限、化解方式及责任主体提出刚性要求。是年，自治区信访局排查疏理的12件信访案件全部化解，化解率100%。地区排查38件信访案件化解22件，办结16件。

【信访基础业务“百日会战”活动】 2017年，喀什地区信访局召开全地区信访局长研讨培训会议，聘请自治区信访局资深业务专家2名对基础业务规范化建设及信息系统网络建设进行授课讲解，地区、十二县市分管领导、信访局长、业务骨干及相关地直部门共117人参加面授培训。以“阳光信访、责任信访、法治信访”为引领，结合全地区群众工作大调研，深入到全地区各县市对390名基层干部开展面对面业务培训指导，派出地区信访局4名干部参加自治区举办的业务培训班，推动信访规范化建设和责任落实。建立“日审核”“周排查”“月通报”机制，每日审核信访事项的受理登记录入等情况，查缺补漏；每周对基础业务规范情况排查1次，分析原因、及时整改；每月对基础业务规范情况通报1次，提出改进建议，督促整改完善。是年，发文通报6期，对6个县市和4个地直部门的15件办理程序不规范案件进行点名通报。通过系统查询、实地督导、电话督办等多种方式，全面督导检查“百日会战”规范重点内容落实整改情况102次，提出建议意见，促进工作落实。

（喀什地区信访局）

保密工作

【定密管理】 2017年，喀什地区国家保密局认真贯彻实施《国家秘密定密管理暂行规定》，在全区持续推进定密管理规范化、精准化、科学化。分类指导机关、单位做好定密责任人确定、定密授权等工作。研究出台下发喀什地区精准定密工作办法，按照精准定密管理工作办法，完成地区和喀什市、疏勒县、疏附县、英吉沙县、莎车县、泽普县、叶城县、岳普湖县、麦盖提县、伽师县、巴楚县、塔什库尔干县定密授权工作。

【涉密网络保密管理】 2017年，喀什地区国家保密局按照《党政机关和涉密单位网络保密管理规定》要求，对党政机关和涉密单位涉密网、非涉密网和互联网开展保密检查和保密管理。推进完成自治区电子政务内网“涉密域”“内部域”和喀什地区“电子政务内网”的网络保密检查指导工作。完成自治区电子政务内网本级和12县市“涉密域”节点测评申请书的初审，并报请自治区国家保密局顺利通过现场测评。是年，对地区纪检委、地委组织部，地区检察院、公安局等单位的涉密网络分级保护建设进行指导。在全地区推广使用涉密和重点计算机“三合一”防护系统946套。下发《关于开展涉密网络保密检查的通知》，在全区范围内开展涉密网络保密自查自评工作，覆盖率达100%。

【涉密人员管理】 2017年，喀什地区国家保密局全面开展涉密人员分类确定和审查工作，对141家涉密单位的涉密人员进行业务培训，解决部分单位定密依据不完善、不规范、不准确的问题，逐步实现精准化定密。

【《保守国家秘密法》宣传教育】 2017年，喀什地区国家保密局开展《保守国家秘密法》和《保密法实施条例》的学习宣传教育，分级分类推动各级干部保密教育培训经常化、制度化、规范化。是年，在地委党校对领导干部开展保密意识教育1次，培训人员340人，对地区各县市保密干部进行保密业务培训，培训人员2130人。

【保密自查自评】 2017年，喀什地区国家保密局下发《2017年保密工作要点》通知，将保密自查自评工作纳入保密日常工作，做到自查自评工作常态化。各县市、地直各单位每季度上报自查自评工作开展情况，地区保密行政管理部门不定期进行抽查。8月19—27日，对从各县市和地直单位抽调的36名保密专职干部开展业务培训，组成12个联合检查组对地直136家主管单位开展专项保密检查和指导，规范全区保密工作。地县市机关、单位认真开展保密自查自评工作，覆盖率达100%。

【互联网门户网站检查】 2017年，喀什地区国家保密局下发《关于开展机关、单位互联网门户网站检查工作通知》，对互联网门户网站、微信公众号、微博、QQ群等使用情况进行梳理。是年，地区共有58个互联网门户网站，23个政务微博，123个微信公众号，11个互联网办公自动化OA系统，44个互联网政务邮箱。

【重大会议活动保密技术保障】 2017年，喀什地区国家保密局共为地委在视频会议室、喀什宾馆会议中心、地区公安局指挥中心等场所召开的重大会议活动提供保密技术检查检测服务30余次，圆满完成第六次全国对口支援新疆工作会议喀什主会场保密技术保障。

【涉密载体销毁】 2017年，喀什地区国家保密局研究制定下发《喀什地区涉密载体销毁管理规定》。地直单位对本单位涉密文件资料销毁管理工作严格按照保密管理规定要求逐一清查，认真履行审核、清点、登记手续，在地区保密行政管理部门指定的地点进行销毁。是年，地、县市两级保密局对废旧物品收购站进行检查13次，发现问题，立即整改，整改后再进行复查。确保涉密文件安全销毁。

（保密办）

机关党建

【概况】 2017年，喀什地直机关工委所属党组织447个，其中，党委25个，党总支34个，党支部388个，党员6556名。

【基层党组织建设】 2017年，喀什地直机关工委贯彻落实地委关于在“两学一做”学习教育中开展“学讲话、转作风、促落实”专项活动安排部署，组织干部职工集中学习37次，开展知识测试6余次，干部职工撰写心得体会超过50余篇。召开领导干部专题民主生活会，重点查找新疆工作总目标意识是否牢固树立等方面存在的问题32条。基层党组织积极开展“主题党日”活动，推动“三会一课”制度落实，共征求意见686条，相互批评意见660条，查摆“七个不讲”问题630条，形成整改清单67份。是年，督促指导1个党委、3个总支按期换届选举。

【党员队伍建设】 2017年，喀什地直机关工委开展“七一”表彰推荐活动，其中，2个先进基层党组织、2名优秀党务工作者、10名优秀共产党员受到地委表彰。是年，规范所属党组织入党程序，按照5个阶段，25个步骤发展党员316名，70名预备党员按期转正。培训入党积极分子340名，按《党章》规定，严肃处理违反党纪政纪党员23人，慰问因公牺牲党员干部11人，发放慰问金47000元。

【机关党建研究】 2017年，喀什地直机关工委加强机关党建研究，完成并上报调研课题4篇。

【全国党员信息管理系统信息录入】 2017年，喀什地直机关工委按照全国党员管理信息化工程总体部署，制定开展党组织和党员基本信息采集工作实施方案，逐步推动组织工作信息化、规范化。是年，对41家采集汇总单位做出安排，采集党组织信息447个，采集党员信息6500名，其中，党组织和所在单位采集基本信息10项、党员采集基本信息16项，共计26项，建立党员电子身份信息，录入全国党员管理信息系统。

（李丽娟）

党校教育

【概况】 2017年，喀什地委党校（喀什地区行政学院）以党员领导干部培训和公务员培训为主体，以行政学院的继续教育和委托培训为“两翼”，初步形成具有地区干部教育特色、“一体两翼”的办学新格局。是年，喀什地委党校（喀什地区行政学院）遵循干部教育规律和人才成长规律，积极实施“人才兴校”战略，制定并实施一系列鼓励教研人员在职攻读研究生、参加进修培训、开展社会调查、加强学术交流、承担或参与重要科研课题等政策和措施，提高教师的学习能力、研究能力、创新能力和联系实际的能力。聘请部分领导干部、专家、学者为客座教授，促进校（院）教育事业的发展。截至年末，在职教职工 80 人。教师 50 人，高级讲教师 12 人，讲师 22 人，助教 16 人，参照公务员管理人员 18 人。党员领导干部和公务员参加的主体班次培训规模 1500 人。

【党校教学】 2017 年，喀什地委党校（喀什地区行政学院）完成新任村党组织书记示范班、直属单位“访惠聚”驻村工作队长及村第一书记培训班、喀什地区街道社区干部培训班、乡镇党委书记培训班、春季中青年后备干部理论培训班、春季乡镇干部“双语”培训班、春季喀什地区县市党校师资及继续教育培训班、新疆招录内地高校优秀毕业生到喀什乡镇工作初任培训班等共计 9 个班次 1375 名干部的理论培训轮训任务。喀什地委党校创新培训方式，依托网络办班培训，和地区远程教育中心联合打造干部在线（网络）学习平台，完成中青班 62 个理论专题课和双语培训班 240 个课时的录播，使参训学员能够在繁忙的工作中兼顾学习，按时按规登陆学习，培训成效明显。开创“点课单”式的培训方式，印发《2017 年喀什地委党校点课单》，推送 16 名教师 123 个理论专题课，供基层单位按需选择，教师“上门”授课，有效解决下沉一线的党员干部理论学习的问题。是年，教师“上门”授课 123 场次。

【党的理论教育和党性教育】 2017 年，喀什地委党校（喀什地区行政学院）抓好主业主课，理论教育和党性教育两类课程占教学总课时 70% 以上，党性教育占 20% 以上。在教学内容上突出理论教育和党性教育的龙头地位，把党的十八届五中、六中全会精神纳入培训的重要内容，把习近平总书记系列重要讲话精神和治国理政新理念新思想新战略作为重中之重，在主体班次中开设“基本理论与信仰信念”“党史国史与党性教育”“五大理念与区域发展”“专业素养与能力提升”，创新党性教育体系，打造党性教育大课堂。坚持正面先进典型教育和反面警示教育相结合、党性分析与组织生活相结合，提高教学吸引力和感染力，形成理论结合实际、符合干部培养规律的党校教育机制。结合实际推进县级党校办学体制改革，实行教学资源统筹，加强师资培训，增强基层党校办学能力。

【党校课题研究】 2017 年，喀什地委党校（喀什地区行政学院）注重课题研究，增强决策咨政功能。独立主持并完成（已有结项证书）的自治区党校课题5项，立项省级课题2项及自治区党校课题3项，组织教研人员参与国家级课题研究6个；独立主持省级课题1个，参与省级课题研究2个；组织教研人员围绕党的政策、重大的理论热点问题进行研究和宣传，营造浓厚的学术氛围，促使优秀科研成果向教学转化，是年，教师发表省级论文51篇，地级2篇；组织教职工积极参加全疆党校系统第十七届理论研讨会暨第九届优秀科研成果评奖颁奖大会，共有12人获奖，喀什地委党校（喀什地区行政学院）获优秀科研工作组织奖；积极参加“新疆社会科学界2017年青年学者论坛”的征文活动，上报论文22篇；召开喀什地区党校系统“学习贯彻党的十九大精神暨2017年度理论研讨会”，共收到论文53篇，其中，22篇论文入选。

（喀什地委党校）

党史地方志工作

【党史课题编研】 2017年，喀什地委史志办配合自治区党委党研室做好《新疆改革开放实录》（第二辑）课题编研，与地区4个对口援疆省市前指对接，选定课题“XXX省市对口援疆纪实”。

【年鉴编辑】 2017年，喀什地区及12县市年鉴编辑工作有序开展。喀什地委史志办征集《喀什年鉴》（2017年刊）资料，修改完善《喀什年鉴》（2015年刊）、《喀什年鉴》（2016年刊）送审稿，及时上报《新疆年鉴》（2017年刊）喀什地区资料报送工作，指导县市年鉴编撰工作。

【地方志编修】 2017年，喀什地委史志办修订完善《喀什地区志》二轮志篇目，收集撰写1986—2005年喀什地区资料并上报自治区地方志通志处。

（喀什地委史志办）

档　案

【第六次全国对口支援新疆工作会议档案收集】 2017年6月，喀什地区档案局制定《第六次全国对口支援新疆工作会议喀什地区档案组工作方案》，负责收集秘书组、表彰组、会务组、接待组等各组产生的各类纸质、声像、图片、实物、电子文件材料；对重要活动进行现场拍照、摄像，获得第一手原始材料；对各组文件材料的收集归档进行指导。确保会议期间形成的各类档案材料收集齐全完整，及时归档。

【宗教活动管理工作档案收集】 2017年6月，喀什地区档案局督促各县市统战部、档案局收集关于各县宗教活动管理委员会工作档案，全面完整地收集、保管清真寺和宗教活动教育管理服务中形成的各类文件材料，维护宗教管理档案历史原貌，充分发挥宗教管理档案在服务新疆社会稳定和长治久安总目标中的作用。

【项目档案专项验收】 2017年7月，喀什地区档案局对国网新疆电力公司疆南供电公司2016年农网改造升级工程项目档案开展专项验收。共计验收工程档案560卷，影像资料19卷803张，实现电子档案和纸质档案同步归档，确保项目档案资料的齐全、完整。依据农业部、国家档案局《农村土地承包经营权确权登记颁证档案管理办法》制定农村承包经营权确权登记颁证档案验收方案，配合自治区档案局完成对莎车县农村土地确权档案验收工作。确保确权档案的完整、准确、安全。根据《中华人民共和国档案法》《中华人民共和国社会保险法》《机关档案工作条例》等相关规定，与喀什地区人力资源和社会保障局联合下发关于转发《新疆维吾尔自治区劳动能力鉴定档案管理办法》的通知，加强和规范地区劳动能力鉴定档案管理工作，确保劳动能力鉴定档案的完整性、安全性和有效性，切实保障鉴定当事人合法权益。

【档案利用】 2017年，喀什地区档案馆共计为各族群众提供利用档案24人次、126卷、1200页。

【档案数字化】 2017年，喀什地区档案局完成了6594卷200972页民国档案的数字化加工，并进行了电子档案挂接。

【县级综合档案馆建设】 截至2017年底，地区9个县新建符合国家标准（面积不少于2000平方米，具备一定的消防设施，有1200吨的承载力）的档案馆投入使用，麦盖提县档案馆主体已完成，喀什市、疏勒县已按项目要求在建设之中。

（喀什地区档案局）

老干部工作

【概况】 截至2017年，全地区共有离退休干部32578人，其中：离休干部381人，退休干部32197人；离休干部按隶属关系分：行政单位158人，事业单位76人，企业单位147人；按参加革命时期分：老八路29人，解放战争时期352人；按照享受待遇分：地厅级15人，县处级285人，科级及以下81人。老干局13个，其中地区1个，县（市）12个，地区所属干休所3个，地区老干部活动中心1个。全地区老干部工作机构编制124人，实有100人，其中地区38人（地委老干局9人，三个干休所26人，活动中心3人），各县市老干局62人。共有老干部党支部324个，老干部党员16551人，其中离休干部党员320人，退休干部党员16231人。

【工作调研】 2017年5月，喀什地区老干局组成调研组赴叶城、莎车、巴楚、麦盖提、伽师、英吉沙等县，对县市老干局基本情况、老干部“两项建设”和组织开展活动情况、落实2017年地区老干部工作会议情况、老干部工作中存在的主要问题以及加强老干部工作等内容进行调研。6月，召开县市老干部局长座谈会，总结上半年的老干部工作，通报存在的问题和不足，安排部署下半年重点工作。

【老干部政治待遇】 2017年，喀什地委老干局坚持老干部参加重要会议制度，多次组织地厅级老干部参加地委扩大会议、地区干部大会、十九大精神报告会等大型会议。

【企业离休干部南疆工作补贴】 2017年，喀什地委老干局落实企业离休干部南疆工作补贴。解决南疆四地州企业离休人员享受行政事业单位相关待遇的问题，落实企业离休干部享受南疆工作补贴。

【走访慰问老干部】 2017年，喀什地委老干局坚持重大节日走访慰问制度。积极配合协助地区领导对在乌昌干休所居住的离休干部及遗孀、在喀什居住的地厅级退休干部及离休干部代表走访慰问，帮助解决问题，做好去世离休干部的善后及慰问工作。是年，走访慰问地直企业离休人员72人，发放慰问金72000元；慰问地区干休所退休干部职工11人，发放慰问金6500元；慰问老干部遗孀153人，发放慰问金187250元；赴乌鲁木齐干休所、昌吉干休所慰问老干部137人，发放慰问金119756元。

【老干部来信来访】 2017年，喀什地委老干局接待老干部来信来访30余件次，及时解答老干部反映的问题，做到事事有回音，件件有落实。

【老干部主题活动】 2017年，喀什地委老干局制定《喀什地区老干部"畅谈十八大以来变化、展望十九大胜利召开"主题活动实施方案》，组织老干部集中学习，召开情况通报会，向老干部通报中央、自治区党委、地委、县市委的重大会议、重要决策部署、重要工作安排，引导老干部准确领会社会稳定和长治久安总目标，自觉遵守"四个意识"，在思想和行动上同中央、自治区党委保持高度一致。全地区组织老干部学校、开展形势教育650余场次，参与学习老干部46379人次。

【老干部展览征文活动】 2017年，喀什地区各级老干局围绕"颂扬新变化·喜迎十九大""聚焦总目标·传递正能量""天山雪松根连根·各族人民心连心""入党誓词驻心间·不忘初心再向前"等4个主题，举办展览征文活动67批次，参与老干部1216人次，收集老干部撰写的文章528篇。

【老干部建言活动】 2017年，喀什地委老干局组织老干部围绕中心、服务大局，积极参与"畅谈总目标、建言十九大""维护团结生命线、珍惜稳定好局面""点赞'访惠聚'、脱贫建小康""我谈从严治党、深化'学转促'"等相关主题建言活动741次，参与老干部6万多人次，征求意见经整合为500多条。

【老干部文化活动】 2017年，喀什地委老干局丰富老干部精神文化生活，引导老干部展示阳光心态、体验美好生活、畅谈发展变化，组织老干部开展"颂扬新变化·喜迎十九大"文艺会演，老干部五一文艺会演，举办老干部"畅谈十八大以来变化、展望十九大胜利召开"暨纪念中国共产党成立96周年球类比赛和老干部书画展、老干部游艺会等活动，丰富老干部精神文化生活。

【老干部重温入党誓词】 2017年，喀什地委老干局开展老干部“入党誓词驻心间·不忘初心再向前”教育实践活动，参加面向党旗重温入党誓词老干部300余名。

【关心下一代工作】 2017年，喀什地委老干局协助地区关工委成立老干部宣讲团，举办老干部宣讲示范班1期，为县市培训老干部宣讲员42人；组织14名老干部深入农村、社区和学校，向广大群众和青少年宣传党的方针政策，宣传民族团结，开展民族团结教育活动，教育各族群众和广大青少年“感党恩、听党话、跟党走”，弘扬社会正能量。是年，选派12人到北京、内蒙古和乌鲁木齐参加培训，提高做好关心下一代工作的能力。

（喀什地委老干局）

机构编制

【基层编制下达】 2017年，自治区党委编办专门为喀什地区特批招录计划952名，为喀什地区调剂解决事业编制813名，下达乡镇行政编制124名，有效缓解地区基层人员编制短缺的问题。

【行政职能审核清理】 2017年，喀什地委编办对喀什地区地、县市两级政府部门承担行政职能事业单位的职责任务、设定依据、实施主体、责任事项、责任事项依据等进行审核清理，全地区共参与清理承担行政职能的事业单位467个，梳理行政职能6853项，其中行政许可729项。地区本级参与清理承担行政职能事业单位有49个，梳理行政职能815项，其中行政许可41项；12县市共参与清理承担行政职能事业单位418个，梳理行政职能6038项，其中行政许可事项688项。

【中介服务事项清理】 2017年，喀什地委编办对地区21个地直部门中介服务事项，6个行政审批受理条件的单位，涉及审批事项14项，子项5项，后置审批事项2项，需要中介组织提供的服务事项28项进行清理规范，清理结果在政府网站上公示。

【巡察和纪检派驻机构设置】 2017年，喀什地委编办根据自治区《关于地（州、市）、县（市、区）党委巡察机构设置有关事宜的通知》及喀什地委《关于加强喀什地区纪委派驻机构建设的实施意见》文件精神，强化从严治党工作的落实，做好地委巡察工作领导小组办公室、地委巡察组和地区纪委派驻机构设置，调配编制。

【人口和计划生育机构设置编制下达】 2017年，喀什地委编办向自治区党委编办争取专项编制用于加强基层乡镇计生工作。是年，增强地区计划生育机构力量，增设基层计生科、宣传教育科，设立地区计生综合监督执法局；县市计划生育工作机构，除塔什库尔干县，喀什市、疏附县、疏勒县、英吉沙县、莎车县、泽普县、叶城县、伽师县、岳普湖县、麦盖提县、巴楚县均在县（市）政府机构限额内单独设立县（市）卫生局和县（市）计生委。

【扶贫机构设置编制下达】 2017年，喀什地委编办全面加强地、县、乡、村四级扶贫机构设置和人员队伍建设，按照扶贫重点县市不少于25人、其他县市不少于20人、乡镇不少于10人、村不少于2人充实扶贫专职工作人员，为地区扶贫办增设4个事业单位，增加30名事业编制，确保到2020年实现贫困县摘帽、贫困村退出、贫困户脱贫等工作有序推进。

【事业单位分类改革】 2017年，喀什地委编办按照自治区《关于印发〈2015年自治区分类推进事业单位改革工作要点〉的通知》文件要求，结合喀什地区工作实际。严格按照自治区分类指导目录做好地区事业单位分类工作。地直244个事业单位，已完成217个单位分类改革方案的印发，收回喀什地区建筑勘察设计院56个事业编制。

（喀什地委编办）

喀什地区人大工作委员会

【喀什地区人大工委主任、副主任、秘书长、副秘书长名单】

主任、党组副书记：

阿布都克尤木·麦麦提

（维吾尔族、2017年5月退休）

牙森·司地克

（维吾尔族、2017年5月任职、2017年11月因工作调动免职）

党组书记、副主任：张　健

副主任：侯存尚（2017年1月退休）

胡　明（2017年5月任职）

王湫斌

司马义·阿不都色力木

（维吾尔族）

古丽娜·肉孜（女、维吾尔族）

艾合买提·热孜克（维吾尔族）

周世伟

张卫华（2017年5月任职，2018年7月被立案审查）

秘书长：麦麦提沙吾提·艾克木（维吾尔族）

副秘书长：张洪文

【喀什地区人大工委会议】 2017年，喀什地区人大工委共召开4次会议，即：自治区十二届人大常委会喀什地区工作委员会第十八次、第十九次、第二十次、第二十一次会议。

第十八次会议　4月11日在喀什地区人大工作委员会会议室召开。会议传达学习《习近平总书记在参加十二届全国人大五次会议新疆代表团审议时的讲话》《地委李宁平书记3月13日就学习贯彻落实总书记重要讲话精神的重要讲话》，听取和审议行署《关于喀什地区2016年国民经济和社会发展计划执行情况及2017年国民经济和社会发展计划（草案）的报告》《关于喀什地区2016年财政预算执行情况和2017年财政预算（草案）的报告》以及《地区中级人民法院工作报告》《自治区人民检察院喀什分院工作报告》。

第十九次会议　7月4日在喀什地区工作委员会会议室召开。会议听取和审议《行署关于〈新疆维吾尔自治区民族团结进步工作条例〉贯彻执行情况的报告》《2016年度环境状况和环境保护目标完成情况专题报告》《新疆“十三五”南疆特色小城镇脱贫攻坚项目——喀什地区14个特色小城镇建设项目政府购买社会公共服务资金列入财政预算的报告》《喀什地区2017年地方政府债券情况的报告》。

第二十次会议　11月4日在喀什地区工作委员会会议室召开。会议听取审议行署《关于喀什地区2017年上半年国民经济和社会发展计划执行情况的报告》《关于喀什地区 2017 年上半年财政预算执行情况的报告》《关于 2016 年喀什地区本级财政预算执行情况和其他财政收支情况的审计工作报告》，审议行署《关于喀什地区 2017 年第二批新增政府债务限额、新增债券和置换债券申请及使用情况的报告》。

第二十一次会议　12 月 5 日在喀什地区工作委员会会议室召开。会议听取和审议行署《关于〈新疆维吾尔自治区去极端化条例〉贯彻落实情况的报告》《喀什检察分院关于司法体制改革进展情况专项工作报告》《地区人大工委关于〈自治区人大常委会党组关于加强县乡人大工作和建设的实施意见〉贯彻落实情况的报告》。

【人大监督】 2017 年，喀什地区人大工委围绕党中央治疆方略和新疆工作总目标，围绕自治区党委决策部署和地委工作要求，以及人民群众普遍关心的热点、难点问题，加大监督力度，促进依法行政、公正司法。是年，开展宗教事务条例实施情况执法检查。对民族团结进步工作条例实施情况开展调研，听取行署相关情况工作报告，督促行署及相关部门进一步加强民族团结创建和民族团结进步工作。对电话和互联网用户真实身份登记管理条例的实施情况进行检查，促进电话和互联网安全。先后对喀什地区城乡饮用水源地保护工作和《固体废物污染环境防治法》进行检查，专题听取行署《2016 年喀什地区环境状况和环境保护目标完成情况报告》，督促行署及相关部门进一步强化生态环保理念，严守生态保护底线，切实保护好喀什的一草一木、山山水水，建设天蓝地绿水清的美丽喀什。审查和批准国民经济和社会发展计划、财政预、决算报告；听取和审议《喀什地区本级财政预算执行情况和其他财政收支情况的审计工作报告》；两次听取和审议《喀什地区 2017 年政府债务限额、新增债券和置换债券申请及使用情况的报告》，先后听取喀什地区中级人民法院、自治区人民检察院喀什分院年度工作报告。组织代表旁听中级人民法院庭审和参加“检察开放日”活动，督促两院严明公正司法，推动司法机关健全司法权力运行机制，促进司法公正和社会公平正义。是年，共听取和审议工作报告 7 项，开展执法检查、调研和视察 9 次，推动中央重大决策和自治区党委工作部署及地委工作要求的落地生根。

【议案办理】 2017 年，喀什地区人大工委围绕促进地区社会稳定和长治久安的重大问题，协助自治区人大代表向自治区十二届人大五次会议提交议案 20 项、建议 97 项。其中，《关于推进城乡就业服务均等化的议案》被列为大会第 4 号议案。协助人大代表向自治区十三届人大一次会议提交议案建议 11 项，其中《关于在南疆开展大规模国语教育的议案》被列为自治区人代会第 7 号议案。

【人大代表巡回宣讲】 2017 年，喀什地区人大工委组织 6 名自治区人大代表组成宣讲团，由原地区人大工委主任阿不都克尤木・买买提带队赴全地区各县市开展以“感党恩、听党话、跟党走”为题巡回宣讲活动，全区6000余名各级人大干部、人大代表，部分基层民族干部和群众代表聆听宣讲。

【县市换届选举】 2017年，喀什地区人大工委扎实做好自治区十三届人大代表的选举工作。积极向地委汇报自治区十三届人大代表选举的相关工作情况，协助成立喀什地区自治区十三届人大代表换届领导小组，制定工作方案。与地委组织部充分协商、酝酿，报地委研究后，提出领导干部代表初步候选人建议人选。地区人大工委班子成员分组赴各县市指导检查代表选举工作，向县市详细解释和说明代表名额分配、界别构成、各节点要完成的重要工作，上报代表初步候选人。及时与自治区换届办沟通对接，请示重要问题，确保工作有序、有效推进，确保顺利选出自治区十三届人大代表。是年，喀什代表团自治区第十三届人大代表共69名，其中：自治区党委推荐12名，武警推荐1名、喀什地区推荐56名。

【联系指导基层人大】 2017年，喀什地区人大工委坚持邀请县市人大常委会负责人列席地区人大工委会议，密切工作协同，开展工作交流，支持县市人大依法行使职权，通过多种途径想方设法解决基层人大工作中的实际困难和问题，形成全区人大工作的整体合力。组织调研组先后深入叶城、莎车、麦盖提、巴楚、疏附、英吉沙6个县，就县、乡镇人大贯彻落实《自治区人大常委会党组关于加强县乡人大工作和建设的实施意见》情况开展调研，形成调研报告报地委。

【检查《新疆维吾尔自治区宗教事务条例》贯彻实施情况】 2017年5月，喀什地区人大工委组织执法检查组赴岳普湖、伽师、麦盖提、巴楚等县检查《新疆维吾尔自治区宗教事务条例》贯彻实施情况。

【检查《新疆维吾尔自治区去极端化条例》贯彻实施情况】 2017年7月，喀什地区人大工委执法检查组赴喀什市、莎车县、疏附县对《新疆维吾尔自治区去极端化条例》贯彻落实情况进行检查。

【检查《新疆维吾尔自治区民族团结进步条例》贯彻实施情况】 2017年10月，喀什地区人大工委执法检查组赴喀什市、疏勒县、英吉沙县、疏附县对《新疆维吾尔自治区民族团结进步条例》贯彻落实情况进行检查。

【检查《自治区电话和互联网用户真实身份信息登记管理条例》贯彻实施情况】 2017年3月，喀什地区人大工委执法检查组赴喀什市、麦盖提县、疏勒县、叶城县对《自治区电话和互联网用户真实身份信息登记管理条例》贯彻落实情况进行检查。

【检查《固体废物污染环境防治法》贯彻实施情况】 2017年7月，喀什地区人大工委执法检查组赴麦盖、叶城等县对《固体废物污染环境防治法》贯彻落实情况进行检查。

（喀什地区人大工委办公室）

喀什地区行政公署

【喀什地区行政公署专员、副专员、秘书长、副秘书长负责人名单】

专　　员：帕尔哈提·肉孜（维吾尔族）
常务副专员：陈志江（2017年12月离任）
丁有明（2017年12月任职）
副 专 员：买买提明·白克力
（维吾尔族，2021年8月接受审查）
牛俊民
秦存华（2017年2月离任）
王晓昀（2017年2月离任）
代　青（2017年8月离任）
鲁小新（2017年12月离任）
杨元飞（2017年12月离任）
朱明保（2017年2月任职）
史家明（2017年2月任职）
安文建（2017年2月任职）
李国平（2017年2月任职）
王再华（2017年3月任职）
秘 书 长：阿里木江·阿西木（维吾尔族）
副秘书长：林宏信（2017年12月离任）
艾克拜尔·艾拜都拉
（2017年11月受到行政撤职，开除党籍处分）
夏红军（2017年3月离任）
王建国
赵　强（2017年4月离任）
高　峰
孟建华
洪　隽（2017年3月任职）
徐继明（2017年12月任职）
艾赛提·吾拉音
（2017年12月任职）

综　述

【重点内容督查】 2017年6月，喀什地区成立专班对喀什市、伽师等县市进行督查。督查重点包括推进供给侧结构性改革6项重点内容、适度扩大总需求5项重点内容、推动新旧动能转换6项重点内容、保障和改善民生6项重点内容、防范重点领域风险3项重点内容共五个方面26项重点内容，进一步强化各县市、各部门抓落实主体责任，推动解决影响政策落实的突出问题，促进稳增长、促改革、调结构、惠民生、防风险政策措施落到实处，确保经济运行在合理区间，推动实现经济平稳健康发展和社会和谐稳定。

【政务公开】 2017年，喀什地区按照《关于印发新疆维吾尔自治区2017年政府公开工作安排》《关于开展2017年政务公开第三方评估工作的通知》等文件精神，结合地区实际，制定并印发《喀什地区全面推进政务公开重点工作实施方案》，明确公开内容、公开标准、公开范围，稳步有序拓展公开范围，稳步推进地区政务公开各项工作。通过《政务要情》《党办通讯》《喀什日报》喀什零距离、最后一公里、喀什政府信息网等媒体平台，加大政务信息公开力度，提高公众知晓参与率，提升回应实效。专门召开会议安排部署，地区 12 个县市、37 个地直部门立即开展自查、资料收集、第三方评估等相关工作。按照政务“五公开”要求，进一步完善工作机构，搭建工作平台。各县市、地直各有关部门、单位编制修订政务信息公开指南，建立健全各项公开公作规章制度。除涉密项目不予公开外，行署办公室、电子政务办公室等相关部门对有关政务工作及时进行公开，让群众、企业和各项目单位了解政务工作，方便群众提高效率。

【行政服务】 2017 年，喀什地区行政服务中心进驻地市两级单位 29 家。其中，地直单位 13 家，进驻事项 69 项；市直单位 16 家进驻事项 102 项；便民企业 4 家，进驻公共服务事项 8 项。新增地区武警边防支队 3 个窗口，可办理疆外人员边境通行证业务；喀什市公安外事科 5 个窗口，可办理边境通行证、普通护照办理（出国旅游、探亲、留学、商务及其他因私事由）等业务。是年，喀什地区行政服务中心认真落实简政放权、放管结合、优化服务改革，提高办事效率和服务质量，群众满意度逐年增高，各项工作初见成效。截至 12 月 31 日，接待办事群众 11 余万人次，平均日接待群众 1000 余人，受理各类行政审批事项约 11.23 万件，办结 11.21 万件，承诺时限内办结率为 99.8%，收费（税）约 1.58 亿元，中心办理业务总体稳定，运行顺畅。

重要会议

【喀什地区行政公署全体会议暨廉政工作会议】 2017 年 4 月 3 日，喀什地区行署召开全体会议暨廉政工作会议，会议主要任务是深入贯彻落实党中央、自治区党委、人民政府和地委系列会议精神和各项工作部署，以铁的纪律和良好作风保障党中央治疆方略和自治区党委决策部署落地生根、见到实效。会议强调，要牢牢把握中央、自治区党委决策部署和地委工作要求，统一思想、振奋精神，坚决落实社会稳定和长治久安总目标，全面完成地委确定的各项任务。要突出重点，强化措施，持续深化政府系统反腐倡廉工作。会议要求，坚决整治侵害群众利益的不正之风和腐败问题，要转变作风，狠抓落实，推动政府工作高效运转。

【喀什地区行政公署常务会议】 2017 年，喀什地区行署共召开喀什行署常务会议 4 次。

第一次常务会议　4 月 18 日，喀什行署召开 2017 年第一次常务会议。（1）研究并原则同意《喀什地区加强农村最低生活保障制度与扶贫开发政策有效衔接的实施方案》《喀什地区城乡居民基本医疗保险实施办法》《喀什地区城镇职工、城乡居民医疗保险大病保险实施办法》，并印发各县市、各部门、各单位执行；（2）研究并原则同意《关于喀什驻乌鲁木齐办事处〈租赁协议〉中有关事项的专报》《关于审批叶城县2017年第一、二、三、四、五批富民安居工程和公共基础设施建设用地请示》《关于审批喀什市实施新农村规划2016年第一、二批次建设用地请示》。

第二次常务会议　2017年5月23日，喀什地区行署召开第二次常务会议。（1）研究并原则同意《喀什地区实施井电双一控取用地下水管理办法》《喀什地区创建消防安全社区活动实施方案》，并印发各县市、各部门、各单位执行。（2）研究并原则同意《关于申请行署常务会研究喀什财贸学校报废资产核查情况的请示》《关于对喀什阳光建设发展（集团）有限责任公司归口地区国资委管理的建议》《关于加快电动汽车充电基础设施建设的实施方案》。（3）研究地区发改委《关于对喀什（伽师）一市四县城乡饮水安全工程PPP项目实施方案、物有所值评价报告、财政承受能力论证报告的意见建议》的请示。会议决定，由地区发改委牵头，再次组织相关专家及一市四县对PPP项目实施方案、物有所值评价报告、财政承受能力论证报告进行分析评估，切实拿出经得起群众认可、历史检验的报告。（4）研究并原则同意《喀什地区关于加快推进重要产品追溯体系建设的实施意见》《关于加快发展生活性服务业促进消费结构升级的意见》，印发各县市、各部门、各单位执行。研究并原则同意《关于喀什地区地市环保监测及执法用房建设项目》。研究并原则同意《喀什地区土壤污染防治工作方案》，印发各县市、各部门、各单位执行。

第三次常务会议　2017年6月13日，喀什行署召开第三次常务会议。（1）研究并原则同意《关于建设阳光集团餐饮服务中心的请示》。（2）研究并原则同意地区应急办《关于解决地区应急指挥中心业务经费》等三个文件。由地区应急办结合各部门、各单位提出的意见、建议，进一步修改完善，经行署法制办合法性审查，报请行署分管领导审核同意后，印发各县市、各部门、各单位执行。（3）研究并原则同意《喀什地区“一市两县”轨道交通制式方案》，建议轨道交通制式选择以地铁方案为主，轻轨为备选方案，由地区发改委按照地铁轨道交通建设有关要求，积极开展相关工作。（4）研究并原则同意《关于进一步加强和完善城乡居民医疗保障及困难群体医疗救助服务的实施意见（试行）》，印发各县市、各部门、各单位执行。（5）研究并原则同意《喀什地区与华为技术有限公司战略合作框架协议》，由地区经信委结合各部门、各单位提出的意见、建议，进一步修改完善框架协议，与华为技术有限公司达成一致意见后，及时签订战略合作框架协议。（6）研究并原则同意《关于新建人防基本指挥所和应急避难场所的报告》，由地区人防办积极争取国家人防工程和自治区人防办建设项目资金支持，确保项目早日开工建设。同时，原则同意《关于“01”人防工程移交给喀什市人民政府的报告》《关于“7705”人防工程移交给喀什市人民政府的报告》，由地区人防办会同喀什市人民政府按照国家相关法程序，依法履行好移交工作。（7）研究并原则同意喀什地区贯彻落实《国务院“十三五”市场监管规划实施意见》，印发各县市、各部门、各单位执行。

（8）研究并原则同意《喀什地区安全生产委员会工作办法》《喀什地区安全生产专项资金管理办法》，由地区安委会办公室根据安全条例条规，结合安全工作实际和有关部门提出的意见建议，进行修改完善，并经行署法制办把关审查，报请行署分管领导审核同意后，印发各县市、各部门、各单位执行。（9）研究并原则同意《关于挂牌出让莎车县达木斯乡1号、4号砖瓦用页岩矿采矿权的请示》，由地区国土资源局按照国家《探矿权采矿权转让管理办法》（国务院令242号）和采矿权审批登记权限予以审批出让。（10）研究并原则同意《关于塔什库尔干县探矿权延续有关情况的专报的请示》。（11）研究并原则同意《关于审批莎车县2016年度16个农村批次富民安居工程建设用地请示》《关于审批叶城县2017年3个单独选址项目建设用地请示》，由地区国土资源局上报行署分管领导审核把关后，经行署法制办合法性审查，给予下达项目建设用地批复文件。（12）研究并原则同意《关于补批2016年卫星监测涉及9个批次农村三项建设用地的请示》，由地区国土资源局上报行署分管领导审核把关后，经行署法制办合法性审查，补办项目建设用地批复文件。（13）研究并原则同意《关于申报巴楚勒山地质公园项目情况的报告》，由地区国土资源局按照地质公园申报程序，做好相关材料的上报工作。（14）研究地区国土资源局《关于审批第三师伽师总场—毛拉乡（自治区S215）公路项目（巴楚县段、伽师县段）建设项目用地的请示》。会议决定：第三师伽师总场—毛拉乡（自治区S215）公路项目（巴楚县段、伽师县段）建设项目用地2个报件，符合《中华人民共和国土地管理法》相关规定要求，具备办理土地审批手续的条件，由行署分管领导审核把关后，及时上报自治区人民政府审批。（15）研究地区国土资源局《关于审查报批伽师县、疏勒县、岳普湖县共11个建设用地的请示》，会议决定：地区国土局上报自治区审批的伽师县、疏勒县、岳普湖县共11个建设用地项目呈报说明书，符合《中华人民共和国土地管理法》相关规定要求，具备办理土地审批手续的条件，由行署分管领导审核把关后，及时上报自治区人民政府审批。

第四次常务会议 7月11日，喀什地区行署召开第四次常务会议。（1）研究并原则同意地区国资委《关于将喀什地区农村公路资产作为政府投资注入喀什阳光建设发展（集团）有限责任公司的请示》，地区交通运输局将农村公路、桥梁资产评估总值223776万元作为入账价值以政府投资形式，地区国资委作为出资人代表注入喀什阳光建设发展（集团）有限责任公司增加国有实收资本。喀什阳光建设发展（集团）有限责任公司作为母公司将此公路资产注入子公司阳光交通建设投资有限公司，并办理国家出资企业产权登记等手续。此项工作由行署分管领导审核把关后，经行署法制办合法性审查，予以下达批复文件。（2）研究并原则同意《关于上报自治区审批巴楚—莎车750千伏输变电工程等26个建设用地的请示》，由行署分管领导审核把关后，及时上报自治区人民政府审批。（3）研究并原则同意《关于对英吉沙县山水水泥有限公司申请划定矿区范围的请示》，由地区国土资源局上报行署分管领导审核把关后，经行署法制办合法性审查，给予划定矿权范围。（4）研究并原则同意《关于地区本级审批6个建设用地的请示》，由地区国土资源局上报行署分管领导审核把关后，经行署法制办合法性审查，下达项目建设用地批复文件。（5）研究并原则同意《关于审核上报15个建设用地的请示》，由行署分管领导审核把关后，及时上报自治区人民政府审批。（6）研究并原则同意《关于开展农村集体废弃建设用地整理复垦工作的请示》。会议要求，由地区国土资源局牵头，发改、财政等有关部门配合做好相关工作。（7）研究并原则同意《关于8月份地区本级审批巴楚县工业园区污水处理厂等7个建设用地的请示》，由地区国土资源局上报行署分管领导审核把关后，经行署法制办合法性审查，下达项目建设用地批复文件。

【行署工作会议】 4月14日，喀什地区行署召开保障性安居工程跟踪审计项目整改落实会议。行署副专员牛俊民出席会议并对审计发现问题进行整改提出要求。（1）充分认识实施保障性安居工程的重要性。各县市、各部门要充分认识到审计整改工作的极端重要性，切实增强责任感、使命感、紧迫感，坚决围绕总目标、聚焦总目标、紧盯总目标，把问题整改作为落实总目标的重要举措，以慢不得、等不起的态度和“事不过夜”的工作作风立即整改，促进整改工作取得实实在在的成效。（2）切实维护群众切身利益。安居工程资金方面，必须做到专款专用，不得以任何方式、任何借口挤占、截留和挪用，必须全部用于安居工程住房建设；各县市要根据《中央农村危房改造补助资金管理暂行办法》《新疆维吾尔自治区城乡抗震安居工程建设补助资金管理办法》等文件要求，确保安居工程建设补助资金使用安全、发挥效益。（3）发挥作用，堵塞漏洞。财政、住建、发改、安居富民办等有关部门要严格落实行业主管责任和监督、监管责任，通过实地督办、跟案督查、项目审查等多种方式，不断完善制度，堵塞漏洞，从源头上杜绝问题再次发生。审计部门要加强跟踪整改督查，完善整改问责机制，对不重视、不整改、整改不到位和屡查屡犯的，既要查清被审计单位的违纪违法事实，也要查找行业监管不力、主体责任不落实的责任，重大违纪违法事项可以直接向行署报告，事实定性清楚、证据确实充分的要依法依规移送司法机关处理。

5月23日，喀什地区召开迎接中央环境保护督察工作电视电话会议，地委副书记、行署专员帕尔哈提·肉孜就做好迎接中央环境保护督察工作作重要讲话，要求贯彻落实自治区环境保护督察工作电视电话会议精神特别是自治区人民政府主席雪克来提·扎克尔讲话精神，以及地委书记李宁平关于落实好自治区环境保护督察工作电视电话会议精神的要求，扎实做好环保领域问题整改，推进喀什生态文明建设迈上新的台阶。认真学习领会贯彻落实中央、自治区关于加强生态文明建设的决策部署和地委的工作要求，切实担负起责任，不折不扣地把环境保护各项政策、措施落到实处，对存在的问题逐一对照、逐条认领，制定切实可行的整改方案，尽快加以整改。

7月29日，喀什地区召开安全生产工作电视电话会议，行署专员帕尔哈提·肉孜就贯彻落实国务院安委会巡查反馈会暨自治区安全生产电视电话会议精神，总结上半年安全生产工作，安排部署下半年安全生产工作，结合地区实际，就当年全国统一开展的安全生产大检查工作进行再安排、再部署。要求各县市、各部门、各生产经营单位必须要认清形势，始终站在维护社会稳定和长治久安总目标的高度，充分认识抓好安全生产工作的重要性、紧迫性、艰巨性和长期性，时刻保持清醒的头脑和高度的警觉，突出重点攻难关，严格执法抓落实，不断加强和改进工作中暴露出来的薄弱环节和问题，采取得力措施，努力把安全生产各项工作抓实、抓细、抓好、抓出成效。

11月3日，喀什地区行署召开地区2017年第三季度经济运行分析会暨扶贫工作会议，会议主要任务是深入学习贯彻党的十九大精神，以习近平新时代中国特色社会主义思想为指引，牢固树立新发展理念，全面贯彻落实自治区党委九届四次全会、自治区党委常委会议安排部署和地委扩大会议精神，紧紧围绕社会稳定和长治久安总目标，认真分析2017年前三季度经济运行形势，安排部署第四季度经济工作及扶贫工作，力争完成全年目标任务，统筹谋划好明年经济工作。地委委员、行署常务副专员陈志江到会讲话。

11月12日，喀什地区召开水污染防治工作推进电视电话会议，主要任务是深入学习、贯彻中共十九大精神和习近平新时代中国特色社会主义思想，按照国务院、自治区党委、人民政府和地委的要求，总结喀什地区“十三五”以来水污染防治工作的开展情况，进一步统一思想、深化认识、明确责任，扎实推进全地区水污染防治工作。地委副书记、行署专员帕尔哈提·肉孜作讲话。

11月22日，喀什地区召开地区城乡居民医疗保险缴费进度暨财政涉农整合和专项扶贫资金支付、“两免”贷款推进电视电话会议，主要任务是进一步动员全地区上下统一思想，齐心协力，创新思路，强化措施，确保按期完成地区城乡居民养老、医疗保险参保缴费工作、加快推进财政涉农资金整合和财政专项扶贫资金使用进度暨执行好“两免”贷款政策，明确时限和责任，助力喀什地区打赢脱贫攻坚战，为实现地区社会稳定和长治久安奠定坚实基础。喀什地委委员、行署常务副专员陈志江要求统一思想，提高认识，进一步增强做好城乡居民养老、医保及财政涉农资金整合、专项扶贫资金和“两免”贷款工作的紧迫感和责任感。强化组织保障，确保目标任务按期完成。强化履职尽责，提升工作实效。明确责任，严格按照时间节点完成城乡居民养老、医疗保险缴费工作。加快推进财政涉农资金整合和财政专项扶贫资金使用进度。协调联动，确保“两免”贷款达到应贷尽贷。

重要文件

【喀什行政公署发出的部分文件】

1 月 23 日，关于印发《关于做好 2017 年度民兵预备役整组工作的通知》

2 月 28 日，关于印发《喀什地区进一步完善城乡义务教育经费保障机制实施方案》的通知

5 月 14 日，关于印发《喀什地区行政公署专员、副专员工作分工的通知》

5 月 15 日，关于印发《落实自治区政府工作报告重点工作分工的意见》

6 月 10 日，印发《关于新疆十三五南疆特色小城镇脱贫攻坚项目—英吉沙县萨罕乡特色小城镇建设项目等 7 个项目有关事项的决定》

6 月 16 日，印发《关于进一步做好“放管服”改革工作的意见》

7 月 24 日，印发《关于公布喀什地区第四批地区级非物质文化遗产名录项目及第三批地区级非物质文化遗产名录扩展项目的通知》

7 月 30 日，印发《关于喀什地区全面深化放管服改革，进一步健全和完善本级政府部门行政权力清单和责任清单的通知》

9 月 14 日，印发《关于立即开展社区戒毒社区康复工作的通知》

11 月 13 日，印发《关于开展喀什地区第三次全国土地调查的通知》

【喀什地区行政公署办公室发出的部分文件】

1 月 6 日，关于印发《喀什地区社会救助领域专项整治工作实施方案》的通知

1 月 22 日，关于印发《喀什地区市政公用行业安全作业管理规定（试行）》的通知

1 月 23 日，《关于加强液化石油气钢瓶安全监管工作再落实的紧急通知》

1 月 23 日，关于印发《加快喀什地区国有融资性担保公司改革发展的指导意见》的通知

8 月 28 日，《关于规范建设用地预审和用地审查报批工作的通知》

1 月 23 日，关于印发《喀什地区促进民间投资健康发展的实施意见（试行）》的通知

8 月 28 日，关于印发《喀什地区“先照后证”改革后加强事中事后监管的实施方案》的通知

2 月 4 日，关于印发《关于表彰 2016 年全区“升规入统”、工业经济稳增长作出突出贡献的县市、企业的通报》

2 月 4 日，关于印发《关于停办公路沿线土地、矿产、加油（气）站等服务设施审批手续的通知》

2 月 7 日，关于印发《关于抓紧抓实春季重大动物疫病防控工作的紧急通知》

2 月 15 日，关于印发《关于开展 2017 年喀什地区农资市场联合执法工作的通知》

2 月 17 日，印发《关于进一步加强行政事业单位财务管理的意见》

2 月 17 日，印发《关于喀什地区进一步加强县乡财政资金管理的通知》

2 月 23 日，印发《关于做好地区固定资产投资领域及工业园区和生产经营企业

维稳责任落实工作的通知》

2月28日，关于印发《喀什地区进一步加强县乡财政资金管理专项整治工作实施方案》的通知

2月28日，关于印发《喀什地区进一步加强乡镇政府财务监督管理意见》的通知

3月8日，关于印发《喀什地区工业经济运行分析协调联席会议制度》的通知

3月8日，关于印发《喀什地区小微企业升级规上企业培育成长工作机制》的通知

3月10日，关于印发《喀什地区开展固定资产投资项目促进农村劳动力技能培训带动就业工作的实施方案》的通知

3月13日，关于印发《喀什地区重点建设项目吸纳农村劳动力就近转移就业管理暂行办法》的通知

3月17日，关于成立地区实行最严格水资源管理制度考核工作领导小组的通知

3月24日，关于转发《自治区2017年环境保护督察方案》的通知

3月24日，关于印发《落实自治区固定资产投资工作方案》的通知

4月7日，关于喀什地区城乡社会救助资金社会化发放的通知

8月28日，关于印发《喀什地区最低生活保障工作规程（试行）》的通知

4月25日，关于印发《喀什地区全面建立“五保”老人集中供养和孤儿集中收养制度的实施方案》的通知

4月27日，印发《关于下调喀什地区城镇职工基本医疗保险单位缴费费率的通知》

5月4日，关于转发《喀什地区加强农村最低生活保障制度与扶贫开发政策有效衔接实施方案》的通知

5月5日，关于印发《喀什地区进一步加强基本建设资金监督管理的实施方案》的通知

5月10日，关于成立喀什地区特色林果集约化栽培管理工作领导小组的通知

5月12日，关于印发《喀什地区城乡居民基本医疗保险实施办法（试行）》的通知

5月12日，关于印发《喀什地区城镇职工、城乡居民医疗保险大病实施办法（试行）》的通知

6月12日，关于印发《加快电动汽车充电基础设施建设实施方案》的通知

6月13日，关于印发《喀什地区实行井电双控取用地下水管理办法（试行）》的通知

6月16日，关于印发《2017年喀什地区农村土地承包经营权确权登记颁证整县推进工作实施方案》的通知

6月27日，关于印发《喀什地区2017年落实草原生态保护补助奖励政策实施方案的通知》

6月27日，关于印发《2017—2018年度自治区棉花目标价格改革工作要点实施方案》的通知

6月27日，关于印发《关于环保部西北督察组反馈地下水开发利用管理突出问题的整改方案》的通知

6月30日，印发《关于金融支持喀什

脱贫攻坚实施方案的通知》

7月19日，关于印发《喀什地区全面推进政务公开重点工作的实施方案》的通知

7月21日，关于印发《喀什地区人口精准登记核实和依法规范身份证管理试点工作方案》的通知

7月25日，关于印发《喀什地区加强近亲结婚违法行为综合治理实施方案的通知》

7月28日，关于做好放管服改革涉及的规章规范性文件清理工作实施方案的通知

7月31日，关于印发喀什地区城市公立医院综合改革实施方案的通知

8月3日，关于进一步加强和完善城乡居民医疗保障及困难群体医疗救助服务的意见（试行）的通知

8月18日，关于印发《喀什地区突发事件应急体系“十三五”建设规划》的通知

8月29日，关于印发《喀什地区关于加快实施创新驱动发展战略的实施意见任务分工方案》的通知

7月21日，关于印发《喀什地区精准登记核实和依法规范身份证管理试点工作的方案》的通知

12月23日，关于印发《喀什地区水资源监控体系建设实施方案的通知》

电子政务

【政府网站信息发布】 2017年，喀什地区建立政府网站信息联动发布机制，要求各部门、各县市将政府网站作为政府信息公开的第一平台，建立完善信息发布机制，第一时间发布政府重要会议、重要活动、重大政策信息。网站日常信息按照有关规定，保持更新频率，保证首页栏目定期更新，固定栏目有效更新。是年，喀什政府网站累计更新信息3180条，图片288张，按上级要求公开财政预决算信息466条。重点对《喀什政府信息公开平台》进行合并和优化，累计删除信息公开子目录14个，清理无效或过期的公开信息2178条。

【环保督察专栏设置】 2017年，喀什政府网站设置环保督察专栏，及时公开环境保护督察相关信息。督促各县市同步设置“中央环境保护督察”专栏并发布相关信息。每天将专栏发布的信息向自治区报告，累计发布信息428条。

【政府网站互动】 2017年，喀什各级政府网站通过开展在线访谈、意见征集、网上调查等措施，加强与公众的互动交流，广泛倾听公众意见建议，接受社会的批评监督，搭建政府与公众交流的“直通车”。进一步完善公众意见的收集、处理、反馈机制，了解民情，回复问题。

【政府信息公开】 2017年3月底前，喀什政府网站公布地区本级上一年度的政府信息公开年度报告，督促各县市、地直单位按时完成政府信息公开年度报告的公布工作。以全国第一次政府网站普查为契机，

组织归整“政府信息公开平台”类别，从8大类40小类归整为7大类18小类；是年，政府信息公开平台共计公布行署本级文件32份，集中发布涉及100多个地直部门的预算、部门决算及“三公经费”信息公开报告257份。

【网站及外网安全】 2017年，喀什政府网站清理和删除年代久远已经失效或无法确认的政府网站全部原始信息文件，制定完善保密工作制度，探索多区域多部门协同工作机制，促使“全网联动，互助读网”取得实效。严格执行相关管理规定，发布的政务信息均有明确的来源、规范的审批，确保上网发布信息安全，严格落实每日信息“三级联审”，确保“涉密信息不上网、上网信息必审核”。强化技术手段，保障信息安全。将网站管理系统后台升级至最新版，引入首页缓存机制，提高首页打开速度。开展网站“减肥瘦身”专项行动，重点优化首页栏目。将非重要栏目或过期栏目从首页撤除，清理长期不用的栏目28个、删除过期信息22845个。

（喀什行署办公室）

政协喀什地区工作委员会

【政协喀什地区工作委员会主任、副主任、秘书长、副秘书长名单】

主　　任：铁木尔·买买提（塔吉克族）

副 主 任：高建军

阿布拉江·艾麦提（维吾尔族）

吾拉木江·阿布都肉苏力（维吾尔族）

阿布拉·阿布都克力木（维吾尔族）

穆塔力甫·阿布都热西提（维吾尔族）

李　平（女）　严卫国

李建英（女）

秘 书 长：毛兰库力·满苏尔汗（塔吉克族）

副秘书长：汤宏彬（2017 年 5 月退休）

【政协喀什地区工作委员会工作会议】 2017 年 4 月 19 日，政协喀什地区工作委员会召开工作会议，党组书记高建军主持会议，工委主任铁木尔·买买提作工作报告。会议主要任务是：认真贯彻落实党的十八大和十八届三中、四中、五中、六中全会精神，传达学习中共中央办公厅《关于加强人民政协民主监督工作的意见》，贯彻落实自治区第九次党代会、自治区政协十一届五次会议精神，总结 2016 年工作，部署 2017 年目标任务，进一步明确和落实地委扩大会议确定的指导思想、基本要求、奋斗目标，认真履行政治协商、民主监督、参政议政职能，不断推进新时期新形势下政协工作，为实现社会稳定和长治久安总目标做出新贡献。

【提案办理】 2017 年，政协喀什地区工作委员会向自治区政协十一届四次会议提交提案 66 件，立案 47 件，提案涉及社会稳定类 2 件、经济建设类 24 件、民生社会事业类 11 件、政策法规类 10 件，提案内容涉及喀什地区社会稳定、经济发展以及各项社会事业进步等方面，各级政协委员紧紧围绕新疆工作总目标，促进社会和谐稳定，在加强基层组织建设、发展教育事业、扩大劳动就业、推进扶贫开发等方面建言献策。

《关于加大边境山区扶贫投入力度的提案》得到国家和自治区高度重视，《关于改进乡镇工作规范的提案》《关于加大对南疆三地州教育投资及教育软环境支持力度的提案》《关于建设和完善农业灾害保险体系，提高农民抵御自然灾害能力的提案》均得到承办单位认真采纳和办理。

各级政协委员就供给侧结构性改革、推进区域经济发展、促进城乡一体化发展、基础设施建设、富民安居工程、交通、环境保护、河流治理、扶持企业发展等方面提出《关于解决农村工业用电问题的提案》，自治区已启动“十三五”新一轮农村电网改造升级工程建设，进一步加大自治区农网工程投资力度，并向南疆四地州倾斜。

《关于加大喀什地区旅游品牌建设力度》的建议得到自治区旅游发展委员会重视，申请国家旅游局组织专家组在2017年对塔什库尔干县帕米尔景区创建国家AAAAA级景区进行验收，已经申请国家旅游局组织专家对巴楚红海景区进行AAAAA景区景观质量和资源价值评定。

《关于支持中国丝绸之路喀什国际合作区建设》的提案，自治区印发《新疆建设丝绸之路经济带核心区的指导意见》指出：要积极推进喀什国际经济合作区建设，将其打造成为喀什实施“一带一路”倡议的核心平台和面向中西亚、南亚开放的重要战略平台。

各级政协委员围绕人民群众普遍关心的安居富民、卫生医疗、科技文化、提高残疾人补助等方面的问题，提出许多可行性意见建议，承办单位积极采纳。其中，《关于将喀什地区新增人员纳入自治区体制补助范围的建议》，第二次中央新疆工作座谈会后，中央和自治区积极研究出台支持南疆四地州维护稳定和经济发展的政策。

委员提案反映提高村干部“三金”政策、建立乡镇卫生院体检中心、加大喀什地区边境管控设施建设投入等问题，均得到承办单位的采纳办理。

【委员和机关学习】 2017年，政协喀什地区工作委员会组织政协机关和政协委员认真学习习近平总书记系列重要讲话和治国理政新理念新思想新战略，深入学习宣传贯彻落实党的十九大精神，全面落实自治区党委九届四次会议、自治区政协十二届一次会议和地委扩大会议的各项决策部署。始终把加强政治理论学习，作为强化班子政治引领、提高履职能力的首要任务来抓，组织党组中心组集体学习12次。

【委员视察】 2017年，政协喀什地区工委就维稳、提案、文史和信息宣传工作、“两学一做”学习教育、民族团结、“访惠聚”、学习宣传中共十九大精神、政协自身建设等方面的工作开展系列专题调研，并针对工作中存在的问题、困难和建议，通过召开文史、提案、信息和机关工作培训会，委员学习会和组织委员视察等方式进行不同层面的业务指导，促进政协委员履行职能的制度化、规范化、程序化。是年，就各县市开展民族团结进步创建工作、《自治区民族团结进步工作条例》贯彻落实情况进行调研和视察；制定《政协工委民族团结进步年实施方案》，严格落实工作要求。根据自治区、地区阶段工作重点，就喀什城镇化率不足25%和自生造血能力、产业支撑能力、城镇就业能力、公共服务设施供给、民族文化融合的不足等突出问题，在充分调研的基础上，提出相关建议，形成《关于加快推进城镇化建设的建议》并报自治区政协。

【联络与接待】 2017年，政协喀什地区工作委员会严格按照中央八项规定、自治区十条规定、地区十条规定执行接待标准，接待全国、自治区关于宗教事务管理，加强民族团结，维护社会稳定，脱贫攻坚工作等方面考察的调研组20余批200多人次。

（政协喀什地区工委）

纪检·监察

【喀什地区纪委书记、副书记、委员名单】

书　记：牙生·司地克（2017年11月离任）
　　　　武洪斌（2017年11月任职）

副书记：贾学军（2017年7月离任，2017年9月被立案审查）
　　　　阿不力米提·吾麦尔
　　　　崔桂禄（山东省援疆干部，2017年3月离任）
　　　　侣海平（广东省援疆干部，2017年3月离任）
　　　　艾买尔江•吐逊（2017年1月离任）
　　　　戴志祥（上海市援疆干部，2017年3月离任）
　　　　权良余（上海市援疆干部，2017年3月任职）
　　　　冉　伟（2017年5月任职）
　　　　亚生江•亚合甫（2017年5月任职）
　　　　蒲新风（女，2017年7月任职，2017年12月被立案审查）

委　员：蒲新风（女，正县级，2017年7月离任，2017年12月被立案审查）
　　　　赵福平
　　　　周　进
　　　　张承永（山东省援疆干部，2017年3月任职）
　　　　周贵明（广东省援疆干部，2017年3月任职）

综　述

【推进监察体制改革试点工作】 2017年，喀什地区国家监察体制改革试点工作严格按照中共中央办公厅《关于在全国各地推开国家监察体制改革试点方案》和自治区党委常委（扩大）会议有关要求，提高政治站位，强化“四个意识”，准确把握政策依据，严格执行中央明确的改革总体目标、基本原则、实施步骤，坚决把党中央关于深化国家监察体制改革试点的部署要求落到实处。地区地、县市两级均成立深化国家监察体制改革试点工作小组及试点工作小办公室，下设综合（宣传）组、组织（县市指导）组、法律组。每周各职能组和县市改革试点工作小组办公室汇报工作进展情况，形成党委负总责、纪委负专责，各成员单位协作配合的工作机制，切实抓好职责范围内各项工作落实。制定《喀什地区深化国家监察体制改革试点工作进度表》，明确每项具体工作任务完成的时间节点、牵头单位、责任单位和责任领导。将工作表任务落实到每周，细化到每天，做到定人员、定任务、定标准、定时间，上下联动，协调衔接，形成合力，推进各项任务细致准确地落到实处，确保工作进度与自治区保持一致。地区把制定《喀什地区深化国家监察体制改革试点工作实施方案》作为开局起步的大事，认真谋划，周密部署，经第34次地委委员会议审议通过，正在按程序报批；县市实施方案经地区工作小组第二次会议审批，正在按程序报备批复，全区上下以周密细致的方案确保改革任务全面完成。同时，地区明确程序，严格按照规定核定地、县市监察机构编制划转比例和领导职数，完成两级检察机构转隶部门编制、人员、职能摸底和转隶人员资格审查和考察工作，做好转隶人员思想工作，确保有序转隶。地区高度重视对改革试点工作的正面宣传和舆论引导，严格按照自治区安排部署，保持步调一致，令行禁止，严明纪律。在喀什纪检监察网设深化国家监察体制改革专栏，刊登有关改革重大意义、相关法律法规和部署要求、阶段性进展、阶段性成果成效等文章26篇，营造良好的舆论氛围。

【纪检监察干部队伍建设】 2017年，喀什地区纪委监察局坚持理论武装，把学习习近平新时代中国特色社会主义思想和党的十九大精神作为统一思想、凝聚共识的根本保证。深入贯彻习近平总书记关于进一步纠正“四风”加强作风建设重要批示精神，制定地区纪委纠正“四风”纪律要求，加强业务能力建设，培训526人次。严肃查处纪检监察干部违纪案件58件58人，在纪检监察系统开展警示教育活动，坚决防止“灯下黑”，不断打造“忠诚干净担当”的纪检监察干部队伍。

党风廉政建设

【喀什地区党风廉政建设工作会议】 2017年2月27日，喀什地区2017年党风廉政建设工作会议召开。地委副书记、地区纪委书记牙生·司地克作题为《强化监督执纪问责，推进全面从严治党，为实现社会稳定和长治久安总目标提供坚强保证》的工作报告，总结回顾2016年开展党风廉政建设和反腐败工作，安排部署2017年反腐倡廉工作任务。要求全地区各级党政、纪检监察系统要全面贯彻中共十八大和十八届三中、四中、五中、六中全会精神，深入贯彻习近平总书记系列重要讲话精神，统筹推进“五位一体”总体布局和协调推进“四个全面”战略布局，全面落实十八届中央纪委七次全会、自治区第九次党代会、自治区纪委九届二次全会和地委扩大会议精神，紧紧围绕社会稳定和长治久安总目标，紧盯脱贫攻坚，牢固树立喀什虽然处于反分裂斗争前沿阵地和主战场、反恐维稳任务重，但在党风廉政建设和反腐败斗争问题上没有任何特殊性的思想，坚持一手抓反分裂斗争、一手抓党风廉政建设和反腐败斗争，严肃党内政治生活，加强党内监督，推进标本兼治，强化监督执纪问责，全面加强纪律建设，驰而不息纠正“四风”，坚定不移惩治腐败，积极营造风清气正政治生态，推进全面从严治党向纵深发展，为实现社会稳定和长治久安总目标提供坚强保证。

【廉政宣传教育】 2017年，喀什地区纪委监察局强化纪律规矩教育，认真开展第十九个党风廉政教育月活动，围绕“聚焦总目标，严明政治纪律，锻造优良作风”主题，通过党纪党规知识竞赛、党员重温入党誓词、党纪党规闭卷测试、领导干部廉政教育大讲堂、廉政专题学习讨论、反腐败警示教育、家庭助廉活动、无纸化党规党纪和法律法规知识测试、“全面从严治党·喜迎党的十九大”主题演讲比赛等十项活动，增强各族党员干部党的意识、组织意识和纪律意识，教育引导全区党员干部旗帜鲜明讲政治，求真务实促落实，不断净化党内政治生态。是年，组织全地区10万余名党员干部开展纪律知识测试活动，开展廉政专题学习讨论835场次、开设廉政专题党课3560余场次，召开地区领导干部“家庭助廉”座谈会，在《喀什日报》刊登12个县市长“学转促”署名文章，组织各级党员干部观看“学转促”系列访谈，组织党员干部参加“纪律知识微考堂”和演讲比赛活动，增强党员干部的纪律规矩意识。牵头组织开展全地区10万名党员干部反分裂斗争教育活动，地县乡17.8万名党员干部同步参加。组织各级党员干部收看警示片。梳理违纪典型案件，制作《从“神坛”到监狱》《校园里的魔影》《高墙内的忏悔》等12部警示专题片，制定《喀什地区党员干部联系群众转作风行为规范》，印发典型案件通报32期。

【党风廉政建设责任制落实】 2017年，喀什地区调整充实地区反腐倡廉建设领导小组和反腐败协调小组成员，适时召开领导小组会议，发挥领导小组的领导和协调作用；督促地县乡层层签订落实党风廉政建设党委主体责任和纪委监督责任目标责任书，地委16名班子成员率先通过喀什政府信息网公开主体责任清单；喀什地区纪委监察局组织召开党风廉政建设工作现场推进会，对党风廉政建设亮点工作进行推广复制；召开落实“两个责任”述责述廉评议会，对落实“两个责任”情况进行公开评议；坚持党委（党组）、纪委（纪检组）半年向地委书面报告一次落实主体责任和监督责任情况制度；将党风廉政建设责任制落实情况纳入年度绩效考核体系，组成考核组对各县市各单位落实党风廉政建设责任制情况进行专项检查考核，推动“两个责任”有效落实。

督察督导

【新疆工作总目标落实情况督查】 2017年，喀什地区纪委监察局加强贯彻落实维护新疆社会稳定和长治久安总目标情况的监督检查。对发现的重点部位、人员密集场所存在4111个问题责令整改，查处在党的十九大安保维稳期间落实总目标严重失职渎职乡镇主要领导23名，严肃处理思想不聚焦、措施不力、作风漂浮、责任不到位的党员干部406名，追究党委、纪委负责人的责任123名。

【扶贫领域监督执纪问责】 2017年，自治区纪委贯彻落实中央纪委、自治区纪委扶贫领域监督执纪问责工作电视电话会议精神，建立喀什地区扶贫领域监督执纪问责领导机构，完善工作机制，强化扶贫领域监督执纪问责，制定下发《喀什地区2018—2020年扶贫领域腐败和作风问题的专项治理实施方案》，明确扶贫领域监督执纪问责的目标任务措施，着力整治扶贫领域突出问题。是年，抽查167个乡镇839个村（社区）6078户贫困户，查找问题，查处违纪案件。

【巡察监督】 2017年，喀什地区建立健全地县两级巡察工作机构，制定《地委巡察工作规划（2017—2021年）》《五年巡察工作推进计划》。是年，地县两级巡察机构共巡察党组织472个。其中：地委6个巡察组对3个地直单位、9所学校、6个乡镇进行巡察，发现问题线索688个。

【干部作风建设督查】 2017年，喀什地区纪委监察局扎实开展“学转促”专项活动。围绕“十项治理”，开展督查4650次，开展“四风”“四气”整治督查4886次，查处问题2042件，纠正偏轻偏软问题224个，查处违反中央八项规定精神案件165件173人，同比增长172%。认真开展安居富民房建设、农村集体土地专项清理活动，清退涉农资金6.43亿元，清退干部承包土地3.81万公顷，清退各类违规经营土地33万公顷。

【群众工作问题督导】 2017年，喀什地委针对自治区纪委移交的群众工作督导问题线索，制定移交问题线索处置办法，先后2次召开整改动员会，与12个县市领导班子进行集体约谈3次；各县市对167个乡镇领导班子进行集体约谈，层层传导压力。喀什地区纪委对移交的9489个问题、自查摸排的7.5万个问题认真处置，问责5935人。是年，采取“解剖麻雀”的方式，在每个县市选取一个问题突出、群众反映强烈的村开展作风整治；建立App随手拍、微信举报以及扶贫领域监督预警等信息平台，聘请5000名党风政风监督员，强化对群众身边腐败和作风问题的监督。全年约谈党员干部1971人、诫勉谈话778人、通报批评1744人。

【案件查办】 2017年，全地区纪检监察系统初核问题线索10024件；立案审查9573件，同比增长1002%；结案8789件，同比增长867%；给予党纪政纪处分9122人，同比增长773%；移送司法机关处理225人，同比增长1037%；先后对130名党员干部采取“两规”措施。综合运用监督执纪“四种形态”。把“四种形态”贯穿纪律审查工作全过程，是年，全地区约谈、通报批评、组织处理6011人，给予党纪轻处分5053人，党纪重处分3844人，涉嫌违法犯罪被移送司法机关依法处理225人。

（冯维周）

脱贫攻坚

综 述

【脱贫攻坚工作概况】 2017年，喀什地区认真落实“六个精准”“五个一批”要求，全力推进“十大专项行动”，地县乡三级及时调整充实扶贫开发领导小组，加强组织领导，分别实行党政“一把手”双组长负责制，高位推动脱贫攻坚工作。定期召开扶贫开发领导小组全体会议、联席会议、每月对扶贫工作进行专报和专项督查并及时通报，坚持主要领导亲自抓，分管领导具体抓，成员单位协调抓，落实县市一名副书记主抓扶贫，乡村一名领导负责扶贫。坚持利用周一升国旗、法律政策宣讲等形式宣传各项富民惠民政策、扶贫政策，提高各级干部群众思想认识。先后出台《喀什地区关于加强脱贫攻坚责任落实的意见》《喀什地区贫困人口、贫困村和贫困县退出考核办法》《喀什地区脱贫攻坚督查巡查工作实施办法》《喀什地区乡镇党委和政府脱贫攻坚工作考核办法》等21项保障制度，研究制定统筹资金、两居房一搬迁、公共基础设施提升、产业提质增效、转移就业创业等18项脱贫攻坚行动方案，明确目标任务和工作措施，全方位指导县乡开展精准扶贫、精准脱贫工作。全地区12.58万名干部职工与30.7万户贫困家庭结对认亲，不脱贫不脱钩，实现包联帮扶全覆盖。区、地、县三级2441个“访惠聚”驻村工作队开展定点帮扶，承担所驻村的扶贫任务。北疆和兵团12个经济强县市与喀什12县市结对帮扶，开展区内协作帮扶。落实专项扶贫、行业扶贫、援疆扶贫、区外区内和东西部协调。援疆省市在人才、产业、项目、科技等方面全方位提供帮扶力量。开展“百企帮百村”“青年企业行动”等活动，引导社会力量积极参与扶贫工作。地区12个地厅级领导任12个县市复核指导组组长，6万余名干部参与，3000名干部下村开展工作。采取档案、户籍信息、入户核查三个100%见面，经过梳理、清退、补录，截至年底，喀什地区在信息系统中有30.7万户127.3万贫困人口，其中：未脱贫18.3万户75.67万人，基本解决底数不清、情况不明、建档立卡信息不实的问题。是年，共争取到位财政扶贫项目资金19.31亿元，比上年增长48%。共报备项目1298个，其中：用于产业发展的项目1212个，安排资金18.45亿元，占总资金的95.6%。已完工886个、在建412个，累计拨付资金14.72亿元。2017年，喀什地区减贫2.0万户7.9万人，114个贫困村退出。

【深度贫困地区脱贫攻坚三年规划编制】 2017年，喀什地区认真贯彻中共中央办公厅、国务院办公厅《关于支持深度贫困地区脱贫攻坚的实施意见》文件精神，启动《深度贫困地区脱贫攻坚三年规划编制》工作，成立领导小组、制定工作方案，抽调专人组织开展调研和规划编制工作，积极与自治区厅局对接，编制完成规划文本，并相继得到自治区和国家认可。

【扶贫对象精准建档立卡优化】 2017年，喀什地区组织扶贫对象再复核人员近3000名，通过集中培训、全面复核、大平台比对、入户核对、数据校对等措施，逐户逐人进行公安户籍、扶贫信息系统、农户家庭实情三见、三比对、三复核，核定喀什地区农村扶贫对象建档立卡系统内规模30.7万户、127.3万人，做实精准扶贫、精准脱贫的基础。是年，对12个贫困县市摘帽时间表进行优化调整：2018年计划228个贫困村退出、18.78万人脱贫，泽普县摘帽；2019年计划263个贫困村退出、26.27万人脱贫，岳普湖县、疏勒县、疏附县、巴楚县、喀什市、麦盖提县、塔什库尔干县7个县市摘帽；2020年计划225个贫困村退出、23.75万人脱贫，叶城县、伽师县、莎车县、英吉沙县4个县摘帽。

【脱贫攻坚包联工作体系建设】 2017年，喀什地委、行署与12个县市、189个地直部门、中央（自治区）驻喀单位签订《脱贫攻坚责任书》，确定每个贫困村至少有1个上级部门（单位）结对包扶、1名县级领导（或科级）定点联系、1名第一书记驻村统筹、1个“访惠聚”工作队驻村工作和1名贫困户家庭1个干部包联，实现所有贫困村、户包联帮扶全覆盖，攻坚期内不脱贫不脱钩、扶上马送一程。制定《地厅级领导抓示范乡实施意见》，实行所有地厅级领导每人抓一个示范乡制度，地区38名地厅级领导包联38个扶贫示范乡。实行每名县级领导抓一个脱贫攻坚示范村制度，制定《县级领导联系贫困村实施意见》，实现1222个贫困村县级领导联系全覆盖（县级领导不足，科级领导补充）。深入开展“民族团结一家亲、扶贫结亲”活动，全地区12.58万名干部职工采取“4321”方式与贫困户家庭结对认亲，做到干部联户全覆盖。按照“县摘帽、村退出、户脱贫”验收标准，要求各单位（部门）按联系村脱贫短板，找政策、找路子、找办法，缺什么补什么，帮扶成效与绩效考核挂钩。配强村两委班子，发挥两委班子在精准识贫方面作用，进组入户、摸清底数，精准致贫原因、精准脱贫措施、精准入户项目。实行村第一书记统筹“访惠聚”驻村工作队、驻村管寺、干部支教等资源，全面协调全村脱贫工作，指导帮助贫困村制定脱贫计划，落实扶贫政策，宣传惠民政策，做好精准扶贫等。是年，各县市主动与北疆12个经济强县市对接，在产业、就业、教育、文化、卫生、科技等方面加强交流、协作，帮助拓宽农产品销售渠道，有组织地对有意愿、有技能的农村富余劳动力进行转移就业。用好援疆省市援助资源，在人才、产业、项目、科技等方面进行全方位援疆，把援疆资金用于贫困人口，精准发力，实施“造血式”扶贫，实现到援疆省市就业转移新突破。按照“单位当后盾、领导负总责、队员当代表”的原则，区、地、县三级2441个“访惠聚”驻村工作队13168名干部深入开展定点帮扶贫困村和帮扶贫困户工作，发挥派出单位的优势和驻村干部的特长，对接贫困村、贫困户的需求，有针对性地制定脱贫计划，实施脱贫行动。多方挖掘社会扶贫资源，开展“百企帮百村”“青年企业行动”“巾帼脱贫行动”，鼓励、引导非公有制经济组织弘扬扶贫济困传统美德，积极参与结对扶贫工作，扎实开展扶资金、扶产业、扶就业、扶信息活动。

【扶贫领域督查】 2017年，喀什地区层层落实责任制和责任追究制，全面推行以减贫成效为主的考核机制，落实减贫效果监测评估制度，完善精准脱贫考核办法，提高减贫、民生、生态方面指标的权重，引导各级党政领导班子和领导干部把主要精力聚焦到脱贫攻坚上来。纪检委对脱贫攻坚进行监督执纪问责，检察院对扶贫领域职务犯罪进行集中整治和预防，审计部门对扶贫攻坚政策落实和资金重点项目进行跟踪审计。建立常态督查机制，印发《关于开展贫困人口、贫困村、贫困县脱贫退出摘帽督查的通知》，紧盯脱贫攻坚重点领域、重点环节、重点岗位、重点人员，以“精准定责、精准监督、精准问责”护航“精准扶贫”，以“零容忍”的态度，严肃整治和查处扶贫领域虚报冒领、克扣截留、吃拿卡要等不正之风和腐败案件；建立专项督查机制，组织力量对脱贫攻坚项目资金使用、基础设施建设、“五个一批”“六个精准”实施情况进行专项督查。每月收集汇总一次工作进展情况，每季度开展一次综合督查，不定期进行专项督查，年终开展一次考核总结。

脱贫措施

【产业脱贫】 2017年，喀什地区按照“立足优势、调整结构、提质增效、做大做强”的思路，加快实施特色农业带动工程，将庭院经济纳为美丽乡村建设、脱贫攻坚重要的“短平快”项目。是年，全区改造庭院近22.77万户，其中，贫困户发展庭院8.99万户，占51.99%，户均收入在3000元以上。

【教育培训转移就业脱贫】 2017年，喀什地区通过大力实施脱贫攻坚转移就业专项行动，实现疆内转移就业一批、本地企业吸纳就业一批、建设项目参与一批、政府购买服务扶持一批、对口援疆省市输送一批、鼓励自主创业就业一批的就业模式。是年，全地区农村富余劳动力转移就业87.7万人次，其中，建档立卡贫困家庭实现就业9.5万人。2017年计划建设196个乡村生产车间，实际开工建设154个乡村生产车间，其中：89个已竣工，2个乡村生产车间正常运营，其余65个乡村生产车间正在收尾阶段，年底完成企业入住和设备调试，可以吸纳2.4万人就业。

【易地扶贫搬迁脱贫】 2017年，喀什地区把易地扶贫搬迁作为脱贫攻坚的重要突破口，与新型城镇化、特色小城镇、旅游开发、产业发展、促进就业相结合，引导贫困人口向中心城市、小城镇和交通便利地区搬迁，确保搬得出、稳得住、能脱贫、能致富。是年，实施易地扶贫搬迁11867户46231人，涉及12个县市93个安置点，总投资32.83亿元，资金全部到位，完成投资22.34亿元，已完工8895套，搬迁入住6289户23142人。同时结合全疆建档立卡贫困户再复核工作，做好易地扶贫搬迁对象再识别，经核实，全地区符合易地扶贫搬迁政策的建档立卡贫困户2605户10726人，力争全部纳入政策范围。

【生态保护脱贫】 2017年，喀什地区各县市采用政府购买服务的方式，吸纳农民有偿参与生态林建设，每人每年增收1万元，实现稳定脱贫。是年，增加生态护林员3748人。

【政策兜底脱贫】 2017年，喀什地区农村低保对象85.6万人，占全地区农业人口的24%，其中，纳入扶贫建档立卡对象37.5万人。农村低保标准自2017年7月1日起提高到3200元以上，月补助水平187元/人。是年，地区实施应兜尽兜、应保尽保，实现低保线和贫困线同步合一。

【贫困村基础设施建设】 2017年，喀什地区贯彻执行地委、行署关于贫困村基础设施建设要求，按照贫困村退出“三通六有”标准，地区330个贫困村基础设施建设项目总投资8.6亿元。是年，实行“定点、定人、定时、定责”帮扶原则，与12县市签订《330个贫困村基础设施和社会公共服务建设》责任书，压实工作责任，积极协调召开贫困村基础设施项目建设推进会议，已完成投资7.916亿元，完成计划的92%，其中：通水项目完成投资1.05亿元，实现自来水入户2.25万户，完成计划的99%；通电项目已完成投资0.897亿元，受益户数1.39万户，完成计划的100%；农村道路建设项目已完成投资5.1755亿元，道路建设1138.255千米，完成计划的96%；文化室已完成投资719.88万元，完成计划的41%；卫生室已完成投资1465.5万元，完成计划的70%；文体活动场所已完成投资5747.48万元，完成计划的90%。是年，围绕“两不愁三保障”，全面解决贫困户住房安全地区安居富民工程建设任务171350户，其中自治区下达地区2017年安居富民工程建设任务83900户。截至10月底，累计开工176275户、开工率103%，已竣工154819户、竣工率90%，入住120186户、入住率为70%。

（喀什地区扶贫办）

对口援疆

综 述

【全国对口援疆会议保障】 2017年7月9—11日，第六次全国对口支援新疆工作会议在喀什召开。会议前期，喀什地区抽调人员，积极配合国家、自治区调研组在地区及县市调研、座谈，对15个调研点多次反复进行对接、踏勘、筛选、演练，全力协助保障会议顺利召开。

【四省市对口援建项目】 2017年，山东、上海、广东、深圳四省市启动实施产业促进就业、文化教育、改善群众生活条件、加强干部人才培养培训、基层政权及反恐维稳、促进交往交流等六大类对口援建项目401个，援助到位资金57.83亿元（含喀什大学同时使用1亿元），其中，山东省援助项目110个，援助到位资金12.78亿元；上海市援助项目166个，援助到位资金24.53亿元；广东省援助项目59个，援助到位资金10.75亿元；深圳市援助项目66个，援助到位资金9.77亿元。是年，实际执行项目414个，项目开工和资金到位率实现100%。

【援疆扶贫】 2017年，山东、上海、广东、深圳四省市围绕喀什地委、行署确定的脱贫攻坚目标、任务、时间节点，把支持脱贫攻坚作为对口援疆的核心工作，协调四省市制定援疆扶贫攻坚行动计划，在援疆资金中专门安排扶贫资金，大力实施基础设施、教育、医疗卫生、发展产业、促进就业等脱贫行动，使援疆工作方向更加精准、成效更加明显，助力十二县市按照时间节点，2020年全面完成脱贫攻坚任务。

一、推进农村基础设施扶贫　在自治区计划内的农村安居富民房建设给予每户1万元的援疆资金补助的基础上，对建档立卡贫困户建房再增加1万元援疆资金补助，改善贫困人群住房条件，加快贫困群众实现住房有保障进程。加大对贫困乡、村基础设施建设的支持力度，开展美丽乡村建设、村庄环境整治工作，特别是对贫困户集中的安居富民点，按规定安排援疆项目资金，配套建设水、电、路、庭院改造、垃圾清理等基础设施，改善贫困乡村基础设施。

二、推进产业援疆　立足喀什地区资源禀赋和产业基础，有序引导援疆省市产业梯度转移，吸引纺织服装、农副产品加工、电子产品组装等劳动密集型产业和特色优势产业到喀投资兴业，支持建设一批贫困群众参与度高的特色产业基地和农业产业园区，培育一批带动贫困群众发展产业的合作和龙头企业，引进一批能够提供更多就业岗位的劳动密集型企业等，促进喀什地区产业发展，带动贫困群众就地就近转移就业。

山东省援疆支医工作队下乡开展义诊、慰问孤寡老人活动

三、推进劳务协作援疆　引进劳动密集型企业、农业产业化龙头企业进驻拉动就业，积极推进“总部+乡村生产车间”模式，在贫困的乡、村建设乡村生产车间，促进本地企业吸纳一批富余劳动力。安排促进就业发展项目扶持资金，加大对就业、创业的扶持力度，提高群众就业能力。实施种植业、养殖业精准到户项目，开工建设就业孵化基地项目建设，落实“援疆项目普通基础工作岗位吸纳喀什籍劳动就业不低于90%”要求，扩大就业渠道。支持提升劳动就业技能，推动社团组织、慈善机构与喀什建设结对帮扶机制，实施就业技能提升工程，帮助4万人提升就业技能，为稳定就业奠定坚实基础。

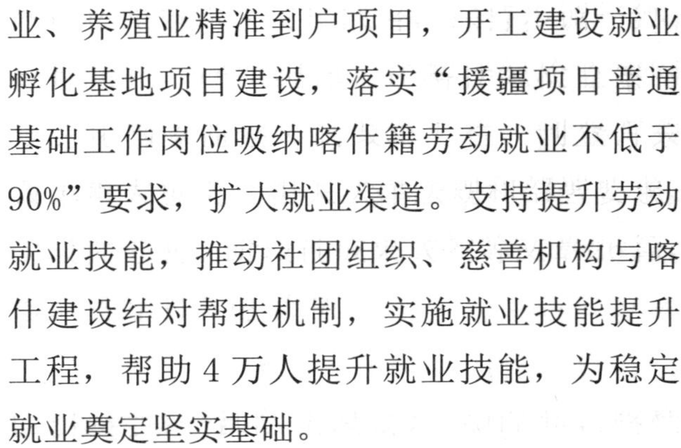

四、推进教育扶贫　大力支持1152所农村双语幼儿园建设，重点在贫困乡村新建、改扩建学校（幼儿园），方便群众就地就学，减轻群众负担。落实在内地高校就学的喀什籍贫困家庭子女的资助政策，每人每年发放6000元资助金，解决因学致贫的问题。

五、推进医疗卫生扶贫　充分发挥四省市“组团式”援疆医疗团队优势，以加强临床重点专科建设和打造永不走的医疗人才队伍为抓手，通过“团队带团队”“科室对科室”的方式，帮助受援医院逐步健全诊疗科目，扩大受援医院诊疗病种覆盖面，逐步完成地区级医院区域医疗中心功能定位、带动县级医院医疗人才培养，医疗服务延伸覆盖到县乡，推动实现小病不出乡、大病不出县、疑难危重症不出地区的目标。

六、推进市场援疆　充分发挥援疆省市场资源优势，大力开拓喀什产品特别是特色农产品市场。按照自治区农产品市场开拓“走出去、走进去、走上去”三步走战略，采取政府支持，市场化运作方式，积极为喀什在援疆省市主要城市建立新疆特色农产品展示展销、冷链仓储、物流配送基地提供土地、政策支持，支持喀什在对口援疆省市一、二线城市建立起比较完善的喀什农产品销售网络体系。

七、推进精准结对帮扶　支持四省市经济发达县（市、区、乡、村）与喀什地区贫困县（市、乡、村）结对帮扶，推广深圳市南岭村与喀什市帕哈太克里乡“村乡结对”精准结对帮扶模式，开展“携手奔小康”活动，增强喀什地区乡村基层组织发展经济的本领、增强乡村基层组织的凝聚力。

【旅游援疆】 2017年，安排1.6亿元用于推进旅游基础设施等项目建设，开通“粤新号”“深新号”旅游专列，“四季上海—喀什号”“上海宝山号”援疆旅游包机，保定—喀什、深圳—喀什货运班列，拉近喀什与内地的距离，促进民族间融合发展。

旅游援疆

【产业项目引进】 2017年，山东、上海、广东、深圳对口援疆省市把产业建设作为共建的核心任务，着重做好引进企业和带动就业工作。四省市全年累计引进产业项目260个，进一步促进了群众就近就地就业。山东省农业专家顾问团与喀什地委农办签订《支持喀什地区蔬菜发展合作协议》，广东省、深圳市与喀什地区共同签订共建喀什（广东）纺织服装产业园合作协议等51个合作协议签约，涉及项目总投资55亿元。

【融情活动】 2017年，喀什地区利用援疆资金3552万元组织1000名青少年手拉手、500名宗教教职人员赴内地考察学习，增进各族人民的交往交流和情感。

【援助乡镇村建设项目】 2017年，喀什地区利用援疆资金1.48亿元，实施乡镇全民健康体检中心、村民服务中心等建设项目，截至年末，项目资金均已到位，项目建设均完成年度投资建设任务。

【人才援疆机制建设】 2017年，围绕贯彻自治区组织部长会议精神，起草《喀什地区深化人才发展体制机制改革实施意见》等系列人才引进、培养、激励政策措施，聚力推进人才体制机制改革。加快科技公共服务平台建设，加大地区第二人民医院院士工作站、第一人民医院博士后工作站、“喀什众创空间”“深喀双创中心”等人才平台的扶持力度，推动其向更高层次人才平台发展，带动相关产业人才向地区聚集，推动区域创新能力提升。科学编制《喀什地区2017年干部人才援疆统筹项目》，安排干部人才援疆项目52个，涉及项目资金2043.8万元，以项目化运行模式，统筹抓好“六支”人才队伍培养。柔性引进高层次人才108名。加大干部人才培养力度，会同相关行业培训各类骨干人才2万余人次。

【第八批援疆工作总结表彰】 2017年1月3日，喀什地区召开第八批援疆干部表彰欢送大会，山东、上海、广州、深圳4个援疆省市的384名优秀援疆干部，13个省市优秀援疆企业受到表彰。

【第九批援疆干部人才抵达喀什】 2017年2月28日—3月1日，第九批山东省、上海市、广东省、深圳市援疆干部人才527人抵达喀什。其中，山东省175人，上海市160人，广东省117人，深圳市75人。

【第九批援疆干部人才安置】 2017年，喀什地区高标准完成第九批援疆干部人才安置工作，对34个地直单位和12县市援疆干部人才分工进行逐一审核，“实化”援疆干部分工。强力推动援疆干部人才传帮带工作，引进各类柔性人才1400多名，帮助培训各类农业类人才1.5万人次、医疗卫生人才2.3万人次、双语骨干教师1万人次，组织586名援疆干部人才（含柔性人才）与当地993名各族干部群众开展结对活动，开展交往交流，增进感情交融。

四省市对口援疆

【山东省对口援疆】 2017年，山东省投入援疆资金12.78亿元，实施项目127个。

产业援疆　全年新开工及续建项目112个，引进1亿元以上项目4个，完成投资44.8亿元。投入资金1.26亿元，重点推进疏勒南疆高新技术产业开发区孵化园、英吉沙鲁英服装产业园三期项目、麦盖提刀郎纺织服装产业园、岳普湖泰岳工业园建设。创新推出“总部+扶贫家庭车间”模式，初步形成“县城总部—乡镇产业园—乡村生产车间—家庭扶贫车间”四级网络，建成乡村生产车间151个，吸纳就业5247人。开展“鲁疆丝路缘　喀什好味道”主题活动，线上，与天猫、淘宝等电商平台对接；线下，进驻省内大型商超20余家，实现当地农产品销售收入2000万元。促成日照大宗商品交易中心上线，年交易量5000吨。

民生援疆　全年安排民生领域资金10.55亿元，重点投向贫困村、贫困户、贫困人口。推广种植新品种花生26.67公顷、金银花66.67公顷，推广奶桑科技扶贫项目，引进色素辣椒、毛木耳等高附加值种植项目，实现增收扶贫。安排资金3.24亿元，建成安居富民房26230套，贫困户建房资金补助额由1万元提高到2万元。配套建设棚圈、苗圃等设施，支持环境综合整治和村庄环境改造，赠送电视机1.92万台。就业扶贫项目实现群众就近就地就业10301人，向内地转移就业4710人。安排资金9200万元，重点支持实验中学、希望小学、寄宿制中学宿舍楼等建设。安排资金3600万元，加快职业学校实训基地建设。投入资金1407.8万元，为2854名喀什籍贫困大学生发放助学金。组织扶贫助学活动，为家庭困难学生捐赠价值15万元的文体用品。安排资金1150万元，全面启动结核病防治项目，完成48个乡镇筛查、确诊。安排资金3840万元，新建46所乡镇全民健康查体中心，改造县乡人民医院、妇幼保健院。组织爱心企业向受援四县贫困白内障患者捐赠价值近30万元药品及医疗器械。选派47名专家到受援四县巡诊、义诊病人1500多人次，发放药品价值70万元。安排资金1.89亿元助力基层阵地及反恐维稳，重点建设促进村级服务中心、一体化作战平台等项目。

人才援疆　开展“业务托管式”组团支援，促成喀什二中成为全疆9所“组团式”教育援疆试点学校之一。实施中小学幼儿园教师培训“双百”工程，在山东和受援地分别培训双语教师100名。优选山东省10所国家级示范性中职学校23名教师帮教喀什地区6所中职学校，20名齐鲁名师到喀什地区直属学校、受援四县送教100场、专题讲座5场。推动“内高班”“内职班”建设，2017年面向新疆招收“内高班”学生952人，“内职班”学生472人。从山东省优选专家分别担任院长和业务副院长，加快提升疏勒县人民医院、喀什地区肺科医院“组团式”援疆试点。完善升级疏勒县人民医院远程会诊及培训系统。实施“喀什光明行”活动，免费为207名贫困白内障患者实施复明手术。安排108名当地医疗卫生骨干到内地进修学习。

【上海市对口援疆】 2017年，上海市安排援疆资金24.53亿元，其中用于脱贫攻坚20.92亿元，占85.29%；实施项目155个，开工率、已竣工或完成实施的项目验收通过率均为100%。

产业援疆　对口喀什地区四县新增就业12.9万人（产业援疆促进就业1.7万人），其中建档立卡贫困人口9700多人。安排专项资金4400万元，其中给予就业补贴800多万元，涉及用工2600人。2017年，上海援疆对口四县招商引资合作项目159个，签约资金228.3亿元，到位资金59.67亿元；四县新建乡村生产车间24个，乡村生产车间内运营企业40家，解决就业近6800人。支持浦发银行设立500亿元扶贫发展基金，专项用于喀什公益类和基础设施类项目建设，首期130亿元已到位。在上海西郊国际农产品交易中心设立喀什馆等，作为固定销售展示窗口，实现“东店西厂”，并定期组织农产品大联展和“双线一九进”（“双线”指：线上销售，线下推广+宣传+销售。“九进”指：进商圈、进社区、进菜场、进地铁、进学校、进银行、进机关、进宾馆、进企业）销售活动。支持对口地区建设巴楚红海、新藏线等新的旅游地标和旅游线路，已建成A级景区16家，星级农家乐50家，实现旅游就业4万多人。开通至喀什旅游专列8趟、旅游包（专）机4趟，组织游客3000多人。

项目援疆　推进安居富民建设，全年支持对口四县安居富民房建设4.2万套，其中建档立卡贫困户2.5万套，安排安居富民房专项补贴资金6.7亿元。支持道路建设、美丽乡村建设、天然气管道以及CNG加气站建设等性质的农村基础设施和公共服务配套项目10多个，安排专项资金3.1亿元。发展庭院经济。因地制宜，支持小庭院做出大文章。发展特色“五小”项目，利用援疆资金为建档立卡贫困户每户提供庭院经济发展补助，发展小果园、小藤架、小菜园、小禽舍、小棚圈等“五小”致富项目。

教育援疆　推进沪喀职教联盟建设。职教联盟依托产业、对接企业、瞄准就业，已吸纳99家单位加盟。上海14所中高职院校对口喀什地区7所职业学校的职教全覆盖计划有序推进。投入670多万元，培训587人。推广国家通用语言动漫教程，已覆盖416所学校，4500多个班级，19万名学生。

医疗卫生援疆　打造南疆医学高地。南疆首个院士专家工作站落户喀什第二人民医院，首批引进4位院士以及14位来自上海各大三甲医院的医学专家。2017年，喀什第二人民医院上海医疗队接诊量1.1万多人次，开展手术1150多台次。构建“上海三甲医院—喀什二院—四县县医院—乡镇卫生院—村卫生室”五层联动网络，开展远程培训讲座38场，沪喀两地远程会诊205例。全年新建120个村卫生室、1个乡卫生院和39个全民健康体检中心，率先创建9个公共卫生示范乡，推动计划免疫、传染病防控、妇幼保健和健康管理等工作。

人才援疆　编制《2017年上海市对口支援喀什地区人力资源开发项目计划》，编制173个人才开发类项目，安排资金9200万元。全年开办80多个培训班次，挂职203人，到沪培训32批220多人次，培训本地干部人才近8万人次。持续推进“组团式”援疆工作。上海三甲医院“以院包科”支持喀什二院建设9个临床医学和实验中心，选派20名专家组成医疗队，全年“传帮带”51人，开展业务培训326次，培训人员5500多人次，组织31名骨干赴上海培训。指导申报科研项目55项，其中自治区技术推广项目5项，科研项目继续保持全疆地州级医院领先地位。委托上海健康医学院招录喀什地区订单定向医学生，进行“5+3”（5年本科加3年规培）培养，再次将上海优质医学教育资源辐射至喀什地区。

【广东省对口援疆】　2017年，广东省投入援疆资金17.11亿元、援疆项目82个，重点向基层和民生倾斜资金14.97亿元，占比87.5%。其中安排3.68亿元直接补贴农村群众最迫切需求的安居富民房建设。6月，广东省党政代表团在喀什考察期间还新增安排2.5亿元专项用于加快推进受援地安居富民房建设，新增安排1亿元用于支持兵团三师草湖镇二甲医院建设。受援地疏附县和伽师县利用计划外新增安居富民房资金1.87亿元，将原2019年至2020年建房任务提前建设，已圆满完成建档立卡贫困户建房年度任务。全年各项援疆项目投资计划全面完成，项目完成率和资金拨付率均为100%。

项目援疆　全年帮助“两县一师”1.24万建档立卡贫困人口脱贫，推广“农牧林果水居”六位一体组合式庭院经济模式，以“前有房、中有园、后有圈、周边还有大条田”为目标，补贴贫困农户庭院改造，使农户庭院利用率从不足30%提高至85%以上。探索发展农林产业化道路，学习借鉴闽宁扶贫协作模式，引进农林牧行业龙头企业通过“公司（基地）+农户”模式，带动受援地农户脱贫致富。全力助推喀什农产品对接销售广东，帮助喀什地区重点是受援地“两县一师”销售核桃2.85万吨、红枣2.35万吨。协助自治区在广州成功举办2017中国新疆特色林果产品（广州）交易会，签约项目55个，金额13.52亿元，其中广东援建的喀什地区在交易会现场达成合作项目17个，金额2.61亿元。拓展县、乡、村“1+X+Y”（总部+乡村工厂+农户车间）三级就业模式。援疆项目疏附县恩科电子公司还在512户贫困农户家中建有“农户车间”，让农民“足不出户，增收奔富”。

组织开行旅游援疆扶贫专列“粤新号”。运载2000多名广东游客和200多万元援疆扶贫物资抵达喀什，带动60多万人次畅游喀什。首次组织喀什地区近100名公安英烈家属搭乘“粤新号”专列赴广东休养。首创足球援疆，成立广州体育学院足球学院教学实践基地，引进社会力量在受援地中小学组织足球训练营。

产业援疆 安排援疆资金4.8亿元用于提升受援地产业发展环境，援疆企业新增提供就业岗位6393个。大力开展招商引资，成功落地产业项目55个，计划总投资额84.62亿元，新增就业岗位1.25万个，至年底，落地投产项目36个，完成投资额23.2亿元，稳定吸纳就业6100多人。大力打造“两园一中心”（兵团草湖广东纺织服装产业园、伽师工业园、疏附县南疆服装面辅料配件交易中心）纺织服装产业，推动产业集群。重点打造兵团草湖广东纺织服装产业园，主项目200万锭棉纺项目前三期100万锭项目将于2018年底前全面达产。佛山在伽师工业园引入的兴业中小企业孵化基地项目，已成功引进劳动密集型生产企业24家，其中19家已投产。广州在疏附县建设八里桥文创动漫产业园，开发自有品牌民族特色项目。大力扶持外向型经济，喀什国际经济合作区起步区标准厂房已经完成主体建设，已确定落户企业12家，计划投资15亿元。全年累计组织开展各类技能培训19381人次，培训后实现稳定就业；累计向粤转移疆籍劳动力452人。

智力援疆 以国家通用语言和技能教育为中心推进教育援疆。大力支持受援地加快普及国家通用语言教育，援疆资金补贴聘请双语教师，推动受援地实现学前三年和义务教育阶段起始年级国家通用语言教育全覆盖，成为南疆国家通用语言教育排头兵。组团支援发展职业教育，继续组织广东省74所中小学校、24所职业（技工）院校和6所重点高校开展“一对一”“多对一”挂钩帮扶。对口帮扶的喀什地区高级技工学校升格为技师学院，伽师中等职业技术学校在全国和自治区职校技能大赛取得优异成绩。

医疗援疆 选派104名（含柔性引进56名）医疗卫生干部人才开展医疗帮扶，依托中山大学和暨南大学等高校教学科研资源，推动喀什地区第一人民医院重点学科建设，为受援地培养一支留得住的高水平医疗人才队伍。组建广东·深圳医疗人才“大组团式”援疆战略合作联盟，把资源辐射到县乡基层医疗机构，解决一大批

基层群众“因病致贫、因病返贫”问题。

【深圳市对口援疆】 2017年，深圳市安排援疆项目66个，援疆资金97709万元；福田区援助塔什库尔干县8600万元、新增安居富民房建设资金6283.17万元，合计11.26亿元。

产业援疆 以深圳产业园为载体，吸引76家企业落户，带动就业1.3万多人。深圳市和招商局集团4亿元资金已全部到位，招商局集团运营管理团队接管综保区。开通保定—喀什·中亚南亚、深圳—喀什·中亚南亚多式联运国际班列，实现进出口总额突破5000万美元（2016年全年贸易额50万美元）。签约企业53家，注册资金5.3亿元，完成工商税务登记企业36家，将带动就业300人。采取“三位一体”招商、以商招商、后方行业协会引商方式，提高招商成功率。共引进落地企业42家，协议投资总额35.67亿元。其中11月举办的喀什·深圳招商引资暨旅游推介会上签订项目合作协议19项，投资总额8.3亿元，可提供8610个就业岗位。扶贫攻坚方面，在喀什市推进一乡一策、电商扶贫、旅游扶贫等措施，助力喀什市到2019年完成5450户、24850人贫困人口脱贫摘帽。制定“精准+长效”模式助推塔什库尔干县全面脱贫。新增援疆资金6200多万元用于安居富民房建设，投资1000万元用于种畜（牦牛）项目引进，引入项目投资资金1.6亿元推动深圳能源光伏扶贫项目。

民生援疆 为喀什市和塔什库尔干县新建、改扩建安居房7451套。此外，在原每户1万元的基础上，对建档立卡贫困户再增加1万元。援建的喀什市110所双语幼儿园于9月开学前建成。安排深职院与喀什大学、深圳市第二职校等4所中职学校与喀什地区中职学校对口帮扶。开展“千人双语师资计划”，在全国范围内选聘优秀教师290人充实喀什市和塔什库尔干县双语教师队伍。医疗方面，续建喀什市人民医院东城分院，基本达到投入使用条件，将新增住院病床350张；牵头发起广东—深圳、江苏—深圳医疗卫生人才大组团式援疆战略合作联盟；组团式帮扶喀什地区妇幼保健院，着力帮助喀什妇幼保健院提升医疗技术水平。进一步优化慕士塔格冰川公园景区景观，提升喀什老城景区的运营管理。推动“石榴籽计划”，开通“深新号”援疆旅游扶贫专列，组织受援地参加深圳文博会、喀什歌舞剧团赴深慰问演出等活动，不断深化深喀两地文化合作交流。开展深喀青少年“手拉手”夏令营活动，组织200名喀什优秀民族学生赴深交流。安排受援地宗教教职人员100人赴深圳学习考察。2017年，深圳到喀什旅游、商务活动1.5万多人次。

社会援疆 2017年4月，深圳市南岭村与喀什市帕哈太克里乡签订村村结对帮扶协议，将推进援疆工作深入基层末梢“毛细血管”。启动深圳产业园社工服务和困境儿童帮扶项目，助推企业稳工，帮助困难家庭，成为当地社会治理的重要补充。助推社会力量援助塔什库尔干县地震灾后重建。协调社会各界捐款捐物价值1500多万元。

行业援疆

【山东省教育援疆】 2017年，山东省对口援助培训疏勒县、英吉沙县、岳普湖县、麦盖提县四县教师200人，其中喀什本地教师赴山东培训100人，喀什地区本地培训100人；山东省选派20名骨干教师赴对口支援5所学校支教，东营市技师学院对疏勒县中等职业技术学校的汽车运用与维修、焊接技术应用、机械加工技术等5个专业开展托管支援。

【山东省气象援疆】 2017年，山东省气象局援建的雷电灾害业务平台防雷检测模块投入运行。

【上海市妇联援疆】 2017年，上海市妇联联合喀什地区妇联在莎车县举办“沪·喀姐妹情——古丽绣刺绣、服装设计制作成果展示大赛”，表彰女巧手12人，同时，举行捐赠仪式，为莎车、泽普、叶城、巴楚县278个“妇女之家”捐赠音响，捐赠挂图1.2万张，4名上海专家开展心理辅导课、儿童卫生保健讲座4场。

【上海市残疾人联合会援疆】 2017年6月，上海市残疾人联合会向喀什地区残疾人联合会捐赠助听器200台。7月17日，向7家盲人保健按摩机构捐赠价值31.605万元的按摩床、痉挛肌电刺激治疗仪、磁振热治疗仪、电针疗仪等急需专业设备；7月21日，向巴楚县捐赠总价值近50万元的辅具器材。7月18—31日开展盲人保健按摩知识集中培训，培训视力残疾人40名。7月28日，广东省残疾人联合会向喀什地区残疾人联合会捐赠资金10万元，用于购买轮椅。

【上海市卫生计生委监督所援疆】 2017年，上海市卫生计生委监督所6名专家到喀什地区就医疗执业监督法律与实践、血站医疗机构临床用血卫生监督、传染病防治（含医疗废物处置）卫生监督、二次供水卫生监督、放射诊疗监督管理、卫生计生监督典型案例分析等内容进行培训，喀什地区12县（市）卫生监督所业务骨干、各县（市）人民医院医务部主任及地直各医疗机构医务部主任共50余人参加培训班。

【上海市侨务援疆】 2017年8月5日，上海市政府侨办与喀什地区外侨办签署《上海市人民政府侨务办公室喀什地区工作备忘录》，同时向喀什地区外侨办资助2万元。

【上海市教育援疆】 2017年，上海市对口援助培训巴楚县、莎车县、叶城县、泽普县四县教师585人，其中喀什本地教师赴上海培训170人，喀什地区本地培训415人；上海市教委以沪喀职教联盟为平台，组织上海市群益职业技术学校、上海市奉贤中等职业技术学校、上海市健康医学院附属卫校等14所中高职院校帮助喀什地区中等职业学校、喀什师范学校、叶城县职业高中等7所职业学校重点建设服装专业、机电专业、燃气专业等8个专业。

【上海市气象项目援疆】 2017年，上海气象局援建的预报业务一体化平台项目建设经验收并投入使用。

【广东省教育援疆】 2017年，广东省对口援助疏附县本地培训教师90人；广东佛山市8所职业院校对口援助伽师县中等职业学校服装、汽修、计算机、中餐烹饪、建筑装饰等8个不同专业全面启动，并在学科建设、师资支持等6个方面开展合作。

【广东省科协援疆】 2017年，喀什地区科协与广东省、山东省及上海市初步对接对口支援项目，争取项目资金支持。广东省科协赴喀什对接援疆工作，决定支援建设《疏附县木什乡明尧勒村科技文化广场建设项目》并已实施。

【广东省地震局援疆】 2017年，广东省地震局支援喀什地区地震局60万元资金实施地区科普馆建设项目，配齐科普馆硬件设施，提升防震减灾水平和地震知识宣传能力。

【广东省知识产权援疆】 2017年，广东省知识产权局制定对口援助喀什地区合作项目，从知识产权学习交流、企业知识产权工作、试点示范工作、专利执法工作和信息推送等工作方面给予支持。

【深圳市教育援疆】 2017年，深圳对口援助喀什市本地培训教师100人。投入60万元作为改善喀什财贸学校、喀什艺术学校和喀什市职业技术学校办公条件、教师培训、两地人员往来差旅费等费用。

【深圳组合式医疗队援疆】 2017年3月，深圳组合式援疆医疗队一行7人抵达喀什地区妇幼保健院，开始为期18个月的医疗援疆项目，通过传帮带为喀什培养妇幼保健工作人才，促进妇科、产科、新生儿科的业务发展。

（四省市对口援疆前方指挥部）

群众团体

自治区总工会喀什地区办事处

【概况】 2017年，喀什地区新发展工会会员8000人，工会会员总数292060人；新建基层工会组织90个，基层工会组织2402个。建立女职工组织的基层工会1208个，占应建女职工组织基层工会的73.91%；全地区基层工会涵盖法人单位总数2260个，全地区非公有制企业数据库建会率85%，职工入会率98.7%。

【服务农民工法治宣传行动】 2017年，喀什地区工会学习宣传贯彻习近平新时代中国特色社会主义思想和十九大精神，联合喀什大学深入县市、工业园区开展以“尊法守法·携手筑梦”为主题的服务农民工法治宣传行动，主要宣传《中华人民共和国工会法》《中华人民共和国劳动合同法》《中华人民共和国人口与计划生育法》等。是年，开展法治宣讲11场，受众8000余人。

【工会系统民族团结教育系列活动】 2017年，喀什地区工会深入挖掘“民族团结一家亲”的感人事迹，在广大教职工中开展“讲好身边民族团结一家亲故事”主题活动，经过逐级评选推荐共12个优秀作品进入决赛。7月14日，地区教育工会组织开展“讲好身边民族团结一家亲故事”演讲、朗诵、讲故事比赛，经过评选，表彰奖励一等奖1名、二等奖2名、三等奖3名，优秀组织奖4个。精选2名优秀教师于11月7—12日参加自治区“民族团结一家亲、同心共筑中国梦”——讲好身边“民族团结一家亲”故事主题活动，其中1名教师荣获铜奖，地区教育工会荣获优秀组织奖。精选4篇讲好身边“民族团结一家亲”故事征文稿报送自治区教育工会参加评选，树立先进典型，弘扬正能量；各级工会举办庆“三八”“五一”“十一”职工运动会、篮排球比赛，增进各民族交往交流。召开“庆五一·话团结”劳动模范座谈会，20名劳动模范及工会干部参加座谈。选调2名全国劳动模范、8名自治区劳动模范组成劳模“五进”宣讲团，开展巡回报告会3场、受教育职工1800余人次。

【困难职工帮扶】 2017年，喀什地区各级工会投入送温暖资金500万元，慰问各族困难职工、劳模、农民工6500人；组织3批次80名劳模赴疆内外疗休养，为185名自治区级劳模发放“三金”49万元；发放275万“金秋助学”金资助920名家庭困难大学生；发放各类慰问物资和慰问金130万元，集中开展特困职工大病救助、女职工关爱行动、慰问节日值勤公安干警等活动；开展“春风行动”“工会就业援助月”等活动，提供免费就业服务18000余人、组织跨地区劳务输出2600人、介绍就业1500人、组织参加职业技能培训6500人、家政服务培训300人、创业培训2200人；继续开展第三批“工友创业行动”，为40户下岗失业困难职工提供无息创业借款112万元，带动122人就业。

【工会法律服务】 2017年，喀什地区工会创新工资集体协商工作，落实专项经费34.2万元，聘任工资集体协商专职指导员20人，建立起一支专职集体协商指导员队伍。联合地区人社局、地区安监局等单位开展安全生产、工资集体协商等综合大检查，指导规范厂务公开、职代会民主管理等工作；联合12家单位在全区统一开展农民工工资支付情况专项检查，维护农民工的合法权益；开展工资集体协商集中要约行动月行动，向非公企业发出要约380家，承诺协商企业340家，签订合同260家，覆盖职工3.1万人。

【职工劳动技能竞赛】 2017年，喀什地区各级工会以“践行新理念、建功十三五”为主题，组织餐饮、医疗、建筑、公交等行业的单位职工开展技能技术大比武活动。是年，全区开展各类劳动竞赛企业90家、参赛职工2200人，开展各类劳动竞赛30项、行业性劳动竞赛10项，提出合理化建议100多条，实施技术革新50项，技术攻关30项；实施群众性安康工程，参加“安康杯”竞赛单位3100个班组、3万名职工，企业职工参赛率达90%以上。

【获得全国五一劳动奖状单位】 2017年，喀什地区公安局获全国五一劳动奖状。

【获得开发建设新疆奖状单位】 2017年，喀什地区国家税务局获开发建设新疆奖状。

【开发建设新疆奖章获得者】 2017年，喀什地区第一人民医院邹小广、国网新疆电力公司疆南供电公司总经理韩军、喀什地区公安局特警支队中队长艾力夏提·吾斯曼以及深圳援疆干部陈彬、山东援疆干部窦锦波、广东援疆干部孙宝山、上海援疆干部严布衣获开发建设新疆奖章。

【自治区工人先锋号】 2017年，喀什地区伽师县国家税务局纳税服务科、麦盖提县实验中学办公室、新疆华电喀什热电有限责任公司发电运行部运行三值获自治区工人先锋号。

【自治区级“三好职工”】 2017年，喀什地区国家税务局李红菊、叶城县萨依巴格乡党委委员、组织员陈树坤、莎车县国家税务局姬莉、疏勒县阿拉力乡人民政府逄子剑、伽师县铜辉矿业有限责任公司刘学好、麦盖提县国家税务局张艳荣、英吉沙县人社局刘芹、巴楚县住房和城乡建设局韩成、泽普县补遗鲁克塔吉克民族乡人民政府赛普丁·铁木尔、塔什库尔干县大同乡人民政府郭仕国、岳普湖县中心幼儿园严二梅11人获自治区级“三好职工”。

（石　磊）

共青团喀什地区委员会

【概况】 2017年，喀什地区基层团委390个，团工委21个，团总支数217个，团支部7266个，专职团干部共1587人，兼职团干部共6317人，团员共236917人，2017年发展团员20081人。

【“民族团结一家亲”大宣讲】 2017年，喀什地区团委持续开展“民族团结一家亲”大宣讲活动，累计宣讲2800余场次，覆盖群众300余万人次，青年90余万人次。

【共青团系统一学一做学习教育活动】 2017年，喀什地区2186个基层团支部召开“一学一做”专题组织生活会，参与团员81762人，地区484名驻村第一书记、工作队长或其他党组织负责人参加指导。

【党的十九大精神宣传学习】 2017年，全地区各级团组织广泛开展党的十九大精神学习宣传活动，地区团委班子成员担任党的十九大精神示范性宣讲骨干成员，下农村、入社区、进学校、进军营，开展宣讲18场、5000余人次；各基层团组织累计开展宣讲651场、覆盖团员青年112047人次。

【融情夏令营活动】 2017年，喀什地区团委依托援疆项目，在新疆、山东、上海、广东、深圳、湖南等地开展丰富多彩的融情夏令营活动，激发青少年儿童爱国爱疆的热情和维护民族团结的真情。引导各族青年坚定理想信念，坚守团员承诺，坚决维护民族团结和社会稳定的信心。地区青少年儿童1300人参加活动。

【宣传教育服务活动】 2017年，喀什地区各级共青团开展丰富多彩的返乡学生宣传教育服务活动，“心怀党恩·铭记使命”感恩教育活动800余场次、2万余人次参加，“喜看家乡新变化　听党话感党恩”活动300余场次、9000余人次，返乡学生就业创业论坛100余场次、2000余人次，“民族团结一家亲”演讲比赛90余场次、6000余人次，青年志愿者服务等社会实践活动400余场次、5000余人次，文化体育活动500余场次、3万余人次，“奋斗的青春最美丽”励志分享会50余场次、2000余人次，“三新”等特色活动70余场次、4000余人次。

【红领巾双语小课堂活动】 2017年，喀什地区148个红领巾双语小课堂，来自新疆大学等高等院校的学生在11个县市148个村（社区）开展民族团结等主题教育、双语学习、学业辅导、联谊活动和公益实践等工作，帮助村里的少年儿童“暑期放假不放羊”，受到农村孩子们和家长们的欢迎。

【青年志愿服务队活动】 2017年，全地区各级共青团组织成立377支青年志愿服务队，在农忙时节帮助农民开展“服务三夏”、助力秋收，为困难群众减轻劳动负担。是年，实现帮扶助困全覆盖，参与志愿服务活动团员青年20000余名。

【团建带队建】 2017年，喀什地区团委坚持以团建带队建，推动团队基础建设持续开展。是年5月，对地区2016年度65名优秀团干部、68名优秀共青团员、61个五四红旗团委（团支部）、20名“共青团民族团结一家亲”大宣讲优秀宣讲员进行了评选表彰；少先队组织积极开展“喜迎十九大 我向习爷爷说句心里话”鼓号队、“动感中队”等系列活动和主题活动，各县市70余所学校、3万余名少先队员参加活动。

【青年婚育新观念宣讲】 2017年，喀什地区各级团组织在农村、社区组织开展“婚育新风走进青年”的婚育新观念宣讲，引导广大青年树立正确的婚育观念。是年，开展宣讲活动50余场，参加活动青年5万余名。

（共青团喀什地区委员会）

喀什地区妇女联合会

【美丽庭院建设】 2017年，喀什地区妇联推进美丽乡村建设，将全区深度贫困村纳入“四好三美一卫生”（“思想好、家风好、学习好、团结好、人美、屋美、院美、厕所卫生”）为标准的美丽庭院建设。古尔邦节前夕，组织广大妇女和家庭成员对家中的地毯、被褥、窗帘等进行清洗、晾晒，确保卫生清洁，全区70余万家庭参与活动。各县市评选表彰“美丽庭院”115户。

【最美家庭评选】 2017年，喀什地区妇联推进寻找“最美家庭”活动，组织妇联干部走社区、访民户，面对面向群众讲解活动意义和内涵，开展多种形式宣传发动工作。最大限度调动起广大妇女和家庭参与活动的积极性主动性。经群众自荐、组织推荐、评选公示，喀什市周新华家庭、阿依努尔·哈力克家庭等51户家庭获得“喀什地区最美家庭”荣誉称号，喀什地区中级人民法院周虹等10人获喀什地区“最美母亲”称号。在此基础上推荐30户家庭参加自治区寻找最美家庭申报，其中白利华、陈腊梅、阿提古丽·乌拉伊等20户家庭获自治区级“最美家庭”荣誉称号，喀什市周新华、阿依努尔·哈力克家庭获全国“最美家庭”荣誉称号。

【家风家训展】 2017年6月21日，喀什地区妇联在喀什市科技广场举办为期一个月的家风家训展，展示伟人故事、名人家风家训等板块61块，观众1700余人。

【妇女创业培训】 2017年，喀什地区妇联争取自治区妇联的项目资金267万元，在150个乡镇建立美容美发店，给予每店扶持资金1万元，培训乡村美容美发师150名，带动就业300人，在莎车县67个社区建立美容美发示范点及糕点房示范点，在9个乡镇举办技能培训班，培训妇女200人，支持妇女创业就业。地区妇联在莎车县举办古丽绣服装设计制作培训班1期，培训服装产业骨干100名。

【服装加工刺绣产业扶持】 2017年，喀什地区妇联推进服装加工刺绣产业发展，继续开展84个630万元“南疆星火工程”“巾帼手工制品拓展项目”的实施，引导建档立卡贫困妇女参与就业，实现就业5000人。争取“南疆星火工程”880万元，建立妇女刺绣编织服装加工小微企业34个，带动妇女就业620名。

【“春风行动”招聘活动】 2017年，喀什地区妇联组织妇女参加地、县市人社局牵头的“春风行动”招聘活动34场次，成功介绍女性就业7377名。

【儿童早期关怀与发展项目】 2017年，喀什地区妇联做好困境妇女儿童关爱，在喀什市6个村试点，实施为期三年的“儿童早期关怀与发展”项目，1300余名儿童受益。

【困境妇女儿童关爱行动】 2017年，喀什地区、县市妇联实施困境妇女儿童关爱行动，英吉沙妇联邀请国家心理咨询专家对150名困境儿童开展心理教育疏导；巴楚县妇联为10名留守儿童发放救助金1万元，举办困境儿童心理疏导班2期，为110名困境儿童购买书包等生活用品。

【恒爱行动】 2017年，喀什地区12县市妇联相继举行“恒爱行动”爱心毛衣发放仪式。“恒爱行动”由全国妇联发起，是年，山东、上海妇联援助1982件“恒爱行动”爱心毛衣，喀什地区妇联接收、分配至县市妇联，发放到贫困儿童手中。

【妇女维权宣传】 2017年，喀什地区妇联制定《妇联系统“七五”普法规划》，开展“建设法治中国·巾帼在行动”为主题的“三八”妇女维权周法制宣传活动，重点宣传《中华人民共和国妇女权益保障法》《反家庭暴力法》，各县市妇联自3月1—15日，集中开展宣传活动37场次，参与活动群众4万余人次。

【妇女信访维权】 2017年，喀什地区妇联建立健全地、县、乡、村四级信访网络，及时化解各类矛盾纠纷，以家庭的和谐稳定推动社会的和谐稳定。是年，接待来信来访623件（次），办结率达95%以上。

【“三新”活动】 2017年，喀什地区妇联开展“三新”（倡导新风尚　树立新气象　建立新秩序）活动，是年6月18日，召开“三新”活动动员大会，组织妇女开展唱红歌比赛、时装走秀、厨艺大赛文体活动13万场次，参与群众377万人次。发放“美丽女性·幸福家庭”年历3万套，开展读书活动1000场次。

【融情融合活动】 2017年，喀什地区妇联推动兵地妇联融合发展，召开兵地妇联工作座谈会，为兵团妇联改革工作提供经验。积极与山东、上海、广州、深圳省市援疆指挥部对接，推进将喀什各族家庭与内地家庭交往交融活动纳入援疆工作规划。是年，麦盖提县妇联组织优秀妇女代表50名到山东日照市开展“民族团结一家亲”联谊活动。

【女子企业家联合会扶贫送温暖活动】 2017年，地区妇联组织女子企业家联合会开展“千企帮千村”扶贫送温暖活动，喀什女子企业家联合会为喀什市荒地乡3村捐赠价值3万元的棉被、棉衣。

【少年儿童观影活动】 2017年，喀什地区妇联联合地委组织部、地区教育局制定《喀什地区少年儿童观看电影实施方案》，及时召开工作协调会，明确各单位职责分工，对活动各项工作具体部署，制定观影时间安排表，利用微信公众平台宣传观影活动。在“六一”儿童节期间，观看《库尔班大叔上北京》《买买提的2008》《会唱歌的土豆》等6部电影学校896所，少年儿童48.3万人、家长14.8万人观看。

【第二届新疆亲子百科知识大赛】 2017年，喀什地区妇联组织中小学少年儿童参加第二届新疆亲子百科知识大赛，其中，57名少年儿童获奖。

（袁仙歌）

喀什地区科学技术协会

【“科技之冬”活动】 2017年，喀什地区科协围绕地委关于“常态化推进科技之冬、‘三下乡’工作”活动要求，把贯彻落实党的十九大报告精神、科普去极端化和农村科技培训有机结合起来，加强农村贫困人口专业技能培训，培养农村科技明白人，不断增强农民依靠科技致富的能力，将实用技术与科普宣传教育结合起来，加快提升各族群众的基本科技素质，解决好“既富口袋又富脑袋”的问题，不断增强各族群众自觉抵御极端思想的能力，不断提升“科技之冬”活动的质量。第二十八届科技之冬共举办各类技术（技能）培训班7990期，受训人员总数为86万余人次，投入资金达457.61万元，出动车辆1944辆（次），发放各类科技书及实用技术手册36.94万册，音像制品1.11万盒，宣传板报21.54万张，张贴挂图3.41万幅。

【自治区青少年科技节获奖】 2017年4月22日，喀什地区组队参加以“创新·体验·成长——中国梦·科学梦·青春梦”为主题的第七届自治区青少年科技节。其间，喀什地区共有4个青少年科技创新项目、2个科技辅导员科技创新项目入围终评决赛，并获第六届科技创新奖1项。

【青少年高校科学营活动】 2017年暑期，喀什地区科协按照自治区青少年高校科学营活动要求推荐、选拔10名品学兼优、热爱科学、有科技特长的高中学生在科技辅导员带领下参加北京航空航天大学专题营活动。

【喀什二医院院士专家工作站建立】 2017年5月31日，由自治区科协与上海市科协合作建立的喀什二医院院士专家工作站揭牌。这是上海第一次在上海地区之外建立院士专家工作站，也是南疆地区建立的第一个院士专家工作站。上海市科协代表团、自治区、地区相关部门负责人、喀什二院医护代表等参加揭牌仪式。

【基层科普行动计划】 2017年，喀什地区科协争取全国和自治区“基层科普行动计划”项目5项，资金137万元。是年，着重抓好全国基层科普行动计划——“科普E站项目”的实施工作，做好2017—2019年科普E站项目实施规划，进一步加强基层科普服务能力建设，加快科普信息化建设步伐，构建线上线下相结合的科普信息化服务阵地，解决科学传播“最后一公里”。在喀什市色满乡6村开展第一个乡村科普e站试点工作，对各县乡村科普e站工作人员开展现场观摩培训。对2016年期间获得的国家“基层科普行动计划”和自治区“基层科普行动计划”项目资金的到账、流向、使用、管理等情况开展检查，要求县科协、财政局和各项目单位、个人在项目组织实施过程中严格按照中国科协、财政部《科普惠农兴村计划专项资金管理办法（试行）》及《自治区“基层科普行动计划”专项资金管理办法》有关要求规定，认真对照项目申报书和资金预算表，按照各个项目规划实施方案收支和管理使用经费，杜绝项目经费被截留、挤占和挪用等违纪现象发生。

【科普大讲堂宣讲活动】 2017年，喀什地区成立老科技工作者协会，大力开展科普大讲堂宣讲活动。其间，宣讲团结合“新疆科学大讲堂”工作开展科学普及去极端化宣讲报告36场，受教育人数达到18282人次。对宗教教职人员设科普大讲堂专场宣讲，受教育宗教教职人员共计959人。

（李青芳）

喀什地区工商业联合会（商会）

【概况】 截至2017年末，喀什地区工商联组织13个，其中，地级1个，县市级12个，全地区有商（协）会26个、会员总数3000个，会员6.3万人。是年，地区个体工商户发展到12.5万户、从业人员17.3万人、注册资金35.8亿元，比上年分别增长33.47%、30.59%、32.56%；私营企业增加到2.2万户、从业人员21.8万人、注册资金1891亿元，比上年分别增长51.06%、94.69%、171.01%，其中，注册资金超过2000万元的企业1512户。

【工商界民族团结创建】 2017年，喀什地区工商界深入开展民族团结创建活动，开展互学语言、串门、聊天、跳舞、唱歌、吃饭等多种形式活动，促进各族职工群众在共同生产生活和工作学习中加深了解，增进感情。是年，商会、民营企业非公有制经济人士结对认亲2392户，安排就业人数2082人，捐款捐物320万元，帮扶项目135个，项目投资6635.09万元。

【非公企业党建】 2017年，喀什地区工商联根据地委组织部《关于开展党组织“集中组建月”专项行动的通知》要求，坚持“组织覆盖是基础，工作覆盖是核心，有效覆盖是关键，领导覆盖是根本”的原则，做到具备条件的企业应建尽建、党员应管尽管，确保党的组织有效覆盖。全地区商（协）会所属规模以上非公有制企业共201家，党员632名。有20名以上职工未建立党组织的14家；有1～2名党员未建立党组织的34家；有3名及以上党员未建立党组织的3家；没有党员的112家；有30名及以上职工但没有党员的33家。已建立党组织的84家。截至年末，地区工商联所属商协会27家，成立商（协）会党委的协会6家，成立党总支、支部的协会21家，各商（协）会所属会员企业党组织覆盖率50%以上。是年，地区工商联下发《做好2017年度非公企业党建重点工作的通知》，推进“两学一做”学习教育常态化制度化，安排部署推进党组织和党的工作全覆盖，发展党员，加强党务工作队伍建设，规范化开展党组织活动等工作。

【工商联（民间商会）换届】 2017年，喀什地区工商联学习贯彻《中央统战部关于工商联（民间商会）2017年换届工作的意见》《自治区党委统战部关于全区工商联（民间商会）2017年换届工作的实施意见》文件精神，对工商联第六次代表大会代表进行层层审查，确保政治合格，对党忠诚。是年，喀什地区工商联第六次代表大会各项筹备工作全部完成，确定代表207名、执委103名、常委37名，主席（会长）、副主席（副会长）17名。

【守法诚信坚定信念教育】 2017年，喀什地区工商联深入开展以“守法诚信坚定信念”为重点的理想信念教育，开展法律宣讲、法律实践和法律服务进企业、进商会活动，引导非公有制经济人士充分认识守法诚信最安全，真正做到依法经营、依法治企、依法维权，争做爱国敬业、守法经营、创业创新、回报社会的典范。喀什浙江商会党委被地区评为优秀基层党组织，喀什川渝商会会长叶飞、喀什安徽商会会长周文武被地区评为优秀共产党员。是年，举办“守法诚信”教育讲座5场，举办“守法诚信”培训班3期。

【非公有制经济人士代表进军营活动】 2017年，喀什地区工商联开展年轻一代非公有制经济人士理想信念教育，引导牢固树立政治意识、大局意识、核心意识、看齐意识，在“八一”建军节，组织开展“融情八月　情系边防”活动，组织年轻一代企业家代表走进军营，感受军营生活，到红其拉甫国门红色教育基地接受革命传统教育。

【百企帮百村扶贫行动】 2017年，喀什地区工商联积极引导民营企业深度融入“百企帮百村”精准扶贫行动，组织147家民营企业与128个建档立卡贫困村、1804户建档立卡贫困户结对帮扶，各类帮扶项目投资总额达6635.09万元，帮助贫困人口就业2082人，公益捐赠达达320余万元。各商会、民营企业动员非公有制经济代表人士到贫困户、困难户家中去认购农产品，支持群众发展生产，解决群众销售难、变现慢的问题，购买农户红枣、石榴、葡萄、核桃等农产品40余吨，价值55万

2017 年，喀什工商联开展“百企帮百村”精准扶贫行动

余元。其中，远方企业集团赞助开展“精准扶贫”，贫困户务工人员入职培训，培训接收喀什市阿克喀什乡1村以及邻县村共计贫困家庭务工人员37人；川渝商会在伯什克然木乡投入8000万元建立生态苗圃花木基地；安徽商会每年安排少数民族青年就业500余人次，为喀什市阳光小学捐资5万余元绿化校园。喀什市工商联为喀什光彩帮扶基金会募捐贫困款100余万元，组织商协会、非公企业购买阿瓦提乡、伯什克然木乡、阿克喀什乡滞销农副产品石榴、红枣、葡萄等168.4吨合计72.63万元，喀什市商协会、非公企业共帮扶贫困村29个，直接投入帮扶资金131.2万元，物资折款162万元，资助贫困学生13人，举办各类培训20期，培训各类技工1100人次，解决贫困人口劳务就业208人，实现劳务收入1426.2万元，投入项目帮扶资金10439.2万元（1亿投入安居富民工程）。

【民营企业外贸】 2017年，喀什地区工商联引导民营企业积极参与丝绸之路经济带核心区重要节点和中巴经济走廊起点建设，大力实施“引进来、走出去”战略。是年，落户企业42家，全地区有进出口经营资质的民营企业1100余家，实现外贸进出口总额18.13亿美元；引进外商投资企业23家，注册资金8377.76万美元，其中，中外合资企业8家，外商独资企业15家;19家企业在境外投资项目25个，投资额4.97亿美元。

【民营企业招聘】 2017年4月24—30日，喀什地区人力资源和社会保障局、地区工商联、地区工会、地区教育局联合举办主题为“促进供需精准对接，助力创新驱动发展”民营企业招聘周活动，参加招聘周活动的民营企业150多家，提供岗位2000多个。

（马青青）

喀什地区社会科学界联合会

【社科联组织建设】 2017年，喀什地区、十二县市社科联建立健全社会科学界联合会组织机构，明确工作职责任务，落实工作经费，建强地县两级社科联干部队伍。截至是年底，地、县有社科联机构13个，干部24人。

【社科课题研究】 2017年，喀什地区社科联联合喀什大学共同开展社科课题研究，申报完成《促进喀什各民族交流交往交融对策研究》，通过自治区社科专家组的评审。

【社科普及宣传】 2017年5月，喀什地区社科联在全区开展“社科普及基层行活动”，邀请自治区5名社会科学研究专家赴喀什市、疏勒、英吉沙、叶城县15个乡镇，以“以现代文化为引领 去宗教极端化 维护社会稳定和长治久安”为主题内容，开展科普宣讲活动，发放科普折页1500多份，受教育群众4.5万人。

【科普基地创建】 2017年，喀什地区社科联下发《关于转发〈关于开展2017年度“新疆维吾尔自治区社会科学普及基地”申报创建工作的通知〉的通知》，组织12个县市及地直单位创建科普基地，地区社科联对各单位递交的申报表等相关材料按照申报条件择优审查上报。是年，叶城烈士陵园被命名为“国家社科普及基地”，地区博物馆、喀什市老城区纪念馆、疏勒县张骞纪念馆、泽普县刘国忠先进事迹馆被命名为“自治区社科普及基地”。

（樊欠欠）

喀什地区文学艺术界联合会

【文学作品创作】 2017年，喀什地区文学艺术界联合会坚持为人民服务、为社会主义服务，坚持百花齐放、百家争鸣，坚持创造性转化、创新性发展，坚持用优秀的文艺引领社会风尚，以“访惠聚”党的惠民政策暖民心、民族团结一家亲、精准扶贫、“砥砺奋进的五年”等主题，创作一批优秀文学作品。创作援疆题材作品《深圳援疆赋》《齐鲁援疆赋》。是年，喀什籍作者在全国各类公开出版物发表作品532篇，其中维吾尔文作品388部（篇）、汉文文学作品151部（篇）、中篇小说3篇、短篇小说64篇、诗歌288篇、报告文学1篇、文学翻译作品87篇、散文诗61篇、其他29篇；塔吉克族作者肉孜·古力巴依的《花儿永远这样红》中篇小说提交新疆民族出版社；地区诗词学会名誉主席杨应超的诗词集《山河颂》第六集正式出版1000册。在端午节，诗词学会以及书法家协会40名艺术家开展笔会交流。

【农民画大赛、农民小品创作】 2017年，喀什地区文学艺术界积极弘扬社会主义核心价值观，激发农民画家的创作热情，开展农民画大赛、农民小品创作活动。组织农民画展览1次，举行农民画家培训2次，培训150人。是年，共创作387幅优秀作品，各县市及地区戏剧家协会围绕民族团结、扶贫攻坚、民生建设等方面创作小品76部在地区各县市进行巡演200余场次。观看演出群众15000余人次。

【优秀影片放映】 2017年，喀什地区文学艺术界联合会做好主旋律影片展映，积极组织《暖春》《帕丽旦的婚事》《不要把魔爪伸向孩子》《塔克拉玛干的鼓声》等优秀影片的放映，全年放映农村公益电影28246

场，观众850万人次。

【影视作品创作】 2017年，喀什地区组织创作优秀影视作品2部；52集动画片《五色奇玉记》由山东广播电视台、喀什地委宣传部、山东援疆指挥部共同策划，正在创作摄制中。

【歌曲创作】 2017年，喀什地区文学艺术界联合会音乐家协会副主席王成文填词演唱，援疆干部刘晓鹏作曲共同创作歌曲《你好，请讲普通话》在喀什地区大中专院校广泛传唱。全年音乐家协会创作以《喀什》为主题的歌曲7首。

【《砥砺奋进的五年》主题挂图制作】 2017年2月，喀什地区文学艺术界联合会摄影家协会协同山东、上海、广东、深圳援疆指挥部精选展示援疆成就摄影作品200幅，由地委宣传部协调援疆资金制作成《砥砺奋进的五年》主题挂图20000份下发至各县市巡展，受到地区广大农民群众欢迎。

【摄影创作培训】 2017年，喀什地区文学艺术界联合会摄影协会举办摄影创作培训班5期，培训200人；组织摄影专题讲座、优秀摄影作品观摩学习交流座谈会1次；举办援疆干部摄影爱好者培训班2期，培训102人次。

【文学文化作品采风】 2017年，喀什地区文学艺术界联合会作家协会联合喀什大学、塔西南公司围绕创作文学作品及创作方向开展交流讨论，参加研讨人员20人；联合安徽省文联、《湖南文艺》《大家》《西部》杂志社等负责人赴喀什市进行采风；组织8名作家赴疏附县兰干乡进行采风；3月15—18日，喀什地区文学艺术界联合会组织摄影家协会会员赴塔什库尔干县，对塔吉克族传统节日进行采风，拍摄大量高质量照片。

【书画展览】 2017年3月，喀什地区文学艺术界联合会书法家协会举办首届“临书临印展”征稿活动，收到疆内、疆外、地方及兵团等地临书临印作品200余幅;7月，举办“纪念长征胜利80周年书法篆刻”大型展览，展览书法作品120幅。是年，开展书法作品展进校园、进军营、进单位、进企业活动，举办大小展览34场次，观看群众约4.5万人次。

【书法培训】 2017年3月，喀什地区文学

2017年春节前夕，喀什地区书法爱好者深入基层送春联

艺术界联合会书法家协会举办书法爱好者培训班7期，培训学员1100人次。

【文艺志愿者服务活动】 2017年，自治区、地区摄影家协会共同开展向瓦恰乡脑瘫患儿捐款活动，捐款近8万元；地区书法家协会组织志愿者服务队赴基层群众开展“送福进万家”过大年送春联活动，为群众撰写春联14300余幅；地区舞协开展“三下乡”为民服务演出活动和“民族团结一家亲”春季送“文艺下乡”活动，赴和田地区皮山县演出2次，赴喀什地区乡镇街办和社区进行“民族团结一家亲”巡回演出60多场。

【天山文艺奖获奖作品】 2017年，肉孜•古力巴依的长篇小说《库里恰克》获得“天山文艺奖”。

（文　联）

喀什地区残疾人联合会

【残疾人证核审】 2017年，喀什地区残疾人联合会协调行署办公室下发《关于做好2017年残疾人基本服务状况和需求信息数据动态更新工作方案》，采用入户和电话调查调查方式开展残疾人信息数据核查，入户率达98.5%。按照9月30日的规定时限，地区12县市全面完成105110人的信息数据核查上报工作，其中查无此人1705人，已搬迁2225人，空挂户818人，外出1776人，死亡注销3988人，截至年底，全区累计办理及核审二代残疾人证23218本。

【残疾人康复项目】 2017年，喀什地区残疾人联合会完成自治区下达地区的“百万贫困白内障患者复明工程”项目750例，白内障患者复明手术项目，项目资金90万元（其中手术费用75万元、筛查费用15万元）。统筹实施2017年度残疾人康复救助关爱工程，其中：精神病人服药320例，项目资金20.8万元；成人肢体康复280例，项目资金84万元；成人听障服务320人，项目资金32万元；精神病人住院31人，项目资金12.36万元；脑瘫儿童康复58人，项目资金76.56万元。完成喀什地区残疾人就业保障金用于残疾人康复项目，其中：脑瘫儿童康复120人，158.4万元；脑瘫专业技术人员培训1名（为期三个月）；社区康复协调员培训360人，7.2万元；精神病患者住院补助80人，32万元；指导喀什市做好残疾预防综合试验区建设工作，资金20万元。完成残疾人事业发展补助资金（中央专项彩票公益金）项目，其中：聋儿助听器康复训练10人，13.2万元；聋儿人工耳蜗术后康复训练6人，8.4万元，确保更多有需求的残疾人通过康复服务受到实惠。

【残疾人教育】 2017年，喀什地区残疾人联合会制定下发《“通向明天——交通银行残疾青少年助学计划”暨“爱心天使”助学项目实施方案》，向各县（市）拨付“爱心天使”助学基金专项经费39万元，资助158名享受城乡最低生活保障的残疾学生。配合自治区残联职业中专的招生工作，超额完成新疆残疾人职业中专学校30名残疾学生的招收任务，全年招收符合入学条件的残疾学生59人。

【残疾人就业】 2017年2月，喀什地区残疾人联合会开展“就业援助月”活动，走访残疾人登记失业人员家庭工893户，登记失业的残疾人1042人，协调各县（市）组织残疾人专场招聘会10场，计划实名制培训残疾人719人，帮助残疾人实现就业135人，向各县市下拨农村贫困残疾人实用技术培训补助资金47.5万元，受益农村贫困残疾人1900人。

【残疾人“两项补贴”】 2017年，喀什地区残疾人联合会落实自治区和喀什地区行署下发的《关于建立困难残疾人生活补贴和重度残疾人护理补贴制度的实施意见》，协助地区民政部门，做好自治区下拨的“两项补贴”资金分配工作，是年，地区困难残疾人生活补贴标准为每人每月80元，重度残疾人护理补贴标准为每人每月80元。全年发放残疾人“两项补贴”7953.78万元。

【农村残疾人培训】 2017年，喀什地区残疾人联合会加大农村贫困残疾人培训力度，下拨莎车县残疾人职业培训经费30万元，给各县市下拨残疾人基地建设及基地建设费30万元；下拨农村贫困残疾人实用技术培训补助资金107.5万元，培训残疾人3100人；下拨扫盲培训资金24万元，培训残疾人240人；下拨贫困残疾人家庭无障碍改造资金56.7万元，受益162户。

【残障儿童家庭亲子趣味运动会】 2017年，喀什地区残疾人联合会举办第27次“全国助残日”暨首届残障儿童家庭亲子趣味运动会活动，参加比赛的残障儿童家庭67个。其间，爱心企业捐赠价值36万元的物资。

【残疾人托养服务】 2017年，喀什地区残疾人联合会继续实施“阳光家园”托养计划，按每人每年2000元补助下拨机构托养经费24.6万元，托养残疾人123人。

【残疾人信访维权】 2017年，喀什地区残疾人联合会共接待来访残疾人200多人，办复率100%。

（呼甫尔江·呼尔班）

喀什地区红十字会

【李立东部长调研督导】 2017年5月22—23日，中国红十字总会赈济救护部部长李立东一行到喀什对喀什地区红十字会备灾救灾库建设情况、疏勒县博爱家园项目进行督导调研，对地区红十字会工作予以充分肯定。

【“一带一路”人道救助计划新疆先心病患儿筛查救助活动】 2017年6月7—10日，中国红十字基金会在分别在喀什地区第一人民医院、疏勒县镇泰小学、疏附县维吾尔医医院开展天使之旅——“一带一路”人道救助计划新疆先心病患儿筛查救助活动，救助对象为55周岁以下（包括14周岁以下先天性心脏病患儿）且家庭贫困的心脏病患者。共筛查2840人，其中疏勒县镇泰小学筛查点筛查2464人，地区第一人民医院筛查点筛查187人，疏附县维吾尔医医院筛查点筛查189人。通过筛查确定需进行手术治疗的有96人，根据病情在喀什当地手术治疗的16人。

【塔什库尔干县5.5级地震灾区应急救援】 2017年5月11日5时58分，喀什地区塔什库尔干县境内发生5.5级地震，初步核查，地震造成8人死亡，23人受伤。灾后第一时间，自治区红十字会及喀什地区分管领导及时部署，喀什地区红十字会及时启动应急救灾一级响应，立即做好随时待命的救灾准备，做到物资、车辆、人员到位。11日北京时间10:00，迅速组织力量装备帐篷50顶、棉被500床、家庭生活包200包、价值10万元的生活用品（大米、清油、面粉）等救灾物资赶赴地震灾区。5月17日，中国红十字会紧急调拨价值15万元的大量物资（棉衣、冲锋衣）驰援灾区。

【塔什库尔干县地震受灾学生公益受赠】 2017年6月28日下午，喀什地区红十字会向塔什库尔干县受灾学生捐赠床单、被子公益发放仪式在喀什第六中学举行。此次公益活动由新疆农业大学附属中学学校党总支、工会、团委、少先大队在全校师生中发起为灾区捐款，为亲人祈福倡议，共募集捐款39388.2元，按照学校意愿，通过喀什地区红十字会爱心平台将此捐款用于灾区学生最需要解决的困难，经与塔什库尔干县教育部门沟通，了解学生需求后，为喀什第六中学200名学生购买被子、床单200套。

【连龙之女获赠】 2017年，喀什地区红十字会筹集现金2万元，帮助因白血病治疗陷入困境的喀什英年早逝交警连龙之女。

【农村贫困群体心血管健康关爱活动】 2017年5月18日，吉林省集安益盛药业股份有限公司向喀什地区红十字会专用账户捐赠30万元专项资金用于开展农村贫困群体心血管健康关爱活动，此项关爱活动计划捐赠100万元。

【罚没物资公益捐赠】 2017年5月26日，喀什海关与喀什地区红十字会签订《关于将没收的侵权货物用于社会公益事业的合作备忘录》，接收第一批喀什海关捐赠的罚没物资，包括运动鞋2660双、凉鞋50双、篮球鞋80双。6月20日，接收第二批喀什海关捐赠的罚没物资，包括耐克运动鞋140双、拖鞋160双。

【南丁格尔志愿服务队授旗仪式】 2017年6月10日，喀什地区红十字会在喀什地区第一人民医院举行南丁格尔志愿服务队授旗仪式，喀什地区有8支南丁格尔志愿服务队成立并接受授旗。南丁格尔志愿服务队辐射地区各县市，由具备护士资格的高、中、初级护士组成，共1300多人。

【“健康中国行·关爱女性健康暨倡导新风尚、树立新气象、建立新秩序”公益活动】 2017年9月13日，由喀什地区红十字会、疏勒县卫生局、疏勒县妇联联合举办的疏勒县“健康中国行·关爱女性健康暨倡导新风尚、树立新气象、建立新秩序”的大型公益活动启动仪式在塔尕尔其乡文化广场举行。疏勒县各乡镇的妇联主任、卫生院妇幼专干及妇女代表共计200余人参加活动，泉州市坦尼乎喜卫生用品科技有限公司捐赠价值15万元的卫生用品。

（曹　红）

法 治

政法工作

【概况】 2017年，喀什地委政法委与地区社会治安综合治理委员会办公室、地区法学会、地区610办公室合署办公。地委政法委内设机构3个：办公室、信息调研室、执法监督室；地区社会治安综合治理委员会办公室内设机构2个：综治科、流动人口服务管理科。是年，喀什地委政法委紧紧围绕新疆社会稳定和长治久安总目标，全面落实自治区党委、喀什地委系列工作部署，圆满完成地委安排的各项维稳任务，确保第六次全国对口支援新疆工作会议及重要时段和敏感节点平稳度过，实现“三不出”。

【构建社会面防控体系】 2017年，喀什地区深化农村（社区）警务战略，进一步整合资源，构建立体化防控体系。强化实有人口服务管理，排查全区下落不明人员，摸排“三无”人员（无有效身份证件、无固定职业、无固定住所），为无户籍人员落户。加快流动人口服务管理法制化、动态化步伐，加强人员密集场所、基层政权、交通要道、易受害群体防范措施。严管管制器具、二手车、物流寄递行业，严格危爆物品、制爆原材料产、运、销、储、用各环节的管理措施和责任。

【边境管控】 2017年，喀什地区坚持党政军兵警民“六位一体”管边控边建边机制，做到边境铁丝网、视频监控、口岸孔道查控“三个覆盖”，无人机、警务室、执勤车辆、电子预警系统“四个配备”，边境管控能力明显提升。实现护边员队伍建设“两增五有”，确保边民安心守边护边。

【平安创建】 2017年，喀什地区深入开展“细胞工程”创建活动，巩固和强化平安创建基础工作。是年，喀什市成功创建“自治区优秀平安市”，5个乡镇（街道）成功创建“自治区优秀平安乡镇（街道）”。截至年末，喀什地区有“自治区优秀平安县（市）”6个、“自治区平安县”4个、“自治区优秀平安乡镇（街道）”17个。

（喀什地委政法委）

政府法制

【中介服务事项清理规范】 2017年，喀什行署法制办公室协助配合地区审改办开展清理规范中介服务事项，落实政府与中介组织分开。梳理出地区本级中介服务机构670家，涉及审批事项64项。

【本级政府部门行政审批中介服务事项清理】 2017年，喀什行署法制办配合地区审改办清理喀什地区本级政府部门行政审批中介服务事项，涉及中介服务事项作为受理条件的单位5个，需要中介组织提供的服务事项27项。

【事业单位承担行政职能清理】 2017年，喀什行署法制办配合地区审改办完成事业单位承担行政职能清理工作，对喀什地区地、县（市）两级政府部门承担行政职能事业单位的职责任务、设定依据、实施主体、责任事项依据等进行审核清理，严格实行政事分开，涉及行署以及行署20个组成部门管理的48个事业单位。

【“放管服”工作情况督查】 2017年，喀什行署法制办牵头与地委编办组成督查组对地直22个部门开展“放管服”工作情况进行督查，向督查单位发放整改通知书20份，提出整改建议70余条，向行署提交“放管服”工作督查情况报告及督查通报。

【规范性文件合法性审查】 2017年，喀什行署法制办严格落实规范性文件合法性审查制度。凡是行署制定的规范性文件，均由法制办提出审查意见，再提交行署常务会议研究。行署办公室规范发文程序，制发的文件审批单专门设置法制部门审核意见一栏。全年审核各类文件和行署领导批办件约40余件。为行署重大决策和涉法事务进行把关，审查涉及重大民生项目的合同及方案10余件。

【规范性文件清理】 2017年，喀什行署法制办按照自治区相关部署，开展规范性文件清理工作，制定清理工作方案，明确清理范围、措施、步骤、时间、责任人员，对清理全地区现行有效的文件进行统一部署。重点清理“放管服”改革涉及的规章、规范性文件和涉及生态文明建设和环境保护的规范性文件、政策性文件。共清理行署制定的规范性文件74件，其中保留72件，废止2件。组织各部门清理部门制定的规范性文件615件，其中保留552件，废止58件，拟修订的5件，清理出各部门联合制定的规范性文件190件，其中保留177件，废止13件。

（喀什地区法制办）

公　安

【概况】 2017年，喀什地区公安局聚焦落实总目标，严密社会面防控，狠抓队伍建设，完成系列重大安保任务，确保地区大局稳定。是年，喀什地区特警支队被自治区团委评为“新疆五四青年奖章”，被自治区公安厅评为“最美警队”，荣立“集体三等功”。

【刑事犯罪侦查】 全面总结上年刑侦工作，查摆短板，部署推进打击犯罪新机制，完善命案侦破机制，继续严厉打击网络贩枪犯罪、电信网络新型违法犯罪和传统盗抢骗犯罪，继续集中整治地域性职业犯罪重点地区；开展为期三个月的反诈骗系列宣传活动，集中宣传、讲座20余次，发放宣传资料25470份。加强现场物证提取手段建设，提高现场物证的有效提取率，确保物证链的完整性和可逆源性。

【经济犯罪侦查】 2017 年，喀什地区公安局严厉打击各类经济犯罪，做好涉众型受害群体的稳控。结合“3·15”消费者权益保护日、“5·15”全国经侦宣传日，广泛开展预防经济犯罪的宣传活动，提高人民群众防范意识。全年受理重大经济犯罪案件 74 起，立案 87 起，破案 65 起，抓获各类犯罪嫌疑人 72 人，涉案金额 9480 余万元。

【打击毒品犯罪】 2017 年，喀什地区公安局严厉打击查处各类毒品违法犯罪活动，深化禁毒严打整治、堵源截流、宣传教育、戒毒康复等各项措施，狠抓吸毒人员排查登记和查处管控，深入开展“6·27”毒品预防教育、社区戒毒社区康复工程、十九大禁毒安保等专项工作。

【网络安全管理】 2017 年，喀什地区公安局先后开展“净网”等专项行动。6 月，联合喀什地区电信、移动、联通分别建立三级网安警务室，开展病毒防范、预防“电信诈骗”宣传、实名制检查等工作。9 月 24 日，与移动、联通、电信共同举办以“网络安全为人民，网络安全靠人民”为主题的宣传活动，提高人民群众网络安全防范意识。上报封堵删除各类有害信息 42330 条；与网民互动 1932 余次，回复网民 3505 人次，完成舆情导控 63 次，上报正面导控信息 3153 条。

【治安管理】 2017 年，喀什地区公安局制定下发《2017 年喀什地区治安管理工作要点》，加强社会面巡逻，提升防控等级，实现无盲区、无缝隙、无空白点，制定《喀什地区便民警务站“四种快速接处警”模式工作流程》，实现“快速接警、就近处警、先期处置、跟踪问警”。先后下发《关于进一步加强人员密集场所联防自保工作的意见（试行）》《关于印发人员密集场所、重点单位、要害部位安全防范工作指导性标准的通知》等 20 个安全防范工作指导性标准，就人防、物防、技防提出明确要求和硬性指标。先后下发《喀什地区公安机关危爆物品管控工作方案》《喀什地区公安机关治安部门危险化学品安全综合治理实施方案》等方案，将所有重点要素从业单位、储存库房、从业人员全部纳入综合治理范围，全面加强制管制器具、危爆物品、危化品、易制爆物品、生产购销环节安全管理，全力收缴流散社会危爆物品。强化油气田及输油气管道治安秩序综合整治。采用远程教学、送教上门等方式，举办培训班 5 期，提高基层民警履职能力。推进“放管服”改革，贯彻落实居住证制度，做到无户籍人员应落尽落。在喀什市公安局推行户籍警务前移试点，以警务站为基础，开展群众户籍业务一站式代办。

【道路交通安全管理】 2017 年，喀什地区公安局实现危化品运输车、旅游客车、公路客运、校车、营转非大客车“五类重点车”双率清零，消除隐患车辆 1188 辆。排查交通安全隐患 2176 处，全力预防重特大交通事故。开展酒驾、亮尾、交通安全大整治，查处重点车辆违法行为141878起。强化交通安全宣传，发放宣传材料11500余份，悬挂横幅60幅，摆放宣传展板300余块。全年查处交通违法行为370446起；办理机动车业务185754笔、驾驶人业务166924笔；发生各类道路交通事故共6678起，其中，简易程序处理事故6194起。

【出入境管理】 2017年8月，喀什地区正式启用全国出入境管理信息系统。9月11—12日，喀什地区公安局举办出入境管理培训班，明确出入境管理的重点工作任务，掌握做好出入境管理工作的方式方法。

【消防管理】 2017年，喀什地区开展消防比武对抗5次，专职队、微型站比武2次；建立每周二“战训业务大讲堂”常态化机制，修（制）订灭火救援数字化预案907份；建立“环喀、环莎、环麦”三个作战单元，组建专业队9支，开展多战区同步联合演练活动。推进完成8个乡镇和2个企业专职队建设。与全地区微型消防站及专职队建立定期联勤联训制度。投入587万元新建市政消火栓341具，消防水鹤12具，推广安装独立式感烟探测器3730个。携手美团开展“外卖骑手送平安”消防公益宣传，依托疏附县出租车公司成立消防志愿服务队。全年共接警出动2678起，抢救被困人员157人，疏散人员426人，抢救财产价值7582.63万元。

【抚恤慰问】 2017年，喀什地区公安局组织50名英烈家属和子女赴广东休养。组织8批240名基层民警赴塔什库尔干县轮休培训。组织心理健康送教340余场，辅导民警及协警4200余人。为因公牺牲民警的家属核发特别补助金和特别慰问金。

【公安局机关教育培训】 2017年，喀什地区公安局召开全地区公安机关教育训练工作推进会2次。举办各类培训班28期，培训人数2800余人。

【公安宣传】 2017年，喀什地区公安局通过网站、微信、微博等新媒体，选树一批先进典型，赢得社会各界好评。在全网发布塔西南公安局民警连龙因公牺牲，全国2000万军警、少先队员向连龙回礼。中央电视台《新闻联播》《晚间新闻》相继报道地区公安局特警支队特战大队新闻1条。与人民公安杂志社共同策划宣传喀什公安机关虹膜试点工作新闻报道。配合协助“平安中国调研行”，对近五年来喀什公安工作先进经验和典型人物事迹进行宣传报道，人民网、新华网、法制日报社、中央电视台同步刊发稿件。先后制作《守望马尔洋》《喀什地区公安机关检查站建设情况汇报片》《喀什地区公安机关入警训练纪实片》《喀什地区培训基地建设汇报片》《喀什地区教官队伍建设汇报片》等多部汇报片。发布警务要闻、县市动态、警方提示、公示信息、警营文苑、警察故事等信息合计1611条。

【获全国公安系统英雄模范立功集体表彰】 2017年5月19日，全国公安系统英雄模范立功集体表彰大会在北京人民大会堂举行，疏勒县公安局获“全国优秀公安局”、喀什市公安局国保大队获“全国优秀公安基层单位”、塔什库尔干塔吉克自治县马尔洋派出所所长丁发根获“全国特级优秀人民警察”、莎车县公安局国保大队民警艾斯卡尔·孔多孜、疏勒县公安局塔孜洪派出所17村警务室民警吾山江·拜克热获“全国优秀人民警察”称号并受到表彰。

【获评“中国青年五四奖章集体”】 2018年5月3日，共青团中央、全国青联决定，授予喀什地区公安局特警支队特战大队第21届“中国青年五四奖章集体”称号。

（喀什地区公安局）

检　察

【司法体制改革】 2017年，喀什地区检察分院深入推进司法体制改革和检察改革。加强对改革工作的组织领导，明确时限、责任到人，推进检察官单独职务序列、工资制度、司法责任制及内设机构改革，全力配合做好职能、机构、人员的转隶，建立改革任务主体框架、制度机制，开展地区首批员额制检察官的遴选，严把入额“关口”，严格考试考核程序，确保员额检察官的入额质量。

【侦防检察】 2017年，喀什地区两级检察机关围绕喀什地区社会稳定和长治久安总目标，积极履行侦防职能，形成“侦、防、宣”三位一体的工作协作机制，整合办案力量，集中力量突出查办发生在群众身边、侵害群众利益、扶贫领域的案件。是年，喀什地区两级检察机关自侦部门共立案侦查职务犯罪案件215件，移送审查起诉144件，查办侵害群众利益的职务犯罪案件123件，查办扶贫领域职务犯罪案件35件。

【预防犯罪宣讲】 2017年，喀什地区两级检察机关开展“预防犯罪宣传进乡村”活动。是年，在194个行政村、社区开展宣讲，受教育群众8万余人，为乡镇村干部群众发放各类宣传资料5000余份。

【监所检察】 2017年，喀什检察分院按照《关于办理减刑、假释、暂予监外执行案件实施细则》的规定和要求，认真履行监督职责，对法院决定暂予监外执行案件认真审查，严格把关。是年，办理减刑、假释案件198人。

【民事行政检察】 2017年，喀什检察分院办结民事监督案件4件，不支持监督申请3件，上年提请抗诉案件区院支持3件，协助区院完成该3件抗诉案件的各项法律程序。

【控告申诉检察】 2017年，喀什检察分院对举报线索实行评估分类管理，及时流转，加强监督。完善检察长接待日制度，加大解决群众诉求力度。深入推进涉法涉诉信访改革工作。完善两级院网上信访和远程视频接访系统，建设诉访分离，开展清理化解信访积案工作，通过下发督办函、挂牌督办等方式，做好公开听证、公开答复工作，完成上级院、地区交办信访的信访案件。是年，喀什检察分院接待群众举报、控告及申诉来信来访138件189人次，通过释法说理，直接答复30件40人；导入法律程序108件149人。

【检察网评】 2017年，喀什检察分院建立两级院网评员队伍110人，实时收集网络舆情信息，参与网络舆情评论48件，参与人数3600余人，官方微博转载及原创文章120余篇。

【获第五届全国精神文明建设先进单位】 2017年11月，喀什检察分院获“第五届全国精神文明建设先进单位”称号。

（地区检察分院）

法　院

【审判概况】 喀什地区中级人民法院辖1市11县共计12个基层人民法院，下设64个人民法庭。中院内设审判管理办公室、立案庭、民事审判一庭、民事审判二庭、刑事审判一庭、刑事审判二庭、行政审判庭、审判监督庭、执行局、政治部、纪检监察室、研究室、机关党委、办公室、法警支队。

2017年，喀什地区两级法院聚焦总目标、服务总目标、落实总目标，高质高效完成地委部署的各项维稳任务的同时，统筹兼顾地开展执法办案，两级法院共受理各类案件99922件，办结93758件，同比上升170.64%和161.59%，审限内结案率99.77%。其中，中院受理各类案件2754件，办结2075件，审限内结案率98.73%。是年，地区两级法院12个集体和15名个人受到国家级和自治区级表彰。其中，地区中院政治部被自治区高级人民法院评为自治区法院系统先进集体；中院刑事审判庭被最高人民法院评为全国刑事审判工作先进集体；中院被命名为全国文明单位。是年2月，中院司法警察艾力亚尔·艾尔肯被最高人民法院授予擒敌拳项目全国团体第六名荣誉称号。

【司法体制改革】 2017年，喀什地区两级法院推进法官员额制改革。开展首批员额法官配置工作，以案定额，将员额法官全部调整到业务庭室办案，行政部门不设员额法官岗位。贯彻落实员额法官退出机制，两级法院共上报自治区高院3批19人退出员额，2人转任员额。全面推进第二批员额法官选任工作。对两级法院符合条件的113人进行了资格审查，91人审查合格，10月9日，两级法院79名法官参加第二批入额考试，考试考核后上报拟推荐面试人员名单。实施法官单独职务序列改革。落实自治区党委组织部、自治区高级人民法院《职务套改实施方案》，两级法院按照行政级别全部完成法官、法官助理和书记员的职务套改工作。实施司法人员工资制度改革。落实自治区《法官、检察官和司法辅助人员工资制度改革试点实施意见》，喀什地区两级法院全部完成员额法官基本工资套改和绩效工资的总量核定，且全部兑现到位。中院在绩效工资分配上向司法行政人员和司法辅助人员倾斜，适当拉平员额法官、司法行政人员和司法辅助人员收入差距，调动各类工作人员积极性。深化司法责任制改革。研究出台《喀什地区中级人民法院健全审判权运行机制完善审判责任制改革实施方案》，从审判权、审判监督权、审判管理权运行机制3个方面提出改革意见，形成12项具体制度。指导12县市法院制定司法责任制改革方案。拓展“四位一体”判后答疑制度为“五位一体”，增加人大代表、政协委员等第三方参加答疑，构建最灵敏的案件监督机制。抓好多元化纠纷解决机制改革。是年，疏附县法院被命名为多元化纠纷解决机制改革示范法院，喀什地区包括疏附县法院在内的4个基层法院在诉讼服务中心下设立诉调对接中心。在疏附县法院试点推行案件繁简分流机制改革，启用令状式、要素式、表格式裁判文书。

【刑事审判】 2017年，喀什地区两级法院共受理刑事案件83674件，审结78762件。依法严厉惩治腐败犯罪，审理贪污、贿赂、渎职犯罪案件182件，依法审理破坏社会主义市场经济犯罪案件64件，依法审理故意杀人、故意伤害、强奸、盗窃、抢劫等多发侵害人身权和侵害财产权犯罪案件3935件。

【民商事审判】 2017年，喀什地区两级法院受理各类民商事案件12737件，审结12162件，其中，中院受理1214件，审结864件。积极适应经济发展新常态，依法审理经济领域各类案件，维护良好市场秩序，妥善审理涉民生案件，强化民生权益司法保护。重点审理婚姻家庭、继承纠纷6263件，买卖合同纠纷1066件，借款纠纷2095件。依法审理人格权纠纷117件，物权纠纷225件，侵权责任纠纷859件。

【行政审判】 2017年，喀什地区两级法院受理行政案件111件，审结58件，其中，中院受理行政案件65件。依法化解行政争议，助力依法行政，依法受理行政一审案件86件，受理行政二审案件16件，受理国家赔偿案件4件。中院加强与政府法制部门、执法机关的沟通协调，推动行政机关负责人从“不愿出庭”向“出庭且出声”转变，行政首长出庭应诉4次。

【案件执行】 2017年，喀什地区两级法院推进涉民生专项执行、执行作风专项治理和执行案款集中清理工作，全面攻坚执行难，两级法院受理执行案件3027件，执结2682件，结案率88.54%，标的到位率83.67%。中院受理执行案件168件。运用“总对总”“点对点”执行查控体系，实现对被执行人银行账户全国查控，工商、车辆、证券等信息全疆查控。加大执行惩戒力度，依法惩治规避执行行为，采取司法拘留措施27人，推动失信被执行人信息共享机制建设，对欠债不还的108名被执行人纳入“失信黑名单”，予以公开曝光，直接促使26名被执行人主动履行义务。

【以案释法宣讲】 2017年3月2日，喀什地区中级人民法院联合公安、检察机关深入机关、社区、乡村、学校，开展以案释法宣讲。是年，两级法院累计宣讲1326场次，受教育群众853432人次，其中中院开展宣讲95次，受教育群众39502人次。

【12368诉讼热线】 2017年，喀什地区两级法院继续巩固和扩大立案登记制改革成果，拓展诉讼服务中心功能，加强12368诉讼热线工作，为当事人提供查询、咨询、信访、投诉等服务。坚持巡回审判，中院赴偏远乡镇巡回审理案件224件。加大司法救助，确保弱势群体打得起官司，减免缓缴诉讼费128961.66元。

【法院公众开放日】 2017年，喀什地区两级法院坚持“以公开为原则、不公开为例外”，全面实施生效裁判文书上网，累计公开生效裁判文书1061份。运用官方网站、微博、微信等公众平台晒庭审、亮工作，发布、更新各类信息2600余条。开展法院公众开放日活动，邀请社会各界人士200余人走进法院，提升司法公信力和透明度，提高人民群众满意度。

（喀什地区中级人民法院）

司法行政

【司法行政体制改革】 2017年，喀什地区推进司法行政体制改革。与喀什地区律师协会共同组织成立“维护律师执业权利中心”和“投诉受理查处中心”，健全律师服务管理机构，为加强律师服务管理提供强有力的平台支持。及时与当地编制部门、财政、人社部门对接，联合发文落实公证机构改革任务，至10月31日前顺利完成喀什市、疏勒县、英吉沙县、莎车县、泽普县、叶城县、伽师县、岳普湖县、塔什库尔干县9个公证机构的改革，全面按时完成全地区13个公证机构的公证体制改革，喀什市公证处改制为自收自支事业公证处，疏勒县公证处、塔什库尔干公证处、岳普湖县公证处、叶城县公证处、伽师县公证处、莎车县公证处、英吉沙县公证处改制为公益一类事业；泽普县公证处改制为公益二类事业（差额）。

【普法依法治理】 2017年，喀什地区普法依法治理领导小组办公室制定印发《2017年喀什地区普法依法治理工作实施方案》《关于在喀什地区开展“基层法治建设年”活动的通知》，明确2017年全区普法依法治理工作的指导思想、目标和重点工作任务，把普法依法治理工作纳入地区目标管理绩效考核，严督实导，确保普法依法治理工作落到实处。在喀什电视台1套、3套每晚播放法治宣传公益广告，宣传《宪法》《国家安全法》《反恐怖主义法》以及《自治区民族团结教育工作进步条例》。为地区1165所中小学配备法制副校长和法治辅导员，结合“三进两联一交友”活动，开展法律知识讲座、主题班会、演讲比赛、模拟法庭活动，为教师学生普及法律知识。

全年举办知识讲座6800余场次，召开主题班会3万余场次，开展演讲比赛1500余场次，受教育师生近30万人次。各乡镇、各单位干部利用农闲、走访入户、民族团结联谊活动等时机，向群众宣传各类法律法规、惠民政策。是年，共开展各类宣讲活动近12000场次，发放宣传资料20余万份，咨询人数近2万人次，受教育人数近100余万人次。组织全地区公职人员开展网络学法用法，做好公职人员网络学法用法和无纸化考试工作。是年，全区开通网络学法单位管理账号1996个，正常进行网络学法学习12.81万人；参加第二个“全民国家安全教育日”“全疆党规党纪和法律法律知识答题”及“全疆应急法律法规答题”等网络答题活动30余万人次。

【人民调解】 2017年，喀什地区共设立各级人民调解委员会2753个，共组织开展矛盾纠纷排查190次，调处矛盾纠纷6016件，调解成功的矛盾纠纷5998件，成功率为99.7%。截至是年末，地区有119个基层法律服务所、344名法律服务工作者担任法律顾问412家，代理诉讼事务277件，代理费诉讼事务806件，调解纠纷5079件，解答法律咨询11917人次，办理农民工事项343件，避免挽回经济损失630.93万元，业务收费87.86万元。

【人民调解员培训】 2017年，喀什地区各县（市）司法局对全地区人民调解员队伍进行业务培训，举办培训班132期，其中，县级举办30期，乡、镇（街道）举办培训班102期，培训人民调解员4275人次。

【社区矫正】 2017年，喀什地区司法局规范社区矫正程序，落实日常动态的管理，对矫正对象信息加强核查，严格落实“两个八小时”制度，实行矫正对象月汇报、月走访；建立健全矫正对象请销假制度，落实月考察、季度考核工作制度，依据考核结果、日常表现，进行宽管、普管、严管的管理方式，对于拒不接受矫正、违反监管规定的人员，与公安局、检察院、法院的协调配合，加大惩戒处罚，给予警告、治安处罚、提请撤销缓刑的处理。是年，共警告7人，治安处罚1人。

【社区服刑人员帮困】 2017年，喀什地区司法局对社区服刑人员开展专项走访排查，建立社区服刑人员帮困体系，协调相关部门在法律和政策允许范围内，对生活方面确实存在困难的社区服刑人员家庭及时给予帮助。是年，落实社区服刑人员家庭低保125人，落实责任田1721人，参加技能培训600人，指导就业或就学49人。

【安置帮教】 2017年，喀什地区强化安置帮教基础性工作，做到底数清、情况明，制定详细的接送方案，建立帮教责任制，对重点人员实行多帮一。加强刑满释放解教人员出监所的衔接工作，保证交接过程无缝对接、零差错，确保工作绝对安全。

【律师工作】 截至2017年底，喀什地区有律师事务所42家，律师294人。截至10月底，代理辩护刑事诉讼案件127件，代理民事诉讼340件，非诉讼法律事务11件。咨询和代写法律文书1252件。仲裁业务14件。提供法律援助情况88件。参加公益事业和社会活动情况114人次。是年，审核、登记重大案件辩护词85件；完成对地区42家律师事务所，294名律师的年度考核工作，其中称职律师278人，不定等16人。

【法律援助】 2017年，喀什地区法律援助中心按照“应援尽援、应援优援”的工作目标，探索完善司法鉴定、公证、非诉讼调解等非诉讼法律援助的衔接配合机制，加强非诉讼案件的办理。截至是年10月底，全地区13个法律援助中心共办理法律援助案件1932件，其中刑事案件1421件，民事案件511件，挽回经济损失1733.234万元，法律咨询3925人次，受援人共2838人。

【公证管理】 2017年，喀什地区开展公证质量自查活动，严格执行收案登记、收费制度，严把公证质量，杜绝错证、假证和瑕疵证。截至10月底，全区各级公证处办理各类公证4861件，其中，国内公证4608件，涉外公证253件；港澳台公证1件。

【司法鉴定】 2017年，喀什地区完成司法鉴定3160件，其中，交通事故900件，血液检验800件，法医临床1448件，法医病理12件，接受司法鉴定法律援助30余件，解答群众咨询60余起。

【参加国家司法考试】 2017年，喀什地区圆满完成2017年国家司法考试各项工作，喀什地区1830名考生参加考试。

（高二计）

军 事

喀什军分区

【喀什军分区党委六届十二次全体（扩大）会议】 2017年3月13—14日，喀什军分区召开党委六届十二次全体（扩大）会议，传达学习军委、西部战区、陆军和两级军区党委扩大会议精神，喀什地委书记、喀什军分区第一书记李宁平到会讲话，喀什军分区党委副书记王登良作题为《强化四种意识，狠抓全面落实，在新的起点奋力开创部队建设新局面》报告，喀什军分区纪委书记郑玉斌作纪委工作报告，喀什军分区政治工作部主任李连峰讲评团以上干部教育管理情况，通报表彰2016年受南疆军区以上表彰奖励的先进单位和个人。

（胡　铮）

【政治纪律建设】 2017年，喀什军分区把严明党的政治纪律作为首要任务，深入学习贯彻十八届六中全会和十九大精神，结合军区党委中心组理论学习和“两学一做”常态化制度化，系统学习习主席系列重要讲话，持续用习近平新时代中国特色社会主义思想统一官兵思想认识，进一步打牢维护核心、看齐追随的思想根基；先后召开2次专题党委扩大会议进行分析研究，召开2次干部大会进行安排部署，深入推进“两个清理”，组织团以上党委机关过“严格政治纪律、纯净政治环境”专题组织生活，推动肃清工作落底见效。

（马俊恒）

【“四风”问题整治】 2017年，喀什军分区紧盯“四风”问题，深入开展反腐倡廉“每季一课”教育和“四廉”群众性文化创建活动，反复学习《中国共产党纪律处分条例》等法规制度，认真落实《特殊事项喝酒报批报备规定》，加强了党员干部党纪法规意识。扎实开展“三谈一课”活动，运用典型案例开展警示教育，组织观看《不忘初心、继续前进》《作风建设永远在路上》等纪录片，组织专题党课教育4次，开展主题党日讨论交流、汇报思想9次，通报违纪违法问题12次，形成有效震慑。认真落实团以上领导干部填报个人有关事项、“领导干部工作动态登记”“五个过一遍”和每季干部讲评等制度规定，有效防止严重违规违纪问题发生。

（马俊恒）

【正风肃纪】 2017年，喀什军分区认真贯彻陆军党委《深入推进旅团部队正风肃纪十二条措施》，每季召开纪委会议专题分析形势，听取纪委成员落实基层风气联系点情况汇报，增强工作针对性有效性。紧盯重大节日、重要活动和敏感时期，专门发文提出廉政要求7次，选派人员进行明察暗访6次，层层传导压力。对照“微腐败”和不正之风清单，大力纠治腐蚀部队的不良风气和官兵不满的歪风邪气，指导部队公平公正处理涉及官兵切身利益的敏感问题。

（马俊恒）

【纪检监察】 2017年，喀什军分区加强对工程建设、物资采购等项目的行政监察，监督各类招投标11次、市场调查6次、实地考察2次。严格落实干部选拔任用征求纪委意见和公示等规定，指导团职领导干部公开廉政承诺，对拟晋职晋衔对象进行廉政审查，保证用权履职的科学规范。

（马俊恒）

【年终军事训练考核】 2017年11月14日—12月14日，喀什军分区成立检查考核组，历时1个月，行程2000余千米，赴区分机关、人武部和边防分队、屯垦分队，按照“严考风、严标准、严组织”的原则和“一把尺子量到底”的要求，对所属团级单位机关进行军事技能和体能考核。通过检查考核，立起部队真抓实训的鲜明导向，进一步提升官兵军事素质和部队实战化训练水平。

（马　翔）

【学条令、训队列、整秩序活动】 2017年2—3月，全面深化新疆军区依法治军从严治军集训成果，指导部队开展“学条令、训队列、整秩序”活动，按照动员教育、条令法规学习、规范秩序、队列训练、检查评比等形式，进一步锤炼部队作风养成，增强官兵条令法规意识，正规部队“四个秩序”。

（罗　涛）

【学习贯彻中共十九大精神】 2017年，喀什军分区深入开展“决战九十月、保卫十九大”专题教育活动，严密组织“唱百首红色歌曲、读百个主席故事、写百篇评论感悟”活动，官兵人均掌握红色歌曲和主席故事70余个，为中共十九大胜利召开营造良好氛围。中共十九大召开期间，突出媒体解读抓学习，实时跟进中共十九大会议进程和中央媒体转播报道情况，全程收听收看中共十九大开闭幕式，确保人人聆听习总书记的报告、人人通读中共十九大报告要义、人人撰写学习报告体会。中共十九大召开后，及时召开动员部署大会，安排部署分区部队抓好中共十九大学习贯彻的十项具体工作，研究下发分区部队推进学习贯彻中共十九大精神措施，安排部署“学习中共十九大、奋进新时代、担当新使命”专题教育，确保学习贯彻中共十九大精神持续深入、取得实效。

（马俊恒）

【主题教育】 2017年，喀什军分区按照前期抓调研、集中抓辅导、营连抓灌输、持续抓深化的步骤，完成主题教育的5个专题教育，强化官兵对“三个维护”的理解认同，筑牢官兵自觉维护核心、时刻听从指挥的精神支柱。积极筹划组织建军90周年纪念活动，通过观看朱日和阅兵、建军90周年主题晚会、中央七台《军旅人生》系列访谈节目录像，聆听习主席“7·26”

和庆祝建军90周年大会上的讲话精神，在屯垦部队组织“强军思想引领我成长”主题演讲比赛等活动，进一步打牢官兵思想政治基础。

（李大双）

【“两学一做”学习教育活动】 2017年，喀什军分区按照全覆盖、常态化、重创新、求实效的思路，紧紧扭住政治合格、执行纪律合格、思想品德合格、发挥作用合格4个合格要求，突出解决问题和发挥作用，抓实关键少数和基层支部，着力增强党内政治生活政治性、时代性、原则性、战斗性和自我净化、自我完善能力，切实把思想和行动统一到党中央、中央军委和习主席决策部署上来，确保部队高度稳定和集中统一。经过教育学习，各级党组织功能明显增强，广大党员干部党性觉悟进一步增强。

（马俊恒）

【驻地精准扶贫】 2017年，喀什军分区积极协调喀什地委加大政策扶持力度，将护边员补助津贴从每月1300元提高至2600元，帮助带动一大批贫困牧民实现就业增收；协调新疆军区投入234.3万元为疏勒县塔孜洪乡19村援建安居富民房33套，依托提孜那甫种养殖基地，培养20余名懂技术、能帮扶的技术骨干，为驻地群众传授现代技术，引导群众科学种养殖，逐步解决40户家庭脱贫问题。分区《精准帮扶促发展，兴边固防求作为》经验被新疆军区转发。

（姜胜民）

【典型宣传】 2017年，喀什军分区采取“请专家来、走出去学、集中攻关、多点开花”的方式，狠抓分区部队新闻报道工作。赴2017年度陆军重点宣扬的典型红其拉甫边防连现地指导2次，指派专人前往“南京路上好八连”“硬骨头六连”“大功三连”参观见学，邀请中央电视台、《解放军报》《人民陆军报》等10余家中央级媒体实地采访报道。协调新华社对麦盖提县人武部民兵建设试点进行采访报道。全年在《人民陆军报》及其他媒体刊稿400余篇。

（胡　铮）

【装备管理“三化”建设】 2017年，喀什军分区按照“抓制度正秩序、抓技术保完好、抓人才强素质、抓训练促能力、抓配套建设施”的原则，采取统筹规划、综合整治、重点突出、整体推进的方法，对武器装备进行全面整治1次。全面提高武器装备完好率、配套率。

（黄仕康）

【卫勤保障】 2017年，喀什军分区深入开展“民族团结一家亲”活动，积极配合解放军第12医院对疏勒县塔孜洪乡台吐尔村特困群众、困难民兵或优抚对象家庭共计147人进行身体健康体检，建立体检群众家庭健康档案。组织伽师、麦盖提县人武部官兵为解放军喀什血站义务献血18600毫升。为考学、提干、参加士官学校招生学员81人次进行初步体检，协调解放军第12医院对不合格人员进行体格复查。冬季，为分区官兵配发高原护手霜、唇膏等冬季防护品；夏季，为分区官兵购买防暑防蚊饮品和药品；为生产营执勤巡逻哨位、各巡逻车配备应急保健箱，内备急救、防暑、外伤包扎等药品10余种。

（张茂林）

【营区卫生防疫】 2017年，喀什军分区认真开展“第29个爱国卫生月”活动，对爱国卫生知识进行广泛宣传，印发《爱国卫生知识手册》400余册，组织卫生防疫授课3场次，官兵卫生观念明显加强。狠抓营区卫生防疫工作，坚持每周对营区进行2～4次消杀灭工作，有效维护官兵家属身体健康，减少传染病的发生。

（张茂林）

武警喀什地区边防支队

【思想政治建设】 2017年，武警喀什地区边防支队从教育引领、思想稳控、文化育警三个方面加强支队思想政治建设。在教育引领方面，把学习贯彻党的十九大精神作为加强政治建警的首要任务抓紧抓实，召开动员部署会、中心组学习会、体会交流会，组织集中研读、座谈讨论、心得展评，推动党的十九大精神落地生根。拓展“主官讲堂”和“人人上讲台”课堂功能，高位启动主题教育，推进“两学一做”常态化制度化，在思想稳控方面，深化“五个一”工作法，探索“一情一策”“一所一案”模式，做好“一人一事”“一事一人”思想工作，下派心理服务队3次，常态开展思想大排查、心理大疏导、不放心人员大梳理；推进政治干部上一线、进战位，随警抓好“五小”活动，让经常性思想工作覆盖任务区、延伸执勤点，保持官兵昂扬奋进的精神状态。圆满承办总队南疆片区经常性思想工作座谈会，并作大会经验交流发言。在文化育警方面，以文化涵养部队精气神，打造高原不降标准、高原不缺精神的新气象，让先进上讲台、谈体会，让优秀官兵去疗养、戴红花，投入30万元建立家庭影院3个，评选表彰“优秀警嫂”10名，组织太极拳进警营，开展“向公安英雄模范学习”系列主题实践活动，用文化引导官兵忠诚履职。《热斯卡木的秋天》《守护一座城》等一大批反映官兵奉献高原、抢险救灾的纪实片、宣传片、优质稿件被中央电台、各大报刊、主流媒体大篇幅、滚动式宣传报道。全年，中央级、省级媒体刊稿113篇，位居全疆前列。支队获政工协作区“追随初心再出发”读书会暨红歌赛二等奖，1人获西北政工协作区主题教育演讲比赛三等奖，2人分别获评部局“优秀通讯员”“十九大安保优秀共产党员”。

【后勤保障建设】 2017年，武警喀什地区边防支队抓服务保障，确保部队在任何条件下精准保障谋打赢。争取地方经费275万余元用于基层，协调地方为棋盘站投入372万元给予附属建设，投入700余万元全面实施警营饮食文化、车场车库、洗衣晾衣房、热水改造、污水处理等项目40个。棋盘站搬迁入住新营区，2个单位实现社会化保障，早餐“1126”和午晚餐“6211”伙食保障模式受到官兵点赞。开展“关爱一线在行动”，采取“相亲相爱一家人联欢会”“爱兵惠警”警地联谊会、“军功章有你一半”家属座谈会等举措，激发官兵工作热情。成立警营服务队，打造“帕米尔小屋”，专人负责办理子女入学、专人接机送站，主动为官兵送温暖、解难题、除后忧，爱兵惠警实现由“应急解难”向“精准送暖”的转变。年内，解决子女就学23人，接送站近200次，解决300余人次官兵及家属中转住宿，官兵归属感、幸福感、满意度大幅提升。紧贴任务转换，做足前勤保障，探索建立符合高原、山地作战的综合保障机制，创新推进车载一体化、小单元应急保障库建设，全方位提升应急保障能力。赴塔什库尔干县开展“5·11”地震救灾保障经验做法得到总队领导批示肯定，推广全疆借鉴。其中，2人分别获评部局、总队“医疗卫生工作优秀工作者”。

【作风纪律建设】 2017年，武警喀什地区边防支队紧抓安全管理、督察问责、训练养成三项任务，加强部队作风纪律建设，确保部队风清气正。一是抓安全管理。逐级签订《安全责任状》《干部驾驶私家车安全责任书》，刚性落实人员管理“三项举措”、安全工作“四项制度”，常态化梳理、研判安全形势，科学预测、及时预警。严格按照制度抓建基层、管理部队，出台《士兵士官管理办法》，建立官兵探亲休假反馈单制度，形成部队、家庭双向管理机制。大力加强正规化建设，狠抓“四个秩序”“五统四性”，推动形成“党委依法管理、机关依法指导、干部依法带兵、战士依法行动、部队依法运转”的工作格局。全年动用车辆6371台次、行驶58万余千米。二是抓督察问责。推出“六种督察模式”，通过“七个一举措”“八必工作法”，实现督察检查全覆盖。年内，党委成员15次带队督导，现场督察11批次100余天、网上巡查432次，下发网上督察通报10期，查纠问题隐患486件，问责处理官兵75名。三是抓训练养成。按照小单元、多模式、机动化的动态勤务模式，分批将三个中队105名官兵前置一线驻训、驻防、驻勤，推动训练向实战转型。常抓练兵备战，建立“三个一”练兵机制，组建“实战教官团”深入基层开展9个教学模块巡回“送教上门”活动，狠抓“4+1”专项训练，培育官兵军事素养，确保完成系列安全保障任务。

【捐助救灾】 2017年，武警喀什地区边防支队推动“温暖帕米尔”公益事业多元化，牵手爱心团体为205名困难儿童发放“助学金”28万余元，捐助价值1.3万元学习用品。年内，抢险救灾、紧急救助22起，救援车祸等受伤人员16人、高原疾病患者10人，解救转移遇险群众、游客17人，多次受到自治区、喀什地区、部队驻地各级领导和群众赞誉。

（王九峰）

喀什地区公安消防支队

【概况】 2017年，喀什地区公安消防支队接警出动2507次（其中火灾1077起），出动消防车3971辆次，出动警力2.02万人次，抢救被困人员154人，疏散人员384人，抢救财产价值8316万元。

【支队班子建设】 2017年，喀什地区公安消防支队强化理论武装。支队党委坚持将提升学习质量作为加强班子建设的重要途径，做到年初有计划、每月有安排、学习有主题，通过领导授课、专家辅导、政工大讲堂等形式，组织党委中心组学习14次，党委常委撰写调研文章、心得体会32篇。支队党委以提高基层党组织战斗力为标准，开展组织建设、干部队伍建设等专题调研，优先配齐配强基层大中队班子，夯实基层组织，调整充实6个大队党委，12个基层党支部。开展“公安消防党旗红”“示范基层党组织”创建活动，增强基层组织的战斗堡垒作用。支队党委始终以提升抓大事、议中心、谋发展的能力和水平为目标，充分发扬民主，大力倡导团结，坚决贯彻民主集中制原则，年内，共召开党委常委会议13次，集体研究“三重一大”等事项140件。坚持“能者上、平着让、庸者下”的原则，提拔使用德才兼备的干部，各级班子的结构更加合理，真正做到择优选才、人尽其才、人岗相宜。

【作风建设】 2017年，喀什地区公安消防支队强化工作主动性和工作作风转变，严格落实联系点帮扶、定期督察等制度。每日利用视频点名对工作进行安排总结，每周召开党委常委碰头会3次，统一协调各项工作的开展，提升工作效率。年内班子成员深入基层联系点调研、督导累计达52次，平均60天以上，走访各县市党政领导21次，帮助协调公寓房建设、经费争取等重大问题17个，为官兵办实事18件。建立和完善干部激励机制，制定干部、文员绩效考核办法，实行“周通报、月汇总、半年初评、年终总评”的考评模式，在官兵中形成以真抓实干促发展的共识，切实提升干部作风和履职尽责能力。针对重大安保等活动，开展火线记功、火线入党，举办优秀官兵先进事迹报告会，用先进事迹感召人、鼓舞人。年内，支队荣立个人三等功11人，获嘉奖35人，被评为自治区第二届“最美警察”1人，被评为“自治区优秀共青团干部”1人，被地区表彰的单位1个，个人4人。

【廉政建设教育】 2017年，喀什地区公安消防支队狠抓廉政专项教育，开设廉政教育大讲堂，各级干部走上讲台为全体官兵讲授法规政策，组织观看警示教育片14部，集中参观廉政教育基地5次，在春节、中秋等敏感节点推送廉政短信3000余条，与支队干部逐一进行廉政谈话124次。强化党风廉政建设，严格落实党委议廉、廉政分析、警示教育等制度，全年党委专题召开廉政工作分析会3次，对88名干部进行廉洁自律情况审查。完成6个大队领导干部经济责任审计，发现并整改问题23处，将审计结果作为考核任用干部的重要依据。责令相关部门向电信公司清退电信流量卡332张（其中1G流量卡330张，2G流量卡2张），向社会单位清退物品23件，价值6.7万元。与各级检察院、法院建立查办和预防职务犯罪协作配合机制，聘请法院检察院、社会重点单位等人员为廉政监督员，发挥监督管控作用。召开座谈会2次，走访党政部门、社会单位320余家，发放调查问卷129份，回访消防执法案件68件，征求意见建议19条。制定全年督察工作计划，开展督察37次，下发督察通报32期。强化问责机制，采取通报批评、约谈等方式对总队及支队督察中提出的问题进行责任倒查，全年共计通报批评16人次、约谈大队主官8人、责令12人次作出书面检查，通过干部绩效问责59人次。

【正规化建设】 2017年，喀什地区公安消防支队深化正规化管理。坚持以督促管、以管促训、以训促战的新型管理理念，狠抓部队“四个秩序”和“两个经常性工作”。司令部、政治处携手规范开展“两个经常性教育”集中授课、对重点官兵排查帮扶、完善谈心管教机制，先后3次对12个大队、15个中队正规化建设进行达标验收，各执勤大中队正规化建设均已达标。强化严管严控措施，制定《部队管理“严管严训”十三项刚性措施》，建立全勤指挥部常态化视频督察机制，每日对值班备勤、干部“五同”、哨兵履职、人车出入等进行全时段、全方位的督察，进一步规范部队“四个秩序”和精细化管理水平。建立反恐处突常态化机制，严格落实反恐怖袭击八项机制，推进基层单位营门和围墙实体化改造、应急处突训练常态化。各执勤中队安装“公安一键报警系统”，与营区周边便民警务站建立联勤联动机制。

【信息化建设】 2017年，喀什地区公安消防支队坚持信息化支撑，提升信息主导警务水平。全年投入信息化建设经费130万元，配备数字转信台13套，购置数字对讲机、布控球和无人机等一批应急通信装备，支队应急通信保障整体水平得到明显提升。注重信通人才队伍建设及信息化运维水平，配齐配强信通保障人员，先后组织两批人员共计9人参加总队组织的初、中级通信职业鉴定工作，合格率100%；全年积极开展全员信息化培训4次，开展通讯员培训、轮训5期。年内，共组织开展应急通信保障联合演练4次，圆满完成第六次全国对口援疆工作座谈会安保任务、“环喀”和“环麦”战区联合演练通信保障工作；完成部局、总队卫星便携站、单兵图传考核和会议保障任务400余次。

【执法规范化建设】 2017年，喀什地区公安消防支队严格执法质量考评机制，制定《2017年度消防执法质量专项检查暨执法质量考核评议实施方案》，采取网上评查、案卷抽查、实地检查、综合评定的形式，定期对执法质量进行考评，每月召开执法例会，对各类消防违法案件逐一进行讲评，及时发现和纠正执法中存在的问题和不足，并将执法质量考评“一票否决制”纳入年终考核。是年，加大执法过错责任追究力度，按照“谁主管，谁负责；谁审批，谁负责；谁承办，谁负责”的原则，将执法责任量化、细化分解到人，建立绩效考评制度，年内被通报批评2人、被支队给予行政警告处分1人。深入开展学习教育活动，加强执法干部的执法素养和执法水平，先后组织消防业务培训班2次、消防文化夜校5次。是年，支队防火处被总队评为优秀法制部门。

【战训工作】 2017年，喀什地区公安消防支队坚持实战化导向，有效增强部队攻坚克难能力。着力打牢党委组训制度，支队始终坚持党委议训、主官组训、全员普训、每周例考的工作机制，全年共举办比武对抗活动7次，相继开展业务骨干“四会”培训班、中队长助理和班长骨干等业务培训7次；创新干部每日训练督导机制，建立运动分享微信群，在总队十九大督导考核中，支队军政主官考核成绩全优、党委班子成员优秀率达80%，机关人员体能全部达标。在总队第四届消防运动会中，支队8个团体项目成绩优异，取得1金、4银、1铜的战绩，获得“军事体育先进集体”“队列会操优秀奖”等荣誉；着力推进实战基础建设，提高综合实战水平，先后开展支队级战例战评6次、战训业务大讲堂22期，修（制）订灭火救援数字化预案907份，处突预案26份，指导基层开展“六熟悉和演练”1151次。组建专业队9支，组织政府和企业专职队、微型站及社会联动力量召开联席会议及约谈会21次，联合拉动演练610次、联合灭火救援和安保113次；年内，圆满完成塔什库尔干县“5·11”地震救援、疏附县“5·15”融雪性洪水救援、全国第六次援疆工作座谈会、党的十九大消防安保等急难险重任务；扎实开展多种形式消防队伍建设。首推公安民警驻训试点工作，完成全地区八个乡镇专职队建设任务，推进两个专职队完成指挥调度网接入工作，招收政府专职队员99人、合同制消防文员24人。与全区2642个微型消防站建立定期联勤联训、每周业务指导制度，提升多种形式消防队伍灭火救援水平。

【思想文化工作】 2017年，喀什地区公安消防支队实行“每日一听”“每日一讲”“每日一问”的教育机制，每日播放有声图书、对应知应会进行提问，使教育真正达到润物细无声。建立政治教育“周抽查、月通报、季度讲评”制度，将集中教育与分散教育有机结合，解决思想政治教育“人员难集中、时间难保障”的难题。深入开展“维护核心　听从指挥”主题教育和“学、转、促”专项教育活动，推进“两学一做”教育常态化制度化，聘请专家集中辅导授课7次，党委常委轮流为官兵授课8次。全年先后召开政工例会3次，组织开展政工比武1次，主题演讲比赛1次，建立网络教育平台，充分利用网上图书室、阅览室、微信群等载体积极开展网络思想政治教育。

【从优待警】 2017年，喀什地区公安消防支队依托喀什大学心理健康教育团队为官兵进行专业心理辅导，开展心理行为训练12次，成立医疗保障小组，定期前往基层开展巡诊，全面了解和掌握官兵身体状况。制定从优待警工作计划，为12名官兵协调解决报考驾校、子女入学等问题，看望慰问困难官兵及家属24人次。

【警民共建】 2017年，喀什地区公安消防支队扎实开展警营文化建设。支队各级单位对办公楼、营区文化建设进行规划设计，建设“营区文化”“墙壁文化”“走廊文化”“橱窗文化”“车库文化”，按照“一队一特色”的要求打造文化环境亮点。投入64万元为新建中队建设红门影院。截至年末，除3个新建中队未建成荣誉室外，其余所有大中队均已建成“三室”。邀请达瓦孜艺术团、刀郎文化传承人走进营区开展慰问演出，缓解官兵执勤战备压力。支持官兵自己动手制作馕、烤肉、抓饭等特色美食，融入驻地饮食文化。全力做好精准扶贫和民族团结一家亲工作。为莎车县亚乡6村扶贫对象捐助春耕化肥20吨，物品300余件，邀请35户结对亲戚走入红门参观，共同举行文艺会演、共跳麦西来甫，共进团圆大餐。

【后勤保障】 2017年，喀什地区公安消防支队积极争取消防经费，增强后勤保障能力。建立社会化保障机制，聘用社会人员承担营区绿化、卫生、饮食保障等勤务工作，保障基层单位有充足警力投入到执勤安保、灭火救援等战斗中。坚持党委理财，强化经费使用效能。严格执行预算编制、审批程序，先后修订出台《关于进一步加强车辆装备采购、工程建设和大宗物资采购的通知》等一系列规章制度，建立和完善保障机制。制定固定资产清查方案，严把“进、用、出”三个关口，明确固定资产配置、使用和处理等程序。加强基础设施建设，营房建设成效显著。支队基础设施建设水平稳步提升，年内，新建公寓房24套全部完工；训练基地综合训练塔、石油化工装置、400米跑道、消防水池、足球场及地面硬化等项目已建设完毕并投入使用；疏勒县战勤保障消防站物资储备库已开工建设。支队所属中队全部完成蔬菜大棚种植工作；建立营区绿化“短期、中期、长期”规划机制，邀请设计公司和林果业专家对营区绿化工作进行规划，规划确定后不得随意更改，避免营区绿化工作的随意性、盲目性。

【火灾防控】 2017年，喀什地区公安消防支队提请行署对各县市、行业部门2016年年度落实消防安全责任制情况进行考评，将公共基础消防设施、微型消防站、车辆装备器材等指标纳入《2017年安全生产管理目标责任书》，推动消防安全责任制深入落实。通过召开公安派出所、社区消防安全网格化管理工作现场会、建筑设施“三化”达标创建，大力推动基层组织、社会单位消防工作责任制落实。是年，行署召开消防联席会议5次，推动解决公共基础消防设施建设、重大火灾隐患等问题，印发消防工作文件15份，开展消防安全专项督查活动3次。全地区共投入587万元新建市政消火栓341具，消防水鹤12具，投入1169万元用于便民警务站微型消防站建设，推广安装独立式感烟探测器3730个。

【火灾隐患治理】 2017年，喀什地区公安消防支队强化火灾隐患综合治理，全区火灾形势保持持续稳定。支队组织夏季火灾防控、高层建筑消防安全综合治理、违章彩钢板整治等15次专项治理行动，有效净化消防安全环境。各级消防机构通过制定出租房、群租房、电动车、高层建筑等10余条严管严控措施，使用微信群创新消防监管模式，推动消防技术服务机构落实责任，严厉打击消防违法违规行为，消除火灾隐患，确保全区火灾形势稳定。是年，全区各级消防部门共检查单位25540个（次）、督促整改火灾隐患24165处、查封366家，“三停”324家，罚款748.2万元，拘留33人，拆除违章彩钢板房28万平方米。

【消防宣传】 2017年，喀什地区公安消防支队狠抓新媒体建设，支队各级微信信息质量全面提升，11个微信公众号实现100%原创信息，关注人群达2.7万人，每天阅读量累计1.5万次。积极与中央电视台、新疆卫视等主流媒体联系，成功报道塔什库尔干县“5·11”地震救援、疏附县“5·15”洪水救援，先后在中央电视台上稿60条，专题节目1期，在新疆卫视上稿29条。积极整合社会力量参与消防宣传。携手美团公司开展“外卖骑手送平安”消防公益宣传活动，依托疏附县出租车公司成立消防志愿服务队，其中与美团公司合作开创的消防宣传模式在全疆推广。

（喀什地区公安消防支队）

外事·侨务

外　事

【阿富汗第二副总统萨尔瓦尔·丹尼什率团访问中国新疆喀什】 2017年7月31日—8月1日，阿富汗第二副总统萨尔瓦尔·丹尼什率团一行11人到中国新疆喀什访问。喀什地委委员、行署常务副专员陈志江会见代表团一行，双方希望充分发挥边境地区缘优势，在“一带一路”框架内深化务实合作，加强边境地区经贸、人文等各领域合作，共建“一带一路”取得积极进展。在喀什期间，萨尔瓦尔·丹尼什一行参观考察喀什市容市貌、深圳产业园和远方国际物流港。

【巴基斯坦吉尔吉特—巴尔蒂斯坦地区首席部长哈菲兹·拉赫曼考察访问中国新疆喀什】 2017年3月27—28日，巴基斯坦吉尔吉特—巴尔蒂斯坦地区首席部长哈菲兹·拉赫曼一行10人访问中国新疆喀什。地区行署副专员牛俊民会见代表团一行并希望喀什地区与巴基斯坦吉尔吉特缔结友好关系，进一步推动两地在经贸、文化教育、医疗等各领域的合作。哈菲兹·拉赫曼部长表示希望吉—巴地区能向喀什学习更多有关农牧业的知识，开展更多务实高效的合作。代表团一行参观艾提尕尔清真寺、疏附县民族乐器村、疆南农批展览馆等。

【巴基斯坦军需总监贾伟德·马赫穆德·布哈里中将到中国新疆喀什考察访问】 2017年4月16—17日，巴基斯坦军需总监贾伟德·马赫穆德·布哈里中将、巴基斯坦国家物流总公司总经理穆史塔克·艾合迈德·费萨尔少将一行8人到中国新疆喀什考察访问。

【吉尔吉斯斯坦纳伦州州长萨伊波夫一行到中国新疆喀什访问】 2017年6月15—16日，吉尔吉斯斯坦纳伦州州长萨伊波夫一行访问中国新疆喀什，地区行署副专员、广东援疆前方指挥部副总指挥王再华会见代表团一行。代表团一行在喀什期间参观喀什经济开发综合保税区、喀什经济开发区工业园区、远方国际物流港、广州新城。

【法中友协联合会主席阿兰·拉巴特到中国新疆喀什访问】 2017年7月1—4日，法中友协联合会主席阿兰·拉巴特一行7人到中国新疆喀什访问，其间，代表团一行考察喀什城市规划馆、深圳城、远方国际物流港、综合保税区等。

【阿富汗喀布尔市政干部考察团到中国新疆喀什】 2017年7月23日，以喀布尔市副市长拉希姆为团长的阿富汗喀布尔市政干部考察团一行9人到中国新疆喀什访问。其间参观考察喀什市容市貌、喀什城市规划馆、深圳城、远方国际物流港、综合保税区，就城市规划及建设情况进行座谈。

【“中国国情体验行”访问团到中国新疆喀什考察】 2017年8月2—6日，由来自美国、法国、加拿大、英国等欧美国家重要侨领组成的“中国国情体验行”访问团一行15人到中国新疆喀什交流考察。其间，参观考察喀什地区第二人民医院、喀什古城、艾提尕尔清真寺、喀什老城区改造纪念馆、喀什市城市规划馆、香妃园和大巴扎及中巴红其拉甫口岸和中塔卡拉苏口岸。

【贺宇率地区党政经贸代表团一行赴吉尔吉斯斯坦国参加论坛】 2017年8月18—23日，应吉尔吉斯斯坦纳伦州政府和吉尔吉斯斯坦经济部邀请，中国新疆喀什地委副书记、广东省对口支援新疆工作前方指挥部总指挥贺宇率地区党政、经贸代表团一行10人赴吉尔吉斯斯坦参加“第五届纳伦国际投资论坛”“第四届伊塞克湖经济论坛”。

侨　务

【侨务信访】 2017年，喀什地区外侨办公室其接待侨务信访人员25人次，妥善解决贫侨户子女上学、社保、出国探亲、老城区改造搬迁等问题；委托各县市政府办、外侨办调查处理上访案件5件，严格按照规定，做好“三侨一台”考生和归侨侨眷海外亲属关系认证审查办理工作。

【侨界代表人士座谈会】 2017年4月9日，喀什地区外侨办召开以“凝聚侨心侨力，促进团结稳定”为主题的地区侨界代表人士座谈会。

（喀什地区外侨办）

农 业

农业农村工作

【概况】 2017年1月1日，喀什地委出台《关于取消一切形式无偿用工的决定》《关于严禁用行政强制手段服务农业生产维护农民生产经营自主权的通知》(以下简称“两取消”)，全面取消一切形式无偿用工和“五统一”生产模式，深化农业供给侧结构性改革，推进农业生产、庭院经济、土地清理、品牌建设、市场开拓和特色产业带动脱贫攻坚等工作。是年，地区推进农村全面深化改革，完善农村家庭承包责任制，全面实现农业增效、农村增速、农民增收。全面启动清理各级各类机关事业单位及各级干部职工土地工作，依法清理收回违规开荒土地18.73万公顷，落实“九大惠民工程”，完成12个国有林场改革，启动国有农牧渔场改革试点，推进36个农牧渔场企业化、乡镇化、社区化、公益性改革；推进供销合作社改革三大工作任务。建成庭院经济22.8万户，家庭手工业发展到3600家以上，农家乐发展到160家、农村“十小店”发展到1.37万户。全年实现农村居民人均可支配收入8433元、增长6.5%。受访群众“两取消”知晓率100%，基层落实率100%，群众满意率100%。

【惠农补贴现金发放】 2017年，喀什地区全面推行惠农补贴现金发放，拟定《关于喀什地区惠农补贴现金发放工作的实施方案》，利用“三结合”平台，在周一升国旗、开展大宣讲之后发放惠农补贴资金，是年，全地区累计发放惠农补贴资金39次，发放资金59.8亿元，受益农民743.5万人次。

【美丽乡村建设】 2017年，喀什地区先后在英吉沙县、泽普县召开脱贫攻坚暨美丽乡村建设推进会。紧紧围绕总目标，聚力脱贫攻坚，坚持美丽乡村建设“四个相结合”(即：与脱贫攻坚相结合、与安居富民工程建设相结合、与特色小镇建设相结合、与庭院经济相结合)，统筹整合并捆绑使用各类资金，以美丽乡村建设的新成效扮靓喀什新农村，进一步推动农村“乡风民风、人居环境、文化生活”三个美起来。是年末，全地区建成安居富民房64.96万户，完成庭院改造、整理29.49万户，建成一座大拱棚（一畦菜）、一架葡萄、一个果园等3个产业以上的庭院经济户数有20.76万户。330个基础设施整村推进工作扎实，解决74个村部分偏远户、散户未通自来水问题，完成245个村实施电网改造项目，实施中心村配网建设工程，覆盖12县市160个中心村，新建线路1946千米，增加变电容量9000千伏安。完成标准化村卫生室建设1514个，有序推进建设村民服务中心1792个、周转房5366套、食堂364个、小澡堂646个、公共厕所750个。

【品牌创建和外销平台建设】 2017年，喀什地区相继出台《喀什地区农产品品牌建设补助办法》《农产品销售补助办法》《关于加强农业品牌建设的实施意见》《关于加强市场开拓助力脱贫攻坚的实施方案》，安排3300万元财政专项资金，鼓励各级政府、企业合作社加快市场开拓和外销平台建设。积极协调有关县市以广东、深圳、山东、上海等对口援疆省市市场为重点，全力推进农产品品牌建设和市场开拓工作，与深圳“八实万”电商移动超市对接协商，计划在深圳市南山区设立喀什特色农产品展示展销中心；与广东广誉远投资管理有限公司达成合作协议，共同参与“新疆厨房”农产品展销平台建设。是年，在内地大中城市设立直销店218个，与上海市52家批发采购企业建成“沪喀农产品产销合作社联盟”。建成农村电子商务运营服务中心11个、乡镇农村电商服务站28个、村（社区）农村电商服务点117个、乡镇供销超市88个，喀什特色农产品市场知名度和占有率日益扩大。加大对农产品包装设计力度，委托广州南方报业集团设计“喀什•叶城核桃”“喀什•泽普骏枣”“喀什•莎车巴旦木”“喀什 • 伽师瓜”等13种包装模板，已提交审核；积极协调地区工商局等有关部门做好13类主打品牌、8项备选地域公用商标注册等相关事宜。积极筹建地区农业综合开发股份公司，加快品牌建设和市场开拓力度。在喀什宾馆举办“喀什特色农产品”展示展销活动，参展农产品16类、31种、4328千克。聘请上海、山东专家到喀什举办以农业标准化与农产品质量安全管理、农业产业化和农产品市场开拓和品牌建设为主题的培训班3期。累计培训人员160余人，为农业农村现代化建设提供科技支撑。

【农村工作信息调研】 2017年，喀什地委农办围绕重要产业、重点工作和惠农政策，先后开展贯彻落实自治区9号文件、“两取消”及惠农补贴现金发放、特色产业带动脱贫攻坚、庭院经济发展、春耕生产、夏季农业生产、落实党的惠农政策、农资准备、生态林建设等内容开展系列调研，撰写《春季农业生产调研报告》《生态林建设报告》《夏季农业生产运行形势报告》《庭院经济发展情况报告》等专项报告10余篇，提出针对性的意见和建议。全年编报《农情简报》58期、《农情日报》16期、农情信息43篇，督促指导全区农村工作。

【自治区科技兴农项目资金管理】 2017年，喀什地区强化自治区科技兴农项目资金绩效考核，对项目的社会效益、经济效益、生态效益进行全方位评价，确保项目发挥应有效益。是年，争取自治区科技兴农项目资金365万元，涉及项目16个。

（蒋　丽　郭小平）

种植业

【种植业规模】 2017年，喀什地区农作物播种面积110.53万公顷，比上年下降5.21%。其中，粮食播种面积46.54万公顷，下降7.93%；小麦播种面积24.22万公顷，下降6.09%；玉米播种面积19.52万公顷，下降8.87%；棉花播种面积44.41万公顷，增长10.42%；瓜类播种面积5.31万公顷，下降26.61%；蔬菜播种面积5.45万公顷，下降3.11%。

粮食产量304.7万吨，比上年减产7.2%，其中，小麦产量148.8万吨，减产4.6%；棉花产量72.5万吨，增长13.7%；玉米产量147.6万吨，减产9.0%；蔬菜产量279.8万吨，增长14.3%；瓜类产量224.2万吨，减产23.8%。

【推动农业改革工作】 2017年，喀什地区加快推进农村土地承包经营权确权登记颁证，积极稳妥推进农村土地清理，依法推进土地经营权有序流转，夯实农业发展基础。莎车、叶城、泽普县3个试点县完成土地确权工作，喀什市、疏附县、疏勒县、英吉沙县、岳普湖县、麦盖提县、伽师县、巴楚县、塔什库尔干县完成外业实测工作任务，全区外业实测累计完成35.71万公顷。积极推动农场改革试点工作，下发《喀什地区深化农牧渔场改革试点工作方案》，选定巴楚县园艺场、疏附县英尔力克牧场、莎车县园艺场作为全区改革的试点场，为全面实施好农场改革积极探索经验。

（单亚岚）

【全国产业扶贫现场观摩暨农业援疆座谈会召开】 2017年8月20—21日，农业部在喀什市、叶城县两地举办产业扶贫现场观摩暨农业援疆座谈会，拟从农业结构调整、农业绿色发展、农业科技和人才支持、农业产业化、农牧业改革创新等五方面加大支持力度，做好农业援疆工作。来自农业部、自治区、援疆省市、兵团部分师、全疆部分地州和贫困县代表150余人参加会议。喀什地区为会议提供保障服务，保证座谈会召开。

【惠农项目资金】 2017年，喀什地区落实各项支农惠农政策，核实确认应享受耕地地力补贴的小麦23.5万公顷、正播籽粒玉米3.11万公顷、正播青贮玉米0.40万公顷、苜蓿1.56万公顷，落实耕地地力保护补贴4.04亿元；落实棉花目标价格改革政策，获批自治区庭院经济补助项目9350户，每户补助2000元，补助总额1870万元，覆盖地区90个乡镇187个村。

【绿色生态农业监管】 2017年，喀什地区加强农业投入品生产使用和监管制度，深入推行标准化生产快速联合检测12次，抽检本地产蔬菜样品12954个，合格数12950个，合格率99%。新申报绿色食品续展5个，新申报绿色食品3个，无公害农产品新申报21个，无公害农产品复查换证6个，创建绿色食品原料标准化基地2万公顷。

（单亚岚）

【小麦良种收购】 2017年，喀什地区种子管理站完成11个县（市）小麦种子收购加工情况督查，共收购原种8259.4吨，建立乡级种子村219个，收购冬小麦良种61726.38吨。全地区小麦良种覆盖率100%，超标完成小麦原种生产任务，小麦种子统一精选、统一包装率达100%，为全地区小麦生产提供保证。2017—2018年度完成25公顷穗行圃，88公顷穗系圃，1571公顷原种圃，1.64万公顷良种田，满足地区下一年度小麦种子需求。

【农作物新品种试验示范和推广】 2017年，喀什地区种子管理站完成42个小麦品系区域试验，试验面积0.53公顷；完成5个小麦新品种在5个县大面积示范，示范面积42公顷，推广新冬46号3333公顷，新冬40号233公顷；完成6个春播玉米新品种生产试验，试验面积17公顷，6个县进行8个复播玉米新品种示范，示范面积共74公顷。推广5个玉米新品种共9.8万公顷。是年，地区种植棉花45.4万公顷，品种18个，其中5个品种占全地区种植面积的85.3%，其余13个陆地棉品种占14.7%。在6个县大面积示范33个棉花新品种，示范面积1112.6公顷，推广新陆中67、新陆中59等棉花新品种4.77万公顷。推广机采棉种植1333公顷，选出适合喀什地区机采的棉花品种3个，在种植上提高机械化程度，降低成本，减少劳动力，增加效益。

【种子执法培训】 2017年，喀什地区种子管理站举办种子执法培训班，对各县（市）种子执法人员、种子管理及经营人员开展培训，提高执法人员和种子企业对《中华人民共和国种子法》及配套法规的理解，强化责任意识和法律意识；营造地区依法治种的良好氛围，提高为农业生产服务的能力，为全区农业增效、农民增收奠定良好的基础。是年，参训人员432人。

【种子市场检查】 2017年，喀什地区种子管理站配合地区农资市场联合执法工作领导小组，分两个督导组赴喀什地区11县（市）开展农资市场联合执法检查，维护农民和企业的利益。是年，共检查农资门市部700余家，处理案件58起，查处种子102568千克，罚款9万元。

（喀什地区种子管理站）

【“菜篮子”蔬菜工程建设】 2017年，喀什地区园艺蚕桑特产技术推广中心（以下简称喀什地区园蚕中心）对喀什市、疏勒县、疏附县“菜篮子”工程59个直销店冬菜直销监管，推进直销店常态化经营。指派3名工作人员专门做好直销店每日后台监控、冬菜销量数据统计、日常巡查监督、企业保鲜费月结算核发、监控设备和POS机调试安装维修维护及服务工作。每月开展蔬菜市场价格调研分析，随时掌握蔬菜市场动态，平抑市场，安排专人开展喀什地区当前蔬菜产销形势分析、地产冬菜与外调冬菜价格比对分析、蔬菜价格日常监测同比分析工作；及时落实保鲜资金的核拨工作。根据每日直销店监控、销量数据的统计情况，按照每种菜保鲜补贴的要求，及时核算、审批，分次落实拨放保鲜企业保鲜费。

【农业生产技术服务】 2017年3月15—25日，喀什地区园蚕中心联合喀什地区农经局组成技术服务组到喀什市、疏勒县、疏附县、英吉沙县25个乡镇88村督导农业生产，开展技术服务指导，对15家农资销售点进行价格和质量督查，组织指导农民开展小麦除草、施肥、拱棚及露地瓜菜种植和病虫害防治技术培训500余人次。

【瓜菜试验示范】 2017年，喀什地区园蚕中心从新疆瓜果研究所引进西甜瓜新品种，在疏附县栏杆镇布点开展5个优良甜瓜品种对比试种试验，从制定技术方案、播种、落实田间技术措施到采收全过程栽培技术及病虫害防治技术措施等方面，做好田间技术档案记录与整理，筛选出4个早中熟甜瓜优良新品种，完成试验总结报告。是年，在喀什市疏勒县、疏附县县落实3个点3种正播露地菜示范点面积20公顷。

（喀什地区园蚕中心）

【农业技术培训】 2017年，喀什地区农业技术培训服务组组织编写《小麦田间管理技术》《棉花提质增效技术培训》《玉米优质高产栽培管理技术》《大棚及庭院大棚加固管理技术指导》等8项培训教材和多媒体课件，广泛开展农村实用技能培训。在农时各节点采取现场指导、集中培训方式针对生产中的问题，与农民群众面对面、手把手交流指导培训，根据县乡要求有针对性地开展预约式培训。开展小麦、玉米等作物综合配套栽培技术示范推广及棉花提质增效技术培训。在疏附县、疏勒县、伽师县、英吉沙县、莎车县深度贫困村开展培训102场，培训农户6万户60075人，其中：培训贫困户5.36万，贫困人口5.39万人。是年，喀什地区小麦亩产达到14.2千克。棉花亩产平均110.2千克，较上年亩产高出1.6千克。

【耕地质量保护与提升】 2017年，喀什地区以耕地保护与质量提升、化肥减量增效、生物降解膜试验示范等工作为重点，完成全地区十二县（市）1041个耕地土壤取样制备工作。落实《喀什地区贯彻落实新发展理念坚决打好“三大攻坚战”的实施方案》，组建技术工作组，制定化肥零增长工作方案，确立伽师县、莎车县为化肥减量增效项目实施县。在伽师县、莎车县选取具有代表性6个乡镇18个行政村400户开展化肥施用情况摸底调查工作。对村民进行化肥减量增效，科学施肥培训。分别到伽师县的7乡4村、莎车县依什库力乡的17村布点，优化作物的养分吸收、肥料利用、土壤供肥能力等施肥参数，开展棉花、小麦、万寿菊等作物田间肥效试验，探索和推广化肥减量增效技术。积极与疆外企业合作，在莎车县乌达力克乡3村、18村以及地区农技中心试验场开展玉米、蔬菜生物全降解地膜试验示范，探索减轻农业污染源。启动农田休耕项目，将麦盖提县、叶城县分别列入休耕项目实施县，项目实施面积0.33万公顷，是年，喀什地区制定农田休耕项目的实施方案，保障工作经费，确保项目如期实施。

（喀什地区农业技术推广中心）

【农村土地承包经营权确权登记颁证】 2017年，喀什地区制定《2017年喀什地区农村土地承包经营权确权登记颁证整县推进工作实施方案》，新增喀什、伽师等8个县市土地确权任务24.25万公顷，按照法定登记内容和程序，严把“政策关、示范关、招标关、质量关、资金关”，做到“调查摸底全面化、试点过程公开化、确权颁证一体化、档案整理规范化”，确保公开透明、阳光操作。按照1∶1000比例尺科学测绘，开展权属调查、地籍测量与处理、勘误修正、结果确认、质检与数据建库、建立登记簿等工作，及时构建土地确权登记颁证管理信息系统。是年，自治区确认的2016年莎车、叶城、泽普三个土地确权县试点县外业测绘工作基本接近尾声，自治区确认喀什市、麦盖提、伽师、英吉沙、疏附、疏勒、岳普湖、塔什库尔干县为2017年土地确权县市。11个确权县市土地确权总面积40.60万公顷，涉及169个乡镇，2155个村。截至是年末，外业实测完成30.07万公顷，完成任务面积的74.06%，涉及116个乡镇，1333个村。

【规范发展农民专业合作社】 2017年，喀什地区农村合作经济经营管理局（以下简称喀什地区农经局）对自治区、地区级合作社示范社进行动态监测、跟踪评价工作，及时上报有关监测情况报告。在全区开展农民专业合作社非法集资专项自查活动，形成专项督查报告上报地区。积极争取上海对口扶持莎车、泽普、叶城、巴楚四县农民专业示范合作社建设项目资金50万元。截至是年末，全地区有农民专业合作社1662家，注册资本24.07亿元，合作社成员40455人。

【农经业务培训】 2017年，喀什地区农经局组织地区13名农经业务干部参加自治区农村土地承包经营纠纷调解仲裁培训班、11名农经干部参加自治区农村土地承包经营权确权登记颁证整改工作培训班。在喀什、莎车、麦盖提等县市举办农村土地确权、合作社培训班6期，培训农经人员280多人次。

（杨　坤）

畜牧业

【概况】 2017年，喀什地区畜牧业在推动农业经济结构调整、农民增收等方面发挥促进作用。全地区牲畜存栏805万头只，牲畜出栏901.23万头只。家禽存栏1671.98万羽，家禽出栏7723.94万羽。肉类产量达到36.86万吨，奶类产量达到26.4万吨，蛋产量达到9.98万吨，是年，地区对畜禽开展科学饲养管理，幼畜死亡率下降，年产幼畜753.47万头只。

【动物防疫体系建设】 2017年，喀什地区畜牧兽医局完成春秋两季重大动物疫病集中免疫工作，累计完成牛羊猪禽等重大动物疫病免疫1.01亿头只、常规动物疫病免疫3560.8万头只，完成免疫任务的100.44%；按程序和规定开展马传贫检疫净化和畜间病原学检测工作；开展重大动物疫病应急物资储备、免疫抗体效价监测，全力保障全区畜牧业健康发展。强化动物检疫监督，依法严格规范动物检疫监督，严把入场检查、待宰巡查、宰后检疫、消毒及无害化处理监管“四道关”。累计完成畜禽产地检疫944.33万头只、畜禽屠宰检疫446.85万头只；推进养殖、市场及流通运输环节监管不断完善，实现监管工作常态化，累计调入畜禽303.29万头只，调入动物产品4271.19吨，调出畜禽97.02万头只，调出动物产品5578吨；动物检疫监督溯源体系建设得到加强，信息化手段为追溯体系、屠宰监管发挥作用。

【畜禽标准化示范场创建】 2017年，喀什地区畜牧兽医局对养殖场（小区）备案，开展畜禽标准化示范场创建工作。是年，备案养殖场（小区）累计702个，畜禽标准化示范场22个，其中，自治区级畜禽标准化示范场4个。

【种畜禽生产经营秩序整顿】 2017年，喀什地区畜牧兽医局规范种畜禽生产经营秩序，对51家种畜禽场进行清理整顿，吊销种畜禽场生产经营合格证16家。

【《喀什地区畜禽遗传资源保护与利用规划（2017—2020年）》编制】 2017年，喀什地区畜牧兽医局持续开展多浪羊、塔什库尔干羊等地方品种选育工作，完成《喀什地区畜禽遗传资源保护与利用规划（2017—2020年）》编制，科学指导畜禽遗传资源的保护和利用工作。

【禁养区划定】 2017年，喀什地区畜牧兽医局推进禁养区划定工作，促进畜禽养殖业与生态环境保护全面协调发展。是年，划定禁养区93个，面积1361平方千米，禁养区内需搬迁或关闭的养殖场（户）242个（其中养殖场29个、存栏畜禽18967头只，养殖户213户，存栏畜禽775898头只）。截至年底，叶城县、伽师县、喀什市、泽普县、麦盖提县已完成搬迁或关闭养殖场工作，巴楚县、塔什库尔干县没有需要搬迁的养殖场（户）。

【畜牧“科技之冬”活动】 2017年，喀什地区畜牧兽医局认真开展“科技之冬”活动，提高全地区畜牧技术人员和养殖人员的技术水平和科技意识。全年共举办各类培训1248期，培训人员33.6万人次，集中开展宣讲、科普宣传活动242场次，宣讲人数4.73万人次，发放资料19.4万本（册／张盒）。

【畜产品品牌建设】 2017年，喀什地区畜牧兽医局畜产品加强畜产品经营体系和质量安全监管，深入开展畜产品安全质量安全专项整治，有力保障畜产品和投入品质量安全。努力实施“一县一产业、一县一品牌”战略，编制“疆岳驴”“高原牦牛”“巴楚羊”“麦盖提羊”“莎车鸽子”等产品标准，为地区畜产品品牌建设提供技术支持。

【草原补奖资金发放】 2017年，喀什地区畜牧兽医局完成2016年草原生态补助奖励政策发放资金额度95%，直补到户资金1.21亿元；2017年草原生态补助奖励资金发放到户6202.10万元，完成资金额度的48.39%。

（喀什地区畜牧兽医局）

林　业

【概况】 2017年，喀什地区提升林果基地建设规模和质量，新增造林合格面积1.63万公顷，其中：林果面积0.62万公顷，生态林面积1.01万公顷。补植补造各类果树面积2.89万公顷、329.7万株，补植补造生态林824.4万株。截至是年底，森林资源面积达到78.30万公顷，其中：经济林38.83万公顷；防护林8.70万公顷；薪炭林1.03万公顷；灌木林4.34万公顷；特种用途林0.03万公顷；天然林25.36万公顷，国土森林覆盖率达4.83%。新育苗合格面积为1260公顷，其中：新育林果苗木786.67公顷，新育生态林苗木473.33公顷。完成果树大田嫁接1.97万公顷、338.8万株，完成红枣园疏密0.17万公顷、32.5万株，核桃园疏密126.67公顷、2.74万株。

【《国有林场改革实施方案》审查】 2017年，喀什地区全面启动国有林场改革工作，地区林业局制定《喀什地区国有林场改革实施方案》，地区和12个国有林场（昆仑山国有林管理局、巴楚县下河林场和夏马勒胡杨林场、麦盖提县胡杨林场、麦盖提县五一林场、伽师县林场、泽普县林场、叶城县林场、莎车县二林、疏勒县林场、英吉沙县巴旦木林场和毛阿里林场）的改革实施方案经自治区批复并提出审查意见，修改完善后印发执行。改革后，昆仑山国有林管理局、巴楚县下河林场和夏马勒胡杨林场、麦盖提县胡杨林场、伽师县林场等5个全额事业单位全部转为公益一类事业单位。麦盖提县五一林场、英吉沙县巴旦木林场和毛阿里林场、莎车县二林场等4个自收自支单位转为公益一类事业单位，叶城县林场、疏勒县林场、泽普县林场等3个差额事业单位转为公益一类事业单位。

【有害生物防治】 2017年，喀什地区林业有害生物发生总面积41.13万公顷，其中，轻度发生面积26.79万公顷，中度发生面积11.82万公顷，重度发生面积2.53万公顷；中度及以上发生面积占发生总面积的34.87%；病害发生面积5.14万公顷，虫害发生面积33.64万公顷，鼠兔害发生面积2.36万公顷；实施监测面积809.03万公顷，监测覆盖率达到97.52%；是年，地区投入资金1929.88万元，用于林业有害生物防治，防治面积40.31万公顷，其中，病害防治面积5.05万公顷，虫害防治面积32.93万公顷，鼠兔害防治面积2.33万公顷，采用飞机防治面积13.52万公顷。林业有害生物得到有效控制，全面完成国家、自治区林业部门下达的林业有害生物防治“四率”目标管理指标，成灾率控制在3‰

以下，林果无公害防治率达到90%以上，测报准确率达90%以上，种苗产地检疫率100%。

【森林资源保护】 2017年，喀什地区林业局建立《保护发展森林资源目标责任制》，实行任期制考核，各级党委和人民政府实行保护发展森林资源党政同责、一岗双责，严格执行林地定额管理制度和供地政策，优先依法保障国家和自治区重点建设项目、基础设施项目和民生项目用地需要。严格林地用途管制制度，遏制有林地逆转，严禁为规避林地用途管制而擅自调整《林地保护利用规划》或将林地隐瞒不报、改变林地用途。强化对临时使用林地的监管。是年，依法办理各类工程建设征占用林地25宗、162.66公顷，查处非法侵占林地面积8.07公顷。惩处涉林犯罪行为，共立涉林刑事案件54起（重大案件2起，特大案件2起），破获54起；共立林业行政案件136起，查处128起。截至是年底，完成塔什库尔干野生动物自然保护区内非法探采矿综合治理工作，查处矿山企业11家。

【野生动物保护】 2017年，喀什地区林业局积极开展野生动物保护宣传救助，加强与畜牧兽医、工商部门的交流合作，加大疫源疫病监测防控建设、宣传教育培训力度，利用野生动物保护宣传月、爱鸟周、湿地日等宣传节点，通过设立法律咨询服务点、挂宣传横幅、发放宣传单等方式宣传野生动植物保护相关法律法规，野生动植物在生态环境的作用等知识，提高广大群众特别是基层群众的保护野生动物意识和自觉性。是年，收到群众举报救护野生动物17只，其中，国家重点保护野生动物猎隼、金雕、鸮类等10只，自治区级保护野生动物鸭类、狐类7只。

【特色林果业转型升级】 2017年，喀什地区新定植以核桃、新梅、樱桃为主的林果面积0.62万公顷；补植补造以红枣、核桃、巴旦木为主的果树面积2.89万公顷、329.7万株，新育林果苗木786.67公顷，完成果树大田嫁接面积1.97万公顷、338.8万株，完成红枣园疏密面积0.17万公顷、32.5万株，核桃园疏密面积126.67公顷、2.74万株；春季果树大田嫁接面积1.13万公顷、243.2万株，夏季核桃芽接面积0.838万公顷、95.6万株。是年，优化林果种植结构，规范栽培模式，有效解决园相不齐、密度不均、品种不优的问题，抓实和提升42万公顷林果基地建设规模和质量。认真组织实施阿月浑子良种示范推广、新梅集约化栽培技术的研究与示范、喀什地区巴旦木标准化示范区建设、喀什地区色买提杏种质资源汇集圃建设、喀什地区核桃丰产栽培技术示范推广、开展杂交构树引进试验工作。对果树全程管理，在重要农时节点和生长发育生理关键期，实施肥水管理、嫁接改良、整形修剪、病虫害防治、花果管理等关键技术环节，组织2支技术服务队到12县市开展全年常态化技术服务。是年，全区林果总产量189.3万吨，实现林果业总产值107.6亿元，增加值64.6亿元。强化宣传和规范使用“喀什”系列七个特色林果地理标志证明商标，利用援疆机制和自治区搭建的六大外销平台，拓宽果品销售市场。

【林业项目资金】 2017年，喀什地区林业到位资金60606.63万元，其中：中央预算内资金15945.6万元，中央财政林业改革发展资金43212.03万元，自治区林业发展补助资金1449万元。中央预算内资金15945.6万元，其中：退耕还林工程资金7760万元；三北防护林工程资金7642万元；林木种苗工程343万元；基建小专项69万元；国家级林业有害生物防治测报点建设经费131.6万元。中央财政林业改革发展资金43212.03万元，其中：森林资源管护支出9680.21万元；森林资源培育支出7865.5万元；生态保护体系建设资金4650万元；国有林场改革资金100万元；林业产业发展支出322.43万元；退耕还林工程15043.89万元；生态护林员4459万元；农业综合开发项目400万元；国有贫困林场395万元，中央部门预算20万元。自治区林业发展补助资金1449万元，其中：林业发展补助资金835万元；森林植被恢复费470万元；农业综合开发项目144万元。

【生态护林员补助】 2017年，喀什地区在扶贫开发县中续聘生态护林员3603人，新增生态护林员856人，截至年底，喀什地区有生态护林员4459人。是年，对生态护林员给予每人每年1万元补助，实现4459人建档立卡贫困户“一户一人稳定就业”。其中：喀什市67人；疏附县357人；疏勒县515人；英吉沙县550人；莎车县1000人；泽普县100人；叶城县615人；岳普湖县200人；伽师县650人；巴楚县200人；塔什库尔干县205人。

（陈　翔）

农牧业机械化

【概况】 2017年，喀什地区农机总动力452.99万千瓦，比上年增长5.01%；拥有大中型及以上拖拉机13.38万台，增长2.92%；小型拖拉机3.49万台，增长5.44%；配套机具33.96万台（架），增长2.59%。机具配套比达1∶2。喀什地区农机作业水平保持稳定增长，农林牧渔机械化水平49.02%，同比增长1.41个百分点；主要农作物综合机械化水平74.21%，同比增长0.6个百分点；小麦全程机械化水平94.7%，玉米全程机械化水平54.3%，棉花全程机械化水平63%。农机经营服务效益进一步提高，推进农机专业合作社发展工作，全区农机专业合作社69个，其中，新增农机专业合作社6个。

【农机化保障】 2017年，喀什地区“三夏”期间投入各类农业机械10.44万台（套），其中，联合收割机909台，配套旋耕机9763台、免耕播种机1240台、打捆机2000台、玉米播种机6942台。完成小麦机收面积22万公顷，小麦机收水平、秸秆综合利用率100%，区域内小麦收获时间10～15天内完成，适时完成玉米，机播率100%。截至6月10日，全区完成小麦机收面积3.26万公顷，累计投入联合收割机907台次，投入拖拉机6.7万台，检修农业机械10.44万台/架，检修率86%，其中，联合收割机939台、免耕机1240台，旋耕机9763台、割晒机14327台、其他机械7855万台/架，发放跨区作业证200个。

【农机购置补贴】 2017年，喀什地区争取国家农机购置补贴资金2.021亿元，分两批次分配，5月上旬第一次资金分配1.47亿元，占资金总量的72.72%，9月第二批资金分配0.55亿元，占资金总量的27.28%；争取农机差别化补贴政策，补贴标准从22%提高到30%，做好农机购置补贴政策的引导和宏观调控作用，地区农机局严格按照农机购置补贴政策的操作程序，严格管理，规范操作；争取农机深松整地作业补助资金2760万元，完成农机深松作业面积6.13万公顷。农民申请农机购置补贴资金8855.81万元，实施进度43.82%，兑付资金2899.19万元，兑付进度为14.35%。

【农机安全生产】 2017年，喀什地区农机局严格落实拖拉机、联合收割机、大型工程机械设备登记制度，对不符合标准要求的车辆坚决不予办证上牌。对农机手实施安全培训、驾照考试，消除农机事故隐患，减少农机事故发生。坚持严格按照国家及自治区的有关规定办理拖拉机保险业务工作，拖拉机交强险投保率100%。是年，组织拖拉机驾驶员考试8场次，参加考试人员2297人，其中，喀什地区拖拉机驾驶员使用“电子桩考仪”进行实践考试，莎车县和岳普湖县试点增加无纸化考试。截至是年底，喀什地区共发生农机事故10起，死亡2人，受伤7人，直接经济损失3万元。

【大型工程机械设备和车辆摸底调查】 2017年，喀什地区农机局统计汇总“大型工程机械和设备摸排统计表”和“大型工程机械分类统计表”，在全区开展上牌落户工作。截至年底，摸排统计大型工程机械设备7406台（其中，吊车16台），上牌落户率100%。

【农机安全监理】 2017年，喀什地区农机局严格按照《农机安全监理业务规范》管理、规范拖拉机及拖拉机驾驶员业务，严格执行拖拉机业务及档案规范、驾驶证业务及档案规范。加大对各县市农机安全监理业务督查和检查，不定时、不通知地对各县市监理站及分站进行检查。每个季度对各县市农机局进行安全生产考核，要求存在问题的县市限期整改。在重大节日期间及“三夏”生产期间，严厉查处拖拉机、联合收割机无牌行驶、无证驾驶等严重违法行为，及时收集、汇总、上报信息资料。结合农机行业存在的突出问题和安全隐患，依法加强农机安全生产监督管理，强化事故隐患排查整改力度，加大对拖拉机非法载人、黑车非驾等违法行为的查处力度，确保农机安全生产平稳运行。是年，检查并依法处罚各类拖拉机852台，查处各类违章行驶361起，查处无牌无证驾驶人员89起，超载运输44起，各类安全隐患151

起（其中挂车无保险链84台，无车灯或车灯不亮96起，无保险锁销35起），查处尾部反光警示标志不符合要求的拖车334台，均现场强制粘贴并进行相应处罚，消除农机安全生产隐患。推广拖拉机和农用挂车加装灯光信号装置、加装拖拉机制动贮气泵等安全技术新措施改造，提高拖拉机及机组安全防护性能，从事运输拖拉机加装率达80%以上；落实拖拉机尾部加装反光警示标志，粘贴率100%。

【平安农机示范地创建】 截至2017年底，喀什地区12县（市）全部取得自治区级“平安农机”示范地（县、市）称号，其中，莎车县、岳普湖县、麦盖提县、叶城县、疏附县、英吉沙县获国家级“平安农机”示范地（县、市）称号。

【安全生产咨询日宣传活动】 2017年6月18日，喀什地区农机局组织地区农机安全监理所、喀什市、疏勒县、疏附县农机局农机执法人员22人在喀什市拖拉机二手市场开展以“强化安全发展观念、提升农机手安全素质”为主题的安全生产咨询日宣传活动。现场发放“致安全生产倡议信”、《安全生产知识宣传画册》《安全操作挂图》，宣传安全法律法规和安全操作知识，展览农机安全生产宣传板块，展示事故案例，解答农民群众有关农机安全监理业务办理中遇到的疑难问题、拖拉机报废补贴以及国家购置补贴等方面的问题。地区、县市共出动监理执法人员30人、出动监理车4辆、事故案例挂图6副、发放宣传资料8000余份，书籍2000余册，现场咨询解答农机手疑难问题110人次。

【农机惠农政策培训】 2017年，喀什地区农机局编写《农机购置补贴政策宣传提纲》《农机深松作业补助政策宣传提纲》《农机报废更新补贴政策宣传提纲》，举办农机惠农富民政策培训班1期，培训县（市）农机局领导、农机购置补贴操作人员16名，编制精装本培训教材30本。

【农业机械调研】 2017年，喀什地区农机局撰写《喀什地区棉花生产机械化现状、存在问题及建议调研报告》《喀什地区特色林果业转型升级，推动实施林果业机械化调研报告》2篇，对棉花生产机械化和林果业机械化发展提出意见建议、存在问题。

（喀什地区农业机械管理局）

水 文

【水文测验】 2017年1月27日，喀什水文勘测局召开职工大会，完善和强化各站长对测站的管理，明确目标职责，落实责任监督，强化管理措施，主汛期间，测站职工均坚守在一线，确保各项任务的正常开展。是年，积极开展对各测站测流仪器、缆道、雨量计、超声波水位计等设施设备的维修和养护，汛前对各测站有关设施设备、站房、水电暖等安全措施进行全方位排查，保证水文测验设施设备正常运行。准确完成塔河站2016年资料送审工作和各站2016年测站资料的送审、复审工作以及塔里木河流域喀什管理局委托的50个断面水位流量关系线率定工作。派出安全检查组在汛前、汛期、汛后多次赴各水文站检查指导，分析解决部分测站上下游之间流量不符的问题。

【水文情报预报】 2017年，喀什水文勘测局坚持水雨情会商制度。参加地区水利局召开的2017年防汛抗旱形势研讨会7次，总结每月水量实况，预测分析次月来水量及洪水情况。截至10月，水情信息人员共抄收水情电报6448份，报送水情395393份，全年无出现停测、停报的现象。通过网络、QQ群向水利部预警发布网站发布预警28份，其中，蓝色预警8次、黄色预警19次、橙色预警1次；为地区领导、各级防办、局领导和测站站长发布预警3892人次，短期洪水预报合格率90.0%以上。建成土壤墒情固定监测站12个，培训人员5人，完成莎车、伽师、疏附、英吉沙、叶城、塔什库尔干县《山洪灾害防治项目（2014—2015年度）调查评价》工作，包括野外调查和内业工作任务，项目审核通过率100%。完成地区80眼地下水监测井的动态监测及维护工作，通过政府采购对部分遥测设备进行更换，新设备运行正常。

【水质监测】 2017年，喀什水文勘测局按水环境监测规范要求，对地区22个水质监测站开展各类水质日常水环境监测和地下水常规观测井基础数据监测工作，按时完成每月原始资料、水质成果质量月报、水质成果月报和质量控制统计月报等填报工作。完成喀什、伽师等四县一市饮水工程的水文分析计算报告、泥沙颗粒分析和水质监测分析报告编制工作。编写并发表《水质简报》3期，完成上年《水质年报》，分析各测站样品123个，监测参数57个。完成地区79处地下水监测井的检测任务、21个水功能区的水质状态监控，资料收集、采样分析、资料整理和成果上报等工作；

2017年8月25日，新建成的全疆水文系统首个量水堰投入运行（梁建辉摄）

2017年5月10日，喀什水文勘测局水情勘测人员利用桥测车抢测洪峰（梁建辉摄）

参加完成水利部项目3个和认监委1个项目的能力验证考核。

（喀什水文局）

水　利

【水利重点工程建设投资】 2017年，叶尔羌河防洪治理工程共计新建15项，续建10项，截至12月中旬，共计完成投资4.8亿元，67项叶尔羌河防洪治理工程累计完成投资21.3亿元，100%完成批复概算投资。是年，地区列入年度建设计划的大型灌区建设项目25项总投资10.22亿元（中央投资8.17亿元，地方配套2.04亿元），其中，完成叶尔羌河大型灌区建设项目15项总投资5.93亿元，喀什噶尔河大型灌区建设项目10项总投资4.29亿元，全年完成大型灌区投资8.73亿元，是计划下达投资10.22亿元的85.42%，实际到位投资8.17亿元的106.85%。

【灌溉】 2017年，喀什地区灌区累计引水94.12亿立方米，其中地表水81.77亿立方米，地下水12.35亿立方米。全年各类作物累计灌溉亩次达到5937.41万亩次，其中，小麦播种面积24.59万公顷，平均灌溉3.06次，比上年2.9次多灌0.16次。

【重点水利项目前期储备】 2017年，喀什地区积极做好《南疆水资源利用和水利工程建设规划》的实施，按期完成规划内的防洪、农村饮水安全巩固提升、灌区重点骨干工程、高效节水、水闸除险加固等工程的前期工作，充分做好项目前期储备。督促叶城县莫莫克水利枢纽建管局积极跑办前期工作，争取莫莫克水利枢纽工程可研通过审批；配合开展库山河库尔干水利枢纽工程可研上报水利部审查；完成喀勒巴什水库前期审查。开展水利发展“十三五”规划中期调整规划项目。

【防汛抗旱】 2017年，喀什地区建立健全防汛抗旱会商制度，制定完善防汛抢险会商机制，定期、不定期进行会商研判，研究提出解决问题的办法和措施，全年累计召开防汛抗旱会商会议11次，下发防汛抗旱会商简讯8期。主汛期，协助水文部门通过网络、QQ、手机短信等宣传方式累计发布洪水预警45次，短信平台发布预警3749人次。积极做好水毁工程修复，累计申请中央、自治区特大防汛抗旱补助资金1320万元。加强防汛物资储备，为防汛抢险提供保障，全年累计储备防汛物资铅丝500吨，钢筋201吨，编织袋132万条，卵石18万立方米，铅丝笼6.17万套，钢筋笼1080套，木头6850根。

【农田水利基本建设】 2017年，喀什地区农田水利基本建设完成总投资395001万元，其中，国家投资232269万元，自治区投资39907万元，地方配套及群众投资122825万元；累计投入劳动积累工日179.55万工日，累计完成土石方4160.69万立方米，累计完成混凝土方108.60万立方米；新、改建防渗渠道1183.42千米，维修灌溉渠道1594.30千米;平整土地1.37万公顷，改造中低产田1.21万公顷，改善灌溉面积13.19万公顷；维修改造机井3785眼，更新机电井261眼；新修防洪堤68.26千米，修复水毁工程102处，加固加高堤防173.26千米，新增高新节水灌溉面积3.08万公顷。

【农村饮水安全】 2017年，喀什地区农村饮水安全巩固提升工程完成投资4458万元，改善7.7万人的饮水问题；银行贷款解决饮水安全工程共2项，完成投资11421.79万元，解决27.27万人的饮水问题；完成全区2017年脱贫的330个贫困村16500户未通水居民的饮水问题。

【水利工程建设管理】 2017年，喀什地区派出监督人员对进入喀什市招投标管理中心进行招投标交易的442个标段、交易额18.6亿元的112个水利工程项目认真进行开标评标监督，每次招标结束后监督人员均提交监督自查报告。是年，对水利工程建设领域挂靠借用资质投标违规出借资质问题开展专项清理。对2017年的续建、在建项目，严格要求参建企业按照投标文件承诺派现场管理人员到施工现场履行职责，否则责令项目法人单位停工整顿。将投资在2000万元以下项目的质量监督工作下放到县（市）水利水电工程质量监督站。举办建设管理、招标投标、质量监督、水利行业安全生产工作培训，培训人员300余人次。

【水利工程质量监督】 2017年，喀什地区对叶尔羌河莎车县、巴楚县16项防洪工程，10项大型灌区续建配套工程，3项高效节水工程及喀什（伽师）一市四县城乡饮水安全项目沉沙调节池工程共计30项新开工建设项目办理质量监督书、制定质量监督计划，对项目划分进行批复。专门下发《关于开展喀什地区2016—2017年度水利建设质量体系和质量行为自查工作的通知》，在对各县（市）自查的基础上进行抽查。

【水土保持】 2017年，喀什地区共审查大型灌区节水改造项目水土保持方案7个。批复光伏项目水土保持方案共2项，莎车县水利局批复公路项目水土保持方案1项。地区本级收取设施补偿费共110.068万元。

【水产品质量安全】 2017年5—9月，喀什地区渔业检测中心受新疆维吾尔自治区水产局委托，在喀什地区、和田地区和克州对80个水产品进行产地水产品质量安全检测抽检2批次，完成水产品中氯霉素、孔雀石绿、硝基呋喃代谢物呋喃唑酮、喹乙醇代谢物等项目的抽检任务。经现场取样检测及实验室检测分析，合格率为100%。

【渔业项目申报改造】 2017年，喀什地区渔业检测中心与喀什地区水产技术推广站水产技术推广站编撰《池塘标准化改造项目》《新疆扁吻鱼后备亲鱼培育项目》，争取资金约20万元，实施改造600多米的进水系统。

【水产渔政】 2017年，喀什地区完成成鱼产量约13767吨，实现渔业经济总产值约2亿元。水库经济鱼类增殖放流投入中央财政资金30万元。在西克尔水库、红海水库等10座水库开展经济物种增殖放流，完成投放鱼种60万尾。

【水权水价】 2017年，喀什地区研究制定地区水费规范化征收和水价核定程序，切实增加用水和交费的透明度，加强水费征管力度，实现专账管理，强化到户水量计量的核查审批工作。

（匡代亮　张　琦）

流域管理

塔里木河流域喀什管理局

【概况】 塔里木河流域喀什管理局（以下简称喀什管理局）负责叶尔羌河流域和灌区管理，管理范围为叶尔羌河流域，包括叶尔羌河、克勒青河、塔什库尔干河、提孜那甫河、棋盘河、乌鲁克河、柯克亚河等河流。2017年末，叶尔羌河灌区灌溉面积50.23万公顷，灌区呈狭长带状分布，长约400千米，宽40～80千米，灌区总人口200余万人，位列全国第四、新疆第一的特大型灌区，属兵地融合灌区。灌区共有24个县级以上用水单位，包括喀什地区叶城县、泽普县、麦盖提县、莎车县、巴楚县、岳普湖县、喀什监狱、巴楚监狱、麦盖提基地，农三师的四十二团、四十六团、前进灌区（子灌区）、小海子灌区（子灌区）等。截至2017年，喀什管理局在流域内先后修建喀群、勿甫、中游、民生、艾力克塔木、江卡、红卫、黑孜阿瓦提、罕克尔等9座流域性骨干引水工程，建成流域内平原水库54座，山区水库1座。完成塔里木河流域项目建设142项，总投资37亿元，极大地改善灌区水利基础设施条件。编制完成《新疆叶尔羌河防洪规划整体可研报告》，规划防洪工程91项，防洪工程相继建设并投入运行，确保流域两岸人民生命财产安全，为流域生态环境增加保护屏障。

【全面推行河（湖）长制】 2017年，喀什管理局围绕“生态文明建设”战略思想的总体部署，全面贯彻“引”“截”“治”“疏”“保”“管”六字口诀，严格遵循科学筹划、因地制宜、综合治理、突出重点的原则，深入开展叶尔羌河、提孜那甫河“河（湖）长制”及河道的水环境综合治理，通过加强领导、明确职责、强化责任、全面协调、严格考核等措施，确保各项治理任务全面落实到位，促进河道水质、水环境及周边生活、生产环境面貌的持续改善。

【保护恢复塔里木河下游生态环境】 2017年，喀什管理局围绕塔里木河综合治理，坚持以生态系统建设和保护为根本，按照限额用水和水量统一调度的原则，灌区用水与下放生态水统筹考虑，工程措施与非工程措施紧密结合，加大水行政执法，依法治理流域非法取水垦地等现象，争取保护生态与经济发展的“双赢”局面。在改善流域内水利基础设施条件促进流域当地经济快速发展的同时保护和恢复塔里木河下游生态环境。是年，成立应急补水调度工作领导小组，编制《应急补水调度实施方案》，与相关单位积极协调沟通，向胡杨林重点保护区应急补水，巩固生态补水成果。截至是年9月20日，共计向叶尔羌河流域重点胡杨林区补水1.21亿立方米，超计划完成补水任务。促进流域当地经济快速发展，保护和恢复塔里木河下游生态环境。

【推进流域项目前期工作】 2017年，喀什管理局不断推进项目前期工作。《依干其引水枢纽可行性研究报告》《东岸总分水闸除险加固工程初设报告》《勿甫引水枢纽除险加固工程可研报告》已通过自治区水利厅审查。荒地节制分水闸除险加固工程已报水利厅待审。克洛瓦提节制分水闸除险加固工程、西岸总分水闸除险加固工程初步设计报告正在编制中。《提孜那甫河防洪治理工程整体可行性研究报告》已上报水利厅待审。

【塔里木河流域工程建设】 2017年，喀什管理局相继建设防洪工程并投入运行，确保流域两岸人民生命财产安全，为流域生态环境增加保护屏障。是年，重点完成西岸输水总干渠防渗改建工程、提孜那甫河下游退水工程、喀群除险加固工程、重建艾里克塔木渠首工程及2017年维修养护工程建设任务，计划完成投资1.9亿元，已完成投资1.86亿元，完成目标任务的98%。完成中游渠首工程、库木库勒防洪工程（二期）、苏盖提吐乎防洪工程、2016年及2017年维修养护工程竣工验收。

（范　静）

喀什噶尔河流域管理

【喀什噶尔河流域管理委员会第六次全体会议召开】 2017年7月3日，喀什噶尔河流域管理委员会第六次全体会议召开，会议调整新一届喀什噶尔河流域管理委员会机构，自治区水利厅厅长、喀什噶尔河流域管理委员会主任覃新闻出席会议。

【喀什噶尔河流域水价改革】 2017年，喀什噶尔河流域管理局按照自治区发改委《关于直属流域管理单位供水价格有关事宜的通知》精神，及时协调喀克两地州、兵团第三师，积极推动落实自治区确定的新的农业供水水价改革工作，促进流域农业水价调整，结束喀什噶尔河流域水价20年未调整的局面。是年，执行农业综合供水价格由 0.00142 元 / 立方米调整为 0.0077 元 / 立方米（占供水成本的 50%），其中小麦供水价格调整为 0.0046 元 / 立方米（占供水成本的 30%）。

【推进最严格水资源管理】 2017 年，新疆喀什噶尔河流域管理局贯彻执行《自治区实行最严格水资源管理制度方案》《自治区水资源管理制度考核办法》，充分发挥流域管理机构职能作用，以“三条红线”控制指标为遵循，科学编制流域用水计划，加强水量综合调度力度，及时做好水情预测，强化抓日常测配水监察管理，有效保障流域工农业生产、生活用水，依法依规推进流域水资源费宣传和征收工作，2016—2017 年，流域配水 44.41 亿立方米，是年，征收水资源费 729.45 万元。

【水法规宣传】 2017 年，新疆喀什噶尔河流域管理局认真做好《中华人民共和国水法》宣传，在喀什市、9 个基层水管站部属地开展系列宣传活动，发放宣传册等 5000 份，提高群众对水法律法规的知晓率，提高群众节约用水的意识。

【流域行政审查】 2017 年，新疆喀什噶尔河流域管理局按照《取水许可管理办法》的要求，对所发取水许可证进行年审，年审流域农业、工业、军警企事业单位取水许可证 122 本。切实做好流域内河流山区塔日勒嘎水电站等 2017 年防洪应急预案审查、流域各河山区水电开发项目及涉河其他开发项目预审工作。对 G315 线托帕至吐尔尕特公路建设项目选料场、35 千伏乌锌线改造工程跨河地点、阿克陶县在库山河县城段河边修建旅游区项目、喀什地区“十三五”交通基础设施建设疏附县农村公路跨越盖孜河和克孜勒苏河项目、阿图什轻工业园区至喀什经济开发区高速公路跨越恰克马河项目等预审或提出处理意见。

【河道管理】 2017 年，新疆喀什噶尔河流域管理局加大执法监督检查力度，开展常规涉河、涉水执法 76 次，河道巡查执法检查 117 次，水土保持专项检查 9 次。积极做好流域水事纠纷调处和水事案件查处工作，妥善解决流域水事纠纷，有效维护流域正常的水事秩序。持续推进河流污染源排查、整治工作力度，严肃清理查处侵占河道和乱采乱挖石料行为。制定《喀什噶尔河流域河长制工作实施方案》，建立喀什噶尔河河长制联席会议制度、河长制信息通报及共享制度、河长制工作督查检查制度，基本完成克孜河“一河一策”编制工作，有序推进流域河长制工作。

【流域防洪抗旱】 2017 年，新疆喀什噶尔河流域管理局在汛前召开喀什噶尔河流域防洪工作会议，明确防洪责任，积极督促落实各项防洪任务。认真落实汛期防洪行政首长负责制、24 小时值班制等制度，严格按流域防洪预案协调指导防洪工作，确保流域内各河安全度汛。按照“宁可备而不用，也不可用而不备”的原则，积极做好防洪资金筹备、物资采购储备等工作；加大对挤占河道、违法采砂等设障行为整治力度，依法依规开展行政执法，切实消除各类隐患，确保河道行洪安全；认真组织审定水利枢纽度汛方案和水量调度运行方案，充分发挥山区控制性水利枢纽有效拦洪作用，综合协调与平原区水库进行联合调度，科学调控洪水，确保汛期水库（水电站）安全；2016—2017年水利年调配抗旱应急用水6629万立方米，有效保障生产生活正常运行。

【流域规划前期工作】 2017年，新疆喀什噶尔河流域管理局积极推进积极推进流域水利基础性和长远性前期工作。全面完成《喀什噶尔河流域防洪规划报告》上报自治区人民政府审批前的基础工作。组建新疆库尔干水利枢纽工程前期工作领导小组，全力推进前期工作。此工程已列入国家“十三五”水利规划。完成塔什米力克引水枢纽、木华里引水枢纽、布哈拉引水枢纽病险水闸除险加固工程自治区发改委的审批工作，完成布哈拉引水枢纽、木华里引水枢纽除险加固工程水土保持方案审批手续，待资金下达后开工建设，抓紧编制阿瓦提渠首除险加固工程实施方案。启动《喀什噶尔河流域综合规划》及《环评报告》前期工作，为推进流域长远性和战略性规划夯实基础。启动克孜河克孜艾肯防洪工程前期工作，完成初设报告编制。完成喀什噶尔灌区续建配套与节水改造工程局属骨干工程“十三五”可研的编制和报批工作。完成喀什噶尔灌区续建配套与节水改造工程盖孜河输水总干渠改造工程前期审批，已顺利开工建设。启动新建克孜河南岸输水干渠、灌区信息化建设项目初步设计报告编制及报批工作。

【流域水利工程建设】 2017年，新疆喀什噶尔河流域管理局加强流域水利工程建设。是年，克孜河喀什市城区二期防洪工程开工建设，完成投资约900万元。持续推进克孜河南岸干渠跨河渡槽工程建设管理，完成投资约6500万元；盖孜河东岸干渠防渗改建工程顺利开工，完成投资约9000万元；完成天南维其克渠首、木华里渠首排沙漏斗等20多项工程维修养护，投入维修养护资金163万元；完成天南维其克引水枢纽病险水闸除险加固工程造价审核及喀什噶尔灌区续建配套与节水改造系列工程分部工程验收及单位工程验收工作。

【流域水利安全生产】 2017年，新疆喀什噶尔河流域管理局在巩固安全生产标准化二级达标的基础上，继续努力向一级达标标准努力。进一步完善安全生产各项制度，着重抓严格落实安全生产目标管理工作，认真开展“安全生产月”系列活动，大力加强安全生产宣传教育及学习培训，全面提升干部职工的安全生产意识。完善预案和措施，加强演练。大力开展隐患排查整改，是年，投入专项资金50万元，全面提升事故源头的预防能力，全年未发生一起安全生产事故。

（黄劲柏）

盖孜库山河流域管理

【概况】 2017年，喀什地区盖孜库山河流域管理处负责管理河流及其范围为：

克孜河：疏勒县巴依托卡依渠首至伽师县英阿瓦提渠首河段78千米范围。

盖孜河：疏附县布拉克苏乡大桥至岳普湖县合理闸河段60千米范围。

吐曼河：疏附县兰干乡一号桥至喀什市英吾斯坦乡三道闸河段64千米范围。

克孜河分支天南维其克河：喀什市老八里桥至疏勒县大桥渠首河段8千米范围。

克孜河二级分支伽师河：疏勒县大桥渠首到伽师县英阿瓦提渠首段河段62千米范围。

是年，喀什地区盖孜库山河流域管理处有资产管理权的中型渠首2座：盖孜河三道桥渠首，位于疏勒县巴合齐乡，克孜河分支天南维其克河大桥渠首，位于喀什市帕克太克里乡；大型水库1座：西克尔水库，位于伽师县西克尔镇，设计总库容1亿立方米；大型渠道1条：克孜保依大渠，从大桥渠首至塔尔夏分水点，总长40千米，设计流量45立方米/秒。

【流域水情】 2016年9月至2017年8月31日，喀什噶尔河流域3条河流总来水量43.06亿立方米，相比上年同期38.68亿立方米多4.38亿立方米，增加11%，其中：克孜河卡普卡渠首来水量22.04亿立方米，相比上年同期19.30亿立方米多2.74亿立方米，增加14%；盖孜河塔什米力克渠首来水量14.10亿立方米，相比上年同期13.07亿立方米多1.07亿立方米，增加8%；库山河木华里渠首来水量6.92亿立方米，相比上年同期6.34亿立方米多0.57亿立方米，增加9%。2017年，盖孜库山河流域调配水量19.35亿立方米（含河系间水量调配），其中：克孜河灌区共调配水量10亿立方米；盖孜河灌区共调配水量8.24亿立方米。吐曼河共调配水量1.07亿立方米。是年，河系间调整水量0.29亿立方米。

【灌溉调度】 2017年，喀什地区盖孜库山河流域管理处严格按照“三条红线”制度分水配水，合理调配机动水，科学灌溉调度，为灌区农业生产做好服务。

冬蓄冬灌 2017年，喀什地区盖孜库山河流域管理处按照各项任务指标，加强管理、督促落实，与灌区用水单位签订目标责任书，确保冬蓄冬灌保质保量完成，为灌区来年丰收打牢基础。是年，冬灌计划白地灌溉面积10.97万公顷，实际完成11.07万公顷，超额完成0.1万公顷；流域全区去冬今春计划蓄水总量1.68亿立方米（包括西克尔水库），实际蓄水总量为18179.08万立方米（包括西克尔水库6300万立方米），相比上年同期的17116万立方米增加1063.08万立方米，增加6.21%。

灌溉组织 2016年9月1日至2017年8月31日流域耕地面积26.77万公顷，相比上年同期29.87万公顷减少10.37%；总灌溉面积为45.56万公顷，相比上年同期48.38万公顷减少5.84%；灌溉面积为33.42万公顷（不包括复播、套种面积），

相比上年同期35.2万公顷（不包括复播、套种面积）减少5.06%。累计灌溉175.42万公顷次，相比上年同期170.82万公顷次，增加2.69%。灌溉累计引用水量为39.53亿立方米（包括河水、泉水、库水、井水），相比上年同期39.71亿立方米减少0.44%。总平均灌溉次数3.85次，同比增加0.32次。

【抗旱】 2017年，喀什地区盖孜库山河流域管理处抓好以抗旱、节水为中心的水管工作，确保农业春耕生产。2016年12月20日至2017年2月1日历时40天，完成西克尔水库蓄水任务6300万立方米，有效缓解西克尔水库灌区当年春旱缺水矛盾；根据流域灌溉进度情况，合理调度，协调灌溉进度慢的县（市）及下游用水，保证各县（市）灌溉进度有序进行；是年5月，从三道桥水管站调配10立方米/秒，解决岳普湖县下游灌区严重缺水问题。2017年，全灌区有抗旱机井5262眼，其中，完好可利用机电井4610眼，2016年9月1日—2017年8月31日，灌区共提水3.37亿立方米，较上年减少2.5亿立方米，减少42.58%。基本保证流域农作物适时适量灌溉，为灌区农业经济发展奠定良好的基础。

【防洪度汛】 2017年，喀什地区盖孜库山河流域管理处下发《关于调整2017年度喀什地区盖孜库山河流域管理处防汛抗旱指挥部成员的通知》，调整充实防汛抗旱指挥部成员，严格落实安全度汛责任制，层层落实各项责任。结合实际修编完善《2017年度克孜河、盖孜河防洪预案》《西克尔水库防汛应急预案》，确保处理突发抗洪救灾事件的应变能力。落实汛前各项工程检修及汛前物资储备，储备防洪物资编织袋10000万条、铅丝6吨、铅丝笼100套、大石头2500立方米。西克尔水库、三道桥分水枢纽储备、备用电源、柴油200千克、机油60千克、黄油100千克。是年7月26日，喀什地区防洪抗旱总指挥部给地区盖孜库山河流域管理处调拨防洪物资铅丝10吨、格宾笼500套。在对实地开展周密检查的基础上，于3月25日召开2017年防汛抗旱工作会议，下发《关于下发2017年度喀什地区盖孜库山河流域管理处分洪应急预案及防洪任务的通知》，安排2017年度分洪应急方案和防洪任务，5月20日，对各县（市）团场的防洪责任范围维修加固完成情况进行检查验收，做到保质保量完成流域防洪险工险段的维修加固任务。投入107900元组织人员更换大桥、三道桥分水枢纽老化的启闭机钢丝绳、西克尔水库老泄洪闸启闭机、螺杆，新加三角臂、防护栏。

汛期期间，盖孜河三道桥枢纽发生9次超警戒流量洪水，其中，8月24日北京时间13:00，上游来水叠加乌帕尔雨洪，三道桥最大洪峰239立方米/秒，持续时间约2小时。各河渠首实施分洪，安全度汛，农民群众无生命财产损失。

【河道清障专项整治】 2017年，喀什地区盖孜库山河流域管理处成立喀什地区盖孜库山河流域管理处河道清障专项整治工作领导小组，在对喀什地区盖孜库山河流域辖区范围内盖孜河、克孜河、天南维其克河、伽师河、克孜保依大渠、吐曼河河道原有砂石料厂、商品砼站、河道倾倒垃圾、开荒种地、违规修筑构筑物等侵占河道现象进行调查分析评估的基础上，清理整治河道内乱搭乱建的挑流坝、乱倒乱弃、生产生活垃圾等废弃物、漂浮物及影响行洪的建筑物、构筑物以及非法采砂场等，确保整治工作有力有序扎实推进。

【《水法》宣传】 2017 年 3 月 22 日，喀什地区盖孜库山河流域管理处采取拉条幅、树彩旗、播放录音等方式，在各闸口、集市等地方开展以“落实五大发展理念，推进最严格水资源管理”为主题的第二十五届“世界水日”及第三十届“中国水周”宣传活动，发放《水法》宣传单 1 万余份。

【河道、重点水利工程巡查】 2017 年，喀什地区盖孜库山河流域管理处每月对河道、重点水利工程开展巡查。1—10 月，西克水库管理处、大桥水管站、三道桥水管站、夏合曼水管站、克孜保依水管站、吐曼河水管站、机场水管站累计对河道、重点水利工程开展河道巡查 329 次。水政监察大队开展专项执法，调用执法人员 60 次、车辆 19 台次，巡查河道长度 95 千米。

【涉水违法行为查处】 2017 年，喀什地区盖孜库山河流域管理处加强对河道的巡查监督，严格贯彻《水法》《防洪法》《河道管理条例》等法律法规，审核发放取水许可证、采砂许可证。对河道排污、倒垃圾等违法行为开展检查，发现问题及时处理，下发通知要求相关单位及时整改。

（喀什地区盖孜库山河流域管理处）

工业

综述

【工业经济发展概况】 2017年，喀什地区经济和信息化委员会（以下简称喀什地区经信委）围绕工业经济稳增长，抓好经济运行协调服务，确保经济平稳运行，稳中增长。积极协调解决地区重点企业所需煤、电、油、气等诸多生产要素的保障工作，确保工业企业正常生产运行；着力抓好新建项目建成和建成项目的投产达产工作，加大对建成项目的跟踪，协调、服务力度，全力解决项目投产、达产中出现的困难问题和矛盾，会同有关部门和单位及时解决，确保生产要素供应，力促建成项目尽早投产、达产，发挥效益；建立经济分析研判机制，实行一月一分析，一季度一调度，突发情况及时处理的动态监测机制，确保各项目标任务圆满完成；严格执行经济分析工作制度，实现运行报表网络系统直报，确保运行报表的质量和快捷畅通，发挥信息的功能和作用。准确把握经济运行的变化趋势和突出矛盾，及时发现苗头性、趋势性问题，及时采取切实可行的措施和办法予以解决，力促经济稳中健康发展。是年，全区完成全部工业增加值85.6亿元，同比增长2.8%。其中：规模以上企业完成工业增加值34.5亿元，同比下降0.9%；规模以下企业完成工业增加值51.1亿元，同比增长4.5%。工业三大门类中采矿业完成增加值3.11亿元，增长21.3%；制造业增加值22.84亿元，下降6%；电力、热力、燃气增加值8.51亿元，增长4.8%。国民经济行业的158户规模上工业企业增加值29.53亿元，增长24%，其中：黑色金属矿选业增加值1800万元，增长35.55%；有色金属矿采选业31100万元，增长75.97%；农副食品加工业23000万元，增长15.40%；食品制造业23000万元，增长10.73%；酒、饮料、茶制造业3500万元，增长24.66%；纺织业完成10400万元，增长6.67%；家具制造业1100万元，增长17.58%；造纸和纸制品1600万元，增长10.64%；电气机械和器材制造业3200万元，增长19.03%；电力、热力生产供应业41200万元，增长33.25%；燃气生产供应业22200万元，增长30.79%；水生产和供应业8600万元，增长111.33%。

【工业转型升级】 2017年，喀什地区以抓好实体经济和产业发展为重点，推动工业转型升级。通过推进重点项目做大做强纺织服装、新型建材、金属冶炼、硼化工等产业，鼓励现有企业向产业链下游延伸和向高附加值产品提升。如意纺织80万锭纺纱项目、伽师奥都糖业、巴楚兴巴纺织、疏附县天和包装年产25万吨再生纸建设项目等都取得较大进展。协调鑫辉铜业、恒昌冶炼等重点冶炼企业电力、原材料、运输等生产要素，为企业创造良好的运行条件。组织编制《喀什地区硼化工工业产业发展规划》，支持现有企业引进开发硼酐、硼铁合金等新产品；加强与石油企业沟通合作，积极探索石油企业混合所有制股权改造，依托叶城德力克石油工程技术公司现有产能，延伸发展胶管、胶带、工业橡胶制品，增加新产品，产品结构不断优化。

【短平快项目申报】 2017年，喀什地区经信委认真做好“短平快”专项资金扶持项目筛选申报工作，指导各县（市）提高“短平快”项目申报质量。加强与地区财政、人社部门的横向联系沟通，及时掌握项目进展情况，协调解决项目的建设和运行中出现的问题，纵向横向形成合力，共同推进“短平快”项目顺利开展。是年，申报年度“短平快”项目85个，共争取“短平快”项目专项资金5621万元。有效地促进全地区民生企业装备提升。是年，喀什地区特色食品财政专项扶持资金对24个项目补贴535.04万元。同时，积极探索企业营销平台，推进“海外仓”对接，提高产品销售率，增强企业生产动力和竞争力。

【优化企业发展环境】 2017年，喀什地区经信委通过“简政放权”优化企业发展环境。将自治区下放到地州的技术改造备案项目投资权限，原封不动地下放到县市经信部门，按属地原则自行备案，最大限度地为企业创造省时、便利的宽松发展环境，让企业释放更大的活力。组织园区及企业申报中央、自治区技术改造专项资金，已获批项目4个，申请到专项资金220万元。鼓励企业向“专精特新”方向发展，依托喀什市、疏附、莎车、英吉沙四个自治区级民生产业示范基地，高规格规划建设特色手工艺产业园，让企业增强内生动力。加大“小升规”培育力度，研究制定《喀什地区小微企业升级为规模以上企业工作实施方案》，加大“小升规”企业在税收专项资金、社保、融资等方面政府鼓励扶持政策的宣传力度，突出对84户重点企业进行升规入统培育。全年新增工业企业升规入统（主营业务收入达到2000万元以上企业）41家。

【淘汰落后产能】 2017年，喀什地区通过关闭，取缔企业转型等措施淘汰落后产能，达到保护资源，减少污染，提高效益的目的。是年，淘汰钢铁落后产能，取缔“地条钢”，拆除喀什豫鑫金属制品有限公司4万吨“地条钢”生产线，建立举报机制，确保“地条钢”不再死灰复燃。联合地区住建局、质监局对2017年5月1日仍继续生产32.5等级复合硅酸盐水泥的企业进行集中整治，严禁企业再生产销售、施工单位再使用，同时，做好政策宣传和市场监督，对违规单位给予处罚。根据国家淘汰年生产能力30万吨以下，落后产能、不具备安全生产条件的小煤矿的要求，永久性取缔、关闭年生产能力15万吨的莎车天力煤业有限公司、莎车罗马沟煤业有限公司、泽普县新京煤矿有限公司、喀拉图孜煤业有限公司和年生产能力6万吨的叶城鑫鑫煤矿以及年生产能力3万吨的泽普县西峰煤矿等6个煤生产企业，达到保护资源、减少污染的总体要求。

【战略性新兴产业建设】 2017年，喀什地区加大战略性新兴产业建设的推进力度，落实自治区中国制造2025新疆行动方案，推进制造业与互联网融合发展，力促地区信息化发展实现新突破，深入实施智能制造工程，助推制造业转型升级，提质增效，推荐疏勒如意科技纺织有限公司、高档精梳纱线智能制造新模式应用项目申报国家智能制造综合标准化与新模式应用项目。与华为集团合作做好地区“大数据云计算中心（昆仑云）”建设工作，初步达成《战略合作协议》完成建设选址。与新华三集团合作，开展“应用驱动，云领未来2017年新华三智绽百城巡展活动”，展示在政府，高校普教，企业、医疗、卫生等行业最新的ICT解决方案和应用实践，以及云计算，大互联、大安全、大数据等新IT技术带来的变革，分享和应用新时代的高科技成果。地区各部门、企业等300余人参与活动。

【纺织服装产业发展】 2017年，喀什地区积极落实自治区纺织服装各项优惠政策，大力扶持民族特色纺织服装企业，加快纺织服装产业集聚，壮大集群规模，密切产业关联，进一步完善产业链，服饰、手套、针织品、家纺、汽车坐垫等产品日益丰富，提升产业集聚核心竞争力和可持续发展能力，力促纺织服装产业发展成为地区有代表性、门类齐全的产业集群。积极落实一系列扶持纺织服装产业发展的运费、电费、贴息贷款、岗前培训等优惠政策。经自治区工业和信息化厅、国网新疆供电公司批准，喀什地区207个纺织服装生产企业享受0.38元／千瓦时特殊优惠电价。大大降低企业生产运营成本，更进一步地促进企业发展。是年，规模以上12家纺织服装企业实现工业总产值43300万元，较上年增长32.09%，实现工业增加值13900万元，增长32.9%，实现利润总额6503万元。固定资产总额4462万元。喀什经济开发区产业园服装服饰基地已成为全地区规模最大、就业容量最大的加工集群，入驻企业近56家，就业人数超过8000人。截至是年底，地区已形成纺纱175万锭（其中：环锭145万锭，气纺3万头），服装实际产能4560万件（套），袜子2.15亿双，滑雪手套5000万双生产能力。

（喀什地区经信委）

电力工业

【国网新疆电力有限公司喀什供电公司】 2017年11月，疆南供电有限责任公司变更为国网新疆电力有限公司喀什供电公司（以下简称国网喀什电力公司），担负着喀什地区12个县（市）及兵团第三师图木舒克市共16.2万平方千米、137万户的供电任务。截至年末，喀什电网拥有电源点80个，装机总容量3104兆瓦；拥有各电压等级变电站162座，变电总容量

9570兆伏安，线路1035条，总长度为1.87万千米。是年，完成售电量71.4亿千瓦时，全疆排名第五，同比增长12.15%。电费回收率、付费购电比重均实现100%，全疆排名第一。完成综合线损率8.65%，同比下降1.66个百分点。职工劳动生产率达到33.79万元/人·年，同比增长21.81%。上缴税金7360.06万元。截至2017年12月31日，长周期安全生产天数历史性突破1910天。申请专利23项，《一种大电网合环计算系统》获“全国电力职工创新奖”二等奖。先后荣获第五届“全国各族青年团结进步奖”“全国文明单位”“自治区和喀什地区抗震救灾先进集体”“自治区级最佳文明单位”“自治区民族团结模范进步单位”“开发建设新疆奖”“全国民族团结进步模范集体”“国网公司两年攻坚战先进集体”等荣誉称号。叶城220千伏变电站工程获国网公司优秀设计竞赛三等奖，英吾斯塘110千伏变电站工程获新疆公司安全质量流动红旗，多项工程在新疆公司优秀设计竞赛中获奖。

是年，国网喀什电力公司承试资质由三级升至二级。攻坚完成62座变电站关口表更换工作，在全疆率先完成计量表更换任务。积极应对市场变化，全面参与市场竞争，中标新疆公司电网建设和技改大修等招标项目61项、重要客户工程项目11项，完成两地州业扩工程施工1797项。累计签订合同2024份，合同金额4.7亿元，同比增加1.4亿元。加大资金回收力度，收回工程款2.9亿元。

2017年，国网喀什供电公司开展电网“十三五”规划修编，编制完成总报告1个、专项规划27项、子规划25项及县公司规划108项，实现县级配电网和公司配电网规划有效衔接。开展“实现年内三个百日，争创安全生产2000天”活动，成立安全生产问责领导小组，编制印发安全生产问责十条规定。坚持“计划+现场”管控模式，各级管理人员现场到岗到位3655人次；设置曝光栏，对违章行为“零容忍”，查处违章256起，考核571人次。开展“春、秋检”及“安全大检查”，整改问题1837个。完成各类应急演练374次。强化设备运维管理，各级电网、设备事件同比减少29.4%。加强网络信息安全管控，全年未发生勒索病毒感染事件。开展变电“五项治理”，整改各类问题43070项。开展输电“六防、六治理”，110千伏及以上输电线路跳闸同比下降23%。落实“配网管理提升年”活动要求，治理高跳线路82条、频繁停电台区819台、低电压台区627台。截至2017年12月31日，安全生产长周期天数达到1910天，创历史最好成绩。

2017年5月12日，南疆750千伏电网延伸补强工程开工建设。全力推进89项新开工及续建工程进度，新增变电容量1165兆伏安，新建线路6109千米。完成169眼机井通电任务，解决215个中心村用电问题。完成1个边防连队的大电网供电任务。成立攻坚突击队，完成5个县（市）34个边境防控点的大电网供电任务，在全疆范围内率先开展巴—莎—和750千伏工程“先签后建”及配网标准化工厂预制试点应用工作，成效显著，先进经验被新疆公司在

2017 年，国网喀什供电公司员工走上街头讲解电力惠民政策

全疆范围内推广应用。

2017 年，国网喀什供电公司印发《全员绩效管理实施细则》，全面推进工时积分同价计酬机制。制定《线损管理正向激励实施方案》，增强各级人员对公司业绩指标的重视；开展“台区线损百日攻坚”“关口计量改造攻坚”活动，台区线损合格率从 26% 提升到 68.19%。坚持违反安全生产禁令、优质服务投诉、台区频繁停电等“说清楚”与县公司负责人年度绩效等级和单位年度专业评先挂钩。公司物资采购计划完成率、采购管控指数均全疆排名第一；实现清仓利库 218 万元。

是年，国网喀什供电公司深化“绿色通道”应用，加快业扩报装服务流速，实现新报装接入电网容量 1095.2 兆伏安。推行服务态度类投诉责任人与劳动模范结对子工作学习半年，营销类投诉同比下降 42.47%。与 19 家电力客户进行直购电交易，累计交易电量 6.8 亿千瓦时。落实自治区居民电价调整要求，完成 137 万户电价调整工作。促成 8 个县市出台电采暖财政补贴政策及电气化工作推进实施方案，完成电能替代 1.05 亿千瓦时。实现外送电量 15.06 亿千瓦时。全力推动喀、克公司营销系统割接，在全疆范围内首次实现系统割接“当月启动、当月完成”。无偿接收喀什经济开发区等 9 个工业园区电力设施资产，资产总价值 3504 万元。

（杨　琦）

【新疆华电喀什热电有限责任公司】 2017 年，新疆华电喀什热电有限责任公司（以下简称喀什热电公司）实施 #6 机组高背压改造，超前实现国家能源局《煤电节能减排升级改造行动计划（2014—2020 年）》要求的供电煤耗低于 310 克 / 千瓦时的目标值，节能降耗效果显著，并获得国家专利 4 项。是年，综合供电煤耗 277.67 克 / 千瓦时，较上年下降 23.22 克 / 千瓦时。加强智能化、数字化、信息化管理，提升供热质量。在供暖期开始及结束后，对公司所属 209 个换热站、热网管道开展检查维护，进行预防性检修、技改，按照检修程序严格要求检修质量，确保供热稳定可靠。获多项国家级和省部级荣誉，其中：“超临界间冷机组高背压供热循环水在线切换技术研究与应用”荣获全国电力行业设备管理创新成果一等奖；“超临界间冷机组高背压供热循环水在线切换技术研究与应用”荣获第三届中国设备管理创新成果一等奖；

荣获6项国家专利；总经理高明获评第三届中国设备管理创新杰出人物，副总经理黄献华获评电力企业科技创新优秀带头人。采用积分制，运用“冠军原理”，每月针对生产现场薄弱点开展不同项目的专项竞赛，形成360度安全无死角、全员参与。创新运用安全积分管理，推动全员安全绩效考核精细化、安全评价积分化管理，已累计奖励安全积分182万分，扣除安全积分32万分，形成“人人抓安全、人人管安全”的良好氛围。运用“热炉法则”落实《新安法》《十大禁令》，强化员工安全“红线”意识。及时传达学习其他电厂安全生产事故，吸取教训，开展对照自查，落实“一厂出事故、万厂受教育”的工作要求，把“我的安全我负责，企业安全我们负责”转化为实实在在的行动。截至是年底，喀什热电公司累计安全运行4433天，年内安全运行365天。

（新疆华电喀什热电有限责任公司）

交通运输

公 路

【交通运输“十三五”发展规划编制】 2017年，喀什地区交通局编制完成《喀什地区综合交通运输“十三五”发展规划（中期调整）》，并上报自治区交通运输厅及自治区发改委。《规划》调整后，地区国道公路里程达到35200千米；农村公路建设里程达到32039千米（其中新建里程8100千米）；新建等级客运站64个，招呼站及简易站2806个；新建货运站23个，规划总投资为1879亿元。

【高速公路和国省道干线公路建设】 2017年，喀什地区交通局实施高速公路建设项目2个，国省道建设项目4个，完成投资24.87亿元，其中：喀什至疏勒段高速项目完成6.09亿元；疏勒至叶城项目完成14.11亿元；疏勒至英吉沙项目完成1亿元；伽师至疏勒项目完成0.69亿元；叶城至莎车段项目完成1.28亿元；莎车至英吉沙段公路完成1.7亿元。

【农村公路建设】 2017年，喀什地区交通局与自治区交通运输厅对接，争取到农村公路建设项目4381千米（含跨年项目），投资24.6亿元。截至12月底，完成投资17.1亿元，完工2948千米（其中：2016年续建项目完成3.3亿元，完工138千米；2017年扶贫攻坚项目完成13.8亿元，完工2810千米）；边境巡逻路及其他项目完成10亿元。330个贫困村道路建设项目由各县市和地区自筹资金6亿元，主要建设不在项目库内的村与自然村、村与组、组与组之间硬化路完工1398千米。

【农村公路质量监督】 2017年，喀什地区交通局采取综合检查和专项检查方式，分成两个片区，对地区一般农村公路建设的质量管理行为、施工工艺以及实体质量进行全面监督检查。对全地区6233.1千米通村油路项目进行有效监督，其中2278.3千米已完成质量鉴定工作。

【交通安全生产】 2017年，喀什地区交通局强化安全生产和行业稳定督查力度，实现安全生产隐患排查治理常态化。在重要节点期间，联合地区交警支队、运管局、路政局组成两个片区督查组，对交通运输行业开展全覆盖、“拉网式”大排查、大整治，确保地区道路交通安全生产趋于稳定。是年，生产性道路交通事故起数、死亡人数、受伤人数和直接经济损失分别下降33%、35%、6%和20.9%。

（胡湘玉）

【喀什公路管理】 2017年，喀什公路管理局管养公路里程 2066.673 千米，按技术等级分为：高速公路 327.011 千米，一级公路 204.947 千米，二级公路 884.717 千米，三级公路 605.598 千米，四级公路 44.4 千米。桥梁 29988.88 延米 /675 座，其中：特大桥 3670.7 延米 /3 座，大桥 11063 延米 /45 座，涵洞 4020 道。拥有建筑面积 2000 多平方米的战备钢桥库房三座，代交通运输部储备战备钢桥 198 米。是年，高速 MQI 值 92.4，优良率 100%，普通公路 MQI 值 90，优良率 100%。

【喀什公路收费管理】 2017 年，喀什公路管理局强化收费管理，清理违规减免车辆通行费，实行收费员绩效工资考核，推行收费工作文明服务、微笑服务，提高收费窗口服务水平。组织并实施重大节假日小型客车免费通行工作，严格落实“绿色通道”惠民政策，提高突发公共事件快速反应能力和处置能力，是年，全面征收车辆通行费 2.83 亿元。认真落实绿色通道及重大节假日减免政策，免征 2680.56 万元。做好服务区等公共服务基础设施建设改造和公众出行信息发布设施升级改造，完善各项运营管理制度，规范从业人员着装、语言和行为，使服务区的面貌焕然一新，在 2017 年全国高速公路服务区服务质量等级评定工作中，喀什公路管理局 4 对服务区顺利达标，克孜勒服务区被评为优秀服务区。

（刘　亮）

【道路运输管理】 2017 年，喀什地区道路运输管理局（以下简称喀什地区运管局）紧紧围绕新疆工作总目标，综合施策，严格落实行业安全监管责任，强化执纪问责，落实各自责任，开展道路运输服务保障工作，全力维护好道路运输行业大局稳定。是年，喀什地区有道路运输企业 856 家，其中：客运站 50 家，客运企业 41 家，货运企业 268 家，驾校 61 家，维修企业 425 家，物流站场 11 家。截至 10 月份，地区共发生道路运输事故 8 起，事故共造成 7 人死亡，13 人受伤。较上年同期（15 起，14 人死亡，11 人受伤）事故三项指标呈二降一升趋势，未发生较大以上安全生产事故，全地区道路运输安全生产形势整体态势良好。

【道路运输安全监管】 2017 年，喀什地区道路运输管理局层层签订行业安全监管责任书，进一步明确监管职责，细化措施，制定《各业务处室、县运管局安全生产事故隐患排查治理工作职责》。开展“道路运输平安年”活动、“道路运输隐患排查治理专项行动”“危险货物运输专项整治”活动。组织辖区运输行业召开春运工作动员、一季度安全生产形势分析会议，研究制定具体措施，及时部署安全生产重点工作任务。加强重点时段、节假日期间的安全监管。在元旦、春运、两会、五一等特殊时段，及时安排部署重点时段的安全生产工作，在第一季度分别组织 4 次 12 个安全生产督导组开展安全监管督导，重点督查县运管局 9 个，抽查客运企业 17 户、汽车客运站 10 家、货物（危货）运输企业 8 家、驾驶培训学校6家、机动车维修企业5家；与地区相关部门开展联合执法，从4月20日至6月底，在全地区集中开展客运车辆严重交通违法行为专项整治，全力做好地区道路运输行业维稳和安全生产工作。

【打击非法营运行为】 2017年，喀什地区道路运输管理局严厉打击非法营运行为，维护社会稳定，制定《喀什地区开展打击“非法营运”专项活动实施方案》，开展为期6个月的打击非法营运专项整治活动，规范地区道路运输市场秩序，组织4次督导检查组，成立局属单位检查组46个，检查各类运输企业663家，检查发现一般隐患1177项、整改1150项，打击严重违法违规行为7起、停产整顿7家企业、问责曝光工作不力的负责人1人，下发执法文书97份，处罚35万元。

【“打非治违”专项行动】 2017年，喀什地区道路运输管理局扎实开展“打非治违”（严厉打击和治理行业范围内各类非法违法、违规违章经营行为）专项行动，以“两客一危”领域为重点，查处各类违法行为142起，整治违章308起，检查运输企业1455家，检查发现隐患2379项，已落实整改2249项，隐患整改合格率达95%。对4家未严格履行安全生产主体责任、未按要求落实整改存在安全隐患的运输企业依据《安全生产法》相关条款分别处以5万元罚款，对20家未落实动态监控主体责任的企业均处以8000元罚款，对存在问题的企业下达整改通知书24份，责令停产停业整顿企业16家。会同地区安监局、地区交通运输局、旅游局、地区公安交警支队、市交警大队召集全地区“两客一危”及大型普货企业、物流站场负责人召开安全生产集体约谈警示会议3次。

【运输企业质量信誉考核】 2017年，喀什地区运管局对41家客运企业进行质量信誉考核，获得AAA级8家，AA级32家，A级1家；对119家货物运输企业进行质量信誉考核，获得AAA级7家，AA级66家，A级28家，B级18家；对43所驾校进行质量信誉考核，获得AAA级1所，AA级37所，A级4所，B级1所；对59家修理厂进行质量信誉考核，获得AAA级3家，AA级51家，A级4家，B级1家。

【客运管理与服务】 2017年，喀什地区运管局加强客运管理工作，提高服务水平，对符合客运条件的6310辆客车签发春运标贴，投放163996车次，运送旅客1496545人次，“五一”期间投放13696车次，运送旅客124999人次；进一步规范导游专座及客车安全锤的更换工作，更换安全锤的车辆5058辆，更换安全锤10600支；积极主动到各客运企业进行大走访，化解企业的矛盾，对于一些突出问题及时向相关单位进行汇报，严防出现罢运、停运的事件。是年，行政许可受理42件，许可11件，对全地区市际、县际、县内客运车辆更新办理23辆，新增国际货车16辆，新增普通货车780辆，新增危险货物运输车辆15辆，年审客货运输车辆5125辆，年审国际运输车辆994辆，审验合格率为93%，全地区办理临时线路牌348张，对43条市际班线301辆车重新办理许可，对380辆不按规定维护和检测运输车辆进行处罚。

【物流托运行业安全监管】 2017年，喀什地区运管局督促物流企业落实X光机安检设备、配备安全员、安装视频监控等安防措施。对托运物品坚决做到100%收寄验视、100%实名登记、100%过机安检，严防危爆物品、管制器具、非法出版物等违禁物品通过物流托运渠道扩散。

【维修驾培企业监管】 2017年，喀什地区实行机动车驾驶培训"先培训，后付费"和计时培训计时收费的驾培机构57所，完成道路运输从业资格考试33期4386人，发证3432人，换证2211人，诚信考核5214人，继续教育培训66期6906人。

【投诉督办及"两证清理"】 2017年，喀什地区运管局积极开展投诉及"两证清理"等工作，督办12328投诉案件600件，回访率99%，满意率98%。核查重点营运车辆客车766辆，货车2470辆GPS共3236辆，清理全地区"两客一危"未入网车辆，2017年入网率达到100%，清理过期许可证36家，注销10家。

（喀什地区运管局）

【客运站点建设】 2017年，喀什地区坚持交通运输"公交优先"发展理念，积极推进"一市两县"城市公交、出租车客运一体化进程。按照"路、站、运一体化"的发展要求，立足于惠农、便农、扶农的交通发展思路，大力发展农村客运，全年争取到客运站点建设项目11个，计划投资4150万元。截至2017年12月，喀什地区有一级站2个（喀什分站、国际汽车站）（汽车南站）；二级客运站3个（叶城站、莎车站、巴楚站）；三级客运站7个（麦盖提站、伽师、岳普湖、疏勒、英吉沙、泽普、塔什库尔干站），四级站144个，五级站35个，简易站9个，招呼站2170个。

【城市客运】 2017年，喀什地区发送车辆182.6万次，运送旅客1355.3万人，同期相比下降23.1%，上缴各类税金603.18万元。

【微信购票模式开通】 2017年2月，喀什地区开通微信赆票模式，旅客只要通过扫描二维码，关注微信账号，即刻便可完成线上查询、购票。

【火车票代售点开设】 2017年1月，喀什客运总站与喀什火车站车务段协调配合，在各级汽车客运站开设火车票代售点12个。

（马荣霞）

铁　路

【概况】 2017年，喀什车务段管辖南疆铁路东起巴楚站、西至和田站间的26个车站，管辖里程732.4千米，纵跨克孜勒苏柯尔克孜自治州、喀什地区、和田地区南疆三地州。其中喀什站为二等站，巴楚、阿图什、疏勒、莎车、叶城、和田站为三等站，阿克陶、英吉沙、泽普、皮山、墨玉站为四等站，三道班、五道班、五间房、西格尔、九道河、八盘磨、巴羌、喀什北、托洛拉克、马牙克、克孜勒、阔什、昆玉、藏桂站为五等站。截至12月31日。喀什车务段正式工456人，其中干部73人，高级职称2人，中级职称3人、初级职称29人。少数民族干部职工104人。工人383人，取得本岗位职业资格证书人员220人：其中技师6人、高级工44人、中级工145人、初级工25人。正式工平均年龄32岁，党员116人，团员93人。大专及以上文化程度315人，中专及以下141人。2017年，喀什车务段和田客运班组获全国工人先锋号，喀什车务段喀什站获全路“火车头”奖杯，喀什车务段喀什车间客运班组杨英获自治区用户满意服务先进个人。全年发送旅客470.83万人次，比上年减少2.9%，完成货运量777.5万吨，比上年增加91.46%。

【岗位培训】 2017年，喀什车务段共组织举办车站值班员脱产培训班3期、调车人员脱产培训班3期、客运人员脱产培训班2期，共计培训423人。按照段现场教学规定，编制6类课件和教案；现场背包教学全覆盖现场送教2次，涉及非正常接发车、调车作业基本知识、应急处置以及客运相关知识共计41场，培训551人次。

【岗位胜任能力评价】 2017年，喀什车务段先后编制、修订实施《职工岗位胜任能力动态评价工作实施方案》《职工日常教育培训管理办法》《职教微信平台使用及管理办法（试行）》《接发列车仿真模拟演练软件系统运用管理办法》《职工培训考评使用待遇一体化管理办法》《新职转岗晋升人员培训管理办法》等7项制度，按照岗位胜任能力评价的要求，开展年度岗位胜任能力评价，评价合格423人。

【铁路运输生产】 2017年，喀什车务段对现有生产组织沟通形式进行梳理，明确每日以生产交班会的形式，指挥现场生产组织工作。调度指挥中心每日早6点、晚18点前，在收集全段当日生产信息的同时，了解主要装卸车站在生产组织中存在的问题，向分管领导汇报并提出解决方案，对后期生产组织难点提出预警并监督实施，段分管领导、业务科室根据预警进行盯控。精细分析，做好生产组织过程记录。各装卸车站定期分析影响生产组织的各类因素，利用站区联劳协调会，共同制定整改措施，优化组织方式，确保生产组织顺畅。借助客车增开、南北疆互联贯通的有利契机，创新营销模式、加强经营指标分析，动态掌握市场需求，促进客运持续上量；坚持“向创新运输组织要能力、向精准调度指挥要效率、向规模化生产要效益”的生产组织原则，理顺生产组织，健全内部协作机制，加强生产组织过程写实，发挥“后厂”保障作用，确保生产组织顺畅。有效运用激励机制，激发职工内在动力。完善机制、奖罚并举。制定运输组织和货运增收考核办法，研讨将安全、经营效益与职工工资挂钩，构建差异化薪酬分配模式。制定区域卸车增量考核办法，落实奖惩机制，提升内驱动力。

【铁路安全生产管理】 2017年，喀什车务段严格管理，按照业务类别，重新明晰8个科室、4个车间65个管理岗位的安全责任和岗位职责，将各级干部的绩效与所包保的车间班组月度、季度业绩相挂钩。截至11月底，18名干部因包保站的安全、生产业绩突出受到奖励，31名干部受包保站安全质量的连带被考核。根据安全职责、岗位分工及各站作业特点细分各级管理人员的量化要求，制定相关配套的考核评定、监督验证制度，保证安全管理形成闭环。紧盯重点，严把安全关键环节，管内各站严格按运行图固化客车线路，对重点和关键时段作业制定检查、监控制度。严控客车底调动安全，针对4对客车底需在喀什站转线、换挂作业，做好对客调命令、作业内容的核对确认，严控各个作业环节，形成客车接发、调动作业的完整闭环。认真研判旅客乘降组织安全风险，针对管内各站站台窄、客车站停时间短以及喀什站二站台无天桥和地下通道旅客乘降组织难度大的现状，严格客车交会及平过道使用监控，细化各站旅客乘降组织和应急方案，确保旅客乘降安全。全力确保施工安全。结合路局扩能改造巴喀段新增5个应急会让站的施工计划，指定一名副段长全面负责，从行车组织方案的制定、现场查勘，到施工关键环节的卡控，再到第一趟列车放行条件的确认，全程盯控，实现施工安全全面受控。针对管内中间站保留、解保列车频繁，将防溜安全纳入重点盯控内容，运用POC手持台对始发、保留及解保列车的防溜装置进行现场拍照，传输至车间值班干部和段调度指挥中心，进行双重确认，有效杜绝防溜问题的发生。借助标准化考评，提高“自控”能力，以科室、车间、班组月度自检自验，车务段季度定检定验互为补充、有效自主运转，推动安全的落实落地，是年，开展月度自检自验12次，季度定检定验4次，动态评定标准化科室4个、标准化车间4个、自控型班组12个。借助现代化设施设备，丰富保安全手段。利用远程视频实时监督、定期回放、微机联锁监测设备、POC可视化安全防控设备等，实现逐级负责、任务量化、动静结合的常态化监督检查。是年，共排查出各类安全隐患260件，检查发现各类安全信息891件，通过视频监控、语音记录发现影响安全的问题312件。

（喀什车务段）

民　航

【概况】 2017年，喀什机场完成旅客吞吐量240.82万人次，增长12.84%，货邮7718吨，航油供应站供应航油34195吨，保障各类飞行16685架次，同比上年分别增长13.13%、18.10%、22.78%。喀什机场旅客吞吐量突破200万人次，创下历史新高。是年8月1日，莎车机场正式运行，截至年末，共完成旅客吞吐量4.42万人次，货邮42.14吨，保障飞行434架次。

【机场安全监管】 2017年，民航喀什监管局严守安全底线 扎实做好安全工作，加大行政检查力度，依托地方警力支援，实现专人定岗值守；进一步完善空防安全基础设施设备，提升机场安检、消防工作质量。强化机场运行管理，及时跟进解决喀什机场核桃林隐患，夯实安全运行基础。严格飞标适航监察，加强经停及过夜航班持续适航性检查，严格停机坪监察和机组人员资质检查。抓好危险化学品和易制爆危爆物品航空运输安全治理，建立危险品航空运输安全管理体系，持续督导检查辖区危险品地面服务代理人工作情况。建立隐患数据库，持续做好隐患跟踪管理。截至是年11月，共实施行政检查168次，检查计划完成率100%；共发现问题隐患102个，实现整改闭环102个；下发整改通知书22份，下发情况通报14份，实施行政约见2次，行政处罚2起。

喀什机场工作人员对旅客进行安检

【“民航服务质量规范”专项行动】 2017年，民航喀什监管局严格落实“民航服务质量规范”专项行动，喀什机场放行正常率达到民航局和民航新疆管理局80%的目标；辖区机场通过旅客投诉预防性处理，显著降低旅客有效投诉率；积极改进残疾人航空运输基础设施，完善候机楼饮水、手机充电、母婴室设施设备，服务质量和服务水平进一步提升。

【空防安保质量控制】 2017年，民航喀什监管局配合民航新疆局对喀什机场进行换证检查，喀什机场持续取得机场使用许可证。同时，民航喀什监管局对辖区民航开展质控监察、安保测试、“平安民航”建设专项活动等方式，全面提升辖区机场航空安保工作水平；通过加强日常督查、强化问题整改、开展业务指导等方式引导机场进一步规范安保质控工作。2017年，喀什民航未发生非法干扰事件、重大群体性事件等情况。

（民航喀什监管局）

邮政通信

邮　政

【概况】 2017年，喀什地区邮政管理局印发《喀什地区邮政业发展“十三五”规划》，明确“十三五”时期邮政业发展的主要目标、重点任务和保障措施。争取自治区给予喀什地区寄递企业购置安检机补贴资金100多万元。认真落实简政放权要求，严格把控快递许可审批、变更、现场核查时限，进一步优化企业准入环境，切实减轻企业负担，提升市场活力。全年办理新增法人快递企业审批1件。截至年末，喀什地区法人快递企业17家；设立分支机构审批27件；快递许可证变更审批21件，分支机构信息变更审批18件；许可证注销审批14件，分支机构撤销审批31件。严守“两条红线”，依法开展邮政行政审批和备案管理工作。是年，喀什地区邮政行业业务收入（不包括邮政储蓄银行直接营业收入）累计完成20511.18万元，同比增长9.92%；业务总量累计完成16065.29万元，同比增长15.67%。其中，快递企业业务量累计完成231.56万件，同比下降7.09%；业务收入累计完成7267.03万元，同比下降11.01%。是年4月，喀什地区邮政分公司被新疆维吾尔自治区总工会授予开发建设新疆奖状，喀什邮区中心局分拣封发班获得全国网路运行“达标争先”先进集体，喀什地区邮政分公司员工阿布都艾尼·库尔班获全国五一劳动奖章，阿不来提·吾普尔获得全国网路运行“达标争先”先进个人称号。

【邮政安全监督检查】 2017年，喀什地区邮政管理局全面加强行业安全监督检查力度。以专项检查、联合检查、日常检查等方式，对喀什地区寄递渠道监督检查。认真做好重要节点的寄递渠道安全保障工作。把落实“三项制度”作为行业管理的红线，开展经常性安全生产大检查、“5·14”毒品稽查专项行动、寄递渠道安全综合整治等工作，对检查过程中发现的安全隐患进行整改落实，堵塞安全管理漏洞，规范市场秩序。全年寄递企业安检发现异常邮件快件超过800件，其中，快递企业通过落实过机安检制度发现异常快件56起，并妥善移交相关部门。对违反《邮政法》《反恐怖主义法》等法律法规的行为进行严厉查处，办理行政执法案件13起，罚款金额183000元。

【“安易递”实名收寄系统操作使用培训】 2017年7月14日，喀什地区邮政管理局开展“安易递”实名收寄系统操作及使用培训，提升地区寄递渠道安全防范科技化水平，喀什地区各寄递企业40多人参加培训。

【寄递企业安检机补贴】 2017年，喀什地区邮政管理局将安检机作为行业标准配置，持续推进安检机配备使用，积极协调地区经信部门办理自治区寄递企业安检机补贴事宜，截至12月底，完成三批安检机补贴工作，94家快递企业及网点获得安检机补助110.71万元。

【“绿盾”监控视频系统应用】 2017年，喀什地区邮政管理局加快推进“绿盾”监控视频系统应用，完成喀什地区邮政业视频监控中心选址、改造、网络建设、监控接入和“一体化”联用工作。成功接入监控视频企业分拨中心及分支机构60个，基本实现重点企业、重点区域和重点部位的覆盖。

【“喀什风光”特种邮票申报发行】 2017年，喀什地区邮政管理局牵头制定首套喀什题材邮票策划发行方案，认真推进申报发行工作，先后与地委农办、地区旅游局、地区林业局、地区邮政公司等部门多次召开联席协调会议，共同研究推动特种邮票发行工作，推动“喀什风光”特种邮票发行。

【建制村邮站建设】 2017年，喀什地区邮政管理局制定下发《喀什地区推进“十三五”时期建制村直接通邮工作方案》《喀什地区建制村直接通邮工作方案》，提升邮政、快递服务“三农”能力，完成村邮站建设2054个，超额完成91个。与村邮站建设工作相结合，推进建制村直接通邮工作，完成建制村直接通邮2176个（村邮站2006个，挂箱170个），占建制村的98.5%。

【乡镇团场快递企业末端网点建设】 2017年，喀什地区邮政管理局积极鼓励快递企业与农村电商合作，建立“快递+农产品”运作模式，全年接收乡镇团场快递末端网点备案材料37份，覆盖11个乡镇团场。截至年底，喀什地区乡镇团场快递网点82家，覆盖23个乡镇团场，覆盖率达12.4%。

【乡镇快递末端综合服务平台】 2017年，喀什地区邮政管理局提升快递末端投递服务水平，鼓励乡镇寄递企业整合品牌资源，由单一品牌兼营模式转向多品牌专营模式，合力打造乡镇快递末端综合服务平台。巴楚县中通、圆通、韵达、申通四家公司在巴楚县8个乡镇设立快递服务站，集中向用户提供快递服务。

【邮政申诉处理】 2017年，喀什地区邮政管理局强化申诉处理能力，全年接收各类申诉1023件，经处理有效申诉216件，无效申诉807件，为消费者挽回经济损失27587元，消费者满意率为98.2%。

【邮政业扫黄打非】 2017年，喀什地区邮政管理局与邮政公司、各快递企业签订“扫黄打非”责任书，完善邮政业“扫黄打非”工作责任制和责任追究制，成立邮政业“扫黄打非”工作领导小组，印发《关于印发喀什地区邮政业“扫黄打非”工作方案的通知》。全年对喀什市范围内的重点部位、重点场所、城乡接合部、学校周围报刊亭开展2次专项监督检查。

【邮政特邀监督员队伍建设】 2017年，喀什地区邮政管理局持续抓好社会监督队伍建设，加强对邮政特邀监督员开展日常监督工作的指导，提高社会监督员日常监督水平。落实邮政社会监督定期通报制度，督促整改落实，形成制度化的监督反馈机制。全年收到邮政社会监督报表313份，监督网点303家，监督活动313人次，反馈报告259个，走访消费者193人，反馈问题5条。

【邮政信息报道】 2017年，喀什地区邮政管理局编发《信息简报》112期，报纸杂志专稿8篇，被国家邮政局、新疆邮政管理局网站采用39篇，被地委、行署领导信息专刊采用6篇，被喀什政府信息网等地区媒体采用40余篇。

2017年3月15日，喀什地区邮政管理局工作人员发放邮政行业法律法规宣传单

【邮政金融业务】 2017年，喀什地区邮政分公司通过成功代发拆迁款、代付棉花收购款促进储蓄余额发展，通过固化网点日常转型动作，注重厅堂氛围营造，加快保险、理财中间业务发展，全年金融业务收入实现增幅10.4%，9个单位超计划完成目标，7个单位增幅超过全地区平均水平。

【寄递业务】 2017年，喀什地区邮政分公司狠抓TV巴扎、警邮合作、单证照等项目，开发车辆违章告知单、车辆档案寄递项目，开发电商、微商协议客户117户。

2017年1月2日，喀什圆通快递分拨中心快递员正在分拣快件

【邮政增值业务】 2017年，喀什地区邮政分公司完成网点配备设备及增值税普票系统上线38个，组织人员到各县市分公司开展业务培训，培训人员180人，开展各类营销活动，增值业务规模持续增长。

【报刊业务】 2017年，喀什地区邮政分公司稳固政务市场、开发商务市场、拓展个人市场，重点推进报刊补续订、商务期刊、校园报刊和政务图市项目营销工作。实现业务收入1693万元，完成年预算的95.4%。

【函件业务】 2017年，喀什地区邮政分公司围绕互联网媒体、线下媒体、封片卡、账单四项重点业务，切入旅游景点门票市场，开发4个景点门票制作和“政讯通”业务。全年实现业务增幅6.9%。

2017年9月20日，《张骞》特种邮票首发暨“行走新丝路，喜迎十九大”2017全国集邮巡展喀什站启动仪式在疏勒县张骞公园举行

【集邮业务】 2017年，喀什地区邮政分公司积极开展邮展、集邮知识讲座和品鉴会等活动，利用微信营销等网络渠道加大重点题材邮票、邮品的宣传和销售力度，完成年预算的100.4%。

【低效网点跨区域迁址】 2017年，喀什地区邮政分公司完成6个低效网点的迁址工作，填补巴楚、麦盖提县城无邮政代理金融网点的空白。其中，麦盖提英尔曼迁址人民路，南闸迁址图木舒克市屯垦东街、图木舒克市四十四团迁址中心团场、麦盖提恰斯迁址巴楚团结西路、麦盖提牌楼迁址莎车齐乃巴格路。

【邮政核心能力建设推广】 2017年，喀什地区邮政分公司不断提高能力建设，装修改造18个网点和邮件处理场地的监控设备，自筹资金增设网点终端、排队机、空调等设备，切实保障核心能力建设，完成7个普服建设新建县局房项目主体建设，39处普服网点翻建、整修项目，安装金融自助设备5台。

喀什地区邮政分公司人员在分拣农产品

【2017全国集邮巡展喀什站启动】 2017年9月20日，《张骞》特种邮票首发暨“行走新丝路，喜迎十九大”2017全国集邮巡展喀什站启动仪式在疏勒县张骞公园圆满举行。同时，邀请著名邮票雕刻家、设计师姜伟杰签售《猴票》并与广大

集邮爱好者互动签名。

【农产品销售推广】 2017年，喀什地区邮政分公司依托互联网+，充分利用当地特色农产品资源优势，在线上微平台推广销售伽师瓜、巴楚留香瓜、喀什石榴、莎车樱桃、喀什灰枣等土特产品、干鲜果等，助力农户经济发展，是年，300多户农户户均增收2000余元。

【第九届全国大学生广告艺术大赛暨邮政杯大广赛新疆赛区喀什大学启动】 2017年5月9日，第九届全国大学生广告艺术大赛暨邮政杯大广赛新疆赛区喀什大学启动仪式在喀什大学艺术学院报告厅举行。喀什地区邮政分公司积极参与，重点讲解新疆邮政“这里是新疆”“喀邮惠”微商城平台，喀什邮政主题邮局、特色邮资封片、邮册图案创意设计等内容。

【优化网运作业】 2017年，喀什地区邮政分公司深入推进邮路优化，调整喀什—和田、奎依巴格、麦盖提邮路；对进出口陆运邮件直接分拣，陆运标快邮件传递速度提前24小时；调整分拣封发关系，出口内地的邮件（除青海、甘肃、西藏）提前约36小时，8个县市分公司实行三合一流水化作业模式，解封车率从年初的27%提高到93.3%，邮件信息准确率79%，信息发送及时率40%。

【和谐企业建设】 2017年，喀什地区邮政分公司依法维护员工合法权益，认真落实企务公开，加强“职工小家”建设，把团场支局建成标准化的职工之家。推动两级互助互济基金补偿工作和商业保险工作，全年享受区分公司基金会补偿、地区分公司基金会补偿160余人。

（喀什地区邮政管理局　喀什地区邮政分公司）

无线电管理

【频率台站管理】 2017年，喀什地区无线电管理局清理僵尸用台单位79户，受理行政许可申请177件，较上年增长77%。

【无线电台执法监督】 2017年，喀什地区无线电管理局对134家使用无线电台的单位进行检查，核查设备784部，下发责令改正通知书18起，立案5起，结案5起，没收设备17部。

【无线电台设备检测】 2017年，喀什地区无线电管理局加强技术管理，对130部新设台及已设台设备进行检测，监测时长3万多小时，查出不明信号86个，电测设台单位15家，出具电测报告186份。完成频占费收缴56万元，完成预算的140%。

【基站台站专项核查】 2017年，喀什地区无线电管理局开展公众移动通信基站、广播电视台站专项核查工作，摸清底数，提质优化台站数据。是年，核查3家运营商基站14704台，广电台站35家。核查无线广播电视台196台。及时整改核查发现的问题，确保广播电视安全播出。

【喀什市无线电网格化监测网投入使用】 2017年，国家无线电管理专项资金投入1000万元，建设喀什市无线电网格化监测网并投入使用。

【开辟用频绿色通道】 2017年，喀什地区无线电管理局开辟用频绿色通道，指配频率5组，及时为会务办理对讲机临时用频许可120部，保障第六次全国对口援疆工作会议在喀什召开期间的通信安全。

【无线电技术支持服务】 2017年，喀什地区无线电管理局及时为当地近10家向企业提供支持和服务；为铁路部门提供技术支撑，排查南疆铁路喀什车站无线调度通信车站电台干扰，确保铁路运输安全；对喀什大学3G网络干扰源进行查处，保障师生正常通信；为莎车机场通航开展航空专用频率监测保护、图木舒克机场、叶城机场新建电测；走访民航、通信企业，塔西南石油开发公司，了解用频情况和需求，为其提供支持和服务。

【《中华人民共和国无线电管理条例》宣传】 2017年，喀什地区无线电管理局利用“2·13”世界无线电日、“5·5”中国业余无线电节，“3·15”国际消费者权益日、无线电宣传月等重大活动，向社会大众宣传无线电管理法律法规、科普知识。结合开展普通高考等重大考试无线电安全保障、边境地区电磁环境测试、组织3家通信企业员工、业余无线电爱好者、无线电发射设备销售商学习宣传无线电管理法规。

（喀什地区无线电管理局）

中国电信股份有限公司喀什分公司

【概况】 2017年，中国电信股份有限公司喀什分公司（以下简称“中国电信喀什分公司”）累计实现主营业务收入19367万元，累计预算完成率为102.22%，同比增长4.71%。实现利润1.32亿元，上缴利税130万元，中国电信喀什分公司有固定资产原值7.7亿元，净值4.2亿元。喀什市城乡电信用户总数达10.28万户，其中，移动用户数达20.01万户，固定电话用户数达9.42万户，宽带用户达7.72万户，IPTV用户达1.16万户。

2017年6月7日，喀什地区无线电管理局对高考考点实施监测

【电信移动新增业务建

设】 2017年上半年，中国电信喀什分公司以惠享·自由行为主销套餐抢占第一卡槽；以大流量套餐、大三元、云卡、无线上网卡、副卡、惠民卡等移动单产品套餐抢占异网份额，抢占第二卡槽，拓展用户规模，下半年以“不限量套餐+红包+靓号”或加装省内不限量流量包模式，主推不限量套餐，抢夺异网中高端客户。全面落实红包合约销售，激励和佣金倾向红包合约销售，加强社会渠道购机送红包培训和宣传，提高红包拉新能力。扩大流量用户规模，提升户均流量。以网龄换机、以旧换新为营销手段，在促进终端销售的同时拉动移动新增用户发展。移动业务发展规模效应凸显。

【电信宽带业务建设】 2017年，中国电信喀什分公司建立宽带攻坚专项工作团队，开展宽带会战专项活动，推行底线问责制度，落实宽带攻防责任，推进宽带存量到期用户续约，强化宽带拆机挽留。是年，宽带用户净增3.25万户，达20.97万户，光宽用户达17.8万户。

【农村电信建设】 截至2017年，中国电信喀什分公司农村支局渠道厅、店达到507家，新拓渠道门店85家，完成区公司下达拓点目标57家149%，其中自营厅17家、完成区公司下达目标17家100%，社会渠道50家、完成区公司下达预算40家125%。是年，中国电信喀什分公司坚持天翼标杆示范村、惠民电商服务站、交易费网点、天翼合伙人、全网通卖场建设，拓展服务网点，扩大销售半径和服务半径，在已建成的村级代办点通过利用“菜鸟旺旺”二级工号和“翼支付”“交费易”实现现场受理电信业务和缴费。持续开展整村团购，农村移动累计新增12.66万户；宽带新增2.07万户，光宽带用户净增1.96万户；天翼高清累计净增1.8万户。

【云业务生态圈建设】 2017年，中国电信喀什分公司通过行业应用推介活动，产品合作、渠道合作等多种方式布局，积极突破云业务市场，促进云业务生态圈构建。截至10月，完成与喀什地区第一人民医院医疗影像云项目框架协议签订，伽师县公安局主机托管、喀什地区经信委中小企业服务平台云化项目。

【智能非连接业务生态建设】 2017年，中国电信喀什分公司积极构筑智能非连接业务生态。在物联网方面，挖掘商机、培育需求，积极配合测试，以平安监控、对讲、抄表为突破口，拓展用户规模。已完成公交公司车辆无线监控、电力公司无线抄表、铁塔公司动力环境监控物联网卡的开通，实现月收入超100万元，截至是年12月底，物联网卡开通数量44766个。在翼支付方面，以打造“天翼+支付”生态圈为重点，不断扩大业务规模及用户规模。在全地区范围内持续开展翼支付商超、餐饮类商户的签约工作，从翼支付消费环境的打造入手，进行翼支付生态圈的打造，翼支付商户累计签约656户，同比增长598%；以翼支付民生应用加油、购电POS机拓展及维护、交费易拓展为重点，扩大交易额，提升用户活跃率。翼支付加油交易额累计达到340.95万元，购电交费额达130万元，全疆排名第三。以加油、购电、商超等翼支付优惠内容为推广重点，开展地推承接，全地区共计开展地推活动33次。与翼支付红包业务相结合，开展红包用户外呼、红包用户体验等活动，拉动活跃用户规模。

【电信网络支撑能力】 2017年，中国电信喀什分公司开展公安监控、农村专网及干部驻村通信、村村通建设，新增光端口4.27万个，其中，城市光端口2.2万，农村光端口2万个；全区2311个行政村中，光纤网络覆盖1998个行政村，已通宽带行政村达到1998个，行政村光网覆盖率为87%。54个兵团连队已建设36个，光网覆盖率为62%；城镇人口18.8万，光纤100%覆盖，提升光网覆盖率；完成全区共计13万个光网设备提质核查，完成率达到100%。依照城区楼宇库的标准，建设农村区域楼宇库，做好基础信息的收集工作，完善城市区域楼宇库基础信息，楼宇信息完整率达到99.93%。完成70多万条标准地址的核查整改，标准地址数据准确率提升至98%以上。固定资产三码融合全区整改资产近万条，完成率达到95%以上，提升资源准确率，释放网络沉没资源；对全地区229个CDMA基站的传输进行扩容，并将传输通道改为IPRAN模式，同时新增BSC，调整基站归属，保证BSC利用率在瓶颈之下。完成206个基站的拆闲补忙工作，缓解寻呼丢弃、起呼困难、3G速率慢等问题，优化提质网络提升用户使用感知。

（杨志红）

中国移动通信集团新疆有限公司喀什地区分公司

【概况】 2017年，中国移动通信集团新疆有限公司喀什地区分公司（以下简称喀什移动公司）积极把握“互联网+”带来的良好机遇，深入推进战略转型，不断扩大网络领先优势，已建成遍布喀什地区各乡镇、团场、公路的通信网络，实现100%乡级网络覆盖、98%的村级网络覆盖，全力推进FTTH宽带建设，实现地面业务新的突破。连续五年被新疆公司评为“先进单位”。

【企业管理】 2017年，喀什移动公司扎实推进企业变革，不断夯实全业务运营综合实力。一是坚定不移推进“定机构、定职责、定编制”工作落地实施。按照“依法合规”和“支撑发展”的原则，通过劳务工转聘、社会招聘、大学生招聘等多种形式调整人力资源结构，改善公司人员紧张的现状。同时明确公司选人用人、人岗匹配的标准，针对各岗位制定出统一的绩效考核标准，使绩效管理与薪酬密切挂钩、发挥绩效薪酬正向激励作用。二是狠抓财务基础管理、风险管控水平有效提升。强化内控管理，进一步优化、完善内控执行检查流程；加强对“三重一大”决策制度执行情况的检查，推动决策行为合法合规。加强重点领域和关键环节的监督，加大对采购、市场、网络等重点领域的监督检查力度，规范关键岗位权力运行，将采购环节引入第三方独立代理机构进行招投标，实现更加独立、透明的管理。四是安全管理水平持续提升。严格执行全年24小时领导带班值班制度，开展全区范围的安全生产检查、抽查3次，并积极整改落实。

【市场运营】 2017年，喀什移动公司在FTTH农村试点的基础上，大力开展WLAN、FTTH宽带建设，围绕体系建设、资源整合、流程再造、架构优化等，积极推进与广电、铁通和第三方的协同发展，构建网络电视产品体系，建立家庭宽带完整的装、拆、移、维工作流程和服务标准。是年，进一步夯实片区、网格、渠道联盟建设，加快营销服务体系转型，围绕转型业务发展、客户保有、渠道建设的重点工作，通过不断优化区域结构、完善各项规章制度、开发区域化管理平台及客户端、开展片区网格经理能力提升培训等，为片区发展做好支撑。2017年，开展服务提升专项活动，狠抓营业厅服务，持续开展互查、内训、外培、业务技能大赛等，积极改善硬件环境及服务水平，社会化营业厅服务能力明显提升。持续开展黑卡治理工作，完成存量客户的实名登记工作，存量及新增客户实名登记均实现100%。秉承“宽带向协同和规模要效益”的理念，因地制宜，通过无线、有线相结合的方式大力发展宽带业务，通过“精准目标、精准建设、精确营销、精心服务”实现宽带市场的规模发展，同时，逐步以“产品+服务”实现宽带由价格向价值转变。

【网络建设】 2017年，喀什移动公司搭建以县市分公司为主导的属地化全业务支撑体系，优化面向客户、面向网络、面向管理的全业务制度、流程、管理、考核体系，推进装维体系变革，加强对装维单位的现场管理，全面提升本地装维水平和客户响应能力。扎实做好资源管理工作，使资源管理与网络规划、建设、维护、优化工作形成一体，实现资源利用率的动态管理，数据完整性达到98%，准确性达到85%以上。做好专项支撑，开展装维质量、流程支撑、带宽利用率提升等项目。加强网络评估和规划，完善网络预警机制，加强验收质量，持续对交换、无线、传输、数据、支撑网开展优化，提升2G语音质量、挖掘3G网络潜力、优化WLAN网络质量，加快4G网络的建设和优化，充分发挥各网优势，有效促进全网流量、语音均衡承载，网络质量、客户感知不断改善，网络综合竞争优势持续提升。出色完成应急通信保障任务。是年，喀什移动公司累计出动应急通信车9次，投入保障人员68人次，应急发电11463次，应急巡检光缆线路千余米，圆满完成地区重大活动期间的通信保障任务。

（王钰东）

中国联合网络通信有限公司喀什地区分公司

【概况】 2017年，中国联合网络通信有限公司喀什地区分公司（以下简称“中国联通喀什分公司”）实现主营业务收入48059.7万元，累计预算完成率为101.7%，同比增长11.6%。实现利润2643.34万元，预算完成率141.7%，同比增长为16.74%；上缴利税8388.92万元，同比增长为-14.45%；中国联合网络通信有限公司喀什分公司固定资产原值16.26亿元，净值8.14亿元。

【联通移动新增业务建设】 2017年，中国联通喀什分公司全力加快4G业务发展，以新增用户4G化，做好细分市场的获取与抢夺；和各互联网巨头公司推出专属产品，创新用户体验，实现规模上量；政企市场创新业务规模化拓展客户；加速2G向4G迁转，实现用户价值提升；有效释放流量，提升3G在网客户价值与保有；优化产品带动经营转型与渠道转型，同时加强品牌宣传。移动业务发展规模凸显，是年，移动用户48.5万户，净增3.91万户。

【联通宽带业务建设】 2017年，中国联通喀什分公司聚焦光纤资源覆盖区域，全面实施光改营销，在市区、县城以端口资源占用率低小区为重点，提升宽带收入贡献度，加大宽带社会化合作力度，实现宽带营销能力和服务能力的提升。是年，宽带用户净增1766户，达到1.08万户，光宽用户达到0.97万户。

【联通农村宽带建设】 2017年，中国联通喀什分公司广泛开展农村普遍服务建设，借助普遍服务项目，积极运用社会化合作、资源互换等方式，精准拓展农村宽带TV市场，有效增加资源覆盖区域。全方位深化“营建维”合作，解决发展能力不足、网络投资不足、维护能力不足等问题，全面提升宽带和融合业务的营销服务能力。是年，普遍服务FTTH新建工程涉及地域1市11县，建设19个未通村，50个升级村，合计69个行政村，新建8520端口，投资2160万元，覆盖用户数接近2万户，实现100兆以上光纤宽带服务。

【集团单位信息化建设】 2017年，中国联通喀什分公司通过ICT业务积极切入各单位信息化建设工作。截至10月，完成塔什库尔干县边防监控项目、图木舒克市平安监控项目、喀什政法委视联网项目、莎车职业高中信息化建设项目等项目。项目初步带来ICT收入120万元、专线收入82万元；已入网移动业务1722户。

【智能非连接业务生态建设】 2017年，中国联通喀什分公司通过业务发展互联网化，企业管理信息化，推动公司由“传统封闭”的电信运营模式向“高效开放”的互联网运营模式转型，实现运营模式的转变；聚焦“大、物、移、云、智”领域，加大资源投入，增强创新业务市场拓展能力，提升创新业务的服务收入规模，实现增长方式的转变。物联网领域，发挥总部平台优势，做强接入能力，大力拓展物联网业务，全年新增M2M连接5000个，实现物联网收入56万元；在云计算领域，建立名单制客户营销机制，实现全网协同营销；在ICT业务领域，优化集成业务支撑体系，面向分公司提供一揽子综合解决方案，实现一体化支撑，继续保持稳健发展，全年ICT类业务同比增长110%。

【联通网络支撑能力】 2017年，中国联通喀什分公司实现地区1236基站的4G网络升级，1858个基层办公点的光网络接入，整体云服务平台的搭建。加强对现网基站、固网、传输线路的隐患、速率全面实施标准化整治，推进节能减排工作。完成喀什地区塔什库尔干县原本地传输网线路迁移整治、山区水电工程施工作业区域的4G覆盖、气象及航天事业的多次重大网络数据传输的保障。是年，共完成4G覆盖75%（含L900），FTTH覆盖家庭67950户。完善原有接入侧网络的覆盖能力，实现多平台业务交互接入，保留传统业务。新建FTTH-11462个端口，投资1700万元；覆盖用户数20647户，开通2196户，实现100兆以上光纤宽带服务。

（中国联通喀什分公司）

中国铁塔股份有限公司喀什地区分公司

【建设业务】 2017年，中国铁塔股份有限公司喀什地区分公司（以下简称喀什地区铁塔分公司）完成173个改造需求的筛查匹配及实施，交付及时率100%；全年承接改造需求643个，其中，电信800M重耕需求449个，移动需求194个；新建站址40个，交付及时率100%。按区公司要求时限完成2880个旧项目的关闭，关闭率100%。严格按照规定时限完成301个新建项目的决算审计工作。组织安排完成585个2016项目审计倒退的确认和调整工作，按照时限要求完成2017年项目送审，送审及时率100%。通过引入多家地勘单位交叉作业，避免人为放大施工难度系数、加强设计方案会审、严控经济签证等管控手段，有效提升分公司新建站造价偏移率（0.8），新建选址费产生比例16%，转供电比例8.33%，转供电单价0.73元/千瓦时，较上年均有明显改善。

【运营业务】 2017年，喀什地区各运营商通过统一业务平台提出的需求总数为686个，累计交付订单为683个，客户需求满足率达到99.56%。承接需求应交付订单为686个，实际交付683个，其中及时交付683个，订单交付及时率为99.56%。纳入2017年统计的实际起租订单为635个，应起租订单为186个，及时起租186个，订单起租及时率为100%。喀什铁塔分公司塔类租户数为6059个，起租站址数为4310座，塔均租户数为1.406个，塔类站址共享改善率为4.901%。

【维护业务】 2017年，喀什地区铁塔分公司对运营商提出321个需求，其中新建285个、36个改造。经过筛选，协商取消新建需求29个，新建改共享13个，主动推送6个，完成谈签的41个，等待规划审批的站址56个。工程质量合格率从年初的47.2%提升到99.8%。通过多次培训，明确上传文档的规范和命名要求，要求上传的文件和工艺工序照片专人复核。组织、监理单位、设计单位、施工单位，完成2118个项目的互联网检查综合文档（设计图纸、现场布局图、地勘报告）、现场工艺工序照片的修改上传工作。项目结算和决算审计完成449个，其中维护改造项目211，新建项目238个；按时完成项目的关闭工作。向合作单位及时支付工程款项732万元。基本完成6个以上的应付账款的清理工作，确保未支付工程应付款比例符合要求。配合财务部完成3190个项目调列账，提供财务凭证4.7万份。全地区更换预付费插卡电表930块，减少维护单位工作量，解决由于预付电费不能及时出账、电费核销不能及时核销的问题。安装空调控制器1200套，分户计量设备252台，FSU补建556套，门禁401套；替换开关电源309套、电池424组（304个站址），空调更换31套；外市电维修683处，地面铁塔整治816处，站房维修50处。基站环境整治、资源修改完成4338个，完成比例98.10%，有站房站址2747个，已完成整治1056个，整治完成率38.44%。

（喀什铁塔分公司）

城乡建设

城乡规划

【城乡规划修编制】 截至2017年底，喀什地区12个县市均编制《城市总体规划》《控制性详细规划》，除塔什库尔干县没有工业园区外，其余11县市园区都编制《工业园规划》，并按法定程序进行审批、备案。各县市严格执行总体规划划定的“三区”“四线”实施城乡规划。是年，喀什市和深圳规划设计院对接，在近期建设规划编制中结合总规的实施评估和修编，做好修改完善工作。莎车县在前期规划的基础上，委托上海复旦大学设计院、上海同济规划院等国内知名专家完成老城区190公顷修规设计，完成恰斯路历史文化节点设计初步方案（汉唐、清明历史时空走廊设计），进一步落实细化历史文化名城保护规划各项控制要求。莎车县完成“撤县建市”相关规划研究报告和申报准备工作，叶城县进一步完善道路交通网络体系，优化城市空间发展格局。

【特色小城镇规划编制审查】 自治区确定“十三五”期间喀什地区建设44个特色小城镇，2017年，喀什地区特色小城镇建设任务14个，其中，喀什市3个，其余各县各1个，以此形成试点示范，带动全地区特色小城镇建设工作。全地区14个特色小城镇已经完成总体规划实施评估报告、控制性详细规划、特色风貌设计成果、产业发展专题研究报告、特色风貌设计专题研究报告规划编制工作。巴楚县色力布亚镇特色小城镇修建性详细规划，进一步明确项目建筑风貌，并通过审核。2017年1月19—23日，自治区住建厅分别在上海市和喀什市召开喀什地区试点特色小城镇规划成果及特色风貌设计成果专家审查会。2月17—18日，自治区住建厅在喀什再次召开规划设计成果复审会，对试点特色小城镇的规划和特色风貌设计成果进行复审。各位专家和自治区相关单位负责人提出意见。特色小城镇按照规划审批程序已通过县市人民政府的批准。喀什市新增的2个（帕哈太克里乡和伯什克然木乡）规划正在编制外，其他各县市基本完成土地调查、启动区的勘测定界任务，编制完环评报告及审批工作，确定特色小城镇建设内容，编制完成项目可行性研究报告并取得批复。

【城市建成区违法建设专项治理】 2017年，喀什地区全面落实城市建成区违法建设专项治理工作五年行动，加强城乡规划违法违纪整顿工作。各县市成立违法建设专项治理工作领导小组，依据《城乡规划法》《土地管理法》等相关法律法规印发《拆除违法建筑工作实施方案的通知》，进一步明确违法建筑拆除的责任主体、执法程序和适用范围。截至年末，喀什市在城市建成区日常巡查工作中，共查处违法建设 173 处，现场拆除违法建筑面积 10208 平方米。其余县市共查处各类违法案件 536 起，其中发放停工整顿通知书 143 份，拆除建筑面积 31500 平方米。

【生态城市修补】 2017 年，喀什地区按照自治区推进生态城市修补工作的要求，制定以围绕园林城市、宜居城市的总体定位，系统梳理城市总体空间形态，大力推进城市生态绿地建设，突出强化规划引导、完善城市功能、加快公共交通、停车场建设、提升城市管理、集中清理违法建筑、填补基础设施短板等重点工作，落实以加强组织领导、加大资金投入、健全推进机制等工作措施，有力促进城市空间环境品质内涵式提升。

（喀什地区住建局）

建筑业

【建筑企业资质专项核查】 2017 年，喀什地区住建局严格建筑业企业资质申报工作，严肃查处建设工程企业资质申报中弄虚作假行为，会同地区职改办于 10 月核查建筑企业的建筑企业资质 13 家，对 6 家拒不配合的建筑企业责令限期改正并处 3 万元罚款，到期仍未整改的撤销其资质证书。对 3 家伪造中级职称证书资料申报建筑企业资质的企业，撤销其企业资质且 3 年内不得再次申请建筑业企业资质，记入信用档案。

【招标代理机构市场行为专项检查】 2017 年，喀什地区住建局对招标代理机构及市场行为进行专项检查，对 5 家招投标代理机构予以通报批评，对 3 家招投标代理机构予以警告并责令限期整改，对 1 家招投标代理机构予以撤销。

【项目工程建设监管】 2017 年，喀什地区住建局严格执行《自治区保障性住房建设标准（试行）》《城市居住区规划设计规范》等法律法规及工程建设标准规范，保障房设计图覆盖率达到 100%。严格规范招投标管理，实现公开招标覆盖率 100%，招标公告信息发布率 100%，落实招标文件备案制度。严格执行工程建设强制性标准，落实工程建设各方主体质量安全责任，确保工程质量安全监督覆盖率和验收合格率达到 100%。强化监理单位责任，对项目实施全过程监理，项目监理覆盖率达到 100%。全面推行工程造价全过程管理和控制，对项目决策、设计、发承包、实施、竣工等各个阶段工程计价和工程造价实施目标管理，进一步落实竣工验收制度。

【建筑工程质量安全监督检查】 2017 年 6 月，喀什地区住建局进行建筑工程质量安全监督检查 13 批次，检查项目 672 个，覆盖学校、医院、保障性住房、市政基础设施等重点民生工程项目，下发整改通知书 142 份、停工整改通知书 74 份，上报暂扣企业安全生产许可证 2 家；对质量安全管理不到位、隐患整改不力的 38 个项目全地区通报批评，清理“监”而不“理”的监理公司 3 家。

（喀什地区住建局）

村镇建设

【安居富民工程建设】 2017 年，喀什地区各县市将安居富民工程与美丽乡村建设相结合，鼓励采取整村推进、整乡推进的建设模式，将原来分散、混乱的房屋合理规划，布局整合为规范有序美观的安居小区，节约大量土地，美化村容村貌。是年，安居富民工程建设总任务 171350 户（含自治区下达任务 83900 户）。截至是年 11 月 17 日，全地区安居富民工程已经开工 177167 户、开工率 103%，竣工 162223 户、竣工率 95%，入住 138035 户、入住率 81%。已经投入资金 763352 万元。中央补助资金到位 124102 万元，自治区补助资金到位 67120 万元，援疆省市建房补助资金到位 86329 万元。金融机构投放专项贷款 220976 万元。是年底，自治区考核组对地区喀什市、疏附县、疏勒县安居富民工程进行考核验收，给予高度评价。近三年，喀什地区安居富民工作经自治区考核均排名第一或第二。

【安居富民工程督促检查】 2017 年，喀什地区住建局、安居富民办公室对各县市（除塔什库尔干县）安居富民工程建设进展、质量等情况进行随机抽样检查。8—11 月，组织各县市开展 10 轮安居富民工程交叉检查，对工程质量存在严重问题的英吉沙县、叶城县、莎车县，进展相对较慢的英吉沙县、叶城县、莎车县、岳普湖县、疏勒县进行通报批评，推动全地区 171350 户安居房建设任务顺利完工。

【特色小城镇建设】 2017 年，喀什地区部分县市已启动特色小城镇建设保障性住房和道路建设前期工作，其中 6 个县保障性住房已完成拆迁评估工作，开展施工图设计工作，10 个县市已开展道路施工图设计。是年，喀什地区 14 个试点特色乡镇计划投资约 181.96 亿元，计划贷款 137.4 亿元。已完成投资 6.59 亿元，主要为特色乡镇内的幼儿园、学校、全民体检中心等项目。

（喀什地区住建局）

住房保障

【城镇保障性住房建设】 2017 年，全地区实施城镇保障性住房建设任务为 70385 套。其中：12 个特色试点乡镇公共租赁住房 10908 户，各类棚户区改造 59477 套（含 12 个特色试点乡镇棚户区改造 7272 套）。全地区棚户区改造开工 48843 套，开工率 82%。

12 个特色试点乡镇公租房建设中，巴楚县色力布亚镇开工 912 套，塔什库尔干县塔什库尔干镇开工 908 套。暂停南疆特色小城镇建设和贷款审查工作，其余 9 个县（市）均未开工建设。

是年，城镇保障性住房到位补助资金 29.08 亿元。其中，中央财政专项资金 24.97 亿元，自治区财政专项资金 0.99 亿元，公积金增值收入 0.12 亿元，公租房调整资金 0.62 亿元，2016 年财政专员办审计扣减返还资金 2.49 亿元。

【棚户区改造】2017年，喀什地区住建局严格落实国家、自治区住房保障工作总体要求，全面推进棚户区改造工作。根据《自治区关于做好政府购买棚户区改造服务工作的指导意见（试行）》的规定，各县（市）在棚改中鼓励货币化安置、强化民生保障、推进群众就业创业。棚改货币化补偿同居民自拆自建相结合，按照“先易后难、先整片后零散”的思路梯次推进，同步配建基础设施。完善街区道路、供排水、燃气、供热等市政基础设施，改善棚改区生活环境。县（市）住房保障办严格建设法定程序，办理项目前期手续，确定征收补偿方案、征收公告、征收决定，严密组织实施征收工作。地区住房保障办及时解决棚改推进工作中遇到的困难和问题。积极引导金融资金参与棚户区改造，协调国开行、农发行推动贷款政策落实，获批签约政策性中长期低息贷款71.55亿元，到位资金19.77亿元。

【国有土地房屋安置补偿】2017年，喀什地区住建局严格执行《国有土地上房屋征收与补偿条例》《自治区实施〈国有土地上房屋征收与补偿条例〉办法》，安置补偿采取产权调换与货币补偿相结合，对选择货币补偿的，综合考虑房屋区位、用途等因素，根据同地段新建普通商品住房价格对居民予以补偿。

【租赁补贴发放】2017年，喀什地区坚持“因地制宜、因城施策”的原则，合理确定租赁补贴的发放规模和发放对象，结合当地住房市场租金水平、人均住房面积等情况，合理确定租赁补贴标准和补贴面积，建立健全租赁补贴制度，并动态调整，严格执行国家和自治区有关政策，按季或按月发放。是年，租赁补贴计划发放8102户，发放1461万元。

【城镇保障住房管理】2017年，喀什地区住建局扩大住房保障覆盖面，结合推进新型城镇化和户籍制度改革，优先保障住房救助对象、城镇中低收入住房困难居民，对进城落户农牧民、农民工、外来务工人员和新就业职工等纳入公共租赁住房保障范围，稳步扩大住房保障城镇常住人口的覆盖面；加强保障住房分配管理，规范工作程序，规范住房保障分配、运营的全过程和各个环节的管理，完善和应用住房保障信息管理系统，执行“三级审核、三级公示”的程序，规范和落实住房保障申请、审核、公示、轮候保障、分配管理等制度，做到保障房源、分配过程和分配结果“三公开”；强化资金管理，按照保障性安居工程资金管理的有关规定，设立保障性安居项目专户，做到“专款专用、专项管理、分账核算”，同时，纪检、监察、审计局、财政等有关部门对保障性安居工程建设资金的使用实行跟踪检查，保证建设资金的合理使用。

（喀什地区住建局）

住房公积金管理

【住房公积金贷款政策调整】2017年，喀什地区住房公积金管理中心进一步推动公积金异地贷款，降低门槛、提高效率、方便群众。提高贷款最高额度，放宽贷款条件，在符合贷款比例条件下，将住房公积金最高贷款额度由35万元调整到40万元。购买首套普通自住住房的职工，申请公积金贷款时，首付比例降至20%。对利用住房公积金贷款购买住房且已结清贷款的职工，再次利用公积金贷款购买第二套（改善型）普通自住住房的，首付款比例最低为30%。截至是年11月，城镇居民为购房、装修提取住房公积金12.17亿元，同比增长102.4%；为4412户家庭发放住房公积金个人贷款9亿元，同比增长84.49%。

【住房公积金归集】 2017年，喀什地区住房公积金缴存单位2899家，实缴职工21.17万人，当年新增开户职工2.85万人。当年归集（缴存）33.05亿元，比上年增长8.33%。至2017年底累计归集（缴存）185.46亿元，缴存余额95.44亿元。

【住房公积金提取】 2017年，喀什地区办理提取住房公积金15.37亿元，比上年减少20.78%。至是年底，累计提取住房公积金90.07亿元，其中，70%以上用于职工购建住房和改善居住条件。

【住房公积金贷款】 2017年，喀什地区受理发放住房公积金贷款3909笔，共计8.96亿元，比上年减少36.19%；累计向72985户家庭发放住房贷款91.98亿元用于解决和改善住房条件，贷款余户26926户，贷款余额43.18亿元，个贷率46.28%。

【资金管理风险防控】 2017年，喀什地区住房公积金管理中心制定下发《喀什地区住房公积金管理中心资金管理办法》《喀什地区住房公积金廉政风险防控管理考核办法》，从严规范人员岗位设置、业务操作，严格落实审查、审核双亘把关流程、痕迹管理，对住房公积金收支的全过程进行监督、控制、稽核、检查，确保资金绝对安全。

【公积金从业人员规范服务】 2017年，喀什地区住房公积金管理中心继续加大“放管服”改革，优化服务，强化监督，制定《喀什地区住房公积金管理中心绩效量化考核管理办法》《喀什地区住房公积金管理中心窗口从业人员行为规范》，实行阳光服务、靠前服务，进一步规范公积金从业人员服务行为，转变作风。

【“双贯标”正式上线】 2017年，喀什地区住房公积金管理中心全面启动信息系统“双贯标”建设（贯彻落实住房公积金基础数据标准，接入全国住房公积金银行结算应用系统），对业务软硬件进行全面更新和升级。12月25日，“双贯标”正式上线运行，住房公积金资金管理实现统一账户、统一调拨、统一结算，业务办理实现汇缴实时分解、提取实时入卡、贷款实时发放、资金实时调拨、账户实时监控、业务实施结账，大大提升喀什地区住房公积金管理信息化水平和服务能力。

（郑金剑）

房地产管理

【房地产开发经营】 2017年初，喀什地区房地产库存总量223.6万平方米（其中，商品住房72.03万平方米、商铺151.57万平方米）。2017年1—11月，商品房销售面积17.62万平方米，占全部商品住房库存的24.5%。

【房地产去库存】 2017年，喀什地区因城施策，多措并举有效化解房地产库存。结合棚改工作实际，在充分尊重群众意愿的基础上，合理确定棚改安置方式，通过货币化安置，改善居民住房条件，增加刚性需求，消化库存。库存比较大的县市适当提高货币化安置比例，库存比较小的县市结合群众需求，选择实物建房为主要安置方式，避免因盲目提高货币化安置比例，拉动房价上涨。喀什市、疏勒县等县市通过货币化安置或政府购买存量商品房等方式，推动去库存。是年，使用保障性住房资金回购896套商品房；通过政府发放租赁补贴（2017年新增8102户）支持中低层收入家庭租住住房，推动公租房租金货币化补贴。鼓励引导房地产企业顺应市场规律，适当降低商品住房价格，调整营销策略，缩短商品房销售周期。

（喀什地区住建局）

商 贸

商务（招商）

【内贸流通】 2017 年，喀什地区全口径社会消费品零售总额实现 187.2 亿元，较上年同期增长 6%；限额以上社会消费品零售总额 40.07 亿元，较上年同期下降 8.3%。

【商贸流通业固定资产投资项目】 2017 年，喀什地区商贸流通业固定资产投资项目共计 101 个（新建项目 61 个，续建项目 40 个），累计完成投资 56.87 亿元（新建项目完成投资 15.65 亿元，续建项目完成投资 41.22 亿元）。巴楚县三岔口物流港（一期）、丝绸之路喀什国际经济合作区——起步区工程（一期）、曙光智慧城、喀什远方国际物流中心二期等一批商贸流通项目正积极推进。

【电子商务进农村综合示范建设】 2017 年，喀什地区将电商进农村与精准扶贫、脱贫攻坚相结合，在发挥好第三批电商进农村综合示范县、示范基地示范引导作用的基础上，又申报获批国家级电商进农村综合示范县 3 个、示范企业 1 个，申报并落实项目资金 5400 万元，已拨付 3 个示范县人民政府。

【对外贸易】 2017 年，喀什地区培育壮大外贸经营主体队伍，鼓励骨干企业做大做强，贸易额过亿美元企业 6 家，1000 万美元到 1 亿美元企业 8 家。积极鼓励和引导生产加工企业参与外贸经营，不断扩大地产品出口规模，地产品出口额完成 5433.72 万美元，同比略有下降。进一步加大对地区企业和东中部企业联合“抱团出海”，开拓周边国家市场的支持力度，地区企业在巴基斯坦、吉尔吉斯斯坦、塔吉克斯坦等地设立“海外仓”，正在收集喀什工业产品和样品，拟在“海外仓”产品展示厅存储展示。支持企业积极扩大进口，加强外贸相关部门和单位协作，积极协调解决进出口运行环节遇到的困难。是年，地区外贸进出口总额 18.13 亿美元，同比增长 8.01%。其中：出口 17.83 亿美元，同比增长 7.18%；进口 2979.1 万美元，同比增长 100.67%，医疗用品、电子家电、建材呈现大幅增长势头。

【外贸扶持政策资金申报】 2017 年，喀什地区加大政策扶持力度，积极组织申报 2017 年外经贸发展、加工贸易、进口贴息等各项政策扶持资金，提升企业国际竞争力。是年，申报落实上年度和 2017 年部分外贸扶持政策资金 1.2 亿元。

【首次进口活驴冰鲜海产品】 2017 年，喀什地区拓宽进口市场，首次实现从吉尔吉斯进口活驴，货值 9 万美元；从巴基斯坦进口冰鲜海产品，货值 2.94 万美元。

【招商引资项目】 2017 年，喀什地区围绕地区重点发展产业，充分利用商会和落户企业对外联络广泛的优势，通过委托招商、以商招商等方式开展招商引资。全年落实执行项目 512 个，新履约项目 356 个，往年结转项目 156 个，落实执行项目到位资金总额 281.8 亿元。同比下降 1.99%。

【赴对口援疆省市招商】 2017 年，喀什地区依托对口援疆省市开展特色招商。山东省对口支援新疆工作指挥部针对不同产业类型，组织山东企业赴喀什对接考察；广东省对口支援新疆工作前方指挥部利用疏附县广州新城平台建设，积极引进商贸物流产业项目；上海市对口支援新疆工作前方指挥部出台多项扶持政策，吸引企业赴喀什投资再创业；深圳市对口支援新疆工作指挥部协助喀什经济开发区在深圳市建立市场化运营的招商中心、特色商品展示中心，大力引进纺织服装、食品加工企业。

【展会招商】 2017 年，喀什地区组织经济开发区及相关县市、企业负责人，先后参加亚欧商品博览会、西洽会、厦洽会和西博会，利用展会平台，把展示宣传、项目洽谈对接和“走出去”招商推介有机结合起来，提高展会实效。

【农村富余劳动力就业增收】 2017 年，喀什地区借鉴中兴手套总部 + 乡村生产车间的运营模式，加大劳动密集型产业招商力度，有效解决地区农村富余劳动力就业，截至年末，全地区共引进纺织服装、电子产品及农副产品加工等企业 180 家，解决农村富余劳动力就业，增加农民收入。

（喀什地区商务局）

供　销

【概况】 截至 2017 年，喀什地区供销系统建设基层社 95 个，新增 1 个，从业人员 437 人；农民专业合作社 79 个，入社成员 5168 人，带动农户 11543 人，其中贫困户 2777 人，总出资额 8852.05 万元。建有 9 个协会，会员 254 个，其中，团体会员 146 个，个人会员 108 人，全系统有企业 35 个。地区供销社直接扶持

山东省日照市贸促会，喀什地区商务局、贸促会友好合作签约仪式

建设（升级改造）服务网点328个，其中，农村综合服务网点175个，叶城县在建网点50个。是年，喀什地区供销社按照“统筹规划、分步实施、稳步推进”的原则，依托供销社传统的1203个农村流通经营服务网点，整合各县域内生产、生活、农产品销售、网上缴费等社会化服务项目，为农村、农民提供全方位服务，有乡村营销网点1317个，农资销售服务网点223个，举办各类展会2次。

【农资供应】 2017年，喀什地区供销发挥农资供应主渠道作用，统筹做好春耕期间采购储备、调整充实库存、合理调度配送等一系列工作，力保全地区农资货足、价稳、质保、不脱销。在全地区农业乡（镇）新建（改造）直供网点153个，整理收集供销社系统可向农村市场销售的优质农资产品名录，按照每日一统计原则，每天收集订单并向销售企业反馈订单信息；每日收集各县（市）供销社及企业的库存及销售情况，以短信、信息简报形式每周向地委农办和领导上报数据及价格走向。是年，销售各类农资共计171330吨，其中：尿素98957.6吨，二胺45296吨，复合肥23158吨，地膜3911.22吨。

【核桃收购】 2017年，喀什地区供销社筹措资金定制10万条核桃标准收储袋，无偿发放到各县农户、经纪人手中，引导发动农民分品类品级进行销售。积极筹措资金200万元，与县供销社联合编组，分别在莎车、泽普、叶城、巴楚县设立13个分区收购点组织收购。是年，核桃价格每千克普遍上涨3元左右，由原来的7～9元/千克上涨到10～12元/千克，共收购核桃2559吨，外销1472吨，主要销往上海、深圳、广东、山东、河南等地。

（喀什地区供销合作社联合社）

粮　油

【粮食购销】 2017年，喀什地区粮食局落实中央、自治区夏粮收购政策，抓好服务粮农、安全生产、质量监督等方面的工作，积极开展夏粮收购工作。是年，自治区下达夏粮收购指导性计划36万吨，夏粮收购总量43.9万吨，完成总计划40.51万吨的107.23%。全地区夏粮收购商品周转粮完成30.24万吨，收购2017年国家临时储备小麦7.596万吨，收购种子粮2.5万吨。

【粮食购销宏观调控】 2017年，喀什地区粮食局针对地区粮食收购价格与市场价格倒挂，仓容不足情况，申请自治区安排3.6万吨2016年国家临时储备小麦跨县移库集并腾并仓容。积极向自治区、中储粮分公司的汇报请示，尽最大努力收购国家临时储备小麦（临储粮），努力缓解因小麦播种面积大，收购价与市场价差价大，农民交粮数量大的困难，坚持做到不限收、不拒收、不停收、满足农民卖粮需求，夏粮收购工作平稳有序。

【粮食仓储能力建设】 2017年，喀什地区坚持实用、管用、好用的原则，以承储地方储备粮库为重点大力推进粮库智能化升级改造，支持对低温库进行改造，开展“放心粮油”工程。积极争取项目资金做好2017年新建仓储和2016年项目投产工作。是年，喀什地区粮食行业固定资产投资项目共10个，新建总仓容6.2万吨，总投资5299.4万元，其中：中央预算内投资资金共计1080万元，前期工作基本完成。

【军粮供应】 2017年，喀什地区完善军粮综合保障体系，提升战备应急能力，加快推进应急供应、军粮供应、成品粮储备、放心粮油、主食产业化“五位一体”军民融合发展。加强对仓储设施的维修建设，做好军供基础保障工作。

（喀什地区粮食局）

烟草专卖

【卷烟销售】 2017年，喀什地区烟草专卖局（公司）全年累计销售卷烟79161箱，完成全年任务的100%；卷烟单箱销售收入达24813元，同比增长6.34%；全年实现销售收入19.64亿元，同比增长12.61%；实现税利3.515亿元，同比增长28.08%。

【烟草专卖管理】 2017年，喀什地区烟草专卖局（公司）持续推进“喀烟天网Ⅵ号”“春雷Ⅲ”“亮剑Ⅷ”专项行动。创新宣传形式，在喀什都市网论坛、微信平台开展以“打击网络销售假冒卷烟”为主题的“3·15”宣传活动，加大对“加热不燃烧卷烟”监管力度，定期开展市场监管对标工作。同时，与地区邮政管理局建立联合打击利用寄递渠道违法收寄烟草专卖品工作机制，与交通运输部门的加强协作，广泛宣传举报协办奖励办法，对涉烟违法行为实现精准打击。

是年，全地区共查处各类案件280起，同比增长20.71%，其中：1万～5万元46起；5万元以上9起；已经判刑2起2人。查获各类卷烟215.426万支，同比增长61.26%。涉案总值达252.42万元，同比增长49.03%。全地区持证零售客户7671户，同比增长0.74%；正常经营户7346户，同比增长6.32%。

（郭　洁）

盐业销售

【盐业概况】 2017年，中盐新疆喀什盐业有限责任公司创新经销渠道和营销策略，采取多种举措强化渠道管控，对喀什市区的销售终端区域分布情况深入调研，建立客户信息；增加配送车辆，完善配送服务，坚持“电话预约、免费配送，直达终端、访销服务”的营销方式，发挥食盐经营主渠道作用，重点做好商超、学校、餐饮等用户的访销和配送工作，及时掌握市区网点的库存和销售情况，主动增加配送次数，利用饱和营销的手段最大限度提高市场占有率；整理印制《加强喀什地区盐业市场管理的通告》，并在喀什主流媒体上大力宣传，在配送过程当中发放到零售客户手中，印制“合格食盐配送即时贴”，向社会公布免费送货电话及监督举报电话，提升对零售终端的掌控。是年，全地区盐产品销售23213.11吨，同比增加2574.26吨。其中：食盐12397.6吨，财政补购7142.05吨，两项相加19539.66吨，同比增加2058.91吨，完成年计划17832吨的109.6%，肠衣盐销售270.7吨，同期相比减少210吨，工业盐销售2950.81吨，较上年同期增加655.61吨，畜牧盐451.95吨，较上年同期增加69.75吨。

【盐业市场专项治理】 2017年，喀什地区盐务局会同地区食品药品监督管理局、公安、铁路、工商等部门联合执法共同查处跨省销售盐产品案件6起，查获盐产品226.85吨。全地区共查处盐业违法案件318起；没收非法盐产品212.97吨，罚没款20178元。是年，喀什地区盐务局与阿图什盐政执法人员组成联合执法小组，配合当地县市盐政执法人员，在喀什、克州地区开展为期75天的盐业市场专项治理活动。对两地1850余家商店、1540余家餐饮店、560多家打馕房开展地毯式的清理检查，遏制私盐贩销势头，维护两地各族群众的食盐安全。

【“防治碘缺乏病”宣传】 2017年5月，中盐新疆喀什盐业有限责任公司以“科学补碘，建设健康新疆”为主题，联合地区卫计委、疾控中心等相关部门组织开展第24个“5·15”防治碘缺乏病日宣传活动。利用QQ群、微信群等新媒体平台，扩展碘缺乏病防治知识宣传。共出动盐政执法人员65人次，发放宣传材料6000余份，悬挂横幅28条，免费发放碘盐3吨。

【补贴碘盐发放】 2017年，中盐新疆喀什盐业有限责任公司贯彻《关于做好2016—2017年度喀什地区财政补贴碘盐发放工作的通知》，严格按照自治区盐务局、自治区财政厅、自治区卫生和计划生育委员会关于碘缺乏病重点地区碘盐价格补贴发放工作的要求，将碘盐运送到各县市、乡镇、村发放点，再由各县市碘盐价格补贴工作领导小组负责，按照分配名单统一发放到碘缺乏病重点地区贫困农牧民手中。是年，为全区141.64万名贫困农牧民发放4249吨财政补贴碘盐。

（中盐新疆喀什盐业有限责任公司）

会展经济

【会展概况】 2017年8月24—28日，喀什地区积极鼓励和引导地区企业“走出去”参会参展，开拓国内、国际市场，组织喀什代表团参加2017（中国）亚欧商品贸易博览会，借助商博会平台开展经贸交流和宣传推介。共组织参展企业56家，展位62个。其中，农产品食品展25家，展位25个；纺织品服装展20家，展位25个；葡萄酒展1家，展位1个；茶文化产业展2家，展位2个；体育及旅游文化展3家，展位4个；智能生活展5家，展位5个。选入精品展厅产品企业3家。共签约项目28个，签约总额67.89亿元。

2017 年 8 月 24 日，新疆国际会展中心·昆仑厅举办 2017 年（中国）亚欧商品贸易博览会喀什地区专场招商推介会

【2017 年中国亚欧商品贸易博览会喀什地区专场招商推介会筹备】 2017 年，喀什国际博览中心牵头主动与中国亚欧商品贸易博览会组委会沟通协调，积极争取把喀什地区专场招商推介会列入 2017 中国亚欧商品贸易博览会主要活动中，邀请自治区商务厅、经信委、博览事务局的领导提升推介会规格，增强推介会的影响力；邀约国内各大企业参加推介会，为企业约请投资合作商；由组委会帮助邀请国内大型投资客商；发挥对口援疆优势，组织广东代表团、深圳代表团全员参会。8 月 24 日，中国亚欧商品贸易博览会喀什地区专场招商推介会在新疆国际会展中心昆仑厅举行，共邀约参加喀什地区专场招商推介会并有意在疆投资的客商 110 名。

（喀什国际博览中心）

经济监督管理

宏观调控

【概况】 2017年，喀什地区发改委牢牢把握以习近平同志为核心的党中央治疆方略，认真贯彻落实自治区党委各项决策部署和地委工作要求，始终聚焦总目标、盯紧总目标、落实总目标，迎难而上，全力做好“稳增长、促改革、调结构、惠民生、补短板、防风险”各项工作，地区经济社会发展取得较好成效。是年，地区发改委驻英吉沙县克孜勒乡团结村工作队被评为自治区“访民情惠民生聚民心”先进工作队，9名干部被评为自治区“访民情惠民生聚民心”驻村工作先进工作者，其中7名干部受到自治区级表彰，2名干部受到地区级表彰。

【经济体制改革】 2017年，喀什地区发改委充分发挥职能作用，建立健全工作机制，加大指导和推进改革力度，研究制定《喀什地区经济体制和生态文明体制改革专项小组2017年改革要点》，完成《地区经济体制和生态文明体制改革专项小组2017年改革任务台账》。是年，喀什地区全力推进供给侧结构性改革，围绕去产能认真开展煤炭行业化解过剩产能工作，完成淘汰退出5家小煤矿总生产规模每年46万吨目标任务并通过自治区检查验收；围绕补短板，加快推进园区综合整治工作成效明显。推进山钢新疆公司混合所有制改革，成立山钢新疆公司推进深化体制改革领导小组和办公室，会同山东省组织协调推进山钢新疆公司混合所有制改革。积极推进资源类价格产品改革，全面落实非普工业工商电费同价政策。继续实施低电价政策，推进大用户直供电。制定印发《电力体制改革综合试点方案》，全地区贯彻落实低电价政策、工商同价政策，积极稳妥推进地区农业水价综合改革工作，科学合理制定农业水价。扎实推进棉花目标价格改革试点，开展棉花目标价格改革试点评估，研究制定《2017—2018年度自治区棉花目标价格改革工作要点实施方案》。认真做好棉花保价服务推介暨上年度补贴发放工作。完成岳普湖县兵棉棉业有限公司、巴楚县华联棉业公司等4家棉花加工企业增加生产线验收。全面实施“多证合一”登记制度改革，稳妥推进企业名称和简易注销改革。

【国民经济计划执行情况】 2017年，喀什地区完成生产总值848.2亿元，同比增长6.1%。其中，第一产业增加值282.4亿元，增长3.2%；第二产业增加值215.5亿元，增长2.3%（工业增加值85.6亿元，增长2.8%）；第三产业增加值350.3亿元，增长10.9%。三次产业结构为33.3∶25.4∶41.3。一般公共预算收入

58.15 亿元，质量得到优化；全社会固定资产投资（不含农户）850 亿元，投资结构持续优化；社会消费品零售总额 187.2 亿元，增长 6.0%；农村居民人均可支配收入 8433 元，增长 6.5%；城镇居民人均可支配收入 24103 元，增长 6%。经济脱虚向实，稳定性不断增强。

【农村经济发展】 2017 年，喀什地区实现农林牧渔总产值 469.8 亿元，增长 3.9%，完成增加值 256.4 亿元，增长 2.3%。种植业略有减少，全地区农作物播种面积 110.55 万公顷，下降 5.2%。其中，小麦 24.23 万公顷，下降 6.1%，棉花 44.41 万公顷，增长 10.4%。畜牧业总体平稳，牲畜出栏 905.98 万头（只），增长 0.22%。家禽出栏 7681.58 万只（羽），下降 26.24%。肉产量 37.05 万吨，下降 7.58%；奶产量 26.92 万吨，下降 2.86%；蛋产量 9.9 万吨，增长 0.54%。

2017 年，如意集团喀什 80 万锭数字化智能科技纺纱示范基地设备安装暨投产启动仪式

【工业经济发展】 2017 年，喀什地区实现工业增加值 85.6 亿元，增长 2.8%，其中，规上工业增加值 34.5 亿元，下降 0.9%。23 个主要行业中增加值 13 降 10 增。其中，有色金属矿采选业、酒、饮料和精制茶制造业、纺织业、家具制、造纸和纸制品业、电气机械和器材制造业等 10 个行业增长。黑色金属矿采选业、农副食品加工业、木材加工、石油加工、炼焦和核燃料加工业、橡胶和塑料制品业等 13 个行业下降。培育 84 户重点企业升规入统，新增工业企业升规入统 41 家。

【服务业发展】 2017 年，喀什地区航空旅客吞吐量 240.82 万人次，增长 12.84%；货邮吞吐量 7722.77 吨，增长 15.89%。铁路客运量 470.83 万人次，下降 2.9%；货运量 777.5 万吨，增长 91.46%。公路客运量 4528.06 万人次，下降 18.71%；货运量 3189.56 万吨，增长 14.77%。电信行业业务总量 19.73 亿元，增长 2.97%。邮政行业业务总量 1.61 亿元，增长 15.67%。全年接待游客 600 万人次，增长 22%；旅游收入 54 亿元，增长 38%。全地区外贸进出口额 18.13 亿美元，增长 8.01%，其中，出口 17.83 亿美元，增长 7.18%。进口 2979.1 万美元，增长 100.67%；招商引资新履约项目 512 个，到位资金 281.3 亿元。

喀什地区 2017 年重大建设项目集中开工仪式

围绕固定资产投资目标任务，充分发挥 20 个指挥部牵头抓总作用，定期召开调度会议，动态掌握项目建设进度，及时协调研究解决突出问题，全力推进投资项目建设。全年地区全社会固定资产投资（不含农户）完成 850 亿元，投资结构持续优化。

【重点项目建设】 2017 年，喀什地区重点项目完成投资 558.2 亿元。其中：续建项目 50 项全部开工，完成投资 378 亿元；新开工项目 40 项，完成投资 180.2 亿元。生态环保、农业、水利、交通等基础设施领域投资快速增长。水利基础设施项目持续推进，阿尔塔什水利枢纽工程累计完成投资 51.11 亿元，卡拉贝利水利枢纽工程完成下闸蓄水验收，叶尔羌河防洪工程全面建成并发挥效益，英吉沙卡回水库完成总工程量的 93%。交通基础设施项目进展有序，G315 叶城至莎车段、G315 莎车至英吉沙段、S214 疏勒至英吉沙段、S311 伽师至疏勒段稳步推进，G3012 喀什至疏勒段主体工程基本完成，莎车民用机场建成通航，喀什机场改扩建初步设计获批。能源电力基础设施项目有效推进，巴楚—莎车、莎车—和田（喀什段）750 千伏输变电工程、220 千伏输变电工程、110 千伏输变电工程全面推进，农网改造工程全部建成投运。

【固定资产投资】 2017 年，喀什地区紧紧

【民间投资发展】 2017 年，喀什地区出台《喀什地区关于创新重点领域投融资机制鼓励社会投资的实施意见》，放宽民间投资市场准入，拓宽民间投资渠道。鼓励民间资本以自有资金、实物、土地使用权、知识产权以及其他财产权利出资，成立独资、合作、联营等形式的项目法人，发展产业项目，建设、运营和管理社会事业项目。全年民间投资达到全社会固定资产投资的 44% 左右。

【节能减排】 2017 年，喀什地区能源消费增速控制在 6% 左右，能源消费弹性系数小于 1。初步核算，地区万元 GDP 能耗降至 1.02 吨标煤，同比下降 1.6%；地区万元 GDP 二氧化碳排放量降至 2.1 吨当量，同比下降 2.49%，全年节能降碳目标任务顺利完成。一是加强规划引导，组织开展地区“十三五”节能规划编制工作并获批。研究制定下发《喀什地区“十三五”节能减排工作实施方案》《喀什地区“十三五”控制温室气体排放工作实施方案》《喀什地区

2017年能耗和强度“双控”及控制温室气体排放目标实施方案》《喀什地区2017年应对气候变化及节能减排工作要点》，为推进全区节能降碳工作奠定基础。二是积极编制温室气体排放清单编，全面启动地区2010—2015年温室气体排放清单编制工作，通过地区评审。组织华电喀什热电公司开展规范建设和运行专项检查，对全区11家第一批纳入全国碳排放交易市场2016年度碳排放进行核查复查。三是组织节能低碳宣传工作。制定下发《喀什地区2017年全国节能宣传周和全国低碳日宣传活动计划》，广泛开展各类宣传活动，在全区营造浓厚节能宣传氛围，为创建资源节约型、环境友好型社会奠定坚实基础。四是开展评价考核工作。认真核算地区2016年节能和二氧化碳排放降低目标各项定量指标、组织成员单位梳理总结各项定性指标，对各县（市）2016年目标任务完成情况进行评价考核。五是开展国家光伏扶贫贫困县（市）项目申报工作。9个县（市）的872个村拟在“十三五”期间开展720个光伏扶贫电站建设，总装机规模44.21万千瓦，涉及贫困户63321户。相关计划方案及支撑性资料已通过自治区能源局报送国家能源局。六是积极开展节能监察工作，制定下发《喀什地区2017年全社会节能监察计划》，利用6个月时间对全区固定资产投资项目节能审查制度执行情况、重点用能单位节能推进情况、节能项目建设情况、高耗能行业阶梯电价执行情况开展专项监察，有效提升能源管理水平和利用效率。

（喀什地区发改委）

国有资产监督管理

【国有资产规模】 2017年末，喀什地区51户国企资产总额182.54亿元，同比下降21.6%；负债总额91.65亿元，同比下降11%；所有者权益90.89亿元，同比下降30.1%；资产负债率为50.21%；营业总收入30.34亿元，同比下降13.9%；利润总额0.49亿元，同比增长270.3%；全年实际上缴税金总额3.08亿元，同比增长269%；全年实际发放职工薪酬总额3.14亿元，同比增长58.6%；年末从业人员人数6624人，同比增长49.6%；年末离退休职工3386人；2017年全地区国企从业人员人均薪酬48204.68元。其中，喀什地区本级10户国企资产总额28.14亿元，同比下降31.7%；负债总额13.3亿元，同比下降37.3%；所有者权益14.8亿元，同比下降36.9%；资产负债率为47.264%；营业总收入8.87亿元，同比增长13.8%；利润总额0.068亿元，同比增长186.9%；全年实际上缴税金总额0.61亿元，同比下降10.3%；全年实际发放职工薪酬总额1.49亿元，同比增长109.8%；年末从业人员人数3415人，同比增长129%；年末离退休职工1474人；2017年地属国企从业人员人均薪酬43550.89元。

【资产整合】 2017年，喀什地区通过地县两级融资平台，整合行政事业单位土地、储备用地等闲置资产，按照合法程序注入融资平台公司，盘活全区存量资产，壮大企业规模。在认真履行喀什阳光建设集团有限公司出资人职责的前提下，成立阳光集团各子公司喀什阳光国有资产经营有限公司、阳光物业管理有限公司、天诚融资担保有限公司、阳光交通建设集团、阳光水务集团等，把阳光集团搭建成地区的大融资平台，做大做强，使其在地区经济发展中发挥作用。是年，喀什阳光建设发展（集团）有限责任公司整合地、县22家子公司资产224.67亿余元、完成股权无偿划转37.72亿元；向国家开发银行、农业发展银行、中国建设银行、中国银行等融资72.88亿元，主要用于棚户区改造、农村“双语”幼儿园新建、改扩建等项目。

【重点项目融资】 2017年，喀什地区国资委主动参与承接做好国家、自治区出台的重大政策项目，与地区政法、财政、发改、民政、教育等系统及驻喀什各金融机构积极对接，充分利用国家政策性银行和商业银行的优惠政策，累计为地区44个重点项目融资249.25亿元，其中，22个重点项目同银行已签订合同135.23亿元，22个重点项目114.02亿元与银行对接进行融资。是年，做好地区重大项目融资工作，应用股权投资基金贷款16.53亿元。与各金融机构加强沟通、交流、协作，建立起稳固的互惠互利合作关系，争取信贷扶持。

【融资担保】 2017年，喀什地区国资委针对融资担保业务不能满足地区中小微企业的融资需求现状，要求阳光建设发展（集团）公司的子公司天诚融资担保公司进一步完善企业法人治理结构，按照市场化运作模式，健全内控风险评价体系，配强配齐领导班子，加大执业技能考核力度，建立激励和约束考核机制，提升人员业务技能。合作银行扩大至乌鲁木齐银行、农业银行、浦发银行和农商银行、中国银行、工商银行等多家金融机构。加大与各金融机构的联系沟通力度，有针对性地组织项目推介活动，促进信贷资金与企业、项目的有效衔接，进一步建立良好的银企合作关系，争取各金融机构加大对重点帮扶企业的贷款投放，更好地为企业提供金融服务。先后对喀什市中亚南业工业园区、深圳产业园、疏勒县齐鲁工业园、麦盖提县工业园区等有贷款意向、实体经济发展较好的中小微企业进行走访调查，主动宣传政府搭建融资平台的意义，积极拓展担保业务。是年，为喀什地区18户中小企业提供贷款担保7300万元。

【融资平台建设】 2017年，喀什地区国资委结合各县市实际，对资产进行分类梳理，盘活有效固定资产，按照经营性资产评估工作进度，成熟一批，注入一批，推进一批，储备一批的原则扩大平台公司规模。7月底前，按照农业、水利、教育、卫生等行业对疏勒县、英吉沙县、塔县、叶城县、伽师县、莎车县、喀什市、岳普湖县、泽普县等12县市固定资产总额和非经营性资产总额进行统一梳理汇总，固定资产29.34亿元、非经营性资产总额17.3亿元，为地区成立各行业融资平台做好基础性工作。

【推进国有企业混合所有制改革】 2017年，喀什地区国资委推进维吾尔药业股份有限公司改制，稳妥推动国有企业发展混合所有制经济。喀什昆仑维吾尔药业股份有限公司作为先期试点与安徽芜湖杨燕制药公司达成初步合作协议，形成专报上报行署待批准后，即可进入国有资产产权交易中心公开出让国有股权，实现增资扩股，完成混合所有制改革，组建新的国有资本参股、民营资本控股的混合所有制企业。完成巴楚县运输有限责任公司兼并重组；积极推进莎车县客运公司兼并重组，摸底调研各项准备工作有序进行。

【企业监管机构设置】 2017年，喀什地区国资委加强和改进国资委履行出资人职责企业的监事会工作，切实履行好出资人监督职责，完善企业法人治理结构，向喀什地委、行署上报《关于健全完善领导机构和明确企业任命权限的请示》，申请设置企业监事会，同时与地委组织部共同制定并上报《喀什地区机关事业单位干部到国有企业任职管理暂行办法》《喀什地区国有企业领导人员管理暂行办法》，经地委研究通过并印发执行。

【国有企业中高层管理人员培训】 2017年9月20日，喀什地区国资委与上海前支援疆办联系对接，邀请上海国资系统专家学者到喀举办全区国资系统及企业中高层经营管理人员培训班，提高管理和专业技术人员能力和水平。喀什地区国有企业中高层管理人员70人参加培训。

（喀什地区国资委）

安全生产监督管理

【概况】 2017年，喀什地区安全生产监督管理局严格落实安全生产“党政同责、一岗双责、齐抓共管”责任体系。严格落实各级政府和部门的安全监管责任，与各县市人民政府和16个地直单位签订2017年安全生产目标管理责任书，确保任务到岗，责任到人。严格实施目标管理考核。按照责任书和安全生产工作要点，对各县市开展日常考核，并在精神文明创建、评优选先和领导干部政绩考核中严格落实安全生产“一票否决”制。是年，喀什地区发生各类事故1754起，死亡292人，其中生产安全事故295起，死亡45人，直接经济损失270万元。安全生产四项相对指标与上年相比，均不同程度下降。其中，亿元GDP生产安全事故死亡率由0.46降到0.34，同比下降25.05%；工矿商贸十万从业人员事故死亡率由2.37降到1.78，同比下降24.89%；道路交通万车死亡率由7.17降到5.51，同比下降23.15%；煤炭百万吨死亡率由25降到0，同比下降100%。共发生工矿商贸企业事故1起，死亡1人，受伤1人，直接经济损失8万元，与上年同期相比事故起数下降66.7%、死亡人数下降93.3%、受伤人数上升100%、经济损失下降93.3%；共发生生产经营性道路交通事故76起，死亡41人，受伤87人，直接经济损失26.63万元，同比分别下降25.5%，下降37.9%，上升1.16%，下降40%；共发生农机事故12起，同比下降33.3%；死亡3人，同比上升

50%；受伤10人，同比下降，经济损失4.8万元，同比下降63.9%，发生生产经营性火灾事故206起，无死亡受伤，直接经济损失231.3万元。

【安全监管整治】 2017年，喀什地区安全生产监督管理局在自查的基础上组织专家对4家非煤矿山企业进行复产验收。对非煤矿山企业主要负责人和安全管理人员进行安全教育培训工作，培训负责人125人，安全管理人员229人；是年，监督检查各类生产经营单位1907个，其中：监督检查金属非金属矿山企业337个、危险化学品企业731个、烟花爆竹等高危行业生产经营单位13个，监督监察覆盖率分别为86.6%、70.3%、100%。查处各类事故隐患1429条，应完成整改1429条，完成整改1396条，按期整改率97.6%。实施行政处罚15次，其中：对生产经营单位行政处罚7次，对生产经营单位主要负责人处罚1次，责令停产整顿生产经营单位9个。经济处罚1次，处罚金额4万元。

【危爆物品安全管控专项行动】 2017年，喀什地区安全生产监督管理局开展危爆物品安全管控专项行动，在摸清全地区烟花爆竹、易制毒（剧毒）危险化学品、易制爆危险化学品等情况的同时开展安全大检查，对不符合要求的企业下发责令整改通知书，提出整改意见，要求限期进行整改，杜绝安全隐患；严格按照“八统一”的工作要求，加强对烟花爆竹的安全管控，严厉打击非法经营烟花爆竹行为。是年，1家批发单位、12家烟花爆竹长期销售网点、3家烟花爆竹临时零售网点，100%实现连锁经营、安装应用实名购买信息管理系统终端机、落实流向登记信息化管理。地区对输油气管道占压遗留问题进行专项整治，在各单位对天然气管道上的非法占压树木、非法建筑等问题进行自查的基础上对各县市自查情况进行督查，对泽普县13处非法占压树木问题挂牌督办，确保问题整改落实。

【安全生产宣传】 2017年，喀什地区安全生产监督管理局围绕“全面落实企业安全生产主体责任”的主题，开展面向社会、面向基层、面向群众的安全生产宣传教育活动，通过深入开展学习《安全生产法》，开展了安全生产事故警示教育、应急演练、安全生产宣传咨询日、“企业零事故、岗位零违章”、企业安全生产承诺、“写一封安全家书”等一系列活动，同时围绕开展“学转促”和“民族团结进步年”活动的各项重点任务深入乡村、企业生产一线广泛宣传教育，广泛宣传党的民族政策、法律法规等知识，广泛赢得各族群众对安全生产工作的支持。安全生产月期间，全地区共悬挂横幅390条，制作宣传展板400余个，发放宣传资料30万余份，受教育人数达30万余人。

【安全生产培训】 2017年，喀什地区安全生产监督管理局坚持培训工作面向基层、贴近实际，开展各类安全生产培训，注重企业安全文化培育，引导企业开展安全文化示范企业创建。加强对一线员工的安全培训，提升从业人员安全意识和技能，培养、固化其良好的安全习惯和行为，杜绝“三违”现象，减少安全生产事故的发生。是年，举办危险化学品培训班3期，培训756人，烟花爆竹培训班1期，培训70人，举办非煤矿山培训班2期，培训532人，举办职业健康培训班2期，共培训597人。

【安全生产责任追究】 2017年，喀什地区安全生产监督管理局严格安全生产责任追究制度，对巴楚县“3·05”较大道路交通事故相关责任人员，给予3人被行政撤职，1人被行政记过处理；对莎车县“7·13”非生产性道路交通事故相关人员给予1人被双规，2名副处级干部被行政记过处理，对塔什库尔干县“9·01”较大道路交通事故相关责任人员给予1人被行政降级，2人被行政撤职，1人被行政记大过，2人被行政记过的处理；对伽师县“9·10”较大道路交通事故相关责任人员给予1人被免职并行政记大过，1名副处级领导被行政记大过，3人被行政记过的处理。

（喀什地区安监局）

食品药品监管

【概况】 2017年，喀什地区食品药品监督管理局对食品药品违法犯罪保持严打高压态势，通过食品药品投诉举报电话和日常巡查，立案查处食品药品案件114起，其中食品案件76起，药品25起，医疗器械13起，罚没款共计92.32万元。受理“12331”投诉举报21起，其中自治区交办6起，人民群众投诉举报15起，对2家企业下达责令整改通知书，对1家企业进行立案查处。圆满完成包括新疆维吾尔自治区全疆工作会议在内的重大食品安全保障工作8起。全年收集审核评价全地区药品不良反应报告1873份（其中严重报告133份）、医疗器械不良事件报告593份、化妆品不良反应报告47份、药物滥用报告26份，药品安全性监测和再评价工作有效加强。认真核查药械从业人员资质的真实性以及有无兼职行为，发放执业药师协查函53份，药学技术人员在职情况核实记录表16份。核发药品经营许可证45家、变更81家、注销11家，申办《医疗器械经营许可证》21份、变更14份、延续2份，核发第二类医疗器械经营备案凭证45份。对10个品种的进出口药物进行审查，受理食品生产许可证新申办和延续113家，核发食品生产许可证88份。在检验检测能力建设上，完成监督抽验300批次，中药饮片100批次，基本药物114批次，合计514批次，完成抽验检品检测576批次，不合格34批次。全年完成本辖区内食用农产品和餐饮食品等高风险、较高风险食品类抽样和检验工作819批次，不合格22品种/批次，食品合格率97.3%。通过日抽查和督导，抽查食品生产企业114家、食品流通企业321家、餐饮服务企业3407家、药械企业71家、大型农贸市场12个；向8个县（市）食安办发出8份督查整改通知，下发责令停止生产经营通知书12份，下发责令限期整改通知书48份。累计发现问题62个，已整改62个。

【重大食品安全保障】 2017年，喀什地区食品药品监督管理局圆满完成包括新疆维吾尔自治区全疆工作会议在内的重大食品安全保障工作8起。其间，《制定食品安全保障工作实施方案》，成立食品安全保障工作小组，提前介入，认真谋划。提前进入餐饮服务提供单位开展食品安全状况评估，对食品原料索证、索票、保质期、进货渠道等进行全面检查，对发现的食品安全隐患，当场提出整改要求，监督整改。对餐饮服务单位的菜单进行审核，严禁提供高风险食品和采购外带熟食，降低食品安全隐患。对食品原料粗加工、食品加工制作过程、餐饮具清洗消毒保洁、食品留样等重点环节进行动态监管。认真填写《现场监督保障工作日志》，对发现问题下达《餐饮服务监督意见书》要求立即整改。

【假劣药械销毁行动】 2017年，喀什地区食品药品监督管理局加强从业人员的安全守法意识、自律意识。积极开展法治宣传教育活动，组织开展“3·15”国际消费者权益日集中销毁假劣药械行动，销毁各类假劣药械475个品种，货值45.32万元。

【食品药品法制宣传】 2017年，喀什地区食品药品监督管理局先后举办“科技活动周”“知识产权宣传周”、宪法法律宣传月、“防范打击非法集资宣传月”“5·25”爱肤日、安全用药月等法制宣传活动，发放宣传资料9种2400余份，展示假劣药品60多种。

【药品从业人员培训】 2017年，喀什地区食品药品监督管理局举办药品从业人员培训班14期，重点开展《中华人民共和国药品管理法及实施细则》《中华人民共和国刑法》《野生药材资源保护管理条例》《药品经营许可证管理办法》等法律法规内容培训，专门聘请老师，为学员讲解药品专业知识和常见的五种病症知识，以及与监管工作相关的工作文件、药品陈列、保管、养护药学相关基本知识。培训人员2862人。

【食品药品监管信息发布】 2017年，喀什地区食品药品监督管理局利用门户网站、微信公众平台等，向全社会提供优质、便捷的各类监管和服务信息42条。在区局门户网站、《喀什日报》、喀什政务政府信息网上刊登监管信息12条，进一步提高公众科学饮食用药、安全饮食用药的自我保护和依法维权意识。

（喀什地区食品药品监督管理局）

统　计

【统计服务】 2017年，喀什地区统计局每月及时向地委、行署和各部门及社会各界提供统计服务，及时发布《喀什地区领导干部手册》《喀什地区统计年鉴》，全年编印《统计专报》27期，《喀什统计月报》11期，为领导决策和社会各界提供准确、全面、及时的统计资料。

【第三次全国农业普查】 2017年，喀什地区按照自治区农业普查领导小组的统一安排和部署，及时组织成立由17个地直相关部门为成员单位的喀什地区第三次全国农业普查领导小组，领导小组下设办公室，办公室设在地区统计局，下设综合协调组、调查业务组、数据处理组、遥感测量组、执法检查组、资料开发应用组等6个内设工作组，具体负责普查工作的日常组织和实施。认真开展普查员的选聘和培训、普查小区划分及编码等各项工作，全地区划分第三次全国农业普查区2620个、普查小区12246个，共抽调普查员约8865人、普查指导员约2995人。发放宣传资料1万余份，建立农业普查“三项制度”（进度上度制度、业务问答制度、值班制度），精心组织开展地区12个县市、209个乡镇级单位、2620个普查区、12246个普查小区的农业普查工作，圆满完成全地区农业普查各项工作。

【统计业务法规活动】 2017年，喀什地区统计局开展学习《中华人民共和国统计法》《统计法实施条例》《深化统计管理体制改革提高统计数据真实性的实施意见》等各项统计法规活动，在统计资料编辑、基层调研中加大统计法宣传力度并积极开展“与法同行万人宣讲”等活动，发放统计法宣传资料3000余份。

（喀什地区统计局）

经济社会调查与监测

【住户调查】 2017年，国家统计局喀什调查队联合喀什地区统计局成立喀什地区住户调查工作办公室，促进喀什地区城乡一体化住户调查工作高效运行。是年，累计访户108人次，顺利完成70户的调查工作和新一轮住户一体化样本轮换工作，完成农民工监测和贫困监测各40户，农民工市民化45户。

【月度劳动力调查】 2017年，国家统计局喀什调查队严格遵守月度劳动力调查方案，提高数据质量，强化基础工作。对分布在6个社区8个行政村共14个不同的调查点开展劳动力调查，其中，城镇调查户30户，农村调查户40户，入户调查840户次。

【工业生产者价格调查】 2017年，国家统计局喀什调查队继续推进工业生产者价格调查“一套表”联网直报工作，完成调查样本企业33家。

【固定资产投资价格调查】 2017年，国家统计局喀什调查队以提高数据质量为中心开展固定资产投资价格调查，完成价格资料调查、审核、查询、汇总样本企业14家。

【畜禽监测】 2017年，国家统计局喀什调查队严格遵守畜禽监测调查方案，提高数据质量，强化基础工作，完成畜禽监测专业样本单位89家。

【“四下”业务调查】 2017年，国家统计局喀什调查队严格遵守“四下”业务调查方案，提高数据质量，强化基础工作。是年，地区规模以下工业抽样调查目录企业32家，非目录样本村32个；限下批发零售住宿餐饮行业抽样调查24家，其中企业9家，个体户15家；规模以下服务业样本企业共80家；小微企业个体经营户跟踪调查样本44个。

【价格调查】 2017年，国家统计局喀什调查队坚持“三定一直”采价原则开展CPI调查，完成居民消费和商品零售调查网点100个，调查商品677个。结合规格品的采价时间，为每个采价员制定详细的采价时间表，严格落实采价时间，使每个调查员有章可循，定人、定点、定时到集贸市场采价、服务网点对价，直接上报。严格把好数据采集、即采即审、数据评估三道关口，每季度队领导跟随调查员到现场检查核对价格采价情况，对价格采集过程进行监督检查。各项专业对调查网点和样本的清查、核实、更新、轮换和维护，提高调查样本的代表性。

【三农普卫星遥感地块核实及农作物产量测量调查】 2017年，国家统计局喀什调查队按照《2017年新疆农作物遥感测量调查统计报表制度》要求，开展三农普卫星遥感地块核实及农作物产量测量调查工作，完成喀什市、伽师县、岳普湖县、泽普县等县市24个农作物面积遥感测量调查样方开展秋冬播、春播调查，完成喀什市农作物产量测量工作，负责收集、审核喀什地区7个县级调查队农作物面积遥感测量调查数据，按照总队农业处的要求整理表格和照片，按时上报总队。

【统计法制建设】 2017年，国家统计局喀什调查队积极开展《中华人民共和国统计法》和《统计违法违规处罚决定》进企业、进社区活动，坚持推进普法宣传，抓好统计调查单位和调查对象的普法宣传教育，增强宣传教育的针对性，带动和促进调查户和企业统计人员统计法律素养的普遍提高。在开展专业调查的同时，采取与被调查单位面对面的交谈，发放统计法宣传手册，讲解《统计法》，是年，为123个调查单位讲解宣传《统计法》。

【公众安全感及政法综治工作满意度民意调查】 2017年，国家统计局喀什调查队在喀什市、泽普县、莎车县、叶城县、岳普湖县、伽师县、塔什库尔干塔吉克自治县7个县市区、泽普县奎依巴格镇、巴楚县多来提巴格乡、麦盖提县希依提墩乡、疏勒县艾尔木冬乡4个乡镇（街道）开展喀什地区公众安全感及政法综治工作满意度民意调查。及时向当地领导反映社情民意。

（何晓琴　马　玉）

审　计

【概况】 2017年，喀什地区审计机关完成审计单位487个，其中，审计项目477个，专项审计调查项目10个。查出主要问题金额177581万元，其中，违规金额16836万元、损失浪费金额132万元、管理不规范金额160613万元；审计发现非金额计量问题967个；损益（收支）不实金额27430万元；出具审计报告和专项审计调查报告501篇，被批示、采用96篇。审计处理处罚金额47938万元，其中，应上缴财政14018万元，应减少财政拨款或补贴11128万元、应归还原渠道资金5079万元、应缴纳其他资金4268万元、应调账处理金额13442万元；移送司法机关、纪检监察机关和有关部门处理事项23件，移送处理人员105人，移送处理金额1009.98万元。审计促进整改落实有关问题金额19259万元；审计后挽回（避免）损失19303万元；核减投资额25988万元；移送处理落实事项21件。审计提出建议709条，被采纳333条；推动被审计单位制定整改措施18项；提交审计信息59篇，被批示、采用59篇。向社会公告审计结果2篇。

【国家重大政策措施落实情况跟踪审计】 2017年，喀什地区审计局组建重大政策跟踪审计组，围绕“项目落地、资金保障、简政放权、政策落实、风险防范”五个方面，采取“同级审”方式，按照一个季度一个主题的要求，聚焦政策落实和民生建设，分季度对全地区各部门，单位重大政策落实情况进行跟踪审计，重点审计政府基本建设项目投资、扶贫专项资金、涉农资金等政策落实情况，确保国家重大政策措施落地生根。2017年6月28日起，对2016年度地区本级预算执行和其他财政财务收支情况进行审计，并延伸审计地区日报社、喀什地区园艺蚕桑特产技术推广中心等预算执行单位。重点审计地区本级财政在促进完善全口径预算管理体系、健全透明预算制度、优化支出结构、保障财政资金安全、提高财政资金使用绩效情况，重点检查财政部门在贯彻落实重大政策执行情况、预算执行情况、专项资金分配使用和管理情况以及“三公经费”等方面总体情况，审计查出个别单位私设账外账、坐收坐支、“三公经费”超预算、未执行政府采购等违纪违规问题，依法向行政公署如实报告审计结果，向地区人大工委报告《2016年度本级预算执行和其他财政收支情况审计工作报告》。

【经济责任审计】 2017年，喀什地区审计局按照全面从严治党和“有权必有责、有责必担当、失责必追究”的要求，聚焦党政主要领导干部主要经济职责和权力运行规律，进一步具体审计内容，密切关注党中央、国务院、自治区党委、地委重大经济方针政策和决策部署贯彻落实情况、落实廉政建设责任制和执行廉洁从政规定等情况。全年对12个乡（镇）进行党政主要领导履行经济责任情况进行审计，审计领导干部43人，审计金额7.47亿元，审计查出问题金额3.9亿元。依法下达审计决定16份，审计处理处罚3361.18万元，移送重大案件线索9起，移送个人4人，涉及问题金额1970.19万元。

【固定资产投资审计】 2017年，喀什地区审计局坚持把政府投资基本建设项目和对口援疆项目审计纳入审计重点范畴，在行署高位推进的基础上，进一步整合全地区审计资源，组成审计组6个，分两批次对全地区12县（市）2015年至2017年政府投资基本建设项目进行全面审计，审计范围涉及政法、教育、水利城市基础设施、交通能源、扶贫等各个领域，援疆项目审计达到全覆盖，基本建设项目审计2835个，审计金额287.24亿元，审计披露问题260个，查出问题金额132.6亿元，罚款61.79万元，移送纪检监察和有关主管部门重大案件线索19起，移送问题40项。

【民生资金（项目）审计】 2017年，喀什地区审计局整合全地区审计资源，持续将民生专项审计作为重点，突出民生这条主线，紧紧围绕推进“九项惠民工程”，将脱贫攻坚扶贫资金、保障性住房、惠民补贴、医保等民生专项资金纳入重点审计范畴，完成喀什市老城区改造跟踪审计、塔什库尔干县“5·11”地震灾后重建、麦盖提县等4个县民生资金审计、社会救助资金审计、莎车县等5个县（市）新农合专项审计、12个县（市）保障性住房跟踪审计、12县市实施脱贫攻坚扶贫专项资金等重大民生工程审计。审计金额达106.45亿元，审计发现个别县市在民生政策落实和资金管理方面存在资金沉淀、虚报冒领、套取、滞留、虚列、挪用等19类37项225条具体问题，查出问题金额11.74亿元，审计处理处罚问题23起，涉及问题金额1789.85万元，移送案件线索15起，涉案金额1009.98万元。

【援疆资金支持】 2017年，喀什地区审计局累计争取各类援疆资金132万元，建成固定资产投资审计系统，选派全地区审计系统47名审计业务骨干先后赴深圳和山东进行培训。

（刘　军）

物价管理

【概况】 2017年，喀什地区认真贯彻落实各项价格政策，降低企业成本，加大源头稳控物价、调查研究、价格监管、执法检查力度，进一步规范价格秩序，营造良好的价格环境，居民消费价格指数（喀什市）同比上涨2.6%，实现全年居民消费价格指数涨幅控制在3%以内目标。

【行政事业性收费管理】 2017年，喀什地区运用自治区“新疆收费管理信息网”为全地区收费单位提供网上服务，规范各类行政事业单位收费行为，提高收费透明度，加强事中事后收费行为监督管理，落实国家和自治区收费政策，做好全地区1185个执收单位收费统计工作（地区本级156个），在新疆收费信息管理网醒目位置公示各执收单位收费项目、收费标准、收费依据等事项，自觉接受社会监督，提高价格管理监督效能，强化对行政事业单位收费管理动态监控。

【价格监测预警】 2017年，喀什地区加强价格监测预警，强化及时准确掌握市场价格动态，完善监测数据质量管理和专题分析相结合的工作机制，提高价格监测工作的及时性、准确性。对涉及国计民生的粮油、肉蛋奶禽、蔬菜、水果干果等主要农副产品和农资建材、成品油等重要商品和服务价格进行监测预警。全年，组织开展全地区27个价格监测点，6大类121种监测品种监测（其中，粮油、肉、蛋、奶、禽、蔬菜、水果、干果等主要农副产品50种；农资11种；建材16种；成品油、房地产、水、电、暖、交通运输、旅游景点、商贸餐饮等重要商品和服务44种），编写监测信息24期。是年，居民消费价格指数（喀什市）同比上涨2.6%，实现全年居民消费价格指数涨幅控制在3%以内的目标。

【价格调研】 2017年，喀什地区发展和改革委员会加大价格调研力度，确保源头数据质量。开展农业生产资料价格调研。认真贯彻落实《中共喀什地委喀什行政公署关于严禁用强制手段服务农业生产维护农民经营自主权的通知》精神，切实维护广大农牧民合法权益，对农作物种子、化肥、农膜、农机作业、农业供水、农村自来水和农业排灌用电价格等进行调研，研究出台《喀什地区涉农价格指导意见》；开展建材市场价格调研。针对地区部分建材产品价格出现不同程度上涨情况，组成两个工作组对12县市建材企业、交易市场销售价格、市场需求、销售走势等情况调研，及时发现并掌握市场动态，密切关注钢材、水泥、玻璃等建材产品价格波动情况，确保地区建材市场供应和价格的稳定；开展农业用水价格调研。对喀什噶尔河流域、叶尔羌河流域农业灌溉用水水费征收情况进行专项调研，为地区调整农业水价提供依据；开展电力价格调研。全面贯彻落实自治区电价政策，纠正和查处电力价格执行中的乱加价、乱收费行为，对国网新疆电力公司喀什供电公司，巴楚县、麦盖提县、岳普湖县、英吉沙县、供电单位、物业和转供电单位，电力设施建设过程中的收费单位近两年的收费情况进行检查，退还用户多收电费374万元。全年开展调研4次，形成系统性、专业性调研报告4篇、工作专报4篇，工作信息9条。

【市场监测调控】 2017年，喀什地区发展和改革委员会及时下发各类调价文件，对农副产品、建材、农资等产品价格运行动态实行旬、月、季监测。加大对医疗服务收费、教育收费、涉企收费、中介服务收费、城市供水、交通、电力等价格检查力度，维护老百姓的切身利益。开展元旦、春节、古尔邦节、中秋、国庆等重要节假日期间市场价格大巡查，加强市场价格监管，规范价格行为，保持价格基本稳定。

【价格举报查处】 2017年，喀什地区发展和改革委员会充分发挥12358四级联动价格举报系统作用，认真做好各类价格投诉举报受理和查处工作，确保价格举报电话24小时畅通，通过电话和网络受理价格咨询和举报，及时解读价格政策，协调处理价格纠纷，是年，地区本级受理价格政策咨询案件65件，解答处理率100%，有效化解价格矛盾，打击价格违法行为。

（喀什地区发改委）

工商行政管理

【推进商事制度改革】 2017年，喀什地区工商局深化“先照后证”改革，全面落实好国务院削减工商登记前置、后置审批事项安排，确保每一项改革任务都落到实处、收到实效，切实落实简政放权，商事制度改革稳步推进。一是制作权力清单，清理本部门211项行政职权，并向社会公布“权责清单”；放宽公司股东资格限制，允许个体工商户转企升级，放宽住所（经营场所）的限制，允许企业“一址多照”，允许一个地址登记为多家企业住所。积极发挥“互联网+工商登记服务”手段，实施企业名称全程电子化登记，申请人“足不出户”即可通过互联网申报企业名称，做到让“信息多跑路，百姓少跑腿”。二是以“放管服”工作契机，扎实推进企业“多证合一”、深化个体工商户“两证整合”和简易注销改革，进一步下放登记权。截至10月，全地区市场主体总量突破13万户，达到135521户，其中，新登记私营企业4140户，新登记个体工商户21827户，新增个私队伍从业人员52245人。

【工商行政执法】 2017年，喀什地区工商局坚持持续开展打击传销专项整治、打击制售假冒伪劣商品、净化广告市场、保护商标所有权、打击反不正当竞争、商业贿赂、行业垄断等市场监管力度。确保商品交易市场和粮食、棉花、农资、成品油、旅游、二手车、发电机等市场不出问题。全系统查办案件187件，案值552.46万元，罚没款219.33万元。

【市场监管】 2017年，喀什地区工商局规范事中事后监管，维护市场秩序持续加力。按照“放管结合”的要求，加强市场监管改革创新，实施“双随机、一公开”改革，加强信用监管，落实随机抽查，有效运用“全国一张网”实施事中事后监管。一是认真开展企业信用信息公示工作。充分发挥企业信用信息公示系统作用，加强数据采集、开放和分析应用，召开地区企业信用信息公示领导小组联席会议2次，对全地区企业信用信息工作进行部署及协调；举办企业信用信息公示工作联络员培训班3期，对40个成员部门的联络员进行涉企信息归集公示工作业务培训。全地区工商系统公示企业异常名录4755条、3286户。二是全面落实“双随机、一公开”机制。更新完善系统执法人员名录库，将全系统149名在岗执法监管人员录入执法人员名录库，结合喀什地区实际，申请上报“双随机”检查项目5项。按照自治区工商局下达的8个双随机检查任务、29项检查内容，涉及检查市场主体3376户，落实双随机执法检查工作任务；按照“谁检查、谁录入”的要求，将抽查结果及时录入市场主体信用监管业务系统并归集至国家企业信用信息公示系统。

【“小个专”党团组织建设】 2017年，喀什地区工商局深入开展“小个专”党团组织建设攻坚行动，大力推进“小个专”党建工作。制定下发《贯彻落实喀什地委推进“党的组织和党的工作全覆盖”实施方案》，坚持先易后难、分步组建，分阶段细化组建目标和覆盖任务，以单独组建为主，联合组建、挂靠组建、区域联建、兜底组建为辅的组建方式，调剂党员、选派党建指导员，推进“两个全覆盖”。提升党在小微企业、个体工商户和专业市场中的覆盖面和影响力，促进党的基层组织建设。各县市局分工负责，对地委确定的主要任务中列举的行业领域逐单位对所属党组织进行拉网式摸排，反复比对核实，做到“四个摸清”“五个掌握”，组织150名专业市场非公企业党组织书记、党务工作者参加党建工作示范培训班，依托各级党校、县市局党组（党委）组织开展入党积极分子和重点培养对象专题培训；采取调剂党员、选派党建指导员等方式开展党的工作，消除无党员、无党的组织、无党的工作的空白点。通过开展“两学一做”学习教育、“民族团结一家亲”、个私企业参与脱贫攻坚等活动，进一步净化“两新”组织运行环境，增强党组织的凝聚力。截至是年，全地区市场主体39866户，已建党组织327个（其中单独建64个，其他方式组建263个），派驻党建指导员112人，党员数778人，入党积极分子187人，从业人员103572人，党组织覆盖39319户。其中：在3155户小微企业中建立党组织27个，派驻党建指导员32人，在36598户个体工商户中建立党组织198个，派驻党建指导员39人，在107个专业市场中建立党组织96个，派驻党建指导员41人。

【消费维权】 2017年，喀什地区工商局针对消费者申诉较为突出的热点问题，确定对服装鞋帽、生活日用品消防产品、室内装饰装修材料胶黏剂、厨房电器等6类45个批次产品进行抽检，抽检成品油30个批次，其中，11个批次不合格，根据抽检信息对不合格产品进行立案查处；组织开展农膜和农用化肥抽检工作，抽检农膜26个批次，其中，不合格批次2个，抽检农用化肥54个批次，其中不合格批次5个。及时将抽检信息通报农业主管部门实行信息共享协同办案。全年12315投诉系统共受理消费者申（投）诉、举报信息2331件，其中，申诉2112件，举报219件，办结率100%；为消费者挽回经济损失870.58万元。

（张　帆）

质量技术监督

【概况】 2017年，喀什地区质量技术监督局进一步发挥产品质量安全监管、特种设备安全监察的规范保障作用和计量、标准化、认证认可的技术支撑作用，加快提升质监能力建设，推动建立健全“质量共治”工作机制，努力构建和谐质监，各项工作扎实推进并取得实效。是年，喀什地区质量技术监督局呈请行署印发《喀什地区关于落实自治区消费品标准和质量提升规划（2016—2020年）》《喀什地区贯彻质量发展纲要实施质量兴强喀战略2017年质量提升行动方案》。完成《2016年喀什地区产品质量状况分析报告》，开展电线电缆、水泥、管材、钢筋、化肥、地膜等涉及国计民生的建材、农资产品质量监督管理。产品监督抽查合格率92.9%，下达处理转办单46份。全年立案42起，下达责令改正通知书46份。对15家机动车安检机构开展监督检查，覆盖率100%。对已取证的14家食品相关产品生产加工企业进行监督检查，覆盖率100%，对存在的问题进行监督整改。对取得工业产品生产许可证的2家管材、2家电线电缆、17家化肥、4家水泥生产企业进行监督检查。全年完成产品质量检验批次2142个，其中，委托检验1975个，监督检验167个；完成珠宝玉石鉴定6298次。

是年，喀什地区质量技术监督局被地委、行署表彰为喀什地区绩效考核优秀单位，驻莎车县英阿瓦提管委会3村工作队被自治区表彰为2017年度“访惠聚”驻村工作先进工作队，喀什地区质量技术监督局被喀什地区“访惠聚”驻村工作领导小组评为2017年“访惠聚”驻村工作优秀组织单位，驻莎车县英阿瓦提管委会5村工作队被喀什地区“访惠聚”驻村工作领导小组评为2017年“访惠聚”驻村工作先进工作队，6人分别被自治区表彰为“访惠聚”驻村工作先进工作队队长和先进个人，2人被地区表彰为“访惠聚”驻村工作先进工作队队长。

【特种设备安全监管】 2017年，喀什地区质量技术监督局积极做好特种设备安装开工告知、登记注册等日常基础工作，办理告知304台件、压力管道3762米，注册登记448台件、压力管道43606米，变更183台件，停用37台件，报废23台件，办理使用证205份、车用气瓶使用证8479份，审核打印特种设备作业人员证1023本。加强对加气站封闭运行情况监管，对封闭运行、数据上传情况进行实时监督检查，协调解决出现的问题，确保加气站封闭运行。电梯电子监管平台全面建成并投入运行，喀什地区液化石油气钢瓶电子标签监管系统正在建设中，完成全地区15家民用液化石油气钢瓶充装企业技术改造等工作，进入气瓶信息录入、电子标签初始化、标签绑定和用户IC制作发放环节。全年破拆报废钢瓶21万余个。多次组织人员对叶城县天然气压力管道管网隐患进行专项监督检查，对整改情况实行跟踪督查，随时掌握整改进展情况。先后组织开展全国“两会”“一带一路”峰会论坛、全国第六次援疆会议及各重大节日期间的特种设备安全大检查，确保特种设备运行安全。全年完成检验18122台/件，管道全面检验412条；举办特种设备作业人员新取证、复审培训班7期，共510人参加。

【“质检利剑”行动】 2017年，喀什地区质量技术监督局对喀什市人员密集场所在用电梯、大型海鲜餐厅在用计量器具进行监督检查，对未经检定以及使用非贸易结算计量器具的单位责令限期整改。大力开展“质检利剑”行动，全年开展农资、钢筋、水泥、儿童用品、危险化学品、成品油、电线电缆、电气产品、特种设备等10次专项执法行动，排查安全隐患65起。继续充分发挥12365指挥平台作用，受理、投诉、举报案件99起，已办结85件，受理咨询

142 起。办理案件 19 起，大要案件 2 件。

【标准与品牌建设】 2017 年，喀什地区质量技术监督局呈报行署出台《喀什地区标准化体系建设发展规划（2016—2020 年）》《喀什地区深化标准化工作改革的实施意见重点任务分工》《喀什地区消费品标准和质量提升规划（2016—2020 年）实施方案》等文件，确定标准化和质量提升中长期目标和重点措施；有序推进《喀什地区实施标准化战略推进行动计划（2016—2017 年）》，与地区社保局对接国家级社会管理与公共服务标准化示范项目，完成规范、标准初稿 100 项；申报 4 个标准化示范项目，其中自治区级 2 个，国家级 2 个；落实地区“一县一产业、一县一品牌”战略；呈报行署印发《喀什地区贯彻质量强喀战略实施意见》，推进质量兴喀向质量强喀转变；组织 15 家企业参加新疆名牌创建，其中，喀春面粉、莎车白珍珠面粉，喀什葡萄等 4 个产品获得 2017 年度新疆名牌产品；收录编纂《喀什地区名优产品汇编》《喀什地区名优产品简介》在第五届全国品牌故事大赛上作为会议材料；在《喀什日报》刊登《喀什地区荣获“新疆名牌”产品集萃》宣传专版，在“喀什都市网”手机微信平台宣传喀什名优产品。

【计量专项监督】 2017 年，喀什地区质量技术监督局突出民生计量服务民生，确保喀什地区市场计量秩序稳定，集中对与百姓生活密切相关的重点计量器具开展计量专项监督抽查。监督抽查计量器具 1808 台件，检定合格率 98%。组织开展市场计量专项检查。出动执法人员 398 人次，对 163 家集贸市场、商店、超市的 2231 台件电子计价秤、度盘秤及台案秤进行集中检查，对 128 家加油站、加气站的 577 台件燃油加油机、加气机，106 家餐饮行业的 125 台衡器、5 家出租车公司的 118 辆出租车、50 家金银制品行业的 62 台件计量器具进行监督检查，立案查处计量违法行为 8 起。

【计量认证认可】 2017 年，喀什地区质量技术监督局突出法制计量保障民生，努力推进计量器具行政许可工作，受理并完成计量行政许可 17 起，其中，电子汽车衡强制检定行政许可 9 起 15 台，燃油加油机 8 起 168 台；先后开展民生计量、农资计量、电力计量、夏粮收购用计量器具、安全防护类、环境监测类计量器、能效标识产品、强制性认证产品等专项检查。完成县级法定计量检定机构计量标准器集中统一检定，对各县局食品、建材实验室温场、压力等设备进行检定。在全地区质量技术监督系统组织开展数字指示秤、砝码等两项计量标准量值比对工作，进一步提高检定工作质量。扎实开展认证认可监管工作，组织资质认定获证检验检测机构开展检验检测数据网上在线填报工作，完成 14 家检验检测机构资质认定现场评审工作。

【计量宣传】 2017 年，喀什地区质量技术监督局加强计量宣传工作，开展计量实验室开放日活动及“5•20”世界计量日、“计量与交通”“免费检定进市场”“走进校园免费检测配镜”等主题宣传活动3次，发放宣传单212份。

【计量检定人员培训】 2017年，喀什地区质量技术监督局认真组织计量检定人员培训，对县级计量技术机构的20名计量检定人员开展复查换证培训及考核；对10个县局20名计量检定员进行血压计、压力表、燃气表、水表、衡器、天平、砝码、燃油加油机、可燃气体报警器等9个项目培训；派出9名计量检定人员参加自治区、地区举办的检定员取证培训班和继续教育培训班。全年完成医疗设备、出租车计价器、民用四表、加油机、加气机及食品、工业生产设备等计量器具检测25687台（件）。

【纤维监督与检验】 2017年，喀什地区质量技术监督局开展涉嫌“转圈棉”加工企业专项检查，对5起棉花质量违法案件进行处理；对取得棉花价格补贴的棉花加工企业的加工量、入库量、公检量和销售量等情况进行逐一核查；开展“阳光纤检进工地、进幼儿园”等活动。是年，完成纺织品委托检验93批，监督抽查109批；絮用纤维制品委托检验18批，监督抽查69批；完成1389批585586吨的棉花仪器化公证检验。

【质量监督管理】 2017年，喀什地区质量技术监督局严格落实《财政部 国家发改委关于清理规范一批行政事业性收费有关政策的通知》精神，于4月1日起停征计量器具强制检定、产品质量监督检验2项收费项目，制定并完善强制检定计量器具备案制度和程序，指导企业申报强检计量器具备案，确保各类检定、检测业务正常有序开展。积极协调喀什地区国税局办理委托检验税务登记证，进一步规范收费行为。对喀什市、疏勒县、疏附县的食品相关产品、特种设备及部分生产企业家进行安全大检查，查处2家氧气充装企业存在违规充装行为，并依法进行处理。持续对4S店召回汽车情况进行督查核查，召回缺陷汽车526辆。成功调解汽车投诉案件1起。针对民用加油站油品质量和加气站气体质量不佳等投诉较多的问题，召开调研座谈会2次，约谈企业近10家，就天然气质量问题和加油站油品质量分别进行协调解决。与地区农业、工商等部门联合开展为期3个多月的农资大检查，查处涉嫌地膜、化肥案件10起。开展加油站、加气站“双随机”监督抽查，对“不符合规定，责令限期改正”的加油站进行约谈，维护消费者利益，规范加气站、加油站计量管理。在11家企业26项产品标准中推行企业产品标准和服务标准自我声明公开制度，使标准公开成为企业对产品质量的“硬承诺”。同时强化标准实施监督，落实企业标准化主体责任，强化动态管理，做到放管结合、服务优先。突出能源计量重点，强化节能降耗工作。组织全地区重点耗能企业进行自查，网上直报能源消耗数据。会同地区发改委对地区12家重点耗能企业开展现场计量审查和能效对标工作。根据“新疆水泥企业自2017年5月1日起，取消32.5强度等级水泥的生产、销售”的要求，对全地区水泥生产企业进行执法检查，对 5 家超范围生产的企业下达责令整改通知书，责令其停止生产。开展钢材产品专项检查，立案查处 2 起，涉案钢材 4000 余吨，货值 1100 余万元。开展社会加油站成品油市场专项监督检查，对 3 组检验未达标的企业，依法处理。对检测机构进行执法。对一市两县 3 家建材、环保等第三方检验机构及 5 家机动车检验检测机构进行专项检查，对 2 家检验机构部分设备未检定的问题，责令其立即整改。对集贸市场、加油站、金银制品加工和销售领域等与老百姓生活密切相关的重点行业进行监督检查。

（喀什地区质量技术监督局）

地方金融监督管理

【概况】 2017 年，喀什地区制定印发《金融支持脱贫攻坚的实施方案》《喀什地区贯彻落实自治区金融工作会议实施意见》《关于推进喀什地区普惠金融发展的实施意见》，认真落实国家、自治区和地委、行署关于金融支持经济发展的系列政策意见和要求，加大对喀什贷款投放量，把信贷资源调整配置到稳增长、调结构、促就业、惠民生的领域。截至 12 月末，地区各项贷款余额 797.5 亿元，居全疆第六位，居南疆四地州第二位，比年初增加 63.5 亿元，增长 8.6%。其中：涉农贷款余额 571.11 亿元，比年初增加 40.52 亿元，增长 7.64%；两免小额扶贫贷款余额 48.26 亿元，比年初增加 7.26 亿元，增长 20.2%；易地扶贫搬迁贷款余额 22.01 亿元，比年初增加 14.55 亿元，增长 195%；安居富民贷款余额 29.59 亿元；小微企业贷款余额 162.9 亿元，比年初增加 37.86 亿元，同比增长 30%。

【金融系统支持喀什社会稳定和经济发展推进会】 2017 年，喀什地区在人行喀什地区中心支行召开“金融系统贯彻落实地委扩大会议精神、支持喀什社会稳定和经济发展推进会”，督促金融机构支持喀什的经济发展，要求每季度定期召开金融运行分析会。参加会议人员 50 余人。

【上市企业培育推荐】 2017 年，喀什地区有 11 家企业〔新疆玉昆仑天然食品工程有限公司、新疆阿斯曼清真肉业股份有限公司、南达新农业股份有限公司、新疆澜海红杏生物科技有限公司、新疆中企宏邦节水（集团）股份有限公司、新疆波斯坦农资有限责任公司、喀什远方国际物流港有限责任公司、喀什神恋有机食品有限责任公司、喀什农村商业银行股份有限公司、喀什昆仑维吾尔药业股份有限公司、新疆火炬燃气股份有限公司〕进入“自治区百家重点培育成长性企业名单”，向自治区金融办推荐拟挂牌、上市企业 6 家进行重点培育。

【融资担保体系监管】 截至 2017 年末，喀什地区设立 14 家融资担保公司（岳普湖县、塔什库尔干县除外），初步建立融资担保体系。是年，喀什地区金融办加大对正常经营的 12 家融资担保机构监管，融资担保业务在保户数72户，在保笔数72笔，担保放大倍数0.39，担保代偿金额0.37亿元（含历年），业务在保余额3.03亿元，比年初累计增加发生额1.96亿元，比年初累计解除担保额1.53亿元；2017年新批准设置融资担保公司5家，对全地区正常经营的9家融资担保公司进行现场检查，针对违规事项提出整改通知5份，对7家上年融资性担保机构经营许可证进行年检，对2家公司发出风险提示函限期整改。

【小额贷款公司监管】 2017年，喀什地区金融办对地区35家正常经营的小额贷款公司进行经营情况监管检查，针对未按季进行贷后跟踪管理、资产质量恶化不良贷款占比高、超比例发放单笔贷款等违规事项及时发出整改通知书35份、督办通知书2份，推动小额贷款公司健康规范发展，防范风险，维护社会稳定。

（卢　俊）

海关监管

【概况】 2017年，喀什海关全面落实报关无纸化改革，申报报关单53156票，其中，无纸化报关单52784票，占比99.3%。稳步推进关检合作“三个一”，辖区有8家企业通过“一次申报”系统申报进出口报关单743票。加强知识产权海关保护，立案侵权货物17起，案值294万元，罚款17.85万元。深入开展分析研判，全面推行预审价管理，加大商品归类审核力度、取样送检力度，实施价格磋商审价16宗，补税58.6万元，完成取样送检7宗，提高税收征管掌控能力，确保应收尽收。是年，在喀什海关申报的进出口货物83.7万吨，贸易额51.7亿美元。监管转关货物2.7万吨，监管进出境人员96479人次，监管进出境运输工具85125辆（架）次，税款入库1.96亿元，与上年同比增长35.9%。进出境行李物品过机检查率100%，监管进出境邮件1926件，印刷品及音像制品583件/盒，审核查商品信息155865条，反馈信息106条。是年，进一步加强企业分类管理，严格执行报关企业准入退出制度，喀什海关新注册登记企业281家、企业信息变更285家、报关企业注册登记许可31家，报关企业注册登记许可延续13家，报关企业注册登记许可变更3家，企业注销36家，企业变更注册海关（迁入）4家，企业年报140家；企业巡查49家；实施常规稽查作业5起。办理行政案件107起，案值2384.49万元，罚没入库211.52万元。办理刑事案件9起，案值1012.97万元、涉税额73.43万元。

【海关监管】 2017年，喀什海关按照《海关进出境运输工具舱单管理办法》《海关进出境公路车辆货运舱单管理操作规程》，严格执行公路舱单“原始/预配舱单1小时”和“理货报告6小时”的设置时限，全面规范进出境运输工具舱单管理。制定《喀什海关关于进一步加强安全防范工作的通知》，加强对监管场所门卫制度、账册制度、磅房管理制度、单证保管制度执行情况巡查，制发《规范管理通知书》7份，限期整改。多次召开现场会宣讲海关对液

（气）体化工品、易燃易爆危险品等的管理规定，在监管场所显著位置张贴“禁止危爆化学品入库”警示牌，规范仓储管理。开发使用“监管场所可视化管理系统”，对仓库货位、仓储货物、车辆等信息严密监控，将监管延伸至仓库货台货位。

【税收征管】 2017年，喀什海关扎实推进“三互”，全力推进“单一窗口”建设，先后调整四个口岸海关科室职能与作业流程，使其更趋于科学合理与规范。调整出口货物监管查验流程，打破区域、功能、模式限制，实行监管场所与海关集中查验场地连动集中查验，加强“喀什海关集中查验监管中心”建设，在4个口岸海关全面实现集中查验模式。落实海关事务担保、价格管理、退补税等通关业务的无纸化操作，实现企业“零跑动”。进一步完善“舱单管理系统”“物流监控系统”“国门卡口系统”“安全智能锁系统”管理，强化“四位一体”物流监控体系建设。积极推进“双随机、一公开”，完成通关时间缩减三分之一的工作任务。全力推进业务工作制度统一、程序统一、操作统一、执法统一“四统一”机制，解决执法尺度不统一、执法标准不一致、业务一线自由裁量权过大的问题。加强对监管场所及货物的动态监控、实际查验和跟踪管理，坚决制止“无货申报”等行为，打击“出口双骗”。集中开展监管场所、运输工具专项整治，严厉打击货物“偷运”、人员“偷渡”。加强知识产权海关保护，是年，立案侵权货物17起，案值294万元，罚款17.85万元。深入开展分析研判，全面推行预审价管理，加大商品归类审核力度、取样送检力度，实施价格磋商审价16宗，补税58.6万元，完成取样送检7宗，提高税收征管掌控能力，确保应收尽收。

【风险防控】 2017年，喀什海关每月对涉及统计范围相关信息进行收集汇总，加强日常风险分析监控，及时向风险管理部门上报各类企业、商品风险布控建议，严格审核特殊类单证，办理直接退运报关单13票。援助物资340票。修理物品5票。为暂时进出境（自驾旅游）报关单办理绿色通道手续61起；为驻外使馆离任人员办理免税车辆单证手续9宗。

【打击走私】 2017年，喀什海关深入查摆打私工作面临的问题，制定《“国门利剑2017”行动方案》，列明责任清单。完善“人、犬、情、技”四位一体查缉模式和“一警双权、一案到底”办案模式。坚持犬只驯养与实战结合，累计携犬出警150只次，检查进出境车辆230余次，旅客270余次，行李物品500余件。积极发挥打私逆向监管，共同加强海关监管。按照“专项+联合”的工作要求，制定《喀什地区打击走私综合治理方案》，充分发挥政府打私基础作用，加强与检察院、法院、公安、工商、税务等部门协调，健全反走私综合治理联席会议制度，形成齐抓共管的综合治理格局。大力开展孔道巡查，发放警务便民联系卡，发动沿线边民“群防群治”，巩固反走私阵地建设。积极推进“蓝

喀什海关关员查验通关货物

天”专项行动，加强与业务部门、打私办、质检、环保等部门联系沟通，严格固体废物监管，完善线索移交、检验、鉴定、处置机制。建立健全H986并联执法作业机制，以四个口岸国门H986建设为契机，完善“边检在一线查堵、海关后置集中审像”并联执法作业机制，建立监管设备“共建、共享、共用”模式，有力震慑枪支弹药、核生化爆、毒品、反宣品、暴恐制品走私进境企图。

【服务地方经济建设】 2017年，喀什海关成立综合保税区监管组，全力支持综合保税区发展，综保区进出货物1856吨，货值6004.9万美元。全力支持乌恰县、塔什库尔干县边民互市建设，促进做大做强。各口岸业务现场每天集体加班普遍在2小时以上，确保快速通关。鼓励企业间双向扶持，将业务不熟有业务需求的企业与有业务办理能力无物流的报关企业实现双向互助。加强监测预警分析，上报分析文章24篇。高度关注中塔、中吉三条农产品快速通关“绿色通道”运行情况，提升农产品通关效率；协助总关举办中塔、中吉边境海关负责人会谈，不定期与周边国家边境海关举行边境会晤，及时协调解决企业在境外通关中遇到的问题。

（喀什海关）

口岸管理

【概况】 2017年，喀什口岸出入境人员24189人次，进出口货物248350.5吨，贸易额148986.6万美元。其中：红其拉甫口岸累计进出境13239人次，进出口货物76661.1吨，贸易额53214.7万美元，进出境人员、进出口货物量、贸易额分别较上年同期减少21.9%，增加43.2%和48.1%；卡拉苏口岸累计进出境10950人次，进出口货物171689.4吨，贸易额95771.9万美元，进出境人员、进出口货物量、贸易额分别较上年同期下降24.7%、23.4%、31.6%；喀什航空口岸执飞航班30架次，出入境人员1335人次；新怡发二类口岸查验货物1164吨（二类口岸年初开始搬迁，新场地还未启用）。

【口岸查验手段升级改造】 2017年，喀什地区口岸管理委员会配合红其拉甫口岸、卡拉苏口岸海关、边防检查站及时向塔什库尔干县人民政府提供国门查验所需国门卡口、地磅、网络建设标准、设施及技术参数和要求，由塔什库尔干县政法委开展国门综合车体检查室建设。是年10月，红其拉甫口岸、卡拉苏口岸长距离孔道国门H986综合车体检查室正式投入使用。

【红其拉甫口岸通关查缉流程优化】 2017年，完成红其拉甫口岸入境重点车辆联检区内掏箱库设计及建设，实现车辆及货物在H986、掏箱检查共享共用。

【口岸查验通关建设】 2017年，红其拉甫、卡拉苏口岸实现“一站式”作业通关，全面整合口岸“一关两检”监管场所，实现共享共用。海关H986查验中心作为集中监管作业场地实现共享；口岸“一关两检”单位货物/运输工具查验（检查）场所、检验检疫查验区、检验检疫实验室、车辆轮胎消毒通道、H986、X光机、电子关锁监管系统、通道式核与辐射监测设备、视频监控、电子通道闸口等监管查验场所和设备实现共享共用。是年9月，红其拉甫、卡拉苏口岸正式实现进出境车辆、货物监管查验及单证办理集中作业。

【口岸环境绿化美化】 2017年，卡拉苏口岸实施并完成出入境车辆13000平方米待检区停车场地硬化、联检大楼污水处理及红其拉甫口岸货检通道屋顶封闭改造等工程；红其拉甫口岸完成掘井项目，对口岸联检区内近0.67公顷的闲置戈壁空地进行土壤改良、土地绿化；为卡拉苏口岸近2公顷联检区内及周边延314国道戈壁空地铺设供水管道、种草绿化。

【口岸安全生产】 2017年，各口岸单位建立健全以海关为主的口岸仓储监管场所防控、以边防检查站为主的联检区和监控孔道突发事件应急处突、以检验检疫局（办）为主的联检区突发公共卫生事件防控等制度，通过定期开展仓储场所安全生产、公共卫生事件防控及口岸区域突发事件应急处突演练，确保喀什各口岸安全生产大事不出、中事不出、小事也不出。

（喀什地区口岸委）

出入境检验检疫

【概况】 2017年，喀什出入境检验检疫局把检验检疫工作重点放在查处假冒伪劣和重点高风险商品上，进一步提升检验检疫安全质量监管工作的有效性。在全面推广网上无纸化电子申报和基于风险管理、合格假定的基础上，通过以采购基地备案前置管理、货场重点巡查抽查、诚信管理为主的出口边贸商品检验放行新模式，实现辖区出口边贸商品管控操作全“隐形”，出境手续零等待。进一步密切加强与地方党委、政府和口岸联检卫生等职能部门的联系，建立经常性的联系机制。与各职能部门举行座谈、业务交流，定期通报进出口产品质量情况、周边国家疫情、技术性贸易壁垒政策等信息，基本保障部门间信息互通、执法互助，建立良好协作关系。

是年，喀什出入境检验检疫局受理出入境货物申报9400批、110.02亿美元，其中，出口检验检疫735批、3319.43万美元，进口检验检疫293批、4122.67万美元；检疫查验出入境人员 2237 人次，在入境人员中发现有症状病例 1 例；检疫查验出入境航空器 46 架次；截获禁止携带进境动植物及其产品 23 批、70.64 千克，检出有害生物 1 批 /1 种 /1 头；国际邮检中心查验出入境邮包 1102 件、7143 千克；出入境人员体检 642 人，检出 HIV 感染者 1 例，乙肝表面抗原阳性32例，高血压、心脏病、胆结石等非传染性疾病 59 例;完成 1996 批、10268 项次检测任务，检出杏干二氧化硫超标 3 批、羊毛含油脂率超标 1 批、蜂蜜呋喃代谢物超标 1 批。

【检验监管】 2017 年，喀什出入境检验检疫局认真开展“双打”“3·15”“质量月”“12·1”“12·4”、埃博拉及中东呼吸综合症等专项业务工作，完成目录外抽查商品 35 批次，检出不合格商品 16 批，主要为复合木地板甲醛释放量超标、儿童玩具增塑剂超标和儿童玩具外包装不合格问题。销毁一批牛肚、驴皮、蜂蜜、风信子科条纹海葱等非法入境动物产品。出动执法人员 30 余人次，发放活动专刊和宣传资料 400 余份，参与群众 300 余人次。

【检验检疫 E-CIQ 主干系统启用】 2017 年，喀什出入境检验检疫局积极推进 E-CIQ 检验检疫主干系统全面上线工作，完成 1072 批次的进出境货物全流程操作，完全实现在新疆区域的“通报、通检、通放”模式，实现跨省区与天津港、广东区域“通报、通检、通放”业务 10 余批次。

【推进无纸化系统上线】 2017 年，喀什出入境检验检疫局继续推进无纸化系统上线工作，组织开展喀什三局两办无纸化系统上线局端和企业端的培训 2 次，喀什地区 17 家报检企业人员参加培训，32 家企业、49 名人员成功通过无纸化备案审核。5 月 1 日，无纸化系统正式上线，实现 584 批次进出境货物的无纸化报检，覆盖率 79.78%。

【推行无纸化通关】 2017 年，喀什出入境检验检疫局全面推行无纸化通关工作，全年实现货物无纸化通关 1072 批次，与喀什海关联合开展通关单无纸化工作，通关单无纸化率 100%。

【法制宣传】 2017 年，喀什出入境检验检疫局以“法制宣传周”“国家安全日”“无纸化学法用法”“12·1”艾滋病宣传日、“12·4”法制宣传日等专项活动为契机，充分运用网络、电子屏、板报、挂图、张贴法治公益广告或标语等方式积极开展法制宣传教育活动，发放报刊、宣传册等资料 500 余份，专题开展“国门生物安全进社区、进校园、口岸行”等系列专项活动，组织全局干部职工进行“法治知识答题活动”1 次，举办“国家安全法”知识讲座 1 期。

【口岸卫生监督】 2017 年，喀什出入境检验检疫局加强口岸卫生监督工作，对辖区内食品经营单位开展口岸食品卫生监督 10 项快速检测；对采集的 60 份外环境水样开展卫生指标检测；完成南疆五口岸鼠类病原体、蜚蠊病原体、蚊类病原体检测23批次438项次。

【进出境动植食检验检疫】2017年，喀什出入境检验检疫局对辖区内农副产品备案基地进行考核、监管，顺利完成外来有害生物监测工作，未发现外来有害生物。继续加强出口食品企业监管，全年完成喀什辖区20家出口加工企业的年报审核工作，受理新增6家出口食品备案企业。对6家杏酱生产企业进行过程监管和关键点质量控制工作。对检疫查验过程中发现的2批标签不合格出口食品进行处理，及时召集企业负责人进行约谈。在"两节"前夕，开展食品专项检查食品安全检查，派出监管人员对辖区货场、冻肉冷库等4家进口食品收货商相关进口、销售台账等情况进行抽查检查，对发现的问题要求及时整改；对辖区一家出口中转冷库开展安全、卫生与防疫、出入库记录、质量管理体系等方面监督检查。建立手机微信平台、电子邮件等多种方式向进出口食品生产企业发送食品质量安全工作通知，敦促企业落实主体责任、确保质量安全。

（喀什出入境检验检疫局）

财政·税收

财　政

【财政收入】 2017年，喀什地、县财税部门积极应对经济下行、“营改增”改革、减税降费等一系列不利因素带来的严峻挑战，定期召开财政经济形势分析会议，及时分析、研究、解决财政收入组织过程中存在的问题；依法强化税收征管，加大清理企业欠税工作力度，确保应收尽收；加强非税收入管理，将应纳入预算管理的各项非税收入足额征缴入库；把财政收入质量纳入重点监管，紧紧围绕年度内非税收入占比控制在40%以内的目标，严格进行督查检查，对虚收空转行为及时进行处理，坚决做实地方财政收入。是年，全地区一般公共预算收入完成58.15亿元，同比下降8.78%，其中：税收收入完成34.97亿元，同比增长0.22%，占一般公共预算收入的60.14%；非税收入完成23.18亿元，同比下降19.68%，占一般公共预算收入的39.86%。政府性基金预算收入完成6亿元，同比下降60.14%。

【财政支出】 2017年，喀什地区财政始终把保障总目标作为财政工作的首要任务，紧紧把握“保基本、保运转、保民生”的支出顺序，落实支出责任，明确任务目标，采取下达月支出任务、资金使用反馈、支出进度通报、县市财政局长约谈等措施，持续扩大财政支出规模，助力社会稳定和长治久安总目标，落实地委、行署的各项维稳“组合拳”，推进脱贫攻坚进程，保障和改善民生，守住保基本、保运转的底线，有力支持全区经济社会发展。是年，全地区一般公共预算支出完成602.96亿元，增长22.98%；政府性基金支出完成3.43亿元，下降83.98%。财政自给率9.65%，较上年下降3.35%。

【财政重点支出保障】 一、重点基础设施支出 2017年，喀什地区财政支持重点基础设施支出，保障重点基础设施建设。一是支持农业提质增效，农林水事业支出累计96.77亿元，有效调动农民生产积极性，农业综合发展和农村综合改革全面推进；二是支持工业转型升级，不断加大资金扶持力度，落实纺织服装产业补贴资金5.46亿元，兑付化解过剩产能奖补资金3778万元，落实推进民生工业、特色轻工、科技创新工业发展扶持资金719万元，积极促进全地区产业结构调整取得进展；三是支持服务业加速发展，落实旅游发展资金961万元、支持新兴产业、电子信息、电子商务、运输、仓储物流等产业发展资金1.1亿元、特色餐饮业发展专项资金94万元，惠及企业5家，落实外经贸扶持奖励资金6737.28万元，惠及喀什经济开发区、巴楚工业园区以及25家企业；四是推进投融资体制改革，继续大力推进政府和社会资本合作模式，签约落地 PPP 项目项目 4 个，投资额 13.99 亿元；大力支持阳光集团及各县市投融资公司发展壮大，使其逐步成长为自主经营、自负盈亏、市场化运营的实体公司。大力支持生态环境保护，建立健全生态保护补偿机制，继续加大对节能减排、生态保护、污染治理等投入力度，全年投入节能环保支出 4.5 亿元。

二、脱贫攻坚支出 2017 年，发挥政府投入在扶贫开发中的主体和主导作用，多方筹措资金，大幅增加财政专项扶贫资金投入，拨付财政专项扶贫资金 21.27 亿元，同比增长 61.32%；大力推进易地扶贫搬迁工作，落实资金 4.61 亿元。积极推进扶贫小额信贷工作，发放贷款 4.59 亿元，惠及 14420 户贫困户，拨付贴息资金 1.14 亿元。全面开展财政涉农资金统筹整合工作。全地区纳入涉农整合范围的资金 90.43 亿元，实际整合资金 88.05 亿元，实际支出资金 81.24 亿元，涉农资金整合工作初见成效，是年 10 月，叶城县、巴楚县代表自治区通过国家涉农资金整合工作考核验收，受到国家和自治区的表彰奖励。充分发挥财政支持扶贫职能作用，结合财政实际，积极制定推进 2017 年 330 个贫困村基础设施项目工作措施，积极向自治区财政厅反映喀什地区困难家庭人员纳入低保、特殊困境儿童集中供养等方面的困难，争取自治区财政的支持；结合财政职能，起草制定《关于做好地区加强农村最低生活保障制度与扶贫开发政策有效衔接有关工作的通知》《喀什地区政府购买基层公共服务岗位吸纳建档立卡贫困户就业促进精准脱贫办法》《关于进一步加强政府购买服务促进转移就业实现精准脱贫工作的通知》等文件、办法，推动精准扶贫措施落实；把扶贫资金管理作为 2017 年监督重点，多次对扶贫专项资金、统筹整合财政涉农资金等进行专项检查，及时纠正财政扶贫资金管理、使用方面的突出问题。

三、民生支出 2017 年，全地区用于民生方面支出 432.57 亿元，占一般公共预算支出的 71.67%，其中：教育支出 130.85 亿元、科学技术支出 0.87 亿元、文化体育与传媒支出 3.97 亿元、社会保障和就业支出 71.58 亿元、医疗卫生和计划生育支出 41.15 亿元、住房保障支出 55.83 亿元，确保各族群众住有所居、劳有所得、学有所教、病有所医、老有所养。

四、维护稳定支出 紧盯维护稳定和长治久安总目标，积极发挥财政保障职能作用，多方筹措资金，落实维稳、综合治理等公共安全支出 89.48 亿元，有效保障严打整治、社会面防控、平安建设、边境管控等资金需要。

【财政管理】 2017 年，喀什地区加快财税体制改革，严格落实税收执收政策，加强税收征缴管理，制定并印发《喀什地区深化国税、地税征管体制改革实施意见》，明确相关部门的任务和工作要求，协税、护税能力明显增加；执行增值税和营业税按中央、地方各 50% 的分税政策，企业税赋明显下降。提高预决算公开透明度，落实财政和部门预决算公开的主体责任，按照职责分工、公开主体、时限、程序和内容，全面公开财政预决算、部门预决算、地方政府债务限额、“三公”经费和相关财政政策法规，进一步完善公开工作检查考核机制，推进县市及时公开预决算。加强政府债务管理，严格执行政府债务管理各项规定，牢牢把住任何部门任何个人都不得擅自举借政府债务这条底线，严格在限额内举借债务；积极争取自治区代发政府债券支持，争取到债券资金 48.65 亿元，其中：置换债券 3.79 亿元、新增债券 44.86 亿元。制定《关于进一步加强喀什地区政府债务管理的通知》，严守政府债务红线、底线，不断规范地方政府债务管理，积极防范政府债务风险，切实发挥政府债券资金效益。严格预算执行，进一步严肃财经纪律，强化预算约束，预算一经审批，原则上不办理追加，对确需解决的重大支出事项，主要通过优化存量，从单位部门预算中调剂解决；严格落实厉行节约有关要求，大力压缩一般性支出，继续严控人、车、会，“三公经费”只减不增；层层落实支出责任，对资金拨付使用全程进行监管。运用盘活财政存量资金政策，盘活存量资金 4.42 亿元，用于保基本、保运转、保民生、保重点、保稳定以及脱贫攻坚等方面支出。创新性地开展惠民资金现金发放工作。自 4 月 17 日至是年底，发放现金 37 次，资金总额57.15亿元，受益农民708.99万人次。

【乡镇财务人员委派制】 2017 年，喀什地区财政局针对乡镇财务人员财政政策水平低、业务能力不强等问题，积极争取地委、行署支持，在充分征求县市意见的基础上，提出并积极探索乡镇财务人员委派制，即：由县市财政部门按每个乡镇 2 人的标准，委派乡镇财政财务人员，担任财政所负责人，负责做好乡镇财政资金管理、使用审核、把关工作，牵头做好乡、村财务记账等日常工作，委派人员关系、工资等在县市财政局，对财政局负责，不接受乡镇安排的其他任何工作。是年 12 月，喀什地委印发《喀什地区实施乡镇会计委派制（试行）办法》的通知，开始在全地区实施乡镇会计委派制。

【乡镇财政机构改革】 2017 年，喀什地区对乡镇机构实施改革，将乡镇财政所下放到乡镇管理。是年，伽师县 12 个、麦盖提县 10 个、疏附县 10 个乡镇财政所下放到乡镇管理，年底，全区归属县财政局管理的乡财所 47 个。

【财政检查监督】 2017 年，喀什地区财政局主动接受社会监督，保障财政资金安全，提高财政资金绩效，进一步规范财政预算管理工作纪律。在财政预算日常管理业务中，严守政治纪律和政治规矩，严格落实财政预算管理各项制度规定，开展县乡财政资金自查自纠整改工作，紧紧聚焦“十个方面”的重点问题，提出规范全口径预算管理体系、全面推行“乡财县管乡用”制度、做实项目资金政策传达工作和加强责任追究的资金监管措施，查处五类 248 项违规事项，涉及资金 5.46 亿元；开展财政收入自查自纠，督促对 11 个县市 2016

年度 7.77 亿元违反组织收入规定的违规收入进行整改；对全地区 51 个单位进行会计监督检查，查出违规资金 3720.23 万元。是年，自觉接受人大监督，及时上报预算执行情况、预算草案、预算调整报告、决算报告等，严格执行人大各项决议，自觉接受审计和社会监督，对提出的问题，认真分析研究，及时整改落实。

【“放管服”改革措施推行】 2017 年，喀什地区财政局全面推行“放管服”改革措施，大力落实“双随机一公开”监管机制，建立随机抽取平台，完善抽查比例和频次，规范监管行为，提高监管效能。充分发挥财政应用支撑平台在财政监督中的应用，升级预算执行信息系统动态监控模块，新增专项资金管理和预算单位账户管理模块，增强财政监管智能化水平。大力推进国库集中支付、公务卡、财政专户和预算单位账户管理，有效规范财政支付行为。

【投资评审和政府采购】 2017 年，喀什地区严格投资评审和政府采购环节，主动自觉接受监督，有效节约财政资金。是年，评审工程项目 831 项，核减金额 1.89 亿元，核减率 18.78%；政府采购节约资金 5.04 亿元，节约率 7.11%。

【业务培训】 2017 年，喀什地区财政局组织地、县市财政局干部赴上海市开展为期 15 天的财政改革发展培训，参加培训干部 50 人。

（令金柱）

国家税收

【深化国税地税征管体制改革】 2017 年，喀什行署成立喀什地区深化国、地税征管体制改革领导小组，喀什地委印发《关于喀什地区贯彻落实深化国税地税征管体制改革的实施意见》，喀什地区国家税务局积极向地方党政领导汇报工作，与有关单位加强沟通，明确 34 个单位的责任，明确六大类 46 项工作措施，形成目标明确、路径清晰的改革路线图、任务书，强化责任落实；组织召开领导小组例会及专题会，与地区财政、地税、中介、纳税人开展税收经济运行分析、“营改增”工作、“走出去”企业等面对面座谈和国地税联席会议，扎实有序地推进各项改革任务落地生根。

【税收收入】 2017 年，喀什地区国家税务局组织税收 35.44 亿元，其中，中央级收入 21.27 亿元，地方级收入 14.17 亿元。完成自治区国税局考核口径税收 33.68 亿元，与上年同期相比增长 40.45%，增收 9.7 亿元，完成全年考核口径（33.42 亿元）税收计划任务的 100.78%。累计办理出口退税 1.32 亿元，与上年同期相比下降 27.07%，减少 0.49 亿元。累计南油划转税收 0.6 亿元。

【依法治税】 2017 年，喀什地区国家税务局严格按照审批权限实施行政审批，全地区保留 7 项行政许可事项；编制并公布权力和责任清单36项，规范自由裁量权；积极推行“三证合一”“五证合一”“两证整合”，加快系统升级改造，实现数据实时交换。依法加强“走出去”企业、新疆境内非居民税收的服务管理，建立“走出去”企业清册15户；坚决落实减免税，全年享受所得税各项优惠政策的企业5006户次，减免税额78256万元。充分发挥税务稽查职能作用，集中力量开展打骗打虚工作，健全与公安、海关部门间的协调机制，严厉查处多个违规退税案件，有力打击虚开骗税违法犯罪行为。截至年末，立案检查45起，组织企业自查35起，查补入库3685万元。是年，喀什地区国税局被总局表彰为“执法大督察优秀集体”。

【纳税服务】 2017年，喀什地区国家税务局加快推行办税事项同城通办、“二维码”一次性告知、24小时自助办税、办税无纸化等便民服务机制，落实“便民办税春风行动”涉及地区的9类26项便民措施，让纳税人享受更快捷、更经济、更规范的服务，提升纳税人获得感、满意度、遵从度；做好上年度纳税人信用等级评定工作，实行纳税人信用等级动态管理，深入推进纳税信用体系建设，认真落实守信激励、失信惩戒措施；采用定量调查形式，采取问卷调查、电话问询、实地入户、明察暗访等多种调查方式，对辖区营改增纳税人进行满意度调查和办税服务厅暗访，真实了解纳税人评价，积极响应纳税人合理诉求；组织开展税务人员违规插手涉税中介经营专项治理活动；围绕新疆工作总目标，拓展办税“绿色通道”，有效提升工作效率。

【国税队伍建设】 2017年，喀什地区国家税务局开展选拔科级干部工作2次，新提任科级干部19人，其中：正科级10人，副科级9人；以“岗位大练兵、业务大比武”活动为契机，强化干部的教育培训，进一步拓宽干部职工学习培训渠道，按照《喀什地区国税系统青年干部学习培养实施意见（试行）》要求，落实“职业成长导师制”措施；做好思想政治工作，努力创先争优。是年，地县两级13个单位全部获得自治区“文明单位”荣誉。

（张　琰）

地方税收

【深化税收征管体制改革】 2017年，喀什地区地税系统积极推进个人所得税全员全额管理，实现对高收入者重点监控，继续推进对个人所得税税源的源泉控管；全力推动兵团耕地占用税核查工作，建立兵团国土信息传递与共享机制，有效堵塞征管漏洞；认真做好环保税开征前准备工作，建立地方人民政府领导下的多部门协作机制，完成纳税人识别和基础信息采集，建立完整的纳税人名册和税源数据库；国地联合放大风险管理成效，加强对大企业、重点税源的监控，协同制定风险管理计划，共同梳理、共享涉税数据，共同推送各类税收风险应对任务223户，查补税款及滞纳金3974万余元，本年入库及以前年度入库税款及滞纳金 5497 万元；积极推动印发《喀什地区关于贯彻落实深化国税、地税征管体制改革方案的实施意见》，对 62 部门 241 项涉税共享信息列明目录，明确责任；建立国地税联席会议制度和国地税联合宣传减税政策联席工作机制，加强国税地税合作的组织保障；联合印发《“一人一机一窗”通办国地税业务工作方案》，对照国地税通办 55 项业务，明确时间安排、工作步骤、通办项目等事项。

【地方税收收入】 2017 年，喀什地区地税系统累计完成各项收入 274765 万元，同比下降 19.98%，减收 68617 万元。其中：税收收入 250260 万元，同比下降 22.34%，减收 71982 万元（剔除营业税收入，同比下降 3.64%，减收 8976 万元）；地方级税收收入 172909 万元，同比下降 29.98%，减收 74040 万元（剔除营业税收入，同比下降 7.34%，减收 13185 万元）。非税收入 24505 万元，同比增长 15.92%，增收 3365 万元。

【依法治税】 2017 年，喀什地区地税局加大政策宣传力度，采取一竿子到底的做法，抓好政策的宣传培训和执行落实工作，发挥税收优惠“自偿”效应，继续采取“两个强化、两个减负”措施，激发各类市场活力，充分体现减免税收带来的惠企效应，让税收优惠政策成为企业发展增收的助推器，让企业成为真正的获利者。是年，加强政策执行考核，采取督查、绩效等有效措施，解决政策执行“最后一公里”问题，增强基层税务机关落实各项优惠政策的执行力，为各项优惠政策落实提供有力的组织保障；截至 10 月底，累计减免 29460 万元，其中改善民生类减免 14653 万元，促进小微企业发展类减免 449 万元，促进区域发展类减免 7248 万元。强化重点税源企业检查、区域税收整治和行业性税收专项检查以及重点行业和重点税源企业以及区域整治对象税收自查等工作，认真部署打击发票违法犯罪工作，立案查处发票违法案件 27 起；积极做好“黑名单”及联合惩戒工作，依法依规公布重大税收违法案件 2 起，是年，累计稽查查补收入 6247.25 万元，入库 6145.33 万元。

【纳税服务】 2017 年，喀什地区地方税务局贯彻“放管服”工作要求，实行审批项目目录管理制，完成对新疆地税 159 项行政审批事项的确认工作，补充 2 项税务行政审批事项；精简表证单书，完善窗口受理、管理联动、反馈及时的有序工作机制，加大与国税联合办公信息共享力度，严格落实一次性告知和限时办结制，避免纳税人多跑路，全面提高工作效率；持续推进纳税服务大走访活动。是年，共走访企业纳税人 3723 户，个体纳税人 1543 户，收集整理意见、建议 81 条，解答纳税人问题 501 个；印发《喀什地税系统全面提升纳税服务工作水平实施方案》，实行“驻点”责任制，开展多轮次开展纳税服务督导，全年对 12 个县、市局开展实地督导 44 次；拨打电话 136 次，抽查办税服务厅电话畅通、领导值班、窗口办税等工作情况；对 516 户重点企业、311 户小微企业进行业务回访，发现问题及时处理；充分发挥国地税合力，依托新疆地税网上税校，联合开展纳税人培训和各项税收政策解读，为纳税人提供及时、贴心的减税政策宣传培训；加强个人所得税申报系统及网络平台等软件辅导培训力度，梳理各类申报问题，提升纳税人的报税能力，持续提升纳税服务水平。

【地税队伍建设】 2017 年，喀什地区地方税务局重新修订完善《喀什地区地税系统各类请销假管理办法》《喀什地区地税系统党员干部谈话制度》《关于推进“两学一做”学习教育常态化制度化实施意见》《退休人员管理办法》《喀什地区地税系统绩效考评结果运用办法（试行）》等 15 项制度；完成收集审核喀什地税系统 72 名科级领导干部个人有关事项报告表，经严格民主推荐，全面组织考察，调整、交流干部 9 人，优化干部队伍结构；全年组织各类培训 130 期次，累计培训 3372 人次；动态优化调整绩效考评指标，实现绩效管理调研督导和察访核验 100% 全覆盖。

【“法治税务示范基地”创建】 2017 年，喀什地区地方税务局多措并举，统筹组织、指导和督促各县市局开展“法治税务示范基地”创建工作，争创国家级法治税务示范基地。是年，疏勒县地税局成功创建自治区级“法治税务示范基地”。

【地税系统数字人事软件上线】 2017 年，喀什地区地方税务局制定《喀什地区地税系统“数字人事”试点工作实施方案（试行）》，成立喀什地区地方税务局“数字人事”工作领导小组，全力抓好上线前期筹备工作；年末，喀什地税系统数字人事软件运转正常，全系统记录工作纪实 114660 条，推送工作任务 13512 条，领导评鉴 2768 人次。

【地税系统纳服类大比武活动】 2017 年，喀什地区地方税务局开展大练兵大比武活动，在自治区地税系统纳服类大比武活动中，2 名干部被评为“专业骨干”；8 名干部被评为“岗位能手”，喀什地税系统荣获自治区地税局练兵比武“优胜奖”。

（张　琰）

金 融

银 行

中国人民银行喀什地区中心支行

【概况】 截至2017年年底，喀什地区有银行业金融机构26家，营业网点392个，从业人员7500多人。证券公司1家、营业部2个，保险公司12家，小额贷款公司36家，融资性担保公司10家，基本形成以银行金融机构为支撑，保险、证券、新兴金融机构为辅助的金融业务体系。喀什人民银行喀什地区中心支行全地区金融机构各项贷款余额797.51亿元，较年初增加69.37亿元，增长9.53%；累计投放固定资产贷款121亿元，“两居”贷款余额29.59亿元，突破全疆“两居”（安居富民、安居兴牧）项目贷款的1/2，新增16.14亿元，累计支持30万农户安居致富；办理民贸民品贷款贴息0.95亿元，惠及90余家民贸企业。人行喀什中支累计投放扶贫再贷款21.4亿元，撬动地方法人金融机构发放涉农信贷资金94.14亿元。已向12.68万建档立卡贫困户投放“两免”贷款42.8亿元，“两免”贷款有效需求户数覆盖率达100%。喀什地区易地扶贫搬迁贷款余额达20.63亿元，棚户区改造贷款余额达28.52亿元，支持6.5万户建档立卡贫困人口实现搬得出、稳得住、能致富。开展情报会商56次，涉及银行资金交易额227.52亿元。辖区实现跨境人民币收支5.1亿元，贸易结算国由12个扩大到18个。

【金融支持地方经济发展】 2017年，中国人民银行喀什地区中心支行持续优化信贷结构，积极引导金融机构不断加大对实体经济的支持力度，有效促进信贷结构持续优化。初步形成宏观、区域、专项“三位一体”的金融支持政策体系。先后成功发行企业债券25亿元，超短期融资券、短期融资券、中期票据28亿元，促成喀什经济开发区银证定向融资2亿元，推动两家企业取得融资支持近百亿元。“新三板”挂牌，5家企业在上海股权交易中心挂牌，累计获得融资支持近百亿元。

【金融服务】 2017年，中国人民银行喀什地区中心支行推动出台《金融助推脱贫攻坚意见》，牵头制定《喀什地区金融扶贫“十三五”规划》《喀什地区金融扶贫2017年行动计划》《金融助推脱贫攻坚联动机制》等措施方案，为金融扶贫工作提供制度保障；建立再贷款“1+N”挂钩机制，引导地方法人金融机构加大对县域农业生产、金融扶贫等民生领域项目建设。截至12月末，人行喀什中支累计投放扶贫再贷款21.4亿元，撬动地方法人金融机构发放涉农信贷资金94.14亿元；用足、用好扶贫扶弱政策，实现“两免”政策需贷尽贷目标，截至是年末，向12.68万建档立卡贫困户投放“两免”贷款42.8亿元，“两免”贷款有效需求户数覆盖率100%；创新金融扶贫模式，在麦盖提县、泽普县设计开展“农民专业合作社+银行+建档立卡贫困户+政府”的扶贫模式，引导金融机构重点加大对养殖合作社和养殖大户的支持；精准对接易地扶贫搬迁，做好易地扶贫金融服务保障，是年，喀什地区易地扶贫搬迁贷款余额达20.63亿元，棚户区改造贷款余额达28.52亿元，支持6.5万户建档立卡贫困人口实现搬得出、稳得住、能致富；提高贫困户对政策的认知度。是年，中国人民银行喀什地区中心支行强化跨境收支监测与银行结售汇业务管理，完善跨境资金流动监测分析预警，对12家企业发放风险提示函、对5家企业、3家银行开展业务核查，对3家企业采取降级处理，维护良好外汇市场秩序。助力实体经济发展，全年帮扶企业6家、银行4家，助力1家企业完成境外投资业务。新增全口径跨境融资业务3笔，融资签约额6146万美元。为辖内4家企业融入资金1.7亿元，年内实现跨境人民币实际收付5.1亿元，跨境购售2.59亿元。全力做好金融外汇政策宣介督导工作，赴2家银行、3家企业和喀什综合保税区开展实地宣介督导。推动成立喀什地区银行外汇与跨境人民币展业自律机制，促进喀什地区外汇与跨境人民币有序运作和健康发展，贸易和投资便利化水平进一步提升。

是年，中国人民银行喀什地区中心支行持续扩大金融普惠面，初步建立喀什地区普惠金融指标体系，深入推进“两管理、两综合，一保护”工作。全年平台融资88亿元，比上年增长7%。财税库银横向联网系统的应用范围和覆盖面持续扩大，国库监管成效不断显现。电子支付试点取得阶段性成效，发展电子支付商户562户，占全部试点商户的85.41%，范围涉及餐饮、黄金首饰、手工艺品、服装鞋帽等多个领域。安全保障全辖2298个村落实惠民政策所需80亿元的现金供应。

【金融信息调研】 2017年，中国人民银行喀什地区中心支行围绕将喀什建设成为丝绸之路经济带接合点、核心区、增长极和中巴经济走廊廊桥的战略定位，开展特色研究，向喀什地委行署领导报送《金融支持喀什地区固定资产投资初见成效》《喀什地区“两免”扶贫小额贴息贷款发放进度放缓值得关注》《喀什地区社会信用体系建设工作情况》等调研成果，得到肯定性批示。

（人行喀什中心支行）

中国银行业管理委员会
喀什监管分局

【概况】 2017年，中国银行业管理委员会喀什监管分局（以下简称喀什银监局）引导银行业机构找准服务的切入点和着力点，切实发挥扶贫小额信贷的助推作用，对有效信贷需求做到应贷尽贷。截至12月末，喀什地区辖内有各类银行业金融机构26家，辖区银行业机构各项存款余额1632.43亿元，比年初增加160.56亿元，增长10.91%；各项贷款余额797.51亿元，比年初增加63.61亿元，增长8.67%。

【“合规文化建设年”活动】 2017年，喀什银监局扎实开展“合规文化建设年”活动，成立以主要负责人任组长的领导小组，制定实施方案，明确各部门职责分工，要求银行业机构制定方案，有序推进，组织召开誓师动员大会；从银行业机构选拔10名“合规文化”大讲堂讲师，组织开展大讲堂2期；组织182名银行业基层管理人员参加法律合规知识竞赛。要求各银行业机构因行制宜，丰富活动内涵，实现网点全覆盖和银行业从业人员全覆盖。各银行业机构在完成规定动作的同时，积极开展合规风险排查。全年开展各类培训、巡讲462场，梳理制度1510项、修订729项、废止175项。排查发现问题8604个，整改6084个，给予经济处罚1700余人，警告、记过等55人，劝退、劝辞、开除14人，全年实现“零案件”。

【金融市场专项治理】 2017年，喀什银监局扎实开展市场乱象整治和专项治理等工作，成立由主要负责同志任组长的领导小组，统筹落实风险防控和市场乱象整治等工作，在做好年初确定的四类重点风险的基础上，组织银行业机构开展专项排查和市场乱象整治自查工作，对8家银行开展信用风险排查督查，对1家联社开展“三违反”“三套利”“四不当”专项治理检查。按照“三铁三见”和“双罚”要求，对上年“两个加强、两个遏制”回头看现场检查和“三违反”“三套利”“四不当”现场检查中4家违规机构和11名高管给予罚款、警告等行政处罚，罚款金额127万元。

【金融消费者权益保护】 2017年，喀什银监局组织开展“双录”专项评估和回头看检查，合格率100%；银行消费者来信来访办结率100%；组织开展送金融知识下乡、“3·15”宣传月、“处非”教育、金融知识进万家宣传月等活动。

【银行业支持地方经济发展】 2017年，喀什银监局强化服务引导，提升服务实体经济质效。积极向地区建言献策，切实发挥扶贫小额信贷的助推作用，对有效信贷需求做到应贷尽贷，截至2017年末，喀什地区农村中小法人机构向12.59万建档立卡贫困户发放扶贫小额信用贷款42.31亿元；国家开发银行、农业发展银行向3.27万贫困户发放异地扶贫搬迁贷款20.63亿元。加大对喀什经济开发区和固定资产投资投向等重点领域信贷支持，全年共支持喀什经济开发区建设8.63亿元；支持喀什地区固定资产投资项目144个，累计投放154.85亿元。加大对薄弱领域信贷支持力度。小微企业贷款增速高于各项贷款增速，国有商业银行和邮政储蓄银行设立普惠金融事业部，农村基础金融服务“村村通”工程覆盖率67.76%，较年初增长12.58个百分点。

（司　税）

中国农业发展银行喀什地区分行

【概况】 2017年，中国农业发展银行喀什地区分行（以下简称农发行喀什地区分行）发挥政策性金融围绕总目标，支持喀什地区社会稳定和经济发展的重要支撑作用，各项业务增长明显。是年，贷款余额位居全地区金融机构第一名，贷款累放位居全地区金融机构第一名。是年末，贷款累放及余额双破百亿，突破历史记录。

【信贷支持地方经济发展】 2017年，农发行喀什地区分行做到全地区信贷支持地方经济发展全覆盖。累放各类贷款101.53亿元，年末各项贷款余额116.57亿元，同比增加36.37亿元，增幅45.35%，贷款累放和余额位居喀什地区金融机构前列，位居全疆农发行系统第四。一是支持地方固定资产投资和支农、惠农重点项目建设等中长期信贷业务有序发展，贷款涉及棚户区改造、水利、农村路网、改善人居环境、农民集中住房、农业综合开发、基础设施等扶贫项目。全年获批中长期项目26个，金额67.61亿元。全年投放中长期贷款25.92亿元，年末中长期贷款余额52.35亿元。全行支持各县棚户区改造项目16个，获批金额45.07亿元，投放21.46亿元，支付率47.61%。上报区分行待审批棚户区改造项目3个，金额8.9亿元；完成初评等上报棚户区改造项目6个，金额26.44亿元。二是全力服务脱贫攻坚，支持地区打好脱贫攻坚战。全年累计投放精准扶贫信贷资金60.69亿元，惠及贫困人口76.59万人，年末精准扶贫贷款总额65.45亿元，占全部贷款的56.15%。三是粮棉支农主力军作用不断深化。全年全行累放粮棉贷款75.6亿元，其中：扶贫贷款48.8亿元，占比64.6%，包括：累放棉花类贷款61.6亿元，累收皮棉43.48万吨，投放的棉花收购贷款占全地区各类棉花收购资金的60%以上；发放粮食收储贷款14亿元，累收小麦55.2万吨，完成全地区商品周转粮收购计划36万吨的136.3%。

（农发行喀什地区分行）

中国工商银行股份有限公司喀什分行

【负债业务】 2017年，中国工商银行股份有限公司喀什分行（以下简称工商银行喀什分行）人民币全部存款余额248.6亿元，较年初增加6.14亿元，其中：对公存款余额142.4亿元，较年初增加13.46亿元；储蓄存款余额106.2亿元，较减少年初7.32亿元。各项贷款累计投放21亿元，余额45.6亿元，较年初增加6.53亿元。

【信贷业务】 2017年，中国工商银行喀什分行做好公司客户行业准入、客户分类管理工作，防止新增信贷资金投向“两高一剩”行业。以客户拓展为主线，建立项目储备制度，大力发展政府购买服务业务，实现PPP项目零的突破，累计发放小微企业贷款7747万元，其中“银纺贷”620万元。有力拓展个人贷款新的增长点，发展手续简便、费用相对低廉的分期付款业务和融 e 借（个人信用消费贷款）业务，满足居民需求，促进消费、支持当地经济发展。

【中间业务】 2017 年，中国工商银行喀什分行巩固传统中间业务优势，继续扩大理财产品、基金定投、分期付款、贵金属、国际业务规模等，大力拓展互联网金融等新兴业务，扩大二维码商户拓展，通过客户体验活动不断提高互联网金融品牌影响力和客户认知度、使用率。

【电子化建设】 2017 年，中国工商银行喀什分行加大投入新型自助设备以及相关金融产品，改善工商银行金融服务环境。相继推出多种新型自助设备以及相关金融产品，改善金融服务环境，在全区投放快捷发卡机 15 台、产品领取机 14 台、智能柜员机 24 台、自动柜员机 197 台（其中：存取款机 119 台，取款机 78 台）、116 台多媒体自助终端（BSM）、2796 台 POS、19 台自动叫号机，所有营业网点全部开通互联网 Wi-Fi 服务，有效提高客户服务效率和满意度。

【金融服务】 2017 年，中国工商银行喀什分行广泛开展“新服务　心满意”服务提升活动，围绕“温馨的服务体验、高效的服务流程、优惠的金融产品、安全的资金保障”四大服务内涵，以社会关注度高、具备行业领先优势、普惠大众客户、服务实体经济为标准，精选亮点产品及服务举措。推动网点靓化工程，加大网点智能化改造，创新“客户自助 + 协助服务”的智能化服务模式，在业内首创推出“自动审批、快速到账”的个人自助式质押贷款，率先在同业推出个人综合积分，可在工行融 e 购商城和线下合作商户消费时直接抵扣账单金额，为客户创造更多价值。从消费者关注的金融热点和服务需求出发，改革创新银行服务模式，全面提升客户的服务体验，树立良好崭新的社会服务形象。

（施　令）

中国农业银行股份有限公司喀什分行

【服务“三农”】 2017 年，中国农业银行股份有限公司喀什分行（以下简称中国农业银行喀什分行）因地制宜，实行一县一策，抓重点乡镇和重点村，优化三农客户结构，确保小额农户贷款和农村生产经营贷款两个轮子一起转。“政农通”业务被农业银行总行确定为新疆农行服务“三农”创新品牌产品；是年，支持地区精准扶贫，配备 66 名农户客户经理专职负责服务“三农”工作，在喀什地区投放农户贷款 4361 户、13020 万元。信贷服务覆盖到全地区 65 个乡镇，惠及农户 3.6 万户，范围涉及粮棉耕种、牛羊育肥、特色林果种植等多个领域。

【支持实体经济发展】 2017 年，中国农业银行喀什分行围绕供给侧结构性改革、城市基础设施建设、小城镇建设、安居富民工程等地方经济发展战略重点，有保有压、优化结构，有效支持地区实体经济发展。

投放政府购买服务项目贷款8000万元、农业产业化龙头企业贷款2745万元、医疗卫生贷款5000万元；审批、上报政府购买服务项目贷款5.7亿元；对接、调查政府购买服务项目贷款6亿元；对接、调查固定资产项目贷款36亿元；申报特色小城镇项目建设产业基金30亿元；申报交通建设项目产业基金30亿元。审批卡拉贝利水利枢纽、阿尔塔什水利枢纽等重大水利项目授信8亿元。

【小微企业金融服务】 2017年，中国农业银行喀什分行加强对小企业金融服务，准入两家政策性融资担保公司，为5家小微企业进行担保，投放1150万元；为8家企业办理委托贷款，额度2150万元。

【金融风险管理】 2017年，中国农业银行喀什分行围绕总分行制定的2017年夯实“双基”、强化案防工作的方案，制订细化落实措施，将各项任务逐项分解，层层落实到相关部门、具体人员，明确目标及办结时限，并持续跟踪监测。推动部门尽职监督工作有效开展，努力实现全行、全员齐抓共管的案防工作，抓好案件风险隐患整改工作。

（中国农业银行喀什分行）

中国银行喀什地区分行

【概况】 截至2017年12月31日，中国银行喀什分行实现拨备前利润12792万元，同比增加1986万元，增幅18.4%，完成年度预算的94.1%；考核利润7117万元，同比减少398万元，降幅5.6%，完成年度预算的156.3%。完成非利息净收入3025万元，完成分行年计划的97.73%，较上年同期增长1.52%。资产、负债情况：各货币折人民币资产总额89.42亿元，较上年升14.86亿元，升幅19.93%。各货币折人民币负债88.6亿元，较上年升14.15亿元，升幅19.01%。是年，中国银行喀什分行员工杨建华获2017年“全国金融系统五一劳动奖章”。

【存款】 2017年，中国银行喀什分行以个人存款为核心，开展“启航2017超越梦想”开门红系列活动、个人中高端客户、个人授信、银行卡分期、基金销售、手机银行擂台赛等竞赛活动，有效提升和完成个人客户、非息收入、渠道对私等业务指标起到有力的助推作用。截至12月31日，核心存款时点余额为89.01亿元，较上年增长14.93亿元。其中，公司人民币存款51.88亿元，较上年增长14.72亿元；人民币储蓄存款37.14亿元，较上年增长0.2亿元。日均存款完成情况：客户存款日均余额79.53亿元，较上年同比新增7.24亿元，增加10.02%，目标完成率114.26%。其中公司日均存款44.05亿元，较年初新增5.94亿元，完成年计划3.8亿元的156.3%；个人日均存款35.48亿元，较年初新增1.31亿元，完成年计划2.54亿元的51.57%。

【贷款】 2017年，中国银行喀什分行多次深入至现场调研，力争团场农贷业务，加大一手、二手房拓展力度，积极推广中银E贷，努力做强消费贷款业务。积极走访，与业务量较大的四五家中介公司建立业务合作关系，成功推进二手房业务的发展。大力发展网络贷款，积极拓展新客户的同时多次对额度未占满的客户进行营销，开展存单质押贷款业务增大投放量。截至是年12月31日，中国银行喀什分行贷款余额为33.67亿元，较年初净增4.44亿元，增加15.2%。公司贷款28.8亿元，净增4.03亿元，零售贷款4.80亿元，较上年增加0.34亿元。全部不良贷款余额15063万元，较年初减少333万元；不良贷款率4.67%，较年初增加4.31个百分点。

【代理保险业务】 2017年，中国银行喀什分行联合喀什中国人寿、新华人寿和人民人寿3家保险公司先后开展“开门红”营销竞赛活动。9月18—30日，与中国人寿举行为期两周的“锯鑫风暴　赢在金秋”保险营销活动，实现销售保费120.98万元，手续费收入14.84万元。截至11月末，代理保险销量489万元，实现中间收入57.2万元。

【风险内控管理】 2017年，中国银行喀什分行加强全口径授信资产全面、全程、全额管理，扎实落实各阶段信用风险排查工作、对发生的大额不良及时启动重大突发事件报告；加强存量授信客户监控工作，充分利用风控委平台做实资产盘存；针对年初大额不良新增的现状，不良管控领导小组采取常规清收加诉讼多种举措，推动清收进程，通过有效开展风险内控管理工作，操作风险管理质量有效提升。充分利用风险管理与内部控制委员会平台分析寻找解决操作风险屡查屡犯突出问题的策略，对一道防线部门、机构完成规定动作的执行情况进行评议分析，引导业务条线、各经营机构主动查找内控操作环节中的不规范问题，逐步提升内控管理水平。对银监局开展的信用风险排查、“三三四十乱象”、非法集资、员工参与民间借贷等各类排查，对照检查要点逐项核查，做到全过程可验证。对检查出的问题及时坚决落实整改问责。

（中国银行喀什分行）

中国建设银行喀什地区分行

【负债业务】 2017年，中国建设银行喀什地区分行（以下简称建行喀什分行）将核心存款增长作为业务发展的重中之重，增强存款稳定性，进一步扩大存款资金对全行的效益贡献，做好各类存款产品、结构性存款精准营销，促进理财客户资金体内循环，全面做好资金承接。在对公存款方面，用系统抓客户、提两率，在熟练运用工商推送系统，对公客户行为分析系统的基础上，深化对公雷达系统应用，梳理资金脉络，开展源头、链式营销，继续打造存款循环生态圈。以综合金融服务为抓手，在喀什经济开发区招商引资企业中寻求增长点。以“机构业务科技年”活动为契机，充分运用九大平台，搭建银政业务合作平台，帮助客户解决“痛点”的同时，解决营销“难点”，开拓机构存款新的增长点。把握兵团体制改革机遇，做好类平台公司、师直属企业、PPP 项目融资主体等三类客户的营销，扩大师本级各团场份额，形成链式营销，积极抢占市场份额。在个人存款方面，围绕医疗卫生、教育、公安三大系统拓展行政事业单位代发工资业务，重点拓展图木舒克、莎车等县域机构三大行政系统代发工资业务；围绕建筑施工企业、交通水利企业、房地产企业，大力开展拆迁补偿、富民安居、扶贫等下游、热点资金承接；围绕建生态、拓商圈，获取低成本资金，发挥长尾客户对个人存款的价值贡献。通过提供综合化服务和厚植支付结算网络，吸收更多碎片化、低成本资金，抓商户、抓消费、造闭环；围绕存量中高端客户和少数民族高端客户，通过小微快贷、个人快贷他助业贷款等产品服务，深挖他行中高端客户，提升个人存款贡献度；围绕三绑定系列营销活动，归集网络消费类资金，落实好信用卡绑定借记卡，微信支付宝绑定借记卡，龙支付绑定借记卡，进一步归集、承接消费类资金。是年，一般性存款时点、日均市场份额均有提升，时点余额 162.71 亿元，日均余额 144.16 亿元，新增均同业第三。其中，对公存款、个人存款时点和日均新增均同业第三，个人存款增速超过 10%。

【推进惠普金融业务】 2017 年，建行喀什分行“以微为主，以微为重”，推进“门市化 + 小微快贷模式”，有效发挥个贷对小微企业主、个体工商户等客户群体的支持作用，下大力气推进消费、助业、装修和二手房贷款，全力推进普惠金融业务发展。抓住兵团改革机会，加强与第三师深度合作，探索个人支农贷款业务新模式，在有效防控风险的前提下，探索符合当地农业生产经营特色和规律的支农贷款模式，促进支农贷款业务发展和贷款投放。加大激励考核，强化“任务到点、责任到点、激励到点、政策到点”，充分调动支行的积极性、能动性，营造全行协同推动惠普金融业务发展的氛围。是年，信贷结构进一步优化，各项贷款余额 47.6 亿元，新增 10.24 亿元，同业第二。

【中间业务】 2017 年，建行喀什分行通过推动产品和服务创新，积极发展轻资产、轻资本、“融智”类业务，提升综合服务能力，挖掘新的收入新增点。在对公条线方面。一是紧抓新型业务，注重产品创新运用，优化中收结构，大力拓展资管、投行、同业、新型结算、财务顾问、养老金等新的创收来源。二是强化跨境人民贷款客户储备工作，根据境内外市场价格和表内贷款规模等情况，灵活搭配运用组合产品，充分发挥国际业务产品优势。三是调整对公中间业务增收结构，加强产品组合营销，批量拓展业务，重点抓好电子承兑汇票、保函等业务的批量化布局，提升对公中收稳定增长源泉。四是做好统筹管理，细化成本及收益综合考核，要懂算账、算好账，提高客户议价谈判能力，提升综合收益率。在个人条线方面，重点拓展消费金融、保险、实物金、基金等增收途径，力促中收增长。一是信用卡快速提升分期规模，保持分期通、一般分期高位增长，强化购车分期“扫零增能”，提升装修分期业务量，充分发挥全行中收“引擎”作用。二是以“移动支付突破发展年”为契机，加大网络金融支付业务发展力度，拓展民生领域商户和应用场景建设，提升客户绑卡率。加大善融商务购物、悦生活平台促销活动，实现第三方支付收入快速增长。三是强化代理保险、代销基金、贵金属、私行专属理财产品等重点产品的营销力度，提升综合贡献度。是年，实现中间业务净收入8302.73万元。

【信用风险防控】 2017年，建行喀什分行继续推进“风险管理职责进党委”要求，突出“党委管、全面管、主动管”三管齐下，压实党委对风险管控的主体责任。围绕六项重点督察事项、二十项工作措施，扎实落实五个到位，夯实全面风险管控基础，有效提升资产质量对财务效益的贡献。强化风险管理关键环节管控，有效发挥新一代催收组件和全面风险监控预警平台（RAD系统）监测应用，强化贷前、贷中、贷后信用风险管理的实效性，做好“三个夯实”，提高信贷资产质量。加强市场调研和项目回访，增强审批环节对普惠金融、小微快贷、评分卡业务、个贷业务等差别化信贷政策落实。同时推动绿色信贷和监管要求落地，增强审批风险过程性把控的前瞻性，主动应对、化解潜在风险。

【内控合规体系建设】 2017年，建行喀什分行加强内控合规体系建设，建立目标明确、风险识别主动，内部监督有力，缺陷整改到位的良性机制。突出“一岗双责”保障基础，持续推进条线培训、业务检查、关键风险点监控等措施，确保内部监督有力，缺陷整改到位的良性机制。组织开展“一季一谈话”“一季一主题”活动，推进合规文化建设，持续营造合规氛围。加强监管沟通，深化整治银行业市场乱象监管要求，持续推进10条意见、22项工作要点与业务经营管理相结合，做到合规经营。

【案件防控】 2017年，建行喀什分行强化案件防控主体责任落实，深化案件防控九项职责，将“业务发展与防范风险并重”摆在突出位置，坚持案件“零容忍”，确保全年不发生案件。持续推进条线培训、业务检查、员工行为排查、警示教育常态化工作。积极开展专项治理活动，重点针对信贷及表外、理财业务、员工不良行为等重点工作开展排查，立足抓早、抓小、抓源头。深化积分管理工具应用，积极发挥轻微违规抓早抓小的纠偏、警戒作用，持续增强员工敬畏规章、合规操作的自觉性。同时积极配合内外部审计检查，突出问题导向，提高审计整改率和问责率。把保密工作纳入重要议事日程进党委，认真落实保密工作责任制，将业务工作与保密工作齐抓共管，落实到全员日常工作中，加强涉密载体和网络保密管理，确保客户信息合规使用，推进保密监督检查常态化。

（郑际云）

中国农业银行股份有限公司喀什兵团分行

【概况】 截至2017年12月末，中国农业银行喀什兵团分行（以下简称农行喀什兵团分行）全辖农行图木舒克市兵团支行，直辖网点13个；人民币各项存款余额150.51亿元，较年初增加22.40亿元。全行人民币核心存款日均余额136.40亿元。个人存款人民币时点余额52.04亿元，较年初增加1.73亿元；个人核心存款日均余额48.35亿元，较上年增加2.13亿元。对公存款人民币时点余额98.47亿元，较年初增加20.67亿元；对公核心存款日均余额88.05亿元，较上年增加17.87亿元。各项贷款余额41.45亿元，较年初增加2.05亿元。其中法人贷款余额39.05亿元，较年初增加1.92亿元;个人贷款2.40亿元，同比多增0.04亿元。各项贷款较年初增加2.05亿元。

是年，农行喀什兵团分行获全国第五届精神文明单位称号，被兵团团委、新疆银监局评选为2016—2017年度“银团合作”优秀派出单位，总行级“五一劳动奖状”称号，兵团分行“五一劳动奖状”称号，喀什兵团分行营业室获得“中国银行业文明规范服务五星级营业网点”，徐国亮、何海峰、吴秦珍三人获中国农业银行新疆兵团分行优秀共产党员称号，王庄获中国农业银行劳动模范称号，付霞获中国农业银行五一劳动奖章，王伟成获中国农业银行2016—2017年度县级团委挂职优秀青年干部称号，王纪连获中国农业银行新疆兵团分行优秀党务工作者称号，中国共产党中国农业银行喀什兵团分行营业室党支部被授予中国农业银行“先进基层党组织”称号。

【“五位一体”渠道建设】 2017年，农行喀什兵团分行在第三师辖内11个农牧团场，179个连队，开展物理网点、金融服务站（图木舒克市夏河营社区设立金融服务站）、自助银行、“金穗惠农通”工程服务点，助农取款服务点、电子银行、移动终端“五位一体”渠道建设，覆盖率100%，其中，“金穗惠农通”工程服务点312个，助农取款服务点5个、智付通522户、POS终端445台。全年，服务点发生金融性交易笔数24.48万笔，发生金融性交易金额67877.50万元。互联网金融服务“三农”的“一号工程”净增惠农e商商户686户，高频商户数本年累计净增97户，累计交易金额8289.24万元。开通一键缴费党费3户、保育费缴费1户，物业费缴费1户，惠及人口5000余人。

【支持兵团城镇化建设】 2017年，农行喀什兵团分行支持兵团城镇化建设，开展兵团职工安居贷、农村个人生产经营贷款等特色信贷业务。全年向三师投放农户贷款及保障性住房贷款8539.15万元，其中发放农村个人生产经营贷款7822万元，发放兵团职工安居贷633.65万元，农户小额贷款83.5万元。

【支持兵团龙头企业建设】 2017年，农行喀什兵团分行最大限度支持三师新成立的平台公司、承接债务的企业在兵团农行开户。重点支持新疆叶河源果业股份有限公司、新疆叶河阳光农业股份有限公司、新疆疆南牧业有限公司、新疆前海集团有限责任公司、图木舒克光华国有资产经营管理有限责任公司等一批国家级、兵团级的龙头企业，支持三师支柱行业、品牌企业壮大发展，喀什兵团分行法人贷款余额41.24亿元，比年初增长4.11亿元，比同期增长6.82亿元，为三师农业产业化龙头企业授信24.38亿元，用信22.24亿元。对图木舒克市兴安农业发展有限公司实现有效投放0.94亿元。

2017年10月1日，农行图木舒克市兵团支行开展“护绿环保　文明出行　关爱残疾人”志愿服务活动（胡成礼　摄）

【推进“两柜发卡”】 2017年，农行喀什兵团分行推进“两柜发卡”业务，截至12月末，全行实现信用卡新增发卡9339张，新增信用卡有效客户数7893户，实现新增有效特约商户193户，分期交易笔数9980笔，全年分期交易额为8180.66万元，分期笔数较同期增加5889笔，较同期增长243.95%；分期交易额较同期增加2894.83万元。

（郦　芸）

中国邮政储蓄银行股份有限公司喀什地区分行

【概况】 截至2017年末，中国邮政储蓄银行股份有限公司喀什地区分行（以下简称邮储银行喀什地区分行）下辖一级支行10个，二级支行2个，邮政金融网点44个，其中自营网点9个，代理网点35个。全行员工283人，本科学历以上员工156人。是年，全行资产规模81.2亿元，同比增长14%。各项存款余额77.7亿元，较上年净增8.91亿元，同比增长12.95%。各项贷款余额6.6亿元，较上年净增1.72亿元，同比增长35.25%。

【银行卡及网银业务】 截至2017年末，邮储银行喀什地区分行累计发放绿卡138.42万张，发放金融IC卡135.54万张，电子银行注册客户累计12.55万户。

【信贷业务】 截至2017年末，邮储银行喀什地区分行新增零售贷款1.73亿元，贷款结余6.25亿元，其中消费信贷业务新增1.75亿元，贷款结余4.64亿元。小额贷款业务净增2177万元，贷款结余5675万元。投放小企业贷款3955万元，开办“政采贷”“全额保证金贷款”“减额续贷”等业务，均实现首笔贷款发放。

【风险管控】 2017年，邮储银行喀什地区分行全面开展“违反金融法律、违反监管法规、违反内部规章”“监管套利、空转套利、关联套利”“不当创新、不当交易、不当激励、不当收费”专项治理及银行业市场乱象治理工作，加强风险管控力度，牢固树立“发展是第一要务，风控是第一责任”的经营理念，筑牢广大干部员工思想道德防线，恪守职业道德，依法经营、合规操作理念。

【内控合规管理】 2017年，邮储银行喀什地区分行以“合规文化建设年”活动为契机，开展“两个加强、两个遏制”（加强内部管控、加强外部监管、遏制违规经营、遏制违法犯罪）回头看整改问责和“违反金融法律、违反监管法规、违反内部规章”行为专项治理工作，增强员工的合规意识。持续推进“内控优化年”活动，梳理制度183个，确立现行有效制度77项。持续加强反洗钱监测和管理力度，下发反洗钱系统应用情况通报12份，进一步健全反洗钱工作体系。签订案件防控责任书，召开案件防控会议，开展案防工作评比和合规性检查，下发整改通知书37份，实现全年“零案件”防控目标。

【普惠金融】 2017年，邮储银行喀什地区分行继续推进助农取款服务，选择在乡镇区域有一定经济实力、信誉良好的商户，建立银行卡助农取款服务点220处，为农民提供银行卡助农取款服务，方便快捷地领到各类涉农补贴资金，享受到现代金融支付结算服务。

【乡镇支付结算网络环境建设】 2017年，邮储银行喀什地区分行进一步加强支付结算网络环境建设，在地区10个县市、112个乡镇建立服务三农工作站，投入使用ATM机140台（其中布放在乡镇的有125台），共计布放POS机、商易通、助农通合计3630部。

【代理新农保业务】 2017年，邮储银行喀什地区分行认真做好新型农村社会养老保险代发代缴业务，有效解决全地区20余万60岁以上农民“取钱难”的问题。至是年12月末，历史累计代发新农保1862.52万笔，代发金额17.34亿元，其中2017年累计代发新农保252.69万笔，代发金额3.26亿元。全地区历史累计激活社保IC卡196.14万张，其中2017年累计激活社保IC卡175.95万张，全地区未激活社保IC卡34.96万张。

【邮银队伍建设】 2017年，邮储银行喀什地区分行加强对中层领导干部的管理，出台《喀什地区分行中层领导人员异地交流任职相关问题暂行规定》《喀什分行中层领导人员外出请销假制度》《中国邮政储蓄银行喀什地区分行管理人员退出管理岗位暂行办法》，持续开展员工行为排查、岗位轮换等工作，修订《喀什地区分行各类假期及考勤管理办法》，加强对员工的管理。完善分配激励机制，修订完善绩效考核办法。全年组织集中培训及远程培训106期，培训员工1988人次。是年，招聘补充人员20人，转招1人。

（邮储银行喀什地区分行）

新疆喀什农村商业银行股份有限公司

【概况】 截至2017年12月末，喀什农商银行辖属18个营业机构、13个部门，全行有在职员工323人。资产总额162.06亿元，增加18.36%；负债总额149.48亿元，增加19.40%。其中，各项存款年日均余额94.46亿元，较上年增加13.01亿元，增加15.97个百分点，其中：对公存款年日均余额43.98亿元，较上年增加9.15亿元，增加26.27个百分点；储蓄存款年日均余额50.48亿元，较上年增加3.86亿元，增加8.28个百分点。各项贷款年日均余额（含票据）为75.23亿元，较上年增加10.81亿元，增加16.78个百分点，存贷比78.42%。实现营业利润1.13亿元，净利润0.96亿元。不良贷款余额1.78亿元，不良率为2.31%；贷款损失准备金4.86亿元，拨备覆盖率272.62%，总拨贷比9.93%，计提拨备充足。

【喀什农商银行挂牌交易】 2017年5月24日，新疆喀什农村商业银行股份有限公司正式在新三板挂牌交易，股票代码871122，股票简称“喀什银行”。

【企业管理】 2017年，喀什农商银行加强公司治理，完善内控内管，按照“三会一层”组织架构授权机制，重大事项报股东大会、董事会审议通过后开展实施。从制度上规范股东大会、董事会和五个专门委员会，党委会、董事会和高级管理层之间的工作运转程序，建立健全董事和高管人员考核制度，完善董事会各专门委员会议事规则和重大事项票决制，依法进行信息披露，强化市场监督和约束。全年召开股东大会4次，形成决议13项；董事会6次，形成决议24项，对外披露信息公告28次。按照“三重一大”管理办法，及时召开党委会，研究相关事项，全年召开党委会33次。

【金融服务】 2017年，喀什农商银行推动服务改进和金融创新。主动服务上门了解客户需求，提供特色产品与特色服务，为做好贷款服务，支持小微企业，主动下社区、下市场，宣传贷款服务。从传统柜面发展到网银、手机银行、自助服务等，极大地节约成本，提升经营效益；信贷业务从单一贷款业务向同业理财、票据业务等多方位发展，成功发行“金胡杨·安盈”人民币理财产品；新推出公职人员信用消费贷款、农贷通、保函业务等。从过去以贷款业务为主转到资金业务、中间业务迅猛发展，盈利结构更为均衡与合理。积极营销并归集喀什地区乃至全疆农信系统同业资金，借助同业存款、同业存单、票据转贴现（回购）、债券投资、债券回购等同业投、融资工具来提高本行资金头寸收益。截至2017年12月末，喀什农商银行同业资产（含转贴现资产）92.36亿元，占总行资产总额的56.89%。探索性开展网点撤并、搬迁等网点转型升级工作，开始“交易核算型”网点向“营销服务型”网点进行转型升级。通过减少物理网点，增加自助机具，推广电子设备，打造直销银行，更好地服务客户。

【扶贫贷款发放】 2017年，喀什农商银行充分发挥农区支行优势，积极和乡、村两级政府沟通，共同做好扶贫贷款发放工作。截至是年12月末，发放扶贫小额信用贷款（“两免”贷款）2812笔，余额0.60亿元；安居富民贷款13951笔，余额4.17亿元。

【获得第三批城区及县域标杆银行荣誉】 2017年，喀什农商银行创新金融产品，积极探索金融服务途径，创新金融服务模式，进一步提升社会品牌影响力和地方影响力。是年6月29日，被中国银行业监督管理委员会农村中小金融机构监管部评选为第三批城区及县域标杆银行，是新疆所有金融机构获得此荣誉的唯一银行。

（喀什农商银行）

2017年6月15日，喀什农商银行在北京举行挂牌敲钟仪式

上海浦东发展银行股份有限公司喀什分行

【概况】 截至2017年12月末，浦发银行喀什分行一般性存款余额28.8亿元，较年初增长7.54亿元，增幅为26.42%。一般性贷款余额（不含转贴现）12.3亿元，比年初减少2.47亿元，对公贷款余额11.11亿元，较年初减少2.29亿元，下降16.61%，个人贷款1.19亿元，较年初减少0.18亿元，下降13.14%。是年，各项不良贷款余额112万元，不良率0.09%，风险考核指标达标。

【经营管理】 2017年，浦发银行喀什分行加强经营管理，着力防范化解风险，确保资产质量和经营安全。多管齐下全力“降旧”，最大化盘活不良资产价值，综合运用清收、转让、核销等多种手段，妥善化解存量不良资产。层层落实严格“控新”，一方面准确把握投放方向，从源头上防控风险，保证新增的贷款不再出现不良，另一方面加强摸底排查和风险监测、预警，严防存量业务的潜在风险。强化内控合规管理和案件防控，组织内控制度学习、观看警示案例、开展合规操作培训等，教育和督促员工对违法违规行为做到严防死守，强调合规稳健经营，强化案件防控管理，促进内控合规管理与业务经营紧密结合。

【企业文化建设】 2017年，浦发银行喀什分行注重企业文化建设，充分发挥党、团、工、青、妇组织的职能作用，积极开展形式多样、丰富多彩的活动，全方位地营造企业文化建设氛围。大力宣传核心理念。为使企业文化建设深入人心、融入员工的工作、学习、生活之中，通过组织学习、座谈讨论、制作宣传展板等形式，营造打造“两高一流”队伍、建设“四有银行”氛围，统一员工思想和行为，积极投身于浦发事业发展；提升企业形象，充分利用各类媒体宣传和打造一流服务提升企业形象，通过传媒公司，在主流报刊、大屏广告、天桥广告、机场广告、电视媒体等播放浦发银行喀什分行优势产品和经营理念，营造良好的舆论氛围，宣传支持喀什经济发展成果，展现优秀的企业文化；开展丰富多彩的企业文化活动，由工会、共青团组织开展徒步、乒乓球比赛、与上海指挥部羽毛球联谊赛、团队凝聚力拓展训练等各类文体娱乐健身活动，寓教于乐，使企业文化变得生动活泼、绚丽多彩，增强员工的凝聚力、向心力。

（浦发银行喀什分行）

乌鲁木齐银行喀什分行

【概况】 2017年，乌鲁木齐银行喀什分行认真做好“三农”金融服务工作，针对喀什市及周边县、兵团企业积极开展授信活动。通过创新金融服务产品、创新担保模式、提供优惠贷款利率、减免网银各类手续费、铺设POS机、ATM机、开通手机银行、二维码收款，开通维吾尔语版手机银行等方式为社会群众提供便利服务。截至2017年末，乌鲁木齐银行喀什分行下辖1个网点（营业部）；分行各项存款16.71亿元，比上年同期增加2.61亿元，其中，对公存款14.48亿元，比上年同期增加2.71亿元；储蓄存款2.23亿元。各项授信总额22.07亿元，其中，贷款余额18.47亿元，贴现1.6亿元，银行承兑汇票余额2亿元，存贷比110.53%。

是年，乌鲁木齐银行喀什分行获得总行级群众满意好班子、总行级综合目标考评二等奖、支持图木舒克市经济社会发展先进单位、优秀基层党组织、人行颁发的精准扶贫示范项目二等奖等荣誉。

【授信】 2017年，乌鲁木齐银行喀什分行针对喀什市、疏勒县、疏附县、岳普湖县、英吉沙县、麦盖提、图木舒克市等地企业给予授信，大力开展租金贷、商圈贷、接力贷、农通贷、经营性物业贷款、供应链融资等业务，支持当地企业的发展。增加股权质押、动产抵押、票据质押、联保、供应链核心企业担保等多种担保方式，支持小微企业的发展。是年，为授信企业发放贷款3.6亿元。

【首笔国际信用证业务落地】 2017年，乌鲁木齐银行喀什分行开证金额183万欧元，折合人民币1385元；其保证金带动储蓄1100万元，存款473万元，实际操作外汇业务93.1万欧元，折合人民币726.18万元，开启跨境人民币业务的良好发展模式。

【推进代发工资业务】 2017年，乌鲁木齐银行喀什分行大力推进代发工资业务，成功对接卫计委系统21个单位，通过代发工资收集资料、批量发卡、激活卡、平台录入等流程，成功发卡并激活1056张。对接3个卫生系统单位绩效工资，对接并发放奥都糖业、中安保代发工资业务。

【扶贫专项资金申请】 2017年，乌鲁木齐银行喀什分行根据全地区扶贫工作要求，及时向总行申请扶贫专项资金，获批每年20万元支持疏附县兰干镇苏鲁克村庭院经济、畜牧经济、促进就业等方面开展扶贫工作。

（乌鲁木齐银行喀什分行）

天津滨海农村商业银行股份有限公司喀什市支行

【概况】 2017年，天津滨海农商银行坚持“立足滨海、服务津京冀、辐射一带一路”的区域市场定位，积极服务喀什地区大型企业、中小微企业和当地人民群众，积极支持地方发展和喀什经济开发区建设号召，倡导主动服务地方经济建设，有效提高信贷投放效率。是年，支行人民币全部存款余额3.48亿元，较年初增加0.58亿元，其中:对公存款2.9亿元，较年初增加0.45亿元；储蓄存款余额5800万元，较年初增加1300万元。各项贷款余额4.38亿元，较年初增加2.53亿元贷款。各项贷款中不良贷款余额2000万元，不良贷款率4.6%。

【中间业务】 2017年，天津滨海农商银行坚持中间业务强行，依托传统业务，积极实施新产品带动、服务带动，加快创新应用。积极宣传、推广电子银行的各项应用，提高企业、个人网上银行、手机银行的动户率、交易额，提升银企合作深度；重点发展理财、滨添利、利民宝、滨聚付等产品。将贵金属、基金销售也纳入持续常态化销售管理，实现中间业务的快速发展。

【风险防控】 2017年，天津滨海银行喀什市支行全力构建更加全面、系统、严密的风险管理体系，认真履行事前合规审查、事中风险核查与事后重点检查、监督职能，不断提高风险管理水平。加强与内外部监管部门的沟通协调，全力做好配合银监分局、人民银行等部门对本行开展的各类审计检查工作。

（天津滨海农商银行）

广发银行喀什分行

【概况】 2017年，广发银行喀什分行紧跟自治区“五位一体”总体布局和“四个全面”战略布局的步伐，从客群建设、渠道建设、银保协同、培训增效等多个方面主动作为，抓实干、强管理，合力推动各项业务快速发展。扎实做好各项存款的稳存增存工作。大力营销、维护本地优质客户，积极做好核心客户的金融服务，加大产品宣传力度，提高有效客户的黏性度，促使存款增长并保持相对稳定。利用理财产品优势，做好个人储蓄客户的开拓和挖潜，积极推广网上银行、手机银行等新型电子渠道，努力克服网点少、偏的困难和问题，持续增强服务理念，多种方式为客户提供金融便利，增强客户体验度，促使储蓄存款始终保持稳定增长的态势。截至2017年12月31日，广发银行喀什分行各项存款余额93018.35万元，其中，对公存款67785.81万元；储蓄存款25082万元。各项贷款76100.75万元，其中，对公贷款75910.32万元。资产质量持续向好，无不良贷款。

【信贷支持】 2017年，广发银行喀什分行加强市场调研，在做好存量贷款管理的同时努力拓展新的信贷资源。对资信良好、经营正常的企业予以足额的信贷支持，截至2017年12月末，累计发放公司贷款8000万元，开出银行承兑汇票6920万元，完成2市10县“两卡”发卡工作。

【信用风险排查】 2017年，广发银行喀什分行开展“三违反”“三套利”“四不当”“治理银行乱象”“信用风险排查”等一系列自查整改工作，对成立以来开展的各项工作认真梳理、合规自查，确保业务稳健运行。

（广发银行喀什分行）

保 险

中国人寿财产保险股份有限公司喀什地区中心支公司

【概况】 2017年，中国人寿财产保险股份有限公司喀什地区中心支公司（以下简称人寿财险喀什中支公司）保费首次突破10亿元，完成计划任务的104.87%。公司市场份额为60.82%。有4家县支公司整体保费增速超过20%（图木舒克市61.52%、莎车33.79%、市公司26.79%、叶城20.99%）；有8家县支公司保费收入整体负增长。是年，人保财险喀什地区分公司出单中心获总公司“青年文明号”荣誉称号，莎车支公司营销业务部、巴楚支公司营销服务部荣获2016—2017年度中国人保财险“钻石营销团队”称号，责任险事业部获总公司2017年上半年责任险手机App销售“百万兵团”称号。

【车险业务】 2017年，人寿财险喀什中支公司围绕“全力构建车险经营管理新格局”的总体要求，充分调动各经营机构完成年度经营目标的积极性和主动性，实现“发展超越市场，盈利优于行业，增量保费第一，服务领先行业”四大目标。成立车险发展委员会，明确车险发展相关部门的发展职责和发展定位，为车险业务发展夯实基础；强化渠道建设，按渠道设立专业化团队，设置专人专岗负责管理，实现精细化管理；全面落实《喀什地区车险渠道存量业务管理办法》，提升汽车整体续保率和家用车续保率，在县域和城区大力开拓新车业务，对标市场配置销售费用，全区车商累计实现增速 39.98%；完善地面落地团队的建设，发挥地面团队的职能，有效提升司控业务和客户经理的续保率。阶段性开展促销、秒杀、客户直投活动，提升家用车提前签单完成率。是年，喀什地区家用车（县支公司）整体续保率高于全疆平均水平 7.58 个百分点。

【农险业务】 2017 年，人寿财险喀什中支公司各经营机构采取积极措施积极面向政府营销。2 月，岳普湖支公司利用“三农”网点开展农险保费收缴，完成承保工作；4 月，莎车县将贫困户政策性农业保险纳入精准扶贫项目；6 月，叶城、疏附、疏勒三个县实现政府统一买单政策性农险；在巴楚县试办保险 + 期货业务；是年，开展以奶牛保险为主、生猪和其他大牲畜为辅的养殖险劳动竞赛及羊、毛驴等商业保险，促进地区养殖险业务的发展。

【责任险业务】 2017 年，人寿财险喀什中支公司以代理电动车落户、发放牌照的方式办理电动车第三者责任保险，全年收取保费 2859 万元；积极对接教育部门，全面落实校园方责任险的承保工作，实现增速 28%。

【财产险业务】 2017 年，人寿财险喀什中支公司大力发展工程险业务，提前 4 个月完成工程险全年任务，计划完成率 201.9%；利用涉棉企业贷款有利时机，办理涉棉企业仓储保险业务，同比新增保费 114.45 万元，增速 44.7%；利用农村网点优势，大力发展农房、农家财、机井、变压器保险等业务，提升整体保费。

【意外健康险业务】 2017 年，人寿财险喀什中支公司 14 家经营机构除疏勒、塔西南当年同比负增长且市场份额下降外，其余 12 家经营机构均实现同期正增长，13 家均实现表结盈利。

【续签社保业务】 2017 年，人寿财险喀什中支公司成功续签喀什地区城镇职工、居民大病保险、疏勒、伽师、泽普县新农合大病保险以及泽普、巴楚民政救助低保业务；成功竞回莎车县新农合项目、叶城县新农合项目；新办英吉沙县新农合项目。4 月，在地区社保局的协调下，依托基本医疗保险和信息化平台，在全地区建立基本医疗保险与大病保险的“一单结算、共同审核、统一支付”经办模式，实现与定点医疗机构“一单式”即时结算服务。

【理赔客服管理】 截至 2017 年 12 月末，人寿财险喀什中支公司累计识破假骗赔案 200 余件，为公司挽回经济损失 1200 余万元，车险一日赔付达成率 81.7%，全疆排名第五；车险五日赔付达成率 95.13%，全疆排名第三。全年理赔万件案件有效投诉量 0 件。

【新入职员工业务培训】 2017年，人寿财险喀什中支公司共组织新员工岗前培训、车险业务知识、反洗钱培训、营销管理系统操作培训等各类培训29次，参培人次5077人次。

【PICC喀什人保青年学院成立】 2017年9月23日，PICC喀什人保青年学院成立。31名青年干部参加4期培训。

（人寿财险喀什中支公司）

中国人民人寿保险股份有限公司喀什中心支公司

【概况】 2017年，中国人民人寿保险股份有限公司喀什中心支公司（以下简称人保寿险喀什中支公司）下设麦盖提县支公司及莎车县支公司。是年，人保寿险喀什中支公司坚定不移推进转型发展，聚焦价值转型，聚焦期交业务，公司总保费收入23160.72万元，同比增长-26.21%；首年保费收入19965.39万元，同比增长-32.69%；续收保费3195.32万元，同比增长85%；公司实现标准保费8510.3万元，其中，期交产品标准保费7001.52万元、趸交产品标准保费1149.2万元、短险产品标准保费359.56万元。全年满期给付金额1301.86万元，累计件数1554件，理赔案件赔款支出160.94万元，累计件数174件，赔付率0.69%；结案率99.94%。是年，中国人民人寿保险股份有限公司喀什中心支公司获最佳经营奖；银行保险部获中高价值创费奖。

【个险销售队伍建设】 2017年，人保寿险喀什中支公司围绕价值导向强化考核管理，加强各阶段业务推动和分析督导。以城市项目和基本法制度经营为抓手，围绕打造专职专业化销售团队，建立长效激励机制。截至2017年末，公司营销员人数为346人，继续保持规模人力快速发展的节奏。公司不断加大资源投入，创新销售支持平台，全面升级培育支持体系，加强培训支持平台建设，开展新人、主管、组训等各层级在线培训，提高后援支持和服务保障能力。

【客户服务质量改善】 2017年，人保寿险喀什中支公司客户保单15日送达率、犹豫期内回访成功率、保全服务时效、理赔服务时效相比上年有较大提升，电话人工接通率和理赔获赔率继续保持业内较高水平。公司顺应移动互联、大数据、人工智能发展新趋势，满足客户自助、互动、便捷的线上服务需求，建设“以客户为中心”的自主服务平台，服务客户多样化需求，通过多平台协同打造一体的综合移动服务多维生态，有效缩短服务时效，打通客户零距离服务流程。

【合规经营及风险防控】 2017年，人保寿险喀什中支公司强化监督检查，合规经营及风险防控能力持续增强。强化司法案件处置和舆情防范，积极做好满期给付和非正常退保工作，加强信访工作，严防群体性事件和舆情风险；持续加强重大司法案件处置，制定处置工作指引，无因司法案件引起的群体性事件及重大舆情风险；完善资金运用风险管理体系及监测机制，加强资金运用合规内控管理。持续开展风险排查。开展司法案件风险、违规销售“延保救援”类业务、运营客服业务风险、系统管理干部兼职风险排查等，加强整改和责任追究，持续保持高压防控态势。不断提升风险管理水平。完善风险管理机制和内控体系；完善风险偏好体系，推动融入公司日常经营，将公司整体风险控制在容忍度内。

2017 年 10 月 25 日，人保寿险喀什中心支公司开展“PICC 爱心日”捐款活动（朱利利　摄）

（阿米娜·阿卜杜克热木）

国土资源

国土资源管理

【概况】 喀什地区总面积16.2万平方千米，辖1市11县。边境线总长888千米。其中，山地占57%，沙漠戈壁占23%，平原绿洲占18.8%，森林覆盖率不足3.4%，人均耕地面积0.17公顷。喀什地区是新疆矿产资源相对富集地区之一。

【规划编制】 2017年，喀什地区国土资源局科学编制完成《喀什地区矿产资源总体规划（2016—2020）》及数据库建设，调整完善《喀什地区土地利用总体规划（2010—2020）》，全面更新数据库。安排部署全区土地整治规划编制工作，编制完成《喀什地区测绘十三五规划》。

【重点建设项目用地报批】 2017年，喀什地区续建项目50项中，涉及新增建设用地的43个项目，用地面积440.9公顷（占用耕地1118.5公顷），均已完成建设用地审批和供应。新建项目50项中，涉及新增建设用地的31个项目，用地面积1506.59公顷（占用耕地232.72公顷），其中，11个项目用地手续正在办理当中，其余20个项目已完成建设用地审批和供应。预备项目34项中，涉及新增建设用地29个项目，用地面积1506.59公顷（占用耕地232.72公顷）。其中，4个项目用地已完成用地预审，其余25个项目正在前期可研编制阶段。各县市790个重点项目中，涉及新增建设用地的项目205个，用地面积7993.66公顷（占用耕地2936.79公顷）。

【建设项目用地预审】 截至2017年12月底，喀什地区完成用地预审187个，其中，地区本级预审10个，县级预审177个。涉及预审总面积4100.97公顷，含建设占用耕地1402.08公顷地。

【土地供应】 2017年，喀什地区完成土地供应663宗，面积685.0656公顷。其中，涉及交通、公共服务和基础配套设施项目，划拨土地使用权281宗，面积489.6481公顷；土地使用权出让382宗，面积195.4175公顷，土地使用权出让价款10.5448亿元，较上年同期下降45%。

【耕地保护和永久基本农田划定】 2017年，喀什地区按照“依法依规、规范调整；确保数量、提升质量；稳定布局，明确条件”和《喀什地区2010—2020年土地利用总体规划调整完善》的要求，实际划定基本农田合计43.67万公顷。拟定喀什地区12县市耕地保护目标责任书，并经行署、县市人民政府签字后下发各县市。

【地籍管理】 2017年，喀什地区国土资源局完成上年度土地变更调查。加强信息管理和监测图斑，完成5190个图斑（面积6037.3公顷）的变更调查。完成12个县市遥感监测图斑数据入库及更新工作，已报国土资源部审核通过。是年，在地区3个试点县市和9个非试点县全面开展约100.8万户农村地籍调查工作，权属调查完成总工作量的48%，测绘完成总工作量的59%。完成28个土地整治项目（建设规模约1.27万公顷）的招投标工作，项目总投资约1.49亿元。安排各县市开展农村集体建设用地整理复垦选点工作。是年，国家、自治区“访惠聚”土地整治项目53个，总投资约2650万元。储备89个高标准基本农田整理项目（总投资估算10.15亿元，建设总规模5.85万公顷），完成项目的可行性研究报告初审工作。

【不动产统一登记】 2017年，喀什地区国土资源局积极与地区住建局沟通对接，开展房屋交易与不动产登记衔接工作。截至11月25日，喀什地区发放不动产登记证书11069本、不动产登记证明8212份。

【矿产资源管理】 2017年，喀什地区国土资源局积极申请国家项目。是年，国家出资安排各类地质项目31个，其中，中央财政安排项目13个，经费11562.56万元；地方财政安排项目18个，经费4782万元。查明主要矿产资源储量，登记采矿权有效采矿权466家，开采矿种有19种。完成地区上年探矿权253家、采矿权401家在全国矿业权人勘查开采信息公示系统填报工作。

【地质灾害防治】 2017年，喀什地区国土资源局与喀什地区气象局共同制作发布地质灾害气象预报153期，发布黄色预警31期。做好汛期巡查预警和24小时应急值守。同时，将塔什库尔干县“5·11”地震灾害重建区划入预警范围，单独发布预警，增强防灾减灾效果。

【土地清理】 2017年，喀什地区国土资源局把土地清理工作作为打赢脱贫攻坚战的一项重要政治任务，实现全地区依法依规清理土地33.02万公顷。

【测绘地理信息行政管理】 2017年，喀什地区国土资源局在全地区范围内开展“问题地图”整治排查工作。开展总投资558.5

2017年4月22日。喀什地区国土资源局开展地球日宣传活动

万元的地区 2017 年 1∶1 万基础测绘工作，覆盖面积约 3925 平方千米，测绘 1∶1 万地形图 157 幅。

（喀什地区国土资源局）

国土资源执法监察

【日常执法监管】 2017 年，喀什地区国土资源执法监察支队推进执法监管共同责任机制落实。利用《抄告书》加强各部门配合，定期通报国土资源违法线索，共同制止违法行为 6 起，联合执法 4 起。加大源头防控力度，强化巡查责任，印发《喀什地区国土资源执法监察巡查工作实施办法（试行）》，认真落实动态巡查责任制，划定违法行为易发区域为重点区域，实施拉网式动态巡查，把违法案件遏制在萌芽状态。全年系统巡查 3600 余人次，查处国土资源违法行为 506 起。强化部门配合，实现关口前移，建立土地矿产报批会审制度，对各县市的报批件进行合法性审查，杜绝违法项目“带病”审批，全年审核报批件 26 个，排除违法隐患 3 个。

【矿产资源领域安全生产专项整治】 2017 年，喀什地区国土资源执法监察支队制定下发《喀什地区矿产资源领域安全生产大检查及专项整治工作方案》，严厉打击违法勘查、开采矿产资源行为，实地检查矿山企业 196 家，发现无证采矿企业 12 家，全部立案查处到位。

【塔什库尔干县野生动物自然保护区矿业权清理】 2017 年 4—12 月，喀什地区国土资源执法监察支队联合地区国土资源局、塔什库尔干县人民政府及县国土资源部门对保护区内 133 个探采矿权（含 2 个非矿企业）进行清理摸排，需要整改恢复 36 个，采取“断电、断水、断路”措施，拆除 62 栋永久性建筑、36 个钢结构车间、494 间临时性建筑，拆除各类建筑面积 11.22 万平方米，清运建筑垃圾及物资 20 余万吨，回填土石达 60 余万立方米，完成整改恢复 36 个，埋设永久性封场石碑 5 座。

【土地矿产卫片执法监督检查】 2017 年，喀什地区国土资源执法监察支队根据国土部用地管理信息，对国土资源部下发的 1510 个国家监测图斑进行逐图斑合法性判定，判定疑似违法图斑 618 个，面积 330.76 公顷。3 月 25 日，行署下发《关于对 2016 年土地卫片违法图斑进行查处整

疏附县国土资源执法监察大队卫片执法现场

改的通知》，正式下发违法图斑，要求各县市人民政府采取有力措施。是年，立案处理246宗（519个图斑），结案246宗。为避免重点工程、民生项目用地被列入2017年度违法图斑，召集相关单位专题研究，确保746个重点项目依法依规落地。

2017年7月19日，喀什地区国土资源执法监察支队查封违法开采设备

【国土资源法律法规宣传】 2017年，喀什地区国土资源执法监察支队及时启动微信公众号建设，推送国土资源法律法规。利用“4·22”地球日、“6·25”土地日、“12·4”宪法日，发放宣传册、宣传页2000余份。

【国土资源信访】 2017年，喀什地区国土资源执法监察支队认真开展信访苗头隐患排查，妥善处理信访突出问题，努力把初信、初访解决在首办环节。对重点信访案件实行领导包案、挂牌督办、限期处理，妥善解决问题；对可能引发群体性事件的苗头线索，进行全面梳理，及时疏导，维护群众利益和社会稳定；对重大信访问题，按要求及时抓紧调查处理。全年受理电话举报12个、12336微信平台举报2个，28人次，均做到“事事有着落，件件有回音”。

【国土资源违法案件查处】 2017年，喀什地区立案查处国土资源违法案件506件。其中，土地违法案件379件，涉及面积317.85公顷，拆除建筑物8417平方米；矿产违法案件127件，有效维护地区国土资源管理秩序。

（宋大江）

环境保护

环境管理

【污染源监察】 2017年，喀什地区各级环境监察机构开展对国控重点污染源企业每月1次、区控重点污染源企业每季度1次、一般污染源企业每半年1次现场监察。全区未发生重大环境突发事件，未发生被上级环境保护主管部门约谈的情况，无“未验先投”的环境违法行为。

【农村环境连片整治示范项目】 2017年，喀什地区结合《自治区农村环境连片整治示范项目》申报工作，把农村生态环境连片整治示范项目与乡镇规划、安居富民、对口援建项目等民生工程相结合，坚持规划先行、集中连片与分散治理的方针，按照“统一规划、整村推进、集中连片、设施配套”的原则，积极组织开展农村环境连片整治示范项目工作，是年，中央农村环境综合整治项目下达资金1625万元，涉及10个县65个村，每个村25万元，自治区“访惠聚”项目下达2150万元，涉及9个县43个村，每个村50万元。

【环保督察】 2017年，中央环保督察组向喀什地区共交办23个批次、共54件环境信访投诉案件（重点关注案件28件），其中，大气污染投诉37件，占总投诉的68%；水污染投诉1件，占总投诉的2%；固体废弃物（生活垃圾）投诉9件，占总投诉的16%；噪声污染投诉2件，占总投诉的4%；大气、水污染同时投诉2件，占总投诉的4%；生态破坏投诉2件，占总投诉的4%；其他投诉1件，占总投诉的2%。中央环境督察反馈54件环境信访投诉案件全部办结。约谈20人，免职1人，通报批评16人，党内警告处分3人，行政警告2人，诫勉处理11人，开除党籍1人，上报地区纪检委处理1人。问责处理的55人中，县处级干部4人，乡科级33人，科员7人，其他人员11人。

是年，全地区受理环境投诉案件309件，也全部办结。责令整改环境违法企业45家，立案处罚24家、处罚60.64万元。

环境质量

【空气环境质量状况】 2017年，喀什市空气环境质量有效监测天数340天，空气质量达到Ⅰ、Ⅱ级优良天数85天，占监测天数的25%；污染天数255天，占监测天数的75%。其中：Ⅲ级（轻度污染）天数为135天，占监测天数的39.7%；Ⅳ级（中度污染）天数为49天，占监测天数的14.4%；Ⅴ级（重度污染）天数为33天，占监测天数9.7%；Ⅵ级（严重污染）天数为38天，占监测天数的11.2%。环境空气质量良好率上升3.6%。环境空气首要污染物主要为PM_{10}（可吸入颗粒物）、$PM_{2.5}$（细颗粒物），在各项环境空气首要污染物所占比例分别为52.6%和32.4%。是年，细颗粒物（$PM_{2.5}$）平均浓度为101微克/立方米，比上年下降36%。

【**水环境质量状况**】 2017年，喀什地区环保局对地区8条河流16个断面，2座湖库4个监测点位的水质开展例行监测工作，除克孜河下游十二医院断面的水质为劣V类水质外，其余河流断面水质优良，喀什地区河流监测断面达到或好于Ⅲ类水质比例为93.75%，河流监测断面劣于V类水质所占比例为6.25%。西克尔水库和小海子水库水质整体优良，湖库监测点位达到或优于Ⅲ类水质比例为100%。是年，监测地区2座国家重点监控地级以上城市饮用水水源地和12座县城饮用水水源，饮用水源水质达到或优于Ⅲ类水质比例为64.28%。

污染防治

【**大气污染防治**】 2017年，喀什地区环保局制定《喀什地区燃煤锅炉拆改时间表》，对工业园区及县市城区燃煤锅炉由易到难分批次整治，向相关企事业单位和个体业主下发《关于责令限期整改通知书》，对拒不按期整改的涉企、事业单位和个体业主依法采取强制措施拆改，淘汰拆改燃煤小锅炉230台；加强工业挥发性有机物（VOCs）治理，按计划完成加油站106家、储油库2座安装油气回收装置的验收工作，涉及主要企业中石油、中石化全部安装完成；淘汰落后产能和小企业，严格执行国家产业准入政策，整改落后生产工艺设备砖窑147家、石膏厂6家；加强建设工地扬尘污染防治，下发《关于进一步加强扬尘治理工作的通知》，在建筑施工场地、砂石料厂、砖瓦窑企业、水泥行业、采矿行业、道路工地，采取绿色防风抑尘网覆盖和洒水喷淋等措施，加强整治力度和在建工地的监管力度，对企业周边的道路加强整治，强化辖区扬尘治理；在重点行业采取脱硫、脱硝、除尘设施建设。全区1家火电企业、3家钢铁企业、6家水泥企业已全部完成脱硫、脱硝、除尘设施改造，污染防治设施稳定运行，污染物达标排放；加强县市空气自动站建设，除塔什库尔干县外，其余11县市均完成空气自动监测站的建设，与自治区联网上传数据；加强机动车污染防治，会同地区公安、工商、质检等部门联合加强新生产车辆环保监管，加快淘汰黄标车和老旧车辆，在9县市均建成并正常运行环保的检测线37条，在建7条。是年，淘汰黄标车、老旧车1793辆。

【**水污染防治**】 2017年，喀什地区环保局组织各县市签订《喀什地区水污染防治目标责任书》，顺利完成城镇生活污水处理设施建设。全地区12县市12家城镇污水处理厂全部建成，9个县市城镇污水处理厂正常运行；3个县城镇污水处理厂正常试运行；编制完成12县市109个乡镇299个饮用水源地保护区技术划分方案和报告，制定《喀什集中饮用水水源环境管理问题整治方案》，严防饮用水源地周边环境的污染，确保居民饮水安全；编制《喀什地区克孜河十二医院断面水体达标整治方案》，组织水利、住建、环保、安监、工商等部门对辖区内克孜河、吐曼河范围内企业现场执法排查，对不能做到稳定达标的企业依法实施停产整治，对长期不能稳定达标的企业坚决实施关闭、搬迁或转型。完成克孜河喀什市段15家豆腐作坊生产污水接入下水管网工作，清理克孜河沿岸辖区段倾倒垃圾和七里桥南侧沿河岸垃圾。对疏勒县段伽师河沿岸14家、克孜河沿岸22家违法违规小企业进行整改、关停或迁拆。

【土壤污染防治】 2017年，喀什地区环保局根据《新疆维吾尔自治区土壤污染防治工作方案》，编制《喀什地区土壤污染防治工作方案》提请以行署办公室名义印发，通过建设用地准入管理、加强污染源监管、污染治理与修复等措施；联合相关部门开展农用地土壤污染状况详查点位核实工作，确定喀什地区农业用地详查单元42个，详查点位409个，关联工业园区（工业聚集区）9个，污染排放企业57家；共需要采集农业用地表层土壤样398个，深层样11个；高度重视危险废物规范化管理督查，先后下发《关于印发喀什地区2017年度危险废物规范化管理督查考核工作方案的通知》《关于加强危险废物经营单位监督管理工作的通知》《关于落实全区危险废物专项执法检查工作的通知》《关于做好2017年危险废物管理计划编制与备案工作的通知》，对全区范围内7家产废企业和2家经营企业实施督查考核，核发医疗废物处置经营许可证2个。

（喀什地区环保局）

科技·地震·气象

科学技术

【创新创业大赛】 2017年6月28日，喀什地区科技局主办、喀什地区创新创业服务中心承办第四届新疆创新创业大赛喀什地区赛区暨第二届喀什地区创新创业（简称“双创”）大赛，大赛自5月初开始组织实施，共有103家企业报名参赛，参赛企业数量仅次于乌鲁木齐市，在全疆名列第二。6月23日，通过参赛企业资格审查和海选的32家企业进行预赛，18家企业进入决赛。参加“双创”大赛的企业74家，其中成长组50家，初创组24家。经海选、预赛、决赛等环节，喀什地区创新创业大赛决出获奖企业12家，其中，大赛一等奖2个，二等奖4个，三等奖6个。地区科技局推荐获奖的其中10家代表喀什地区中小微创新创业企业参加自治区创新创业大赛行业赛。

【科技立项项目】 2017年，喀什地区科技局立项自治区重大专项1项，即《新疆南疆结核病防治关键技术研究与应用项目》；立项自治区重点研发专项4项；立项自治区科技成果转化示范专项22项；立项自治区科技兴新计划项目1项；立项自治区区域协同创新专项8项。2017年立项各类科技计划项目114项，争取到自治区财政科技扶持资金1910.95万元。

【科技项目验收】 2017年，喀什地区科技局完成8个县（市）的11个自治区科技兴新项目检查验收工作；完成到期的5个自治区科技特派员创业链和法人科技特派员承包县市技术服务项目的检查评估；完成到期的28个科技特派员创业项目、34个人才项目的验收评估工作；完成喀什、麦盖提、疏勒3个自治区农业科技园区考核验收工作。

【科技创新人才队伍储备】 2017年，喀什地区科技局征集、审核地区卫生、农业、林业、畜牧、农机、水利等部门专家158人进入自治区专家库；征集并实施2017年度清华大学研究生社会实践项目5项。

【创新创业服务中心建设】 2017年，喀什地区科技局结合“丝绸之路经济带”核心区域建设，安排上海科技援疆资金400万元，推进地区创新创业服务中心建设。是年，吸引入驻企业30家。

【喀什广东科学技术研究院成立】 2017年，喀什广东科学技术研究院成立，与喀什在维稳技术和装备转化运用方面开展合作。该院是南疆首家军民融合新型研发机构，与航天科工二院、航天科技五院、公安部第一研究所、中国人民公安大学、广东高新兴、华为科技、同方威视、烽火通讯、佛山世寰科技等20余家科研院所及高新科技企业达成合作协议，开展军民融合发展试点，在疆内对接和实施组织重大科技项目10余个。其中由研究院主导开展的“雷达、光电、卫星立体化边境管控系统”“互联网舆情监控平台建设”“网安特Z系统”“无人机、氢燃料电池”等项目取得重大进展。

【喀什广东科技创新信息中心成立】 2017年7月，喀什广东科技创新信息中心正式挂牌成立，这是南疆首家科技信息服务平台，拥有两千多种中外科技数据库，满足当前南疆科技人员国内外科技信息检索与成果交流的需求，构建南疆地区开展技术研究、科技服务、学术交流和人才培养的基础平台计划。

【应急医疗科技救援指挥平台建设】 2017年，喀什地区科技局助力应急医疗科技救援指挥平台建设，该平台以建设丝绸之路经济带核心区南疆应急医院为目标，充分发挥地区急救中心职责，统一规划管理，充分利用远程网络平台，发挥远程系统优势，分层级科学组建地区急救网络，整合12县市的“120”急救接警平台，建立由地区急救中心统一指挥，各县医院、中心乡卫生院站点统一指挥、调度、救治的区域应急医疗救援服务体系，打造急救前移、远程实时指挥、远程实时救治的科技急救新格局，实现喀什地区120医疗急救覆盖市、县、乡、村的“零”突破。

【对口科技援助框架协议签订】 2017年，喀什地区科技局推动“大科技援疆”格局，促成广东省科技厅、自治区科技厅、广东前指、喀什地区行署签订《对口科技援助框架协议（2017—2019年）》，全面整合粤新两地科技资源共同支持喀什地区创新发展，实现“1+1>2”的科技援疆战略目标。根据战略协议，广东省与自治区科技厅重点围绕喀什地区公共安全、民生事业、应用研究、学科建设、产业发展和学术交流等方面科技需求开展深度合作，促进喀什地区创新实力跨越式发展，打造全国援疆省市协同创新援疆的品牌新模式。

【南疆首家院士专家工作站进驻】 2017年，喀什地区科技局借助上海医疗资源，在喀什地区第二人民医院建立南疆地区首个院士专家工作站，在喀什二院的疑难杂症诊治、科研课题攻关、医学人才培养、科技成果转化等方面发挥积极作用，将有限的医疗人才援疆拓展为无限的后方智力支持。

【新疆科技合作科洽会展示】 2017年8月底，喀什地区科技局组织由12县市76人组成的喀什展团赴昌吉参加第九届中国科学院——新疆科技合作科洽会，展示代表喀什特色支柱产业的展品50余种，成功签订广东前指、广东省科技厅、新疆科技厅、喀什地区行署四方科技合作协议。

【科技成果获奖】 2017年，自治区人民政府印发《关于奖励2017年度自治区科技进步奖获奖科技成果和特等奖获奖人员的决定》，其中，新疆华电喀什热电有限责任公司的《超临界间冷机组高背压循环水供热在线切换技术研究与应用》（基层项目）、岳普湖县科技局参与完成的《膜蒸馏苦咸水淡化关键技术研究及应用》获得自治区科技进步奖二等奖；喀什地区第一人民医院的《新疆喀什地区远程医学培训平台应用推广》（基层项目）、喀什地区第一人民医院参与的《维吾尔族饲鸽者肺临床及分子生物学的应用研究》获自治区科技进步三等奖。

（王逸飞）

知识产权保护

【专利申请】 2017年，喀什地区知识产权局积极宣传走访，加强对专利企业调研指导服务，提高职务发明的申请比重。是年，喀什地区专利申请401件，其中，发明专利61件，实用新型专利268件，外观设计专利72件。年度专利申请量首次突破400件大关，比上年同期增长22%，发明专利申请量比上年同期增长31%。全地区授权专利199件，发明专利13件，实用新型135件，外观设计专利51件，企事业单位授权专利92件，占总授权量的46%，比上年同期增长33%，企事业单位的专利授权数量明显提高。

是年，喀什地区有效发明专利51件，每万人口发明专利拥有量0.11件，比上年同期增长25%。专利申请量、发明专利申请量和发明专利授权量等三项指标提前超额完成全年任务。

【专利执法】 2017年，喀什地区知识产权局突出重点领域的执法检查，调配执法人员，集中精力对医药、食品等与人民生活生产密切相关的市场流通领域知识产权保护，严厉打击恶意侵权群体侵权违法行为。在重要节假日和重要活动期间开展专利执法检查，以举报案件为重点查处侵权行为，开展知识产权专项执法行动和大型展会的知识产权执法维权活动。认真调处侵权纠纷，严厉查处假冒专利行为，遏制群体侵权、恶意侵权、反复侵权违法行为。全年受理查处各种专利侵权案件50件，结案率100%。

【世界知识产权日宣传培训】 2017年，喀什地区知识产权局利用各种宣传途径和形式开展丰富多彩的“4·26”世界知识产权日宣传周活动，各县市开展送知识产权知识进社区、到企业活动，4月26日，在《喀什日报》专版宣传知识产权知识和喀什地区知识产权事业发展状况。其间，全地区接待群众咨询8000余次，发放宣传资料26200余份，悬挂横幅26条（包括LED屏幕宣传），摆放宣传展板13块，黑板报28块，出动车辆18台次，执法人数21人次、编发微信条数100条。选派执法人员3人次赴区内外参加全国知识产权电商执法和专利行政执法培训。

【专利申请资助】 2017年，喀什地区知识产权局对71件专利122项资金使用项目进行资助，发放资助资金10万元，推动企业和发明人科技创新的热情。

【专利实施计划项目引进资金】 2017年，喀什地区知识产权局认真做好专利实施项目培育工作，加大宣传力度，密切同各类企业的联系，征集2017年专利实施项目，精心筛选各县市申报的专利实施项目4个，推荐报送自治区专利实施项目，其中，新疆中企宏邦节水（集团）股份有限公司“20万套饮水防冻阀产业化项目”和新疆喀什富农农机技术开发有限公司“新型残膜回收机研究与专利技术转化”2个项目进入自治区专家评审会议程序，争取到2017年专利实施计划项目资金17万元。

（喀什地区知识产权局）

地　震

【概况】 2017年，喀什地区健全县市防震减灾机构，在重点监视区的8个县市单独成立地震局，编制8个，其他4个县成立地震局与科级局合署办公，单独编制5个。是年，喀什地区发生3级以上地震22次，其中，3.0～3.9级地震17次；4.0～4.9级地震4次；5级以上地震1次。5月11日，塔什库尔干县5.5级地震造成严重的经济损失及人员伤亡。

【地震监测预报】 2017年，喀什地区地震局严格落实震情跟踪工作方案，联合克州地震局、喀什基准台每季度召开“两地三方”联席会商制度1次，定期分析研判喀什—乌恰交汇区震情形势，年中及年底在两地三方联席会商会基础上提交南天山西段震情趋势预测报告。积极配合新疆地震局和喀什基准台做好2017年10月伽师县西克尔小震群和塔什库尔干县温泉水温异常核实工作，年度地震趋势会商报告获得自治区评比第一名。坚持定期不定期对宏观监测点进行检查考核，按月及时上报宏观点观测资料，打牢“三网一员”群防群测工作基础。认真贯彻落实重点节日及敏感时期地震安保任务，坚持“三网一员”宏观观测“零报告”工作。

【震灾预防】 2017年，喀什地区地震局认真落实国务院防震减灾工作联席会议精神和全国地震局局长会议部署，积极开展“5·12”防灾减灾日期间防震减灾科普宣传活动，各县市地震局以各种形式组织宣传活动，举办防震减灾知识讲座，活动发放小册子、折页、图书等宣传资料5000余份，提升群众防灾减灾意识和应对自然灾害的能力。配合喀什地区监狱系统开展有针对性、实效性的防震避险常识宣传教育，切实提高人员自身避险自救能力。对11个县市的职业技能教育培训场所开展安全检查。

【应急救灾能力建设】 2017年，喀什地区地震局修订完善《喀什地区地震应急预案》，明确地区各相关部门和单位的职责分工，突出驻喀人民解放军、武警、消防官兵、公安干警和民兵在处置地震灾害事件中的骨干作用和突击队作用，积极开展地震重点危险区抗震救灾应急工作联合检查，加强公路桥梁、水利枢纽、建（构）筑物、电力设施、地质灾害等风险隐患的排查和治理。开展以校园、医院、乡镇为重点的地震应急救护演练，普及防灾避险知识与技能。制定上报年度应急准备工作方案，完善各级应急检查管理制度，积极配合自治区联合检查组开展地震重点危险区抗震救灾应急工作检查。积极做好塔什库尔干县“5·11”地震应急工作及灾后重建工作，成立地震现场工作队，立即赶赴地震现场开展应急救援工作。积极参与灾后重建工作，及时给灾后重建前方指挥部提供震情信息。

【中国新疆喀什国际地震应急救援培训中心投入使用】 2017年，喀什地区地震局全力推动“中国新疆喀什国际地震应急救援培训中心”建设项目立项申报，顺利完成项目建设可研、拟建场址勘选、项目建设用地预审批，培训基地建设、设施安装、投入使用等工作，有效提高喀什地区防震减灾整体能力。向自治区人民政府递交社会风险评估报告，提高地区地震应急救援队伍、志愿者队伍的应急救援水平，切实提高大震巨灾应对能力。

（喀什地区地震局）

气象服务

【概况】 2017年，喀什地区将气象防灾减灾工作纳入地方政府绩效考核，地县均成立气象灾害防御指挥部，国家突发事件预警信息平台实现与12个部门的对接。年内，通过国突平台发布预警信号43条，推送气象公众微信20期。召开多部门联合会商会议4次，向喀什地委、行署提供气象决策服务材料40期，党政领导在服务报告上作出批示8次，明电转发15次，汛期气象服务获党政领导书面表扬。

【气候】 2017年，喀什地区天气气候主要特点：天气气候总体呈暖湿型。年平均气温偏高，冬、春、秋季气温均偏高，夏季大部气温偏低；年总降水量大部地区偏多，有效积温大部偏多，热量条件好于常年，光照大部分地区偏多；年内大风、沙尘、暴雨等灾害性天气多于历年平均。

1．气温

（1）年平均气温特征

绿洲平原地区年平均气温在12.5℃～13.2℃，各地较历年偏高0.2℃～1.2℃，其中麦盖提和泽普县偏高幅度最大。南部山区塔什库尔干县年平均气温为5.0℃，较历年略偏高1.3℃；北部山区吐尔尕特年平均气温为-3.0℃，与历年平均气温持平。平原地区极端最高气温为41.2℃，出现在7月10日（巴楚县）。南部山区塔什库尔干县最高气温达28.8℃，出现在8月1日，北部山区吐尔尕特为19.6℃，出现在7月9日。

高空600百帕温度最高达7.8℃，出现在7月16日。0℃层高度最高达5708米，出现在7月8日。

极端最低气温：平原地区极端最低气

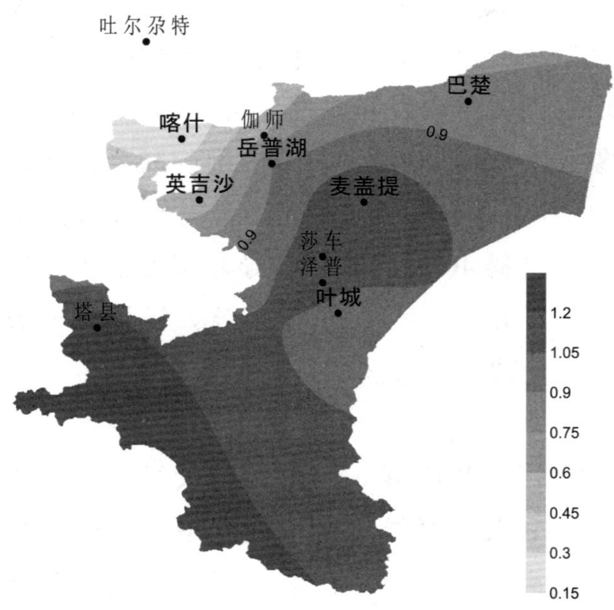

2017年气温距平分布图

温为-19.7℃，出现在1月14日（喀什市）。南部山区塔县最低气温达-26.7℃，出现在2月10日，北部山区吐尔尕特为-31.3℃，出现在1月11日。

（2）季、月平均气温特征

冬季（12月至次年2月）平原地区平均气温在-2.2℃～-1.0℃之间，各地较历年偏高0.2℃～1.7℃，其中巴楚县偏高幅度最大。季内气温1月大部较历年偏低，12月、2月均偏高。

塔什库尔干县冬季平均气温为-7.1℃，较历年偏高2.9℃，其中2月偏低，12月、1月均偏高。

吐尔尕特冬季平均气温为-14.3℃，较历年偏低0.6℃，其中12月偏高，1月、2月偏低。

春季（3—5月）平原地区季平均气温为15.1℃～16.6℃，较历年普遍偏高0.3℃～1.4℃，其中莎车偏高幅度最大。季内气温3月、4月和5月均偏高。

塔什库尔干县春季平均气温为6.4℃，较历年偏高0.9℃，其中3月、4月和5月均偏高。

吐尔尕特春季平均气温为-3.2℃，较历年偏低0.3℃，3月、4月偏低，5月偏高。

夏季（6—8月）平原地区季平均气温为23.9℃～24.8℃，除了泽普、麦盖提和莎车偏高0.3℃～0.4℃外，其他各县偏低0.1℃～0.6℃，其中巴楚偏低幅度最大；季内气温6月偏高，7月略偏低，8月偏低。

塔什库尔干县夏季平均气温为15.4℃，较历年偏高0.2℃，其中6月、7月偏高，8月偏低。

吐尔尕特夏季平均气温为7.0℃，与历年持平，其中6月、7月偏高，8月偏低。

秋季（9—11月）平原地区季平均气温在12.3℃～13.4℃间，各地较历年偏高0.5℃～1.6℃，其中麦盖提偏高幅度最大；季内气温9月、10月、11月均偏高。

塔什库尔干县秋季平均气温为5.2℃，较历年偏高0.9℃，其中10月、11月气温均偏高，9月偏低。

吐尔尕特秋季平均气温为-1.8℃，较历年偏高0.7℃，其中9月、10月、11月气温均偏高。

2. 降水

（1）年降水量分布特征

年降水量平原地区降水量在53.6～132.4毫米间，除莎车偏少13%外，其他地区偏多26%～110%，其中麦盖提偏多幅度最大。南部山区塔什库尔干县年降水量为97.4毫米，较历年偏多23%。北部山区吐尔尕特年降水量为336.7毫米，较历年偏多30%。

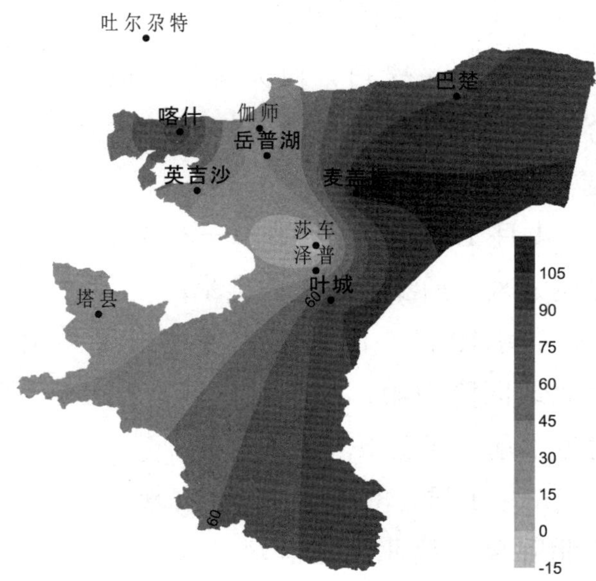

2017年降水距平百分率分布图

（2）季降水量分布特征

冬季（2016年12月—2017年2月）平原地区降水量在1.2～27.7毫米之间，除巴楚、泽普分别偏少52%和40%外，其他地区偏多21%～238%，其中喀什偏多幅度最大。南部山区塔县冬季降水量为14.7毫米，较历年同期偏多71%。北部山区吐尔尕特降水量为47.1毫米，较历年偏多289%。

春季（3—5月）平原地区降水量除喀什、伽师和英吉沙偏多49%、15%和28%外，其他地区偏少8%～80%，其中麦盖提县偏少幅度最大。塔什库尔干县春季总降水量为8.9毫米，较历年偏少46%；吐尔尕特为100.6毫米，较历年偏多34%。

夏季（6—8月）平原地区降水量除英吉沙偏少4%外，其他地区普遍偏多28%～288%，其中麦盖提偏多幅度最大。塔什库尔干县夏季总降水量为66.9毫米，较历年偏多48%；吐尔尕特为144.2毫米，较历年偏多15%。

秋季（9—11月）秋季平原地区降水量在1.1～27.4毫米间，除英吉沙、麦盖提分布较历年偏多58%、66%外，其他各地较历年偏少33%～92%，其中伽师县偏少幅度最大。塔什库尔干县秋季总降水量为6.9毫米，较历年偏少23%。吐尔尕特为43.8毫米，较历年偏少6%。

3. 日照

2017年平原各地日照时数在2438.9～2929小时之间，除英吉沙、麦盖提和巴楚分别偏少261.8、10.9和19.5小时外，其他各地偏多30.1～137.4小时，其中泽普偏多幅度最大。

热量：地区≥10℃积温为4455～4805℃·d，比历年偏多208～526℃·d，≥15℃积温为3970～4449℃·d，比历

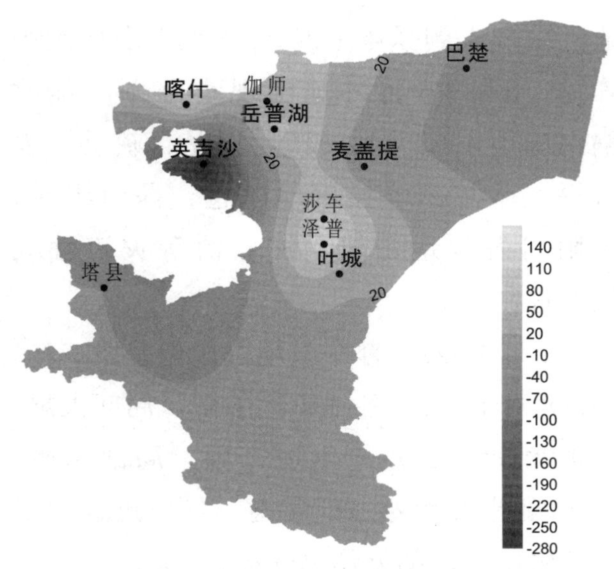

2017年日照时数距平分布图

年偏多 360～756℃·d，≥20℃积温为 2272～2546℃·d，除泽普、麦盖提偏多外，其余平原各地较历年偏少 5～448℃·d。

4. 特殊项目

入冬期：各地出现在 2016 年 12 月 12 日前后，较历年偏晚约 13 天左右。

开春期：各地出现在 2 月 1—4 日，较历年偏早 15～18 天。

终霜期：各地出现在 3 月 2—17 日，较历年偏早 17～2 天。

初霜期：各地大部出现在 10 月 26—29 日，较历年偏晚 1 到 12 天。英吉沙、喀什出现在 11 月 14 日，其中西部喀什出现偏晚 14 天为最多，叶城偏早 5 天。

【重大天气气候事件】

2017 年，喀什地区局地气象灾害频繁发生。

暴雨：

7 月 3—4 日，各地出现微到小阵雨；15—18 日各地出现小阵雨，偏东、偏南地区出现大到暴雨；20 日各地出现微到小阵雨；23—26 日各地出现小阵雨，偏北偏南局地出现大到暴雨。巴楚、疏勒、麦盖提、莎车、塔县出现冰雹、暴雨洪涝、暴雨引发局地山洪、泥石流等灾害性天气过程。

8 月 16 日，莎车县境内出现暴雨。

8 月 17 日，各地小到中雨，局部大雨。8 月 22—25 日各地出现大雨，局部暴雨。22 日喀什市境内出现暴雨。暴雨过程使局地产生山洪，部分作物受损。

冰雹：

8 月 21 日，麦盖提境内出现冰雹。

8 月 22 日，岳普湖境内出现冰雹。

大风、沙尘暴：

3 月 22—27 日，白天喀什各地出现浮尘，偏东地区伴有扬沙及短时沙尘暴，气温下降 5℃左右。

4 月 13 日、18 日、28—30 日，各地出现大风、扬沙和短时沙尘暴。

4 月 19 日，白天喀什各地出现浮尘，偏北地区降中雨，偏东地区伴有扬沙及短时沙尘暴，气温下降 5℃左右。

5 月 1 日、30 日，各地出现 5～6 级西北阵风，偏北局地阵风达 8～9 级并伴有扬沙及短时沙尘暴。

10 月初、中旬初，月底平原有浮尘天气发生，对空气质量及户外活动有一定影响。

高温：

7 月 7—13 日，各地出现 35℃以上高温天气过程，巴楚最高气温达 41.2℃（7 月 10 日）；

7 月 27—28 日，各地出现 35℃以上高温天气过程。

【气象预报服务】 2017 年，喀什地区气象局实现重大天气监测预报预警实时跟踪、滚动订正，全程留痕。强对流天气预警提前 60 分钟，晴雨、温度预报准确率接近全疆平均水平。在春运、春耕春播、汛期及中高考期间为社会公众提供及时准确的各类预报预警服务信息。制作发布专题预报 28 期，预警信号 43 条，公众微信 20 期，专项服务9项近100期。

【塔什库尔干县抗震救灾应急气象保障服务】 2017年5月11日，塔什库尔干塔干乡库孜滚（3村）发生5.5级地震，喀什地区气象局迅速启动应急响应，派出专门工作组前往受灾地全程指导并进行抗灾救灾气象保障服务工作，制作发布专题预报13期。

【春季、汛期和重大天气预报服务】 2017年3月，喀什地区气象局制作发布《喀什地区2017年棉花播种期暨特色林果花期气候趋势预测》决策服务材料，春季期间共发布决策信息专报4期、天气过程专题预报11期、预警信号4期，接受电视台专题采访8期、参加防汛抗旱会议4次、春耕春播气象服务专报10期，人影作业指导预报3期，手机短信80余条，发布微博、微信150余条，完成春季气象服务工作。入汛前期，喀什地区气象局成立专门领导小组，加强组织领导，强化服务和防灾减灾意识，增强汛期气象服务敏锐性和主动性，层层落实责任，严肃工作纪律，确保责任落实到岗到人，严格执行汛期24小时带（值）守班制度，杜绝任何责任性事故的发生。按照“思想到位、责任到位、组织到位、制度到位、技术到位、装备到位”六到位的要求，于4月19—24日组成专门的汛前检查组对全区部分台站和直属机构进行专项检查及基础业务培训，做好汛前服务准备。汛期6—8月，地区气象台共制作发布专题预报8期，发布预警信号30条（其中暴雨蓝色3条、高温红、橙、黄共6条、冰雹橙1条、雷电黄色20条），指导各县做好服务工作和短临天气的预报预警工作。主动建议组织召开多部门会商会议2次，联合发布《应对高温天气，做好防灾减灾工作》《近期多降水时段，谨防暴雨融雪型洪水等气象地质灾害》材料并及时报送地委行署相关领导及部门，针对专题预报，行署多次下发文件要求地县各相关部门做好应对工作。是年，参加地区防总召开的防汛抗旱会议并做首要发言6次，制作发布公众微信13期。每日9点之前在121平台手机短信发布综合气象信息92条，每周预报、每旬预报专题预报及临时信息40条。

【人工影响天气作业】 2017年，喀什地区人影办根据自治区人影办下发的作业指导预报，结合雷达体扫天气实况密切关注天气变化，抓住有利天气时机积极组织指挥全地区人影办开展人工增水、人工防雹作业，促进农业丰产丰收。1—2月，冬季增水期下发作业指令6期，作业12次；消耗人影作业弹药50枚；5—8月，汛期下发作业指令49期，作业36次，消耗人影作业弹药135枚；全年共计消耗人影作业弹药185枚。为各县市人影办进行作业指挥服务120次。

【气象依法行政】 2017年，喀什地区气象局制定《喀什地区气象局进一步推进防雷体制改革工作实施方案》，与地区建设局完成房屋建筑工程和市政基础设施防

2017年1月8日，喀什地区人影办实施人工增雪作业

雷行政许可的交接工作。履行防雷减灾安全部门监管责任，将防雷安全生产纳入政府安全生产目标考核。建立重点单位清单及监管对象名录库，将喀什地区第一批89家（煤矿及非煤矿山）防雷安全的重点单位通过喀什地区政务信息网站向社会公布，按10%的比例对全地区易燃易爆危化品场所32家单位进行抽查监管，先后与地区旅游局、地区卫生局就做好气象灾害防御暨防雷减灾安全生产工作联合下文，对11个县市67个单位开展执法检查353次。

【三农服务专项】 2017年，喀什地区10个县市继续实施“三农”服务专项，实现国家级贫困县全覆盖。组织各县（市）局编制《2017年三农项目可研与实施方案》，按照自治区气象局三农项目评审意见对方案进行再次完善和修改。完成“三农”专项的实施、验收和标准化申报。加强气象防灾减灾群策群防体系建设，建立覆盖乡（镇）领导、村支书、村主任及村级互助组的气象信息员队伍，重点发挥由乡（镇）干部、村支书、村主任组成的气象协理员作用。是年7月14日，组织开展乡镇气象协理员培训和评比，建立并实施以奖代补的激励机制。

【腾讯钉钉App推广使用】 2017年，喀什地区气象局加强基层防灾减灾信息员队伍建设，村气象信息员安装应用腾讯钉钉信息员管理App，加大对乡镇技术员、种养殖大户的指导，及时反馈遇到的新问题。

【气象为农服务】 2017年，喀什地区气象局推进特色林果气象灾害政策性补助的落实，联合地区林业局，对莎车、英吉沙、叶城农业气象灾害开展调查，形成调研材料，向到喀什调研的自治区特色林果政策性保险专题调研组汇报。6月2日，喀什地区气象局业务科联合喀什市气象局、喀什市林业局及疏附县农技中心人员对疏勒及疏附县境内的特色林果及大田气象灾害进行调查，第一次启用无人机航拍，对受灾面积进行定量分析。

【防灾减灾体系建设（现代化）】 2017年，喀什地区12个各县、171个乡镇和街办市均制定《气象灾害应急预案》，喀什地区气象局与20个部门实现应急联动衔接，与水利、农业等13个主要涉农涉灾部门签署《防灾减灾合作协议》，实现信息双向共享。12各县市均成立气象灾害防御指挥部，171个乡镇（街道）成立了气象灾害防御领导小组。174个乡镇（街道）气象协理员、2306各村（社区）气象信息员配置到位。建立地方人影机构数100%。是年。发挥部门联动机制，组织地直多部门参加6月16—20日的高温天气、6月27—29日降水天气过程、7月17日降水天气过程、8月22—26日降水天气过程四次多部门联合会商。完成平台的搭建，实现平台发布预警信息功能。同时为各单位注册使用用户名。相关单位使用气象局注册的用户名登陆实现预警信息录入、审核、签发。制定《喀什地区突发事件预警信息发布流程》《喀什地区突发事件预警信息发布系统运行管理办法》《喀什地区气象灾害预警信息发布与传播办法》。与地区国土、民政、安监、林业等部门实现突发事件预警信息发布系统的对接，对相关部门负责人及业务骨干讲解培训国突系统的应用系统的操作。

【装备技术（现代化）】 2017年，喀什地区气象局网络与装备保障中心全面检查县局通信网络和综合观测设备运行情况，提出整改意见和建议。全年完成DSG1型降水现象仪协议切换和SMO软件的升级操作。完成全地区各类综合观测仪器的检定工作，对各国家级台站的自动站仪器和7套土壤水份传感器的送检工作，所有传感器按要求送交区局装备中心检定所进行年检。按每年定期送检的要求将检定标准仪器送自治区质量技术监督局进行检定。加强区域站维护保障业务指导，建立观测数据产品

吐尔尕特无人自动观测站

加工处理业务，完善观测站网布局，加强科技支撑能力。

【气象科研】 2017年，喀什地区气象局申报获批自治区中亚大气科学研究基金项目1个、申报获批自治区气象局青年基金课题1个、申报获批自治区气象局面上基金课题1个和申报获批上海气象健康实验室资助课题1个。在推进科技成果业务转化、登记及后效评估中：有1项科技研发成果实现向预报业务服务应用转化，组织对转化应用成果的应用效果进行年度检验评估；在核心期刊发表论文2篇，科技期刊上发表论文4篇以上。召开科技成果宣传交流会1次。是年，泽普气象局热孜瓦古丽被入选南疆现代农牧业骨干人才培养项目。

【2017年气候影响评价】 1.天气气候对农业生产影响

冬小麦：越冬期间气温整体偏高，1月气温偏低，但能满足冬小麦安全越冬；冬季降水量除巴楚、泽普偏少外，其他区域偏多，麦田墒情较好，利于冬小麦安全越冬。起身期较历年偏早4～13天，春季前期气温较历年偏低，利于冬小麦幼穗分化。春季后期，气温回升，拔节期至乳熟期较历年相比明显偏早。5月下旬风沙天气偏多，造成灌溉麦田发生倒伏现象，对部分灌溉麦田产量形成略有影响。抽穗至开花期，发育期明显偏早，部分县市偏早幅度在8～10天左右。乳熟期平均株高为77厘米左右，有效茎数在每平方米1207.56茎，结实粒数为每茎35粒左右。乳熟期高度、密度、结实粒数均略低于2016年测定值。整体来说，年度内农业气象条件对冬小麦的生长整体有利，利于产量和品质的形成，属于偏丰产气象年景。

春播作物及棉花：3月下旬末，喀什地区偏东棉区开始小面积播种，播种进度较上年相对迟缓，4月上旬，喀什地区大部分棉区开始播种，棉花播种日期基本接近历年。4月中旬后期至5月喀什地区风沙天气频发，对棉花及其他春播作物出苗及苗期生长有一定影响，总体来说，春季气象条件基本利于各类春播作物的生长。夏季整体热量条件与历年相比，属略差，但对棉花、玉米和其他春播作物的正常生长影响不大，7—8月降水天气偏多，对部分晚播瓜类生长有一定影响，造成裂果现象。大于20℃的积温除叶城较历年偏少外，其他平原县市较历年相比均偏多，棉花三桃数整体较历年相比偏多。8月中、下旬降水明显偏多、日照偏少、气温持续偏低，致使部分棉田出现烂铃，对棉花花铃生长及裂铃、吐絮不利略有影响，但后期进入秋季整体热量条件较好，棉花停止生长日期均较历年偏晚5～8天，利于棉花产量和品质的形成及棉花采摘。

玉米：春玉米4月上旬开始播种，播种及收获期间，热量及降水整体利于春玉米的生长及产量的形成；夏玉米喀什大部分县市在6月中下旬开始播种，播种至出苗期间热量条件较好，利于夏玉米的苗期生长，7—8月降水天气偏多，利于缓解夏玉米旱情，对产量形成比较有利。9月气温偏高，利于夏玉米的快速成熟及收割。

特色林果：春季出现两次降雪天气过程，尤其是3月14日，喀什市、疏附、疏勒、英吉沙、泽普、叶城出现降雪天气，对已膨大的林果花芽正常生长造成一定影响，喀什市、英吉沙的巴旦木、樱桃、杏发生花芽受冻现象，甚至部分樱桃园发生绝收现象。3月21—29日喀什平原各地杏树进入开花始期，3月23—31日进入开花盛期，巴楚、喀什、麦盖提杏树花期较历年偏晚1～2天，叶城偏早2天，莎车接近历年。巴旦木3月27—30日进入花期，基本接近历年。3月末梨树进入开花始期，较历年偏早。3月气象条件利于巴旦木、杏、梨的开花授粉。4月上旬，喀什地区特色林果桃、梨进入开花盛期，苹果，核桃4月中旬进入开花盛期。喀什地区各类林果花期基本接近去年早于历年。5月中下旬，喀什平原各地红枣陆续进入开花期。总体来说春季气象条件除偏北区域的降雪天气对部分林果略有影响外，其他区域气象条件基本利于喀什各类林果正常生长。夏季光热资源整体配置对喀什平原各县的林果生长基本有利，秋季热量条件较好，降水整体偏少，没有出现持续降水及大风天气，对红枣的后期生长及品质形成比较有利。总体来说，2017年属林果气象条件有利年景。

2. 天气气候条件对畜牧业影响

2017年，天气气候条件对畜牧业牲畜越冬、产羔、育幼、育肥有利，没有发生对畜牧业生产不利的重大灾害性天气。

3. 天气气候条件对设施农业影响

冬季气温偏高，光照相对充足，没有发生灾害性天气过程，比较利于棚内蔬菜的正常生长，春季风沙天气相对较多，对设施农业的生产略有影响。

秋季气温偏高，降水部分区域略偏多，日照时数整体偏多，气象条件对蔬菜及设施农业生产比较有利。

（喀什地区气象局）

教 育

综 述

【概况】 2017年，喀什地区有幼儿园1780所，在园幼儿40.4万人，完成1152所农村幼儿园“应建尽建”任务，实现40.4万适龄幼儿“应入尽入”目标。招聘幼儿教师0.89万人、保育员1万人，学前教师、保育员配备实现“两班三教二保”。严格使用自治区统编教材，开展规范化办园督导，创建地区级示范园50所。

是年，喀什地区有小学892所，在校生55.2万人；初中141所（含21所九年一贯制学校），在校生19.2万人；普通高中41所，在校生11.3万人。学前学龄儿童入学率99.8%。初中阶段升学率100%，高中阶段升学率98.07%。国家通用语言教育覆盖率达到52.26%。

是年，喀什地区中职学校有27所，在校5.95万人，其中，其中技师学院1所，普通中专11所，职业中专1所，职业高中7所，技工学校7所。有国家中职教育改革发展示范校2所、自治区示范性中职学校3所。专业涉及15大类65个专业。本地在校生5.95万人（中职4.8万人，技工1.15万人），普职办学规模约为6∶4，中职毕业生初次就业率81.22%；特殊学校5所，工读学校1所，在校生859人。

是年，喀什地区参加普通高考32523人，录取率74.27%，其中，本科录取8515人，录取率26.18%；高职（专科）录取15639人，录取率48.09%，自学考试报考总人数8011人，总科次15899科次。全国计算机等级考试参加人数2571人；全国大学英语四六级考试人数6247人。南疆三地州（喀什地区、和田地区、克州地区）硕士研究生考试1379人。

2017年，喀什地区学校、幼儿园在校生132万人（其中少数民族学生125.9万人），有教职工8.93万人，专任教师7.54万人。其中：幼儿园教职工23931人，专任教师15478人。小学教职工3.5万人，专任教师3.27万人。普通中学教职工2.7万人，专任教师2.51万人。中等专业学校教职工2253人，专任教师1883人。特殊教育学校教职工219人，专任教师199人。工读学校教职工118人，专任教师26人。教育学院教职工163人，专任教师116人。

是年，巴楚县多来提巴格乡幼儿园园长艾米拉古丽·阿布都入选“全国教书育人楷模”。

【教育投入】 2017年，喀什地区教育财政拨款事业支出130.3亿元，比上年增长12.96%，其中：专项支出59.4亿元，比上年增长24.63%。自治区下达农村义务教育经费保障机制资金8.7亿元，其中：公用经费（取暖费）补助资金5.6亿元，享受学生人数69.6万人，贫困寄宿生生活补助2.04亿元，享受学生人数12.36万人，免费教科书补助资金1.58亿元，为70余万名中小学生免费提供教科书，落实中小学校舍维修资金1.49亿元。

【农村义务教育营养改善计划】 2017年，国家下达给喀什地区学生营养改善计划国家试点县补助资金4.66亿元，其中，小学营养餐享受人数470807名，初中享受人数159968名。

【控辍保学】 2017年4月，喀什地区行署组织地、县两级教育督导部门对各级各部门、各义务教育学校控辍保学工作开展情况进行专项督导检查，将检查情况通报各县市、各义务教育学校，要求各县市、各义务教育学校坚持问题导向，强化落实问题整改，确保控辍保学工作无缝隙、无盲点。是年10月，再次组织地、县两级教育督导部门对上半年督导检查反馈问题的整改情况进行“回头看”，确保各项控辍保学工作措施全部落实到位。是年，全地区义务教育入学率、巩固率分别为99.8%、98%，义务教育控辍保学工作保持在较高水平。

【中国少数民族汉语水平考点新设】 2017年，喀什地区新设喀什市东城第二初级中学和疏勒县实验中学两个中国少数民族汉语水平（MHK）考点，截至6月底，全地区考点20个，报考人数52635人。

【沪喀奖励教育基金】 2017年，沪喀继续设立“上海—喀什均瑶育人奖”，奖金220万元，对上海支援的莎车、泽普、叶城、巴楚四县的170名优秀乡村双语教师、30名优秀职校教师及提名的400名优秀乡村双语教师、职校教师进行表彰奖励，其中，优秀教师每人奖励5000元，提名教师每人奖励3000元。设立“喀什双语教育上海奖励基金”，奖金50万元，对上海市对口支援的莎车、泽普、叶城、巴楚四县的99名优秀双语教师、81名优秀班主任、20名优秀教育工作者进行表彰奖励，每人奖励2500元。

【教育工程建设项目】 2017年，喀什地区实施教育工程项目12大项（其中包括：农村义务教育薄弱学校建设项目、校舍维修改造项目工程项目、农村初中校舍改造工程项目、义务教育学校建设、寄宿制初中学校标准化建设项目、普通高中计划建设项目、教师周转宿舍建设项目、学前双语幼儿园建设工程项目、对口援疆项目、中等职业教育中央预算内投资项目、进城务工农民工随迁子女接受奖励资金、农村义务教育双语寄宿制学校建设项目）计2174个项目（含续建），总投资44.475亿元，建设面积207万平方米（完成投资36.22亿元）。其中：2017年以前下达的续建项目435个、总投资104806万元、建设面积49.93万平方米，2017年下达项目1739个、总投资339943.33万元、建设面积157.08万平方米。

【教育援疆项目】 2017年，喀什地区实施教育对口援疆项目13个，其中包括：建设疏勒县双语中学、实验学校、牙甫泉中学等学校教学楼、综合教学辅助用房、办公用房、学生宿舍楼基础设施及附属配套建设等，疏勒县东营第二希望小学建设项目，英吉沙县第三、第四寄宿制初中建设项目，岳普湖县一中附属工程建设，麦盖提县寄宿制学校建设，麦盖提县双语幼儿园建设，莎车县第三初中教学园区（第十中学）建设，叶城县第二中学教学楼及操场改建，巴楚县义务教育标准化均衡化建设，伽师县学校标准化建设，喀什市东城区新建第五初级中学建设项目，喀什市双语幼儿园建设，塔什库尔干县中小学、幼儿园、塔吉克高中基础设施建设项目，计划投资43298万元，建设面积216488平方米。是年，沪喀职教联盟拓展工作内容和合作领域，在指导就业，加强交流等方面发挥积极作用。援疆省、市支教教师100人，完成对口援疆高校定向招生557人，对口支援高中班招生50人。

【校园思想政治教育】 2017年，地县各学校、幼儿园开展党的十九大精神百题问答、专题党课、演讲比赛、知识竞赛、举办地直教育系统“永远跟党走”唱红歌歌咏比赛。地县共成立党的十九大精神宣讲组96个，骨干宣讲员398人，宣讲学校（幼儿园）2819所中小学，累计宣讲3500场次。

【校园意识形态教育】 2017年1月16—24日及8月15—21日，喀什地区教育局分别组织开展全体教师和学生的集中教育活动。以规范校园文化环境、教室食堂宿舍布置、营造教书育人的良好氛围，建设文明校园为工作重点，开展“五个认同”和中华民族共同体意识教育。全体师生参加学习教育。

【校园安全教育】 2017年，喀什地区教育系统各单位加大校园安全教育力度，排查整治校内外各类安全隐患，积极组织学校、幼儿园开展地震、消防等应急演练活动，宣传防溺水、防食物中毒、交通安全等知识，增强广大师生安全意识，提高防范技能。

（喀什地区教育局）

基础教育

【义务教育学校标准化建设】 2017年，喀什地区按照《新疆维吾尔自治区义务教育学校标准化建设规划（2011—2020年）》，积极推进义务教育学校标准化建设督导评估工作。4月，行署教育督导室对喀什市义务教育学校标准化建设工作进行评估验收；7月，按照提前两年介入工作的要求，对岳普湖县、疏勒县、伽师县、巴楚县、麦盖提县、英吉沙县进行过程性督导；12月，协助自治区人民政府教育督导委员会办公室对喀什市义务教育学校标准化建设工作评估认定，对岳普湖县、疏勒县、伽师县、巴楚县进行自治区级过程性督导。

【义务教育均衡发展】 2017年7月，喀什行署教育督导室按照《新疆维吾尔自治区推进义务教育均衡发展规划（2011—2020年）》，对疏勒县、岳普湖县、伽师县、巴楚县、麦盖提县义务教育均衡发展工作组织实施过程性督导，对喀什市义务教育均衡发展进行初评。12月，协助自治区教育督导委员会办公室完成对疏附县义务教育均衡发展工作的复查验收。

【普通高中资助】 2017年，喀什地区落实普通高中国家助学金19898.28万元，落实免学费资金14626.04万元。

【普通高中招生】 2017年，喀什地区教育局制定《2017年喀什地区普通高中招生录取工作方案》，明确高中阶段学校招生政策，指导全地区普通高中招生录取工作，按照“全面考核、择优录取”的原则，根据“三个既要”要求（既要依据学生的学业成绩，又要关注学生的综合素质、身体素质；既要衡量学生发展的现有水平，又要参考学生的成长过程；既要重视学生的全面发展，又要关注某一方面的突出才能和表现），规范普通高中的招生行为，实行“阳光”招生。是年，全地区普通高中实际招生40782人，超额完成招生任务。

【内初班学生补助】 2017年，喀什地区内初班（新疆区内初中班）参加考试人数17515人，其中：汉族考生人数1335人，少数民族考生16180人；录取人数3798人（包括兵团录取人数），其中：汉族考生人数407人，少数民族考生人数3391人。自治区本级财政按每生每学年7000元标准向办班学校拨付经常性费用，主要用于教职工工资、生均公用经费、学生食宿费、课本费、医疗保险、探亲交通费等，不足部分由办班所在地财政解决。自治区本级财政每年另安排大病医疗金100万元，用于内初班学生医疗救助。学生享受学生营养餐和学生饮用奶计划。

【内高班学生补助】 2017年，喀什地区内高班参加考试人数14204人，其中：汉族考生人数709人，少数民族考生人数13495人；录取人数3254人，其中：汉族考生人数294人，少数民族考生人数2960人。中央财政按在校内高班学生数、生均10万元标准予以一次性投入改善办学条件费用；办班城市财政按每学年生均8000元以上的标准（大部分学校达到万元以上），向办班学校拨付学生在校期间的学习、生活费

喀什二中学生在健康体检

（包括伙食费、装备费、校服费、暑期活动费、取暖降温费、公杂费等）；自治区本级财政按每生每年2700元标准，承担学生的探亲交通费（乌市至办班城市往返）和部分学习、生活费及医疗保险费用。自治区本级财政每年另安排大病医疗金100万元，用于内高班学生医疗救助。

（喀什地区教育局）

【喀什二中概况】 新疆维吾尔自治区喀什第二中学（简称喀什二中）始建于1956年，是南疆创办最早的一所汉语系普通完全中学，也是全疆办学规模较大的完全中学之一。1980年被命名为首批自治区级重点中学。2012年通过自治区“德育示范校”“依法治校示范校”评估；2013年通过复验再次被命名为“自治区文明单位”。2013年2月被命名为“自治区示范性普通高中”。

喀什二中（疏勒校区）占地346372.1平方米，计划总投资3.5亿元，已投资2亿元，还有1.5亿元待建项目。规划建筑面积163000平方米，已建成并投入使用的校舍面积11.6万多平方米，待建4万多平方米。2013年9月正式启用，按照功能分为教学区、生活区和活动区三个区域，教学区建成6栋教学楼；生活区包括7栋学生公寓楼，2栋分别为15层和6层的教师周转房，2栋学生食堂，1栋教职工食堂，1栋行政综合楼和1栋集锅炉房、开水房、配电室、浴室为一体的综合服务楼；运动区建有13296平方米铺设草坪及塑胶跑道的标准化田径场、总面积为20634.6平方米的24个篮球场、4个排球场和1个网球场。

2017年，喀什二中在编教职工584人，在岗教师560人，其中男214人，女370人，汉族533人，少数民族51人（维吾尔族35）；另有山东援疆教师20人；在编在岗人员中管理岗5人，专职教师563人，工勤人员16人；研究生学历26人，本科学历529人；正高职称3人，高级职称164人；特级教师3人，自治区教学能手8人，地区级教学能手32人；全国教育系统劳动模范暨全国模范教师1人，自治区优秀教师3人。2017年，在校生近6227人，初中1428人，高中4799人；其中汉族学生3130人，少数民族学生3097人，121个班级（包括3个山东班），老校区21个班，均为走读生；新校区97个班（包括30个内初班），均为寄宿制学生。

是年，学校以提升教育教学质量为核心，中考内高上线率65.1%，录取率60.44%，实际录取272人；高考上线率97.82%，本科综合上线率55.61%。组织完成多媒体优质课大赛、教育教学论文竞赛、“学科带头人、教学能手、教坛新秀”评选活动；聘请专、兼职教研员不间断指导开展备课、说课、上课等集中培训；自治区小课题立项4个均已结题，先后派出112名教师外出考察学习、教学研讨活动，邀请对口援疆省市教育专家、名师与同学科教师开展同课异构教研活动。

2017年，喀什二中严格按照自治区德育示范校标准，推行班主任量化考评制度，将班主任考评工作纳入级部管理重点工作；组织开展德育工作经验交流会、班主任专业化培训、青年班主任培训会、班会课大赛以及班主任技能大赛等活动；坚持每周定时下发《工作提示》，注重检查落实。对学生开展社会主义核心价值观体系教育、行为规范教育、校纪校规教育、文明礼貌教育以及民族团结、爱国主义、心理健康、防邪禁毒教育等。搞好多样化主题教育，组织全校学生开展公民道德建设月活动，开展学生十八岁成人礼教育活动，举办初中大型亲自体验感恩教育活动，开展每月“行为好示范生”、优秀班团干部的评选；邀请自治区消防宣讲团讲师到校开展消防安全知识专题讲座；配合每月主题教育，积极做好学雷锋、安全日、助残日、防灾减灾日等节假日、重大纪念日的主题宣传教育活动。

是年，喀什二中围绕“民族团结一家亲，各族兄弟心连心”主题，开展“红歌伴我成长”“民族歌舞进校园”“促团结，助成长”书画手工展、艺术节等活动，利用网站、板报、主题班会、征文比赛、橱窗、微信等阵地全面推进民族团结教育工作。落实“三进两联一交友”活动，523名教师联系学生及家长14916名，进班级20920次，进宿舍8.36万次；进食堂4.18万余次，教师与7458名学生交朋友，做到学生、家长全覆盖。

（喀什二中）

喀什二中团员主题日活动

【喀什六中概况】 2017年，喀什第六中学有教师325人，学生4107人，秋季招生学生1200人。是年，参加高考学生723人，二本以上上线人数达361人，上线率为51%，专科以上上线人数718人，上线率达99.3%。双语班高考成绩最高分523分，500分以上的学生3人。

是年，喀什第六中学在秋季新高一招生中率先实现双语全覆盖，高一由最初两个双语模式二教学班级逐步扩大为四个模式二教学班，为地区模式二教学的持续推进。积极完成与地区教育局基教科对接招生工作的任务，制定并上报2017年秋季学校招生计划和实施方案，优化新学期高中招生宣传方案，组织部分经验丰富的教师，深入地区各县市开展形式多样的招生宣传工作，给予优质生源更多的优惠政策。是年，填报喀什第六中学志愿学生3500余人，高一年级实际录取学生921名，其中，2017年中考和内高班成绩500分以上的学生750余人。学校依据学生综合素质科学编班，总编班级为18个教学班级，其中，精英班

1个、宏志班2个、国家通用语言授课班级4个、部分国语授课班级11个。

是年，喀什第六中学梳理学校教学常规管理各个细节，在工作中坚持点线面相结合，重点领域有突破的原则，不断细化日常教学管理体系，坚持做到教学日常工作全天候管理全覆盖和教学业务全程监督管理全覆盖，严格执行《自治区中小学教学常规管理基本要求》，加强教学各环节全程管理，全面有效控制教学运行；加强行政管理主线和业务管理主线；特别关注教学管理中的关键点，做到重点有突破，围绕重点级部、重点学科组、重点教师、重点班级，坚持问题导向，通过深入调研、师生座谈，研究影响制约课堂教学实效的问题症结所在；教务科通过不断完善教学管理制度，严格按照教学大纲要求开齐课程，开足课时；教务科学籍办严格按相关规定落实学生实名制学籍，认真做好学生休学、转学、补办学籍等手续。是年办理学生转进手续24人次，转出学生手续177人次。按要求及时为上级教育行政主管部门上报准确周详的学生相关数据，完成高一年级教育质量检测基础数据信息录入审核工作，为上级教育行政主管部门以及学校相关科室做出正确的决策提供重要的数据依据；完成2017年高三毕业生934人的高考报名、体检和参加考试工作，完成5351人/年次学业水平考试报名工作，组织高二学生顺利完成学业水平实验操作考试，合格率达100%；初步完成2018年高三学生1277名高考报名统计工作。组织图书室依据学生作息调整开放时间，延长周末开放时间，组织实验组教师整理布置新实验室，完成新实验室的设施配置，提高实验设备的使用率。2017年陆续组织高考、学业水平考试、公务员招录、司法考试、成人高考等国家级考试以及本校高一、高二模块考试及补考，高三组织7次模拟考试等，妥善处理考试期间出现的各种问题，确保各项考试顺利完成。是年下半年，教务科从全高三双语班选拔出来的最优秀的20名学生组成精英班，依据高一学年学生成绩，调整45名学生组成高二尖子班进行轮转教学，对成绩落后、跟不上学习进度的学生进行劝转或计划外处理逐步实施对学生的滚动管理。

2017年5月，喀什第六中学开展以年级部为单位的校园足球比赛，6月16—23日，派出校足球队赴宁夏灵武参加2016—2017年“全国青少年校园足球联赛高中男子组（西北赛区）”选拔赛，取得第三名的成绩；8月赴陕西榆林参加“2016—2017年全国青少年校园足球联赛高中男子组（全国）总决赛”中取得第五名的成绩，12月代表新疆队赴广东珠海参加“全国高中生运动会”预选赛。

（喀什六中）

职业教育

【职业教育基础建设】 2017年，喀什地区中职、卫校、财校、疏勒县中职、莎车县职高分别争取自治区现代职业教育质量提升专项资金合计2800万元，用于购置实训设备，改善5所学校的办学条件。是年，3

所职业学校新增专业6个。

【中职免费师范生安置】 2017年，自治区分配给喀什地区的“定向培养中职免费师范生”79名，组织签约72人。是年，喀什地区教育局认真做好中职免费师范生接受安置工作，审核毕业生学历、学位证书，查阅个人档案，综合考虑毕业生户籍地，以及各职业学校用人需求、专业发展规划和民族、性别等情况，将63名中职毕业生补充到全地区各中职学校，其中，地区中等职业学校安置10人，喀什水利水电学校安置6人，喀什师范学校安置3人，喀什财贸学校安置5人，喀什卫生学校安置3人，喀什地区体育运动学校安置1人，喀什技工学校安置4人，喀什职业学校安置7人，疏勒县中等职业技术学校安置3人，疏附县职业高中安置4人，伽师县中等职业技术学校安置3人，英吉沙县职业高中安置3人，岳普湖县中等职业技术学校安置3人，麦盖提县职业中等专业学校安置3人，莎车县第二中等职业学校安置1人，莎车县职业高中安置2人，泽普县职业技术学校安置2人，叶城县职业高中安置3人。

【中职资助】 2017年，喀什地区落实自治区中等职业学校国家助学金6379.366万元，免学费补助资金7129.18万元，住宿费教材费资金4166.1万元。

【内职班学生补助】 2017年，喀什地区内职班参加考试人数2632人，其中：汉族考生人数136人，少数民族考生人数2496人；录取人数737人，其中：汉族考生人数22人，少数民族考生715人。中央财政按生均5000元标准一次性投入改善办学条件费用；按每生每年6500元标准予以生活费补助（含1500元助学金）；按每生每年2000元标准予以免学费补助。自治区本级财政承担每生每年1000元交通费；预科生每生每年补助4500元。自治区本级财政每年另安排大病医疗金50万元，用于内职班学生医疗救助。

【疆内职业教育帮扶】 2017年，疆内16所职业院校帮扶喀什地区职业教育，帮助地区受援学校建设实训室、捐赠各类实训、办公设备及图书、训练设备器材等共计价值近143.6万元。地区7所中职学校与北疆5所帮扶学校建立联合招生、合作办学关系。

【职业技能大赛】 2017年4月，喀什地区组织14所学校285名师生参加自治区职业技能大赛20个赛项比赛，其中教师组94人，学生组191人；有181人获奖，其中，一等奖31人、二等奖46人、三等奖104人，约仁萨·热合曼和阿依姑·克力木2名学生代表自治区参加全国服装设计与工艺（中职组）赛项，约仁萨·热合曼获二等奖。

（喀什地区教育局）

【喀什财贸学校概况】 2017年，喀什财贸学校设党政办公室、人事科、教务科、专业课教研室、语言教研室、德育办公室、学生科、招生与就业指导办公室、保卫科、督查室等14个科室。学校有教职工127人，其中少数民族81人；专业技术人员106人，其中高级讲师38人，中级职称48人，初级职称22人。是年，学校开设计算机应用、财会、高星级酒店运营与管理、物流管理5个重点专业。有教室32间、实训室9间，其中，计算机机房3个，双语实训室1间，电算化实训室2间，会计手工实训室2间，物流实训室1间。年均招生505人，有汉族、维吾尔族、回族、柯尔克孜族等8个民族，学制3年；是年，全日制中职生1566名，其中校内1175名，顶岗实习391人，完成391名实习生分配实习，与22家实习单位签订实习生管理协议，对学生思想动态、实习情况实行动态管理。毕业生约60%留任实习单位工作，40%选择自主创业或继续升学。2017年，乌鲁木齐财政会计职业学校投入50万元援建的会计电算化实训室、翻打传票实训室、手工账实训室投入使用。严格落实国家“三免一补”政策，全年为1145名学生发放助学金210余万元。

是年，出台《喀什财贸学校教师国语培训实施方案》《喀什财贸学校优秀学生、优秀班集体评选及奖励办法》等制度，对各教研室进行月考核成绩排名，把教学常规检查通报与教师年终考核挂钩，极大调动教研室主任及教师的积极性。规范课程督查与档案管理。每月组织教研室业务学习2次、集体听课2次，全年检查授课教师教案32次、授课进度8次、作业8次。

是年，喀什财贸学校强化国家通用语言教学，落实每天国语学习三个半小时，各年级国语课程每周不少于20节，严格要求师生在校园全部使用国语交流，并对教师课堂教学情况进行督查。坚持晨读、晚自习学国语，调整各专业课程设置，将国家通用语言达标与聘任教学岗位挂钩，定期进行国家通用语言水平摸底考试；制定并实施教师《目标管理量化考核制》，把教师个人的师德师风、工作态度、备课授课、实训指导、业务学习、国语教学等纳入量化考核，奖优罚劣。实施分层教学，把学生到课、上课、作业完成、课后国语交流、第二课堂活动表现纳入学生评价，引导学生重视学习过程，学生学习国家通用语言的主动性明显提升。

2017年，喀什财贸学校校始终坚持“立德树人”的育人理念，在每周一升旗宣誓仪式、主题班会和主题教育活动中加强爱国主义教育、民族团结教育；把常规教育与创新活动形式及内容相结合，丰富学生们的课余生活，提高学生道德水平，塑造健全人格。严格落实学生请假外出层级审批制度，完善《班级量化考核》《学生综合素质评价制度》《学生准军事化纪律操行考核办法》《关于对学生禁止使用手机的管理制度》等，实行统一学习、统一实训，统一用餐、统一就寝，培养学生的时间观念，团队意识和集体荣誉感。

（喀什财贸学校）

【喀什艺术学校概况】 2017年，喀什艺术学校设办公室、学生科、教务科、保卫科、总务科、德育办公室6个科室。编制教职工110人，实有教职工102人。专任教师88人、专业课教师占专任教师总数的83%；本科及以上学历77人，占专任教师总数的89.5%；高级职称5人、中级27人，助理讲师职称人数37人；美术专业课教师8人，占专任教师的9%；舞蹈专业课教师27人，占专任教师的30%；音乐专业课教师36人，占专任教师的40%；文化课教师17人，占专任教师的19%。全年开设社会文化艺术（舞蹈、音乐、美术）、民族音乐与舞蹈（舞蹈、音乐）两个专业三个方向，招生317人，其中，民族音乐与舞蹈专业56人、社会文化艺术261人；全日制中职生927人，其中校内862人、顶岗实习117人。学生来自维吾尔族、柯尔克孜族、乌孜别克族、塔吉克族。是年，在校学生927名，其中秋季新学年招生学生318名，毕业学生65名中，升入大专及本科院校28名，就业35名，升学及就业率96.92%。毕业生约80%以上就业各县市文工团，其他则自主创业或继续升学。

是年，喀什艺术学校学校强化教学管理，对授课教师的教案、授课进度、作业检查15次，组织教研室业务学习12次，集体听课10次；规范课程督查与档案管理。按照教学计划，开设中专班教学课程36门，完成课时26736学时；开设业余班教学课程75门，征订教材11469册，完成课时3600学时。建立两级档案管理制度，完成教学档案收集、整理、归档工作。完成学生分配实习272人，与10家文工团签订实习生管理协议，深入了解学生思想动态、实习情况，确保实习学生管理工作规范有序。全年培训教师3人次，参加暑期教师全封闭军事化管理培训65人次；组织10名学生参加自治区技能大赛，获得一等奖3人，二等奖3人，三等奖2人。积极主动与新疆艺术学校、深圳艺术学校对接，沟通建立交流学习机制，提升教育教学技能水平，互派人员交流4次、任教2人，开讲座1次，办演出2场。是年，新疆艺术学校选派老师2名分别担任喀什艺术学校音乐专业和舞蹈专业老师，帮助指导学校音乐专业和舞蹈专业学生的技能培训。深圳艺术学校15名艺术工作者到校调研并举办专业演出1场。专门成立以校长为主要负责人，各科室负责人和各教研室配合的学校国家通用语言推进工作领导小组，制定《喀什艺术学校推进国语教育实施方案》《喀什艺术学校推进国语教育工作实施细则》。把国语学习及考核达标工作、教师国语学习作为加强教师队伍建设、推进国语教学工作的一项硬任务，组织教职工国语说课比赛和国语授课能力考试，注重提高学生国语水平，抓好早读和晚自习的效果。是年，在地区教育系统举行的双语演讲比赛中，获得二等奖学校学生1名。

2017年，喀什艺术学校把立德树人作为中心环节，把“五个认同”贯穿思想教育全过程，引导广大师生做社会主义核心价值观的坚定信仰者、积极传播、模范践行者。学校大力开展校园文化建设，结合党的十九大精神，联合对口帮扶学校新疆艺术学院组织师生共同编排文艺节目，并在新疆艺术学院音乐厅进行汇报表演，宣传党的十九大精神。是年，强化班主任队伍管理，坚持每两周召开班主任例会1次。坚持每周一升国旗仪式及师生国旗下讲话、师生宣誓，在学生接受爱国主义教育的同时，加强学生养成教育。开展开学前的集中教育、致学生家长一封信和假期家访活动，建立学校、社会、家庭“三位一体”管理体系。对后进学生强化培训，在学生中开展道德和法制教育，提高学生文明素养，增强学生遵纪守法意识。实行每周三全校例行大扫除检查评比制度，对学生言行举止进行监督检查。分别与喀什市杂技团、泽普县杂技团、英吉沙县杂技团签订合同开展订单式培养，就业学生35人，其中喀什市杂技团10名，其余在各县市实现就业。严格落实国家“三免一补”资助政策并进行公示。是年春季，享受国家助学金学生数563人，发放助学金56.3万元；享受国家免学费学生数718人，免除学费118.47万元；享受免教材费学生数718名，免除教材费32.31万元。

（喀什艺术学校）

【喀什地区卫生学校概况】 2017年，喀什卫生学校设党政办公室、人事科、医学教育研究室、教务科、培训中心、学政科、德育办公室、招生与就业指导办公室、总务科、保卫科、督查室等11个科室。编制教职工236人，实有教职工195人。其中专任教师125人，双师型教师75人。学校开设护理、药剂、医学检验、农村医学、助产五个专业，护理、药剂、医学检验技术专业被确认为自治区重点建设专业；年均招生1200人，学制3年；全日制中职生4472名，其中校内3037名（住校生2447人，走读生590人）、顶岗实习982人，莎车卫校教学点453人。学校有汉、维吾尔、回、柯尔克孜等8个民族，98%是少数民族学生。每学期开设8～10门课程。毕业生约60%到乡村医疗卫生单位就业，20%到民营医疗卫生机构就业、自主创业或继续升学。对授课教师的教案、授课进度、作业检查24次，组织教研室业务学习16次，集体听课8次；出台《喀什卫校教研室工作量化考核细则》，对各教研室进行月考核成绩排名，把教学常规检查通报与教师年终考核挂钩，极大调动教研室主任及教师的积极性。规范课程督查与档案管理。在原有5个专业的基础上新增医学影像技术专业，按照教学计划，开设中专班教学课程101门，征订教材49636册，完成课时26736学时；开设业余班教学课程75门，征订教材11469册，完成课时5715学时。完成校外考试754场次，20371人次，业余班考试119场次，3187人次。建立两级档案管理制度，及时完成教学档案的收集、整理、归档工作。注重实训教学。改善教学实训实验条件，投入800万元新增实训设备；开设实训室80个，落实实训课共计5086学时。加强实习生管理。完善实习生管理机制，完成1110名实习生分配实习，与56家医院签订实习生管理协议，深入了解学生思想动态、实习情况，确保实习学生管理工作规范有序。全年培训教师287人次，参加暑期教师全封闭军事化管理培训137人次；参加教育教学和学生管理外出培训 27 人次；邀请援疆省内外专家 19 人次，增强教师素质，更新教学理念、提升教育质量。完成“三降一提高”培训班 40 天的培训与教学任务，选派 14 名教师参与全国公共卫生类别执业（助理）医师实践技能考试。选派 2 名教师参加全国首届教师护理技能大赛均获奖。把国家通用语言教学作为师生的第一技能，严把教师入口关，公开招聘教师 35 名，将国家通用语言达标与聘任教学岗位挂钩，定期进行国家通用语言水平摸底考试；严把教师考核关，制定并实施教师《目标管理量化考核制》，把教师个人的师德师风、工作态度、备课授课、实训指导、业务学习、国语教学等纳入量化考核，奖优罚劣。实行各民族学生混合编班、混合住宿，真正做到学习在一起，生活在一起，成长在一起。实施分层教学，解决学生“吃不饱”“跟不上”，教师教学难兼顾的问题。把学生到课、上课、作业完成、课后国语交流、第二课堂活动表现纳入学生评价，引导学生重视学习过程，学生学习国家通用语言的主动性明显提升。鼓励学生每天坚持晨读、午读、晚读，提高学生学国语、说国语、用国语的能力。实行月考制，每月分析学生国语水平提升情况，开办 MHK 强化培训班，获得 MHK 证书 480 人。通过组织听评课、讲授公开课、观摩课、集体备课等方式，促进教师专业成长。注重社会主义核心价值观教育。把社会主义核心价值观、中华传统文化融入校园文化、实习生医院文化、班级文化、宿舍文化、餐厅文化建设中，开展演讲比赛、学唱爱国歌曲、讲身边民族团结故事、汉字书写大赛、经典诵读等系列主题活动。落实德育实践课，按照“月月有主题，周周有活动，人人是主角，天天有内容，课课有体会”的活动原则，扎实开展德育实践课活动。组织开展以“弘扬工匠精神，成就出彩人生”为主题的校园“文明风采”大赛活动。是年，学校推荐上报自治区征文及职业生涯规划设计 144 项，获自治区第十届“文明风采大赛”优秀组织奖，4 名班主任代表参加自治区第二届班主任大赛，3 人获奖。坚持每周召开一次班主任例会，总结梳理成绩，查找存在问题，安排下周工作。坚持每周一升国旗仪式及师生国旗下讲话、师生宣誓，在学生接受爱国主义教育的同时，加强学生养成教育。通过开学前的集中教育，召开家长见面会，致学生家长一封信和假期家访活动，建立学校、社会、家庭“三位一体”管理体系。加强对后进学生的强化培训，坚持在学生中开展道德和法制教育，提高学生文明素养，增强学生遵纪守法意识。实行每周五全校例行大扫除检查评比制度，加大对学生言行举止的监督检查。召开团学年度表彰大会。

（喀什地区卫生学校）

【喀什师范学校概况】 2017 年，喀什师范学校充分利用援疆优势教育资源，加强学科带头人、骨干教师、教学团队建设，对专业建设方案和人才培养模式进行科学评估和完善。结合教学现状，开展以“理念先行，制定方案，问题导向，聚焦质量”为主题的教育教学诊断工作。邀请专家团队就教学研究、班主任工作、教师礼仪、实训设备的使用、现代化信息技术应用、教科研能力等方面进行全面培训，坚持做到业务培训与技能培训全覆盖，教师队伍整体素质得以提高。是年，有汉族、维吾尔族、回族、柯尔克孜族、乌兹别克族、俄罗斯族等在编教职工289人，其中，汉族85人，占30%；少数民族占204人，占70%。各类专任教师265人，其中，研究生学历15人，本科学历237人，高级职称46人、中级职称92人、初级职称109人，自治区、地区级特级教师和优秀教师6人。学校分为两个校区：培训校区主要承担各级各类成人培训、继续教育等；中职校区主要承担全日制中专学历教育。学校共开设4个专业，分别为学前教育、美术教育、体育教育、音乐。其中，学前教育、美术教育、音乐三个专业建设成为自治区重点建设专业。是年，在册学生2339人均享受免学费政策，部分家庭困难学生给予助学金补贴，确保每一个学生顺利完成学业。2017年，学校根据《国家助学金实施办法》，严格执行《经济困难学生认定办法》，认真落实国家“三免一补”政策，按照申请、评选、公示、审核程序发放国家助学金117.3万元，享受助学金学生1652人次。是年，学校毕业生459人，就业358人，就业率为78%。按照学生国语水平和中职计算机达标能力合理分班开展国家通用语言教学，加大国家通用语言课时量，优化课程设置，实行国语教师承包制，保证教学效果。以教育信息化和人才队伍培养为基础，统筹规划，不断完善校园信息化建设平台，加快实现校园信息化覆盖所有教育教学、实训及生活场所，实现校园统一管理无线网络全覆盖。投入125万元配备班班通设备68台，教学班级覆盖率达到100%。购置100台电脑，教师计算机覆盖率达到70%，建成幼儿活动室和实操室3个。是年，建设能容纳150名幼儿的校内幼儿园，为学前教育专业学生定期教学实践提供实践训练，与各县市幼儿园、小学、文化馆、青少年活动中心等单位签订实习协议，建立校外实训基地74个。是年，参加实习学生751人，实习指导专职教师5名。建立“困境生”帮扶教育日报制台账、一生一档。详细制定困难生帮扶配套制度措施，通过政策交流谈心、献爱心、演讲比赛和文体活动关爱帮扶贫困家庭学生。是年，为困难学生募捐66235元购置保暖内衣、生活用品和8台洗衣机，免费发放饭票。组织政策交流谈心会2次、心理健康辅导讲座2次、团体辅导4次、心理测评1次、资助政策和党的优惠政策讲座1次、维护民族团结共建美好新疆演讲比赛1次、踢毽子比赛1次、拔河比赛1次、钢笔字比赛1次、帮扶教师与困境生每日一见面谈话活动、关爱帮扶活动、心理疏导活动。

（喀什师范学校）

【喀什水利水电学校概况】 2017年，喀什水利水电学校设党政办公室、人事科、教务科、财务科、学生科、思政办、成教办、总务科、保卫科、纪检监察室、工会办等11个科室。核定事业编制80名，实有在编在职人员73名。其中管理岗位6名，专业技术岗位62名，工勤岗位5名。开设专业7个，分别为给排水工程施工与运行、水利水电工程施工、工程测量、水文与水资源勘测、农业农村用水、计算机应用、供用电技术。学校有班级25个，学生1791人，其中寄宿1124人、顶岗实习667人，99.9%是少数民族学生，有汉、维吾尔、回、柯尔克孜等8个民族；每学期开设8～10门课程。毕业生约72%到水利局、水管站等单位就业。

2017年，喀什水利水电学校强化强化国语教育，制定国语教学实施方案、师生国语考核、培训方案、国语教学工作制度、任务清单等。采取A、B、C三个难度分层教学模式，强化“4+2”的教学手段（即：拼音、查字典、增加词汇量、口语训练四个基础模块和背诵每日三句话、每周5篇课文两个记忆模块）弥补学生国语基础知识，提高口语交流能力。制定教师培训工作计划，集体学习，赴泽普三中和东城四中学习国语教学经验，开展示范课、集体备课、集体研讨，提高教师业务水平。加强实习生管理。完善实习生管理机制，完成667名实习生分配实习，与11家公司建立校企合作关系，签订实习生管理协议、《实习安全稳定责任书》各667份。深入了解学生思想动态、实习情况，确保实习学生管理工作规范有序。参加暑期教师全封闭军事化管理培训83人次；参加教育教学和学生管理外出培训3人次。建立新疆农业大学喀什水校函授站，联合开办水利工程管理等5个专业，培训函授学员327人次。扎实开展德育教育，抓好以爱国主义为核心的师生思想政治教育，把社会主义核心价值观、“五个认同”、民族团结、法制教育融入到学校的日常教育和管理中，采取国旗下讲话、主题班会、周三德育活动课、文艺会演、知识竞赛、法制辅导、征文比赛、学唱红歌等丰富多样的形式开展教育活动。加强校园文化建设，创设健康文明的校园文化环境，突出社会主义核心价值观、爱国主义、民族团结主题，在教室、宿舍、走道、办公区布置宣传版面，充分发挥校园广播、橱窗、黑板报、宣传栏等宣传作用，使师生在校园内耳濡目染接受教育；丰富校园文化活动，组织开展合唱比赛、演讲比赛、纪念“一二·九”运动、球类比赛等文化活动，共建和谐校园。加强班主任队伍建设，明确班主任是班级管理第一责任人，实施目标管理责任制，完善班主任考核办法，将学生出勤、纪律、学习、卫生、活动等情况与班主任考核挂钩，评选先进班级、优秀班主任，对班级管理不规范、违反管理制度的班主任及时通报，限时整改，规范班级管理。建立学生纪律操行月考核制度，将考勤、纪律、仪容仪表、卫生、学习成绩等纳入月考核内容，根据学生日常表现实施具体的量化考核，设立进步奖、团结奖等9个奖项，做到奖罚分明，促进学生在各方面自我约束、自我管理。建立贫困生档案，落实国家资助政策及时发放资助金，是年，发放助学金253.59万元，受到资助学生1360人。寒暑假开展以学困生、贫困生为重点的家访活动，对家长进行家庭教育培训，听取家长的意见建议，建立家校密切配合的教育管理机制，对285名学生家长开展家访，受访家长285人。

（喀什地区卫生学校）

【喀什技师学院概况】 2017年5月31日，喀什技师学校通过自治区专家团队评审正式批复为喀什技师学院，11月8日，喀什技师学院揭牌。喀什技师学院设有国家职业技能鉴定所、国务院扶贫办农村劳动力转移培训示范基地、国家高技能人才、喀什地区技能师资培训基地等。新校区位于中亚南亚工业园区内，占地29.73公顷，规划建筑面积10万平方米，已完成建筑面积6万平方米。是年，学院加快基础设施建设，完善教学服务设施，改善教学仪器设备不足状况，加强实验室和实训基地建设，推进校园信息化建设，实现校园大广播、宿舍小喇叭、教室网络电视全覆盖，学院整体办学实力迈上新台阶。面向喀什地区招收初高中毕业生，每学期招生规模1500人，全日制在校生4200人。学校开设学制为初中起点三年制中技班、高中起点三年制高技班两种。筹备开设预备技师班。与深喀艾香航天纺织产业基地、喀什齐鲁如意纺织股份有限公司、喀什新杨电器有限公司、恒通赛木新型建材有限公司等33家企业建立良好的合作关系，学生就业率92%。2017年，喀什技师学院深入推进新校区二期工程建设，加快基础设施建设，推进附属设施建设，完善服务功能，全面提升支持保障水平。是年，完成项目招投标4943.13万元，截至年末，完成4934平方米教学楼、12640平方米宿舍楼主体、9760平方米产教融合楼主体二层施工任务；水、电、暖、气、路基本完工并投入使用；完成校园硬化2.5万平方米，绿化工程投入953.3万元，栽种并成活苗木5395棵，完成绿化51800平方米；投入120万元完成学院820米围墙改造。

是年，喀什技师学院强化纪律教育、实施军事化管理。制定《军训实施方案（试行）》《2017年春季军训计划》《准军事化管理实施方案（试行）》《封闭式管理实施方案》，强化执行力度，形成长效机制；配合学院军事化管理工作实施，招聘一批军事理论、业务素质和身体素质过硬的退伍士兵任军事化管理教官，落实每名教官责任，与学生同吃同住同学习，实现每层宿舍楼有1名教官专职对学生进行全封闭式的军事化管理、两个月的准军事化训练；对学生开展“三自教育”，规范学生言行。是年，学生精神面貌、纪律和文明习惯大为改观，学生宿舍内务整洁有序，教室干净整洁，校园环境卫生显著提升。

是年，喀什技师学院强化国家通用语言教育，将国家通用语言教育作为学生第一技能。制定《喀什技师学院强化国语教育教学工作实施方案》，明确目标任务，严格落实责任；成立公共基础部，专门负责国家通用语言教育教学工作，实现国家通用语言教材、课时、进度、考核标准“四统一”。加强师资队伍建设，优化教师队伍结构。通过招聘、考试、层层选拔，新聘教师41名，其中，国语教师36名，对国语教师开展集中培训、集体备课，提升教师队伍的教学能力和专业素质。增加国语授课比重，强化学生口语交流能力。根据封闭式管理需要，学院实行周六上课，大幅增加国语课时量。将国语课程贯穿教育教学全过程，第一学年每学期国语的周课时量达20节，占总课时的57%；第二学年国语周课时12节，占34%。天天唱红歌、背诗词，周周升国旗、有讲话，月月有考核、有评比，把“进校园、讲国语”与“早读经典、晚看联播”活动相结合，国语学习与政治教育同步，营造良好的国语学习氛围。是年，对国语教学情况进行重点督查，对存在的问题进行通报，并在教研会议上作为案例深入分析，对月考成绩差的国语教师进行约谈。是年，喀什技师学院推进一体化教学，强化学生职业技能训练。是年5月，承办喀什地区职业学校师资培训班，全地区70余名教师接受为期50天的培训。积极开展职业技能鉴定工作，完成校外鉴定考试18场，鉴定总数达到2464人次。是年，学院烹饪工艺系参加“国际饭店烹饪协会”组织的“国际蓝带御厨争霸赛”，2名教师获得特等奖，学院获“中国餐饮名校”称号。机电工程系师生参加地区技能大赛获二等奖2项，三等奖1项。2017年，喀什技师学院坚持就业导向，强化学生技能培训，加强校企合作、产教融合。组织举办企业专场招聘会12次，大型专场招聘会4场，建立合作企业8家，就业基地24家。全校2015届1200名实习生均落实实习企业。

（喀什技师学院）

高等教育

【喀什大学概况】 喀什大学始建于1962年，前身为喀什师范专科学校，建校至1978年底，学校是自治区5所高等院校（新疆大学、新疆工学院、八一农学院、新疆医学院、新疆喀什师范专科学校）中唯一的一所高等师范院校。1978年，学校升格为本科院校，更名为喀什师范学院。1994年，学校被国务院授予“全国民族团结进步模范集体”称号。2003年，获得硕士学位授权单位资格，开始承担硕士研究生培养任务。2009年，学校再次获国务院“全国民族团结进步模范集体”称号。2012年，被列为中西部基础能力建设工程高校。2014年，学校中国语系被国务院授予“全国民族团结进步模范集体”称号。2015年4月，更名为喀什大学。2016年6月，被确定为全国100所转型发展试点高校之一。

【师资队伍】 2017年，喀什大学制定《喀什大学转型试点专业2017—2020年“双师双能型”教师队伍培养与管理办法》《喀什大学外聘教师聘用管理办法》，共招聘教师69人。选聘思想政治教育、生物工程、凝聚态物理三个学科14名“天山学者”。鼓励教职工攻读“对口支援高校定向培养计划”“少数民族高层次骨干人才”等定向培养博士研究生。全年共有11名教师考取博士研究生。选派4名教师赴疆内外高校进修、访学，14名教师参加中西部高校新入职教师国培示范培训。

【学科专业】 2017 年，学校制定《喀什大学专业集群建设实施意见》《喀什大学转型试点专业建设指导意见》《喀什大学应用型人才实践教学基地建设管理办法》，投入 360 万元资金用于专业集群和转型试点专业建设。获批“金融数学”“食品质量与安全”“给排水科学与工程”3 个本科专业，教育学、化学和应用统计等 5 个硕士专业。学校本科专业数 54 个，非师范专业数 33 个，师范专业数 21 个，非师范专业比例达 61%。

【校园文化】 2017 年，喀什大学集中开展“‘五问维吾尔青年’给予我们的启示”“学习‘致维吾尔族同胞觉醒书’用实际行动维护社会稳定”“不忘初心跟党走、青春助力总目标”等主题团日活动，引导青年学生消除认识误区，统一思想认识，弘扬社会正能量，发挥青年学生在维护社会稳定方面的积极作用。开展“民族团结一家亲”大宣讲活动，累计宣讲 85 场次。以“开展志愿服务、助推社会稳定”为主题，组织师生深入市区便民警务站、养老院、福利供养中心开展志愿服务。选拔 67 名学生做好第六次全国援疆工作会议服务工作。在国庆、12·9 爱国运动日开展“我与国旗合个影、我为祖国送祝福”“铭记历史、牢记使命”演讲比赛、诗歌朗诵比赛和红歌大赛等主题宣传教育活动。

【科研工作】 2017 年，喀什大学制定《喀什大学纵向科研项目管理办法》《喀什大学科研经费管理办法》等制度，激励和支持教师多出成果、出好成果。全年立项国家自然科学基金项目 2 项，国家社科项目 3 项、教育部人文社科项目 6 项、国家民委项目 2 项、国家语委项目 1 项、其他部委项目 1 项、自治区重大项目 1 项、自治区重点实验室开放课题 1 项，自治区自然科学基金项目 9 项，自治区 2017 年科技创新人才培养工程项目 2 项，高校科研计划项目 10 项，自治区教育厅重大项目 1 项，自治区社科联科普活动资助项目 1 项，自治区教育综合改革试点重点项目 1 项，人文社科基地项目共 14 项。累计立项经费 476 万元。

【交流合作】 2017 年，喀什大学与援喀四省（市）10 余所高校新建合作交流关系，在师资队伍建设、人才培养、专业建设、学科建设、转型发展、干部交流、研究生培养等方面加强交流与合作。与南开大学就中国语言文学申报一级学科博士点、互聘博士生导师、化学一级学科硕士点建设、喀什大学马克思主义中国化研究、医学院筹建和医学专业申报等方面达成合作支援意向；与华中师范大学达成重点对口援建马克思主义学院，推进马克思主义中国化、马克思主义原理两方向三年内达到一级学科硕士点申报要求的协议；与陕西师范大学签署“丝绸之路教师教育联盟”和“丝绸之路人文社会科学联盟”协议；与北京大学马克思主义学院签订对口支援马克思主义学院；与乌兹别克斯坦国立音乐学院签署合作办学协议。

（喀什大学）

【喀什教育学院概况】 2017 年，喀什教育学院实行“一套班子、三块牌子”的管理体制，集成人教育、广播电视大学开放式学历教育、农业中等职业教育以及喀什地区初中教师继续教育于一体，隶属喀什地区唯一的一所综合性大专院校。学院有教职工 278 人，其中专任教师 204 人。设办公室、组织人事科、教务科、督导效能办、总务科、学生科、招生就业指导科、德育办、工会、团委、保卫科、宿管科、培训中心等 13 个科室。办学类型及学生（员）人数情况：中职教育 723 人；大专教育 88 人；两年制农村双语骨干教师培训 380 人；初中教师继续教育 4295 人；国家开放教育 3613 人。是年，注册学生 1116 人，成人脱产大专 76 人，与新疆农业大学联合办学招生 696 人。开设的专业有畜牧兽医、园林绿化、果蔬花卉生产技术、计算机应用技术、农村经济综合管理、设施农业生产技术、现代农艺生产技术、农产品保鲜与加工、纺织、服装 10 个专业。

2017 年，喀什教育学院出台《喀什教育学院教师双语培训实施方案》《喀什教育学院教师双语培训达标考核实施方案》《喀什教育学院优秀学生、优秀集体评选及奖励办法》，鼓励教师上好每一堂课，学生学好每一节课，对学习以及其他方面表现优秀的学生予以奖励。整理中职部分 7 个专业的教学计划，组织教研室相关编写人员保质保量编写 70 多门课程教学大纲，以升旗仪式、主题班会和德育实践活动课为抓手，大力加强爱国主义教育、民族团结教育，做好学生的入学教育和安全教育、养成习惯教育。增强教师技能，提高师资队伍水平。积极开展教师基本功大赛、教研活动、示范课、校内外培训等活动，切实提高教师专业技能。继续强化学科建设和管理，大力开展班主任培训、学语言和计算机运用技术等校本培训工作，评选出“四好老师”“师德标兵”“优秀教师”“优秀班主任”等先进，树立好的榜样。学院大力推进教师“走出去”战略共计投入近 40 万元。邀请上海奉贤中专专家团 11 人，对院中层领导和骨干教师 80 余人进行为期 2 天的专题培训，提升教师业务素质。坚持从班主任和任课教师配备抓起、从检验培训实效抓起，精心挑选业务精湛的骨干教师和优秀教师担任培训班班主任和授课教师，努力做好喀什地区初中少数民族双语教师“两年制”培训。是年 6 月，顺利通过自治区中期评估督导检查和验收。

是年，喀什教育学院在全体教职工中广泛征求提高学院教学质量的意见和建议，推进国家通用语言文字工作，提高国语教学质量。加大国语课程教学课时，实行专业课程国家通用语言教学，及时调整课程设置和教学计划，增加国语授课课时量，实行月考制度，对任课老师提出要求改进教学方法；每周五定期召开教育教学督查通报例会，提升学院的教育教学质量。

喀什教育学院积极开展学生广播操比赛、健美操比赛、绘画比赛，举办校园诺鲁孜艺术节，展示学生自编自演的节目。与疏附县二中进行篮球友谊比赛，加强两校的民族团结教育。高度重视校园体育文化建设，加大对体育场馆设施建设，先后建设室外塑胶足球体育场和跑道、篮球场排球场、室内体育场馆并投入使用。基本满足学院体育教学和学生课余体育活动的需求。结合重大节日活动，国旗下献礼、举办第一届运动会等活动，提升学生道德素质。是年，组织召开家长会2次，举办道德讲堂5次、各类讲座10余次，组织学生观看民族团结、环保、禁毒等方面的电影4次。

2017年，喀什教育学院围绕民族团结、专业教育、安全教育、法制教育，生活习惯养成教育等主题，以专题形式，开展形式多样、丰富多彩的入学教育。累计面向新生的入学教育共计48学时，每学期开展军事训练7天。对优秀学生，优秀班干部、三好学生给予1.9万元奖励，评优及奖学金覆盖率达30%。积极开展学生健康服务，开展艾滋病、结核等传染病防控教育各1次，开展生理健康教育1次、消防讲座3次、消防演练1次，为1785名学生免费体检并建立健康档案。加强教室、学生宿舍、食堂、公共浴室、开水房、校内学生服务机构等生活附属设施的建设与管理，不断改善办学条件。定期对学校超市、食堂进行检查，确保学生食品安全。

（喀什教育学院）

教师工作

【教师队伍补充】 2017年，喀什地区特岗教师计划总数6180人，其中，学前教师2560人，中小学双语教师岗位3170人。是年，喀什地区补充免费师范生673人，其中，补充学前教育阶段免费师范毕业生58人，补充小学教育阶段免费师范毕业生377人，补充初中教育阶段免费师范毕业生183人，补充普通高中教育阶段免费师范毕业生55人。春季赴内地高校招聘高中教师450人。12县市自行招聘教师10730人。

【学前教育干部支教】 2017年9月，自治区为喀什地区选派3902人学前教育支教干部到农村幼儿园进行支教，惠及12县市172个乡镇896所幼儿园15.6万人幼儿。其中，2017年选派新录用公务员、新聘教师2702名。

【教师职称评定】 2017年，喀什地区教师系列专业技术职务职称评审申报人数2450人，实际参与评审人数2284人，其中，29人拟晋升中小学正高级教师专业技术职务，评审合格人数13人；638人拟晋升中小学（幼儿园）高级教师专业技术职务，评审合格人数525人；1605人拟晋升中小学（幼儿园）一级教师专业技术职务，评审合格人数1550人；大中专讲师任职资格评审人数12人，评审合格人数10人。

【大学生实习支教】 2017年，喀什地区接受和安置石河子大学、喀什大学、新疆职业大学、乌鲁木齐职业大学、新疆艺术学院、山东理工大学等院校实习支教大学生2086人，分别安排在地区12县市的乡镇学校、幼儿园进行顶岗实习工作，其中，喀什市安置264人，疏附县安置145人，疏勒县安置176人，英吉沙县安置85人，莎车县安置168人，泽普县安置131人，叶城县安置120人，麦盖提县安置191人，岳普湖县安置83人，伽师县安置214人，巴楚县安置267人，塔什库尔干县安置54人，地直学校安置188人。

【教师培训】 2017年，喀什地区教育局按一定的比例选送测试，择优选送，选送人员公示，签订培训达标责任书等措施确保教师选送培训质量。选派教师参加国家、自治区级培训4943人。其中，双语教师培训345人，其他各级各类培训共培训教师4598人，包括“国培计划”747人，其中，新疆乡村教师访名校培训267人，新疆乡村幼儿园教师访名园培训191人，新疆乡村中小学校长培训44人，新疆乡村幼儿园园长培训30人，新疆乡村中小学教师培训团队研修项目（2015年项目县市）16人，新疆乡村幼儿园教师培训团队研修项目（2015年项目县市）2人，新疆乡村中小学教师培训团队研修项目（2017年项目县市）55人，新疆乡村幼儿园教师培训团队研修项目（2017年项目县市）14人，新疆中小学教师部编教材培训项目128人。自治区级培训3851人，其中，新疆师范大学高中暑期继续教育集中培训1393人；新疆师范高等专科学校中小学幼儿园暑期继续教育集中培训2421人；中小学汉语骨干教师赴内地高校参训21人；少数民族双语教师普通话培训12人；自治区中小学少数民族教师“跟班驻校”培训项目4人。是年，针对地区统一组织的双语教学技能考核情况积极争取自治区级培训计划，遴选1200人基本能胜任国家通用语言文字教学教师在地区培训机构开展为期一年的全脱产集中强化培训。遴选50人参加在喀什二中、喀什市二十八中、喀什市十小组织的中小学少数民族双语教师“跟班驻校”培训。全年地区级培训教师1250人。利用援疆资金组织实施上海市、山东省、广东省、深圳市对口支援喀什地区双语教师培训班，培训1075人。根据自治区、地区关于做好师资培训工作的总体要求及《喀什地区第五个五年管理周期（2014—2018年）中小学继续教育实施方案》，在喀什教育学院、喀什地区少数民族小学教师培训中心、疏勒县教师进修学校、叶城县教研培训中心组织实施2017年中小学幼儿园教师继续教育培训工作，培训教师7880人。全年选派14948名教师参加培训。

【教师资格认定】 2017年，喀什地区认定教师资格6065人。其中，地区认定2470人（在职教师及社会人员313人、喀什师范学校167人、喀什大学1990人），各县市认定3595人。

【教师“均瑶育人奖”“奖教金”表彰】 2017年12月20日，由上海均瑶（集团）有限公司在地区设立，旨在大力推进上海对口援疆的莎车、泽普、叶城、巴楚四县的实双语教育和职业教育发展，鼓励广大教师积极投身教育岗位的“均瑶育人奖”“奖教金”优秀教师表彰大会在喀什师范学校召开，地区200名优秀教师获“均瑶奖”、400名教师获“均瑶奖”提名奖，200名优秀教师、优秀班主任和优秀教育工作者获“奖教金”表彰。

（喀什地区教育局）

文化·体育

综　述

2017年，全地区有地、县、乡、村（社区）四级公共文化服务设施5190个，其中，公共图书馆13个，文化馆（文化中心）17个，美术馆3个，博物馆9个，国有专业艺术表演团体16个（13个歌舞剧团、3个杂技团），中等专业艺术学校1所，乡镇文化站219个，行政村（社区）文化室2448个，农家书屋2464个。有地、县、乡、村（社区）四级体育设施2383个，其中体育馆3座，体育运动学校1所、业余体校11所、全民健身活动中心（含雪炭工程）10个，乡镇农牧民体育健身工程50个，行政村农牧民体育健身工程2308个，基本实现文化体育服务设施地、县、乡、村全覆盖。喀什地区文化出版物市场主要有网吧、音像、歌舞娱乐、出版物、印刷、演出、游艺娱乐、文物八个经营门类、1633家经营单位，其中音像制品经营年单位138家，图书经营单位109家，印刷经营单位53家，打字复印店600家，民营艺表团体11家，歌舞娱乐场所173家；网吧147家；其他文化经营单位367家。从业人员4580人。年经营额1.53亿元。

是年，喀什地区初步形成以文化旅游、民族歌舞演出、民族手工艺品生产制作、民俗风情园为主的文化企业300余家，从业人员约2500人；疏附县阿凡提乐园、喀什市中坤土陶、新疆香妃湖花卉庄园有限责任公司等3家文化企业被命名为自治区文化产业示范基地。

截至年末，地区有非物质文化遗产项目列入联合国教科文组织人类口头非物质文化遗产名录2项，已申报国家级项目20项，代表性传承人23名，自治区级68项，代表性传承人79名；国家级非遗生产性保护基地1个，自治区文化生态保护实验区2个，国家级“民间文化艺术之乡”5个、自治区级“民间文化艺术之乡”13个、地区级“民间文化艺术之乡”33个。文物保护单位973处，其中，国家级8处，自治区级46处，县（市）级919处。全区馆藏文物5713件（套），其中珍贵文物140件。喀什老城区成功打造成AAAAA级文化旅游景区。

文化艺术

【“文化和自然遗产日暨阿凡提故事”展示展演系列活动】 2017年6—7月，喀什地区开展“文化和自然遗产日暨阿凡提故事”展示展演系列活动。围绕主题开展讲故事比赛、表演唱比赛、小品比赛、农民画手绘比赛和非物质文化遗产保护知识有奖问答等精彩纷呈的文化活动。在疏勒县罕南力克镇、库木西力克乡、塔孜洪乡的乡村举办国家级和自治区级非物质文化遗产展览16场次；组织10名民间艺人在英吉沙县开展“阿凡提故事”进乡村、进校园展演70场次；在罕南力克镇开展“阿凡提故事”进乡村活动6场次，参与活动群众3.6万人次。

【对口援疆省市图片展】 2017年6—7月，喀什地区文化馆协助山东、上海、广东、深圳四省市开展援疆省市图片的筛选、定稿、审核、前言后记和文字说明的审核，维吾尔文翻译、图片印制等工作，是年6月，向地区各乡镇、村、社区发放援疆图片2855套142750张，组织援疆图片展览11420场次，观看图片399.7万人次。

【“永远跟党走”喀什地区农牧民红歌大赛】 2017年6月30日，地区农牧民红歌赛在喀什体育馆开赛，来自12县市的13支代表队的千余名农牧民分别用汉语、维吾尔语交替演绎红色经典歌曲，3000余名现场观众与台上歌手共鸣互动，首首经典红歌将整场比赛推向高潮。经激烈角逐，莎车县恰热克镇19村农牧民合唱队获得第一名。

【百日广场文化活动】 2017年，喀什地区丰富各族群众的精神文化生活，组织“情暖喀什·共享和谐”乡村百日文体活动竞赛暨文化体育下乡活动和“感党恩、听党话、跟党走”第十六次百日广场文化活动，为迎接党的十九大胜利召开营造良好社会文化氛围。开展文化体育活动11798场次，参与群众和观众700万人次。

【公益演出】 2017年，喀什地区歌舞剧团致力于优秀传统民族艺术的整理加工、研究保护、传承发展，面向基层为广大群众服务。主要承担各项演出任务、“送文艺下乡”演出，历届“喀交会”文艺晚会的演出，地区大型文艺活动，对外文化交流，培训地县专业艺术创作表演人才等。演出服务覆盖全地区12个县（市)、172个乡镇、街办、2334个行政村，积极引领和推动全区文艺事业繁荣发展。

【送文艺下基层演出】 2017年，喀什地区歌舞剧团坚持以人民为中心的创作导向，创作贴近实际、贴近生活、贴近群众的文艺作品，组建演出分队，加强演出保障，用“包谷馕”式的宣传方式，开展“送文艺下乡”和主题演出，与群众开展零距离交流，为基层一线提供中华民族共同体意识的音乐、舞蹈、表演唱、小品。是年，赴全地区各县、乡（镇)、村开展“送文艺下基层”演出百余场次，进军营、进社区、进企业、进校园、进村委“五进”演出达到100%全覆盖，惠及群众10.7万人次。

【优秀剧目创作】 2017年，喀什地区歌舞剧团坚持把握社会主义先进文化的大方向，刻画“最美人物”，实现社会主义核心价值观的全方位贯穿，组建创作班子，创作反映民族团结一家亲、脱贫攻坚等一批代表性作品，并将之搬上舞台在和田地区皮山县多地巡回演出，弘扬中华传统文化，引导群众“感党恩、听党话、跟党走”。是年，以《感动喀什》潘玉莲为人物原型创作音乐短剧《牵手》，创作表演唱《阿米娜的幸福生活》《大家庭裁缝店》等系列精品舞台剧；以民族团结一家亲、脱贫攻坚、“访惠聚”驻村工作为主题内容，创编展现喀什各族人民心向祖国、迎接新时代精神风貌的优秀作品15个，在2018年春节前夕在喀什电视台演播。以社会正面典型人物事迹为题材，发掘和吸纳优秀作品，邀请优秀编剧参与创作，拓宽创作宽度，提高现实题材作品产出率，创作《石榴花开》《姑丽明天要上班》《“滴”出新生活》《阿不想动扶贫记》等多部优秀精品。

【“筑梦喀什、感恩援疆”慰问演出】 2017年，喀什地区歌舞剧团组织76名演职人员赴广州、深圳、上海、山东援疆四省市进行主题为“筑梦喀什、感恩援疆”慰问演出，在广东佛山、深圳，山东济南、泰安、济宁、东营、日照等地现场录制转播，30天内横跨11个城市11000多千米，专场演出13场，现场观众17000余人。

（喀什地区文化局）

公共文化服务

【公共文化服务体系建设】 2017年，喀什地区加大基层文化阵地建设投入力度，积极用好基层文化阵地。初步建成农村广播影视公共文化服务体系，全地区共完成自治区实施广播电视户户通工程建设任务900100户，广播人口覆盖率达到98.19%，电视人口覆盖率达到98.52%。试点建立泽普、莎车县乡村三级广播电视维护中心、站、点，进一步推进城乡广播电视公共服务均等化和运行维护管理机制；抓好村综合文化服务中心和文化大院建设，推进村（社区）综合文化服务中心建设，全地区每个村按户均1平方米的标准进行建设，实现全覆盖。抓好村文化室、农家书屋的正常使用，积极扶持打造文化大院建工程，充分发挥地县两级图书馆、博物馆、文化馆作用，地县两级图书馆全年接待读者6万人次。提升博物馆的公共文化服务能力，全地区13个博物馆共接待游客6.8万人次。开展国家级、自治区级非物质文化遗产展览进乡村10余场次，举办展示展演系列活动70余场次。

【文化项目建设】 2017年，喀什地区151个贫困村得到文化扶贫配送的民族乐器的项目支持。实施图书进清真寺项目，投资225.15万元为全地区所有清真寺统一配备书架。喀什市、巴楚县、泽普县、麦盖提县文化馆首批领取流动文化服务车，年内，地区及其他8个县陆续领取流动文化服务车。

【群众文化活动】 2017年，喀什地区通过多途径、多方式广泛开展群众喜闻乐见的活动，充分利用春节、“三八”妇女节、肉孜节、古尔邦节、国庆等节庆日，开展丰富多彩、群众喜闻乐见的文化体育活动。是年，全地区累计开展文化体育活动5.96万场次，参与群众达1869万人次。是年，喀什地区、县市歌舞剧团开展“送文艺下基层演出1880场次，观众70万人次，地区举办党的十九大知识竞赛、农民画大赛、文艺作品表演比赛，丰富各族干部群众精神文化生活。

（喀什地区文化局）

文化市场管理

【文化市场监管】 2017年，喀什地区文化局坚持文化市场日常安全生产、消防安全和经营情况检查巡查，每逢双休日、节假日，坚持值班备勤，及时查处违法经营行为。是年，喀什地区文化市场稽查支队共出动执法人员675人次，检查音像制品店236家次、书店381家次、打字复印店1941家次，台球厅264家次、网吧146家次，查处无证经营店铺5家，批评教育1家，责令现场整改21家次，限期整改15家次，停业整顿2家，扣押出版物经营许可证1个，没收复印机1台，申请注销音像制品店1家。

【文化市场专项行动】 2017年，喀什地区文化市场稽查支队联合地区公安局、工商局、教育局等单位，在全区范围内开展文化市场专项整治行动。各县市推进非法出版物清理工作，积极协调公安、工商、民宗等部门开展联合执法检查，出动检查人员435人次，检查经营场所490余家，共查缴非法出版物1803本，查缴盗版图书670本，音像制品6404张，取缔摊点1个，停业整顿1家。

【文化出版物市场执法】 2017年，喀什地区文化市场稽查支队联合地委宣传部、地区工商局、公安局等部门，围绕“清源2017”“净网2017”“秋风2017”“固边2017”和“护苗2017”五大专项行动，采取日常检查与专项行动相结合方式，加大对文化出版物市场检查执法，确保文化出版物市场健康、有序发展。是年，全地区出动检查人员2935人次，检查经营单位3251家次，责令整改510家次，办结案件12件，其中，全国扫黄办督办案件1件，打掉制作盗版音像制品窝点1个，查缴盗版音像制品14954张，查缴盗版书刊128本，查缴盗版软件600余张。

【市场监管法规培训】 2017年6—8月，喀什地区各县市文化市场综合执法大队举办网吧从业人员培训班，组织网吧业主学习地区文体局关于《转发〈文化部工商总局公安部工业和信息化部关于加强执法监督完善管理政策促进互联网上网服务行业健康有序发展的通知〉的通知》和《转发〈关于做好大风天、清明及“五一”期间火灾防控工作的通知〉的通知》，规范网吧经营单位经营行为，净化市场环境，增强网吧从业人员的法制观念，培养良好的职业道德，营造文化市场依法经营、守法经营、文明服务的良好氛围。是年，举办培训班5期，参加培训网吧业主1540人。

【文化市场技术监管与服务平台上线应用】 2017年，喀什地区积极推进文化市场技术监管与服务平台上线应用工作。举办培训班1期，采取视频讲解操作过程，老师讲授与实际操作相结合的方式，熟练掌握平台操作技能。是年，全区普及运用技术监管与服务平台，实现网上办案、数据报送、网上行政审批等工作，推进全地区文化市场执法更加科学化、法制化。

（卢　静）

非物资文化遗产保护

【非物资文化遗产宣传展示】 2017年，地区文化体育新闻出版局打造喀什民俗文化品牌，持续开展非物质文化遗产传承保护，传承优秀传统文化，教育引领群众。是年，开展埃希莱·叶莱教学视频和情景剧的专家论证工作，制定“阿凡提故事”系列活动方案，建设阿凡提传承人资料库。申请“喀什地区非物质文化遗产保护传承中心项目”列入“国家文化和自然遗产保护设施”。组织开展2017年“文化和自然遗产日暨第五届新疆非物质文化遗产展示周”活动。组织叶城县30名维吾尔族刺绣民间艺人参加在新疆大学举办的刺绣培训班。结合每周一升国旗“三结合”活动发放国家级、自治区传承人补助经费，其中国家级9人18万元，自治区级65人31.2万元。开展国家级、自治区级非物质文化遗产展览进乡村10余场次，举办2017年“文化和自然遗产日暨阿凡提故事”展示展演系列活动70余场次，以阿凡提人物的智慧和正义感传播正能量。

【米曼·艾米拉获中央电视台2016年度大众体育奖】 2017年1月15日，中央电视台2016年体坛风云人物颁奖典礼在北京国家游泳中心水立方举行，岳普湖县国家级非物质遗产传承人“且里西大王”（维吾尔族民间摔跤大王）米曼·艾米拉获中央电视台2016年度大众体育奖。

文博事业

【文物资源】 2017年，喀什地区有文物保护单位525处，其中全国文物保护单位8处，自治区级文物保护单位45处，县级文物保护单位472处。地区博物馆有藏品馆藏文物3733件（套），珍贵文物63件，其中国家一级文物16件套，二级文物12件套，三级文物35件套。2017年征集藏品100余件（套）。

2017年喀什地区全国重点文物保护单位名录

表4

序号	名称	类别	时代	所属县市	公布时间
1	莫尔寺遗址	古遗址	汉至唐	喀什市	2001.6.25
2	托库孜萨来遗址	古遗址	汉至唐	巴楚县	2001.6.25
3	石头城遗址	古建筑	晋至清	塔什库尔干县	2001.6.25
4	阿巴和加麻扎（墓）	古建筑	清	喀什市	1988.1.13
5	麻赫穆德·喀什噶里墓	古墓葬	元	疏附县	2006.5.25
6	叶尔羌汗（地方政权）王陵	古墓葬	明	莎车县	2006.5.25
7	艾提尕尔清真寺	古建筑	明	喀什市	2001.6.25

续表

序号	名称	类别	时代	所属县市	公布时间
8	莎车加满清真寺	古建筑	清	莎车县	2013.3.5

2017年喀什地区自治区级文物保护单位名录

表5

序号	名称	类别	时代	所属县市	公布时间
1	玉素甫哈什哈吉甫玛扎尔	古墓葬	宋	喀什市	1957.1.4
2	艾斯克沙尔古城	古遗址	汉	喀什市	1957.1.4
3	康奥依古城（汗诺依古城）	古遗址	唐—宋	喀什市	1957.1.4
4	艾尔斯兰汗麻扎	古墓葬	宋	喀什市	1999.7.29
5	欧达西清真寺	古建筑	清	喀什市	1999.7.29
6	亚吾鲁克遗址	古遗址	汉—唐	喀什市	2003.2.9
7	斯坎德尔王麻扎	古墓葬	清	喀什市	2003.2.9
8	霍加润那勒苏勒塘巴俄细石器遗址	古遗址	新石器时代	疏附县	1990.12.9
9	托库孜卡兹纳克寺院遗址	古遗址	南北朝	疏附县	2003.2.9
10	亚库塘细石器遗址	古遗址	新石器时代	疏附县	2003.2.9
11	阿克塔木烽火台	古遗址	清代	疏附县	2014.3.13
12	阿克塔拉遗址	古遗址	新石器时代	疏附县	2014.3.13
13	热比娅—赛丁麻扎	古墓葬	明—清	疏勒县	2007.6.4
14	英吉沙县古城墙	古遗址	清代	英吉沙县	2014.3.13
15	依格孜亚乡冶炼遗址	古遗址	1958年	英吉沙县	2014.3.13
16	都维力克遗址	古遗址	战国—汉	泽普县	2003.2.9
17	巴依都埃土墩	古遗址	不详	莎车县	1957.1.4
18	阿布都热合满王麻扎	古墓葬	清	莎车县	1990.12.9
19	康巴格古墓群	古墓葬	东汉—南北朝	莎车县	1999.7.29
20	阿孜尼米契提清真寺	古建筑	清	莎车县	1999.7.29
21	霍加穆罕默德·谢里甫麻扎	古墓葬	清	莎车县	2003.2.9
22	白依斯阿克木伯克麻扎	古墓葬	清	莎车县	2003.2.9
23	哈不德穆罕默德麻扎	古墓葬	清	莎车县	2003.2.9
24	亚克艾日克烽火台	古遗址	明—清	莎车县	2007.6.4
25	奴如孜墩遗址	古遗址	唐—宋	莎车县	2007.6.4
26	依列孜艾列克库尔干遗址	古遗址	清末	莎车县	2014.3.13
27	锡依提牙古城	古遗址	宋—元	叶城县	1962.7.11
28	谢衣提列克古墓	古墓葬	唐—宋	叶城县	1999.7.29
29	棋盘千佛洞	石窟寺	不详	叶城县	1999.7.29

续表

序号	名称	类别	时代	所属县市	公布时间
30	泰剑立陵	古墓葬	民国	叶城县	2007.6.4
31	叶城加满清真寺	古建筑	清	叶城县	2007.6.4
32	米尔扎阿巴拜克里库尔干遗址	古遗址	清代	叶城县	2014.3.13
33	布朗村南佛教遗址	古遗址	唐一五代	叶城县	1999.7.29
34	叶城县烈士陵园	近现代重要史迹及代表性建筑	1965 年	叶城县	2014.3.13
35	亚嘎其阿依旺遗址	古遗址	汉一唐	岳普湖县	2003.2.9
36	英阿瓦提喀拉墩古城	古遗址	公元前 3 世纪至公元 13 世纪	伽师县	2003.2.9
37	莫尔通烽火台	古遗址	唐一元	伽师县	2014.3.13
38	穷吞木遗址	古遗址	南北朝一元	巴楚县	1999.7.29
39	图木秀克遗址	古遗址	唐一宋	巴楚县	1999.7.29
40	托格拉塔格佛教遗址	古遗址	南北朝	巴楚县	2003.2.9
41	吉日尕勒旧石器遗址	古遗址	旧石器时代	塔什库尔干县	1990.12.9
42	公主堡遗址	古遗址	唐一清	塔什库尔干县	1999.7.29
43	香宝宝古墓群	古墓葬	春秋战国	塔什库尔干县	1999.7.29
44	塔什库尔干县城宗教建筑遗址	古遗址	唐	塔什库尔干县	2014.3.13
45	曲曼黑白条石带遗址及墓葬	古墓葬	春秋战国	塔什库尔干县	2014.3.13

（何红林）

【流动博物馆巡展】 2017 年，喀什地区文物局（博物馆）先后赴喀什市、疏勒县、疏附县、泽普县 4 个县市开展“流动博物馆”展览，用展陈的文物反映新疆地方史、民族史、宗教史发展演变的珍贵印迹，宣传新疆多元宗教演变的历史轨迹。是年，举办展览 138 场次，提供讲解服务 282 场次，参展群众 13.4 万人次。

（何红林）

2017 年 7 月 12 日，流动博物馆进入疏勒县库木西力克乡 13 村开展新疆多元宗教演变的历史轨迹宣讲

【博物馆公共文化服务能力建设】 2017年，喀什地区文物局（博物馆）对招聘的博物馆2名讲解员开展为期半个月的讲解礼仪、展陈内容、岗位职责和馆内规章制度等岗前培训，提升讲解水平。开通“喀什文博”微信公众宣传平台，推送信息50余条。完成3733件馆藏文物藏品的编目卡，建立详细的藏品分类账。开展迎新春活动、“5·18”国际博物馆日系列活动、文化和遗产日系列活动等，提升博物馆馆藏文物吸引力，推动博物馆社教能力发展。与广东民间工艺博物馆、广州市文物考古研究院在喀什地区博物馆联合举办中华文明之美——跨越千年的广州风情展览，展出雕塑作品40件（陶瓷24件、树脂12件、铸铁4件），展出广州市考古研究院东汉陶楼、西汉陶仓、西汉珠饰等文物35件，详细介绍汉代番禺物质生活和现当代广州风情，接待观众1.6万人次，提供免费服务156场次，开展社会教育活动7场次。

【文保项目申报】 2017年，喀什地区博物馆完成麻赫穆德·喀什噶里墓保护规划编制，上报国家文物局审批。指导喀什市艾斯克萨尔古城抢险加固维修项目方案申报。协调中铁西北科学研究院有限公司继续完善喀什地区长城资源（烽燧）保护维修工程（一期）设计方案。向自治区申请喀什地区博物馆馆藏文物预防性保护——珍贵文物展柜保护项目、喀什地区博物馆馆藏纺织品修复项目，待批复。

（何红林）

图书馆事业

【借阅藏一体化服务】 2017年，喀什地区图书馆接待读者5911人，12281册次。新办理读者卡278个，加工、装订维吾尔文、汉文报纸1692册，记到维吾尔文汉文报纸、期刊、少儿杂志14164册，加工著录维吾尔文、汉文图书610册；举办各类业务推广活动7场次，受益人数3800余人次。

【村图书室图书整理】 2017年，喀什地区图书馆组织4名工作人员赴疏勒县罕南力克镇6个村开展为期13天的村图书室图书整理工作，科学规范村图书室图书分类，提升借阅环境，是年，整理图书6052册。

【阅读推广系列活动】 2017年，喀什地区图书馆组织开展阅读推广活动。1月4日，召开“推进全民阅读　共建书香喀什”读者座谈会，深入了解读者需求，倾听读者心声，促进图书馆更好地为广大读者服务，加强图书馆工作人员与读者之间的沟通与交流，提升服务水平，推进免费开放工作，参加座谈会读者代表20余人。1月17日，联合喀什地区书法家协会开展主题为“共筑中国梦　共度书香年”楹联拜年活动，加强文化传承和社会服务，营造新春佳节欢乐祥和的节日气氛，突出图书馆文化惠民的重要意义。参加书法活动老师10人，赠送春联200余幅。1月28日—2月10日，在馆内报告厅开展数字资源视频展播活动，进一步加强数字图书馆推广工程的影响力，使数字图书馆服务惠及更广泛的社会公众。3—5月，利用流动服务车赴疏勒县塔孜洪乡托万库拉格拉村、罕南力克镇6个村开展“民族团结从我做起”送图书下乡活动7场次，提供阅读1800人次。6月，与喀什市第三幼儿园联合开展爱国主义教育亲子阅读及绘画活动，参加活动家庭20余人次。9月30日—10月31日，在馆外橱窗举办“举国同庆　共铸辉煌——庆祝中华人民共和国成立68周年”图片展览。

【通过第六次公共图书馆评估定级】 2017年，喀什地区成立第六次公共图书馆评估定级评估定级小组，地区及县（市）图书馆（塔什库尔干县除外）组织开展第六次公共图书馆评估定级工作，对照《图书馆评估定级标准》进行责任分解，责任到人，做好评估定级档案的整理、补充、网上申报等各项工作，是年，相继通过自治区文化厅、文化部评估。

【改善馆舍条件】 2017年，喀什地区图书馆争取财政项目资金近100万元新购置图书自助借还设备系统，购置盲人图书及相关设备，更换少儿阅览室书架、桌椅，维修改造馆内书库电路和公共卫生间，改善馆舍条件，为读者创造舒适、整洁的阅读环境。

（何　婧）

体育事业

【概况】 2017年，喀什地区文化体育新闻出版局在提升喀什竞技体育水平的同时，不断丰富广大农牧民群众文化体育生活，推动地区群众体育发展。是年，出台《喀什地区全民健身实施计划（2016—2020年）》，大力推动群众体育工作。举办“民族团结一家亲”全民健身八大群众体育系列赛、喀什地区“三对三”篮球比赛。组队参加自治区单项协会比赛、自治区舞蹈大赛、自治区未来之星暨校园足球总决赛、“我爱足球”西北赛区比赛和自治区社会体育指导员交流展示大会，均取得优异成绩。积极开展各项目裁判员培训，培训足球教练员、裁判员50人、篮球裁判员30人、体育舞蹈裁判员16人。参加自治区青少年运动会，取得团体第一名5个、第二名5个、获得金牌12枚、银牌21枚、铜牌33枚。是年，岳普湖县获自治区群众体育先进集体称号。

【“三新杯”农牧民男女篮排球比赛】 2017年10月，喀什地区县市、乡镇、村开展“三新杯”农牧民男女篮排球比赛活动，举办村级、县级赛事，引领农牧民群众健康生活，热爱生活。是年，全区组建男女篮球、排球队2312个。

（喀什地区体育局）

新闻出版·广播电影电视

新闻出版

【概况】 2017年，喀什日报社主要出版发行《喀什日报》、运营中国喀什网网站、制作发布喀什零距离微信公众号。《喀什日报》是中共喀什地委机关报，分汉文、维吾尔文两种文版，彩色印刷。《喀什日报》汉文版为四开八版到十六版，《喀什日报》维吾尔文版为对开四到八版。中国喀什网是喀什官方门户网站，具有一类新闻资质，由地委宣传部主管，喀什日报社主办，以中文为基础，以维吾尔文为重点，是山东省重大宣传文化援疆项目，是立足喀什、辐射南疆，面向全疆及周边中西亚国家乃至整个丝绸之路经济带沿线国家和地区的多语种门户网站，是对内凝聚各族群众力量、对外展示喀什形象的重要阵地和窗口。喀什零距离是喀什地区对外宣传的官方微信公众平台，主要宣传喀什好故事、展示喀什新形象、传播喀什正能量。

【报纸发行】 2017年，《喀什日报》以汉文、维吾尔文两种文字出版，周五刊，全年《喀什日报》汉文版出版发行284期417.48万份，比上年同期增加26期16.7万份；维吾尔文报出版发行260期，比上年同期减少6期，发行1032.2万份，比上年增加82.6万份。

【新媒体点击率】 2017年，中国喀什网汉文网站点击率235万，比上年增加227万；独立访客数17万，比上年增加15.3万。维吾尔文网站点击率142万，比上年增加140.5万，独立访客数11万，比上年增加10.5万。喀什零距离汉文微信平台从上年底的6.5万粉丝达到2017年年底的10.6万粉丝，增长63%，2017年点击率超过477万，影响力超过全国96%的公众号；汉文中国喀什网微信平台从上年底的7300粉丝增加到2.8万，增长284%。喀什零距离维吾尔文微信平台粉丝28385，中国喀什网维吾尔文微信平台粉丝已近万。中国喀什网微信平台积累的粉丝数量在全地区政务类排名第一。

【重点宣传报道】 2017年，喀什日报社围绕中心，服务大局，认真贯彻落实地区宣传思想文化工作会议上的九项工作任务。始终坚持政治家办报，准确把握新闻宣传方向。树立正确办报理念，增强报、网、刊、微信平台的指导性、权威性。紧紧围绕地委行署的中心工作，把握正确舆论导向，始终坚持正面宣传和团结鼓劲为主，坚持客观真实、弘扬主旋律为主，重点完成党的十九大精神、学习贯彻习近平总书记系列重要讲话、第六次对口援疆工作会议、“学、转、促”专项活动、“民族团结一家亲”以及党风廉政建设、“访惠聚”等多项重点宣传报道任务。整体推进报、网、刊、零距离微信平台等全媒体的融合发展。充分发挥报、网、微信平台等全媒体优势，运用大量的专版、专栏、消息、通讯、系列报道、图片、特写、述评等多种体裁、形式，结合地区发展的不同场景和变化，立体化展现喀什聚焦总目标、落实总目标采取的新举措、取得的新变化、新发展。在重要时段、重要节点，通过专版、专栏等方式转载中央、自治区等主流媒体系列理论文章，进一步统一全地区各族干部群众在重大理论问题上的思想认识。

【舆论宣传阵地建设】 2017年，喀什日报社自觉坚持党性原则和政治家办报原则，坚持党管媒体不动摇，牢牢把握意识形态领域工作领导话语权，坚持“四个自信”，完善报社考核机制。坚持实事求是，把握正确的舆论导向，保持清醒的头脑，更好地服务于地委工作大局。充分发挥新闻工作凝聚人心、鼓舞斗志的重要作用，为推进新疆稳定和长治久安总目标营造良好的舆论氛围。引导全体党员干部自觉加强党性修养，坚定理想信念，提升道德境界，追求高尚情操，强化部门管理。进一步完善“三审三校”制度，严格把好政治关、导向关、质量关。

【全媒体融合发展】 2017年，喀什日报社探索全员由平面媒体向全媒体方向转型，扩展网站栏目和服务功能，优化新闻宣传资源，提高网络媒体安全度，确保新闻的时效性。提高中国喀什网、喀什零距离的知名度，增加了粉丝量。

【对外宣传】 2017年，喀什日报社设立《新疆日报》喀什记者站，充分发挥本报记者及《新疆日报》喀什记者站记者双重身份，大力宣传推介喀什。全年向人民网、新华网、中国新闻网、《新疆日报》《新疆经济报》《农民报》、新疆人民广播电台、天山网推送各类稿件300余篇、刊登稿件100余篇。

【获奖新闻】 2017年，《喀什日报》获得自治区“双十佳”报纸，一批优秀新闻作品获得国家、自治区好新闻奖。其中，新疆好新闻奖11篇。其中记者霍然的通讯作品《一心为民破贫局　产业扶贫促增收》，努尔比亚·依明等作者的通讯作品《慷慨的手　温暖的心》获得新疆新闻奖一等奖；王志恒和孙玲的消息《红光村民族团结模范村民圆梦红色之旅》等3篇作品获得新疆新闻奖二等奖；潘黎明的通讯《大走访——走到田间　坐到炕头》以及王志恒、迪力夏提·买买提的系列报道《喀什地区百万亩生态防护林建设巡礼》等5篇作品分别获得新疆新闻奖三等奖。

记者向国恺、潘黎明的通讯作品寻找《艾米尔》获得中国城市党报好新闻一等奖；颜春燕、廖瑞、王军的通讯作品《两个“古丽”和他们的胡爸爸》获得中国城市党报好新闻二等奖；颜春燕等作者的通讯《爱在驻村时　情在点滴间》和向国恺的通讯《半个多世纪后的重聚》两篇作品获得中国城市党报好新闻三等奖；刘彩、陈燕的《成都女孩在伽师》获得中国城市党报好版面奖。

记者王志恒的消息《村里的国旗和天安门广场的一样鲜艳》，向国恺的通讯《半个多世纪后的重聚》以及颜春燕、魏君龙的通讯《两个“古丽”和他们的胡爸爸》等5件作品获得第三十届中国少数民族新闻奖三等奖。

【新闻队伍建设】 2017年，喀什日报社进一步提升新闻从业人员整体素质。充分利用对口援疆资源项目，通过柔性人才引进计划以及内地优秀人员招聘等活动，及时充实新闻业务队伍；派出新闻业务骨干赴内地学习培训，定期组织全地区通讯员队伍培训工作。是年，到区外学习15人次，组织各类新闻培训班3期，培训通讯员及新闻骨干约200人。

（王志恒）

广播电影电视

【概况】 2017年，喀什地区广播电影电视局围绕中央、自治区党委和地委、行署的重大工作部署以及自治区新闻出版广电局、地委宣传部的宣传工作要点，制定下发地区广电局全年广播电影电视宣传工作要点和每月宣传工作重点，指导、督查和落实。围绕喀什地委、喀什行署中心工作，重点抓好宣传贯彻党的十八大、十八届四中、五中、六中全会精神及党的十九大报告精神、自治区党委系列会议精神、地委扩大会议精神等主题；精心组织好全国和自治区“两会”、喀交会、援疆工作等重大会议、重大活动的宣传报道，开辟一系列特别报道、专题报道、系列报道和深度报道，形成强大宣传合力，牢牢把握舆论宣传的主动权。配合不同时期宣传重点，做好日常宣传报道，通过增加节目容量，开办脱贫致富、生态环境建设、劳动就业保障、文化旅游、健康生活、娱乐类栏目，增强宣传完善知识产权保护制度、服务消费、教育、养老、医疗等服务的报道，满足农牧民群众对广播电视节目的多样化需求，发挥好主流媒体的舆论引导作用。是年，全地区广播电视系统在区外各大媒体上稿983件。截至年末，六年累计完成自治区实施广播电视户户通工程建设任务900100户。

【译制片生产】 2017年，喀什地区广播电影电视局积极与自治区新闻出版广电局总编室联系，争取维吾尔语影视译制片源。积极争取项目资金，进一步改善译制生产条件，在原有译制棚的基础上，改扩建译制棚3个，5个译制棚全面投入使用，维吾尔语影视译制生产能力得到提升。是年，加大维吾尔语影视译制生产力度，优化资源配置，落实译制任务，以付费方式向社会聘请男配音演员和技术人员，进一步提高译制生产能力。完成电视剧《因为爱情有奇缘》《裸婚时代》《阿U》10余部影视剧的译制任务，年译制生产量达到230部（集）以上。

【广播电视村村通、户户通工程】 2017

年，喀什地区完成自然村、行政村和国有农林牧场的广播电视村村通建设任务点2262个（覆盖盲区主要集中在自然村），基本实现全区2319个行政村的建设盲区的全部覆盖，全区安装直播卫星接收设备95639套，其中，完成20户以上“村村通”建设任务点1933个，安装直播卫星接收设备86893套；完成20户以下“村村通”工程建设任务点329个，安装直播卫星接收设备8746套。农牧民群众可以通过地面无线数字发射系统接收到十余套中央、自治区、地区和本县市电视节目，通过直播卫星收听收看标清电视节目61套、广播节目48套。是年，试点建立泽普县、莎车县乡村三级广播电视维护中心、站、点，通过市场运作、定点维修、契约服务等运行维护方式，进一步推进城乡广播电视公共服务均等化和运行维护管理机制，基本实现农牧民群众“听得到”“看得到”的目标。

【农村公益电影放映工程】 2017年，喀什地区广播电影电视局组织督查组认真开展农村公益电影的考核评价工作，下发电影放映指标，指导各县市、乡镇加强对农村电影放映工作的统筹安排，制定详细的放映计划，基本解决农村群众看不到电影、看不起电影的问题，丰富农牧民群众的精神文化生活。是年，全区168个乡镇都配备数字电影放映设备，以乡镇为单位，组建农村电影放映队168支，有电影放映员199名，放映农村公益电影29907场，观影人数达168万人次。

【县城数字影院建设】 2017年，喀什地区12县市城通过“先补后建”的方式（每个影院补助80万元）建设2K数字影院全部完工，实现全区县城数字影院建设全覆盖。是年，运营数字影院7家。

【广播电视广告播出监管】 2017年，喀什地区广播电影电视局加强行业管理，强化安全播出环境，指导、监督各级广播电视播出机构严格执行《广播电视广告播出管理办法》，对各县市广播电视广告播出情况予以抽查，全区广播影视系统没有出现违法违规的商业广告及内容低俗、故意欺骗、误导公众的商业广告。

【境外卫星电视传播秩序专项整治】 2017年，喀什地区广播电影电视局开展境外卫星电视传播秩序专项整治活动。截至5月底，先后出动543人次，247车次，收缴非法卫星接收机顶盒463台、非法卫星接收器室外天线3535个、非法卫星接收器高频头1791支，拆除安装非法卫星电视接收锅9417个，查处非法卫星信号接收机149个。

【广播电视安全播出】 2017年，喀什地区广播电影电视局进一步建设完善各级广播电视播出技术系统，强化常态安全运行和应急处置能力，全面提升安全播出保障能力。加强综合治理、安全保卫工作，严格单位内部安全管理。确保重大活动、重大节日、重要节点、重要节目、重点时段的广播电视安全播出任务。

【喀什新闻播报】 2017年，喀什新闻通联把对外宣传工作纳入全台工作重中之重，抓住重点、提前准备、周密策划，完成全年各项外宣任务和重大外宣报道。重点播出全国两会和自治区两会宣传、《民族团结一家亲》、“南疆支教”、建党96周年和庆祝中国人民解放军建军90周年宣传及“取消农村义务工”，春节和《跨年成绩单》《走基层·精准扶贫看南疆》，“一带一路”国际合作高峰论坛宣传、突发应急事件等宣传报道；播报的“习近平回信勉励库尔班大叔的后人，做热爱党热爱祖国热爱中华民族大家庭的模范”反响热烈。积极配合中央台、新疆台及时上传“塔县地震多方救援、爱心捐赠等”相关抗震救灾消息21篇。全力做好党的十九大宣传报道工作，持续做好自治区九项惠民工程特别报道《深入学习贯彻落实总书记重要讲话精神》专栏、“惠民工程暖民心”“团结聚力共圆梦想”“地州行·专访”“跨年·成绩单”等专栏，围绕“扶持谁”“谁来扶”“怎么扶”等内容策划实施“走基层·精准扶贫看南疆”专栏。

【自办栏目】 2017年，喀什电视台播出《致富有道》《喀什我最牛》《今日喀什》、法治喀什、喀什说法、职等你来、轻松学双语、健康与养生等维吾尔语汉语自办栏目。其中，播出致富有道维吾尔语汉语30期。全年录制喀什我最牛维吾尔语汉语72期。录制《今日喀什》17期。法治喀什、喀什说法维吾尔语汉语32期。录制《职等你来》维吾尔语汉语52期。全年录制《轻松学双语》108期。录制《健康与养生》52期，录制《时代先锋》7期。先后摄制完成地委扩大会议实况及特别报道、2017年春节联欢晚会、新广行风喀什专场、感动喀什十大人物颁奖盛典、建党88周年知识竞赛2场、喀什地区红歌大赛1场等活动的录制制作播出。拍摄制作全民体检汇报片1部、“5·12”塔什库尔干地震纪实3部、忏悔录8部、惠农资金发放汇报片1部、“访惠聚”工作专题片2部、地区“一体化”建设教学片2部、地区财政局专题片2部。

【电视公益广告宣传】 2017年，喀什电视台在每个频道每天播出“民族团结”“访惠聚——让祖国的新疆更美好”“辉煌中国”“不忘初心”“法治中国”“建军90周年”“将改革进行到底”“一带一路”“福娃”等各类公益广告10余条12450分钟。免费优惠播出风沙预警、高温预警、消防、绿化、道路改道、环境保护、预防艾滋病、防震减灾宣传等多条各类公益广告30余条6465分钟。

【电视节目播出】 2017年，喀什电视台节目部录播大型电视纪录片、一批反映革命先烈、伟人、模范共产党员的优秀历史军事题材的影视剧。在春节、古尔邦节等重要节假日，在喀什各频道穿插安排播出中央台春节联欢晚会、新疆台春节联欢晚会、喀什地区春节联欢晚会、古尔邦节联欢晚会等文艺节目。集中编排一批反映新疆民族团结教育、各民族团结奋斗开发建设边疆的优秀影视剧及“万村千乡文化产品惠民行动”优秀影视剧：喀什电视台各频道分别播出电视剧《刘开放住村记》《丝绸之路传奇》《杏福来敲门》《新疆古丽》《有一个古丽》《同心兄弟》，电影《买买提的2008》《买买提外传》《库尔班大叔上北京》《会唱歌的土豆》《真心》《吐鲁番情歌》《良心》《向导》等反映民族团结的影视剧；加强农业科普宣传，播出《致富路》《农牧天地》《沃土》以及其他栏目《民与法》《发现》《开课了》《讲述》等。在喀什电视台二套、四套、六套三个维吾尔语频道分别播出双语大赛、各类小品、晚会、文艺集锦、麦西来甫等文艺节目，不间断穿插播出《东西南北新疆人》《让历史告诉未来》《真实记录》《喀什传说》《中国之最》《身边的奥秘》等系列专题片，准确录播大型电视纪录片《让历史告诉未来》《东西南北新疆人》《真实记录》、小品大赛、双语大赛、话剧展播；联合地委组织部做好“庆七一专题片展播”。结合7月建党、8月建军节以及迎接党的十九大的召开等宣传重点，及时安排播出《毛泽东》《历史转折中的邓小平》《海棠依旧》《彭德怀元帅》《东方》《解放》《寻路》《延安颂》《东方红》《五星红旗迎风飘扬》《国家命运》《雷锋》《焦裕禄》《毛泽东和他的儿子》《周恩来的四个昼夜》《杨善洲》等一批反映革命先烈、伟人、模范共产党员的优秀历史军事题材的影视剧。录制中央电视台播出的喜迎十九大的大型政论专题片《将改革进行到底》《法治中国》《大国外交》《辉煌中国》《强军》《不忘初心　继续前进》《还看今朝新疆篇》等专题节目。新疆台喜迎十九大文艺节目《党的光辉耀天山》。全年汉语频道播出电视剧4220部集，电影2080部集，动画片365部集，文艺节目900部集、专题片22部1434集（不算重复播出），栏目5个489部（不算重复播出）。全年维吾尔语频道播出电视剧5988集，动画片730部集，少儿节目260集，文艺节目2236部集，专题片6部264集（不算重复播出），栏目14个1333部（不算重复播出）。

【获奖作品】 2017年，《一名支教老师的高原情缘》《万众一心　众志成城抗震救灾》获新疆广播电视节目汉语电视新闻类三等奖，《产业促就业　摘掉脱贫帽》获新疆广播电视节目汉语电视社教优秀栏目类二等奖，《丝路·喀什》获新疆广播电视节目汉语电视社教优秀栏目类三等奖。

（喀什广电局、喀什电视台）

新疆广电网络股份有限公司喀什分公司

【安全生产播出】 2017年，新疆广电网络股份有限公司喀什分公司支部书记与经理、分管领导等逐级签订安全生产、安全播出、综合治理责任书，明确职责、细化目标、全程督导、检查落实。分公司在每十天组织人员对车辆、工具、库房、机房、二级站、办公场所进行一次安全卫生大检查，发现问题及时整改，重复发现问题对部门主任及分管领导根据规定严肃处理，确保各项安全。截至年末，开展安全大检查32次，发现安全隐患18处，整改18处。组织分公司员工和施工队进行安全培训，其中，组织消防知识培训3次，培训人数148人次，其他安全生产方面培训28次，培训545人次；疏散演练8次，灭火演练5次，参与人数560人次。是年，专门成立“十九大”期间安全播出领导小组，制定安全保障实施方案，将各项工作安排到人，责任落实到人，与各县局及相关部门签订安全播出责任书，加大安全播出检查力度，投入保障人数54人；盯防、值守点位数17个。加大“党的十九大”重要保障期间干线巡查力度：国、省干线、重要线路巡线长度为4217千米；总巡线里程为4232千米，投入232人次133车次，巡线的总人时1214小时。处理故障数1398个，其中，数字电视782个、互动278个、宽带338个，确保“党的十九大”重要保障期间的安全播出。

【“智慧+”业务】 2017年，新疆广电网络股份有限公司喀什分公司积极宣传、联系“智慧+”业务，6月份成功与喀什宾馆签订智慧宾馆合同，进一步扩大“天山云”品牌的影响力，完成智慧宾馆（酒店）业务403户。9月，成功与喀什市杰瑞医院签订智慧医院项目27户。是年实现增收13万元。

（新疆广电网络股份有限公司喀什分公司）

旅 游

综 述

2017年，全地区接待游客600万人次，同比增长22%，实现旅游收入54亿元，同比增长38%。全地区拥有A级景区52个（其中AAAAA级2个，AAAA级9个，AAA级25个）；星级饭店35个（其中5星级1个，4星级4个，3星级20个）；星级农家乐、牧家乐161个；旅行社35家；直接就业人员28098人，间接就业人员109797人。全年接待旅游专列37趟、14331人，旅游包机8架2448人。

【启动编制《喀什地区旅游发展总体规划》】 2017年，喀什地区旅游局争取上海援疆前方指挥部的支持，启动编制《喀什地区旅游发展总体规划》，确保旅游资源有序开发、合理保护。

【全国优选旅游项目申报】 2017年，喀什地区旅游局组织县市旅游局开展全国优选项目推荐上报工作，推荐上报优先项目5个，分别为喀什高台民居保护治理项目、巴楚喀什河综合治理、红海景区湿地公园及沙漠公园建设项目、疏勒县丝绸之路生态文化园开发项目、麦盖提塔克拉玛干国家沙漠公园旅游景区项目、泽普县美丽乡村建设项目，争取项目资金750万元。

【旅游市场开拓】 2017年，喀什地区旅游局组织人员参加2017年第十四届（上海）世界旅游博览会、广州，深圳旅游推介会、新疆亚欧博览会，举办喀什旅游宣传及媒体推介会，推广“喀什旅游·世间独有”品牌，组织参加“2017首届新疆旅游纪念品创意设计大赛”活动，获最佳组织奖。

【AAAAA景区创建】 2017年，喀什地区旅游局继续推进帕米尔景区、红海景区、达瓦昆景区等AAAAA级景区创建工作。对照国家《旅游景区质量等级的划分与评定》细则要求，查找景区存在的问题，指导各县市制定具体整改方案，细化工作措施，量化工作任务，明确完成时限。加强景区升级改造，进一步完善景区的服务设施。指导做好景区标识系统设计、特色游步道、旅游公路、游客中心、生态停车场、旅游厕所、门景广场等方面的升级改造。按照逐级提交申请报告、编制《旅游景区质量等级评定报告书》和创建资料，省级旅游景区评定机构组织初评、向全国旅游景区质量等级评定委员会提交推荐意见的程序做好申报工作。

【旅游精品申报】 2017年，喀什地区旅游局抓好精品旅游景区改造提升，继续推进塔什库尔干帕米尔石头城景区、巴楚红海景区、岳普湖达瓦昆景区AAAAA创建；申报AAA级景区7个、AAAA级景区2个、国家生态旅游示范区1个、特色旅游目的地1个，4星级饭店1个、3星级饭店1个。其中喀什市西域生态庄园和骑士大观园被评定为AAA级旅游景区，喀什市丽景酒店被评定为三星级酒店。

【旅游对口援疆】 2017年，喀什地区深化与援疆省市间的旅游投资、市场营销、信息交流、客源拓展、人才培训、景区打造、产品开发、品牌推广、运营管理等方面的全方位合作，组团参加了第十四届（上海）世界旅游博览会、上海旅游节、广东旅博会等旅游宣传推介活动。上海市旅游专家以“送教上门”的方式，选派专家专程到喀什开展喀什地区旅游经营管理人才培训，培训人员80人。山东省组织90名喀什地区旅游行政、景区管理、农家乐经营和乡村旅游从业人在山东省旅游学院进行为期15天的培训，投入援疆资金3600余万元，对刀郎画乡、刀郎文化创业园、塔克拉玛干沙漠N39°探险基地、刀郎民俗旅游一条街等重点旅游项目进行整体提升，组织输送游客4500多名。全年，喀什地区接待旅游专列37趟、14331人，旅游包机8架、2448人。

【旅游惠民生项目】 2017年，喀什地区旅游局积极申报自治区“访惠聚”村级惠民生旅游项目3个，争取项目资金150万元。

【旅游脱贫】 2017年，喀什地区积极发展乡村旅游，支持各县积极打造乡村旅游示范点，鼓励农牧民开办农家乐、牧家乐、农家庄园等新业态，推动旅游带动就业。全年成功创建四星级农家乐2家，三星级农家乐24家；申报乡村旅游示范县8个、旅游致富带头人58个、旅游纪念品制作传承匠人41人。按照“重点招生、专项培训、协议就业”的原则，选派51名少数民族学员赴自治区旅游培训学院开展为期3个月的专项培训，实现“培训1人、就业1人、脱贫1家”目标。

（喀什地区旅游局）

旅游行业管理

【旅游市场监管】 2017年，喀什地区旅游局开展旅行社、星级饭店、景区服务质量提升行动，完善星级饭店退出机制和星评监督机制。开展导游、讲解员服务提升行动。针对旅行社开展执法检查6次，检查旅行社22家；复核星级饭店6家，下发整改意见5份；检查A级景区38家，下发整改通知29份。

【旅行社管理】 2017年，喀什地区旅游局规范旅行社审批程序，做好质量保证金管理，加强旅行社经营行为的监管，全年开展旅行社专项执法检查6次，抽查旅行社22家，对发现的问题及时下发整改通知书，督促抓好问题整改。

【导游管理】 2017年，喀什地区旅游局加强旅游市场执法检查，严禁导游私自改变旅游团行程、诱导消费等违法违规行为，开展电子导游证换发和导游基本信息纠正工作，做好2017年度全国导游考试喀什考点各项筹备工作。是年，116名报考人员在喀什考点顺利完成笔试和面试。

【旅游饭店管理】 2017年，喀什地区旅游局加快星级饭店创建力度，申报创建4星级饭店1个、3星级饭店1个，其中喀什市丽景酒店被评定为三星级酒店。对星级饭店服务质量实施监管，对4家四星级饭店和1家五星级饭店分别进行复核性评定和对标检查，保障服务质量持续稳定。

【旅游安全管理】 2017年3月，与各县市旅游局和旅游企业签订2017年《安全生产目标责任书》《消防安全责任书》，开展安全生产月宣传活动、旅游行业夏季消防安全工作、迎接国务院消防工作考核相关工作。全年与相关职能部门开展联合大检查7次，安全生产大检查67次，累计检查旅游企业1100家次，排查一般隐患510项，整改隐患503项，企业自查自改隐患140项，整改136项，发放旅游安全资料1200多份。

（喀什地区旅游局）

新疆维吾尔自治区喀什地区A级旅游景区名录

表6

序号	地州市	县市	等级	景区名称	通信地址	景区对外公布咨询电话
1	喀什地区	泽普县	AAAAA	金湖杨景区	泽普县国营林场	0998-8255333
2	喀什地区	喀什市	AAAAA	喀什古城	喀什市解放北路	0998-2831191
3	喀什地区	岳普湖县	AAAA	达瓦昆沙漠旅游风景区	岳普湖县铁力木镇	0998-6825001
4	喀什地区	塔什库尔干县	AAAA	石头城景区	塔什库尔干县城	0998-3493318
5	喀什地区	巴楚县	AAAA	红海景区	阿纳库勒乡境内	0998-6630888
6	喀什地区	麦盖提县	AAAA	刀郎画乡景区	麦盖提县库木库萨尔乡	17690170602
7	喀什地区	喀什市	AAAA	喀什市大漠绿洲生态园	喀什新城深喀大道	0998-2327111
8	喀什地区	叶城县	AAAA	宗郎灵泉景区	叶城县宗朗乡2村	0998-7283552
9	喀什地区	英吉沙县	AAAA	南湖旅游度假区	英吉沙县芒辛乡喀拉巴什村	0998-3629622
10	喀什地区	喀什市	AAA	香妃故园景区	喀什市浩罕乡浩罕村	0998-2950196
11	喀什地区	喀什市	AAA	高台民居景区	喀什市亚瓦格街阔孜其亚贝希巷	无
12	喀什地区	喀什市	AAA	中西亚国际贸易市场	喀什市艾孜热特路	0998-2933888
13	喀什地区	喀什市	AAA	喀什骑士大观园	喀什市迎宾大道668号	0998-2917888
14	喀什地区	喀什市	AAA	喀什西域民俗风情园	喀什市小亚郎水库东侧	无
15	喀什地区	疏勒县	AAA	张骞公园景区	疏勒县张骞路、县委党校对面	0998-6572233
16	喀什地区	疏勒县	AAA	香妃湖花卉庄园	疏勒县巴合齐乡13村	0998-6526998
17	喀什地区	疏附县	AAA	麻赫穆德·喀什噶里景区	疏附县乌帕尔乡五村	无
18	喀什地区	疏附县	AAA	中国新疆民族乐器村	疏附县吾库萨克乡7村	0998-3252576
19	喀什地区	莎车县	AAA	十二木卡姆民俗风情度假村	莎车县依干其镇	0998-8528530

续表

序号	地州市	县市	等级	景区名称	通信地址	景区对外公布咨询电话
20	喀什地区	莎车县	AAA	莎车古城	莎车县阿勒屯路	0998-8528530
21	喀什地区	莎车县	AAA	丝绸之路莎车湿地公园	莎车县乌达力克乡	0998-8528530
22	喀什地区	麦盖提县	AAA	刀郎文化广场	麦盖提县英买里路5号	13379759553
23	喀什地区	麦盖提县	AAA	刀郎乡里景区	央塔克乡	13999630321
24	喀什地区	麦盖提县	AAA	世界和平公园景区	麦盖提县刀郎文化产业园	13579317389
25	喀什地区	叶城县	AAA	锡提亚谜城景区	叶城县洛克乡6村	09987283552
26	喀什地区	叶城县	AAA	坡陇原始森林生态景区	叶城县柯克亚乡5村	09987283552
27	喀什地区	叶城县	AAA	叶城县邓缵先纪念园	叶城县育才路	无
28	喀什地区	叶城县	AAA	叶城县烈士陵园	叶城县零公里	无
29	喀什地区	叶城县	AAA	核桃七仙园	叶城县萨伕巴格乡17村	09987283552
30	喀什地区	英吉沙县	AAA	英吉沙县穆孜鲁克湿地景区	英吉沙县托普鲁克乡	0998-3629622
31	喀什地区	岳普湖县	AAA	柳树王生态景区	岳普湖县巴依阿瓦提乡	0998-6825001
32	喀什地区	泽普县	AAA	古勒巴格景区	泽普古勒巴格乡	0998-8255333
33	喀什地区	泽普县	AAA	布依鲁克塔吉克风情小镇	布依鲁克塔吉克乡	0998-8255333
34	喀什地区	巴楚县	AAA	白沙山沙漠公园	恰尔巴格乡境内	0998-6630888
35	喀什地区	喀什市	AA	盘橐城	喀什市班超路71号	0998-2823183
36	喀什地区	喀什市	AA	福乐智慧园	喀什市体育路54号	0998-2823183
37	喀什地区	喀什市	AA	喀什市和田玉雕刻展览馆	喀什市西域大道143号	0998-2558333
38	喀什地区	莎车县	AA	十二木卡姆故乡园	莎车县其乃巴格路3号	0998-8528530
39	喀什地区	莎车县	AA	塔克拉玛干沙漠喀尔苏风景区	莎车县喀尔苏乡	0998-8528530
40	喀什地区	塔什库尔干县	AA	文化艺术中心	塔什库尔干县城	无
41	喀什地区	伽师县	AA	森林旅游生态园	伽师县巴仁镇琼巴格村	0998-6731000
42	喀什地区	伽师县	AA	胡杨林公园	伽师县铁日木乡铁格艾日克村	0998-6731000
43	喀什地区	伽师县	AA	奥斯特园林农业示范基地	伽师县江巴孜乡开旦木加依村	0998-6731000
44	喀什地区	疏附县	AA	西域奇观景区	疏附县兰干乡	无
45	喀什地区	疏附县	AA	四十眼泉景区	疏附县乌帕尔乡4村	无
46	喀什地区	疏勒县	AA	牙甫泉沙疗滑雪中心景区	疏勒县牙甫泉镇6村	无
47	喀什地区	英吉沙县	AA	英吉沙县木雕村景区	英吉沙县	0998-3629622
48	喀什地区	英吉沙县	AA	英吉沙县土陶村景区	英吉沙县芒辛乡9村	0998-3629622
49	喀什地区	英吉沙县	AA	英吉沙县达瓦孜景区	英吉沙县	0998-3629622
50	喀什地区	英吉沙县	AA	英吉沙县小刀村景区	英吉沙县	0998-3629622
AAAAA景区2个，AAAA景区7个，AAA景区25个，AA景区16个，共50个景区						

卫生·医疗

综　述

2017年，喀什地区有各级各类卫生医疗机构3518家，其中，医院163个（综合医院141个，中医民族医院12个，专科医院10个），基层医疗卫生机构3298个（其中社区卫生服务中心159个，社区卫生服务站9个，乡镇卫生院170个，村卫生室2371个，门诊部104个，诊所和医务室485个），专业公共卫生机构57个（疾控中心、妇幼保健机构、卫生监督机构各13个，计划生育技术服务机构18个）。

截至2017年9月30日，喀什地区计生统计人数472.60万人，其中少数民族占总人口的93.44%。农村人口占总人口的78.28%。全年出生58921人，出生率12.83‰，自然增长率8.01‰，出生人口政策符合率99.09%。人口出生率、自然增长率分别低于自治区下达指标。

【公立医院改革】 2017年，喀什地区扎实推进公立医院改革，所有公立医院取消药品加成。全地区县级公立医院药品收入4.74亿元，占医疗收入的27.45%，公立医院医疗服务收入34.7亿元，较上年增长9.44%；建立双向转诊机制，确定28个重点学科建设，试点临床路径专业129个，试点病种108个。是年，全地区各级各类医疗单位分别与疆外53家、自治区3家、地区12家医院和149个乡镇卫生院建立远程会诊关系，完成远程医疗会诊5471例。巩固完善基本药物制度，地、县、乡、村（社区）医疗机构及民营医院药品和耗材实现网上集中采购。全地区县级综合医院药品零差价销售1.32亿元，让利患者3800万元。

【“组团式”卫生援疆】 2017年，喀什地区采取“医院帮科室”“专家带团队”，刚性与柔性援疆相结合等方式，推动“组团式”医疗卫生援疆。是年，疆外培训学科带头人124人，疆内培训技术人员7456人次。援疆省市共选派长、短期卫生援疆人才248人次，诊疗患者9.4万人，开展手术10245台次，开展新项目286项，义诊7000余人次。中组部、国家卫计委在喀什地区召开现场推进会，向全国推广“组团式”援疆经验和做法。

【健康扶贫】 2017年，全地区因病致贫返贫2.04万户7.2万人，核准完成率88%。大病救治5498人；慢病签约33590人；重病兜底1185人。全区开展义诊350余场，累计义诊23.5万人次，发放宣传册126万份，开设健康讲座64次，培训各级人员2.3万人次。完成免费体检428.1万人、完成率101%，做到应检尽检、安全体检。

【疾病防控】2017年，全区疫苗接种171.7万剂次，全区初诊疑似结核病患者2.3万例，追踪到位约1万例，登记并免费治疗活动性肺结核患者1.1万例；制定艾滋病防治工作清单，将艾滋病检查纳入全民体检范围；加大农村妇女“两癌”检查，落实贫困儿童营养改善76780人。孕产妇死亡率、婴儿死亡率均有下降。

（喀什地区卫计委）

【无偿献血宣传】2017年，喀什地区中心血站制订合理的赴县进行无偿献血宣传、招募、采血计划，每月赴一个县宣传采血；在各献血屋、采血车安装滚动LED宣传屏，对每天所需的血型进行滚动宣传；以“6·14”世界献血者日活动和其他节假日为契机，宣传《中华人民共和国献血法》《新疆维吾尔自治区实施〈中华人民共和国献血法〉若干规定》等相关法律法规和无偿献血知识，是年，发放无偿献血折页、小册子3万余份，短信宣传招募10万余条，发放《喀什输血简报》2000余份，发放“献血服务卡”15000余份，免费健康体检510人次，投入宣传经费10余万元，采集无偿献血血液14846人次。

【采供血管理】2017年，喀什地区中心血站献血证实行电脑录入和登记造册备案同步进行，认真核对验证身份证，减少录入性错误，保证献血信息的真实可靠。全年发放献血证12347本。是年，供血科做到全天24小时值班，保证通讯联络畅通，设有专用预约血液录音电话，方便各医疗单位随时取血。指定送血人员按操作规范负责各医疗用血单位送血工作，随需随送，抢救用血24小时全天候及时出动送血车送血。各种成分血出入库登记完整率100%，出库血液检测率及合格率100%，用血电话记录完整率100%，血液成分分离率95%以上，血液及血液制品非正常报损率0.1%，医疗机构临床用血满意率95%，献血者满意率100%。

【核酸检测通过技术验收】2017年6月，喀什地区中心血站核酸检测实验室通过自治区临床检验中心的考核技术验收，是年采集的血液全部实现核酸检测，共检测核酸标本17168人份。

（喀什地区中心血站）

计划生育

【计生宣传教育】2017年，喀什地区加大对人口计生宣传教育的投入，因地制宜，突出特色，全力营造社会化大宣传的氛围，形成横向联动、纵向互动，齐宣共教的工作格局。积极推进“人口文化大院”“新家庭文化屋”、人口文化一条街建设。是年，建设人口文化一条街123条、人口文化大院302个；设置大型宣传牌5123块，举办各类培训班11820期，受训235万余人次。

【计生优质服务】2017年，喀什地区抓好统筹协调机制、科学管理机制、优质服务机制、利益导向机制、群众自治机制、人财保障机制等六大优质服务机制建设，实施“生殖道感染干预工程”。截至是年12月15日，开展妇科、男科查病治病624人次，免费发放早孕试纸计1235份，免费体检及义务咨询282人次，出动流动服务车上门服务60余次，发放宣传单1310份。孕优项目完成任务的72%，信息档案录入率达98%，孕优项目室间质控合格率92%。

【流动人口管理】 2017年，喀什地区建立“统筹管理、服务均等、信息共享、区域协作、双向考核”工作新机制，落实流动人口计划生育便民维权十项措施。全区各县市卫生计生部门通过各种宣传阵地，公布咨询电话、计划生育政策、生殖健康知识、技术服务等信息，保持流动育龄群众诉求畅通。各级计生工作人员依法行政，解决流动育龄群众反映的各种问题，为流动已婚育龄群众提供免费查环查孕、免费享受国家规定的基本项目等优质技术服务，提升流动人口计划生育服务管理水平，切实维护流动人口合法权益。

【药具管理】 2017年，喀什地区联合开展免费避孕药具清理清查，保证国家免费药具发放渠道畅通，确保免费避孕药具的按时发放，规范运作，药具应用率99.46%，有效率99.79%，随访率在自治区规定的指标内，全区药具应用率连续五年无过期报废。按照国家艾滋病预防项目要求，将避孕药具售发机安装在社区、酒店、流动人口聚集地，方便育龄群众，全区设立药具免费发放网点2862个，其中，国家监控的有163个，基本满足群众用药需求。

【计生优惠政策奖励】 2017年，喀什地区继续执行《喀什地区人口与计划生育奖励优惠政策实施办法》，采取各种措施，激发群众领取独生子女证积极性，力促政策内生育水平下降。截至是年11月，全区累计领证家庭24.57万户，领证率27.12%，其中，农牧民领证率23.55%。全区享受考学加分政策考生1466人。

（喀什地区卫计委）

疾病预防控制

【传染病报告】 2017年，喀什地区12县市通过传染病报告信息管理系统报告传染病疫情22种45854例，发病率为1078.49/10万，与上年发病率相比下降1.36%。其中无甲类传染病病例报告，报告乙类传染病14种42986例，发病率为1011.03/10万，与上年发病率相比下降1.74%；报告死亡病例256例，死亡率为6.02/10万，与上年死亡率相比下降9.69%；报告丙类传染病8种2868例，发病率为67.46/10万，与上年发病率相比上升4.64%，无死亡病例报告。是年，全地区共报告突发公共卫生事件1起，报告病例数6例，无死亡病例报告。

【细菌性肠道传染病监测】 2017年，喀什地区疾控中心根据《新疆细菌性肠道传染病监测方案（2012版）》《喀什地区细菌性肠道传染病监测方案》要求开展细菌性肠道传染病监测工作，全区12个监测单位

（包括4家综合医院和8家乡镇医院）各监测门诊总病例数为307353例，登记腹泻病例数为6001例，占监测门诊总病例数的1.95%。共采集粪便标本1856份，检测出阳性菌株69株，阳性检出率为3.72%，其中痢疾福氏志贺菌54株、伤寒沙门氏菌15株，其中喀什地区疾控中心检出20份阳性菌株（其中痢疾福氏志贺菌12份、伤寒沙门氏菌8份），莎车县检出43份阳性菌株（其中痢疾福氏志贺菌36份、伤寒沙门氏菌7份）、巴楚县检出6份痢疾福氏志贺菌、叶城县未检出阳性菌株。各哨点均未检出霍乱阳性菌株。

【基础免疫接种】 2017年，全地区报告疫苗基础免疫接种率均在99.40%以上，其中：卡介苗、糖丸、三联和乙肝全程疫苗报告接种率均为别为99.73%、99.62%、99.48%、99.66%。是年，全地区报告接种扩大免疫规划疫苗接种率除了A+C群流脑疫苗1、2针次接种率分别为82.73%、77.77%（因为疫苗一直短缺）以外均在98%以上，其中，A群流脑疫苗1、2针次接种率分别为99.63%和99.65%；甲肝、麻疹类疫苗报告接种率分别为：99.18%、98.88%。报告加强免疫接种率均在99%。其中糖丸99.37%、三联99.43%、麻疹疫苗99.39%、二联疫苗99.01%。

【预防接种证查验】 2017年，喀什地区各县市疾控中心对当年9月新入学的儿童开展预防接种证查验工作。全地区应开展查验的托幼机构（小学）2779所，实际查验2777所，查验覆盖率为99.92%；应查验儿童393575人，实查验儿童391301人，查验率99.42%；查验时无证人数20985人，查验后补证12444人，补证率59.3%；查验时需补种人数106518人，已补种人数45337，补种率42.56%。

【鼠疫防治】 2017年6—8月，喀什地区疾控中心开展鼠疫防治宣传教育，发放鼠疫防治宣传单3000份、死亡动物报告卡600张、安装鼠疫防治宣传牌25个；采集牧犬血92份，红旱獭血11份。地区检测采集牧犬血阳性1例，经自治区复检（血液凝集法）1份为阳性；地区检测采集旱獭血1份阳性，经自治区复检为阳性。

【黑热病防治】 2017年，喀什地区疾控中心在5个项目县市普查17967人，未发现阳性；对黑热病重病区进行黑热病药物灭蛉喷洒955户；截至10月31日，报告黑热病感染者24例。

【碘缺乏病防治】 2017年，喀什地区采集盐样3600份，其中合格3438份，合格碘盐食用率96.51%，碘盐覆盖率98.92%；对全区800名8～10岁学生进行甲状腺B超检查和儿童尿样检测，甲状腺肿大率为0.5%，儿童尿碘中位数为250.30μg/L，儿童尿碘中位数小于100μg/L的县（市）无，对入户的799名孕妇尿样进行尿碘含量检测，尿碘中位数185.7μg/L；口服碘化油强化补碘工作，两轮对226117人次目标人群发放碘化油，地区服药率100%；完成中央转移支付农村/城市饮水水质卫生监测12个县市836份水样采集及结果反馈和审核工作。

【包虫病、疟疾防治】 2017年，喀什地区包虫病8个项目县市完成B超检查人数68054人，发现新发病人59人，累计发放治疗药物阿苯达唑乳剂840瓶，犬驱虫44657条；完成疟疾监测人群血样采集11902份，结果均阴性，发放疟疾宣传画、宣传折页、宣传单共计15760张、小礼品50个、咨询人数250人。

【麻风病患者关怀】 2017年1月31日，喀什地区疾控中心在莎车县英吾斯坦乡镇府会议室对20例麻风病患者开展慰问活动，发放价值约13500元的慰问品；7月20—27日，对叶城县、泽普县、莎车县麻风病防治监测工作和麻风病病人密切接触者开展情况进行督导和指导；9月，对喀什市、莎车县、泽普县、叶城县的现症病人和高度怀疑似患者随访。

【慢病防治宣传】 2017年，喀什地区12个县市启动全民健康生活方式行动。结合全民健康生活方式宣传日等各类健康主题日，以“和谐我生活、健康中国人”为主题，以“日行一万步，吃动两平衡，健康一辈子”为内涵，以“我行动、我健康、我快乐”为口号积极传播健康生活方式核心信息开展宣传活动。是年，开展“全民健康生活方式日”“高血压防治宣传日”“脑卒中宣传日”“联合国糖尿病宣传日”等慢性病防治宣传活动，发放资料2000余份，免费测量血压500余人次，免费测量血糖150人次，接受群众咨询1000余人次。

【公共卫生监测】 2017年，喀什地区疾控中心按照国家和自治区食品安全风险监测评估中心要求完成食品安全风险监测项目工作污染物平台样品20份、微生物平台样品85份的样品信息审核及559条监测数据的上报任务，全年污染物平台和微生物平台样品采集完成率105%，其中，化学污染物检测40条，无检出；致病菌检测519条，检出各种致病菌102条，检出率19.65%；根据“自治区食源性疾病监测计划”“喀什地区食源性疾病监测计划”安排部署及要求，完成对地区18家哨点医院及疾控中心报送的以腹泻症状为主诉就诊的2247列病历的个案信息审核，录入上报生物标本检验结果133份，检出阳性菌株生物标本17份，其中，检出志贺氏菌14份、金黄色葡萄球菌1份及沙门氏菌2份；负责完成地区被选定实施“农村环境卫生监测项目”工作的2个项目县（市）中被选定的10个乡（镇）、40个行政村农村环境卫生情况及20所中、小学学校卫生状况监测相关信息的录入上报，200户家庭基本信息及环境卫生相关信息的录入上报、40个监测点40份土壤样品的采集、检测结果的报送等相关工作的进展、数据上报情况进行督促、技术指导及数据的审核上报。

【放射防护监测】 2017年1—3月，喀什地区疾控中心对 27 家射线装置医疗卫生机构的 28 台医用诊断 X 射线机的放射工作场所开展检测。对 84 家射线装置医疗机构单位的 786 名放射工作人员个人剂量外照射进行检测。

【劳动卫生监测】 2017 年，喀什地区疾控中心通过职业病网络直报审核全地区重点职业病个案卡报告信息 873 例。

【健康教育】 2017 年，喀什地区疾控中心开展各类健康主题宣传日活动 10 次，悬挂横幅 46 条、发放宣传单 1000 张，免费接受群众咨询 120 人次。利用上海援疆资金对喀什地区南片区县市的中心乡镇卫生院培训业务骨干 1 期，21 个乡镇参训学员 60 人。

（喀什地区疾控中心）

妇幼保健

【新生儿疾病筛查】 2017 年，喀什地区妇幼保健院开展对新生儿苯丙酮尿症和甲低的筛查：全区活产数 62057 例，新生儿遗传代谢病筛查数 60329 例，筛查率 97.15%，其中去除补筛数 5226 后，筛查率 88.74%。新生儿听力筛查：听力筛查 73426 例，筛查率 118.24%，其中去除补筛数 12856 后，筛查率 97.54%。

【贫困地区儿童营养改善项目】 2017 年，喀什地区妇幼保健院开展贫困地区儿童营养改善项目完成数 81000 例，任务完成率 93.37%。

【重大公共卫生项目】 2017 年，全地区享受农村孕产妇住院分娩补助项目人数 45158 例；农村适龄妇女孕前和孕早期新增叶酸服用人数 118769 例；全区农村妇女宫颈癌检查 67930 人。农村妇女乳腺癌检查 7200 人。

【《出生医学证明》管理】 2017 年，喀什地区统一使用“出生医学证明”网络版，规范新出生医学证明的管理。是年，各县市总使用数 106596 本，其中首次签发 80540 本（占 75.55%）、换发 1505 本（占 1.41%）、废证 758 本（占 0.71%）、补发 812 本（占 0.76%），医疗机构外出生签发 22981 本（属于首次签发 21.55%）。

【自治区保健院支医】 2017 年 3 月，喀什地区妇幼保健医院与自治区妇幼保健院签署《自治区医疗卫生专家服务基层人才工作站工作协议》。是年，自治区妇幼保健院派出 10 名专家组成支医队，在喀什开展为期一年的医疗支援。

【妇幼保健人才培养】 2017 年，喀什地区妇幼保健院争取深圳柔性援疆项目，促进专科队伍的人才培养，选派 325 人次参加各种学习和长短期进修培训，全院继续医学教育合格率 100%。

（刘琛琛）

卫生综合监督

【公共场所卫生监督】 2017 年，喀什地区卫生监督所依法严格对地区1755家公共场所经营单位（其中住宿业701家、美容美发场所876家、沐浴场所80家、娱乐场所81家，其他17家）进行监督管理，共监督检查1755户次数，监督覆盖率100%。按照自治区工作方案和要求，根据量化分级管理评分标准，对全地区701家住宿场所及876家美容美发场所进行量化分级管理，住宿业量化分级覆盖率均100%，其中住宿业B级单位108家、C级单位493家；美容美发业量化率80%，其中美容美发B级单位105家，C级单位475家。

【生活饮用水卫生监督】 2017年，喀什地区卫生监督所依法对市政供水、农村集中式供水、农村学校自建设施供水进行监督检查，对自来水公司水源水、出厂水、管网末梢水采集水样30份，进行监督监测，样品检测合格率95%，针对检查中发现存在的问题，下达监督意见书，限期进行整改，确保喀什地区生活饮用水安全。

【学校卫生监督】 2017年，喀什地区卫生监督所按照自治区卫计委《关于印发2017年新疆维吾尔自治区公共卫生重点监督检查计划的通知》要求，依法督促各县（市）对学校教学环境生活设施卫生、饮用水卫生、传染病防控等进行监督检查。是年，共检查学校248所（城区小学31所、城区中学27所、镇区小学2所、乡村小学141所、乡村中学46所、高校1所）。

【餐饮具消毒单位卫生监督】 2017年，喀什地区卫生监督所在“五一”“十一”前严格按照新修订的《食品安全法》《餐饮具集中消毒单位卫生监督规范》要求开展餐饮具集中消毒单位监督检查，检查内容包括消毒工艺流程、选址、布局、生产场所卫生要求、从业人员要求、设备配置、使用中的消毒产品和包装材料索证、消毒餐饮具的产品包装和标签等，共检查餐饮具集中消毒单位10家。按照《食（饮）具消毒卫生标准》（GB14934）规定，现场随机抽取餐饮具集中消毒单位55套样品进行检验，其中，合格52套，合格率为94%。完成餐饮具集中消毒单位的量化分级，其中C级单位7家，D级单位3家，对D级单位下达监督意见书并限期整改。同时，对喀什地区4家消毒产品生产企业的纸杯厂进行监督检查并采取随机抽取6份样品送检，检测结果均合格。

【医疗机构和传染病防治专项监督】 2017年，喀什地区卫生监督所重点清理无证行医、坐堂行医等违法行为，开展打击非法行医专项行动和非法采供血监督检查。对地区7个县84家医疗卫生机构进行专项监督检查，检查内容包括医疗机构、人员资质以及医疗卫生人员依法执业行为。在传染病监督方面以感染性疾病科、血液净化诊疗、口腔诊疗、注射室等为重点，对医务人员消毒隔离制度掌握、执行情况，医疗用品、器械的消毒、灭菌情况、开展消毒与灭菌效果检测的情况，消毒产品进货检查验收、使用管理情况进行专项监督检查。制作现场检查笔录66份，下达卫生监督意见书38份，对情节严重的18家医疗卫生机构进行立案查处，结案6家，罚没金额3.1万元。

【职业卫生放射卫生监督】 2017年，喀什地区卫生监督所落实《职业病防治法》，开展医疗机构放射性职业病危害监督管理工作。全年受理医疗机构放射诊疗建设项目职业病危害预评价申请5家，通过许可申请材料审查，出具医疗机构立项建设的批复5家；组织自治区、地区有关专家对莎车县人民医院、莎车县维吾尔医医院、叶城县人民医院、喀什市人民医院、疏勒县人民医、疏附县人民医院等6家医院放射诊疗建设项目职业病放射防护设施进行竣工验收。是年，根据《行政许可法》《放射诊疗管理规定》的规定，对放射诊疗行政许可实行服务承诺制、一次性告知制、否定事项报备制，公开卫生许可审批程序、审批期限、准入条件和收费项目，为申请人提供须知等材料。受理放射诊疗许可校验8件，办理5件。

【卫生审核校验和执业注册】 2017年，喀什地区卫生监督所开展机构审核校验和执业注册工作。完成医疗机构年度校验15家，督导12县市补录全国卫生监督信息系统中传染病防治监督被监督单位基本信息438家，联合地区卫计委现场验收二级医疗机构1家、增设床位医疗机构4家。完成通过2016年护士执业资格（国家线）103人的首次注册工作，2014年、2015年护士执业资格（新疆线）的1983人首次注册工作，2016年通过国家线的214人医师资格认定工作，完成2017年喀什地区49张以上床位医疗机构86人的医师注册及变更注册工作，1137名护士变更及延续工作。

【卫生监督抽检】 2017年，喀什地区卫生监督所开展自治区监督抽检计划和国家“双随机”任务，监督检查公共场所10家（美容美发店8家、宾馆2家）、涉及饮用水卫生安全用品单位1家、医疗机构3家（放射卫生机构1家、医疗卫生机构1家、传染病防治机构1家）、学校7家，填报监督信息卡，对发现的问题下达监督意见书，要求限期整改。检查验收疏附县一次性消毒产品企业1家。高考期间，监督检查定点入住宾馆14家，对存在的问题和安全隐患要求立即进行整改和限期改进。

【会议卫生安全保障】 2017年，喀什地区卫生监督所圆满完成全国第六次援疆工作会议场所“生活饮用水、公共场所”水质、空气监督监测工作，确保与会代表生活饮用水和公共场所卫生安全。

（喀什地区卫生监督所）

喀什地区第一人民医院

【概况】 截至2017年末，喀什地区第一人民医院有编制床位1400张，平均开放床位2000张以上，创建自治区级临床重点专科25个，自治区级专科护理培养基地2个和医学博士后工作站1个，医院综合实力居地州级医院第一位。全年门诊人数78.87

万人次，其中急诊人数7.89万人次，出院总人数7.48万人次，病床周转次数53.43次每床，病床使用率138.81%，术前平均住院日3.65天，手术量4万人次，药品收入占医疗总收入比例下降到31.83%，同比下降2.49%；耗占比16.7%；危重疑难病比例增长到53.36%，同比增长5.59%；有26项新技术新项目临床应用，全院三级、四级手术量占全院手术量的52.36%；临床路径管理涉及27个专业、214个病种，临床路径完成率达到89.01%；总收入12.35亿元。全院上转病人2031人次，转诊率仅3.61%。

是年，喀什地区第一人民医院坚持“科教兴院”战略，投入科研经费270万元，调动全院广大医务人员的积极性，培育和提升科研能力，促进科研团队建设，推动医院整体科研水平的提升。医院先后荣获“脑卒中筛查与防治基地”“优质医疗服务示范医院”“全国品管圈活动先进集体”“改善医疗服务示范医院”，“自治区2016—2017年慢性气道疾病（哮喘）规范化诊疗优秀示范点医院”“自治区先进博士后创新实践基地扶持经费资助单位”等荣誉。

2017年4月，邹小广被国务院批准享受“2016年政府特殊津贴人员”，被新疆维吾尔自治区总工会授予“开发建设新疆奖章”。被人民网、人民健康网评为2017年度全国改善医疗服务优秀管理者，被《中国卫生》杂志评为“中国卫生2017年度十大新闻人物”。

【疆内外专家工作室落户】 2017年，喀什地区第一人民医院成立宋尔卫、张琪、曾国华、龚畅、梁碧玲、陈纪言、马斌琳等专家工作室，聘请国内知名专家学者到院开展工作，联合博士后工作站，进行医院的学科建设，协助医院培养医疗和科研骨干人才，加快医院学科发展，培养高素质的人才队伍及提升医院科学研究工作。积极利用南疆少数民族病人特色病源，指导申报科研课题及课题的实施。

【喀什·广东科技创新信息中心全面开放】 2017年7月19日，广东省援疆工作前方指挥部、广东省科技厅与喀什地区协同创新推动科技援疆合作，挂牌成立喀什广东科技创新信息中心。中心以“科技支撑、信息研究、协同创新、引领南疆”为引领，实施“双轮”驱动战略推动南疆地区科技研究创新发展，促进援疆工作从要素驱动向创新驱动的转型升级。

【精准医学中心实验室正式运行】 2017年8月9日，喀什地区第一人民医院精准医学研究中心暨中心实验室揭牌。精准医学研究中心暨中心实验室结合医院病源优势、地域优势及鼎聚生物的技术优势，形成以医学样本库、基因检测实验室、细胞生物学实验室为单位的多学科的临床实验室。

【博士后科研工作站获奖】 2017年，喀什地区第一人民医院在站博士总数5人，被自治区人力资源和社会保障厅博士后工作站管理办公室授予“考核优秀等次博士后创新实践基地”、2017年度自治区优秀博士后工作站等荣誉称号。

【医疗科研项目立项】 2017年，喀什地区第一人民医院获得各级各类纵向科研项目66项，较上年增长127.59%，其中，科技部重点科研项目1项，国家自然科学基金资助项目2项，省级科研项目22项，项目总资助额达331万元。

【首获自治区科技成果奖】 2017年，自治区科技兴新项目新疆喀什地区远程医学培训平台应用推广获自治区科技进步三等奖。

【实习就业基地落户医院】 2017年，喀什地区第一人民医院拓宽医院引进人才的渠道。5月19日，河西学院医学类专业学生实习就业基地落户医院，是年9月27日，与西安医学院签署实习基地协议。

【PET-CT正式运行使用】 2017年1月23日上午，喀什地区第一人民医院首台PET-CT开机，填补南疆分子影像诊断的空白，带动区域相关临床科室的发展，极大地提高医院的整体诊疗水平和医疗服务能力，进一步巩固医院区域性医疗中心地位，增强对周边地、州、县、市的辐射能力。

【广东医疗人才“组团式”援疆】 2017年2月，广东省各大医院严格按照喀什地区第一人民医院实际需求，精准选派以南方医院为牵头单位的第二批“组团式”援疆医疗队24名医疗专家到喀什开展医疗工作，“组团式”援疆医疗队按照“以院包科”的方式围绕医院管理、专科建设、人才培养、科研教学等短板进行援疆，以培养本地人才，提升科研教学能力，提升本地人才孵化能力为目标，采取“师带徒”“援疆医学论坛”“微课堂”等方式，推动医院由单一诊疗向医教研复合型医院的发展转型。10月中旬，广东省再次派出9名柔性援疆干部，针对地区第一人民医院发展和学科建设中存在的瓶颈问题和突出不足开展短期支援工作。其间，医疗队推动实施暨南大学附属喀什医院正式挂牌和中山大学非直属附属医院创建工作，依托大学系统雄厚的科研教学资源和丰富的临床科研经验，采取“大学+科技+医院”三位一体“组团式”援建模式，培养和带动本地科研人才队伍建设，培育科研学术浓厚氛围，着力培养医院人才队伍综合实力，实现医教研同步发展。

【“中国—巴基斯坦援外光明行”】 2017年11月20日，喀什地区第一人民医院首批援助巴基斯坦医疗队员在巴基斯坦吉尔吉特地区中心医院完成“中国—巴基斯坦援外光明行”任务。其间，中国医疗队诊疗当地眼疾患者300多人次，完成眼科手术125例。

【赴藏支援医疗队】 2017年12月8—30日，喀什地区第一人民医院赴藏支援医疗队一行10人赴西藏阿里地区第一人民医院圆满完成“阿里地区包虫病医疗救治项目”第一阶段全部手术治疗任务，完成的53例包虫病手术，手术并发症发生率为零，手术质量和医疗安全达到100%。

【医学云影像平台建设】 2017年10月，喀什地区第一人民医院牵头主持推动和开展实施医学云影像平台建设，推动“新型医联体”建设和分级诊疗落地。帮助基层医院进行远程影像会诊，解决基层医疗技能人才队伍薄弱的问题。

【县乡医院能力建设帮扶】 2017年，喀什地区第一人民医院加强对对口帮扶医疗单位基层医疗卫生和公共卫生服务体系建设，先后派出正高职称副院长、科主任10人挂职县医院院长，提升基层医院医疗质量和管理水平，实现共同发展；与喀什地区及克州14家县市人民医院签订《地县级医院临床重点专科协作协议书》，医院43个科室“一对一”帮扶县医院118个科室，帮扶打造地区级重点专科、县级优势学科、院级特色专科；先后与11所县级人民医院签订《名誉主任协议》，共有55名科主任担任125个专业的名誉主任，定期到县医院开展医疗帮扶工作。

【乡镇卫生院医护专业技术人员培训】 2017年，喀什地区第一人民医院规范乡镇卫生院的操作，提高基层医院的服务能力和质量。以“基层天使，携手成长”培训项目为平台，免费对地区各县市乡镇卫生院医护专业技术人员培训4轮，累计培训喀什地区、克孜勒苏柯尔克孜自治州两地13个县市183个乡镇卫生院医护工作人员3821名。通过万名医师对口支援县医院项目平台，因地制宜，通过1年和3～6个月柔性短期支援，围绕医院管理、学科建设、科研合作、人才培养、信息资源共享、新技术引进等全方位开展支援帮扶，丰富城市医院对口支援农村卫生工作的内涵。

【塔什库尔干县人民医院二甲医院创建支持】 2017年，喀什地区第一人民医院陆续派出医疗、护理、管理、后勤骨干120多人帮助塔什库尔干县人民医院成功通过自治区卫计委二甲医院评审验收。

（米叶丝）

喀什地区第二人民医院

【概况】 截至2017年末，喀什地区第二人民医院下设两个分院（一分院为喀什地区儿童医疗服务体系中心，二分院为临床医学教育综合培训中心），核定床位800张，实际开放床位1000张，全年门急诊人数36.64万人次，出院总人数3.68万人次，病床使用率88.6%，平均住院日8.92天，手术量2.28万人次。下设24个临床科室、7个医技科室、10个职能后勤科室。有职工1316人，临床医师374人，研究生以上学历92人，占临床医师的25%，其中高级职称156人。医院占地总面积3.97万平方米，建筑总面积9.09万平方米，设有全新的层流手术室、重症监护室（ICU）、血透中心、静脉输液配置中心和功能完善的远程会诊中心、互联网医学中心等。有11个自治区临床重点专科，4个地区重点专科，10个地区疾病诊疗中心，8个地区质量控制中心，13个住院医师规范化培训基地。是一所集医疗、教学、科研、预防保健及管理为一体的三级甲等综合性医院。是年，以喀什地区第二人民医院为龙头、以“上海（喀什）临床医学中心”为支撑的全疆首家“医疗联合体”双向转诊、医疗巡诊、业务讲座、手术示范、学术讨论和医院管理等互动活动已成常态化，成员单位包括喀什市人民医院、喀什地区妇幼保健院、陆军第十二医院、阿克苏、克州等地州级医疗机构共23家医联体成员单位，惠及喀什及周边地区群众。是年，上海市以“上海标准”在地区第二人民医院学科建设、人才培养、科技发展、精细化管理等方面制定科学、翔实、可持续的全方位发展规划，在人才、设备、资金、项目等各方面鼎力支持，全面深入持续地帮扶医院提升综合诊疗能力和管理水平，推动医院实现跨越式发展。医疗业务逐年递增，科教水平快速提升，管理制度日趋完善，整体实力显著提高。先后荣获“全国卫生系统先进集体”称号，国家卫计委通报表扬2013—2017年度全国创建“平安医院”活动表现突出单位；成功创建为全国综合医院中医药工作示范单位；自治区级节约型公共机构示范单位、自治区首项民生工程遗传性耳聋基因筛查项目优秀单位、自治区民政厅“明天计划”项目定点医院、爱尔向日葵计划——脑瘫儿童医疗救助定点医院。

【南疆首个院士专家工作站正式挂牌】 2017年5月31日，南疆片区第一家院士专家工作站进驻喀什地区第二人民医院。首批引进葛均波、张志愿、周良辅、戴尅戎4位院士和14名来自上海各医学领域一流专家进站工作，院士专家们直接对接喀什二院的实际需求，在科研课题攻关、医学人才培养、科技成果转化等方面发挥积极作用，进一步拓展组团式卫生援疆内涵，将有限的医疗人才援疆拓展为无限的后方智力支持。

【喀什地区第二人民医院·美国心脏协会心血管急救培训中心正式揭牌】 2017年，喀什地区第二人民医院·美国心脏协会心血管急救培训中心（以下简称“急救培训中心”）正式揭牌。急救培训中心由上海交通大学医学院附属瑞金医院与美国心脏协会中国区国康国际培训中心合作建立，地属地区首家国际授权心血管急救培训中心。美国心脏协会每隔五年对心血管急救指南修定，更新心血管急救课程内容。此次培训教材为2015年版《基础生命支持》和《高级心血管生命支持》，课程教授施救者成人及婴儿心肺复苏术、自动体外除颤仪应用、呼吸骤停及气道管理，初级及高级评估，致命性心律失常的综合处理及团队复苏理念；学员将作为组长学习并指挥一场“生死时速”的“抢救”。通过建立喀什地区首家国际化急救培训中心，一方面借助美国心脏协会（AHA）的专业化、国际化、标准化、规范化、科学化的培训体系，逐步规范地区第二人民医院医护人员的复苏技能，提高医院整体急救水平。另一方面开展对喀什地区各县、乡级医务人员及公众人员的培训，提高喀什地区急救水平，提升急救理念，达到促进医院间交流的目的。新成立的急救培训中心从12月份启动瑞金医院·喀什二院AHA心血管急救培训项目，惠及南疆各族群众。

【上海健康医学院教学医院正式落户喀什】 2017年8月，喀什地区第二人民医院成为上海健康医学院教学医院，双方在实习实训、临床教学、人员培训、服务社会等方面展合作，共同促进喀什地区卫生和教育事业的发展。

【第九个沪喀临床医学中心成立】 2017年10月，喀什地区第二人民医院与上海交通大学医学院附属第九人民医院签订“沪—喀口腔诊疗中心”共建协议，第九个沪喀临床医学中心正式成立。

【医疗科研项目立项】 2017年，喀什地区第二人民医院医院作为南疆唯一的国家自然科学基金联合项目立项单位，获得国家实用新型专利6项，发表核心期刊76篇，SCI收录6篇，其中2篇SCI文章影响因子大于5分，实现南疆医生国际高水平学术期刊论文零的突破。

【医学学术交流】 截至2017年，喀什地区第二人民医院连续举办五届喀什心脏论坛、中英肿瘤医学论坛喀什分论坛、南疆急救医学高峰论坛等高水平学术活动、定期邀请英国、北京、上海等国内外知名专家到院指导，每年主办的国家级继续医学教育项目数量居南疆之首，上海各级领导、国内各专业委员会委员、医院管理专家在内的30余批230余人次专家团到院指导工作，开展学术讲座、教学查房、手术演示、会诊和培训。

【医学人才培养】 2017年，喀什地区第二人民医院与复旦大学合作的“在职研究生培养”项目获精品人才工程项目。医院实施“三优人才”（优秀学科带头人、优秀青年骨干、优秀护理骨干）、紧缺人才和管理人才培养计划，对培养对象实行“导师制培养制度”，由援疆医疗队专家担任导师，以“一对一”带教方式，选派至上海进行为期3个月到1年的进修培养，全面提升被培养对象医教研和管理能力。是年，为医院培养在职研究生20位。

【医院信息化技术】 2017年，喀什地区第二人民医院通过国家卫计委电子病历应用等级六级评审（单体医院最高级）、国家信息安全等级保护第三级测评，成为全疆信息安全建设的示范医院和全疆唯一一家医院信息统计专业委员会新疆分会的主委单位。建成全疆第一个移动互联网医学院，填补自治区利用移动互联网新技术进行医学教育的空白。

【开展经腹腹腔镜下半尿路切除术】 2017年5月，喀什地区第二人民医院泌尿外科成功开展一例经腹腹腔镜下半尿路切除术，打破既往医院泌尿外科经腰腹腔镜肾切除的历史，填补此项技术空白。

（喀什地区第二人民医院）

喀什地区维吾尔医医院

【概况】 截至2017年末，喀什地区维吾尔医医院占地面积为21997平方米，业务用房面积为21160平方米。人员编制309人，有职工473人，其中，在编人员288人，聘用人员185人，其中，高级职称36人、中级职称70人，国家级名老中医1名、自治区级名老中医1名，自治区自然科学特聘教授1名。医院设有门诊部、皮肤病重点专科、心血管病重点专科、妇科疾病重点专科、肺病临床重点专科、骨伤临床重点专科、骨病临床重点专科、急诊科、手术麻醉科、肛肠科、治未病科、康复理疗科、学术经验继承专家工作室等13个临床科室及部门和放射科、检验科、输血科、特检科、药剂科、煎药室、供应室、设备科、制剂室和实验药厂（喀什昆仑维吾尔药业股份有限公司）等10个医技科室和部门，以及党政办、组织人事科、医务部、科教科、护理部、维研室、财务科、总务科等8个职能科室。有重点专科7个，其中，国家级重点专科3个：国家中医药管理局“十一五”期间维吾尔医皮肤病重点专科、“十二五”期间维吾尔医心血管病科和维吾尔医妇科重点专科，自治区级临床重点专科4个：自治区中医民族医药管理局“十二五”期间维吾尔医骨伤科、肺病科、皮肤科和“十三五”期间维吾尔医骨病科。是年，喀什地区维吾尔医医院门诊量81288人次，出院人次8772人次，手术量550台次。

【医疗质量管理体系建设】 2017年，喀什地区维吾尔医医院加强医疗质量管理体系建设，落实医疗质量管理制度，健全院科两级质量管理组织和院科两级医疗质量考核体系，重点控制运行病历质量和抗菌药物的临床应用，病历质量切实得到监控和提高，抗菌药物的使用剂量和给药途径逐步趋于合理和规范；坚持处方管理制度，维西药使用比例的控制，规范维吾尔药的临床使用；严格执行特殊检查、特殊治疗、特殊用药的知情告知书，杜绝医疗纠纷和医疗事故的发生。是年，出入院诊断符合率达到97%以上，住院病历6470份，抽查运行病历658份，合格率98%，门诊抽查病历650份，合格率97%，终末质量管理病历6470份，甲级率98%，无乙、丙级病历。每个月对抽查情况进行反馈并要求科室及时整改，对问题严重的科室和个人根据规定进行处理，做到病历记录、辅助检查报告和诊断治疗的准确和可靠，临床用药情况得到监控。

【医护人员培训】 2017年，喀什地区维吾尔医医院采取集中培训、派出进修学习、参加学术交流、师承教育和学科带头人临床带教等方式，加大对医护人员综合素质的培训力度。组织举办《医疗安全、法律、法规》《规范使用与管理抗菌药物》《病历书写基本规范培训》《全院性心肺复苏操作强化训练》《药物临床试验管理规范》《职业安全防护培训》《肠道传染病相关知识》《加强医患沟通，维护患者知情权利》等各项业务培训10次，参加人员1072人次。

【重点专科项目评估验收】 2017年，喀什地区维吾尔医医院按照国家中医药管理局的要求及时网上直报“十一五”和“十二五”重点专科相关监测数据，保证项目的进展和质量。5月，通过《药物临床试验机构资格认定》现场检查工作专家组的审查。

【院内感染控制和传染病防治】 2017年，喀什地区维吾尔医医院依照院感质量考核评分标准，加大对重点科室和主要环节的监控与管理，重点检查消毒隔离和医疗废物的处置以及医务人员的无菌操作技术和院感知识的知晓率。进一步加强医院感染管理责任制，建立消毒管理组织机构，制定消毒管理制度，严格执行有关技术操作规范和工作标准，有效预防和控制医院感染。每月对各临床科室进行业务督查1次，加强对一次性卫生材料的消毒、毁型监督管理工作。是年，防病办参加政府指令性疫苗接种活动2次，接受疫苗接种人数1214人次，参加院外传染病防控宣传2次，医院派出参加宣传16人次；网上直报法定传染病506例，报告率100%，迟报率0%。

【继续医学教育培训】 2017年，喀什地区维吾尔医医院整理医院“继续医学教育管理系统”，完善全体专业技术人员的相关信息。及时办（补办）理专业技术人员继续医学教育IC卡，向新疆维吾尔自治区中医民族医药管理局提交《维吾尔医类别住院医师规范化培训基地申报书》通过自治区审核，等待国家局终审。是年，顺利开展自治区级继教项目3项，参加地区初级及以下职称继续医学教育培训20人。向疆内外的各级医疗机构派出进修学习11人，接受各专业的外来进修人员5人，参加“2017年全国中医护理骨干人才培训项目培养对象游学轮转学习”1人。4月底，接受各地的培训对象24名，培训期一年；10月中旬，接受自治区2017年助理全科医生培训22人，培训期两年。是年，接收实习生实习106人。

【名老专家学术经验继承（传承）】 2017年，喀什地区维吾尔医医院地区级（院级）第四批维吾尔医药名老专家学术经验继承工作相关的10名指导老师和16名学术继承人员在医院维吾尔医药专家学术经验继承工作领导小组的严格考核监督下，圆满完成相关的传承和研究任务及第一年度考核考评工作。是年，继续巩固医院开展维吾尔医药专家学术经验继承（传承）工作成果，开展医院地区级（院级）第五批维吾尔医药专家学术经验继承（传承）工作，在全院范围内遴选具有丰富、独到学术经验和技术专长并积累一定继承（传承）工作经验的8名学科带头人和科室负责人为传承指导老师，遴选具有相当专业理论和一定实践经验的20名中青年业务骨干为继承人，采取师承方式开展相关传承和研究任务，丰富医院人才培养途径。是年，成功申报“自治区首届名中医”“国家级名中医”评选工作，买买提艾力·阿木提老师被评为“全国名中医”，买买提艾力·阿木提、艾则孜·坎吉老师获得“首届自治区名中医”荣誉称号。各级各类专业技术人员撰写专著1部、医学学术论文25篇，其中，在国家级期刊上发表的15篇、省级期刊上发表的10篇。

【维吾尔医护理质量】 2017年，喀什地区维吾尔医医院强化护理质量管理意识，定期不定期到科室进行考核，定期召开护士长会议，总结近阶段护理质量情况，进行评价和分析，存在问题提出意见和建议，部署下一阶段护理工作情况。提高护理人员业务素质，对临床一线护理人员进行维吾尔医及西医技能培训，每季度安排维吾尔医及常用西医操作技能考试1次，全年培训护理人员4次，培训人数440人次。组织安排护理专家授课24次，培训2160人次，每季度分别组织维吾尔医和西医理论考试1次，全年考试8次。制定《维吾尔医护理技术操作规程》并装订成册，做到护理人员人手一册；发放住院患者满意度调查表和导医满意度调查表420份，患者满意度超过98%。

【县乡医院能力建设帮扶】 2017年，喀什地区维吾尔医医院加强对对口帮扶医疗单位基层医疗卫生和公共卫生服务体系建设，派出4名医务人员赴塔什库尔干县瓦恰乡卫生院开展卫生支援的任务，与疏勒县维吾尔医医院和伽师县维吾尔医医院签订技术指导和双向转诊协议，不定期开展技术指导转诊工作。

（喀什地区维吾尔医医院）

喀什地区结核病防治所暨肺科医院

【概况】 2017年，喀什地区肺科医院总诊疗36841人次；急危重症抢救成功率89.4%。开展气管镜检查治疗1196人次，医院收入8966.53万元。

【现代结核病防治管理】 2017年，喀什地区肺科医院全面实施现代结核病控制策略，制定《2017喀什地区结核病防治工作清单》《十三五喀什地区结核病防治规划》，组织开展各县（市）2017年第一季度和上半年结核病防治督导检查，对存在的问题和薄弱环节提出整改意见和建议，联合中国疾控中心驻南疆工作站、山东和自治区胸科医院、地区卫计委、结防所专家及业务人员对各县市进行现场指导。

【结核病防治健康教育】 2017年，喀什地区肺科医院开展结核病防治健康教育，在学校招募志愿者100余人，每月举办结核病知识讲座；在肺科医院举行大型义诊活动，为登记治疗活动性肺结核病患者分发免费药品，利用医疗单位专家队伍在“访惠聚”工作点开展结核病宣传和义诊活动，在《喀什日报》刊登结核病预防宣传内容和知识竞赛试题。

【对口援疆结核病防治】 2017年，喀什地区肺科医院借助国家和各援疆省市资源实施肺结核患者集中服药和营养早餐工作。

麦盖提县、莎车县开展对结核病患者集中服药、营养早餐、交通补助、查痰补助等各项工作，岳普湖县、疏勒县、英吉沙县利用山东援疆资金分别在多个乡镇开展结核病筛查工作。

【贫困农牧民救助】 2017 年，喀什地区肺科医院继续实施贫困农牧民救助，每日为所有住院结核患者供应免费营养早餐，增强患者体质，减轻结核病人的经济负担，早餐标准为牛奶 250 克、鸡蛋 1 个、馒头 1 个。是年，受惠患者 10.7 万人次，救助资金 27.8 万余元。

【自治区重大科技专项申报】 2017 年，喀什地区肺科医院和自治区胸科医院联合成功申报自治区重大科技专项新疆南疆结核病防治关键技术研究与应用项目——南疆地区耐药结核病流行特征、易感性及其患者管理信息服务平台研究项目，获 480 万元立项资助资金。

【医疗护理质量】 2017 年，喀什地区肺科医院严格按医疗操作规程标准开展医疗活动，加强医德医风教育，把医疗质量管理工作的重点从医疗终末质量评价扩展到医疗全过程中每个环节。与援疆专家医疗队专家结成“一对一”结对帮教对子，开创 CT、B 超引导下病灶穿刺术、支气管镜室开展支气管镜异物取出术、胸腔镜术和无痛气管镜术；以对口支援渠道选派 40 余人参加各类学习班、讲座。做好医护人员对耐多药肺结核患者的感染防控、隔离预防措施，住院患者在病区戴一次性口罩，每天分时间段对病区进行消毒，医务人员进入病区佩戴 N95 口罩，每天对口罩进行紫外线消毒，每周更换一次。在全院全面推行优质护理示范病区，全院优质护理覆盖率达 100%，各病区按照责任制护理排班模式责任到人，各病区积极为病人提供个性化和实用性专科宣教册、宣教小册、现场示范以及一对一全程护理服务。落实全院护士的分层管理，按照护士能级落实护理人员绩效考核，强化护理技能培训，深化“三基三严”知识培训。

（李丫丫）

民族·宗教

民族事务

【少数民族发展资金项目】 2017年，喀什地区民族宗教事务委员会围绕脱贫攻坚和精准扶贫重点工作，认真做好各类少数民族发展项目申报和民贸民品企业贷款贴息工作。落实少数民族发展资金项目174个11033.4万元，涵盖水利、电力、能源、道路、设施农业建设，畜牧养殖、生态环境改良等。其中，兴边富民行动中央预算内投资项目57个3656万元，扶持人口较少民族发展中央预算内投资项目59个3878万元，解决少数民族困难和问题（存量）部分项目46个2290万元。对2016—2017年地区下达各县市的少数民族发展资金项目计划下达、资金落实、项目建设情况，落地成效、发挥资金效益和项目实施中存在的主要问题开展督查调研。录入、审核、汇总地区83个较少民族聚居村2016年监测统计数据及项目，为开展“十三五”规划编制工作提供科学依据。

【新疆喀什籍少数民族群众服务管理工作联动协作机制】 2017年，喀什地区民族宗教事务委员会与内地省市民宗委加强联系协调，分别与湖北省武汉市、江苏省苏州市签订《关于建立新疆籍少数民族群众服务管理工作联动协作机制的协议》，协调内地省市民宗委为喀什籍少数民族群众解决务工过程中的实际困难。

民族团结

【民族团结宣传教育】 2017年，喀什地区紧紧围绕社会稳定和长治久安总目标，树牢“五个认同”“三个离不开”思想的重要内容。以“民族团结·从我做起”大宣讲、“去极端化”和“感恩祖国、讲发展、讲变化”宣讲活动为主要内容，通过网络、电视、广播、报刊开设民族团结宣传专栏进行宣传。各部门、各单位充分利用各类会议、活动培训、入户走访、周一升国旗等时机，广泛开展集中式、菜单式、互动式、体验式、竞赛式等宣传教育形式，吸引各族干部群众主动参与。各级广播电视、新闻媒体通过领导访谈、新闻报道、开设专栏、事迹播报等形式广泛进行宣传，提高民族团结的影响力、传播力。是年，全区开展民族团结宣传教育宣讲40万余场次，聆听群众达2000万人次；利用横幅、标语、LED电子屏，每日滚动播放民族团结标语口号10万余条。

【民族团结进步创建活动】 2017年，喀什地区各级党政、企事业单位健全民族团结进步创建工作机制，完善工作目标责任体系，促进民族团结“进机关、进企业、进学校、进宗教活动场所、进乡镇（街道）、进村（社区）、进军警营、进团场连队”。积极开展民族团结进步模范集体和进步模范个人表彰活动，向喀什地区114名受国务院和自治区表彰的民族团结进步模范个人发放慰问金，组织宣讲团宣传模范单位和个人的先进事迹，广泛宣传教育引导各族干部群众积极参与民族团结进步创建活动。是年，地区打造县市民族团结教育示范基地10个。

【“民族团结一家亲”融情活动】 2017年，喀什地区将“民族团结一家亲”活动摆上重要议事日程，实现与贫困户结对认亲全覆盖，各单位每月开展一次“民族团结一家亲”联谊活动，开展形式多样、内容丰富的“民族团结一家亲”融情活动。是年，全地区126042名干部（职工）与256796名群众结对认亲，为结亲户捐款2182.46万余元、捐物288.4万余件，解决就医问题14.84万件、就学10.08万件、就业7.6万件，生产生活方面66.25万件。全区5万余名干部，12万余名结亲对象进行互动走访。

宗教事务管理

【“七进两有”建设】 2017年，喀什地区扎实推进宗教活动场所“七进两有”（宗教活动场所通水、电、路、暖、通讯、广播电视、文化书屋，有净身房、有水冲式厕所建设）。是年，全地区正常使用的宗教活动场所已全部接通水、电、路、暖、通讯、广播电视、文化书屋。

【规范“四项活动”】 2017年，喀什地区开展“倡导新风尚，树立新气象，建立活动新秩序”，改变陈规陋习倡导现代文明生活方式，减轻群众负担，服务群众，进一步规范起名、割礼、婚礼、葬礼“四项活动”。

【规范宗教教职人员管理】 2017年，喀什地区加强对宗教教职人员的管理，严格按照程序聘任聘用宗教教职人员，强化考核评议，对考核合格人员颁发“两证”暨宗教教职人员资格证书和宗教教职人员聘用证书，加强宗教教职人员培养，完成选派送300名学员到新疆伊斯兰教经学院喀什分院学习培训的前期准备工作。

【规范宗教活动场所管理】 2017年，喀什地区在全面落实“七进”“两有”（配备医药服务、电子显示屏、电风扇或空调、消防设施、天然气、饮水设备、鞋套或鞋套机、储物柜）服务设施的同时，推进宗教活动场所规范化管理标准，规范寺内物品摆放，做到干干净净、清清爽爽和中国化方向要求，坚持宗教活动场所服务和管理并重，加强宗教活动场所安全防范，严格落实消防、安保等安全防范措施，消除宗教活动场所安全隐患。通过依法管理和宗教活动场所民管组织自我管理，保证宗教活动场所安全有序、管理规范、环境整洁。

【关爱宗教教职人员】 2017年，喀什地区落实对宗教教职人员关爱政策，定期联系帮助解决地区、县市宗教教职人员困难诉求，完善宗教教职人员的医疗保险、养老保险、大病保险、人身意外伤害保险、低保等保障措施，按时足额发放宗教教职人员生活补助。

（廖少凡）

社会民生

人力资源和劳动就业

【培训就业】 2017年，喀什地区实现城镇新增就业10.6万人，完成地区10万人就业任务的106.2%；城镇登记失业率控制在2.3%，城镇零就业家庭保持24小时动态清零；农村富余劳动力转移就业88.5万人次，完成地区85万人次任务的104%，其中：疆内有组织转移就业2万人，企业稳定就业11.67万人，疆外有组织转移就业8375人；劳务创收70.99亿元，完成地区65亿元任务的109.2%；全地区参加各类职业技能培训11.39万人，完成地区任务的113.9%。开展农村劳动力转移就业培训、高校毕业生创业培训、纺织服装产业培训、国家通用语言培训等六大计划，实现培训对象全覆盖；全面推进农村富余劳动力转移就业，制定三年规划和2017年工作方案，实现自治区协调岗位（疆内）转移就业20161人，本地企业、固定资产投资项目、公益性岗位等就业11.67万人；内地省市有组织转移就业8375人；是年，实现已开工项目吸纳新疆籍劳动力人数10.47万人，占比79%。其中，新疆籍普工9万人。

【劳动合同关系机制建设】 2017年，喀什地区人力资源和社会保障局推进集体合同和工资集体协商机制建设，全地区劳动合同签订率97%。全区劳动监察机构检查用人单位1220户，协调处理案件数590件。建立“劳动用工不诚信”企业通报制度。纳入“劳动用工不诚信”企业12家，纳入“劳动用工不诚信个人”名单项目负责人6人。

【劳动人事争议信访仲裁】 2017年，喀什地区人力资源和社会保障局接待上访群众280人（次），受理各类信访事项案件208件（次），涉及人数3883人；全区各级劳动人事争议仲裁委员会共受理劳动人事争议案件116件，结案率100%。实行日常监察制度，根据企业日常用工情况，建立“劳动用工不诚信”通报制度。有效规范劳动用工行为。

【劳动用工行为规范】 2017年，喀什地区建立“劳动用工不诚信”通报制度，有效规范劳动用工行为。对监察中难以协调解决的案件，及时移送仲裁机构进行调解仲裁，确保用人单位和劳动者的合法权益不受侵害。

【人才引进】 2017年，喀什地区拓宽人才引进渠道，突出基层乡镇、政法和教师队伍建设三个重点，全年招录、安置公务员（含参公）3444名，招聘地县乡三级事业编制人员724名，协调指导县市人社、教育部门招聘各类编外人员和教师1.3万人。对新录用公务员和5%人才加强岗前培训，科学合理编制教学计划和课程设置，严格考核管理，确保学得好、用得上、能适应、稳得住。编制“西部明珠英才”培养工程、紧缺人才柔性引进计划等实施方案，全面落实人才强区战略。完成未就业高校毕业生、技能人才赴援疆省市培养培训工作。

【科级干部选拔】 2017年，喀什地区社保局加大科级干部选拔工作力度。全年指导配合23个地直单位179名科级干部开展竞争上岗、民主推荐选拔任职和审核备案工作，其中有“访惠聚”、双语支教、驻村管寺等基层工作经历的干部占选任总数的65.4%。

【推进“吃空饷”问题治理】 2017年，喀什地区盯住干部管理宽松软和落实清查干部“吃空饷”问题治理责任不到位的单位，通过集体约谈单位领导、现场指导整改、发出“吃空饷”问题整改通知书等方式进行问责督导，全年清查整改机关、事业单位涉嫌“吃空饷”问题104人。

（喀什地区人力资源和社会保障局）

社会保险

【概况】 2017年，全地区企业职工基本养老保险在职参保人数10.49万人，完成地区目标任务的100.53%；机关事业养老保险在职参保人数13.76万人，完成地区目标任务的100.97%；城镇基本医疗保险参保人数69.66万人，完成地区目标任务的103.74%；工伤保险参保人数23.97万人，完成地区目标任务的104.06%；失业保险参保人数18.54万人，完成地区目标任务的105.03%;生育保险参保人数21.95万人，完成地区目标任务的106.91%。城乡居民养老保险和医疗保险基本实现全覆盖。

【五项保险征收】 2017年，喀什地区降低医疗保险费率，职工五项保险单位承担缴费费率之和下降到26.55%，下降5.3个百分点，下降幅度16.64%。是年底，五项保险少征收社会保险费8.13亿元，其中，企业单位少征收3.87亿元。

【医保惠民政策实施落地】 2017年，喀什地区实现人身意外伤害保险制度落地，设立一站式服务窗口；实现对全区大病保险全覆盖和医保在医疗机构直接结算；全面提高医保最高支付限额和报销比例，针对参保困难群体进一步降低起付标准、提高报销比例，门诊特殊慢性病达到21种；加强监管，医疗服务智能监控系统及零售药店三目监管系统在全地区上线运行，遏制不合理费用增长；深入推进医保单病种付费改革，发布单病种付费结算标准79个，单病种限额结算达到100个，有效降低不合理医疗费用。顺利完成跨省异地就医结算改革，是年9月，实现城乡各类参保人员跨省异地就医全国联网、即时结算，解决未落户新生儿的医疗保障问题。

【推进机关事业单位养老保险制度改革】 2017年，喀什地区贯彻《自治区机关事业单位职业年金管理暂行办法》及其配套措施，实现职业年金与其他各项社会保险费“一单”征收；有序推进《机关事业单位工作人员养老保险视同缴费年限认定》和《改革时人事工资信息认定和视同缴费年限认定》工作，完成190个地直单位参保任务，参保率100%；同步调整机关事业单位和企业退休人员待遇，及时完成全区4.04万名机关事业单位退休人员和5.97万名企业退休职工待遇调整工作。调整后机关事业单位退休人员人均月增资228元，企业退休人员人均月增资160元。

【启动社保基金三年专项治理】 2017年，喀什地区社保局与各县（市）签订《基金专项治理目标责任书》，做好基金非现场监督工作，利用基金监管系统，及时筛查疑点信息，分发至各县（市）开展疑点信息核查工作。制定基金专项检查实施方案，安排部署地县两级经办机构开展社保基金安全自查自纠工作，及时堵塞漏洞，确保基金安全运行。

【社保业务经办标准化建设】 2017年，喀什地区社保局按照社会管理和公共服务综合标准化试点项目要求，搭建符合地区实际的社保标准化体系。按照岗位分工，全员参与内部标准编写工作，提高标准化意识。紧扣一线经办岗位提炼行为准则，严把标准审核关，确保标准从实践中来、到实践中去；以标准化创建为契机，推进社保业务经办模式转型发展。适应社保发展形势的需要，改变以往专管员制的服务方式，实施综合柜员制业务经办模式改革。简化经办业务流程，为每项业务建立标准，实现一站式、多窗口同时受理社保业务，为参保群众提供优质、高效、便捷的服务。制定《喀什地区社保局“综合柜员制”经办模式实施方案》，编写《综合柜员即时办结业务操作手册》《综合柜员限时办结业务操作手册》《喀什地区综合柜员制社保经办服务指南》三本手册，完成综合柜员招聘和岗前培训工作。

【城乡居民医疗保险制度整合】 2017年，喀什地区社保局理顺管理体制，严格按照《喀什地区整合城乡居民基本医疗保险工作实施方案》时间节点任务要求，完成新农合编制、人员、职能、资产划转移交工作，按预期进入双轨过渡阶段；加快相关配套政策制定，在调研摸底的基础上，制定《喀什地区城乡居民基本医疗保险实施办法》《喀什地区城镇职工、城乡居民大病保险实施办法》，在政策层面统一地区城乡居民医疗保险和大病保险制度，实现待遇不降，实惠增加；做好信息系统升级改造工作，筹资530万元重新搭建地区社保信息系统中心数据库，完成服务器扩容、升级工作，保证并轨后信息化管理的正常运行；加快城乡居民社保卡制、发卡进度。是年，累计提交城乡居民制卡数据365.62万条，制成品卡338.98万张，发卡253.68万张，最大限度保证整合后农村居民能够持卡看病就医；加大保费征收力度，确保过渡期间参保群体不流失。是年底，全地区城乡居民医疗保险累计完成保费征收入库396.07万人，参保人数较2016年增长了27.89万人。

（喀什地区社保局）

民政工作

【福利彩票】 2017年，喀什地区彩票销售4.8亿元，较上年增长1.32%，筹集地区本级福彩公益金3640多万元，为社会福利事业的发展提供有力支持。

【“双集中”供收养】 2017年，喀什地区出台《喀什地区全面建立“五保”老人集中供养和孤儿集中收养制度的实施方案》，层层签订“双集中”工作目标责任书，压实责任，狠抓落实；全年下拨“双集中”生活补助和照料护理补助资金4931万元，惠及“五保”老人4235人、孤儿2473人，集中供养率分别达45.6%和100%。是年，制定《喀什地区“十三五”五保供养和儿童福利机构项目建设规划》，全年落实到位项目建设资金8653万元。

【微笑列车免费康复手术项目】 2017年，喀什地区民政局实施“微笑列车”“西部疝气”和“健康快车”等项目，协助医疗单位为贫困家庭中120名唇腭裂患儿、98名疝气患儿、38名先心病患儿、2000名白内障贫困患者免费实施康复手术。

【精神卫生情况】 2017年，喀什地区对易肇事肇祸精神病患者进行全面排查，全年累计收治各县（市）民政部门转送的精神病人1306人，出台《喀什地区易肇事肇祸精神障碍患者“应收尽收”救治救助工作意见》，组建各县（市）精神病康复收养中心，集中管控1430人。按照公建民营方式，在地区福利中心、原喀什水利水电学习校址筹建喀什厚仁精神病医院。是年，喀什地区康宁医院筹集资金66.53万元开办精神睡眠科，争取自治区福利彩票资金900万元用于改善医院基础设施条件，落实援疆资金390万元配备16排螺旋CT，提升医院接诊能力。开辟绿色通道，及时对精神病重症患者进行收治，降低危害社会风险。全年门诊接诊病人10674人次，入院病人2529人次，出院人数2725人次，在院病人数707人。

【慈善捐款】 2017年，喀什地区民政局组织发动社会各界向塔什库尔干县“5·11”地震灾区捐款1597万元；募集招商局基金会109.6万元运输费，为塔什库尔干县运输灾后重建建材6089吨；接收新疆纵横兄弟创世尊荣供应链管理股份有限公司援助喀什地区爱心牛奶1081233箱，惠及喀什地区基层一线维稳部队官兵、公安干警、环卫园林工人、中小学生和各类社会特困供养人员491617人；组织民政系统全体职工向塔什库尔干县“5·11”地震灾区捐款7775元，向白血病患儿捐款10150元。

【优抚安置】 2017年，喀什地区民政局下拨各类优抚安置军休专项资金9118.8万元，较上年增长17.15%。全面落实各类重点优抚对象政策和军休人员待遇；申报新评、换证、调整伤残等级51人，审核、申报烈士评定2人，批复因公牺牲军人遗属待遇2人，复核因公牺牲人民警察5人，审核参战退伍军人待遇2人，接收军队移交地方安置人员15名。完成123名新增60周岁以上农村籍退役士兵老年生活补助待遇的审核审批发放工作；完成退役军人数据核查更新，分两批组织194名参试人员赴自治区参加体检；先后下发通报6次、督办函5次，督促各县（市）落实和发放自主就业退役士兵一次性经济补助和义务兵家庭优待金工作，是年，发放717名自主就业退役士兵一次性经济补助资金2580.3万元、758名义务兵家庭优待金507.86万元；出台《关于进一步加强我区优抚安置工作的实施意见》，调整充实地区退役士兵安置工作领导小组，完成1978年以来城镇退役士兵数据采集分析上报工作，兑现1993—2000年军队复员干部养老、医疗和生活救助；落实到位涉军项目建设资金1875万元，为军供站、光荣院等涉军服务事业单位发展奠定基础。

【双拥工作宣传】 2017年，喀什地区调整充实双拥领导小组，核定落实到位双拥办机构人员专项编制4名，积极协调驻疆运输部队力量开展援助塔什库尔干县“5·11”地震灾后重建工作，完成拉运建材1.6万余吨；积极向自治区双拥办推荐喀什地区双拥模范个人典型事迹材料15篇，在全国性杂志报纸上刊载喀什地区双拥情况报道15篇，在自治区专项媒体和其他新闻媒体报道刊发95篇，在《中国陆军报》《中国青年报》头版刊发塔什库尔干县5·11地震抗震救灾和民族团结一家亲等工作简讯4篇，在《中国武警杂志》刊发2篇，在《中国双拥杂志》刊发4篇；在春节、“八一”建军节前夕，组织慰问团174个，对驻地解放军、武警官兵、烈军属等重点优抚对象进行慰问，发放慰问金、慰问品价值1072余万元。

【主要灾情】 2017年，喀什地区发生地震、雪灾、大风、沙尘暴、冰雹、洪涝等自然灾害19起，各类自然灾害造成受灾585967人，死亡9人，因灾伤病31人，紧急转移安置29992人；农作物受灾面积26259.71公顷，死亡牲畜5703头（只），倒塌房屋1601户6012间，严重损坏房屋3589户14124间，一般损坏房房屋11036户42853间，直接经济损失223903.98万元。

【防灾减灾】 2017年，喀什地区民政局制定《开展防灾减灾宣传周活动实施方案》，发放防灾减灾科普宣传单、展示宣传展板、悬挂防灾减灾日横幅等形式，提高各族群众防灾减灾意识。积极应对塔什库尔干县“5·11”重大地震等自然灾害，启动Ⅱ级应急响应1次，迅速组织人员、车辆调运救灾帐篷、棉被、棉大衣、睡袋、折叠床、折叠桌凳、发电机、场地照明灯、充电手电筒等急需救灾物资，及时救助受灾群众，保障受灾群众基本生活。是年，下拨救灾资金23311万元，较上年增长60%，转移安置受灾群众2.18万人次，灾后重建住房4753套，累计救助受灾群众58万人次。

【规范城乡最低生活保障】 2017年，喀什地区民政局出台《喀什地区城乡最低生活保障工作规程（试行）》《关于进一步加强最低生活保障家庭经济状况核查工作的通知》，进一步规范城乡低保工作程序和核查标准。全地区城乡低保人数110.3万人，较上年增长35.33%，基本实现动态管理下的应保尽保、应兜尽兜。

【最低城乡生活保障提标】 2017年7月1日起，喀什地区城市低保标准由原来的376元·月·人提高到396元·月·人，农村低保标准由原来的2855元·年·人提高到3200元以上·年·人。是年，喀什地区行署出台《喀什地区加强农村最低生活保障制度与扶贫开发政策有效衔接的实施方案》，与扶贫开发政策有效衔接，结合“三位一体”“四位一体”工作机制，完成37.5万低保兜底人员的兜底保障工作和城乡低保提标工作。

【城乡医疗救助】 2017年，喀什地区行署出台《关于进一步加强和完善城乡居民医疗保障及困难群体医疗救助服务的实施意见》，将建档立卡贫困户中的重病、重残患者列入医疗救助范围，提高低保对象、建档立卡贫困户中的重病、重残患者医疗救助比例和封顶线，实现基本医疗保险、大病保险、民政救助一单结算，有效缓解城乡困难群众看病难的问题。是年，地区累计救助城乡困难群众37.1万人次，累计支出城乡医疗救助资金15903万元。

【城乡最低生活保障清理整顿】 2017年，喀什地区民政局全面贯彻落实地委《转发〈关于开展最低生活保障专项整治工作的通知〉等三个文件的通知》《喀什地区社会救助领域专项整治工作实施方案》及地区纪检委《关于印发〈喀什地区整治干部作风促进群众工作方案〉的通知》精神，严查低保政策落实过程中存在的审核审批程序不规范、低保对象认定不精准、“人情保”“关系保”“错保”、优亲厚友、吃拿卡要等违规问题。全地区清退违规享受低保5.8万人，追回资金1513万元。

【流浪乞讨人员救助】 2017年，喀什地区加大流浪乞讨人员救助，下拨流浪乞讨人员救助资金216万元，累计救助流浪乞讨人员765人，其中，未成年人58人、老年人211人、残疾人53人，危重病人5人、精神病人91人。对22名无法查明身份信息的滞留人员通过全国救助寻亲网，按照程序开展寻亲工作。

【帮扶救助】 2017年，喀什地区专门制定《喀什地区特殊困难群体发放冬季取暖用煤实施方案》，统一从中国神华集团采购冬季用煤12.5万吨，惠及全地区24.47万户贫困人员家庭。是年，喀什地区民政局救助各类困难对象12.46万人次，累计支出临时救助资金3366.6万元。

【“救急难”工程】 2017年，喀什地区开展实施“救急难”工程，将救助范围覆盖到包括流动人口在内的所有困难人群。地区采取临时救助、发放关爱金、古尔邦节发放羊肉等方式综合开展救助工作，积极做好临时救助及节日慰问工作，确保特殊人群困难家庭帮扶解困全覆盖。是年底，募集临时救助资金3366.6万元，累计救助12.46万人次。

【婚姻登记管理】 2017年，喀什地区出台《喀什地区关于加强近亲结婚违法行为综合治理实施方案》，加强婚姻登记管理，加大婚姻领域违法行为治理力度。同时，落实民政部、自治区民政厅的部署，从4月1日起全面停征婚姻和收养登记费。是年，喀什地区有婚姻登记机关52个，全年办理国内婚姻登记133404对，其中，结婚登记38519对，离婚登记6190对，撤销结婚登记6对，补发结婚登记88516对，补发离婚登记158对，出具婚姻状况证明15对。全年办理涉外婚姻登记41对，其中，结婚登记22对，离婚登记7对，补发结婚登记12对。

【殡葬服务】 2017年，喀什地区积极贯彻落实殡葬惠民政策落实，下拨2016年下半年至2017年上半年困难群众丧葬补助资金100万元，惠及困难群众2243人；加快推进完善少数民族殡葬设施，积极争取少数民族殡仪馆建设资金150万元，殡葬车12辆，遗体冷藏柜208台，为群众提供方便、快捷殡葬服务，引导群众坚持正信、抵御极端，促进社会和谐稳定。

【老年人优待】 2017年，喀什地区民政局继续落实80岁以上老年人高龄津贴和免费体检政策，下拨资金1803.66万元，惠及全地区80岁以上老年人26730人。

【养老服务】 2017年，喀什地区出台《喀什地区关于全面放开养老服务市场提升养老服务质量的实施方案》，争取民办养老机构运营及一次性补贴61万元，改善民办养老机构设施条件2家。

【老年维权】 2017年，喀什地区民政局基本建立县、乡、村三级老年维权网络，全地区有县级以上老年维权机构70个，专兼职工作人员130人，全年提供涉老法律服务1227人次，办理涉老法律援助案件142件。

【老年教育】 2017年，喀什地区老年大学开班并有序招生，全年开办合唱、乐理、国标舞、太极拳、民族舞、广场舞、书法、钢琴、麦西莱甫等9个班级，招收学员316人。是年，配合喀什地委老干部局举办“迎五一”文艺会演和“庆七一”文艺会演等大型活动，丰富老年人的精神文化生活。

【沪喀银龄行动】 2017年，喀什地区老龄办与上海市对接开展第七期沪喀银龄行动，由上海市老龄办为喀什地区招募11名老专家在喀什开展为期近70天的“智力援助”和“志愿服务”活动，服务、培训干部、群众近万人次。

【敬老文明号创建活动】 2017年，喀什地区开展“以关爱老人、构建和谐”为主题的“敬老文明号”创建活动，各级涉老部门、为老服务组织、公共服务窗口行业按照“五个老有”的老龄工作目标，落实老年人优待服务，积极开展尊老敬老助老活动。是年，喀什地区公路管理局、喀什地区社会福利院、喀什市公共交通有限责任公司获全国“敬老文明号”称号。

【行政村社区拆分合并】 2017 年，喀什地区民政局会同组织部门做好地区行政村、社区拆分、合并、更名设置情况摸排工作，截至年末，全地区辖 40 个镇、127 个乡、355 个社区、2462 个村委会。

【社会工作者职业水平考试】 2017 年，喀什地区民政局积极组织社会工作者职业水平考试，通过资格审核 80 人，其中，报考中级 18 人，报考初级 62 人。是年，全地区取得资格社会工作师 4 人，助理社会工作师 10 人。

【社会组织党的组织组建】 2017 年，喀什地区民政局召开地区本级社会组织党建工作协调会暨 2017 年第一次联席工作会议，积极开展“扩面提质增效”和“集中组建月”专项行动，推动社会组织党建工作从“有形覆盖”到“有效覆盖”转变，推进社会组织党的组织和工作“两覆盖”。是年，地区本级 126 家社会组织中，已组建党组织 63 个，覆盖 76 家社会组织，其中，单独组建 19 个，联合组建 55 个，挂靠组建 2 个，组建率 50%。

【社会组织清理整顿】 2017 年，喀什地区民政局结合年检开展社会组织清理整顿工作，全年新注册社会组织 27 家，变更登记 37 家，注销登记 44 家。截至年末，全地区社会组织 761 家，其中社会团体 597 家，社会服务机构 164 家。

【社会组织统一信用代码换发】 2017 年，喀什地区民政局认真落实社会组织统一信用代码实施和换发新证工作任务，全地区换发存量码 413 个，新增码 65 个，换发率 58.8%。

【行业协会脱钩】 2017 年，喀什地区民政局印发《喀什地区第二批行业协会商会与行政机关脱钩实施方案》，按照“五分离、五规范”的任务要求，全地区确定 48 家脱钩单位进行试点，实际脱钩 44 家，注销 2 家，延期脱钩 2 家，基本完成行业协会的脱钩任务。

【区划地名管理】 2017 年，喀什地区民政局适应国家“一带一路”倡议核心区建设需要，完成喀什地区撤地改市、莎车县撤县设市，17 个撤乡设镇和 4 个新设街道办事处申报材料审核上报工作；清理整治村委会、社区等各类不规范地名 2087 条；全地区 12 县市第二次全国地名普查成果通过自治区验收上报民政部；做好平安边界创建工作，解决塔什库尔干县与阿克陶县界线纠纷，增设 4 棵界桩，维护边界社会稳定；按照地区人口精准登记核实和身份证依法规范工作总体方案，全面启动标准地名地址库和二维码电子门牌设置工作。

（喀什地区民政局）

园区建设

喀什经济开发区

【概况】 2010年5月，中央正式批准设立喀什特殊经济开发区。2011年9月，国务院就出台《国务院关于支持喀什霍尔果斯经济开发区建设的若干意见》，明确喀什经济开发区总面积约50平方千米，其中包括喀什市40平方千米和伊尔克什坦口岸10平方千米。

2017年，喀什经济开发区新增注册落户企业1257户，同比增长30.6%，累计达到3080户，其中二产528户、三产及其他企业2522户；深圳城注册企业284家，总部经济区注册企业1761家。依托深圳产业园60万平方米标准厂房，加快建设南疆服装总部基地和纺织品服装物流基地，落户纺织服装等劳动密集型企业72家，带动全疆纺织服装产业的发展，实现转移就业1.2万人。综合保税区陆续开展转口贸易、周边国家特色农产品仓储、海关集中查验等业务，注册企业30家，运营企业10家，开通保定、深圳至喀什至中亚、南亚多式联运班列。是年，喀什经济开发区完成地区生产总值8亿元，增长21%；全社会固定资产投资18.7亿元，增长14%；公共预算收入5.5亿元，增长125%；期末从业人员2.1万人，增长38%。

【重大合作项目进展】 2017年，喀什经济开发区“空中丝绸之路”战略迈出实质性步伐，启动筹建喀什国际航空公司，与巴基斯坦宁静航空公司、格鲁吉亚航空公司建立合作关系，7000万元前期筹建资金到位，初步确定筹建班子高管人员人选。积极融入中巴经济走廊建设，与中交集团合作，开工建设喀什国际内陆港，共同推进公路基础设施、城市基础设施、轨道交通建设，搭建开发区企业“走出去”和“引进来”平台，开展与瓜达尔港间的产业、物流、商贸协作，开拓国际国内市场空间，建设区域最大的商贸物流中心，形成中巴经济走廊一个扁担挑两头的格局。与新疆华凌集团、浙江新光集团合作，设立30亿元产业发展基金，支持喀什基础设施建设和新兴产业发展。新光集团拟投资46亿元的“喀什中西亚国际商贸城”项目11月11日举行项目奠基仪式。与大唐集团、英国耿西岛金融局、直布罗陀金融局建立战略合作关系，大唐集团组建的大唐财产保险自保公司筹建申请已通过中国保监会主席办公会审核。与厦门当代集团合作，启动组建神州人寿保险公司筹建文件批转至中国保监会发改部机构处初审。与招商局集团合作，招商局集团介入主导喀什综合保税区运营，借助招商局集团布局“一带一路”的优势，重点推动航空物流和跨境电商产业发展，招商局集团专业团队已进驻综合保税区。

【企业扶持奖励】 2017年，喀什经济开发区争取各类企业扶持奖励资金6829万元，出台《喀什经济开发区就业稳工补贴暂行办法》，设立就业稳工专项补贴经费，每年1亿元，连续三年，确保员工待遇不低于1000元/月，兑现员工稳工补贴3600万元。出台《喀什经济开发区土地作价出资暂行办法》，33.33公顷国有土地以作价出资模式注入喀什深喀投资开发公司，注册资本从5000万元增加到9.4亿元。

【开发区综合承载能力提升】 2017年，投资2.6亿元推进深圳产业园三期11万平方米标准厂房建设，建成和维修改造员工公寓5.4万平方米。投资1.3亿元完成深圳产业园片区景观绿化工程。金融贸易区丝路人才大厦、体育中心、喀什大学一期、国际免税广场主体封顶，喀什农商行总部大厦开工建设。

喀什综合保税区

【概况】 2013年5月，国务院批准的《喀什经济开发区总体发展规划》提出，依托喀什国际机场和国际铁路货运站，推动设立、建设喀什综合保税区。2014年9月2日，喀什综合保税区于经国务院批准设立。成为新疆第二个、南疆首个综合保税区。规划面积3.56平方千米。主要设置保税仓储、保税物流、保税加工、展览展示、口岸操作、航空货运和综合配套服务等七大功能区，具备国际中转、国际配送、国际采购、国际转口贸易和出口加工等功能。

截至2017年底，喀什综合保税区入驻或即将入驻企业53家，注册资金5.3亿元，完成工商税务登记企业36家，多家企业正在办理注册手续，完成海关国检备案的22家。进出口货物1858吨，贸易额6004.9万美元。

【项目进展】 2017年，喀什综合保税区与野马汽车达成在区内建设汽车零部件出口组装基地项目意向；多家农副产品增值加工企业签约入区。物流实现互联互通，多条通道实现突破。先后推动开通保定、深圳经喀什至中亚南亚多式联运班列，部分货物通过综保区集拼后出口，多式联运班列的开通为将喀什打造为国际商贸物流中心奠定基础。中吉乌贸易通道顺利打通，中吉乌国际公路货运试运行接车仪式在喀什综合保税区成功举行。依托汽车零配件出口基地建设为中巴经济走廊提供实体支撑。保税展销店开业以来日均销售额7200元。与多家加工贸易企业进行洽谈，已签约入驻以吉尔吉斯斯坦进口蜂蜜为原料的蜂蜜加工厂；引进深圳华星光电公司在区内设立出口加工为主的电子信息产业园。借助综保区保税仓储政策，如意纺织集团进口纺织设备入区仓储。引入喀什众鑫聚力国际贸易有限公司开展电子产品组装检测、技术服务等业务。推动国际航空货运区建设及临空经济发展。与海关、出入境检验检疫局协调沟通，派出工作团队与周边口岸开展对接，着力梳理与周边口岸间通关中存在的阻碍，进一步优化通关流程。

（李雪梅）

喀什经济开发区兵团分区

【概况】 2010年5月，中央决定在喀什设立经济开发区，明确喀什经济开发区包含兵团部分，相应设立喀什经济开发区兵团分区（以下简称兵团分区）。兵团分区管委会于2012年5月由兵团正式授牌成立。兵团分区属兵团派出机构，享有兵团级经济管理权限，由第三师代为管理。兵团分区管委会设置党政办公室（挂人力资源和社会保障局、公共事务局的牌子）、经济社会发展局、财政局（金融服务办公室）、招商局、规划土地建设环保局等5个处级机构。编制20人，其中处级领导职数9名。

兵团分区与喀什经济开发区统一规划、统一政策，享有与喀什经济开发区管委会同等管理权。

兵团分区规划面积6平方千米，其中喀什综合保税区中1.78平方千米，位于喀什国际机场北侧；北部产业园规划面积4.22平方千米，位于恰克玛克河以北片区；兵团分区总部经济大厦规划面积0.07平方千米，位于喀什新城东侧片区；兵团草湖产业园规划面积10平方千米，位于四十一团草湖镇，作为兵团分区产业承载基地，由兵团分区管委会统一管理、建设、招商、资源共享，草湖镇作为园区生活服务基地。

兵团分区通过联动开发，积极发展以国际商贸、保税物流、保税仓储为重点的现代服务业。重点培育农副产品深加工、纺织服装、民族特色产品、家电及电子信息产品等轻加工制造业和机械制造业。鼓励引进生物医药、新能源、新材料等战略性新兴产业。

【经济建设】 2017年，兵团分区实施固定资产投资项目6个，其中新建项目4个，续建项目2个。完成固定资产投资14.04亿元，同比增长-1.5%；完成工业总产值5.5亿元，工业增加值1.01亿元；三产增加值0.15亿元。实现外贸进出口8588.73万美元，其中纺织产业园3806.23万美元，喀什综合保税4782.5万美元。

【基础设施建设】 2017年，综合保税区作为兵团分区和喀什经济开发区的共建片区，兵地双方共同完成包括11条总长23千米的道路和管网配套工程，占地面积3239平方米的十进十出通道的主卡口、9720平方米的联检楼、9820平方米的综合服务楼、4356平方米的查验库、5143平方米的监管库、8栋总面积62584平方米的保税仓库、占地45300平方米的集装箱堆场、8600米围网工程和信息化监管系统，488套公租房等项目。

兵团草湖产业园10平方千米市政基础设施及市政配套建设基本完毕，达到“八通一平”（给水、排水、通电力、通路、通讯、通暖气、通工业蒸汽、通天然气，场地平整）标准，基础建设总投资13.78亿元。完成54千米市政道路和228

千米配套管网以及74万平方米绿化工程。自来水厂、集中供热站、110千伏变电站已投入运行。

兵团分区总部经济大厦建筑面积9.14万平方米（地上22层，地下2层），投资3.5亿元，正在进行整体装修。

北部产业园总体规划与喀什经济开发区一并完成，规划编制已通过评审，施工图设计已完成，部分建设资金已到位。

【招商引资】 截至2017年底，总部大厦已注册企业317家，其中：2017年新注册企业181家，注册资金21.72亿元；喀什综保区共有投资意向企业51家，注册资金5.25亿元，完成工商税务登记的有31家，完成海关国检备案的22家。2017年兵团分区完成招商引资到位资金33.07亿元，同比增长195%。

【兵团草湖产业园移交给草湖镇管理】 2017年2月，兵团分区将兵团草湖产业园移交给草湖镇管理，实行团镇园合一管理，由广东派出到四十一团任职的援疆干部承担起兵团草湖产业园发展的主体责任，进一步加强和充实四十一团在城镇管理、招商引资和经济发展方面的力量，努力使之形成可复制可推广可持续的援疆工作新模式。兵团分区以股东身份继续参与兵团草湖200万锭广东纺织服装产业园项目的建设。

（李　震）

县市园区

【喀什中亚南亚工业园区】 截至2017年12月底，喀什中亚南亚工业园区累积入驻企业85家，其中规模以上企业6家，园区实现工业总产值7.7亿元，同比下降9.9%，实现工业增加值2.7亿元，同比下降10.18%，完成固定资产投资2.57亿元，吸纳就业6019人。规上企业完成工业产值45167万元，实现工业增加值16810.51万元，分别同比下降5.39%和9.76%，占园区工业总产值、增加值的58.46和67.99%。

是年，喀什中亚南亚工业园区纺织服装行业完成工业总产值17733.49万元，较上年同期下降23.14%，实现工业增加值4891万元，较上年同期下降12.88%，较上年同期下降明显；燃气生产和供应业实现工业总产值24998.25万元，实现工业增加值10488.07万元，分别同比增长7.18%和7.25%；农副产品加工业完成工业总产值1790万元，较上年同期下降40.53%，实现工业增加值595.54万元，较上年同期下降40.53%，其中，新疆贾萨特国际贸易有限公司完成工业总产值640万元，实现工业增加值212.93万元，分别同比下降60%；非金属制品行业完成产值17732.9万元，较上年同期下降28.27%，实现工业增加值5461.8万元，较上年同期下降22.53%，其中，新投产的荣达建材完成工业总产值1461万元，实现工业增加值334.86万元，贡献率较大；电器机械及器材制造业完成产值5597.8万元，较上年同期下降

14.06%，实现工业增加值1712.67万元，较上年同期下降20.96%，其中，德森电气实现工业产值1161.8万元，实现工业增加值386.53万元，分别同比下降30.85%，万利电线电缆和新正泰实现工业产值1000万元，实现工业增加值332.7万元，分别同比下降51.22%。

截至是年底，喀什中亚南亚工业园区管委会依托“三位一体”的招商引资体制，充分发挥地缘优势、政策优势，引进企业13家，项目总投资85500万元，同比增长140.52%，其中，入驻标准厂房服装食品类企业9家、入驻园区企业4家。已开工建设企业13家，开工率100%，其中9家企业已投产。已吸纳就业1380余人。

全年完成固定资产投资25659万元。一是部分企业在原有生产线的基础上，大力引进新设备，提高经济效益和产品质量，对固定资产投资起到一定的支撑作用；二是新建企业固定资产投资较好，特别是喀什领航管业科技有限公司年产20万吨钢塑复合管（涂塑钢管）生产线项目建设项目已完成固定资产投资5500万元，喀什恒通赛木新型建材有限公司年产60万平方米装配式新型建材项目已完成固定资产投资5000万元；三是南疆服装服饰总部基地8家服装企业完成固定资产投资2000万元。

喀什中亚南亚工业园区管委会加大对“小升规”企业支持和引导力度，重点跟踪联系园区“小升规”企业3家，及时了解企业运营情况及存在的困难，是年，喀什荣达新型建材有限公司升为规上企业。

争取园区基础设施贷款贴息专项资金，到位专项资金50万元；组织园区7家企业申报2017“短平快”项目资金，4家企业已获得资金88万元；组织新秦管业、远方公路港申报2017年自治区中小企业发展专项资金，获得资金60万元；组织远东陶瓷企业申报技术改造专项资金，获得资金50万元；组织6家服装企业申报新增就业专项资金，到位资金720万元；组织新秦管业申报自治区专利实施项目资金，到位资金5万元；组织3家食品企业申报喀什地区民族特色食品产业发展资金51.39万元。

与建行喀什分行、工行喀什分行、喀什市农商银行进行对接，召开政银企对接会，着力解决入园企业融资贵、贷款难等问题。协助喀什德森高低压成套设备有限公司、喀什中天恒利新型建材有限公司、喀什荣达新型建材有限公司、喀什雅戈尔纺织有限公司贷款，有效缓解企业经济压力。是年，4家企业贷款2400万元。

出台相关稳工政策，实行就业补贴。自5月上旬起成立由开发区、各乡镇、经信、人社等部门组成的就业工作组，配合开发区就业岗位补贴，全面落实喀什市户籍员工用工稳工政策，帮助喀什市户籍员工实现就业。开展就业、职业技能培训调查摸底7次，标准厂房开工企业数为21家，实现就业2869人，其中，喀什市户籍2852人，新招录员工2461人，老员工408人。按照开发区促进员工稳定就业、扶持企业发展的理念，中亚南亚工业园区服装企业累计享受就业补贴近1400万元，其中，涉及新员工1300万元，老员工100万元。

是年，园区有15家服装企业提出职业

技能培训开班申请48批次，累计培训2280人次，1764人次完成鉴定，鉴定合格率87.8%，拨付专项培训资金600余万元。

配合开发区土地规划局做好丽都小区公租房设施设备故障清点、评估和维修，维修故障房屋8栋480套。根据园区管委会出台的《公租房（丽都小区）管理办法（试行）》，结合企业需求实际，发放2017年度公租房38批次29家企业121套（含双创社区、园区警务站住房），免征7家纺织服装企业81套计4.05万元租赁保证金，极大地缓解企业资金压力。

（喀什中亚南亚工业园区管委会）

【疏附广州工业城（园区）】 截至2017年12月底，疏附广州工业城（园区）管委会下辖喀什国际经济合作区、疏附国际商贸物流产业园区、疏附广州工业城园区和天津海河生态产业园区共签约入驻企业124家，已投入运营企业75家，在建企业7家，完成工业总产值4.5亿元，同比增长11.5%；实现工业增加值1.08亿元，同比增长12%；外贸出口额1.13亿美元，同比增长13%；商贸流通行业实现销售收入3.6亿元，同比增长2%；固定资产投资6.82亿元，同比增长10.5%。

喀什国际经济合作区规划面积101平方千米，已修建5.8万平方米，铺设道路1.3千米，修建一期标准厂房21000平方米，二期标准厂房37500平方米。引进落户企业7家，其中生产运营企业6家。

疏附国际商贸物流产业园区规划面积4.33平方千米，投入援疆资金6.86亿元，铺设市政道路13.6千米，修建完成绿化、供水、供热、供气、排水、供电、通信等配套基础设施。争取国家资金新建110千伏的变电站1个，修建8万平方米廉租房，架设电网40千米。已入驻企业33家，其中生产运营企业21家。

天津海河生态产业园区规划面积2平方千米，在规划布局上，园区规划有综合产业区、仓储物流区、农副产品加工区、化工产业区、加工制造区、建材产业区、研发孵化区及公共服务区。投资3000万元，其中天津投资1200万元，配套完善园区道路、电力、供排水、通信等基础设施。入驻企业48家，其中生产运营企业32家。

疏附广州工业城园区规划面积为9.99平方千米，总投资22080万元，修建完成绿化、供水、供热、供气、排水、供电、通信等配套基础设施。签约企业36家，生产运营企业16家。

截至是年底，喀什国际经济合作区—进出口贸易加工区（含保税仓）、国际商贸物流产业园区、广州工业城园区和海河园区共落户企业138家，实现劳动力就地就近转移就业1700人，其中贫困人口850人，为疏附县脱贫攻坚工作奠定了坚实的基础。

是年，疏附广州工业城（园区）管委会建立健全安全生产责任制，与124家企业层层签订安全生产责任书。制定转发16份安全生产工作文件，召开8次企业安全生产工作会议，开展17次安全生产大检查，下发安全生产检查整改通知书175份，集中举办企业安全生产教育培训2次，做到安全生产问题及时发现、及时汇报、及时整改，有效避免安全生产事故的发生，有效提高企业安全意识。

（崔社军）

【疏勒南疆齐鲁工业园区】 疏勒南疆齐鲁工业园区暨疏勒高新技术产业开发区位于疏勒县与喀什市交界处，315国道、214、310、311省道及喀和铁路交会贯穿园区，是喀什“一市两县”经济区的重要组成部分，是南疆地区第一家获批的自治区级高新技术产业开发区，也是喀什地区重要的出口加工制造业基地。

南疆齐鲁工业园区始建于2005年11月，起步规划面积约5平方千米，后扩展为“一区四园”，包括齐鲁工业园区、山东物流园、建材加工园及钢铁产业园。2011年，经自治区人民政府批准，疏勒南疆齐鲁工业园区成功升格为自治区级工业园区。2015年8月，疏勒南疆齐鲁工业园区被自治区人民政府批复成立疏勒高新技术产业开发区，总规划面积53.67平方千米，实际开发面积16.6平方千米。其中，齐鲁工业园区9.7平方千米，山东物流园贸易区16.26平方千米，山东物流园加工区7.11平方千米，现代钢城产业园20.6平方千米。工业园区已逐步形成以钢铁产业、纺织服装、新型建材产业为主，农副产品加工服务业和现代物流业为辅，轻工机械、医药食品产业共同发展的产业布局。

截至2017年末，南疆齐鲁工业园区累计落户企业277家，规模以上企业25家，规模以下企业252家，投产企业197家。园区企业实现工业生产总值18.16亿元，增长13.8%，占全县工业经济总量的85%，其中，规模以上企业实现产值6.13亿元，占园区总产值的33.8.3%；规模以上企业实现工业增加值2.13亿元，同比增长11.3%，成为拉动县域经济发展的重要组成和主要动力来源。

截至是年底，疏勒高新技术产业开发区科研孵创中心项目总建筑面积约40万平方米，计划总投资30亿元。一期总投资1.1亿元，建设的三栋建筑总面积为48000平方米的标准厂房投入使用，达到企业入驻条件，有3家企业已经入驻；总投资7300万元的471套公租房和建筑面积为3000平方米的党群中心及配套设施、总投资350万元建筑面积为924平方米的职工之家、总投资2800万元建筑面积为12000平方米的食品精深加工标准化厂房一栋均在建设之中。

（周　萍）

【英吉沙工业园区】 英吉沙工业园区规划起步于2008年，2009年完成规划编制，2010年开始动工建设。2010年12月被批准为自治区级工业园区，位于315国道、喀和高速公路、喀和铁路交会处，地理位置优越，交通十分便利。英吉沙县工业园区依托英吉沙县区位优势、资源优势和比较优势，坚持生态立区、集约发展的原则，按照“一园多区”协同发展的模式，以产业聚集为核心，以管理体制创新为动力，在县城北部3千米处规划主工业园区，英吉沙工业园区（北区）发展机械组装加工、专用车制造、纺织服装加工、农副产品深加工、新型建材、仓储物流等产业，同时在南部依格孜牙乡规划山水水泥产业园、西部艾古斯乡规划太阳能光伏发电产业园、西南部乌恰乡规划新型建材（机制砖）产业园，进行集约化管理，形成多产业齐头并进，优势互补的良性发展局面。

英吉沙工业园区起步区4.07平方千米，规划区10.86平方千米，控制区22平方千米，已累计投入资金3亿元，已建成道路28千米，供水管网31.275千米，排水管网43.3千米，亮化18.5千米，10千伏双回路供电线路19千米，已开发面积约7平方千米。园区生产力促进中心10幢厂房已投入使用，成为工业园区科技企业孵化、技术转移中心、成果转化基地；英吉沙工业园区产业定位明确，功能分区清晰，机械组装加工区、专用车制造区、纺织服装产业区、农副产品加工区、新型建材区、仓储物流区都已具备容纳相关产业的基本条件。

截至2017年末，英吉沙工业园区生产总值达9亿元左右，同比增长35%；工业增加值达2亿元，同比增长33%；累计入驻园区企业达102家，累计吸纳就业人数达5000人。

是年，英吉沙工业园区投入6000万元新建英吉沙工业园区纺织服装产业孵化园三期项目，新建3060平方米地上2层的标准厂房6栋，投入100万元完成园区公租房周边景观绿化建设，提升从业人员居住环境。

英吉沙工业园区接洽客商13余批60余人次，签订投资合同3个（明德热工、新银鹤地毯、精佳农产品），签约项目为轻工及农副产品加工类总金额0.54亿元。签约金额比上年同期明显下降。由英吉沙政府牵头，园区、招商、经信、金融机构等及时深入企业走访调研，组织政策宣讲会3次，座谈会2次，签约会1次，帮助企业积极筹措资金，为5家企业成功贷款近4000余万元。

是年，英吉沙工业园区建立健全安全生产责任制，集中举办企业安全生产教育培训2次，坚持每周对所辖企业进行维稳、安全生产、应急演练、环境保护检查，累计派出检查组410人次，排查各类安全隐患82条，现场整改76条，限期整改隐患6条，积极开展安全生产活动，组织安全生产应急演练4次，维稳处突演练35次，到部分企业进行安全消防演练及时消除企业安全生产隐患，提高企业安全意识，实现零事故目标。

（英吉沙县工业园区）

【泽普工业园区】 泽普工业园区位于泽普县西南18千米的奎巴格镇，临近塔西南石油勘探开发公司。2006年5月，泽普县委、县人民政府围绕“园中有林、林中有园”的目标，按照“一核（园区管委会、职业技能培训学校、蓝领公寓、产业孵化园为企业提供行政审批、产业工人培训、产业孵化等功能为一体的核心区域）、一廊（工业园区建设初期南北走向种植的80公顷桃园作为最北面食品产业园区与其他园区的一道天然屏障）、四个产业片区（化工产业片区、轻工业片区、纺织服装产业片区和农副产品产业片区)”的功能布局,紧紧依托塔西南石油勘探开发公司的资源优势与产业优势规划兴建,工业园区总体规划面积9.89平方千米。2012年5月泽普工业园区被批准为自治区级工业园区。

2017年1—10月,泽普工业园区企业完成工业产值2.9亿元,完成工业增加值6800万元,同比分别增加12.56%和11.78%。其中规模以上企业完成工业产值1.8亿元,工业增加值4523万元,较上年分别增加12.13%和11.6%。

截至2017年年末,泽普工业园区累计投资1.62亿元,实施道路、供排水、宽带管网等基础设施建设,具备“七通一平”条件;建设道路18千米,供水管线28千米,排水管线28千米,道路绿化56千米,建设标准厂房18栋,5.25万平方米。

是年,泽普工业园区入驻企业61家,其中规模以上企业5家,分别是新疆金胡杨药业有限公司、新疆闽龙达干果产业有限公司、泽普县东辰工贸有限责任公司、新疆澜海红杏生物科技有限公司、新疆佳信捷智能科技有限公司。食品产业园区胡玛尔商贸项目预计投资700万元,主要生产“胡玛尔”商标的鸡肉、羊肉、牛肉、鸽子肉串;爱丽哈斯麻糖项目预计投资300万元,工业产值100万元,主要制作麻糖,切膏等食品。曼泽丽商贸公司由园区产业孵化园迁至特色食品产业园,主要从事面包、蛋糕等糕点加工。

(孙莉文)

【莎车工业园区】 莎车工业园区成立于2006年4月,于2012年6月8经过自治区人民政府批准为自治区级工业园区,园区批准建设面积9.98平方千米,已建成面积16.96平方千米。莎车工业园区为“一区四园”,包括重工业园区、轻工业园区和食品工业园区及纺织工业城。重工业园区是以建材加工、冶炼和化工产业为一体的综合工业区。食品工业园区以粮食、棉籽、林果、畜禽等特色农副产品精深加工和特色手工业制造为主的花园式生态工业。轻工业园区是以区域仓储物流、轻纺工业为一体的现代化综合园区。纺织工业城是以纺织、针织、服装、电子商务等项目为一体的劳动密集型产业园区。截至2017年末,莎车工业园区入园企业126个,规模以上企业10个,工业企业111个,物流及商贸企业个数15个,吸纳就业情况约5500人。

截至2017年,莎车工业园区累计投入资金5.57亿元,其中上海援建资金3.77亿元,当地配套资金1.8亿元。完成3200平方米四层框架办公楼,60余千米道路,40余千米供水管网,40余千米排水管网及4座24万立方米污水处理氧化塘(投资1.55亿元,日处理1万立方米污水处理厂正在建设中),种植63余万棵绿化树木,安装1600余套路灯,利用上海援建资金完成57977平方米21栋标准化厂房建设。支持企业固定资产投资补助、规上企业奖励资金7826.03万元。建设3个10T锅炉供暖面积约8万平方米,天然气管道架设完毕并通气使用,移动、电信网络全覆盖,110千伏、35千伏变电站各2个。是年,利用上海援建资金,总投资4000万元建设22177平方米的针织园区标准厂房项目6栋。

截至是年11月底，莎车工业园区完成工业总产值23亿元，同比减少11.5%，完成当年目标任务的54.13%；实现工业增加值4.6亿元，同比减少13.2%，完成当年目标任务的52%；规模以上企业完成工业总产值7.5亿元，同比减少21%，完成工业增加值1.9亿元，同比减少20.6%。

莎车县坚持企业为大、服务为先理念，将服务作为园区发展的核心竞争力。莎车工业园区管委会协同县商经委、国土局、环保局、城建局、发改委、消防大队、安检局等相关部门组成“规范完善工业企业手续”领导小组，限时帮助企业解决办证难、用水难、住房难、用工难、融资难等突出困难。帮助23家投产和在建企业补办相关证照，联系天津设计院，以最低的价格为22家无图纸企业补办设计图纸，节省企业开支。与园区物业公司对接解决生活区用水用电问题，提高生活区入住率；积极与县人事局、职业技能培训中心、园区周边乡镇协调，解决企业用工难问题，采取校企“订单式”培训，为晨光生物、茂林木业、隆基水泥、新投农业等企业培训技术人才148人，帮助周边乡镇转移剩余劳动力到企业就业273名，与人事局协调组织安排60名大中专毕业生到部分投产企业观摩，帮助大学生就地就近就业；多次与企业主、县劳动监察大队、法院公安经侦大队协调，及时解决农民工因欠薪伤亡事故赔偿、企业恶意逃债等问题。积极帮助叶尔羌纺织、晨光生物等20家企业申报自治区“短平快”项目扶持资金；帮助轻工业园区茂林木业、叶尔羌纺织厂10000平方米的绿化工程，解决博斯坦农资与电力公司的纠纷等问题。在园区设立集卫生、餐饮、金融、网吧等生活服务为一体的综合服务区，协调中国银行、建设银行等银行在轻工业园区、重工业园区的生活区安装自动存取款机，方便园区企业职工生活需求。

（莎车县工业园区）

【叶城工业园区】 2007年10月，叶城县园区管委会成立。2010年1月，叶城县园区管委会被新疆维吾尔自治区乡镇企业局命名为自治区级乡镇企业创业园区。2012年10月，叶城工业园区升级为自治区级工业园园区。2013年6月升级为副县级自治区级园区。工业园区内设办公室、经济发展科、规划招商科3个科室。主要负责园区规划、建设、发展、管理、招商及社会事业。随着援疆力度的进一步加大，经过几年的努力，通过大力实施招商引资战略，努力把区位优势和资源优势转化为经济优势，形成了以矿产开发冶炼、石油天然气、农副产品精深加工、新型建材、硼化工、光伏产业及仓储物流等产业体系框架。基础配套设施达到“七通一平”，创建了“轻工业园区、商贸物流园、化工园、光伏园和重工业园区”一园一特色的“一区五园”发展格局。园区原规划面积5平方千米，现已扩展到17.73平方千米，园区建成区达到7.5平方千米。截至2017年年末，工业园区累计落户项目153个，其中投产项目103个，涉及矿产开发冶炼、石油天然气、农副产品精深加工、新型建材、硼化工为主的产业和以仓储物流为主的商业贸易体系。提供就业岗位12301个，实现工业总产值48.28亿元，实现工业增加值11.53亿元，规上企业实现利税2.98亿元，主要经济指标占全县工业经济总量的80%以上，已成为叶城县实施“产业兴县、工业强县”的重要平台和经济发展的引擎，加快发展工业主导经济格局的主要推手，同时也是解决就业，维护社会稳定大局的重要力量。

轻工业园区位于219国道和315国道交汇处，距离县城4千米处，于2004年5月动工建设，占地面积2.5平方千米，主要产业以农副产品精深加工、畜禽肉食品加工、新型环保建材、纺织服装、电子产品组装、手工业品制作、彩印包装等为主，落户企业125家，主要企业有美嘉核桃饮料、一源杏酱、百英肉制品、康美果醋、龙淼电子、天山水泥、欣业玻璃钢、兴业多孔砖、昆仑商混、金昆仑新型建材、鑫盛塑钢窗、昆仑神防盗门、欣欣环保加气块、川一PVC管业、金龙防水材料、斯洛尔LED路灯、叶阳电器、利百加服饰、潇湘服装、祥盛袜业、龙盛包装、胡杨纸箱、闽之馨手工花卉。

重工业园区位于219国道50千米处，坐落于叶城县乌夏巴什镇柯克亚乡境内，与塔西南石油勘探柯克亚作业区相邻，距离县城60千米。主要产业以矿产资源开发冶炼、天然气发电及天然气下游产品开发为主，落户企业15家，重点企业有兴祚矿业、临钢矿业、德里克炭黑。

化工业园区位于219国道10千米处西侧。依托西藏阿里丰富的硼矿资源，形成了以锂、钾、盐及硼为主的硼化工深度加工产业。2015年被中国硼业协会命名为“西部硼化工基地”。落户企业16家，主要企业有华峰化工、鑫泓化工、宝隆化工、龙盛生物科技等。

仓储物流园位于219国道3千米东侧，以零公里为中心、219国道为轴线、方圆5千米为半径，着力打造以机电、家具建材、五金、汽配及物流为主的综合性物流园，形成了以中泰汽修汽配、中辉物流、爱民物流、钢材交易市场、海逸家具城、华丰五金电器市场为主的商贸、仓储物流产业7家。

光伏产业园位于219国道14千米处西侧，规划区域总容量为700兆瓦，入驻枫霖电力科技一期20兆瓦、源光能源30兆瓦和源兴能源30兆瓦、瑞成新能源20兆瓦光伏发电企业4家。

（叶城县工业园区）

【麦盖提工业园区】 2017年，麦盖提工业园区完成总产值5.62亿元，同比增长14.27%；规上工业增加值7057.48万元，同比增长6.87%，规上企业运行平稳；中企宏邦节水产值6107.9万元，同比增加20.03%；金轮服装产值2137.3万元，同比增长6.02%；天运塑料产值2173.98万元，同比增加5.73%；新疆枣都产值7054.1万元，同比下降1.39%；新花纺织产值5360万元，同比下降3.69%；恒伟进出口产值

2038.6万元，同比下降4.79%；前海建材产值2350.3万元，同比下降28.12%。

2017年，麦盖提工业园区抓好园区建设，优化投资运营环境，建设一批服装、家纺用标准厂房，在一定期限内低价或免费提供给内地服装、家纺企业使用，推动园区经济发展。投资3000万元建设援疆项目刀郎针织家纺产业园，项目一期2号、3号厂房工程完工，拨付援疆资金3000万元；投资98.41万元，完成项目一期2号、3号楼10千伏配电线路工程；投资835.18万元，建设项目一期附属工程，包含大门、围墙、地坪、上下水管道、热力管道等。重点引进麦盖提聚隆纺织家纺有限公司、麦盖提县银河实业有限公司、新疆新鲁联合服装有限公司等项目。全年建设项目18个，新签约项目11个，签约总额7.41亿元，同比增长15%。其中：计划投资亿元以上项目2个、园区新开工项目8个、新投产项目1个、续建项目7个。

2017年，麦盖提工业园区成立工业园区安全生产工作领导小组，全面履行园区安全生产工作的组织领导、监督管理、服务保障等相关职责；定期召开园区企业安全生产会议，针对近期安全生产情况进行调度和专题研究，布置下一阶段安全生产工作，全年召开安全生产会议8次；组织园区企业召开拆除聚氨酯泡沫（苯板）建筑现场推进会，责令限期拆除苯板，更换防火岩棉板。依法综合运用兼并重组、延长建设期、协议收回、部分收回、无偿收回、收取闲置费等方式制定“一企一策”处置意见，对摸排确定的13家僵尸企业和5家土地闲置企业进行协商处置。是年，麦盖提刀郎汽车有限公司继续追加投资动工建设；麦盖提天海波斯坦肥业有限公司、天海绿洲枣业有限公司、喀什天华防水材料有限公司、新疆圣百扬农产品开发有限公司、麦盖提县基隆枣业有限公司、大发彩印有限责任公司通过转让租赁盘活；剩余6家企业正在洽谈处理。新花纺织有限公司二期项目已建成标准厂房10000平；黄海塑料制品有限公司设备已购置，扩大投资规模，增加生产线；督促其他3家企业追加投资。做好城西园区47万平方米绿化养护工作，采取多种有效措施，保证苗木茁壮成长，开展巡查修复工作，更换维修阀门井37处，维修破管4处；整改落实20家卫生、门牌存在问题的企业;签订“三包”责任书90份，督促企业落实门前三包责任。整治私拉乱建企业2处，对其进行强制拆除；转租场地堆放砂石料1处，下发整改通知书，责令其限期整改。

（麦盖提县工业园区）

【岳普湖泰岳工业园区】 岳普湖泰岳工业园区位于县城北部，坐落在喀—岳—麦高速公路和S310线、S213线交会处，交通便利，区位优势明显。总体控制面积30平方千米，近期规划面积12平方千米，建成面积8平方千米，初步形成“8、5、4、3”的产业功能布局，即8平方千米工业园区，5平方千米光伏园区，4平方千米仓储物流园区，3平方千米纺织服装园区。

截至2017年，岳普湖泰岳工业园区企业落地数达到68家，投产达产企业45家，规上企业8家，开工建设工业项目12个，其中，续建项目11个，新建项目1个。是年，企业累计完成固定资产投资0.25亿元，总投资60多亿元。投资产业涉及纺织服装、农副产品精深加工、轻工、光伏发电、建筑建材、机械组装制造、商贸流通等领域，特别是晨光集团色素提取、光大西域精制棉、玉昆仑驴奶食品等项目填补喀什地区的空白。成为全县工业集聚区、招商引资的吸纳区和县域经济的重要增长点。

是年，岳普湖泰岳工业园区委托新疆轻工业设计研究院，帮助设计纺织服装园区发展规划及控制详规；委托山东临沂大学设计院，帮助设计物流园区发展规划；委托新疆科技发展战略研究院编制《岳普湖县工业园区高新技术产业发展规划》，进一步完善园区发展规划，形成“8、5、4、3”的产业功能布局，推动园区科学发展。新建岳普湖县纺织服装园区污水处理厂日处理5000立方米/天污水处理厂1座及配套设施。是年，岳普湖泰岳工业园区经济持续稳定增长，实现工业生产总值13.82亿元，同比增长5.67%，占全县工业生产总值的93.5%；完成工业增加值3.1亿元，同比增长6.84%，占全县工业增加值的91.3%。积极组织召开“政—银—企”座谈会，搭建银企合作平台，探索抵押贷款、融资租赁等方式，解决融资难问题。是年，农业银行岳普湖县、农村信用社、邮储银行为园区企业贷款2.1925亿元。与县职业技术学校、人社局对接，为新粤纺织、正阳纺织、同舟纺织、西美木业、西域骆驼等企业推荐用工，新增就业650余人。

（岳普湖泰岳工业园区管理委员会）

【伽师工业园区】 2017年，伽师工业园区管委会投入援疆基础设施资金6700万元完成佛伽大道续建工程；新建集中供热管网6千米，新建天然气输送主管网22.165千米及配套相应附属设施，实现园区10平方千米企业生产生活用气全覆盖；新建35千伏变电站1座，架空输电线路19.6千米；改造维修园区排水管网1.4千米，配套安装800千伏变压器2台、160千伏变压器3座，确保园区企业排水、用电设施正常运行，为企业发展提供良好平台。全年完成工业总产值16.5亿元；工业增加值5.45亿元。入园企业105家，新增4家。其中工业企业95家（规上企业7家），商贸流通及其他企业10家，完成固定投资达21.58亿元，新增就业岗位16000余个。通过当地企业引荐，利用园区在交通、区位优势以及完善的基础设施建设等优势，在内地成功召开企业项目推荐会，巩固招商引资良好局面。成功引进奥都糖业、华烨高科等企业入驻伽师，新引进企业4家，改扩建企业2家，合同金额8.3亿元。新开工建设投资7.9亿元的喀什奥都糖业有限公司日处理6000吨甜菜制糖项目，完成厂房主体、主要设备安装达到试产条件；2月，伽师工业园区兴业孵化基地有限公司二期项目开工建设；8月，14栋52836平方米标准化厂房全部建成，同时建成2100平方米创业中心大楼及相应配套设施。引进纺织服装企业16

家，全部完成设备安装实现投产，提供就业岗位6000多个；5月，总投资5000万元的喀什华烨高科塑业有限公司开工建设并于7月建成投产；鑫慧铜业、宏鹏缆业、胡杨牧歌、汇能科技等一批企业顺利完成改造、改建、扩建工作。扎实推进工业园区企业用工就业服务工作，开展拉网式调查摸底，收集用工岗位，主动派出专门人员进园区、进企业，逐个摸底调查。举办“工业园区用工招聘洽谈会”“送岗下乡”和“民营企业招聘周”等一系列活动，为工业园区企业对接就业提供“点对点”“一对一”的全方位服务。鼓励企业与职业技能学校签订用工免费培训合同，开展定单式、定向型培训，提高工人技能。采取边上岗边培训，政府按照相关规定给予企业一定的培训费补助，是年，全县实现工业园区用工对接就业5800余人，开展工业园区用工定向培训、边上岗边培训3929人。

（伽师县工业园区管委会）

【巴楚工业园区】 2017年，巴楚县工业园区加快推进重点项目施工进度和设备的安装调试。点对点推动巴楚县鑫海纺织有限公司年产2000万米织布生产线，项目总投资3.5亿元，2017年计划完成投资2.2亿元，项目已开工建设，正在加紧车间施工。年生产2000万米巴楚县大漠绿洲罗布麻纤维纺纱项目正在开工建设；总投资0.15亿元的巴楚县华联织布有限公司技改项目已完成，进入正常生产；围绕稳定和发展，重点积极为鑫海纺织等8家企业做好水电、路等配套工作，积极帮助新落户的2家织布企业解决好土地、规划、建设等相关手续，及时兑现产业投资政策，审核兑现2家企业506.28万元的厂房补助资金、2000万元的标准厂房建设资金、16家企业的电费补贴、培训补贴、用工补贴。全年实现工业总产值13.45亿元，同比增长17.53%，占全县68.49%；增加值2.92亿元，同比增长19.16%，占全县64.46%；其中纺织服装产业实现工业总产值74101.8万元，同比增加40.25%，占全县98%，增加值13695.6万元，同比增长53.02%，占全县98%。棉纱生产规模达到63.5万锭，产量3.0243万吨，织布168万米，服装600万套，织袜1884万双，纺织服装企业29家。新增固定资产投资1亿元，较上年增长50%，新增企业9家，企业总量达到149家。

（杨曦东）

【图木舒克工业园区】 2010年7月，图木舒克工业园区管理委员会成立，2011年被批准为兵团级工业园区。园区内设综合办公室、企业服务办公室、招商引资办公室、财务室、规划办公室。2016年3月成立国有控股公司图木舒克丝路核心投资经营有限公司。园区地处喀什、阿克苏、克州、和田四地州中心地带。园区总规划面积为63.5平方千米，为“一园四区”，其中：兵团级工业园区1个，规划面积26.976平方千米，包括一区（唐王城工业园区）规划面积14.86平方千米，重点发展建材、物流和机械制造业；二区（永安坝工业园区）

规划面积8.18平方千米，重点发展棉纺、织造和服装加工业；三区（东城工业园区）规划面积3.936平方千米，重点发展医药制造及农副产品加工业、四区为师级工业园区（达板山园区）、规划面积36.8平方千米，重点发展光伏发电、大型化工业。

入驻企业66家，解决就业5900余人。是年，图木舒克工业园区基础设施建设项目共计17个，新建9个、续建8个，总投资8.36亿元。包括双创平台、蒸汽管网、标准厂房、工业污水处理厂等项目建设。完成永安坝纺织园区3.55平方千米市政基础设施建设项目，包括：道路、给排水、绿化、路灯等项目。纺织园区工业污水处理厂、给水管网、再生水管网工程，扩建原日处理3万吨自来水厂，提高至5.5万吨，以及蒸汽管网工程、唐王城道路、供热工程、排水管网工程；达坂山4平方千米基础设施建设、达坂山垃圾填埋场道路工程和东城供热工程等急需完善的各项基础设施建设项目。截至是年年底，落地项目8个，完成招商引资到位资金29.53亿元，完成固定资产投资19.33亿元；签订协议4个，投资金额9亿元；跟踪项目15个，计划投资37亿元。园区内开工在建项目8个，其中续建项目4个，新开工项目4个；3个项目正式投产。2017年，图木舒克工业园区完成工业总产值40.6亿元，同比增长16.48%，工业增加值9.33亿元，同比增加11.3%；上缴税收3182.64万元，同比增加10.6%；用水78万立方米，同比增长7.8%；用电1.08亿千瓦时，同比增长9.3%；用工5900人，同比增长8.5%（其中包含季节性用工2700余人），少数民族员工占81%。

（田财德）

【兵团草湖产业园区】 截至2017年末，兵团草湖产业园入驻企业24家，其中生产性企业有13家，总投资额达47.65亿元，聚集就业人员2500名。已落地的13家生产性企业中，作为广东纺织服装产业园的重大项目，一期东纯兴30万锭2017年5月全面达产，拥有产业工人1340人，2017年实现销售收入4.3亿元；二期东恒兴30万锭2017年9月底开始试产，解决1500人就业；三期东湖兴40万锭于2017年9月动工建设。投入15.2亿元用于基础设施建设，建成市政道路54千米、配套管网228千米、绿化工程74万平方米，园区基础设施达到“七通一平”标准，自来水厂、集中供热站、污水处理厂、110千伏变电站等配套设施齐备。是年9月中旬，第三师党政代表团赴广州、东莞、佛山、中山等地进行招商，其中四十一团草湖镇共签订框架协议项目11个，意向投资金额达20亿元，涵盖织布、印染、服装等领域。全年兵团草湖产业园区交接完成2.38亿元，增长6.87%；未交接的东纯兴纺织厂完成1亿元，增长300%，2017年实现工业产值15.1亿元，增长16.4%。是年，草湖产业园固定投资28629万元，其中，园区基础设施投入19967万元，厂房及厂房配套投入8500万元，住房建设投入162万元。

（王　龙）

市县建设

喀什市

【基本情况】 喀什市位于新疆西南角，帕米尔高原东北麓，塔里木盆地西缘。市区距乌鲁木齐市公路里程1473千米。

重要的自然资源有天然气、玉石、铜、铁等，石膏储量居全国前茅，蛇纹岩储量居全国第三位。主要旅游景点（区）有喀什老城景区（国家AAAAA级旅游景区）、大漠绿洲生态园（国家AAAA级旅游景区）、中西亚国际市场（国家AAA级旅游景区）、香妃故园（国家AAA级旅游景区）、骑仕大观园（国家AAA级旅游景区）、西域民俗风情园（国家AAA级旅游景区）、盘橐城（国家AA级旅游景区）、玉素甫·哈斯·哈吉甫墓（国家AA级旅游景区）、和田玉雕展览馆（国家AA级旅游景区）。当地名优特色产品有石榴、甜瓜、西瓜、葡萄、杏子、苹果、梨、核桃、红枣、巴旦木、酸梅。属暖温带大陆性干旱气候。

2017年，辖8个街道办事处、2个镇、9个乡。年末总人口64.72万人（少数民族55.86万人），其中乡村人口33.81万人（牧业人口4.12万人）。人口出生率41.84‰，自然增长率27.91‰。耕地面积17165公顷，农作物播种面积4.31万公顷，粮食2.05万公顷，棉花1.55万公顷。

城镇居民家庭人均年可支配收入26197元；农村居民人均年可支配收入9254元。在职职工年均货币工资（行政）101278元，（事业）91112元。

【经济建设】 2017年，完成生产总值1609438万元，其中第一产业增加值70197万元、第二产业增加值423811万元、第三产业增加值1115430万元。

农林牧渔及其服务业总产值212101万元，其中农业103124万元、林业6683万元、牧业96351万元、渔业1340万元、服务业4603万元。主要农产品产量：粮食作物135348吨，棉花23217吨，蔬菜304577吨，果用瓜31615吨，苜蓿2457吨，番茄10260吨，辣椒6525吨。年末牲畜存栏40.76万头（只），全年牲畜出栏113.34万头（只）。肉类总产1.01万吨，奶类2.61万吨，禽蛋1.53万吨。年末农业机械总动力15.35万千瓦。

规模以上工业企业总产值328620万元，工业销售产值330486万元，利润总额16895万元，利税总额28993万元。主要工业产品产量：小麦粉74911吨，发电25亿千瓦时，自来水4512万立方米，供热1343.3万吉焦，水泥熟料133.04吨，水泥182.2吨，棉纱9944.82吨，乳制品11850吨。建筑业总产值363709万元，竣工面积121.9万平方米。

全社会固定资产投资208.84亿元。社

会消费品零售总额77.2亿元，其中批发和零售业71.84亿元、住宿和餐饮业5.36亿元。进出口贸易总额16.41亿美元。完成邮政业务总量5539.98万元，电信业务总量55900万元。年末固定电话用户101700万户，移动电话用户678800万户，互联网宽带接入用户111600户。接待旅游者4222300人次，旅游收入261800万元。一般公共预算收入173594万元，一般公共预算支出648182万元。年末住户储蓄存款余额5389300万元。

【社会事业】 2017年，有普通高等院校1所，在校学生12585人；职业技术学校1所，在校学生2506人；特殊教育学校1所，在校学生270人（民族）；普通中学16所，在校学生38145人；小学59所，在校学生86168人；幼儿园155所，在园幼儿55544人；有各类教职工12580人。全年教育经费投入213097.77万元。

有医疗卫生机构252个，其中医院52个、疾病预防控制中心2个，卫生技术人员5992人，床位5891张。

【社会保障】 2017年末，新增就业人员16611人。城镇登记失业率控制3.5%。

截至年底，参加城镇职工基本养老保险2.02万人，参加城乡居民社会养老保险20.59万人；参加基本医疗保险21.16万人；参加工伤保险31400人，参加失业保险27300人，参加生育保险31300人。

（喀什市档案史志局馆）

疏附县

【基本情况】 疏附县位于帕米尔高原北麓，塔克拉玛干沙漠西缘。县城距乌鲁木齐市公路里程1482千米。

2017年辖4个镇、6个乡。年末总人口28.48万人（少数民族人口27.87万人），其中农村人口23.87万人；人口出生率36.14‰，自然增长率17.70‰。年末耕地面积64.404万亩，粮食播种面积97.8万亩（含复播面积），经济作物播种面积34.85万亩（含复播面积）。矿产资源有黄金、石油、石膏、石灰岩、苜岩等。野生动物有狐狸、黄羊、刺猬、斑鸠等。名优特产品有阿月浑子、油光桃、石榴、大樱桃、红枣、木亚格杏、木纳格葡萄。主要旅游景点有麻赫穆德·喀什噶里陵墓（国家AAA级旅游景点）。属暖温带荒漠气候。

城乡居民生活水平不断提高，全年城镇居民家庭人均可支配收入22851元，农村居民家庭人均可支配收入7036元，在职职工年均货币工资7.7万元。

【经济建设】 2017年，完成生产总值439333万元。其中第一产业增加值161534万元，第二产业增加值82842万元，第三产业增加值194957万元。人均生产总值15508元。

农林牧渔业及其服务业总产值372871.03万元，其中农业产值228372.84万元、林业5364.94万元、牧业125994.5万元、渔业1686万元、服务业16.15万元。主要农产品产量：粮食283309.80吨，棉花9842.70吨，蔬菜352000吨，果品产量90001.50万吨。年末牲畜存栏520265头（只），全年牲畜出栏474532头（只）。肉类总产16058吨，羊毛814吨，奶类9848吨，禽蛋5441吨。年末农业机械总动力472173千瓦。

工业总产值60682.20万元，工业增加值18186万元。

全社会固定资产投资639525万元。完成邮政业务总量621.50万元，电信业务总量1350万元。年末固定电话用户7615户，移动电话用户29951户，计算机互联网用户3550户。社会消费品零售总额48749.50万元。接待旅游人数26.14万人（次），旅游收入1898.58万元。地方财政收入26860万元，地方财政支出40357万元。年末城乡居民储蓄存款余额19.01亿元。

【社会事业】 2017年，科学、教育、文化和卫生事业有各类专业技术人员5389人。

年末拥有各类学校215所，其中高级中学1所，职业高中1所，完全中学2所（汉语系完全中学1所），初级中学8所，小学86所（汉语系小学2所）。中小学在校生46802名，高中在校生8053名。全县在职教职工5374人。

全县拥有广播电台1座，电视台1家。年末拥有艺术表演团体1个，公共图书馆1个，全县10个乡镇都设有文化站。电视人口覆盖率98%，广播人口覆盖率98.2%。

年末全县共有各级各类医疗卫生机构207个，其中：疾病预防控制机构1个，卫生监督机构1个，新型农村合作医疗管理办公室1个，二级医院1个，一级医院14个，门诊部9个，诊所14个；卫生机构床位924张，乡镇卫生技术人员317人。

【社会保障】 截至2017年底，参加城镇失业保险8922人，参加基本养老保险16869人，城镇职工参加基本医疗保险25522人。参加新型农村合作医疗23.87万人，参合率100%。参加新型农村养老保险99873人，已领取养老保险待遇16868人。城镇居民中有8060人得到政府最低生活保障救济。完成安居富民房14500户。

（崔社军）

疏勒县

【基本情况】 疏勒县位于塔里木盆地西缘，喀什噶尔绿洲中部。县城距乌鲁木齐市公路里程1484千米。2017年辖21个社区、3个镇、12个乡。有1个国有农场、1个国有林场。年末总人口38.3万人，其中乡村人口33.72万人；人口出生率15.89‰，自然增长率10.25‰。耕地面积121.7285万亩。全县主要河流为克孜勒河、盖孜河和库河及排孜阿瓦提河、岳普湖河。野生和栽培植物分属30多个科属、100多个品种，年总径流量71865.79万立方米；地下水储量6.33亿立方米。森林覆盖率13.57%。林地面积30955.38公顷、活立木蓄积量505809.32立方米。主要旅游景点（区）有牙甫泉镇沙漠胡杨（国家AA级旅游景区）、张骞公园（国家AAA级旅游景区）。属暖温带大陆性干旱气候。

全年城镇居民家庭人均可支配收入22988元；农村居民家庭人均可支配收入8013元，在职职工年均货币工资73097元。

【经济建设】 2017年，完成生产总值59.89亿元。其中第一产业增加值24.43亿元，比上年增长0.9%；第二产业增加值19.33亿元，增长0.9%；第三产业增加值16.13亿元，增长6.1%。

全年农作物播种面积151.04万亩，其中：粮食种植面积64.54万亩，增长2.2%；棉花种植面积73.71万亩，增长6.87%；小麦种植面积39.51万亩，增长5.9%，玉米种植面积24.98万亩，与上年持平；瓜果植面积5.9万亩，下降66%；蔬菜种植面积4.23万亩，下降67.6%。

全县粮食产量28.74万吨，下降2.2%；棉花产量为7.37万吨，下降12%；蔬菜产量16.9万吨，下降59.4%；水果产量6.22万吨，下降1.02%。

年末牲畜存栏53.38万头（只），全年牲畜出栏数52.4万头只。肉类总产2.01吨，牛奶19937吨，禽蛋15562吨。

规模以上工业企业21家，完成工业增加值4.26亿元，比上年增长1.2%，规模以上企业完成工业增加值2.54亿元，规模以下企业完成增加值1.72亿元。

全社会固定资产投资96亿元，比上年增长18.5%。其中第一产业13396万元，第二产业252468万元。社会消费品零售总额85982万元。全年社会消费品零售总额85982万元，增长5%。年末全县个体工商户达6810户，增长24.4%，注册资金26994万元，增长18.47%。私营企业1251户，增长12.5%，注册资金513710万元，增长32.9%。累计完成招商引资到位资金18.03亿元，增长6.65%。完成邮政业务总量698.09万元，电信业务总量10880.95万元。全年客运周转量17779.2万人公里，下降27.56%；完成客运总量254.31万人，下降28.27%。地方财政收入37821万元（一般公共预算收入34915万元），地方财政支出428163万元（一般公共预算支出424106万元）。年末城乡居民储蓄存款余额947362万元。

【社会事业】 2017年，全县各类学校259所，其中：高中3所，中等职业技术学校1所，初中14所，小学93所，进修学校1所，幼儿园101所，应急幼儿园46所。

有医疗卫生机构264个，其中医院和卫生院17个，专业公共卫生机构2个（妇幼保健院1所、疾病预防控制中心1个），卫生技术人员1180人，病床1850张。

个人年内在国际、全国或自治区举办的重大体育比赛中取得2枚金牌，2枚银牌，1枚铜牌。

年末共有艺术表演团体1个，文化馆1个，公共图书馆1个，博物馆1个，档案馆1个，广播电视台1座。

【社会保障】 2017年末实现城镇新增就业人数6399人。

截至年底，参加基本养老保险22347人。参加城乡居民基本养老保险150094

人。参加城镇基本医疗保险19395人。参加失业保险11885万人。参加工伤保险15247人。参加生育保险14545人。

年末城镇居民最低生活保障人数为2889户、6471人，农村居民最低生活保障人数32837户、55019人。

年末全县富民安居工程竣工14260户。

（周　萍）

英吉沙县

【基本情况】 英吉沙县位于昆仑山北麓，塔里木盆地西缘。县城距乌鲁木齐市公路里程1541千米，铁路里程1654千米。

自然植被属荒漠类型，主要为荒漠植被、草甸草本植被、沼泽草本植被、沙漠植被四类，植物种类稀少，荒漠植被覆盖度较低。野生植物有红柳、黑果枸杞、骆驼刺、沙枣等。野生动物有狐狸、雪鸡、黄羊、壁虎、啄木鸟、蜥蜴、瓜瓜鸡、斑鸠、喜鹊、画眉等。矿产资源包括建筑用砂矿、砖瓦黏土矿、水泥用石灰岩矿、建筑用石灰岩矿、石膏矿等，森林覆盖率18.47%。主要旅游景点有南湖旅游度假区（国家AAAA级旅游景点），穆孜鲁克湿地公园（国家AAA级旅游景点），小刀村（国家AA级旅游景点），土陶村（国家AA级旅游景点），木雕村（国家AA级旅游景点），达瓦孜技艺传承中心（国家AA级旅游景点）。著名地方特产有英吉沙色买提杏，有国家级非物质文化遗产保护产品英吉沙小刀、木戳印花布（又称模戳印花布）、土陶、达瓦孜技艺等。属大陆性暖温带干旱气候。

2017年，辖2个镇、12个乡。年末总人口31.03万人（少数民族30.6万人），其中乡村人口25.71万人（牧业人口5.22万人）。人口出生率45.23‰，自然增长率34.88‰。耕地面积30086公顷，农作物播种面积6.24万公顷，粮食3.57万公顷，棉花1.51万公顷。

城镇居民家庭人均可支配收23297元，农村居民家庭人均纯收入7728元。在职职工年均货币工资6.5万元。

【经济建设】 2017年，完成生产总值515423万元，其中第一产业增加值158925万元、第二产业增加值152673万元、第三产业增加值203825万元。

农林牧渔及其服务业总产值285244万元，其中农业203887万元、林业8337万元、牧业64640万元、渔业128万元、服务业8252万元。主要农产品产量：粮食作物239362吨，薯类3183吨，棉花24619吨，油料328吨，蔬菜213222吨，果用瓜176692吨，苜蓿30940吨，番茄26716吨，辣椒24667吨。年末牲畜存栏48.17万头（只），全年牲畜出栏41.49万头（只），出栏率50.47%。肉类总产12859吨，羊毛326吨，奶类1.19万吨，禽蛋1197吨，水产品100吨。年末农业机械总动力20.83万千瓦。

规模以上工业企业总产值77379万元，工业销售产值68747万元，利润总额9774万元，利税总额13718万元。主要工业产品产量：水泥47.76万吨，硅酸盐水泥熟料128.03万吨，自来水403.66万立方米，发电12542万千瓦时，砖3.36亿块。建筑业总产值2.02亿元，建筑企业房屋施工面积28.4万平方米，竣工面积17.6万平方米。

全社会固定资产投资801058万元。社会消费品零售总额64009万元，其中批发和零售业49775万元、住宿和餐饮业14234万元。完成邮政业务总量406万元，电信业务总量1603万元。年末固定电话用户3750户，移动电话用户109850户，互联网宽带接入用户7600户。进出口贸易总额5635万美元，均为出口。接待旅游者18.43万人次，旅游收入2017.91万元。地方财政收入20739万元（一般公共预算收入20739万元），地方财政支出345188万元（一般公共预算支出344469万元）。年末金融机构各项存款余额461466万元。

【社会事业】 2017年，有各类专业技术人员5518人，其中中级以上1244人。

有职业中学1所，在校学生3644人（民族）；普通中学15所，在校学生16889人（民族12657人）；小学41所，在校学生36861人（民族32485人）；幼儿园95所，在园幼儿28445人。有各类教师5041人。全年教育经费投入9.2亿元。

有医疗卫生机构52个，其中医院2个、基层医疗卫生机构14个、专业公共卫生机构3个。卫生技术人员1605人，床位1304张。

【社会保障】 2017年末，从业人员18851人，比上年增长2.47%。当年新增就业人员3944人。城镇登记失业率3.7%。

截至年末，参加城镇基本养老保险11567人，参加城镇基本医疗保险12965人，参加工伤保险11633人，参加失业保险8505人，参加生育保险10202人。参加新型农村合作医疗256700人，参合率99.1%。城镇居民领取最低生活保障10910人，农村居民领取最低生活保障103645人。

（韩西斌）

泽普县

【基本情况】 泽普县位于昆仑山北麓，塔里木盆地西缘，叶尔羌河冲积扇的中上部。县城距乌鲁木齐市公路里程1692千米。

泽普县是喀什地区粮棉生产基地之一，盛产各种蔬菜和干鲜果品。药用植物有肉苁蓉、甘草、罗布麻、红花、麻黄、枸杞、野薄荷等。著名地产产品有“祖娜尔”果品、“雪鹰”水泥、“亚克西”棉纱、“蓝欣”油脂、“金山雪”面粉等。主要旅游景点（区）有泽普金湖杨国家森林公园（国家AAAAA级旅游景区）、叶尔羌河国家湿地公园、古勒巴格风景区等。属暖温带大陆性干旱气候。

2017年，辖2个镇、10个乡。年末总人口22.57万人（民族19.19万人），其中乡村人口16.86万人（牧业人口0.54万人）。人口出生率20.17‰，自然增长率9.7‰。耕地面积42072公顷，农作物播种面积4.79万公顷，粮食2.98万公顷，薯类 0.25 万公顷，棉花 0.84 万公顷。

农村居民人均纯收入 11214.69 元，在职职工年均货币工资 57881 元。

【经济建设】 2017 年，完成生产总值 442048 万元，其中第一产业增加值 152102 万元、第二产业增加值 78921 万元、第三产业增加值 211325 万元。

农林牧渔及其服务业总产值 305740 万元，其中农业 211696 万元、林业 3347 万元、牧业 86688 万元、渔业 3301 万元、服务业 708 万元。主要农产品产量：粮食作物 169333 吨，薯类 95000 吨，棉花 12223 吨，蔬菜 112700 吨，果用瓜 96500 吨，苜蓿 27600 吨，番茄 13250 吨，辣椒 5000 吨。年末牲畜存栏 36.26 万头（只），全年牲畜出栏 47 万头（只）。肉类总产 11256 吨，奶类 1239 吨，禽蛋 4200 吨。年末农业机械总动力 28.42 万千瓦。

规模以上工业企业总产值 42062 万元，工业销售产值 39661 万元，利润总额 -787 万元，利税总额 68 万元。主要工业产品产量：水泥 118383 吨，棉纱 2739 吨。

全社会固定资产投资 539906 万元。社会消费品零售总额 80335 万元，其中批发和零售业 64961 万元、住宿和餐饮业 15374 万元。进出口贸易总额 110 万美元，均为出口。完成邮政业务总量 299.4 万元，电信业务总量 15950.8 万元。年末固定电话用户 11523 户，移动电话用户 32856 户，互联网宽带接入用户 12689 户。接待旅游者 45.89 万人次，旅游收入 8943.45 万元。地方财政收入 24991 万元（一般公共预算收入 24567 万元），地方财政支出 258874 万元（一般公共预算支出 258245 万元）。年末城乡居民储蓄存款余额 44.25 亿元。

【社会事业】 2017 年，有职业高中 1 所，普通中学 7 所，在校高中学生 6999 人，在校初中学生 7920 人；小学 19 所，在校学生 24029 人；幼儿园 76 所，在园幼儿 16771 人；有各类教职工 3283 人。

有医疗卫生机构 17 个，专业卫生技术人员 1117 人，床位 1497 张。

【社会保障】 2017 年末，新增就业 5912 人。城镇登记失业率控制在 4% 以内。

截至年底，参加职工基本养老保险 21650 人，参加职工基本医疗保险 14695 人，参加工伤保险 12952 人，参加失业保险 8974 人，参加生育保险 12603 人。参加新型农村合作医疗 160843 人。城镇居民中领取政府最低生活保障救济 9598 人。

（孙莉君）

莎车县

【基本情况】 莎车县位于新疆西南边陲，地处喀喇昆仑山西北麓，塔里木盆地西南部的叶尔羌河冲积扇地带。县城距乌鲁木齐市公路里程 1666 千米。

重要的自然资源有石灰石、煤炭、石膏、石棉、青玉、云母、水晶、硫黄、金、铁、铜、铅、锌、镍等。野生药用植物主要有甘草、罗布麻、贝母、党参等。国家级保护动物有雪豹、新疆大头鱼、天鹅、尖嘴鱼、鸢红隼等。森林覆盖率17%、林地面积13.8万公顷。国家A级以上旅游景点（区）：叶尔羌汗国王陵景区（国家AAA级旅游景区）、十二木卡姆民俗风情度假村（国家AAA级旅游景区）、丝绸之路莎车湿地公园（国家AAA级旅游景区）、十二木卡姆故乡园（国家AA级旅游景区）、喀尔苏沙漠旅游区（国家AA级旅游景区）。当地名优产品有巴旦木、核桃、红枣、樱桃等。属暖温带大陆干旱气候。

2017年，辖1个街道办事处、6个管委会、9个镇、20个乡。年末总人口89.74万人（少数民族87.22万人），其中乡村人口68.3万人（牧业人口15.9万人）。人口出生率46.59‰，自然增长率33.38‰。耕地面积124815公顷，农作物播种面积19.9万公顷，粮食9.34万公顷，薯类0.02万公顷，棉花6.58万公顷。

2017年，农村居民人均纯收入8073元，在职职工年均货币工资71515元。

【经济建设】 2017年，完成生产总值1136015万元，其中第一产业增加值478144万元、第二产业增加值158832万元、第三产业增加值499039万元。

农林牧渔及其服务业总产值1003650万元，其中农业728903万元、林业49966万元、牧业191286万元、渔业4996万元、服务业28499万元。主要农产品产量：粮食作物627601吨，薯类7734吨，棉花93802吨，油料4409吨，蔬菜472360吨，果用瓜253716吨，苜蓿63826吨，番茄160368吨，辣椒42633吨。年末牲畜存栏87.46万头（只），全年牲畜出栏130.1万头（只）。肉类总产23336吨，奶类15535吨，禽蛋7471吨，水产品3728吨。年末农业机械总动力86.48万千瓦。

规模以上工业企业总产值82933万元，工业销售产值92951万元，利润总额6797万元，利税总额9086万元。主要工业产品产量：小麦粉59467吨，硅酸盐水泥熟料22.86万吨，水泥92.51万吨，食品添加剂1273吨，甘草酸粉512吨，纤维板3.56万立方米，水力发电12523万千瓦时。建筑业总产值6100万元，建筑企业施工房屋建筑面积240.6万平方米，竣工面积83.3万平方米。

全社会固定资产投资103.96亿元。社会消费品零售总额182472万元，其中批发和零售业148455万元、住宿和餐饮业34017万元。对外贸易出口额889.5万美元。完成邮政电信业务总量17650万元。年末固定电话用户23096户，移动电话用户345439户，互联网宽带接入用户24828户。接待旅游者97.8万人次，旅游收入8477万元。地方财政收入66469万元（一般公共预算收入61893万元），地方财政支出979360万元（一般公共预算支出974583万元）。年末城乡居民储蓄存款余额860702万元。

【社会事业】 2017年，有各类专业技术人员14751人。

有职业高中2所，特殊教育学校2所，九年一贯制学校10所，普通高中4所，初中39所，小学171所，幼儿园326所；所有学校在校学生278583人；有各类教职工14986人。

有医疗卫生机构662个，其中医院18个、基层医疗卫生机构522个、专业公共卫生机构2个、其他卫生机构120个，卫生技术人员3038人，床位2639张。

【社会保障】 截至2017年底，参加基本养老保险28100人，参加工伤保险29643人，参加失业保险23509人，参加生育保险26785人。

（班燕山）

叶城县

【基本情况】 叶城县位于喀喇昆仑山北麓，塔里木盆地西南缘。县城距乌鲁木齐市公路里程1745千米。

境内有4条河流，年总径流量13.79亿立方米，地下水动储量1.4亿立方米。矿产资源有铜、金、银、铁、玉石、大理石、冰洲石、绿柱石、云母、石膏、石英、硫黄、煤等。野生动物有野猪、野鸡、狐狸、狼、羚羊、旱獭、雪鸡、狗熊等。原始森林有松、柏、杉、胡杨等。药用植物有甘草、麻黄、紫草、党参等。森林覆盖率4.18%。主要旅游景点有：宗郎灵泉（国家AAAA级旅游景点）、核桃七仙园（国家AAA级旅游景点）、锡提亚谜城、坡陇原始森林、邓缵先纪念馆、烈士陵园等。属暖湿带大陆性气候。

2017年，辖3个镇、17个乡。年末总人口55.42万人（少数民族53.21万人），其中乡村人口45.44万人（牧业人口8.13万人）。耕地面积75684公顷，农作物播种面积12.85万公顷，粮食8.14万公顷，薯类0.14万公顷，棉花1.82万公顷。

2017年，城镇居民家庭人均可支配收入22527元；农村居民家庭人均纯收入8100元。

【经济建设】 2017年，完成生产总值826835万元，其中第一产业增加值349764万元、第二产业增加值215795万元、第三产业增加值261276万元。

农林牧渔及其服务业总产值5991641万元，其中农业399186万元、林业11113万元、牧业160573万元、渔业1198万元、服务业9571万元。主要农产品产量：粮食作物504054吨，薯类71419吨，棉花29798吨，油料5424吨，蔬菜667168吨，果用瓜113913吨，苜蓿125679吨，番茄41048吨，辣椒29691吨，核桃11.18万吨。年末牲畜存栏124.29万头（只），全年牲畜出栏111.92万头（只），出栏率78.4%。肉类总产33118吨，奶类1.81万吨，禽蛋0.55吨。年末农业机械总动力40.7万千瓦。

规模以上工业企业35家，实现总产值224802万元，工业销售产值239487万元，利润总额21259万元，利税总额32269万元。主要工业产品产量：杏酱、胡萝卜酱5001吨，包装饮用水11498吨，熟肉制品542吨，人造板26974立方米，玻璃纤维增强塑料制品1755吨，商品混凝土85982立方米，冶岩多孔砖9492万块，水泥157.1万吨，水泥熟料132.12万吨，铁矿石原矿

103.43 万吨，生铁 10.74 万吨。建筑业生产总值 24.59 亿元。

全社会固定资产投资 102.70 亿元，比上年增长 84.72%。其中第一产业 13.55 亿元、第二产业 21.18 亿元、第三产业 67.99 亿元。社会消费品零售总额 160070 万元，其中批发和零售业 123591 万元、住宿和餐饮业 36479 万元。进出口贸易总额 278.8 万美元，均为出口。完成邮政业务总量 1049 万元，电信业务总量 3701 万元。年末固定电话用户 5463 户，移动电话用户 23.99 万户，互联网宽带接入用户 18214 户。接待旅游者 25.3 万人次，旅游收入 1.2 亿元。地方财政收入 48300 万元（一般公共预算收入 47132 万元），地方财政支出 649500 万元（一般公共预算支出 648139 万元）。年末城乡居民储蓄存款余额 122.2 亿元。

【社会事业】 2017 年，有各类专业技术人员 9383 人，其中中级以上 2177 人。

有中等职业教育学校 1 所，在校学生 4274 人（少数民族）；特殊教育学校 1 所，在校学生 147 人（少数民族 137 人）；普通高中 5 所，在校学生 20615 人（少数民族 17106 人）；初中 22 所，在校学生 27300 人（少数民族 26678 人）；小学 112 所，在校学生 64996 人（少数民族 63344 人）；幼儿园 176 所，在园幼儿 50068 人（少数民族 49172 人）。各类教师 8613 人（少数民族 7160 人）。全年教育经费投入 170816 万元。

有医疗卫生机构 84 个，其中医院 22 个、基层医疗卫生机构 60 个、专业公共卫生机构 2 个。卫生技术人员 2351 人，床位 3096 张。

【社会保障】 2017 年末，就业人员 12.02 万人次，比上年增长 10.85%。当年实现城镇就业再就业人员 12569 人。年末城镇登记失业率 4%。

截至年底，参加职工基本养老保险 7309 人，参加城乡居民社会养老保险 187454 人；参加职工基本医疗保险 24790 人，参加城乡居民基本医疗保险 450417 人；参加工伤保险 25589 人；参加失业保险 16098 人；参加生育保险 20433 人。城镇居民领取最低生活保障 26085 人，农村居民领取最低生活保障 113492 人。

（张齐声）

麦盖提县

【基本情况】 麦盖提县位于塔克拉玛干沙漠西南边缘、喀喇昆仑山麓、叶尔羌河中游。县城距乌鲁木齐市公路里程 1410 千米。

重要的自然资源有胡杨、甘草、沙棘、枸杞、肉苁蓉、罗布麻等。野生动物有野猪、黄羊、狐狸、蛇、野兔、野鸡、刺猬，矿产资源有黏土矿等。旅游资源有刀郎画乡景区、刀郎乡里景区、刀郎文化园景区、刀郎文化广场、新疆塔克拉玛干 N39° 沙漠探险旅游景区、刀郎民俗旅游文化一条街、天鹅湖畔·乐母故里——原生态刀郎文化体验区。属温带大陆性气候。

2017 年，辖 1 个镇、9 个乡、3 个农林场。年末总人口 27.27 人（少数民族 22.77 人），其中乡村人口20.39万人（牧业人口1.64万人）。人口出生率28.7‰，自然增长率18.77‰。耕地面积79054公顷，农作物播种面积10.25万公顷，粮食2.55万公顷，棉花5万公顷。

城镇居民人均可支配收入23124元，农牧民人均纯收入11750元。

【经济建设】 2017年，完成生产总值475307万元，其中第一产业增加值250846万元、第二产业增加值73632万元、第三产业增加值150829万元。

农林牧渔及其服务业总产值421962万元，其中农业320630万元、林业7946万元、牧业84922万元、渔业407万元、服务业8057万元。主要农产品产量：粮食作物162629吨，棉花85939吨，蔬菜284011吨，果用瓜134100吨，苜蓿33500吨，番茄2469吨，辣椒666吨。年末牲畜存栏33.19万头（只），全年牲畜出栏71.84万头（只）。肉类总产量8212吨。年末农业机械总动力32.13万千瓦。

规模以上工业企业总产值124637万元，工业销售产值101032万元，利润总额9777万元，利税总额14508万元。

全社会固定资产投资527833万元。社会消费品零售总额141223万元，其中批发和零售业115185万元、住宿和餐饮业26038万元。地方财政收入31647万元（一般公共预算收入21992万元），地方财政支出343702万元（一般公共预算支出341963万元）。年末金融机构各项存款余额750727万元。

【社会事业】 2017年，有职业高中1所，在校学生1607人；完全中学1所，在校学生4491人；初级中学2所，在校学生9242人；小学66所，在校学生27463人；幼儿园70所，在园幼儿18807人；有各类教师4300人。

有医疗卫生机构197个，其中医院13个、门诊部11个、个体诊所33个、标准化村卫生室123个、妇幼保健站1个、疾病预防控制中心1个、卫生监督所1个。卫生技术人员553人，床位735张。

【社会保障】 2017年末，新增城镇就业8236人。

截至年底，参加职工基本养老保险7159人，参加城乡居民社会养老保险88686人；参加职工基本医疗保险基金12142人，参加城镇居民基本医疗保险基金27946人；参加工伤保险11330人；参加失业保险7863人；参加生育保险9330人；参加新型农村合作医疗167973人。

（董晓梅）

岳普湖县

【基本情况】 岳普湖县位于塔里木盆地西部，盖孜河下游。县城距乌鲁木齐市公路里程1560千米。

境内河流年均径流量4.38亿立方米。药材有甘草、红花、枸杞、肉苁蓉等。野生动物有狐狸、麝鼠、野鸡、野鸭、野猪、黄羊、大雕等。主要旅游景点有千年柳树王、千年胡杨王、达瓦昆沙漠风景旅游区

（国家 AAAA 级旅游景区）。属暖温带大陆性干旱气候。

2017 年，辖 4 个镇、5 个乡。年末总人口 18.02 万人（少数民族 17.07 万人），其中乡村人口 15.23 万人（牧业人口 4.19 万人）。人口出生率 39.3‰，自然增长率 22.56‰。耕地面积 34553 公顷，农作物播种面积 7.42 万公顷，粮食 1.71 万公顷，棉花 4.73 万公顷。

城镇居民家庭人均可支配收入 24524 元，农村居民家庭人均纯收入 8485 元。

【经济建设】 2017 年，完成生产总值 303838 万元，其中第一产业增加值 80850 万元、第二产业增加值 140058 万元、第三产业增加值 82930 万元。

农林牧业总产值 179034 万元，其中农业 119468 万元、林业 5175 万元、牧业 54391 万元。主要农产品产量：粮食作物 115489 吨，棉花 81148 吨，蔬菜 43924 吨，果用瓜 50765 吨，苜蓿 10895 吨，番茄 7883 吨，辣椒 1274 吨。年末牲畜存栏 29.3 万头（只），全年牲畜出栏 26.4 万头（只），出栏率 90.13%。肉类总产 7312 吨，羊毛 500 吨，奶类 5751 吨，禽蛋 3102 吨。年末农业机械总动力 23.77 万千瓦。

工业总产值 139591 万元，工业增加值 30973 万元，规模以上工业企业总产值 126929 万元，工业销售产值 105896 万元，利润总额 7268 万元，利税总额 9458 万元。

全社会固定资产投资 75 亿元。社会消费品零售总额 43800 万元，其中批发和零售业 30490 万元、住宿和餐饮业 13310 万元。进出口贸易总额 151.14 万美元，均为出口。完成邮政业务总量 585.3 万元，接待旅游者 45 万人次，旅游收入 1.9 亿元。地方财政收入 17534 万元（一般公共预算收入 16592 万元），地方财政支出 253562 万元（一般公共预算支出 252302 万元）。年末城乡居民储蓄存款余额 185595 万元。

【社会事业】 2017 年，有职业高中 1 所，完全中学 1 所、初级中学 7 所，在校学生 5626 人（少数民族 5448 人）；小学 67 所，在校学生 17266 人（少数民族 16688 人）；幼儿园 95 所，在园幼儿 12162 人；有各类教职工 3429 人。

有医疗卫生机构 13 个，其中医院 3 个、基层医疗卫生机构 9 个、专业公共卫生机构 1 个。卫生技术人员 6671 人，床位 663 张。

【社会保障】 2017 年末，新增就业人员 5265 人。城镇登记失业率 1.08%。

截至年底，参加职工基本养老保险 8751 人，参加城乡居民社会养老保险 65640 人；参加职工基本医疗保险 24969 人，参加工伤保险 9409 人，参加失业保险 6648 人；参加生育保险 8130 人。参加新型农村合作医疗 136975 人，参合率 99.76%。城镇居民领取最低生活保障 6883 人，农村居民领取最低生活保障 44079 人。

（加卡 · 布鲁根）

伽师县

【基本情况】 伽师县位于喀什噶尔冲积平原下部，塔里木盆地西缘。县城距乌鲁木齐市公路里程1338千米。

境内有天然湖泊1个；主要河流有克孜河，境内地表水年均径流量9.84亿立方米。主要野生药用植物有甘草、白刺、肉苁蓉、梭梭、蒲公英、锁阳。国家级野生保护动物有黄羊、野兔、野鸡、猫头鹰。主要矿产资源有铜、铅、锌、锰、镍、石灰石、冰洲石、重品石、石棉、石油、天然气等。森林覆盖率11.48%。主要旅游景点有喀什天门神秘大峡谷、西克尔湖、森林旅游度假村等。当地特色物产有伽师瓜、杏和酸梅。属暖温带大陆性干燥气候。

2017年，辖4个镇、9个乡。年末总人口46.6万人（少数民族45.77万人），其中乡村人口41.54万人（牧业人口4.16万人）。人口出生率49.8‰，自然增长率31.82‰。耕地面积83745公顷，农作物播种面积15.18万公顷，粮食4.86万公顷，棉花8.74万公顷。

全年城镇居民人均可支配收入24357元，农村居民人均可支配收入7584元。在职职工年均货币工资62704元。

【经济建设】 2017年，完成生产总值555175元，其中第一产业增加值218398元、第二产业增加值166438元、第三产业增加值170339元。

农林牧渔及其服务业总产值407348万元，其中农业269195万元、林业7009万元、牧业119086万元、渔业759万元、服务业11299万元。主要农产品产量：粮食作物339599吨，棉花146832吨，蔬菜93034吨，果用瓜428720吨，苜蓿31500吨，番茄49023吨，辣椒9440吨。年末牲畜存栏76.15万头（只），全年牲畜出栏70.28万头（只），全年牲畜出栏率92.29%。肉类总产19297吨，羊毛1896吨，奶类7929.5吨，禽蛋3250吨，水产品490吨。年末农业机械总动力43.03万千瓦。

规模以上工业企业8家，实现总产值132491万元，工业销售产值127993万元，利润总额22568万元，利税总额33010万元。建筑业总产值4.09亿元。

全社会固定资产投资74.29亿元，比上年增长1.75%。其中第一产业4.36亿元、第二产业20.02亿元、第三产业49.91亿元。社会消费品零售总额121556万元，其中批发和零售售82207万元、住宿和餐饮业39349万元。进出口贸易总额893.2万美元，均为出口。邮政业务总量698万元，电信业务总量3580万元。年末固定电话用户5247户，移动电话用户78388户，互联网宽带接入用户5535户。接待旅游者15.6万人（次），旅游收入5652.68万元。地方财政收入2.7亿元（一般公共预算收入26527万元），地方财政支出50.52亿元（一般公共预算支出502606万元）。年末城乡居民储蓄存款余额33.25亿元。

【社会事业】 2017年，有各类专业技术人员6994人，其中中级以上1860人。

有中等专业学校1所，在校学生3694人（少数民族）；普通高中3所，在校学生9368人（少数民族9222人）；初中11所，在校学生17746人（少数民族17551人）；小学112所，在校学生56785人（少数民族56097人）；幼儿园292所，在园幼儿46383人（少数民族45849人）；有各类教师9324人（少数民族7216人）。全年教育经费投入12.62亿元。

有医疗卫生机构363个，其中医院7个、基层医疗卫生机构356个。卫生技术人员762人，床位886张。

年内在各项体育比赛中获金牌10枚、银牌1枚、铜牌9枚。

【社会保障】 2017年末，实现城镇就业再就业人员7824人。

截至年底，参加职工基本养老保险11508人，参加城乡居民基本养老保险407180人；参加城镇基本医疗保险23144人；参加工伤保险20191人；参加失业保险16049人；参加生育保险19206人。城镇居民领取最低生活保障3029人，农村居民领取最低生活保障90142人。

（张勤国）

巴楚县

【基本情况】 巴楚县位于天山南麓塔里木盆地和塔克拉玛干沙漠西北边缘。县城距乌鲁木齐市公路里程1255千米。南疆铁路穿越县城，境内铁路线长108.4千米。2017年辖4个镇8个乡5个农林牧场。2017年末总人口377442人（少数民族360407人），其中，非农业人口75976人，农业人口301466人。人口自然增长率9.49‰。耕地面积96950公顷，粮食播种面积23693.33公顷，农作物播种面积124066.66公顷。小麦播种面积12973.33公顷，玉米播种面积10720公顷，棉花播种面积81020公顷，属于温带大陆性干旱气候。人口密度每平方千米19.97人。

巴楚县是全国植棉大县。境内地表水径流量98420.2万立方米。森林面积65421.58公顷，是世界上罕见的大面积胡杨林生长区。珍稀野生动物35种，属国家一级保护有白鹳、黑鹳、遗鸥3种，属国家二级保护的有燕隼、鸢、苍鹰、灰鹤、兔狲、塔里木兔、马鹿、金雕等9种。野生药用植物有罗布麻、甘草、肉苁蓉等。矿产资源主要有石油、铁、铜、铅、磷、金刚石、岩盐等。主要旅游景点有唐代蔚头州（托库孜色来）古城遗址、马蹄山、巴楚胡杨林国家级森林公园、红海湾国家AAAA级景区、曲尔盖金色胡杨岛等。

2017年，实现城镇新增就业10739万人；在岗职工年末总人数19521人，在岗职工工资总额103021万元，在岗职工年平均工资56543元。

【经济建设】 2017年，生产总值达606142万元，比上年增长5.2%（可比价计算，以下同）。其中，第一产业增加值251314万元，增长4.7%；第二产业增加值128593万元，增长7.1%；第三产业增加值226235万元，增长4.7%。

主要农产品产量：粮食总产量16.41万吨，小麦总产量8.77万吨，玉米总产量7.64万吨；棉花总产量14.37万吨；蔬菜总产量12.42万吨。瓜总产量48.56万吨，林果业总产量达到16.02万吨。

牲畜存栏头数63.28万头（只），牲畜出栏头数59.66万头（只）。牛存栏头数1.79万头（只），羊存栏头数60.35万头（只），奶类产量3340吨。羊出栏头数57.34（万只），羊肉总产量9174吨。牛肉总产量5723吨。禽蛋产量5434吨。农林牧渔业总产值490180万元。

工业总产值145255万元，比上年增长24%，全部工业增加值39231万元。规模以上工业总产值102323万元，增长25.1%。

建筑业工业总产值64959.5万元，增长16%。富民安居工程竣工户数14856人，全年完成固定资产投资967905万元。全年社会消费品零售总额152069.7万元，增长7.2%。

个体户10805户，从业人员13284人，注册资金27110万元。私营企业户1292户，私营企业从业人员6433人，私营企业注册资金545417万元，招商引资项目47个，招商引资落实执行项目引进到位资金169115万元。

【社会事业】 2017年，全县共有139所学校，其中教师进修学校1所、完全中学2所、普通高中1所、特殊教育学校1所、职业高中1所、小学119所，其中小学在校学生44896人。普通中学14所，其中普通中学在校学生22114人。

幼儿园105所，其中公办幼儿园101所、私立幼儿园4所。2017年，全县拥有医疗机构259家，病床2154个，卫生技术人员1303人。

妇幼保健机构1家，疾病预防控制机构1家，行政执法机构两家：卫生局和卫生监督所。

全县有文工团1个，文化艺术中心1个，公共图书馆1个，博物馆1个，科技馆1个。拥有广播电视电台1座，调频转播发射台6座，广播综合人口覆盖率96.5%。电视台1座，电视转播发射台2座，电视人口综合覆盖率98%。全县有大喇叭广播952套；村村通直播卫星设备7296套；户户通72873套，农村30余万群众享受到了村村通、户户通工程成果。

全县有12个乡镇文化站、5个农林牧场文化站、186个行政村文化室、25个社区文化室。

【社会保障】 截至年底，参加城镇企业职工基本养老保险5884人，参加机关事业单位养老保险10427人；城镇基本医疗保险47088人，其中职工医疗参保19910人，城镇居民参保27178人；参加工伤保险14198人；参加失业保险13005人；参加生育保险14198人。城镇居民养老保险参保161324人，参加新型农村合作医疗参保282843人。

（杨曦东）

塔什库尔干塔吉克自治县

【基本情况】 塔什库尔干塔吉克自治县位于帕米尔高原东部，喀喇昆仑山和兴都库什山北部，塔里木盆地边缘。县城距乌鲁木齐市公路里程1752千米。

境内主要河流有叶尔羌河、塔什库尔干河、赞坎河、塔合曼河等，主要野生药用植物有雪莲、锁阳、红景天、紫草、青蓝、麻黄草、党参等。国家级野生保护动物有北山羊、雪豹、西藏野驴、野牦牛、藏羚羊、棕熊、兔狲、猞猁、藏羚羊、岩羊、盘羊。主要矿产资源有铜矿、铅锌矿、铁矿、钨矿、玉石、东陵石、绿柱石（祖母绿）、水晶、钼矿、优质矿泉水及地热水、石灰石、石膏、自然硫。森林覆盖率2.26%。属温带大陆性高原高寒干旱半干旱气候。

2017年，辖5个街道办事处、2个镇、10个乡。年末总人口40842人，（民族38136人），其中乡村人口33165人（牧业人口27112人）。人口出生率27.05‰，自然增长率16.94‰。耕地面积4287公顷，农作物播种面积0.59万公顷，粮食0.5万公顷，棉花0.02万公顷。

2017年，城镇居民家庭人均可支配收入27207元，农村居民家庭人均纯收入7925元，在职职工年均货币工资128519元。

【经济建设】 2017年，完成生产总值127063万元，其中第一产业增加值12356万元、第二产业增加值65286万元、第三产业增加值49421万元。

农牧及其服务业总产值24653万元，其中农业4020万元、牧业18460万元、服务业2173万元。主要农产品产量：粮食作物19033吨，薯类1003吨，棉花276吨，蔬菜487吨，苜蓿11865吨，杏1833吨。年末牲畜存栏22.65万头（只），全年牲畜出栏13.43万头（只），出栏率59.29%。肉类总产5601吨，羊毛4.3吨，奶类5956吨。年末农业机械总动力3万千瓦。

规模以上工业企业1家，实现总产值13940万元，工业销售产值13940万元，利润总额-454万元，利税总额2061万元。

全社会固定资产投资351153万元，比上年增长6.3%。其中第一产业22089万元、第二产业21923万元、第三产业307141万元。社会消费品零售总额19820万元，其中批发和零售业17501万元、住宿和餐饮业2319万元。进出口贸易总额800万美元，均为出口。完成邮政业务总量215万元，电信业务总量2391.4万元。年末固定电话用户782户，移动电话用户17827户，互联网宽带接入用户2272户。接待旅游者67万人次，旅游收入9300万元。地方财政收入16393万元（一般公共预算收入16014万元），地方财政支出374344万元（一般公共预算支出373801万元）。年末城乡居民储蓄存款余额64180.51万元。

【社会事业】 2017年，有各类专业技术人员684人，其中中级以上149人。

有普通高中1所，在校学生571人（少数民族560人）；初中1所，在校学生2053

人（少数民族 2032 人）；小学 13 所，在校学生 3757 人（少数民族 3718 人）；幼儿园 59 所，在园幼儿 2116 人（少数民族 2068 人）。各类教师 684 人（少数民族 528 人）。全年教育经费投入 24291 万元。

有医疗卫生机构 29 个，其中医院 1 个、基层医疗卫生机构 25 个、专业公共卫生机构 2 个、其他机构 1 个，卫生技术人员 278 人，床位 206 张。

【社会保障】 2017 年末，就业人员 9580 人，当年实现城镇就业再就业人员 1996 人。城镇登记失业率 4%。

截至年底，参加职工基本养老保险 1682 人，参加城乡居民社会养老保险 16449 人；参加职工基本医疗保险 5502 人，参加城镇居民基本医疗保险 34844 人；参加工伤保险 3687 人；参加失业保险 2649 人；参加生育保险 3039 人。城镇居民领取最低生活保障 1778 人，农村居民领取最低生活保障 18269 人。

（张丽文）

新疆生产建设兵团第三师图木舒克市

综　述

第三师前身为中国人民解放军二军步兵第四师第十二团。1966年在新疆军区生产建设兵团农一师第四管理处基础上整合组建新疆军区生产建设兵团农三师；2004年图木舒克市正式挂牌成立，实行自治区直辖、兵团管理，师市合一管理体制；2012年农三师更名为第三师。第三师位于喀什地区、克孜勒苏柯尔克孜自治州14个县市境内，分为小海子、麦盖提和喀什3个垦区。师部驻地喀什市，距乌鲁木齐市公路里程1473千米，距图木舒克市公路里程328千米。2017年末，全师土地总面积8042.53平方千米，其中耕地7.36万公顷、宜垦荒地37.35万公顷。设有1个自治区直辖县级市，下辖18个农牧团场（10个少数民族聚居团场；2个边境团场）、175个连队（103个少数民族聚居连队）、285家工交建商企业和行政事业单位，有国家级经济开发区1个，兵团级园区1个。

2017年末，第三师总人口253704人，比上年末增加18568人，增长7.9%。其中，男性134161人，女性119543人，分别占总人口的52.9%、47.1%。总人口中，汉族110197人、维吾尔族139958人、其他民族3549人，分别占总人口的43.4%、55.2%、1.4%。年末农业人口147282人，占总人口的58.1%。全年出生人口2673人，出生率10.94‰；死亡人口924人，死亡率3.78‰。人口自然增长率7.16‰。年末总户数83034户。

全社会从业人员116090人，比上年末增长7.8%，其中非私营单位在岗职工52578人。全社会从业人员中，第一产业38640人，增加9414人，增长32.2%；第二产业28794人，减少1811人，下降5.9%；第三产业48656人，增加819人，增长1.7%。全年城镇新增就业9020人次，增加2670人次。团场劳动力转移就业4500人次，援助就业困难人员就业1500人。年末城镇登记失业率2.9%，下降0.1个百分点。全年完成各类职业技能培训8041人次。

是年，第三师实现生产总值1205862万元（现价，下同），比上年增长10.2%（可比价，下同）。其中，第一产业增加值419303万元，增长8%；第二产业增加值461049万元，增长10.7%（其中工业增加值313164万元，增长16.3%；建筑业增加值147885万元，增长0.4%）；第三产业增加值325510万元，增长12.5%。三次产业增加值占生产总值比重分别为34.8%、38.2%、27%。三次产业对经济的贡献率分别为27.4%、41.1%和31.4%，分别拉动经济增长2.8、4.2和3.2个百分点。人均生产总值49336元，增长3.6%。

城镇常住居民人均可支配收入36412

元，比上年增长7.9%；连队常住居民人均可支配收入17053元，增长9.8%。年末在岗职工49826人，增长7.6%；在岗职工工资总额360247万元，增长7.3%；职工平均工资64368元/人，增长6.1%。

【经济建设】 2017年，第三师完成农林牧渔业总产值981856万元，比上年增长8.1%。其中，农业产值834215万元，增长7.7%；林业产值9097万元，增长22.4%；畜牧业产值80446万元，增长8.2%；渔业产值2532万元，下降18.5%；农林牧渔服务业产值55566万元，增长12.8%。农作物总播种面积12.83万公顷，下降1.6%。其中，粮食播种面积2.65万公顷，下降17.2%；小麦播种面积1.05万公顷，下降11.1%；棉花播种面积5.96万公顷，增长8.3%；油料播种面积0.21万公顷，下降33.1%；中草药面积0.45万公顷，增长2.1%；蔬菜面积0.69万公顷，增长12%；瓜果面积0.45万公顷，下降8.8%；其他作物面积2.48万公顷，下降3.3%。全年粮食产量18.44万吨，下降15.4%；棉花产量15.02万吨，增长14.1%；油料产量0.69万吨，下降25.8%；蔬菜产量29.23万吨，增长12.5%。

年末实有水果面积3.4万公顷，下降10.3%；水果结果面积2.45万公顷，下降2.7%，水果产量49.9万吨，增长16.7%，其中红枣产量26.6万吨，增长10.3%。全年造林面积0.31万公顷，其中防护林0.13万公顷。全年牲畜出栏72.76万头（只），增长3.3%；年末牲畜存栏78.42万头（只），下降10.3%；能繁母畜59.77万头（只），下降14.5%；全年肉类产量2.36万吨，增长1%；生奶产量0.96万吨，增长1.1%；禽蛋产量0.32万吨，增长7.7%。年末水产品养殖面积0.65万公顷，同上年持平；水产品产量0.18万吨，下降20%。

完成工业总产值1275537万元，比上年增长11.8%。其中，轻工业产值741842万元，增长18%，重工业产值533695万元，增长4.1%；国有工业产值550938万元，增长14.1%；非国有工业产值724599万元，增长10.1%。主要工业产品产量完成情况：加工红枣8.04万吨，增长17.5%；生产水泥31.21万吨，增长2%；生产纱4.85万吨，增长90.0%；生产塑料制品7.3万吨，增长2.9%；发电量14.74亿千瓦时，增长37.2%；生产棉籽油10.37万吨，下降4.7%；生产混合饲料66.75万吨，增长1.9%；生产棉浆粕5.91万吨，下降14.3%；生产饮料7.03万吨，下降43.5%。全年实现工业增加值313164万元，增长16.3%。规模以上工业增加值272717万元，增长16.1%。在规模以上工业中，分经济类型看，国有控股企业增长16.3%；股份制企业下降77.5%；外商及港澳台商投资企业下降32.4%；私营企业下降18.8%。分门类看，制造业增长21.7%，电力、热力、燃气及水的生产和供应业增长4.9%。分轻重工业看，轻工业增长16.4%，重工业增长15.4%。

实现建筑业增加值147885万元，比上年增长0.4%。资质以上建筑业企业总产值657267万元，增长0.4%；实现竣工产值582215万元，增长46%；各类建筑施工单位签订合同额891846万元，增长2%。全年房屋建筑施工面积147.02万平方米，下降9.4%。年末职工技术装备率5325元/人，劳动生产率34.58万元/人，动力装备率2.85千瓦/人。

完成固定资产投资1879144万元，比上年增长16.2%；新增固定资产2074159万元，增长51.9%；施工项目574个，其中新开工项目363个。从投资行业分类看：第一产业完成213166万元，增长44.8%，第一产业投资占师市投资总额比重的11.3%；第二产业完成487439万元，增长3.7%，第二产业投资占师市投资总额比重的26%，其中工业投资完成484820万元，增长3.1%，工业投资占师市投资总额比重的25.8%；第三产业完成1178539万元，增长17.9%，第三产业投资占总投资比重的62.7%。新增生产能力（或效益）主要有：购置大中型拖拉机77台、6989千瓦，联合收割机9台、1278千瓦。建成住房71.45万平方米；畜禽生产用房15万平方米；新建公路55.3千米，改建公路27.5千米；新挖灌渠104千米，新挖排渠119千米，渠道防渗163千米；新建仓库3座、0.87万平方米。

实现社会消费品零售总额463970万元，比上年增长21.4%。全社会批发和零售业商品销售总额1596148万元，增长38.8%。其中，限额以上企业及个体1089530万元，增长54.7%；限额以下企业和个体506618万元，增长13.7%。年末商品库存总额378879亿元，下降5%。实现住宿业营业额30640万元，增长22.5%；实现餐饮业营业额77039万元，增长23.8%。年末个体住宿餐饮业网点1721个，减少425个，下降19.8%。

货物进出口总额75532.12万美元，比上年增长2%。其中，货物出口69407.61万美元，下降3%；货物进口6124.51万美元，增长130%。货物出口中，自产品出口3191.78万美元，货物进出口差额63283.1万美元。

招商引资项目156个，其中续建项目29个，新建项目127个。实现招商引资到位资金80.91亿元。其中，喀什经济开发区兵团分区（含草湖产业园区）项目46个，到位资金33.07亿元；图木舒克市工业园区项目37个，到位资金37.6亿元；团场项目73个，到位资金10.24亿元。

民用汽车保有量11674辆，比上年末增长12.1%。其中，载客汽车7114辆，增长20.1%；载货汽车1379辆，下降0.6%；其他汽车3181辆，增长2.4%。全年道路运输客运量894万人，增长3.2%；旅客周转量62464万人千米，增长22.8%；货运量898万吨，增长9.9%；货物周转量107284万吨千米，增长25.1%。全年营运业务收入61301万元，增长6%。

【社会事业】 2017年末，第三师有各级各类学校71所，其中幼儿园36所、完全小学14所、初中16所（初级中学1所、九年一贯制学校15所）、高中4所（十二年一贯制学校1所、完全中学1所、高级中学2所）、职业技术学校1所。在校学生66864人，其中少数民族学生47684人，占在校生总数的71.3%。其中，在园幼儿19829人，小学在校生28035人，初中在校生10936人，高中在校生7387人，职校在校生677人。学校教职工4558人，其中少数民族2169人，占总人数的47.6%。其中，学前教职工971人，中小学教职工3512人，中职教职工75人。

表彰奖励科技进步奖18项，表彰哲学社会科学奖12项。协助“两校一院”向南发展科技项目在四十四团、五十团、五十四团、红旗农场的实施，开展盐碱地治理、节水技术应用、苹果密植省力栽培、沙生植物示范等科技示范园建设。与安徽大学、塔里木大学签订科技合作协议。师市“科技之冬”全员培训举办各类培训400期，十八届六中全会宣讲200场，参加培训人员近12万人次，培训面达到95%以上，表彰10个培训工作开展较好的单位。举办兵团“全国科技周”南疆分会场活动、中国流动科技馆图市辖区学校巡展活动，师市600余人参加启动仪式，共展出科普知识宣传展板14块，发放各类宣传手册600余份。举办师市第九届青少年科技创新大赛，师市25所学校近800人观摩大赛。在兵团第十五届青少年科技创新大赛中，师市获得8个一等奖、11个二等奖、12个三等奖，第三师四十九团第一中学获得“十佳学校”称号。在全国第三十二届青少年科技创新大赛中，获得辅导员项目金奖1项、一等奖1项。第三师第一中学学生王阳阳入围中国青少年科学素质大会决赛。

有团场文化活动中心15个，连队文化活动站129个，文化广场16个。建设连队、社区农家书屋292个。其中，汉语农家书屋192个、维吾尔文农家书屋97个、柯尔克孜文农家书屋3个。建设师电视台、四十二团、叶城二牧场等7个文化信息共享工程县级支中心。全师广播覆盖率97.5%，电视覆盖率98.3%。

有各级各类医疗卫生机构256个，其中综合医院17所、乡级卫生院5个、疾病预防控制机构15个、连队卫生室180个、个体医疗机构35所、采供血机构1个、紧急救援中心1个、社区卫生服务机构2个。医院开放床位数1480张，平均每千人拥有医院床位5.8张。有各级各类卫生人员1433人，其中卫生技术人员1421人。卫生技术人员中，执业（助理）医师435人，注册护士368人。全年法定甲乙类传染病网络报告发病率442.2966/10万。

【社会保障】 2017年末，第三师参加养老保险人数125212人，其中职工养老保险人数72418人，城镇居民养老保险人数52794人；参加医疗保险人数207414人，其中职工基本医疗保险人数59338人，城镇居民医疗保险人数148076人；参加失业保险人数34267人，工伤保险人数39521人，生育保险人数36971人。全年发放低保及临时救助资金5829万元，39775人次享受最低生活保障和临时救助；发放医疗救助资金365万元，429人次得到医疗救助；发放残疾人两项补贴248万元，10348人次得到残疾补贴；发放特困人员补助122万元，532人次特困人员得到救助供养。

★ 2017 年，第三师图木舒克市推进喀什地区城乡富余劳动力有组织转移务工就业工作。截至 8 月 24 日，落实企业长期岗位 813 个，引进喀什地区富余劳动力 813 个，实际在岗 751 人，完成转移 750 名喀什地区富余劳动力到师市长期务工就业工作任务。

★ 2017 年 9 月，兵团、东莞市共同出资设立“兵团草湖纺织服装产业链发展基金”，其中兵团国资委出资 3 亿元，东莞市出资 3 亿元，第三师图木舒克市出资 1 亿元，基金管理人及社会募集 1 亿元，基金总规模 8 亿元。该基金及以其为依托设立的项目基金将把合计不低于 75% 的资金投资于兵团草湖产业园的纺织、印染、服装、物流、跨境贸易行业上下游及其配套项目，以及食品饮料等其他产业项目，同时采用股权投资的方式，按照“双向选择、择优投放、基金支持、市场机制”的原则，撬动金融机构及社会资本出资，支持园区产业发展。

★ 2017 年 11 月 12 日，第三师图木舒克市与广州市建筑集团有限公司在广州正式签订合作协议。根据协议，双方将在图木舒克市重组前昆工建集团，广州市建筑集团有限公司以现金方式入股，占 51% 的股份，第三师图木舒克市以前昆工建集团现有资产评估作价，占 49% 股份；重组后的前昆工建集团力争在 3 年内改制为股份公司并具备条件申报上市。

★ 2017 年 7 月 18 日，北京 ET 保税南疆喀什店正式落户喀什经济开发区兵团分区。ET 保税喀什店是 ET 保税走进新疆的第一家城市中心店，运用北京、喀什两地保税区域资源优势，将哈萨克斯坦、吉尔吉斯斯坦、塔吉克斯坦等喀什周边国家优质商品资源送出去，把北京 ET 保税的高品质进口商品引进来，促进北京、喀什两地保税区间商品流通。

★ 2017 年 9 月 30 日，第三师图木舒克 2×350 兆瓦热电联产工程 2 号机组完成 168 小时试运，转入商业运营生产。试用期间，2 号机组累计发电量 3212.4 万千瓦时，自动投入率 100%，保护投入率 100%，主要仪表投入率 100%；脱硫同步投入，脱硫效率达到 98% 以上，各项技术参数符合设计要求。

★ 2017 年 5 月 8 日，由第三师图木舒克市党委宣传部、文联、东莞援疆工作队和北京汉昆影视文化公司联合摄制的电影《图木舒克》在全国数字院线全线上映。电影由兵团绿洲杂志社主编郭晓力和第三师图木舒克市党委宣传部副部长、文联主席谢家贵担任编剧，丁祝明执导，讲述了生活在兵团特别是第三师图木舒克市的几位人物的命运，刻画了援疆干部的无私奉献精神，展示了“民族团结一家亲”的感人故事。

★ 2017 年 7 月 30 日夜，师市辖区普遍遭受大风、强降雨和冰雹的袭击，波及师市 8 个团场，红枣、香梨及棉花等多种作物不同程度受灾，过灾总面积 0.82 万公顷，其中重灾面积 0.31 万公顷，造成直接经济损失 4979.54 万元。

（陈俊芳）

【图木舒克概况】 图木舒克市地处叶尔羌河下游塔里木盆地西北边缘，市区距乌鲁木齐市公路里程1292千米。

2017年，辖6个农牧团场。年末总人口16.11万人（民族11.23万人），其中乡村人口10.84万人。人口出生率86‰，自然增长率70.7‰。耕地面积55544公顷，农作物播种面积8.24万公顷。

2017年，完成生产总值829208万元，其中第一产业增加值238434万元、第二产业增加值383663万元、第三产业增加值207111万元。

农林牧渔及其服务业总产值562949万元，其中农业475380万元、林业6552万元、牧业44808万元、渔业1848万元、服务业34361万元。主要农产品产量：粮食作物13.09万吨，棉花9.26万吨，蔬菜22.84万吨，瓜果14.77万吨。年末牲畜存栏42.32万头（只）。肉类总产1.29万吨，水产品1284吨。

工业增加值235778万元，建筑业增加值147885万元。规模以上工业企业总产值922839万元，工业销售产值806499万元，利润总额81129万元，利税总额110579万元。

全社会固定资产投资1601846万元。社会消费品零售总额290724万元。地方财政收入39410万元（一般公共预算收入33992元），地方财政一般公共预算支出55790万元。

在岗职工28894人，在岗职工年均货币工资65291元。

（陈俊芳）

团场建设

【四十一团概况】 四十一团草湖镇前身是中国人民解放军西北野战军二军教导团、联络部，1951年改编为新疆军区二军军直第一农场，1955年为农一师前进农场。1966年划归农三师建制，更名四十一团；2014年草湖镇挂牌成立。团场位于疏勒县境内，团部驻草湖镇。草湖镇东西长22.6千米，南北长5.8千米，行政区划总面积为76平方千米。

四十一团草湖镇地处喀什市、疏勒县、疏附县、阿克陶县的交汇地带，战略意义重大。距喀什市24千米，距疏勒县城12千米，距疏附县城25千米，距克州阿克陶县城17千米，毗邻巴合齐乡、塔孜洪乡、牙甫泉镇、皮拉力乡、塔尔乡、加马铁力克乡、布拉克苏乡7个乡镇。214省道、国道314-315连接线和喀和铁路从疏勒县至阿克陶县贯穿团场。

截至2017年12月31日，四十一团草湖镇下辖8个连队、1个社区。常住人口15071人，其中：户籍人口10268人（其中少数民族人口占总人口的5%）。全社会从业人员4622人，职工人数1319人，非职工352人；实现新增就业1527人，其中：一产新增25人，二产新增1132人，三产新增370人；转移富余劳动力就业127人。在岗职工平均工资5.64万元，增长7%。连队居民人均可支配收入1.76万元，增长8.8%。2017年6月10日，兵团党委和广东省委研究决定，在草湖镇开启粤兵两地组团式合作共建援疆工作新模式，由东莞市、佛山市、中山市、广东省国资委共同选派19名援疆干部对四十一团草湖镇开展为期三年的合作共建。是年8月24日，四十一团被住房城乡建设部列入第二批全国特色小镇名单；11月，获第五届全国文明村镇荣誉称号。

2017年，四十一团实现生产总值6.23亿元，较上年增长11%，其中：一产增加值1.46元，较上年增长9.6%；二产增加值3.36亿元（其中：工业增加值2.41亿元，建筑业增加值0.94亿元），较上年增长13.9%；三产增加值1.41亿元，较上年增长5.7%。三次产业比重23.5∶53.9∶22.6。完成固定资产投资10.64亿元，其中，城镇内部项目完成投资7.77亿元，草湖产业园完成投资2.86亿元。

农用土地总面积4579.9公顷，其中耕地1280公顷、林果业2560公顷、林地493.3公顷、设施农用地246.6公顷。林果业主要以种植苹果、红枣、核桃为主。温室318座，大棚108座，主要种植草莓、油桃、蔬菜、花卉等。团镇畜牧存栏为2.28万头，主要是羊、猪、牛。全年完成粮食总产0.42万吨，蔬菜总产1.73万吨，林果总产3.66万吨，年末牲畜存栏2.38万头（只），能繁母畜存栏1.22万头（只），肉类总产1929吨。种植业、果蔬园艺业和畜牧业三业结构进一步优化。

正式入驻的企业有东纯兴纺织有限公司等17家，总投资10亿元以上1家，1亿元以上的5家。全年完成工业增加值2.41亿元。

初步完成新建幼儿园、九年一贯制学校等10个项目建设，对团镇街面所有商铺外墙、商铺门头进行改造提升。是年，四十一团草湖镇成功入选全国特色小镇。

截至2017年底，四十一团草湖镇道路共计79.61千米，其中，县道36.92千米，乡道29.639千米，村道13千米。运输业收入0.12亿元，增长13.47%。全年无重特大交通道路安全事故。

参加基本养老保险人数1802人，参保率100%；参加基本医疗保险人数1394人，参保率100%，参加失业保险1353人、工伤保险1389人、生育保险1389人。享受最低生活保障人数193人，发放低保金48.64万元。

有九年一贯制学校1所，在校学生1826人，其中小学生1036人，初中生790人，民族学生256人，占学生总数的14%。有专任教师108人。学生入学率100%。有草湖中心幼儿园1所，有教职工61人（教师40名）。在园幼儿为645人，其中，地方幼儿103人，少数民族幼儿占幼儿总人数的16%。幼儿入园率100%。

有综合文化活动中心1个、连队活动室8个、农家书屋8个、广播电视站1个。年末广播节目综合人口覆盖率100%，有线电视覆盖率95%。是年，放映电影172场次，连队农家书屋累计接待读者7000余人次。四十一团草湖镇联合工会举办大型文艺春晚会演、千副对联下基层活动、元宵节手工展、兵地社火节活动、“喜迎十九大·共筑中国梦”千人放歌颂党恩等活动。到周边县村巡回演出5场次，联合社区开展“浓情五月·感恩母爱”“浓情端午·与爱同行”为主题的母亲节、端午节等活动，联合学校、幼儿园开展“清明祭英烈”“六一儿童节”等活动。

有医院1所，设置病床25张，实际床位50张。医院核定编制45人，实有50名医务工作人员。是年，开展全民健康体检，体检率87%，养老院入住率达100%。出生率为9.05‰，同比提高3.95个千分点，人口自然增长率5.2‰。

与各企事业单位签订各类安全生产责任书47份。制定《四十一团综合应急预案》1份，专项应急预案7份。督促加油站、加气站、学校、医院、幼儿园、敬老院等重点防火单位建立10个防火档案，应对突发事件。投入安全生产资金188.97万元，开展应急演练7次，参加演练人员5854人次；建立健全安全风险分级管控及隐患排查治理双重预防机制，将加油站、加气站、前泽公司草湖轧花厂3家企业定为一般风险等级企业；开展联合检查31次，检查企事业单位和场所619家次，发整改通知书40份，整改项366条，行政处罚2700元。开展危化品专项治理，移走天然气管道距离不足的树木4203株，回收废旧液化气钢瓶1586个；开展道路交通专项治理，设置道路护栏1500多米，改造停车位3300平方米，扣押违章车辆81多辆。开展“九小场所”及高层住宅火患专项整治；拆除彩钢板建筑3800多平方米。

★2017年6月10日，兵团党委和广东省委研究决定，草湖镇正式开启粤兵两地组团式合作共建援疆工作新模式，由东莞市、佛山市、中山市、广东省国资委共同选派19名援疆干部对四十一团草湖镇开展为期3年的合作共建。在合作共建期间，兵粤两地综合发挥受援地资源、政策优势以及兵团体制优势，加快四十一团草湖镇产业聚集，带动人口集聚，提高城镇化水平，实现团、镇、园的融合发展，形成可复制、可推广的援疆工作经验，努力将草湖镇打造成为产城融合示范区、兵团向南发展模范区、兵地融合民族团结样板区。是年，粤兵两地在草湖镇开启组团式合作共建援疆工作新模式。全年在建援疆项目共7个，总投资10.22亿元，其中援疆资金2.19亿元，项目建设已基本完成；促成二期30万锭东恒兴纺织有限公司建成达产，三期40万锭东湖兴纺织有限公司完成基础工程和厂房钢构安装；启动草湖产业园标准厂房建设。

★2017年，四十一团草湖镇为地方村民开展农业技术培训6次，培训地方农民260余人次，先后与巴合齐乡共同开展兵地文艺体育活动10场次。组织医疗援疆专家、医院医疗骨干赴巴合齐乡开展医疗技术帮扶和义诊活动共12次，义诊受益群众5000余人次；草湖镇幼儿园、学校、养老院分别接纳地方幼儿103人、学生900余人、老人35人。

★2017年6月中旬，在四十一团开展援疆工作的广东援疆干部借鉴广东省创建“互联网+”特色小镇、“绿能装备”特色小镇、“时尚针织”特色小镇等的成功经验，推动四十一团草湖镇“全国特色小镇”的申报，并在6月底向国家住建部提交“草湖产城共融特色小镇”的申报材料，通过初审。7月23日，经“第二批全国特色小镇”认定的现场答辩，于7月27日被住建部认定为“第二批全国特色小镇”。

★ 2017年11月，中央文明办网站公示四十一团草湖镇获“第五届全国文明村镇”称号。

★ 2017年7月30日，四十一团草湖镇在机关广场举办“喜迎十九大·共筑中国梦”千人放歌颂党恩活动。活动内容包括升国旗、奏唱国歌、团镇领导讲话、返乡大中专学生宣誓、千人合唱五项内容。团镇1000余人参加此次活动。

★ 2017年，四十一团草湖镇党委选派10名干部赴疏勒县巴合齐乡2村、10村、13村开展访惠聚工作。组织四十一团医院和广东东莞援建医疗队专家5次到2村、10村、13村开展义诊送药活动，接诊人数约5200多人次，免费发放药品价值12000元左右。安排团场林业技术人员多次为村民培训果树修建、嫁接等方面的实用技术。

★ 2017年，四十一团草湖镇团场干部和驻团单位干部与贫困家庭为结亲对象，共结亲366人，走访结亲对象4392人次，办实事好事2572次。

（陈庆丰　张雅平）

【四十二团概况】 四十二团前身是中国人民解放军二军步兵第四师十二团一营。1953年整编为南疆军区生产管理处木华黎分场。1963年改为农一师第四管理处前进二场。1966年划归农三师建制。1969年兵团统编团场番号，命名四十二团，团部驻木华黎镇。

四十二团地处岳普湖、莎车、伽师、麦盖提、巴楚5县接合部，战略位置重要。团部木华黎镇距岳普湖县城35千米，距喀什市115千米，与岳普湖县AAAA级沙漠旅游风景区达瓦昆毗邻。已通车的喀（喀什）麦（麦盖提）高速公路为团场留有互通路口，距团部1.5千米，交通便利。

是年末，四十二团下辖6个连队、1个社区、6个企事业单位。总户数1265户，常住人口4275人，增长23.02%，其中，男性2226人，维吾尔族545人，其他少数民族33人。从业人员1942人，从事一、二、三产业从业人员结构比为40.1∶12.7∶47.2。职均收入60305元，比上年增长5.1%，连队常住居民人均可支配收入17286元，比上年增长10.58%。

全年实现生产总值34963万元（现价，下同），增长20.8%。其中：第一产业12960万元，增长9.6%；第二产业14935万元，增长42.6%；第三产业7068万元，增长4.9%。一、二、三产业结构比为37.1∶42.7∶20.2。全团人均生产总值90229.7元，增长5.57%。完成全社会固定资产投资9084万元，下降87.8%。

完成农业总产值34004万元，增长9.8%，其中种植业产值28368万元，增长12.6%；林业产值133万元，下降59%；牧业产值3263万元，下降0.1%；农林牧渔服务业产值2240万元，增长2.8%。全年农作物播种面积6166.67公顷，其中粮食作物面积683.87公顷，其中：复播玉米233.60公顷，粮食总产5226吨，棉花3773.47公顷，皮棉总产9529吨，瓜果面积24.67公顷，总产883吨，蔬菜86.67公顷，总产3835吨，套种小茴香1100公顷，总产2310吨，打瓜373.33公顷，总产2296吨，甘草38公顷，苜蓿86.67公顷，总产2405吨。年末实有园地面积796.38公顷，水果产量2181吨，同比增长46.8%，当年完成造林面积92公顷，未成林抚育作业面积1328公顷，成林抚育面积2054公顷，育苗面积3公顷，当年苗木产量163000株。年末畜牧业存栏4.28万头（只），增长24.1%。肉类产量1122吨，增长24.7%，奶类产量437吨，增长6.1%，蛋类产量145吨，增长95.9%。年末拥有农业机械总动力11679千瓦，比上年增长1.55%；拥有大中型拖拉机135台，小型拖拉机35台。全年农用化肥使用量（实物量）6014吨，比上年增长12.1%；团场用电量545万千瓦时。

完成工业总产值46720万元，比上年增长20.8%，销售产值45139万元，增长24.3%，产销率96.6%，实现增加值14935万元，增长42.6%；截至年末，有7家工业企业，其中规模以上工业企业4家。

利用援疆资金1000万元完成四十二团城镇环境治理配套建设项目；投资1374万元完成馨苑小区和新华二区基础设施改造，改善小区给排水能力，实施绿化、亮化工程；投资1711万元完成4.4千米城镇道路建设，投资1780万元完成17.8千米通连公路油面摊铺，自筹资金100万余元在新修建的道路绿化带种植树木。城镇化率为88.40%，比上年增长1.38%。

实现社会消费品零售总额2447万元，比上年增长19%；住宿和餐饮业零售额2414.8万元，增长19.98%。其中：住宿业客房收入1033.5万元，增长19.7%；餐饮业餐费收入1381.5万元，增长20.2%。截至年末，个体零售业网点124个。

截至2017年末，四十二团有民用汽车1109辆，增长0.27%；其中载客汽车131辆（其中客运17辆）；载货汽车35辆；全年完成客运量16.63万人，增长17.3%；旅客周转量1663万人千米，增长17.3%；完成货运量28.4万吨，增长20.85%；货物周转量4019万吨千米，增长19.97%；营运业务收入1980万元，增长18%。个体运输纯收入555万元，增长12.12%。

参加基本养老保险人数960人，参保率100%；参加基本医疗保险人数961人，参保率100%，参加失业保险960人、工伤保险960人、生育保险960人。享受最低生活保障人数112人，发放低保金39.95万元。

有九年一贯制学校1所，幼儿园1所。在校生761人，设18个教学班，有教职工71人。九年义务教育完成率100%，巩固率99.8%，小学入学率与巩固率均为100%，学前三年入园率100%。

有文化活动中心1座，基层连队有农家书屋6个，藏书5000余册，当年更新各类图书500册，职工群众借阅各类图书1500余人次。宽带用户1000余户，闭路电视用户200余户，闭路电视入户率约10%。

拥有医疗卫生机构1家，设连队卫生

室6所，医院定编床位25张，配备救护车1辆。医院编制人数38人，实有医务人员32人。当年医院门诊就诊人次5875次，住院322人次，总收入140.1万元，其中医疗收入61.68万元，药品材料收入78.42万元。为高血压、糖尿病、传染病等人群建立健康档案369人，为辖区常住人口建立统一、规范的居民健康档案3730份。推广“家庭医生”“一对一”签约服务，对全团职工群众进行健康检查3278人次，完成体检率98.2%。

全年投入近28万元围绕宣传总目标、团场改革、扶贫攻坚、民族团结、党的十九大精神、社会主义核心价值观等方面内容制作22块大型广告标语牌、各类户外橱窗280余块、张贴宣传挂画100张、悬挂和播出标语300余条、印制下发学习手册200册，团连两级宣讲团开展主题宣讲50场次；全年在《兵团日报》等省级主流纸媒刊稿10篇，《叶尔羌报》刊稿165篇幅。兵团电视台播出团场新闻7条，师电视台播出团场新闻85条。

与基层单位签订各类安全生产责任书98份，召开安全生产例会4次，组织各类安全、消防检查24次，检查企事业单位和各类场所85家（处）。对建筑施工工地的安全质量标准开展专项整治，下发责令整改通知书4份。全年用于安全生产整改、新增设施设备等项目资金26.6万元。

★2017年8月19日，四十二团中学教师顾聪参赛项目《头顶着“木耳”的蘑菇——皱柄羊肚菌生物学特性的研究方案》在第32届全国青少年科技创新大赛决赛中获得辅导员项目金奖。由顾聪指导的科技实践活动《木华黎棉田高产示范区棉花棉蓟马发生情况及防治对策的调查实践活动》获得全国青少年科技创新大赛一等奖。

★2017年3月11日，四十二团举行“我是中国公民”宣誓活动，100余名领导干部、党员代表和职工代表集体庄严宣誓。这是该团开展“公民道德建设月”系列活动的其中之一。

【四十四团概况】 四十四团前身是肖尔河滩分场和六十四团，1969年合并建立四十四团，归属农三师建制。2004年，以五十二团为进入团场，组建中心团场四十四团。位于图木舒克市近郊，团部驻齐干却勒镇。

四十四团地处新疆维吾尔自治区天山以南塔里木盆地西北边缘，塔克拉玛干沙漠北缘，叶尔羌河中游，东距阿克苏市220千米，阿拉尔市180千米，西距喀什市320千米，北距314国道、南疆铁路35千米，与图木舒克市毗邻。

2017年，四十四团土地总面积93万公顷，耕地面积8400公顷。下辖农业连队22个、社区4个、企事业单位10个。年末总人口27714人，其中少数民族19181人，人口自然增长率11.49‰，年末从业人员9986人，其中在岗职工2953人，离退休人员2399人（含个体退休907人）。连队居民人均可支配收入1.74万元，增长8.5%。在岗职工平均工资5.94万元，增长9.1%。

全年完成生产总值114313万元，其中，第一产业增加值54876万元，比上年增长 12.6%；第二产业增加值 33512 万元，比上年增长 19.1%，（工业实现增加值 33512 万元，比上年增长 19.1%）；第三产业增加值 25925 万元，比上年增长 15%；一、二、三产业的比重为 48∶29∶23。完成固定资产投资 33010 万元，下降 47.7%。共计 30 个投资建设项目，已完工 22 个项目，8 个项目在建。

种植棉花 6773.5 公顷（正播 5240.2 公顷、套种 1533.3 公顷），机械采收 2666.7 公顷，总产籽棉 4318.3 万千克，辣椒种植 233.3 公顷，套种茴香 3333.3 公顷，粮食种植面积 3066.7 公顷。粮食总产 2.29 万吨，果园累计面积 3905 公顷，其中红枣面积 2366.5 公顷，苹果 1010.1 公顷，香梨 301.8 公顷，其他果园 226.6 公顷。果品总产 33086 吨。标准畜存栏数量 74200 头只，肉类总产 3329 吨，专用饲草面积 366.7 公顷，新增标准化养殖小区 2 个。

实现工业总产值 24415.33 万元，增长 1.76%。工业增加值完成 7415.56 万元，较上年 7365.86 万元，增长 1.76%。实现销售总额 22462.1 万元，增长 4.02%，产品销售率达到 92%。工业投资额计划 5000 万元，实际完成 4320 万元，单位工业增加值综合能耗降低率计划 3%，实际完成 3%。

房屋建筑施工面积 115731.38 平方米，竣工面积 56292.38 平方米，总投资 27637.55 万元。

招商引资新增项目到位资金计划 2000 万元（其中含一区两园合作落地项目），实际完成 3770 万元；一区两园合作项目巩固率计划 100%。

截至 2017 年 12 月末，四十四团参加基本养老保险人数 10386 人，参保率 96.3%；参加基本医疗保险人数 21707 人，参保率 78.4%，参加失业保险 2662 人、工伤保险 2662 人、生育保险各 2662 人，享受最低生活保障人数 2082 人，发放低保金 867.6087 万元。

有九年一贯制学校 1 所，完全小学 2 所，幼儿园 3 所，在校生 8715 人，其中小学生 4406 人，初中生 1422 人。小学毕业生人数 586 人，招生数 921 人；初中毕业生 446 人，招生数 519 人。教职工 536 人，其中专任教师 469 人。幼儿园在园幼儿及儿童 2887 人。学前三年入园率 100%，少数民族高中入学率 83.5%。

有综合文化活动中心 1 个、连队活动室 26 个、农家书屋 22 个、广播站 1 个、电视节目人口覆盖率 65%。团场业余文艺队 8 个，篮球场 17 个。

医疗总收入 1194.10 万元，住院 22 人次，门诊诊疗人数 18513 人次。规范建立居民健康档案 24552 份，儿童接种各类疫苗 13529 人次，接种各类疫苗率均为 100%。参加全民健康体检 21715 人，体检率为 82.1%。

在省级报刊登稿件 89 条，地级刊登 179 条。制作上报电视新闻 200 余条，兵团级电视新闻采用 33 条，地市新闻采用 118 条。

争取培训补助资金 16.9 万元，举办“科技之冬”“职工技能培训”和少数民族富余劳动力生产技能培训班，培训职工群众 350 人次；开办电商创业培训，参加培训人员 50 人。转移农村富余劳动力 1624 人。

党委召开安全生产联席会议 4 次，安全生产大检查工作动员部署会议 2 次，各阶段工作会议 6 次，组织安全生产各类检查 20 余次，与 36 个基层单位、各部门与监管对象层层签订《安全生产年度责任书》《安全生产防火责任书》，在全国“安全生产月”期间，开展各种安全生产宣传咨询、法制巡回展览活动，制作“安全管理”“用电安全”“机械安全”“建筑安全”“消防安全”等安全生产黑板报。是年，开展为期 100 天的道路交通专项整治，检查各类车辆 10 万辆次，依法查处各类违法违规案件 30 余起，查处无牌无照摩托车、电动车 300 余辆；开展为期 3 个月的安全生产大检查，对全团 22 个农业连队花场、10 个危险化学品经营销售场所、3 个学校，4 个社区 300 余户商铺逐一进行排查，消除各类安全隐患 70 余起。

★ 2017 年 9 月 16 日，四十四团举行“大众创业万众创新活动周”启动仪式，为四十四团电子商务中心站点揭牌。投资 120 余万元，在四十四团 18 连修建占地面积 800 平方米的“肖尔湖滩少数民族创业基地”，组织职工分区域集中在基地从事服装缝纫、地毯编织、手工制作、电商等工作。建立第三师图木舒克市益芮服饰有限公司四十四团乡村生产车间，通过培训就业、学习技能增加职工家庭收入。

★ 2017 年，四十四团延续对巴楚县色力布亚镇 20 村农业项目帮扶，投入资金 280 万元新建高新节水设施灌溉 97.8 公顷，对分散不规整的农民口粮田进行道路改建和土地整理，免费提供所需生产资料，直接受益农户 87 户 569 人，新增土地面积 13.3 公顷。团林业站帮扶巴楚县色力布亚镇 18 村红枣标准园建设，改造枣园 14 公顷、投入生产资料 61 万元，打造 2 公顷示范园，直接受益 29 户 116 人。

（高玉伟）

【四十五团概况】 四十五团前身是中国人民解放军第 1 野战军第 1 兵团第 2 军步兵第四师第十团三营生产基地。1966 年，农一师、农二师、农六师和农八师、兵团供销社又抽调 4611 名干部和工人进驻四十五团前进三场、前进五场和前进八场。1968 年，前进五场、前进六场和前进八场合并组建四十五团。2005 年，以四十三团为进入团场，组建中心团场四十五团。位于麦盖提县境内，团部驻博塔依拉克镇，距喀什市 210 千米。

第三师四十五团位于塔克拉玛干沙漠西北边缘，叶尔羌河中下游的冲积平原地带的麦盖提县境内，距麦盖提县 47 千米，距图木舒克市 174 千米，距喀什市 210 千米。东北界至麦盖提县胡杨林场，西北界至麦盖提县四乡（吐曼塔勒乡），北至麦盖提县九乡（原红光农场）和新疆军区恰斯部队农场，西南与第三师前进水库相邻，东南连接沙漠。巴（楚）麦（盖提）公路横穿团场中部，具有独特的区位优势、地理优势、交通优势、资源优势，是发展棉花、畜牧和水果生产的良好基础，主要盛产棉花、红枣、红富士苹果、香梨等。区域行政面积 51202.45 公顷，其中：农用地

23961.50公顷，建设用地971.30公顷，未利用地26269.65公顷。辖连队23个，社区2个，学校4所，医院2个，团办企业12家；截至年底，全团总户数9212户，户籍人口29878人，常住人口25999人，其中，汉族19477人、维吾尔族5893人、其他民族629人。人口自然增长率为4.99‰。全社会从业人员10979人，其中非私营单位在岗职工5856人。城镇新增就业1260人，团场劳动力转移就业162人（次）。城镇登记失业率控制在3%以内。是年，连队常住居民人均可支配收入21353元，同比增长9.7%。

全年实现生产总值14.41亿元，比上年同期增长8.3%。其中：第一产业增加值6.96亿元，增长9.7%；第二产业增加值4.45亿元，增长4%（其中工业增加值2.26亿元，增长1.6%;建筑业增加值2.19亿元，增长6.7%）；第三产业增加值3.0亿元，增长12.2%。三次产业增加值占生产总值的比重为48.2∶30.9∶20.9。三次产业对经济的贡献率分别为49.8∶14∶36.2，分别拉动经济增长4.1、1.2、3个百分点。完成全社会固定资产投资5.43亿元，同比降低58.7%。

实现农林牧渔业总产值161686万元（现价，下同），同比增长9.3%。其中：农业产值146839万元，增长11.4%；林业产值691万元，下降20.8%；畜牧业产值7214万元，下降17.1%；农林牧渔服务业产值6942万元，增长6%。农作物总播种面积17732.02公顷，比上年降低4.39%；其中：粮食播种面积1529.01公顷、棉花播种面积9948.23公顷、油料播种面积145.21公顷、蔬菜面积926.05公顷、瓜果面积440.96公顷、其他作物面积4742.57公顷。全年粮食产量11743吨、棉花产量24987吨、油料产量621吨、蔬菜产量35332吨。实有果园面积6004.63公顷，比上年下降10.7%；结果面积4980.18公顷，水果产量157402吨，其中，红枣产量37701吨。全年造林面积343.02公顷，其中，防护林210.01公顷。年末，实有育苗面积29公顷，苗木产量2431500株。牲畜出栏6.08万头只，比上年下降9.1%；存栏6.91万头只，能繁母畜5.52万头只，肉产量0.20万吨；生奶产量0.11万吨；禽蛋产量0.06吨。拥有各类机车1116台，农机总动率41780千瓦，拥有大中型拖拉机254台，配套农具659台架。

实现工业总产值76682万元，比上年降低5%。按注册类型分：规模以上工业产值68857万元，降低5%；规模以下工业产值7825万元，增长2%。按轻重工业分：重工业产值42894万元，降低8%，轻工业产值33789万元，降低1%。有工业企业15家，其中规上工业7家，规下工业8家。实现工业增加值22636万元，比上年增长1.6%。

投资2400万元，建设完成266.67公顷生态屏障绿化工程；投资485.8万元，对城镇及小区人行道改造；投资477万元对中环路人行道绿化种植苗木，改善城镇生活环境；投资570万元，新建城镇园林景观，小区绿化，城镇绿化用水，城镇绿化土方，小区暖气、线路、给排水维修等。争取兵团“一事一议”项目补助资金

325.82万元，对一连、四连、十连、十三连、十四连、十九连、二十二连、二十三连环境进行美化、亮化、硬化。

完成建筑业产值86210万元，下降0.4%。全年房屋建筑施工面积15.74万平方米，下降2.5%。实现竣工产值73890万元，下降19.9%。

拥有民用车辆8137辆，其中载客汽车644辆、载货汽车78辆、其他车辆7415辆。全年道路运输客运量80万人，增长7.1%；旅客周转量7972万人千米，增长18.3%；货运量106万吨，下降23.2%；货物周转量9388万吨千米，增长33.7%。全年营运业务收入5606万元，增长0.1%。

截至2017年末，四十五团参加养老保险人数17089人，参保率100%；参加医疗保险年末人数24912人，参保率100%；参加失业保险5856人，工伤保险5856人，生育保险5856人。享受最低生活保障433人，发放低保金172万元。

拥有中、小学校4所，有中、小学教师328人。在校学生3956人。其中普通高中在校生805人，初中在校生1017人，小学在校生2134人。小学学龄儿童净入学率100%。初中适龄少年净入学率100%。九年义务教育巩固率99.95%，高中阶段毛入学率100%。学前三年毛入园率100%，双语教育普及率100%，少数民族高中入学率100%。

有团史馆1个、综合文化活动中心5个，基层文化活动室39个，农家书屋24个，广播电视站1个。团史馆接待参观人员3000余人次。广播节目综合人口覆盖率100%，有线电视覆盖率100%。是年，在南湖广场举办第四届“南湖杯”迎新春自行车长跑比赛，全团42个单位230余人参加比赛；在职工影剧院内举办“携手共进·扬帆起航”春节联欢晚会，800余名职工群众观看演出。在民兵训练基地，组织400余名副连以上干部开展“唱响兵团”精神军政培训。广泛开展以“唱响主旋律·共筑中国梦”为主题经典歌曲大家唱活动。

有非营利性医疗机构28个，其中综合医院1个，社区卫生服务中心1个，连队卫生室26个。有营利性医疗机构4个，其中私营诊所4个。有疾病控制机构1个。拥有开放病床108张。在职卫生技术人员72名，其中执业医生26名，注册护士58名。是年，参加全民免费健康体检22353人次，参加妇女“两癌”筛查1722人。全团共组建家庭医生团队20个，对全团慢性病、65岁以上老年人、孕产妇、重性精神病等特殊人群进行签约，签约6421人。

招商引资项目9个，实现招商引资到位资金15350万元。投资2500万元建设第三师图木舒克市正泰（三期）20MWP并网光伏发电项目；投资2500万元建设第三师图木舒克市正泰（四期）21MWP并网光伏发电项目；投资600万元建设2017年四十五团规模化养殖建设；投资2000万元建设2017年四十五团恒源商务酒店（二期）工程及改扩建工程；投资500万元建设湘东鞋城改建设工程建设项目；投资600万元建设晶港大药房配套设施建设项目；投资500万元建设华美服装城扩建工程建设项目；投资1500万元建设四十五团锦宴豪庭大酒店改建工程；投资4650万元建设新疆申莎缘林果业加工基地建设。

在《叶尔羌报》《美丽三师图木舒克》地师级媒体刊登新闻稿件348篇；在《兵团日报》《当代兵团》等省级报刊刊稿47篇，在兵团网刊登网络新闻11条，在“前海之窗”微信公众平台对外刊登发布稿件768篇。

投入安全生产经费191万元，累计开展安全生产培训14900人次，发放消防知识宣传单10000份，发开展专项检查2次，累计下达整改通知书36份。

★2017年，四十五团把发展色素辣椒为主的红色产业作为农业增效、职工增收的重点来抓，种植色素辣椒666.7公顷，采取“公司+基地+农户”的经营方式，与新疆隆平高科红安辣椒公司合作，推行“订单种植”模式，极大地激发了职工种植辣椒的积极性，万亩辣椒总产450万千克以上，且辣椒色素含量较高。

★2017年4月，四十五团自筹资金400万元，与山东裕华温室有限公司合作，建设发展高效、节水、精品农业，重点打造集观光、旅游、采摘为一体的青年连青创生态园，园内拥有6000平方米的智能温室，12座温室大棚和20公顷苗圃地。园区以花卉、瓜果、植物为主题，分为两大功能区：精品花卉瓜果大观园、果蔬采摘园。

★2017年7月26日，四十五团开展民汉联姻家庭摄影展活动。是年，全团民汉联姻家庭38户，拍摄民汉联姻家庭全家福156张。

★2017年，四十五团与麦盖提县库尔玛乡红光村、《兵团日报》社驻红光村访惠聚工作组在红光村共同出资150万元建设一条“兵地团结文化一条街”（刀郎街），并对该街道实施绿化、美化、硬化、亮化，提升当地居民生活品质。其中，四十五团出资100万元。

★2017年，四十五团与吐曼塔勒乡卫生院和库尔玛乡红光村卫生院结对互助。是年，为当地居民开展“送医送药巡回义诊”活动3次，累计义诊1200余人次；免费全民健康体检1700人；结核病筛查65人。四十五团医院开通麦盖提县新农合，实现兵地医疗资源共享，收治126个新农合病人。

（张　燕）

【四十六团概况】 第三师四十六团的前身是1966年成立的新疆农业生产建设兵团第三师前进四场和前进七场。1968年，前进四场和前进七场整合成新的前进四场，1969年前进四场搬迁，留下来的四个连队被四十三团接管，定名为四十三团一营。1976年1月1日，四十三团一营被移交给麦盖提县管理，更名为其克里克农场，1979年，其克里克农场划归喀什地区农垦局管理。1981年12月，兵团恢复建制后，其克里克农场复归第三师管理，更名为第三师其克里克农场。1998年11月，经新疆生产建设兵团党委批准，改编为第三师四十六团。2002年9月17日，图木舒克市成立，第三师四十六团隶属第三师图木舒克市管理，简称四十六团。

四十六团位于麦盖提县东南部16.5千

米处，面积 19733.33 公顷。东北部与第三师前进水库及麦盖提县库木库萨尔乡毗邻，西与麦盖提县尕孜库勒乡接壤，南与麦盖提县克孜勒阿瓦提乡相邻，东接塔克拉玛干沙漠。海拔高度 1183～1192 米。

截至 2017 年底，四十六团下辖农业连队 8 个，社区 1 个，企事业单位 6 个。常住人口 3463 人，户数 1220 户，其中：男性 1824 人，女性 1639 人；维吾尔族 441 人，汉族 2957 人，其他民族 65 人。从业人员 1437 人，一产人员 542 人，二产人员 271 人，三产人员 624 人。城镇居民人均可支配收入 4.2 万元，增长 9%。连队居民人均可支配收入 1.7305 万元，增长 10.1%。在岗职工平均工资 6.3 万元，增长 14.6%。

全年生产总值 29052 万元，比上年增长 8.2%。其中，第一产业增加值 15759 万元，增长 6.5%；第二产业增加值 5497 万元，增长 6.1%，其中，工业增加值为 1764 万元，同比增长 15.3%，建筑业 3733 万元，同比增长 2.2%；第三产业增加值 7792 万元，增长 15.6%。一二三产业比重为 54.2∶18.9∶26.9。人均生产总值 83844 元，增长 0.08%。全社会固定资产投资 9948 万元。社会消费品零售总额 7110 万元，增长 25.6%。资产负债率 68.32%。

2017 年，四十六团农用地 3266 公顷，农业总产值 38870 万元，其中，种植业产值 33783 万元，林业产值 392 万元，牧业产值 1695 万元，棉花产值 1989 万元（占农业种植业总产值的 5.8%），果品产值 31794 万元（占农业总产值的 81.8%）。全年，农作物播种面积 1091 公顷，其中，粮食作物面积 87 公顷，小麦 67 公顷（总产 0.035 万吨），玉米 20.4 公顷（总产 0.015 万吨），棉花 867 公顷（皮棉总产 0.1285 万吨），甘草 60 公顷，瓜果 3.3 公顷，蔬菜 6.6 公顷，苜蓿 47 公顷。年末，实有园地面积 2397 公顷，其中，全年果品产量 4.0094 万吨，成林抚育面积 6273 公顷，育苗 29 公顷，当年苗木产量 115.4 万株。畜牧业存栏 1.24 万头（只），肉类产量 707 万吨，蛋类产量 2 吨。拥有农业机械总动力 6381 千瓦，其中，耕作机械 5576 千瓦，农用排灌动力机械 23 千瓦。全团大中型拖拉机 14 台，农具 222 台（架），农业生产条件逐年改善。

完成工业总产值 7153 万元，比上年增长 11.5%，增加值 1751 万元，同比增长 11.5%，单位工业增加值综合能耗降低 3%。

投入 183 万元完成美化亮化工程建设项目，投资 515 万元建设绿网工程，植树造林 100 公顷，团场绿化面积 45 公顷，绿化率 42%，污水及生活垃圾实现 100% 无害化处理。自筹资金 1500 万元，新建连队住房 100 套。农田残膜回收率达到 90% 以上，环境指标达标率达到 91%。

拥有民用汽车 278 辆，同比增长 5.3%；其中，载客汽车 21 辆，载货汽车 28 辆。全年完成客运量 1552 万人，同比增长 0.45%；完成货运量 17.9 万吨，同比增长 7.83%；营运业务收入 1480 万元，同比增长 7.25%；个体运输纯收入 541 万元，同比增长 6.5%。

完成城镇职工基本养老保险 1829 人（职工 1476 人，居民 353 人），完成城镇基本医疗保险 2536 人（职工 1241 人，居民 1295 人），养老和医疗参保率 100%。全年，上缴社会保险费 1413 万元。截至 12 月，实现社会化发放 1840 万元，离退休人员养老金社会发放率 100%；开展疆内外跨统筹异地就医及转诊转院联网结算工作，实现全国 150 家定点医院直接办理报销手续。

拥有普通中小学 1 所，幼儿园 1 所。普通中学专任教师 48 人，小学专任教师 37 人。普通小学在校生 256 人，其中，女生 120 人；普通中学在校生 106 人，其中，女生 46 人。幼儿园、中小学适龄学生入学率均为 100%。

有文化活动中心 1 个，文化活动室 14 个，职工书屋 12 个，全团有线电视用户 660 户，广播电视覆盖率 100%。年内，举办各类喜闻乐见的群众文化活动，着力推进精神文明建设，不断发挥兵团先进文化示范引领作用，组织开展庆“七一”、网上签名、童心向党、书香家庭、最美家庭、诚信职工评比等活动，表彰各类先进 150 余人次，举办各类群众文化活动 10 余场，以“五共同一促进”“民族团结联谊”“四覆盖、四促进”“访惠聚”等活动为契机，开展兵地文化交流活动 6 场次，职工群众的精神文化生活丰富多彩。

拥有医疗卫生机构 1 家，有连队卫生室 4 个，医院定编床位 20 张，配备救护车 1 辆。医院人员编制 43 人（含疾控和连队卫生员），实有医务人员 34 人，其中，取得副高职称 3 人，中级职称 6 人，初级职称 14 人。全年医院接诊住院病人 490 人次，门诊就诊 10719 人次。年内，医院建立健全高血压、糖尿病、传染病等人群的健康档案，推广“家庭医生”“一对一”签约服务，全团职工及居民体检率达 97.74%。孕产妇系统管理率 93.9%，全年共进行孕期检查 104 人次，新生儿筛查 6 人，新生儿访视率 100%。

年内，招商引资新增项目落实到位资金 1122 万元，完成师计划的 102%。全年，共引进招商项目 3 个。其中，引进投资 500 万元的贸易公司 1 家，已落户喀什经济开发区兵团分区并注册运营；引进并签约投资 6000 万元的鸵鸟养殖科技示范项目 1 个。

投入 5.3 万元资金以弘扬社会主义核心价值观为主题，分别从落实总目标、学模范典型、贯彻兵团第七次党代会、弘扬兵团精神等方面，制作大型广告标语牌 16 块，各类户外橱窗 56 块，张贴宣传挂画 125 张，悬挂和播出标语 62 条，印制下发学习手册 860 多册。团连两级宣讲团开展主题宣讲 84 场次。团场与基层单位签订《新闻绩效量化考核责任书》，进一步完善新闻宣传报道制度和宣传纪律。全年在《兵团日报》等省级主流纸媒上稿 31 篇，《叶尔羌报》上稿 217 篇。兵团电视台播出新闻 11 条，师电视台播出新闻 122 条。

强化就业培训，全年开办培训班 6 期，完成各类培训 373 人，其中：果树工初级 100 人，转岗转业畜牧业 98 人，转岗转业种植红枣 75 人，三产保洁员 50 人，创业培训 50 人。新增就业 353 人。

建立健全扶贫帮困机制和信息档案动态管理机制，引导职工群众勤劳致富。全年帮扶困难职工 76 人，发放帮扶资金 9 万元，其中，发放生活救助资金6.9万元，惠及困难职工家庭69户；发放助学救助资金2.1万元，惠及学生7人。

出台《四十六团开展安全生产大检查实施方案》《四十六团集中开展黑车非驾、打非治违专项行动实施方案》，与各单位签订《安全生产管理目标责任书》21份、《党政同责一岗双责责任书》37份。联合其克里克派出所、团社会治安综合治理办公室开展安全生产大检查14次。年内，加强安全知识普及和技能培训，组织开展安全生产教育培训3次，组织200余人观看《生死之间》《安全事故教育警示片》等安全生产教育片，在团连农贸市场发放《中华人民共和国安全生产法》《中小学生毒品预防教育知识读本》及《食品安全宣传资料》200余份，发放《天然气安全小常识》《中华人民共和国职业病防治法》宣传单300余份。在机关、企业、社区、农贸市场出入口等人员密集场所悬挂宣传横幅4条，组织各单位制作安全生产宣传橱窗。

★2017年，四十六团农业科、各农业连队先后组织红枣、棉花种植“土专家”13批次95人次，到麦盖提县克孜勒阿瓦提乡阿瓦提村、亚塔库木村、奥依巴格村、代尔瓦孜库木村4个结对村开展红枣修剪等现场会，现场技术示范指导；先后组织开展兵地种养殖技术交流会、观摩会6次，成立农业技术帮扶队，对结对村的林果业示范户，从建园、嫁接、田间管理、病虫害防治等方面全程进行农业技术跟踪服务。为喀玛库勒村捐赠化肥1000千克，书籍300册，枣树修剪工具20把，受益村民3350多人。是年，村民枣园亩均增产100千克以上。

★2017年，四十六团积极吸收周边地方富余劳动力，为地方农民转移就业、多元增收提供劳动岗位。全年吸纳地方富余劳动力近3万人次，人均增收5000元左右。

★2017年，四十六团医院联合地方卫生所开展互派专家坐诊、业务查房、病案讨论、健康知识宣传等活动6次，深入乡村为村民开展“送药、送健康活动”、免费义诊活动5次，发放免费药品价值3.1万元，免费义诊村民340多人次。派出医生28人次，积极参加地方免费体检活动，服务地方村民3500多人次。双方建立传染病疫情通报、重大传染病疫情联防联控和突发性事件紧急救援联动机制。开通兵地新农合服务就医异地结报一卡通。是年，接收地方门诊患者2556人次，接收住院患者51人次。

★2017年，四十六团中学教师与周边地方乡村教师开展一对一结对帮扶，先后组织开展兵地优质课评比、兵地教师互派、兵地教师听课、兵地教育教研、兵地教师座谈会、兵地教师篮球友谊赛、兵地师生文艺会演、民族团结手拉手、国家通用语言公开课、家长会等活动9场次，兵地师生参加人数达530人次。接收地方学生入学72人。

（师应祥）

【四十八团概况】 四十八团的前身是1966

年组建的农三师前进九场。1969年兵团统编团场番号，命名为四十八团。位于巴楚县境内，团部驻河东新镇。

四十八团位于天山南麓，塔里木盆地西北边缘，巴楚县境内。地处叶尔羌河和泽河之间，属叶尔羌河下游冲积平原区。北纬39°22′～39°30′，东经78°07′～78°21′。海拔高度1135～1139.8米。东西长16.8千米，南北长10.5千米，总面积11.4635平方千米。四十八团东与巴楚奇特林场接壤，西与阿拉格尔乡的光荣管理区相连，南隔叶河与麦盖提林场相望，北隔泽河与阿克萨克马热勒乡毗邻，南侧以与麦盖提县界线的叶河河道为界。团部驻河东新镇，东距阿克苏286千米，西距喀什市324千米，北距巴楚县55千米，镇区在巴麦公路南侧。

是年末，四十八团辖7个连队，1个社区，9个企事业单位。总人口8309人，其中，少数民族195人；从业人员2698人，其中，在岗职工1807人。连队居民人均可支配收入2.01万元，增长10.7%。在岗职工平均工资6.76万元，增长7.1%。

全年实现生产总值66640万元，比上年增长15.8%（现价，下同）。其中，第一产业38554万元，增长7.22%；第二产业12375万元，增长57.52%；第三产业15711万元，增长14.48%。三次产业结构比为58∶19∶23。人均生产总值91375元，增长6.05%。全社会固定资产投资13928万元，下降34.64%。社会消费品零售总额14356万元，增长14.43%。完成全社会固定资产投资总额13928万元，完成续建项目及新建项目共计9个。

农业种植面积5047.6公顷，其中棉花、小麦、玉米等大田种植面积为389.07公顷，园地面积4271.93公顷（其中红枣3636.37公顷、香梨417.13公顷、苹果78.67公顷、核桃139.4公顷），畜牧养殖用地22.6公顷，其他开发性土地364公顷（叶河阳光农业股份有限公司、新疆惠丰果业生产基地经营）。实现红枣总产2.7万吨。牲畜存栏21100头（只），其中，牛1100头，羊2500只，猪17500头。新建养殖小区1个，培育养殖大户2户。

完成工业项目投资额3000万元；完成工业增加值6584万元，较上年同比增长169%。单位工业增加值综合能耗降低率3%。

投资6000万元完成连队、团部小区围墙建设；投资2600余万元完成2017年城镇基础设施配套工程建设；投资2000余万元进行社会事业建设。是年，四十八团城镇生活垃圾集中处理率达到75%以上，增加绿化面积2万平方米，镇区绿化率达到92.5%。

截至2017年12月末，参加基本养老保险人数1807人，参保率100%；参加基本医疗保险人数1807人，参保率100%，参加失业保险1807人、工伤保险1807人、生育保险1087人。享受最低生活保障人数249人，发放低保金92.7万元。

有学校和幼儿园各1所，在校学生1005人，教职工107人。九年义务教育完成率100%；小学入学率为100%；初中毕业生升入高中段学校的比例81.48%，高中段教育学生巩固率100%；学前三年入园率

100%。

有团史馆1个，综合文化活动中心1个、连队活动室7个、农家书屋7个、广播站1个、数字电视用户1130户，互联网接入用户1500户，电视节目人口覆盖率100%。

四十八团小城镇建设一角（韩永强　谢霞平　摄）

有医院1所。连队卫生室11个，医院职工59人，其中，卫生专业技术人员46人，参加全民健康体检5902人，体检率达92.64%，人口出生率9.98‰，自然增长率7.61‰。

完成招商引资项目4个，投资额2700万元，其中，新疆绿农建设工程有限公司总投资1000万元、巴楚县齐鑫木业加工厂总投资500万元、广告公司总投资200万元、新疆泰谷四木王生物肥料有限公司续建投资1000万元。

在《兵团日报》《当代兵团》《兵团工运》《叶尔羌报》等兵、师级报纸、杂志发表稿件64篇，其中，地级58篇，省级6篇，在新华网发表新闻11篇；在师市电视台发稿121篇，刊稿70篇，在兵团电视台发稿50篇，刊稿28篇。其中，《兵地融合、共唱一首歌》《真抓实干解民忧，真情汇聚暖人心》《送义诊到乡村、架起兵地健康桥》《永不言弃的爱》等28篇新闻在兵团电视台《新闻联播》《直击民生》《感动》栏目播出。《四十八团举办科技之冬培训》《四十八团为在读大学生免费体检》《四十八团开展森林病虫害监测工作》《四十八团法制安全进校园活动》《四十八团节前慰问少数民族困难职工》等新闻在师市电视台《新闻联播》播出。开通并运营四十八团“叶河之声”微信公众平台，编发新闻350余期2000余条。

★2017年，四十八团策划组织“永远跟党走”“奋进十三五，精彩开门红”“中国梦、圆梦中国”等120余场次群众性文化活动，观众累计10万余人次。组建“枣之韵”舞蹈队、彩虹文艺队、巧手编织队等13支业余演出队伍，9次深入到团场各单位、周边乡镇进行文艺表演，观众人数达15万人次。

★2017年，四十八团医院在阿克萨克马热勒乡开展义诊1次，参加义诊300余人次，开展医务人员交流3次，参与交流人数达100余人次。安装“新型农村合作医疗信息管理系统”，实现兵地医保共通，地方群众到四十八团医院就诊治疗103人次。

（袁火霞）

【四十九团概况】 四十九团前身是中国人民解放军二军第四师十二团三营且迪塔格生产基地。1956年，巴楚县在且迪塔格成立巴楚农场。1957年巴楚农场迁入盖米里克。1958年5月，在巴楚农场的基础上，组建了农垦厅图木休克第二农场。1969年，在自治区农垦厅图木休克总场第二、四场基础上组建四十九团，归属农三师建制。四十九团位于图木舒克市境内，团部驻盖米里克镇，距喀什市公路里程230千米。

四十九团地处塔克拉玛干大沙漠西缘的图木舒克市境内，位于图木舒克市东南30千米处，面积30780.39公顷。团场三面环山，四面环水，地理位置十分优越。西靠麻扎山和小海子水库，南临盐山和叶尔羌河，东临达板山和永安坝水库，北有喀什格尔河，中间有盖米里克河流经，地下水资源较为丰富，灌溉用水主要靠小海子水库每年秋季积蓄的雪山水。

2017年末，四十九团下辖20个连队，1个社区，7个企事业单位。户籍人口16974人，户数5832户，其中：男性9661人、女性7313人；维吾尔族6468人、汉族10068人、其他民族438人。常住人口16126人。截至年底，全团从业人员6766人，开发就业岗位110个，实现就业391人次，城镇登记失业率1.2%。居民人均收入17708元，与上年相比增幅9.52%。

全年完成生产总值97811万元，其中，第一产业增加值51854万元，比上年增长6.94%；第二产业增加值21080万元，比上年增长8.16%(工业实现增加值16606万元，比上年增长37.95%；建筑业实现增加值4474万元，比上年增长39.96%)；第三产业增加值24877万元，比上年增长11.5%；一、二、三产业的比重为53∶22∶25。累计完成固定资产投资24884万元，增长33.12%。

农用地13450公顷，其中耕地9480公顷，农业总产值115748万元，比上年增长7%，其中，种植业产值104739万元，林业产值910万元，牧业产值3959万元，渔业130万元。农林牧渔服务业产值6010万元。棉花产值29564万元，占农业种植业总产值的28.2%，水果产值40086万元，占农业总产值的38.27%。

全年农作物播种面积18001公顷，其中粮食作物面积3280公顷，实有园地面积3969公顷，其中，当年新增平果园面积6.2公顷，全年水果产量5.8万吨，同比增长20.62%，成林抚育面积9819公顷，育苗6公顷，当年苗木产量24万株，木材采伐833立方米。年末，畜牧业存栏4.18万头(只)，增长2.7%。肉类产量0.13万吨，增长2.1%。拥有农业机械总动力21143千瓦。

完成工业总产值58796万元，比上年增长8.08%，增加值16606万元，增长37.95%，其中规模以上工业产值48457万元，增加值13559万元，占工业增加值的81.65%；规模以下工业产值10339万元，增加值3047万元，占工业增加值的18.34%。

完成200套保障性住房建设。总投资5800万元，其中，国家投入资金800万元，个人投入资金5000万元。自筹资金2984.58万元完成文化健身广场建设项目，其中，广场规划面积为195717平方米，绿化面积105151平方米，硬化铺装39191平方米，乔灌木1687株及亮化等。完善和提升城镇公共基础设施，对镇区乱搭乱建，违章建筑和市场秩序进行彻底整治。团场投资1800万元，种树造林80公顷，美化环境。环境指标达标率95%。污水及生活垃圾实现100%的处理率。

拥有民用汽车761辆，增长26.41%；其中，载客汽车242辆，增长42.3%；载货汽车25辆，增长4.16%；全年，完成客运量62万人，增长10.71%；旅客周转量3708万人千米，增长17.49%；完成货运量62万吨，增长3.33%；货物周转量3338万吨千米，增长18.45%；营运业务收入2605万元，增长2.96%；个体运输纯收入1120万元，增长4.08%。

参加城镇职工基本养老保险5157人（职工3247人、居民1910人），基本养老参保率100%；参加城镇基本医疗保险11410人（职工3247人、居民8163人），和医疗参保率100%。参加失业保险3286人、工伤保险3286人、生育保险3286人。享受最低生活保障人数334户627人，发放低保金250.9万元。

拥有普通中小学1所，幼儿园1所。普通中学专任教师数83人，小学专任教师数126人，普通小学在校生1563人，其中，女生730人；普通中学在校生573人，其中，女生274人，小学适龄儿童入学率为100%，九年义务教育巩固率100%。

有团史馆1个，综合文化活动中心1个。基层文化室20个、农家书屋30个、广播电视站1个。年末广播人口覆盖率93%，有线电视覆盖率4.7%，互联网入户1100户。

拥有医疗卫生机构1家，连队设有卫生室18所，医院定编床位50张，配备救护车1辆。医务人员82人，其中副高职称4人，中级职称9人，初级职称50人。推广"家庭医生""一对一"签约服务，参加全民健康体检11800人，体检率85.2%，已婚育龄妇女免费检查1910名。

招商引资新增项目到位资金1300万元，其中：新建800吨保鲜库冷藏建设项目总投资600万元，累计到位资金300万元；甘草切片加工项目总投资100万元，累计到位资金80万元；益芮服饰总投资340万元，到位资金340万元。一区两园合作项目巩固率100%。

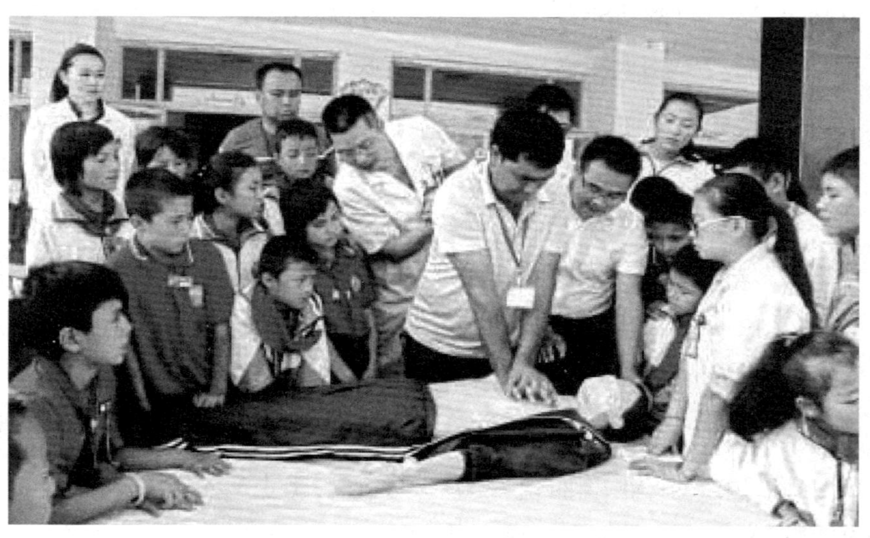

2017年9月8日，四十九团医院医务人员现场指导该团第一中学师生开展徒手心肺复苏术（何志江　摄）

投入近 20 万元，以弘扬社会主义核心价值观为主题，制作大型广告标语牌36块；各类户外橱窗 220 余块；张贴宣传挂画 322 张；悬挂和播出标语 260 余条；完成国家级上稿 1 篇，在《兵团日报》等省级主流纸媒上稿 70 篇幅，《叶尔羌报》上稿 235 篇幅。兵团电视台播出新闻 16 条，师电视台播出新闻 122 条。

安全生产委员会与各单位、企业签订各类安全责任书 82 份，深入现场、企业、基层单位开展综合监管执法检查 62 次，排除各类隐患 172 处，下达安全生产整改指令书 291 份，安全行政处罚 1.8 万元；开展 6·16 安全生产咨询日现场宣传 2 场次，散发宣传单 350 份，粘贴宣传挂图资料 98 份，悬挂宣传横幅 13 条；开展安全生产月大检查 2 次，查出各类隐患 72 处，违规销售农药 1 家，责令停业整改 1 家，没收违规销售农药 2 箱；对团部 354 个商铺开展地毯式检查，下达安全整改通知书 278 份，停业整顿 27 家，排查出各类隐患问题 1204 处，整改隐患问题 839 处；检查车辆 10222 辆，查处违章 739 起，纠正违章 608 起，处理违章人员 101 人次，警告 662 人次，受教育人员 1446 人。对建筑、水利工地开展安全检查 8 次，下达整改指令书 4 份，罚款 6000 元，现场停工整顿 5 个项目部。全年投入消防安全资金 20 余万元，提升改造消防设施，开展消防普及知识讲座、消防演练 4 场次。

★ 2017 年，四十九团建成创业示范基地 3 个，众创空间、孵化器 2 个，新增小微企业 3 家，新增农工合作社 1 家，新增个体工商户 12 家，新增就业人数 130 人，创业创新人数 15 人，“四众”平台 1 家。

★ 2017 年，四十九团有养殖合作社 5 个，分别是图木舒克市盖亮畜禽养殖专业合作社、图木舒克市盖美牧业专业合作社、图木舒克市盖河禽类养殖专业合作社、图木舒克市青年致富肉羊养殖专业合作社、图木舒克市努尔惠民肉羊养殖专业合作社。其中，养牛合作社 3 个，禽类养殖合作社 1 个，养羊合作社 1 个。有养殖大户 25 个，较上规模的养殖场 7 个。

（雷新仕）

【五十团概况】 五十团的前身组建于 1969 年的马扎湖加分场和夏河分场，1969 年整编为五十团，归属农三师建制。

五十团位于塔克拉玛干沙漠西北边缘的图木舒克市境内，地处叶尔羌河下游和古喀什噶尔河下游冲积平原上，西距喀什市 387 千米，距巴楚县城 75 千米，东距阿克苏市 220 千米。五十团东与三师五十三团接壤，西南与第三师四十四团相接，距图木舒克市 21 千米，西北与三师五十一团毗邻，东面为原始胡杨林和沙漠腹地。团场东西长 33～34 千米，南北宽 12～15 千米，海拔 1075～1090 米间。

2017 年末，五十团土地总面积 52700 公顷，其中耕地 12226 公顷，林地 51608 公顷。辖 19 个连队、2 个社区，总人口 23597 人，其中少数民族人口 13561 人。人口自然增长率 8.72‰。年末从业人员 8472 人，其中在岗职工 2634 人，离退休人员 2146 人。

全年实现生产总值76752万元，比上年增长12.37%。其中，第一产业增加值38350万元，增长7.3%；第二产业增加值18416万元，增长41.42%，第三产业增加值19986万元，增长2.29%。三次产业结构比为49∶24∶27。人均生产总值3.493万元，下降0.34%。全社会固定资产投资30085万元，增长12.3%。社会消费品零售总额32099万元，增长23.38%。团场综合利润532万元，下降79%。

农用地15101公顷，农业总产值88164万元，其中，种植业产值79680万元，林业产值1209万元，牧业产值7275万元，棉花产值30680万元，占农业种植业总产值的38.5%；谷物产值37918万元，占农业种植业总产值的47.6%。全年，农作物播种面积13927公顷，其中，粮食作物面积2553公顷。

年末，实有园地面积506公顷，其中，全年果品产量31928吨，成林抚育面积19240公顷；畜牧业存栏7.41万头（只），肉类产量2701吨，蛋类产量256吨，产奶531吨，产毛2340吨；拥有农业机械总动力41824千瓦。

引进工业企业2家，引进投资5400万元，相关工业续建项目2个，工业生产总值74963万元，增加值18416万元，增长41.42%。

建设项目21个，共计投入39283.83万元，截至2017年年末，包括向南安置住房、2017年访惠聚干部居住用房建设项目、五十团团部集中供热热源环保设施提质升级改造项目、二中小学教学楼维修建设项目、职工食堂建设项目、五十团出口加工基地（冬枣保鲜库）项目、出口冷链物流项目、小型农田水利建设项目等8个项目已投入使用，4个建筑项目正在装修，其余9个项目等待竣工验收。

拥有民用汽车504辆，其中，载客汽车349辆，载货汽车155辆；全年完成客运量20.81万人，完成货运量17.57万吨，营运业务收入1727.90万元，个体运输纯收入714.19万元。

参加基本养老保险人数2080人，参保率100%；参加基本医疗保险人数2081人，参保率100%，参加失业保险2080人、工伤保险2080人、生育保险2080人。享受最低生活保障人数1200人，发放低保金455.055万元。

拥有普通中小学3所，幼儿园3所。普通中学专任教师数171人，小学专任教师数117人，在校学生共计3319人，学龄前幼儿入园率100%，小学适龄儿童入学率100%，九年义务教育巩固率100%。

有文化活动中心1个，文化活动室7个，职工书屋19个，广播电视覆盖率100%，举办各类喜闻乐见的群众文化活动105次。

有医院1所，实有110人，其中，高级职称2人，中级职称30人，初级职称72人。编制床位75张，实际开放床位160张。是年，建立健康档案人数19542人，对1938名慢性病患者实行规范管理，对全团65岁以上老年人免费体检定期随访，建立家庭医生签约服务团队22个，为11101人进行家庭医生签约，其中健康人群签约

五十团团部职工文化广场（佚名　摄）

7319人，重点人群3782人。参加全民健康体检19457人，完成率100%。

★2017年9月，五十团月亮湖临空经济产业园区成立，月亮湖临空经济产业园区位于团部以南1.2千米，距离图木舒克机场1千米，规划用地面积5.35平方千米。东方红产业园区位于团部东南4.5千米，规划用地面积1.47平方千米。沙河产业园区位于团部以西，规划用地面积1.26平方千米。2017年12月21日，第三师图木舒克市决定将五十团月亮湖临港经济产业园区划归五家渠经济技术开发区管理，按照“一区多园”模式运行，全力打造“千亿园区”，进一步做大做强五家渠经济技术开发区。

（吕春燕　曲博轩）

【五十一团概况】 五十一团前身是自治区农垦厅巴楚总场及其阿克塔木分场、英买里分场，1969年和图木休克总场直属合编为五十一团，归属农三师建制。位于图木舒克市境内，团部驻图木休克镇，距喀什市334千米。

五十一团东与五十三团毗邻，南与五十团、五十二团、军垦新城图木舒克市隔突来买提河相望，西靠乌库尔马扎山与巴楚县恰尔巴格乡接壤，北面是未利用的荒漠。团部驻地为图木休克镇，维吾尔语意思为“突出的一角”，距巴楚县城约65千米。

2017年，五十一团土地总面积31675.63公顷，其中耕地面积16251.46公顷，园地面积1841.41公顷，林地面积13441.26公顷，设施用地141.49公顷。下辖18个连队，1个社区，17个企事业单位；年末总人口50122人，其中少数民族46044人，人口自然增长率10.80‰。年末从业人员19282人，其中在岗职工2121人，劳动力转移就业1475人。连队常住居民人均可支配收入1.504万元，增长15%。

全年实现生产总值8.3亿元，比上年增长15.4%。其中，一产完成3.8亿元，增长12.5%；二产2.2亿元，增长30.84%；三产2.3亿元，增长8%。二、三产业增加值占生产总值比重54.3%。全社会固定资产投资总额5.4亿元，增长2.1%。社会消费品零售总额40175万元，增长8.05%。新增招商引资项目5家，投资金额为1.27亿元，到位资金4550万元。

种植棉花9573.33公顷，籽棉总产56730吨，完成任务的129.41%。粮食总产44200吨，完成任务的100.77%。

枣园结果面积1026.7公顷，通过移栽补植补齐园相484.7公顷，干枣4200吨，完成任务的115.07%。年末8000头，羊15.01万只，猪7000头，能繁母羊9.87万只。禽7万羽，肉类总产5500吨。饲草总产71400吨。

工业产值8.7亿元，较上一年增长17.6%，产销率100%，工业累计增加值2.19亿元。

有学校4所，其中九年一贯制学校1所（由原中学和二小合并），小学3所，幼儿园18所；共有教职工837人，其中，义务教育阶段556人，学前教职工281人；学生9189人，在园幼儿5829人。学龄前幼儿入园率100%，小学适龄儿童入学率100%，九年义务教育巩固率100%。

有职工文化活动中心1个，团史馆1个，基层文化活动室15个，农家书屋13个、藏书8000册、广播人口覆盖率100%，有线电视用户1100户。开展文化市场清查5次，举办文艺会演2次、群众大舞台46次、趣味运动会3次、时装走秀5次、演讲比赛3次、主题班会78次、知识竞赛12次、唱“国语”红歌比赛7次，兵、师文工团到团演出8次，观看演出人数15万人次。

拥有医疗卫生机构1个，连队卫生室22所，医院定编床位100张，配备救护车1辆。卫生系统上级核定编制131人，实有人员90人，为高血压、糖尿病、传染病等人群建立健康档案1666份。参加全民健康体检43305人次，全民健康体检率88.5%。婴儿出生率为13.86‰，自然增长率为10.8‰。

参加基本养老保险人数23388人，参保率100%；参加基本医疗保险人数43412人，参保率100%，参加失业保险1755人、工伤保险1755人、生育保险1755人。享受最低生活保障人数累计17441人，发放低保金1727.4360万元。

投入安全生产专项经费75万元，开展安全生产和消防安全综合治理知识培训1212人次；查获无牌无证摩托车124辆，处理违章摩托车178辆，机动车25辆。是年，对微小企业等重点行业进行安全生产检查23次，开展安全生产专项整治检查12次。全年下发责令整改通知书60分，整改项目229条，处罚金额3.65万元。

投入50多万元，以社会主义核心价值观为主题制作大型宣传牌31块、宣传版面265块、宣传横幅580条、道旗1432面。

★2017年6月5日，由石河子大学

五十一团和谐社区一角（魏博仁　周芳平　摄）

医学院第一附属医院派出的第五批协作帮扶医疗队10名专家到五十一团分院开展为期一年的呼吸内科、肾病科、口腔科、神经内科、心内科、胸外科等10个专科医疗帮扶。

（吴勇全）

【五十三团概况】 五十三团的前身是自治区农垦厅巴楚总场的皮恰克松地分场，1969年2月24日，划归新疆生产建设兵团农三师建制，改称五十三团。

五十三团位于塔里木盆地西部，塔克拉玛干沙漠北缘，叶尔羌河和喀什噶尔河下游平原上，团部东距阿克苏市180千米，西距图木舒克市56千米，距巴楚县100千米，距第三师师部360千米，是离师部最远的团场，团场特殊的地理位置被称为三师的“东大门”。五十三团南与第三师五十团接壤，北以喀什噶尔河及柯坪山前平原的克孜塔木为界，西与第三师五十一团毗邻，东面为茫茫原始胡杨林。突来买提河从团场中部穿过，将团场分割为两个区域，北为皮恰克松地片区，南为库木鲁克和阿克塔木吉克片区。全团东西长48千米，南北宽25千米，约360平方千米。

2017年，五十三团土地总面积12.66万公顷。截至2017年底，全团有农用地89112.44公顷，其中耕地8369.41公顷、园地3215.25公顷、林地76245.06公顷、其他农用地1282.72公顷；建设用地3369.25公顷；未利用地面积34117.95公顷。下辖16个连队、1个社区、9个企事业单位。总人口6135户24137人，其中少数民族18496人，占总人口的76.6%。人口自然增长率为14.16‰。年末从业人员9833人。在岗职工1451人。离退休人员1638人（含离退休干部174人）。连队居民人均可支配收入1.51万元，增长7.3%。在岗职工平均工资6.2万元，增长11.3%。

全年完成生产总值79002万元。其中第一产业完成增加值37238万元，第二产业完成增加值22188万元（工业完成13170万元，建筑业完成9018万元），第三产业完成增加值19576万元。全社会固定资产投资总额40281万元。社会消费品零售总额21273.3万元，下降10.9%。团场实现利润2470.29万元，增长3.65%。

完成农业产值70729万元，林业产值1500万元，畜牧业产值6968万元，农林牧服务业产值4724万元。种植粮食2873.33公顷，其中：小麦1260公顷，正播玉米1613.33公顷，饲草玉米533公顷。种植棉花5746.67公顷。推广种植双30品种666公顷，引进北斗导航播种面积3000公顷，全程机械化面积4000公顷。全年粮食总产20267吨，其中：小麦总产8844吨；玉米总产11423吨。棉花籽棉总产40300吨，折皮棉1580吨。截至2017年底，五十三团发展果园面积3215.24公顷，果品总产28063吨。其中：红枣种植面积1369.04公顷，总产16342吨；梨种植面积1528.85公顷，总产10764吨；苹果104.42公顷，总产330吨；核桃73.38公顷，总产66吨。完成造林100.38公顷，其中新植面积49.47公顷，补植补造面积50.91公顷；牲畜存栏4.42万头（只），能繁母畜存栏

3.84万头（只），肉类总产2881吨，饲草总产38100吨，其中青贮玉米总产40000吨；年末，机械总动力24263千瓦，农业机械化水平89%。

农业水利设施建设完成投资9739.99万元，建设项目4项。

实现工业总产值32406万元，比上年减少28%。主要工业品皮棉产量17450吨，短绒棉产量2531.54吨。是年，五十三团引进工业项目8个，完成工业招商投资5487万元。新建甘草加工、枸杞加工厂、鼎新建材加工厂、兴源森木业加工厂、海鑫塑钢门窗加工厂、综合加工厂机采棉技改及果品保鲜库投产。

投资3786元新建职工产业园区配套供水管网6548米，排水管网5296米，供热管网10214米，道路5653米及配套设施；投资1560万元完善滨河花苑小区给水、道路、绿化等公共服务基础设施建设，投资200万元完善小区绿化；投资1044万元，完成友好北路、幸福路小区供水、排水、供热管网、道路、路灯等配套设施配套续建工程。投资1472万元完成绿网工程造林100公顷；投资2100万元新建保障性公共租赁住房1500套，投资300万元新建农村安居住房100户。

截至2017年12月，五十三团营业性载客车辆122辆；开行线路4条，全年完成客运量39.2万人次，同比增长35.17%，客运周转量4026万人千米，客运营业收入为1783万元；营业性载货车辆55辆，全年完成货运量17.5万吨，同比增长2.94%，货物周转量4299万吨千米，货运营业收入1622万元，同比增长22.69%，运输纯收入1340万元，同比增长2.92%。

参加居民基本养老保险人数6803人，参保率100%；参加居民基本医疗保险人数20405人，参保率98%，全年缴纳企事业社会保险费2694.58万元。参加失业保险1451人、工伤保险1451人、生育保险1451人。享受最低生活保障1399户1850人，发放低保金731.45万元。

有幼儿园4所，在园幼儿2118人，学前三年入园率100%，幼儿教师69人；是年9月，因布局调整，五十三团初中生全部搬迁至图木舒克市中学，只有完全小学4所，在校学生3396人，教职工280人，其中专任教师231人，小学入学率为100%。

有团史馆1个，综合文化活动中心1个、基层文化活动室16个、农家书屋22个、广播电视站1个，广播节目综合人口覆盖率100%。有线电视入户3937户。有线电视覆盖率100%，互联网入户1583户。投资18万元，建成社会主义核心价值观宣传文化长廊2个；投资30余万元，给每个连队建成一个群众百姓活动大舞台；给每个连队农家书屋新增藏书200册；投资6万余元，新增调频广播42套；投入2000万建设“三馆合一”（文化馆、图书馆、团史馆）文化项目。组织各族干部职工群众唱红歌，举办文艺会演60余场次，开展体育活动78场次。举办“双语”道德大讲堂、“书香团场”全民阅读活动等系列活动。

有医院1所，编制床位50张，实际开放床位70张，医疗卫生技术人员有84人，在编65人，有中级职称8人、高级职称1

人，兵团团场学科带头人3人。签约家庭医生13205人。人口出生率17.33‰，自然增长率12.62‰；参加全民免费健康体检19834人，体检率89.24%。

投入近20万元，以弘扬社会主义核心价值观为主题，制作大型广告标语牌46块；各类户外橱窗300余块；张贴宣传挂画420张；悬挂和播出标语380余条；印制下发学习手册1000余册。完成国家级刊稿1篇，在《兵团日报》等省级主流纸媒上刊稿14篇幅，《叶尔羌报》上稿220篇幅，兵团电视台播出新闻36条，师电视台播出新闻118条。

与各单位、企业签订各类《安全责任书》28份，开展综合监管执法检查62次，排除各类隐患172处，下达安全生产整改指令书29份，安全行政处罚2000元；开展6·16安全生产咨询日现场宣传2场次，散发宣传单350份，粘贴宣传挂图资料98份，悬挂宣传横幅13条；开展安全生产月大检查2次，查出各类隐患72处，违规销售农药1家，责令停业整改1家，没收违规销售农药2箱；对团部354个商铺的消防设施开展重点检查，下达安全整改通知书278份，停业整顿27家，排查出各类隐患问题1204处，整改隐患问题839处。制定下发《五十三团“道路交通秩序百日大整治行动”工作方案》56份，检查车辆10351辆，查处违章529起，纠正违章529起，处理违章人员75人次，警告268人次，受教育人员1516人。对建筑、水利工地开展安全检查6次，下达整改指令书2份。投入消防安全资金31万元，对全团消防设施提升改造，开展消防普及知识讲座、消防演练5场次。

★2017年，五十三团采取棉花北斗导航播种推广应用面积3333.33公顷；采取（66+12）合理密度栽培种植模式推广应用面积4826.67公顷；采取棉田套种小茴香推广面积4000公顷；厚地膜推广应用面积5353.33公顷；推广示范“双30”优质棉花品种新陆中59号中棉96号和中棉75号面积733.33公顷。

★2017年9月8—11日，五十三团医院派内科、外科、眼科专家到巴楚县阿拉格尔乡霍加阿瓦村、克仔勒阿瓦提乡（阿都克阿勒迪村）开展“服务百姓　兵地一家亲　医药送万家”活动，为村民提供义诊和健康咨询服务，接诊患者259人次，血糖监测208人次，骨密度监测242人次，心电图监测262人次，B超检查217人次，发放药品价值近4万余元。

★2017年，五十三团职工创业园共37家企业，其中新增6家，带动创业就业人员270人，新增44户个体工商户，带动新增135人就业，依托2家创业创新示范基地和2家众创空间、孵化器，实现16名大学生创业创新。

是年，五十三团青年创业就业电子商务孵化基地完成基地的注册，开展各类电子商务创业培训服务3场次，参加人数达100余人次，带动全团22名青年大学生从事电子商务创业，在互联网销售各类农副产品4.6万余千克，总价值133万余元。

★2017年，五十三团有畜禽、果树、农机、电商和蜜蜂养殖等方面的农民专业合作社 25 个，畜牧专业合作社 16 个，农机专业合作社 2 个，种植合作社 5 个，其他合作社 2 个。

★ 2017 年 12 月 8 日北京 12：26 分，五十三团五连职工买热木尼沙・肉孜病逝，当天北京时间 18 时 30 分，自治区红十字会尊重其本人遗愿委托阿克苏地区人民医院眼科中心工作人员到五十三团医院成功摘取买热木尼沙・肉孜眼角膜。买热木尼沙・肉孜是第三师图木舒克市首例眼角膜捐献者。

（肖孝朋）

【五十四团概况】 五十四团前身是成立于 1966 年的原工建三师师部农场，1975 年 5 月，农三师撤销，指挥部所属单位转隶莎车县领导，改编为莎车县国营农场。1984 年移交农三师管理（独立营级农场），1999 年交由四十六团托管，2016 年 1 月交由莎车筹建办管理。2017 年 2 月组建五十四团。位于莎车县境内。

五十四团位于昆仑山北麓、帕米尔高原南缘，塔里木盆地西南部的叶尔羌河冲积扇平原中上游；位于喀什地区莎车县西北，距喀什市 225 千米。属于叶尔羌流域莎车灌区，东与拍克其乡相邻，西连黑子戈壁，南侧紧邻拍克其乡墩吾斯塘村，北与莎车县塔尕尔其乡、艾力西湖镇相邻。

2017 年，五十四团土地总面积 4133 公顷，其中耕地 170.7 公顷，林地 439.5 公顷。辖 1 个连队，5 个企事业单位。年末总人口 1338 人，其中少数民族人口 457 人。人口自然增长率 2.99‰。年末从业人员 529 人，其中在岗职工 473 人。有离退休人员 56 人。连队居民人均可支配收入 1.3932 万元，增长 8%，人均生产总值 2.7423 万元。

全年完成生产总值 1093 万元，其中，第一产业增加值 550 万元，第二产业增加值 0 万元，第三产业增加值 543 万元；一、二、三产业的比重为 50.3：0：49.7。累计完成固定资产投资 73593 万元，共 33 个投资建设项目。社会消费品零售总额85万元，增长 41.67%。

农用地有 2458 公顷，其中，耕地 1806 公顷，全年小麦种植 1390 公顷，总产 1.48 吨；玉米种植 275 公顷，总产 0.412 万吨；棉花 186 公顷，棉花总产 660 吨；红枣 86 公顷，总产 287 吨。新植苹果园面积 405 公顷，防风林面积 408 公顷，其中：杨树 188 公顷，胡杨 144 公顷，沙枣 76 公顷，苗圃下达计划面积 27 公顷；牲畜存栏 1734 头只，其中：能繁母畜有 150 头只。机械总动力 12880 千瓦，农业机械化水平 95%。

投资 4545 万元基本完成 3、4 号小区基础配套设施道路硬化、绿化、亮化、排水、供电、供气工程；投资 360 万元建成社区服务中心及殡仪服务站；投资 6650 万元完成幼儿园主体及室内装修及九年一贯制学校综合教学楼、宿舍楼、室内活动室等主体工程建设；投资 7262 万元完成自来水厂饮水工程、污水处理厂主体工程建设；是年，完成新场部至国道 3012 公路项目 29 千米二级公路建设。

参加基本养老保险人数 348 人，职工参保率 100%；参加基本医疗保险人数 348

人，职工参保率100%，参加失业保险348人、工伤保险348人、生育保险348人。享受最低生活保障人数204人，发放低保金434195元。

拥有普通中小学1所，幼儿园1所，普通中、小学专任教师数23人，普通小学在校生249人，学龄前儿童入园率100%；小学适龄儿童入学率为100%；普通中学在校生40人，初中适龄少年入学率100%。

有综合文化活动中心1个，基层文化活动室1个，农家书屋1个，互联网入户284户。

有卫生室1家，医院人员编制1人（含疾控和连队卫生员）。

总投资650万元续建水利项目防渗改建支渠1条，总长度5.23千米；总投资1700万元新建引水干渠防渗渠道8.092千米；总投资1580万元新建一支渠防渗渠道8.35千米；总投资9071.35万元，完成32条田间防渗斗渠40.85千米，新建机耕道63.64千米，是年，全面建成高标准农田，提高水资源利用率和道路通达率。

招商引资项目4个，到位资金4220万元，其中，267公顷油莎豆种植、种子繁育基地到位资金2800万元；图木舒克市佳坤建材有限责任公司到位资金500万元；图木舒克市盛纳海川商贸有限公司到位资金300万元；新疆大地丰泰农业商贸有限公司总投资700万元，到位资金620万元。

开展安全生产大检查、防灾演练近30场次，发现并整改安全隐患47个，化解矛盾纠纷11件。

★2017年，五十四团完成场域外围30～50米机械治沙194万平方米，新植和补植农田防风林400公顷，种植经济林三优苹果园400公顷、油莎豆200公顷，促进团场沙性土壤的改良和生态环境的改善。

★2017年，五十四团投资100万元为莎车县拍克其乡13村新建“三优”苹果园13公顷，并提供种植技术指导；兵地双方开展农业产业发展互访交流5批次170人，吸收周边县乡和农场富余劳动力转移就业，实现农民增收。

（冯俊爱）

【伽师总场概况】 伽师总场前身是中国人民解放军第二军四师十二团一营阿其克生产基地。1953年发展为伽师总场，隶属自治区农垦厅，1982年划归农三师建制。

新疆生产建设兵团第三师伽师总场（以下简称伽师总场）地处新疆维吾尔自治区南部，塔里木盆地西北边缘，喀什噶尔克孜河下游的伽师县境内，海拔高度为1146～1160米之间（以波罗的海海面计算），东北面与伽师县玉代里克乡相连，西邻伽师县卧里托合拉克乡，南至塔克拉玛干沙漠北缘，北距乌喀公路（314国道）17千米。

2017年，土地总面积60133公顷，其中耕地面积7255.71公顷，林地10224.89公顷，草场255.67公顷。辖12个农业连队，7个企事业单位，社区1个，年末总人口15068人，其中少数民族人口12031人。人口自然增长率7.91‰。年末从业人员6068人，其中在岗职工4127人。离退休人员1751人。连队居民人均可支配收入

1.793万元，增长10.5%。

全年实现生产总值6.29亿元，比上年增长18.50%，其中第一产业增加值31401万元，增长12.25%；第二产业增加值16741万元，增长24.69%；第三产业增加值14806万元，增长26.67%。三次产业结构比为49.90∶26.60∶23.50。社会固定资产投资47895万元，实现利润1147万元，下降56%。社会消费品零售总额1.7716万亿元，增长0.16%，团场综合利润3846万元，增长10.9%。基础设施建设总投资8281.97万元，其中：国家资金1200万元，援疆资金4100万元，场自筹资金2981.97万元。

耕地面积7255.71公顷，林地面积9773.33公顷，草地255.67公顷。粮食种植面积1600公顷，完成粮食总产1.41万吨；棉花种植面积6613.33公顷，完成籽棉总产5516.4万千克，产值13000万元。红枣种植面积1200公顷；酿酒葡萄近660.67公顷；伽师瓜333.33公顷，果品总产5700吨。林地面积9773.33公顷，其中，重点公益林面积7066.67公顷，人工林2706.67公顷，其中防护林800公顷，经济林1906.67公顷。标准畜存栏数4.12万头只，肉类总产2000吨。机械总动力33421千瓦，农业机械化水平100%。全年实现农机播种面积约10400公顷。

有棉花加工生产线3条，短绒加工生产线2条，回收棉加工线1条，年生产能力2万吨。当年，收购籽棉3807吨，加工皮棉15604吨。

建筑业共计12个项目，总投资18208.88万元，其中国家资金5633万元，援疆资金5300万元，自筹资金7275.88万元。总建筑面积20414.41平方米。

共有线路车24辆，其中：伽师总场至喀什市线路车中型客运车4辆，小型车4辆；总场至伽师县中型车14辆；总场至巴楚县中型车1辆，总场至图木舒克市大型车1辆。当年发送旅客9.1万人次。

企业养老保险参保人数2825人，个体养老保险194人，基本养老保险参保率106.16%；参加基本医疗保险人数3025人，基本医疗保险覆盖率101.69%；参加失业保险3024人、工伤保险3074人、生育保险3024人。享受最低生活保障人数1460人次，发放低保金165.4761万元。

有中学附小1所、伽师总场中学1所、幼儿园1所、连队教学点3个，在校生3214人，其中，幼儿园入托儿童1060人，小学生1642人，初中生512人，学龄前儿童入园率100%；小学适龄儿童入学率为100%；初中适龄少年入学率100%。年末，教职工166人，特岗教师27人，高级职称3人，中级职称61人。

新建电视台1座，职工文化活动中心1个，基层文化活动室20个，广播覆盖率100%，电视覆盖率100%，有线电视覆盖率80%。是年，举办各类喜闻乐见的群众文化活动6次，组织庆“三八”“七一”“十一”网上签名、书香家庭、最美家庭、“中国梦·劳动美——永远跟党走”广场舞比赛、返乡大学生文艺会演等活动8次。

截至2017年末，伽师总场有医院1所，医护人员88人，其中，医师12人，护士 19 人，开放床位 100 张。人口出生率 11.75‰，人口自然增长率 9.90‰。全民免费健康体检实现全覆盖，参加全民健康免费体检 15143 人，体检 100%，居民健康档案管理率 100%。是年，组建家庭医生团队 17 个，以 65 岁以上老年人、0～6 岁儿童、孕产妇、慢性病人和精神病患者、结核病患者等为重点签约对象开展签约服务，签约居民 11056 人。

签订各类《安全生产责任书》41 份，组织召开安全生产工作季度会议、专题会议 15 次，开展安全生产目标责任制专项督查 5 次，下发整改通知书 12 份。对 12 个农业连队设施灌泵房等重点区域进行消防和安全生产检查，排查隐患 25 次，下发整改通知书 16 份。广泛开展安全生产宣传教育活动，悬挂横幅 8 条，安全生产板面 11 块，发放安全生产宣传单 300 余份，印发居民安全生产常识手册 3200 册，制作安全生产常识宣传版面 400 块。

★ 2017 年 2 月 4 日，伽师总场与北京澳德集团合作成立的澳伽酒业 2017 年总资产达到 5000 万元，其中伽师总场追加投资 1000 万元，累计投资 2000 万元，持股份比例达到 40%。

★ 2017 年 5 月，伽师总场特邀乌鲁木齐新兴职业技术学校的教师到场对职工开展为期 10 天的手工编织培训、为期 15 天的电工培训，参加培训职工 112 人。手工编织培训以学习钩织各种毛衣的技艺为主；电工培训以解决职工群众生活上、工作上常碰到的电路问题为主，提高职工自我发展、自我脱贫能力。

★ 2017 年，伽师总场工会邀请伽师总场天利养牛合作社、鸭子湖养羊合作社、古丽斯坦服装厂的负责人讲授养羊、养牛、缝纫等技术，到各基层连队用数码移动放映机放映教学专题片（维吾尔语、汉语）78 场次，26 个班次，培训人员 3152 人次。

（陈艳华）

【红旗总场概况】 红旗农场前身是组建于 1958 年的克孜勒苏柯尔克孜自治州红旗一场，1984 年归属农三师建制。团场位于阿图什市境内，场部驻巴羌镇，距喀什市 70 千米。

第三师红旗农场位于新疆维吾尔自治区克孜勒苏柯尔克孜自治州阿图什市东 20 千米处，地处帕米尔高原之东、柯坪山南沿、布谷孜河下游的冲积平原上。海拔 1200 米至 1700 米之间，东与伽师县九乡接壤，西低托卡依水库，北邻南疆运输大动脉 314 国道、阿喀高速公路和南疆铁路，南与阿图什市格达良乡相邻。地形西高东低，东西长 30 千米，南北宽 7～10 千米，场部坐落在巴羌镇，距离第三师驻地喀什市师部 70 千米。

是年，红旗农场土地面积 9246.7 公顷，其中耕地 1467 公顷，林地 294 公顷，辖连队 4 个，社区 1 个，5 个事业单位，年末总人口 4212 人，其中少数民族 3993 人，人口自然增长率 12‰。是年，实现再就业 150 人，转移富余劳动力就业 109 人次，吸纳喀什、克州季节工来场务工（拾棉花）人员 213 人，人均创收 3000 元。年末从业人员 1428 人，其中在岗人员 381 人，有退休人员329人，连队居民人均可支配收入12116元，较上年增长20%；在岗职工平均工资收入42416元，下降0.3%。

全年完成生产总值7140万元，比上年增长8%，完成计划的102%。其中，第一产业增加值4415万元，增长2%；第二产业增加值333万元，下降41%；第三产业增加值2392万元，增长41.5%。三次产业结构比重为62∶5∶33。累计完成固定资产总投资15908万元，增长12%。社会消费品零售总额881.4万元，增长17.4%。场实现综合利润76.26万元。

有农用地5333.3公顷，其中，已耕种2000公顷。农业总产值10515万元。其中，种植业产值8484万元，林业产值25万元，牧业产值1790万元。农林牧渔服务业产值216万元。棉花产值2884万元、占种植业总产值的40%；水果产值2360万元、占种植业总产值的27.8%。全年农作物播种面积2308公顷。其中，粮食作物面积1407公顷，其中小麦670公顷，总产0.47万吨；玉米737公顷，总产0.56万吨。棉花668公顷，皮棉总产0.15万吨；瓜果133公顷，总产0.48万吨；蔬菜67公顷，总产0.09万吨；苜蓿33公顷，总产0.11万吨。

年末实有园地面积40公顷，总产量0.066万吨；成林抚育面积173公顷，“荒山荒地”造林面积30公顷。年末畜牧业存栏3.19万头（只），增长22.6%；肉类产量0.052万吨，增长16.9%；奶类产量280吨，增长2%；蛋类产量32吨，增长77%。年末，拥有农业机械总动力6160千瓦，其中耕作机械3616千瓦，农业排灌动力2544千瓦。

投入农业基础设施建设资金7177.2万元，其中，投资1000万元新建占地面积1公顷的日光温室10个；投资1000万元新建占地10公顷肉牛养殖场1个；投资400万元建成1万羽鸽养殖场等项目；投资2860万元完成排灌干、支渠的开挖和疏浚工程89千米。

完成工业总产值1840万元，下降10.7%，其中规模以下工业产值1840万元。工业投资1000万元，完成工业总产值742.34万元，完成工业增加值172.3万元。

投资1.5亿元建成并完成配套完善保障性住房小区3个，在建小区1个，占地面积20公顷，1000余套住房；投资552.7万元完成文化建设广场建设项目及绿化、硬化铺装、车道、人行道、水景工程；投资817.182万元种植造林56.96公顷。污水和生活垃圾处理率100%；环境指标达标率95%。

拥有民用汽车208辆，增长7.2%；其中。载客151辆，增长10%；完成客运14.2万人次，增长17%；载货汽车57辆。旅游周转量380.8人千米，增长20%；完成货运量98万千克，增长18%；货物周转量3974万吨千米；增长18%；营运业务收入2605万元，增长19%；个体运输纯收入537万元，增长20%。

对3393人实施免费体检，居民健康档案建档率100%；参加基本养老保险人数2071人，参保率100%；参加基本医疗保险人数3788人，参保率100%；参加失业保险4138人、工伤保险4138人、生育保险4138人。享受最低生活保障人数794人，发放低保金78.53万元。

有九年一贯制学校1所，幼儿园1所，在校学生689人，幼儿510人，专任教师78人。九年义务教育完成率100%，巩固率100%；学前入园率100%，小学适龄儿童入学率100%，初中升学率100%；学校国家通用语言文字教学覆盖率100%。

有综合文化活动室1个，基层文化活动室1个，农家书屋7个，广播电视站1个。年末，广播节目综合人口覆盖率100%，有线电视覆盖率30%，互联网入户150户。放映公益性电影50多场次，师文工团到场演出5场次。

有医疗机构1家，在编医护人员9人，外援医生2人。参加全民健康免费体检3393人次，体检率86%；0～6岁儿童全部纳入免疫计划，建卡建记，卡证符合率100%；开展疾病预防等宣传23次人。

招商引资项目3个，计划招商引资850万元，实际完成710万元，完成计划的83.5%，完成招商引资目标任务的177%。

投入82.11万元，以弘扬社会主义核心价值观，落实新疆和兵团工作总目标、学模范典型、贯彻兵团第七次党代会精神为主题，制作“民族团结一家亲”等大型广告标语牌9块，横幅62副；在国家级、兵团级、师级报纸杂志刊稿203篇。

签订《安全生产责任书》110份；举办安全生产知识学习培训9期，举办商店营业人员安全用电、安全防火知识培训班2次，参加培训205人次；安全检审农用拖拉机42台，检审率100%；开展田检路查240台次，纠正违章20台次。

★2017年，红旗农场建立“双创”基地，投资120C万元建成门面商铺88个，养殖点2个，可安置就业53人，为每一位创业者提供3C～60平方米门面商铺，并给予3年免收房租优惠政策。是年，在双创基地创业人员40人。

★2017年，红旗农场投资567.7万元用于基础设施建设和连队党建。其中第三师援疆办援助550万元、自筹资金2.7万元建设职工文化活动场所1处，广东省东莞市茶山镇援助的15万元用于连队党建；用援疆资金30万元建成10间职工创业商铺，进住经营5户11人。

★2017年，红旗农场利用广东援疆资金550万元完成职工群众文化活动场所配套建设；投入960万元新建双语幼儿园3809平方米，学前入学率100%，国家通用语言教育普及率100%；对150人开展技能培训并实现全部就业，转移富余劳动力109人，人均创收3300元；为3393名职工群众免费体检。

（钱学文）

【托云牧场概况】 托云牧场前身是1951年由中国人民解放军二军后勤部的托云、木吉、英尔、阿英四个羊场和民族军十三师牧场合并成立的托云牧场。1959年转隶农一师，为前进第三牧场。1984年4月，划归农三师建制。牧场位于克孜勒苏柯尔克孜自治州乌恰县境内，西北与吉尔吉斯斯坦接壤，边境线长达240千米。

托云牧场位于克孜勒苏柯尔克孜自治州乌恰县境内，南邻乌恰县巴音库鲁提乡，西北与吉尔吉斯斯坦共和国接壤，边境线长达240千米，海拔高度2147～4391米。场部驻阿克牙尔镇，距离喀什60千米，距离吐尔尕特口岸115千米。吐喀公路穿越场部。

2017年，托云牧场土地总面积49329.61公顷，其中，林地8.02公顷，牧草地48288.08公顷。辖3个连队，1个社区，3个企事业单位，年末，总人口1144人，其中，少数民族人口898人。人口自然增长率8.98‰，年末，从业人员598人，其中，在岗职工327人。有离退休人员210人。连队居民人均可支配收入1.41万元，增长11.6%。在岗职工平均工资4.89万元，下降3.3%。

全年完成生产总值2720万元，增长10.6%。其中，一产1191万元，增长12%；二产477万元，增长9%；三产1052万元，增长15.6%。固定资产投资5916万元，投资建设项目7类工程。

拥有民用汽车53辆，增长15.3%；其中，载客汽车11辆，增长1.8%；载货汽车9辆，增长2.2%;全年完成客运量3.9万人，增长8.7%；旅客周转量234万人千米，增长14.27%；完成货运量0.7万吨，同比增长2.1%；货物周转量0.02万吨千米，增长3.2%；营运业务收入29万元，增长3.6%；个体运输纯收入57万元，增长4.08%。

参加城镇职工基本养老保险385人，参保率100%；参加城镇基本医疗保险327人，参保率100%；全年上缴社会保险费677万元。参加失业保险273人、工伤保险273人、生育保险27人。享受最低生活保障人数155人，发放低保金54万元。

拥有普通中小学1所，幼儿园1所。在园幼儿60人，在校学生153人，学龄前幼儿入园率100%，小学适龄儿童入学率100%，初中适龄儿童入学率100%。

拥有医院1家，连队设有卫生室3所，卫生院定编床位12张。卫生院人员编制11人（含疾控和连队卫生员），医务人员16人，其中，初级职称9人。是年，推广“家庭医生”“一对一”签约服务，参加全民免费健康体检1063人，完成体检率95.2%，参加已婚育龄妇女免费普查226人。

有场史馆1个，综合活动中心1个、基层文化活动室3个，农家书屋3个，广播电视台站1个、发射台1个、年末，广播节目综合人口覆盖率100%、有线电视入户率100%。

投入近30万元以弘扬社会主义核心价值观为主题，制作各类广告牌400多块、宣传栏68个、宣传标语150余条，编发微博、短信130多条，在师级以上报纸杂志、网站、电视台刊稿346篇。

开展消防安全演习1次，食品生活饮用水等安全检查4次，举行山洪及地质灾害防御及逃生演练1次，组织《安全生产法》宣传周活动2次。悬挂横幅5条，发放安全生产知识宣传册100余份，对学校、医院、商铺、养殖场、建筑工地等人员密集场所开展安全隐患排查8次，发现问题40余条，下达整改通知书4份。

★2017年，托云牧场建成柯尔克孜族刺绣合作社、电商平台、少数民族旅游观光创业基地，申请注册“俏乐磐”牌有机羊肉商标，与喀尔里克畜牧开发有限公司达成长期羊肉生产合作协议；组织参加职业技能培训人数120人，新增就业人数25人；申请贴息贷款40万元，贷款示范户2户。示范户年户均增收5万元，带动20户职工增收。

★2016年12月17日—3月14日，第三师托云牧场一连、二连、三连均不同程度遭受到建场最大的暴风雪袭击，平均降雪厚度达65厘米，牧区局部地区降雪厚度达100厘米以上，雪灾造成三个牧业连队房屋、棚圈、牲畜严重损失，交通、通讯也受到严重影响。师市党委接到托云牧场灾情报告后非常重视，召开抗灾救灾工作专题会议，及时安排师农业局、民政局等部门了解灾情，指导抗灾救灾工作，解决道路不通、饲草料短缺、群众基本生产生活的问题。牧场党委为使灾害损失降到最低，及时召开抗灾减灾动员大会，对抗灾减灾工作进行全面部署，要求各连队对受灾房屋、棚圈、羊只死亡、饲草料短缺情况，进行逐一排查，必须转移危房内人员和物资，确保灾民的生命安全和财产安全。组织6名医疗卫生技术人员深入受灾连队巡诊，确保受灾职工及时得到治疗。积极筹备抗灾物资，联系装载机开赴牧区，对阻断的牧区道路实施清障，保障抗灾物资及时运输。筹集资金50.5万元，购买玉米150吨、油渣100吨、陆续送达到各受灾连队。机关工作组和各单位领导深入各基层连队，仔细核查灾害损失，各连队组织人员抗灾自救，召开连队职工大会，做好职工群众的思想工作，确保社会稳定，组织人员清理职工住房和牲畜棚圈积雪，安排人员管控道路通行安全确保受灾职工及人畜安全。3月15日，北京时间17时，师市党委筹备的25吨油渣、53吨玉米救灾物资分发到43户灾民手中。

★2017年8月，北京中绿华夏有机食品认证中心专家组深入各牧点，对牧场养殖模式、牲畜管理情况等实地考察，随机对牧点羊肉、水进行采样监测，向牧场颁发有机羊肉产品证书。为把高寒特色产品推向国内市场，托云牧场申请注册了“俏乐磐”牌有机羊肉商标，并与喀尔里克畜牧开发有限公司达成长期的羊肉生产合作，形成以育种繁殖、饲养方式、屠宰加工、包装贮藏与销售一体化的有机羊肉生产体系，年产有机羊肉1000吨。为达到欧盟的有机食品生产标准，该公司屠宰分割包装厂引进德国先进的有机食品分割包装技术，

托云牧场有机羊（奉正云　摄）

把整羊加工成蝴蝶排、中骨排、羊颈排、雪花上脑、黄瓜条等形体各异的25个品种，满足市场需求。帕米尔牧羊有机羊肉认证后，价格比普通羊肉高出两倍以上，农牧民收入相应增加。

★2017年12月，托云牧场克里木·依莫拉洪被评为兵团关心下一代“最美五老”。

（陈玉霞）

【东风农场概况】 东风农场前身是喀什地区英吉沙县东风农场，1958年成立，1982年划归农三师建制，位于英吉沙县境内，海拔高程1325～1350米，场部驻地柯扎克镇，距喀什市公路里程75千米。

2017年，东风农场土地总面积1770公顷，其中耕地1339公顷，园地399公顷。辖4个连队，1个社区，6个企事业单位。年末总人口1730人，其中少数民族人口1501人。人口自然增长率13.1‰。年末从业人员598人，其中在岗职工403人。有离退休人员255人。连队居民人均可支配收入1.28万元，增长14.3%。在岗职工平均工资3.75万元，增长9.7%。

全年实现生产总值4377万元（现价，下同），增长13.3%。其中：第一产业2143万元，增长9.5%；第二产业136万元，增长2.6%；第三产业2098万元，增长15.9%。一、二、三产业结构比为49∶3.1∶47.9。实现社会消费品零售总额108万元，增长10.2%；餐饮业零售额42万元，增长10.5%。年末个体零售业网点10个。全场人均生产总值25300元，增长5.5%。全社会固定资产投资12114万元，增长24.5%。

完成农业总产值5039万元，增长9.8%，其中，种植业产值3701万元，增长10.6%；林业产值69万元，增长6.8%；牧业产值1185万元，增长10.2%；农林牧渔服务业产值280万元，增长6.8%。全年农作物播种面积1207.6公顷，其中粮食作物面积901公顷，其中：复播玉米253公顷，粮食总产6090吨，瓜果面积74.6公顷，总产1300吨。蔬菜100公顷，总产1800吨，苜蓿8公顷，总产240吨。实有园地面积350.2公顷，全年水果产量545吨，增长16.8%；完成造林面积13公顷，未成林抚育作业面积17公顷，成林抚育面积755公顷。畜牧业存栏2.38万头（只），增长12.1%。肉类产量300吨，增长8.7%，奶类产量36吨，增长6.1%，蛋类产量6吨，增长2.9%。拥有农业机械总动力4043千瓦，增长1.55%。

完成规下工业总产值717.2万元，增长23.8%，销售产值717.2万元，增长23.8%，产销率100%，实现增加值136万元，增长17.2%。

拥有民用汽车48辆；其中载客汽车35辆（其中客运9辆）；载货汽车7辆；全年完成客运量8.48万人，增长10%；旅客周转量171.2万人千米，增长10.3%；完成货运量4.07万吨，增长8.5%；货物周转量257.2万吨千米，增长8.1%；营运业务收入156.7万元，增长8.2%。个体运输纯收入70万元，增长8%。

投资300万元完成东风农场社区老年人日间照料中心建设，投资460万元完成东风农场综合农贸市场建设项目，利用援疆资金100万元完成学校公共配套建设项目，投资1456万元完成幸福小区保障性住房配套基础设施建设项目，投资311万元完成2017年连队公益事业建设一事一议财政奖补项目，投资300万元双语幼儿园建设项目，投资200万元完成广播电视发射台建设项目。城镇空间布局形成一核一心、两轴四区的空间结构，城镇化率为85%，比上年增长0.6%。

参加基本养老保险人数256人，参保率100%；参加基本医疗保险人数256人，参保率100%，参加失业保险256人、工伤保险256人、生育保险256人。享受最低生活保障人数621人次，发放低保金48.5万元。

有幼儿园1所、小学1所、初级中学1所，专任教师31人，在园幼儿147人，中小学生217人，小学适龄儿童入学率100%，初中适龄少年入学率100%，幼儿入园率100%。

有职工文化活动中心1个，基层文化活动室1个，农家书屋2个，广播电视站1个，广播节目综合人口覆盖率100%、有线电视入户201户，有线电视覆盖率35%、互联网入户21户。

拥有医疗卫生机构1家，医护人员8人。是年，参加全民免费健康体检1203人，体检率78.6%，家庭医生签约率94%。

投入10余万元以宣传习近平新时代中国特色社会主义思想，党的十九大精神、第二次中央新疆工作座谈会议、自治区第九次党代会精神为主题，制作大型广告标语牌40余块、各类版面橱窗50余块，悬挂标语100余条、印制学习手册200余册，全年在各类媒体刊稿81篇。

对存在安全隐患的建筑施工工地下达责令整改通知书6份，联合辖区派出所、生产、水管站、天然气公司开展安全生产联合大检查13次，发现隐患32条，督促落实整改32条；下发整改通知书7份，整改7起，整改率100%，全年未发生安全生产事故。

★2017年，东风农场积极与草湖东纯兴纺织公司对接转移富余劳动力就业，对输出工人开展国家通用语言、法律、劳动纪律等内容的培训，不定期安排干部到草湖东纯兴纺织公司回访转移就业劳动力，协调解决遇到的困难，保证输出的劳务人员安心在企业工作。截至10月15日，东风农场共输出劳务人员221人到第三师四十一团东纯兴纺织服装产业园就业。组织105名拾棉花工到四十五团短期务工，实现增收70.5万元。

★2017年8月16—18日，东风农场在文化广场举行“喜迎党的十九大”最美家庭才艺展示大赛，来自全场30多个家庭展示合唱、舞蹈、乐器、朗诵等特色才艺，台下观众掌声此起彼伏。才艺大赛生动形象地展示了具有时代特色的家庭文化和家庭道德建设成旲。

（任少鹏）

【叶城二牧场概况】 叶城二牧场前身是1953年成立的南疆军区生产管理处叶城牧场。1959年改编为农一师前进二牧场。

1966年划归农三师管理，称二牧场；1982年5月复归农三师建制，更名叶城二牧场。场部驻乌夏巴什镇，距喀什市330千米。

叶城二牧场位于昆仑山北麓，叶城县以南70余千米的昆仑山腹地，南北长约220千米，东西长约60千米，海拔在2200～4850米之间，属国家六类高寒地区、国家边境团场和少数民族聚集团场，地处新疆和西藏交界，喀什、和田、阿里三地交会处，战略位置重要。叶城二牧场各连队交错分布在叶城县乌夏巴什镇、柯克亚乡、西合休乡、宗朗乡。

2017年，叶城二牧场土地面积63133.49公顷，耕地面积17.8公顷，牧草地面积47466.90公顷，园地面积483.93公顷，林地面积4534.96公顷。辖5个连队，1个社区，6个企事业单位。年末总人口1303人，其中少数民族人口828人，人口自然增长率为13.6‰。年末从业人员459人，其中在岗职工344人。有离退休人员187人。连队居民人均可支配收入1.38万元，增长10.2%。在岗职工平均工资5.69万元，下降5.6%。

全年实现生产总值5977万元，比上年增长13.2%，第一产业增加值3296万元，增长13.2%；第二产业增加值889万元，增长46.6%，第三产业增加值1792万元，增长1%。三次产业结构比为55.14∶14.87∶29.98。人均生产总值4.42万元，增长12.13%。全社会固定资产投资7053万元，下降44.5%。社会消费品零售总额250万元，增长31.6%。牧场综合利润23万元，下降78%。

平整土地146.67公顷，粮食播种面积64公顷，小麦套种面积26.67公顷，粮食总产达790吨。投资55万元，改扩建一连肉羊标准化规模养殖场，新建养殖小区1个，新增养殖大户2户；投资364.42万元，新植苹果园133.33公顷，成活率92.6%，是年，果园面积400公顷，果品总产3650吨；投资305万元，修建防渗渠4.6千米；投资330万元，新建高效节水田200公顷。

完成保障性住房入住率100%，困难职工家庭住房入住率100%，投资8.7万元，在城镇周边种植中华红叶杨4.91万株，爬山虎3万株、格桑花6.80公顷；投资207万元，建设绿网工程；投资469万元，实施退牧还草建设工程；环境指标达标率为95%，节能减排降低能耗为3%，工业综合能耗下降3.5%。

参加基本养老保险人数344人，参保率100%；参加基本医疗保险人数344人，参保率100%，参加失业保险344人、工伤保险344人、生育保险344人。享受最低生活保障人数151人，发放低保金62.24万元。

有学校和幼儿园各1所，在校学生532人，教职工42人。学前三年入园率100%，小学入学率为100%；初中毕业生升入高中专职业技术学校的比例100%。

有综合文化活动中心1个、连队活动室5个、农家书屋7个、广播站1个、电视节目人口覆盖率96.7%。有数字电视用户452户，互联网接入用户161户。

有医院1所，医疗卫生专业技术人员12人。参加全民免费健康体检1433人，体

刘前东给民兵发放训练鞋（丁旭 摄）

检率112.8%。

★2017年，叶城二牧场坚持精准扶贫、精准脱贫基本方略，对症开方、精准施策，摸清每户贫困户情况，采取由面及里、户户评估、人人核实的措施，建档立卡贫困人口60户173人。打造万亩高标准苹果园基地，确保贫困户达到“一户一片园、一户一群畜、一户一人务工”的产业格局；采取教育脱贫、就业脱贫、政策脱贫等脱贫举措，带领职工群众脱贫摘帽。是年，人均可支配收入13600.5元，达到“两不愁、三保障”。4月2日，经过兵团第三方严格评估，叶城二牧场全面实现脱贫摘帽目标。

★2017年3月7日，中央文明办举办全国道德模范与身边好人现场交流活动，发布2月“中国好人榜”，叶城二牧场三连连长刘前东入选。是年9月14日，2017年全国脱贫攻坚奖揭晓，叶城二牧场三连连长刘前东荣获“2017年全国脱贫攻坚奋进奖”。

★2017年。叶城二牧场先后将96名地方村民安置到新建苹果园、建筑工地就业；为阿克其格村提供价值5万余元的电线杆、线材，解决村民用电问题；学校按牧场职工子女学生同等优惠政策吸收地方学生275名就学；建立兵地卫生室1个，叶城二牧场医院先后给乌夏巴什镇群众义务巡诊5次，免费体检2次，免费发放医药6400余元，为地方学生打流感疫苗182人，受益地方群众2855人次。举办兵地文艺联谊活动29场次，参与活动的地方干部群众达5400余人次。师市文工团为西合休乡群众送文艺上门演出1场次，牧场司法所等部门深入巴扎为地方村民送法4场次，受益地方群众达5000余人次。

（文 明）

人物

先进人物

全国五一劳动奖章

阿布都艾尼·库尔班（维吾尔族） 喀什地区邮政分公司员工

全国特级优秀人民警察

丁发根　塔什库尔干塔吉克自治县公安局马尔洋派出所所长

全国优秀人民警察

艾斯卡尔·孔多孜　莎车县公安局国保大队民警

全国社会治安综合治理先进个人

热合曼·艾山　叶城县棋盘乡党委副书记、派出所所长

全国安全生产监察系统先进个人

张柏青　喀什地区安全生产行政执法支队支队长。

开发建设新疆奖章获得者

邹小广　喀什地区第一人民医院院长、党委副书记

韩　军　国网新疆电力公司疆南供电公司总经理

艾力夏提·吾斯曼 （维吾尔族）喀什地区公安局特警支队中队长

陈　彬　深圳援疆干部

窦锦波　山东援疆干部

孙宝山　广东援疆干部

严布衣　上海援疆干部

第六届全国道德模范提名奖

潘玉莲　疏勒县新市区社区居民

拉齐尼·巴依卡　塔什库尔干县提孜那甫乡护边员

第六届全国道德模范诚实守信荣誉称号

艾买尔·依提　叶城县烈士陵园守墓人

第五届自治区道德模范

潘玉莲　疏勒县新市区社区居民

拉齐尼·巴依卡　塔什库尔干县提孜那甫乡护边员

烈　士

艾合麦提江·玉苏甫　男，维吾尔族，新疆喀什市人，1970 年 1 月出生，生前系喀什地区供销社环保科技公司副经理。2017 年喀什地区供销社驻伽师县克孜勒博依乡欧吐拉阿帕克霍加村“访惠聚”驻村工作队队员，是年 5 月 31 日，在走访村刑满释放人员家中时，遭到暴徒突然袭击，不幸牺牲。2017 年 7 月被自治区人民政府评定为烈士。

斯依提·艾买提　男，维吾尔族，新疆伽师县人，1970 年 4 月出生，生前系欧吐拉阿帕克霍加（14）村 1 组村民小组长，2017 年 5 月 31 日，在走访村刑满释放人员家中时，遭到暴徒突然袭击，不幸牺牲。2017 年 7 月被自治区人民政府评定为烈士。

附 录

喀什地区 2017年国民经济和社会发展统计公报

2017年，在以习近平同志为核心的党中央坚强领导下，地委、行署团结带领全地区各族人民，贯彻落实党的十九大精神，以习近平新时代中国特色社会主义思想为指引，坚定不移贯彻党中央治疆方略特别是社会稳定和长治久安总目标，用总目标统一思想认识、统一步调行动；牢固树立和贯彻落实新发展理念，主动适应经济发展新常态，坚持稳中求进工作总基调，准确把握经济从高速增长向高质量发展的新时代基本特征，统筹推进稳增长、促改革、调结构、惠民生、防风险各项工作，经济社会呈现提质增效、稳中向好态势，民生保障持续增强，社会事业全面进步，生态环境显著改善，为决胜全面建成小康社会奠定坚实的基础。

一、综合

初步核算，全年实现地区生产总值（GDP）848.2亿元，比上年增长6.1%。其中，第一产业增加值282.4亿元，增长3.2%；第二产业增加值215.5亿元，增长2.3%，其中工业增加值85.6亿元，增长2.8%；第三产业增加值350.3亿元，增长10.9%。第一产业增加值占地区生产值的比重为33.3%，第二产业增加值占地区生产值的比重为25.4%，第三产业增加值占地区

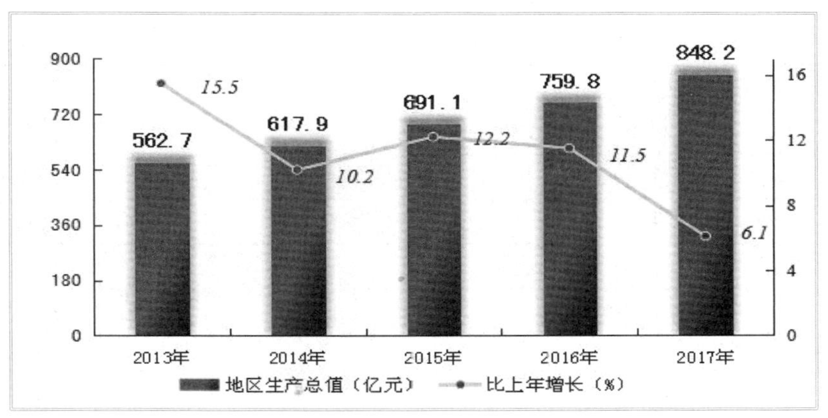

2013—2017年全地区生产总值（GDP）及增速

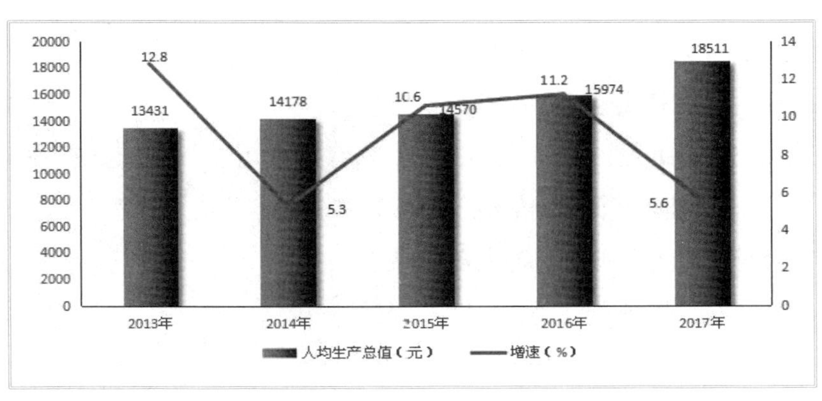

2013—2017年全地区人均生产总值及增速

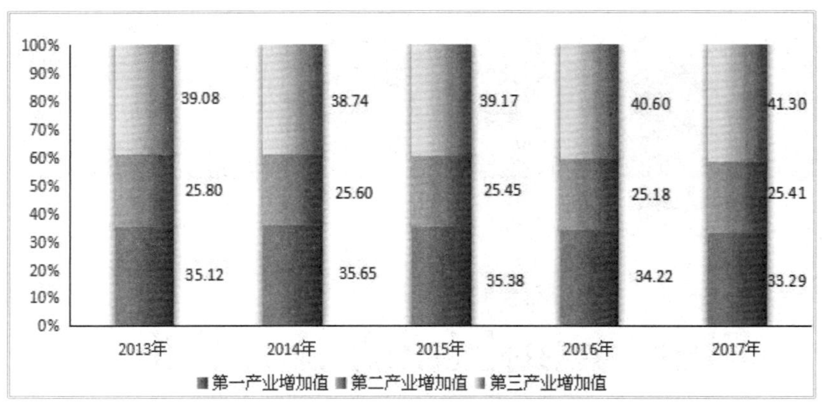

2013—2017 年全地区 3 三次产业增加值占生产总值比重

生产值的比重为 41.3%，第三产业成为拉动经济增长的第一动力。人均生产总值 18511 元，增长 5.6%。

年末人口总户数 119.08 万户，总人口 464.07 万人，比上年增加 13.5 万人，城镇人口 106.50 万人，占总人口比重为 22.90%。汉族人口 28.8 万人，占总人口比重为 6.2%；维吾尔族人口 429.52 万人，占总人口比重为 92.4%；塔吉克族人口 4.35 万人，占总人口比重为 0.94%；其他民族人口 2 万人，占总人口比重为 0.43%。全年出生率 12.83‰，死亡率 4.82‰，人口自然增长率 8.01‰。

喀什地区 2017 年年末人口数及结构一览表

表 7

指标	年末数（万人）	比重（%）
全地区总人口	464.97	100.0
其中：城镇	106.5	22.90
乡村	358.47	77.10
其中：男性	234.61	50.46
女性	230.36	49.54
其中：0 ～ 17 岁	171.05	36.79
18 ～ 34 岁	135.88	29.22
35 ～ 59 岁	121.79	26.19
60 岁及以上	36.24	7.79

全年实现城镇新增就业人口 10 万人，城镇登记失业率为 2.3%，期末实有城镇登记失业人数 10859 人。

全年居民消费价格（CPI）比上年上涨 2.6%，八大类商品中，食品烟酒类上涨 2.2%，衣着类下降 0.6%；居住类上涨 1.3%；生活用品及服务类增长

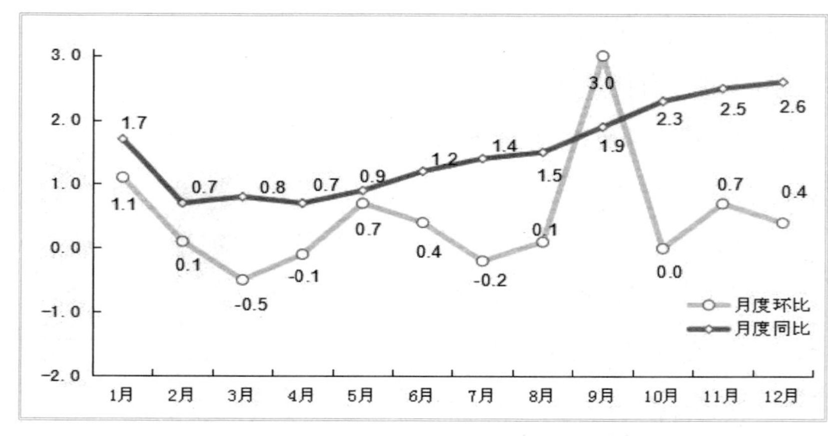

2017 年喀什市居民消费价格月度涨跌幅

0.5%；交通和通信类下降 0.1%；教育文化和娱乐上涨 3.4%；医疗保健上涨 17.2%；其他用品和服务价格上涨 2.2%。

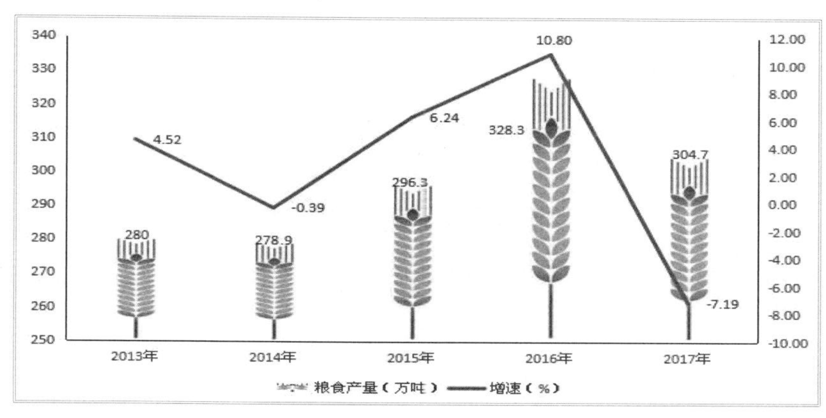

2013—2017 年全地区粮食产量及增速

二、农业

全年农作物播种面积 1658 万亩，比上年下降 5.21。其中，粮食播种面积 698.1 万亩，下降 7.93%；小麦播种面积 363.3 万亩，下降 6.09%；玉米播种面积 292.8 万亩，下降 8.87%；棉花播种面积 666.1 万亩，增长 10.42%；瓜类播种面积 79.6 万亩，下降 26.61%；蔬菜播种面积 81.8 万亩，下降 3.11%。

全年粮食产量 304.7 万吨，比上年减产 7.2%，其中，小麦产量 148.8 万吨，减产 4.6%；棉花产量 72.5 万吨，增长 13.7%；玉米产量 147.6 万吨，减产 9.0%；蔬菜产量 279.8 万吨，增长 14.3%；瓜类产量 224.2 万吨，减产 23.8%。

全年林果业总产量 204 万吨，比上年增长 5.75%，其中，苹果 13.48 万吨，下降 0.53%，葡萄 10.2 万吨，下降 0.54%，桃子 7.33 万吨，增长 9.33%，杏子 56.06 万吨，下降 3.15%，石榴 4.4 万吨，增长 2.54%，梨子 1.6 万吨，增长 10.25%。

2017 年末全区牲畜存栏 713.66 万头（只）；年末牲畜出栏头数 827.01 万头（只）。全年肉类总产量 32.75 万吨；奶产量 28.94 万吨；禽蛋产量 8.82 万吨。

全年完成水产品总量 1.38 万吨，增长 2.96%。

年末农业机械总动力 452.99 万千瓦，比上年增长 5.01%。拥有大中型及以上拖拉机 13.38 万台，增长 2.92%；小型拖拉机 3.49 万台，增长 5.44%。

三、工业和建筑业

全年全部工业增加值 85.6 亿元，比上年增长 2.8%。规模以上工业增加值 34.5 亿元，下降 0.9%。在规模以上工业中，按经济类型划分，国有控股企业增加值 6.9 亿元，增长 1.8%；股份制企业增加值 33.7 亿元，下降 1%；私营企业增加值 4.9 亿元，下降 29.8%。按工业三大门类划分，采矿业完成增加值 3.11 亿元，增长 21.3%；制造

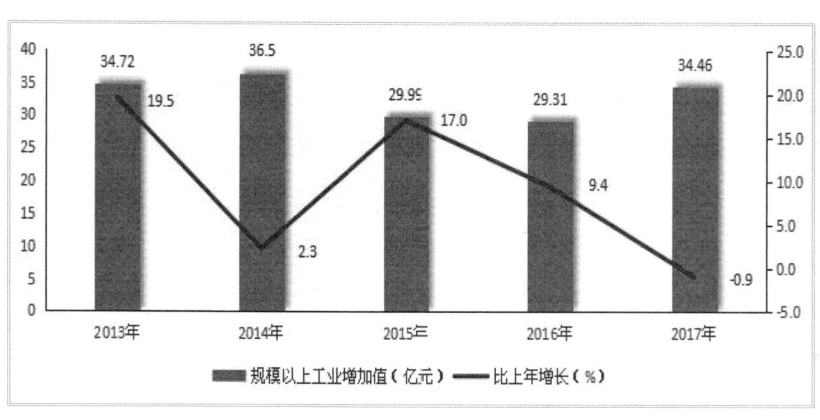

2013—2017 年喀什地区规模以上工业增加值及其增速

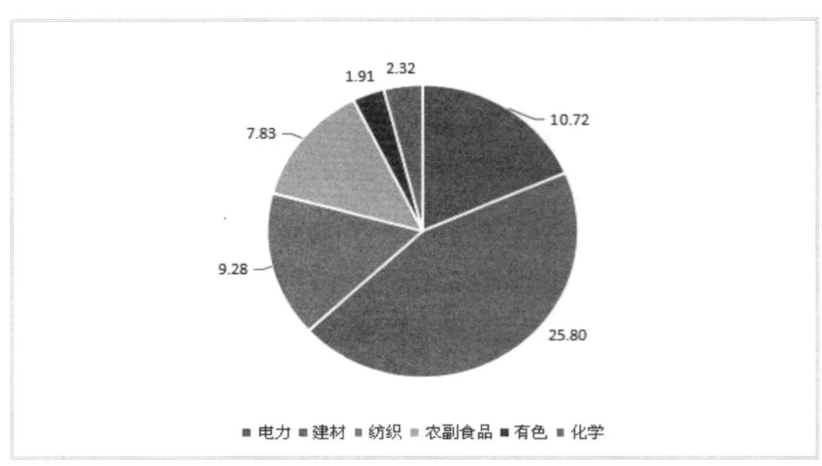

2017年全地区规模以上工业增加值中重点产业增加值的比重

业增加值22.84亿元，下降6%；电力、热力、燃气及水生产和供应业增加值8.51亿元，增长4.8%。按轻重工业划分，轻工业增加值10.2亿元，下降0.2%；重工业增加值24.3亿元，下降6.9%。

在喀什地区重点监测的产业中，电力工业3.7亿元，增长2.5%；建材工业8.9亿元，增长8.6%；纺织工业3.2亿元，增长28.8%；农副食品加工工业2.7亿元，下降4.5%；有色工业0.66亿元，下降75.1%；化学工业0.8亿元，下降4.8%。六大高耗能行业增加值下降0.4%，占规模以上工业增加值的比重为16.8%。

2017年规模以上工业企业产品产量及其增长速度一览表

表8

产品名称	单位	产量	比上年增减%
铁矿石原矿	吨	1034325	-14.9
小麦粉	吨	14260	-5
饲料	吨	117736	15.4
精制食用植物油	吨	12972	29.2
乳制品	吨	11850	53
家具	件	38212	11.6
硫酸（折100%）	吨	28342	8
塑料制品	吨	30102.7	29
水泥	吨	5512289.7	-2.3
砖	万块	14248	38.4
生铁	吨	107371	24.9
精炼铜（电解铜）	吨	7372	-37.2
供热量	万吉焦	1492.7	25.7
自来水生产量	万立方米	4906	5.2
发电量	万千瓦时	372234.21	4.31
火力发电量	万千瓦时	269881.81	-1.12
水力发电量	万千瓦时	91589.13	20.45
太阳能发电量	万千瓦时	10763.27	36.75

全年规模以上工业企业产品销售率98.2%，比上年提高4.7个百分点。完成工业品出口交货值1.4亿元，下降22.2%。

全年实现建筑业增加值129.8亿元，增长1.9%。

四、固定资产投资

全年固定资产投资（不含农户）（下同）1046.2亿元，比上年增长16.2%。在固定资产投资中，第一产业投资56.8亿元，下降15.5%;第二产业投资179.9亿元，下降22.7%，其中，工业投资177.4亿元，下降11.1%；第三产业投资809.4亿元，增长34.9%。

全年固定资产投资中，基础设施投资286.2亿元，增长121.2%，占固定资产投资的比重为27.4%；民间投资104.0亿元，下降23.7%，占固定资产投资的比重为9.9%；民生投资463.5亿元，增长10.7%，占固定资产投资的比重为44.3%。六大高耗能行业投资52.8亿元，下降29.0%，占固定资产投资的比重为5.0%。

全年房地产开发投资29.3亿元，比上年增长51.4%。其中，住宅投资19.3亿元，增长139.0%；办公楼投资1.03亿元，下降40.6%；商业营业用房投资7.8亿元，增长19.6%。

五、国内贸易

全年社会消费品零售总额187.2亿元，比上年增长6.0%。按经营地划分，城镇消费品零售额138.5亿元，增长4.8%；乡村消费品零售额48.7亿元，增长9.7%。按消费形态划分，商品零售额157.8亿元，增长6.0%；餐饮收入额29.4亿元，增长6.3%。按规模划分，限额以上单位消费品零售额40.07亿元，下降8.3%；限额以下单位消费品零售额147.1亿元，增长10.8%。

在限额以上企业商品零售额中，按商品类别划分，粮油、食品类零售额比上年下降35.1%，饮料类下降36.5%，烟酒类下降26.3%，服装、鞋帽、针纺织品类下降38.7%，化妆品类下降40.5%，金银珠宝类下降2.9%，日用品类下降35.9%，家用电器和音像器

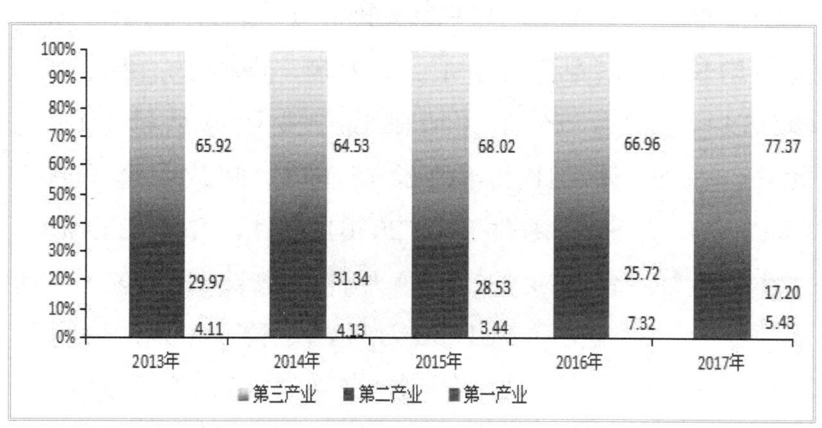

2013—2017年全地区三次产业投资占固定资产投资（不含农户）比重

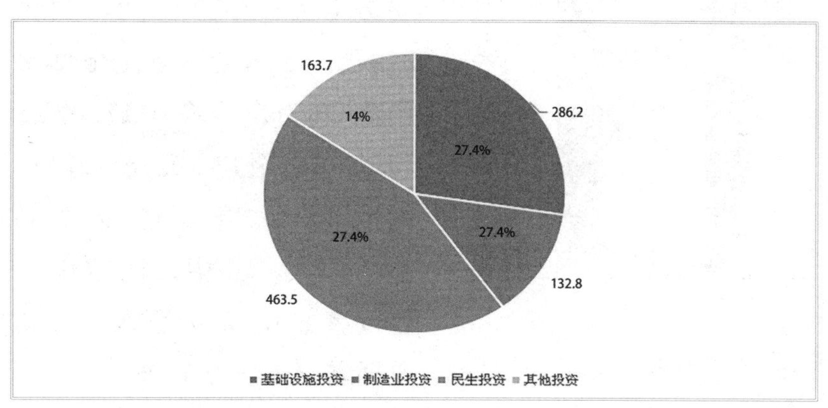

2017年按领域分固定资产投资（不含农户）及其站比

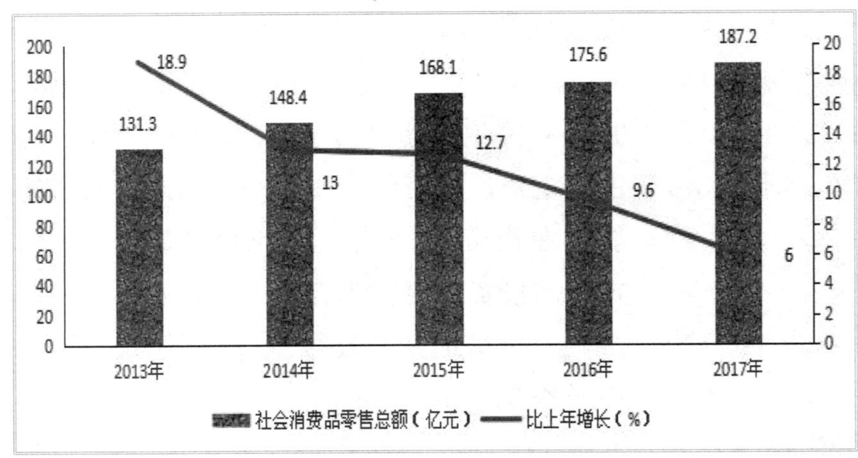

2013—2017 年全地区社会消费品零售总额及增速

材类下降 9.0%，建筑及装潢材料类下降 17.5%，汽车类下降 8.7%，石油及制品类下降 10.0%。

六、对外经济

全年货物进出口总额 18.13 亿美元，比上年增长 8.01%。其中，出口 17.83 亿美元，增长 7.18%；进口 0.3 亿美元，增长 100.67%。货物进出口差额（出口减进口）17.53 亿美元，比上年增加 1 亿美元。

全年招商引资落实执行项目 512 个，其中，全年招商引资新履约项目 356 个，落实执行项目引进到位资金 240 亿元。

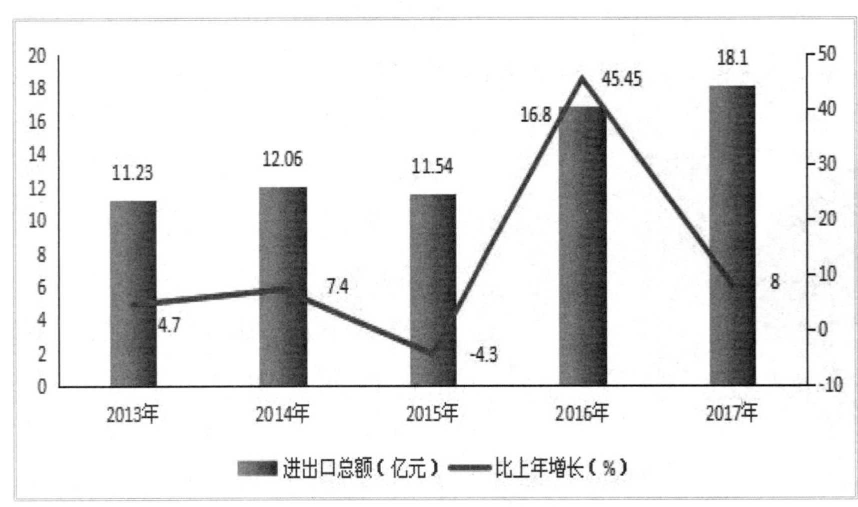

2013—2017 年全地区货物进出口总额及增速

七、交通、邮电和旅游

全年铁路完成货运量 777.5 万吨，比上年增长 91.46%；公路完成货运量 3189.56 万吨，增长 14.77%；民航完成货邮吞吐量 7722.77 吨，增长 15.89%。

铁路完成客运量 470.83 万人次，下降 2.9%；公路完成客运量 4528.06 万人，下降 18.71%；民航完成旅客吞吐量 240.82 万人次，增长 12.84%。

年末公路线路里程 2.41 万千米，其中，高速公路里程 828.5 千米。年末全区民用汽车保有量 53.35 万辆（包括三轮汽车和低速货车），比上年末增长 17.69%，其中，私人汽车保有量 47.37 万辆，增长 19.17%。

全年完成邮政行业业务总量 1.61 亿元，比上年增长 15.67%。邮政业全年完成邮政函件业务 26.61 万件，下降 23.36%；包裹业务 15.79 万件，增长 13.43%；快递业务量 231.56 万件，下降 7.09%，快递业务收入 7267.03 万元，下降 11.01%。全年完成电信业务总量 19.73 亿元，增长 2.97%。年末全区固定电话用户数 28 万户，增长 17.08%；移动电话用户 292.84 万户，增长 7.1%。电话普及率 69 部/百人，其中，固定电话普及率 6.02 部/百人，移动电话普及率 62.98 部/百人。互联网宽带用户 32.76 万户，增长37.69%。

全年全区接待游客600万人次，比上年增长21.95%；旅游收入54亿元，增长37.83%。目前全地区共创建成A级景区50处，其中，AAAAA级2处，AAAA级7处，AAA级25处，AA级16处；星级饭店32家，其中5星级1个，4星级2个，3星级19个，2星级10个；星级农家乐138个，5星级5个，4星级17个，3星级66个，2星级13个，1星级37个；星级牧家乐23个，3星级18个，2星级5个；旅行社32家。

八、财政和金融

全年地方财政收入64.15亿元，比上年增长18.59%。其中，一般公共预算收入58.15亿元，下降8.78%。税收收入34.98亿元，增长0.22%。全年地方财政支出606.40亿元，增长18.50%。其中一般公共预算支出602.96亿元，增长22.98%。一般公共预算支出中教育支出129.75亿元，增长12.08%；社会保障和就业支出71.62亿元，增长8.98%；医疗卫生支出44.10亿元，增长0.65%；城乡社区事务支出12.76亿元，增长33.08%；农林水事务支出96.55亿元，下降6.04%；住房保障支出55.12亿元，增长21.87%；节能环保支出4.49亿元，下降38.76%；交通运输支出11.64亿元，增长434.25%。

年末金融机构（含外资）人民币各项存款余额1650.24亿元，比上年增长12.26%。其中，非金融企业存款余额361.95亿元，增长4.52%；住户存款余额680.36亿元，增长8.87%。年末金融机构（含外资）人民币各项贷款余额797.51亿元，比上年增长9.53%。其中，短期贷款351.92亿元，比上年增长92.44%；中长期贷款142.12亿元，比上年下降68.64%。

全年保险公司各项保费收入28.75亿元，比上年增长14.31%。其中，财产险收入12.33亿元，增长10.09%；寿险收入10.22亿元，增长1.19%；健康险收入4.86亿元，增长75.45%；意外伤害险收入1.35亿元，增长25%。

全年各类保险赔款及给付支出9.45亿元，增长15.67%。其中，财产险赔款5.32亿元，增长7.47%；寿险给付1.9亿元，增长1.58%；健康险赔款及给付1.61亿元，增长61%；意外伤害险赔款及给付0.59亿元，增长78.79%。

九、居民收入和社会保障

按常住地分，城镇居民人均可支配收入24103元，比上年增长6.0%。其中，工资性收入14769元，增长5.9%；经营净收入1403元，增长2.6%；财产净收入647元，下降3.1%；转移净收入7285元，增长7.9%。

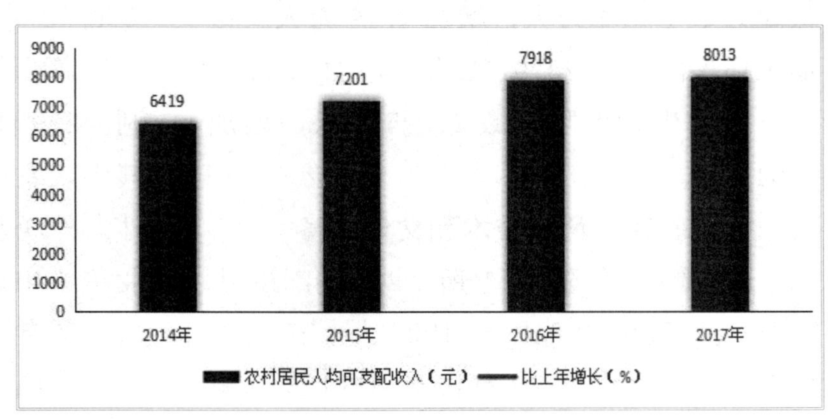

2014—2017年全地区农村居民人均可支配收入

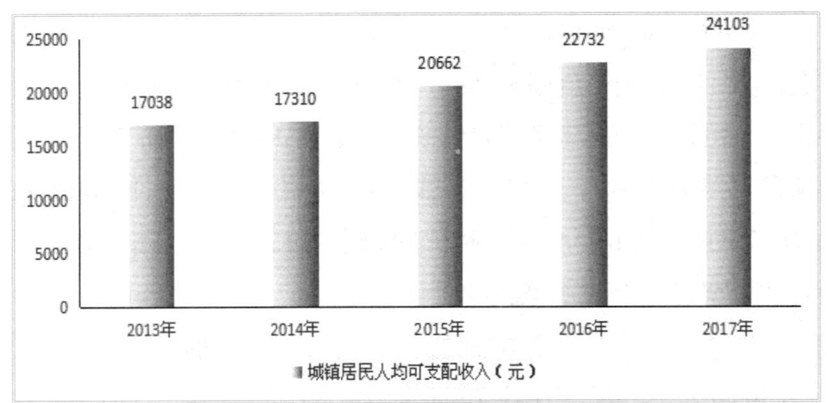

2013—2017 年城镇居民人均可支配收入及增速

农村居民人均可支配收入 8013 元，比上年增长 6.1%。其中，工资性收入 2420 元，增长 5.6%；经营净收入 3811 元，增长 1.9%；财产净收入 61 元，增长 1.6%；转移净收入 1721 元，增长 17.8%。

年末全区共有 20.26 万人享受城市居民最低生活保障，91.92 万人享受农村居民最低生活保障。参加城镇职工基本养老保险人数 10.6 万人，比上年末增加 375 人。参加城乡居民基本养老保险人数 192.2 万人，增加 39.9 万人。参加基本医疗保险人数 69.66 万人，增加 2.5 万人，其中，参加职工基本医疗保险人数 29.18 万人，增加 1.6 万人，参加城乡居民基本医疗保险人数 40.49 万人，增加 9593 人。参加失业保险人数 18.54 万人，增加 1.19 万人。参加工伤保险人数 23.97 万人，增加 1.24 万人。参加生育保险人数 21.95 万人，增加 1.84 万人。

十、教育、科学技术和文化体育

普通高等院校 1 所，2017 年招生 3291 人，其中少数民族 1922 人；在校生数 12585 人，其中少数民族 8114 人；毕业生数 2689 人，其中少数民族 1642 人。教职工 1040 人，其中少数民族 489 人；现有专任教师 748 人，其中少数民族 331 人；具有高级专业技术职称 244 人，占 32.6%，其中少数民族 109 人；硕士及以上学历 501 人，占 67%。

中等职业教育学校 27 所，全年招生 17019 人，在校生 48679 人，毕业 14039 人。

普通高中 41 所，全年招生 40782 人，在校生 112658 人，毕业生 27018 人。

初中 141 所，全年招生 63189 人，在校生 191625 人，毕业生 67298 人。

普通小学 892 所，全年招生 112900 人，在校生 551880 人，毕业生 65813 人。

特殊教育学校 5 所，全年招生 212 人，在校生 859 人，毕业生 36 人。

幼儿园 1780 所，全年招生 218603 人，在校生 404210 人，毕业生 108352 人。

2017 年地区申请发明专利、实用新型专利和外观设计专利等三种专利申请总量共 401 件，比上年增长 22%。其中，发明专利 61 件，实用新型专利 268 件，外观设计专利 72 件，职务发明（企事业单位申请专利）172 件，非职务发明（个人名义申请专利）229 件。2017 年地区授权专利 199 件，其中，发明专利 13 件，实用新型专利 135 件，外观设计专利 51 件，职务发明（企事业单位申请专利）92 件，非职务发明（个人名义申请专利）107 件。

全地区拥有广播电视台 12 座，乡镇广播站 168 座，广播综合人口覆盖率 98.39%，电视人口综合覆盖率98.71%;电影院15个,电影队168个,农村电影放映次数29663场次。全年出版报纸总印数1391.67万份,各类杂志图书4.74万册。

十一、卫生和社会服务

年末共有医疗卫生机构3243个,拥有床位26895张,卫生技术人20327人,其中,执业医师和执业助理医师6324人,注册护士7893人。医院150个,其中,综合医院123个,专科医院13个,民族医院11个;拥有床位16793张,卫生技术人12810人,其中,执业医师和执业助理医师3664人,注册护士5667人。卫生院166个,拥有床位7585张,卫生技术人4509人,其中,执业医师和执业助理医师1398人,注册护士1280人。妇幼保健院(所、站)13个,拥有床位256张,卫生技术人297人,其中,执业医师和执业助理医师132人,注册护士84人。村卫生室2308个,乡村医生4608人,卫生院377人。医疗卫生机构疾病预防控制中心14个,卫生技术人员435人。

年末全区社会福利单位22个,从业人员195人;民办老年公寓2个,床位数325张,收养人员118人;农村五保供养机构34所,床位3761张,集中收养2494人;儿童福利院13个,床位数7033张,集中收养7033人。全年销售社会福利彩票4.8亿元,筹集社会福利资金2.73亿元。

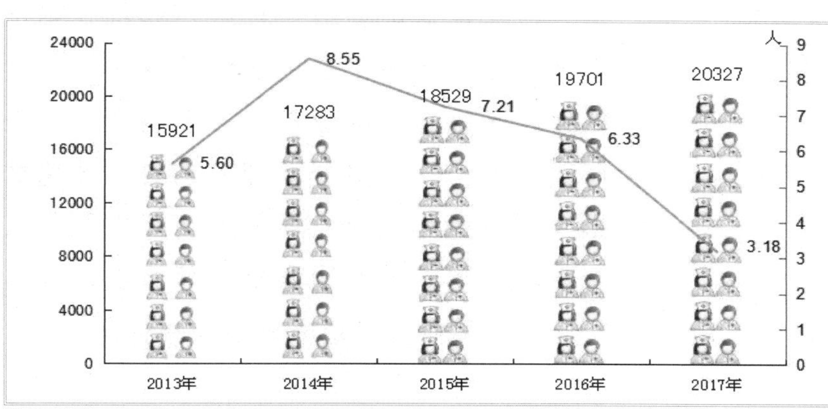

2013—2017年全地区卫生技术人员人数

十二、环境和安全生产

2017年,喀什地区全年空气监测Ⅳ级以上天数为269天。全喀什地区12县市饮用水源地水质均未受到污染。塔什库尔干河、叶尔羌河、盖孜河、提孜那甫河、库山河、喀什噶尔河、吐曼河、克孜河8条河流16个断面水质监测达到国家Ⅲ类及以上水质标准的比率为93.75%。

全地区完成人工造林面积2.62万公顷,其中,经济林0.62万公顷,生态林1.01万公顷。森林抚育面积1万公顷,当年新封山(沙)育林面积0.23万公顷。

清洁能源占全部发电量的33%,比上年下降了5个百分点,重点能耗企业综合能耗下降4.3%。

全年共发生各类生产安全事故295起,死亡45人,受伤98人,直接经济损失270.7万元,与上年同期相比事故起数增加37起,上升14.34%,死亡人数减少38人、下降45.8%,受伤人数减少3人、下降2.97%,直接经济损失减少619万、下降69.6%。

十三、四省市对口援建项目

2017年四省市对口援建项目401个,援助到位资金57.83亿元(含喀什大学同时使用1亿元),资金到位率100%,其中,山东省援助

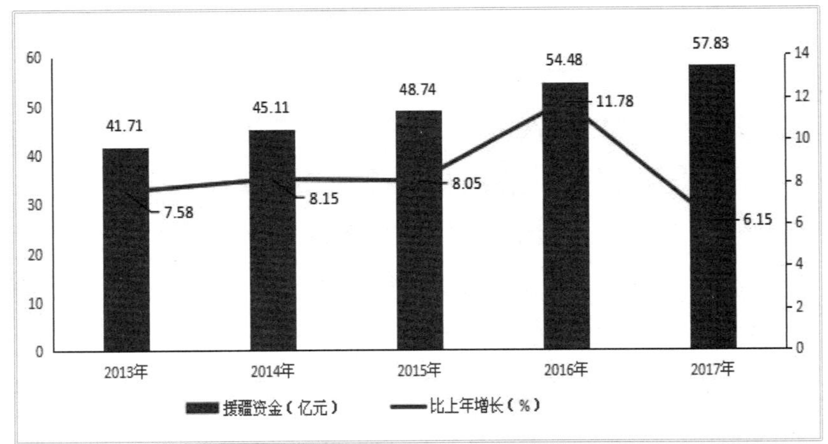

2013—2017 年全地区 3 三次产业增加值占生产总值比重

项目 110 个，援助到位资金 12.78 亿元；上海市援助项目 166 个，援助到位资金 24.53 亿元；广东省援助项目 59 个，援助到位资金 10.75 亿元；深圳市援助项目 66 个，援助到位资金 9.77 亿元。

注释：

[1] 本公报数据均为初步统计数。部分数据因四舍五入的原因，存在着与分项合计不等的情况。

[2] 地区生产总值、各产业总产值及增加值和人均国内生产总值绝对数按现价计算，增长速度按可比价格计算。

[3] 居住类价格包括建房及装修材料、住房租金、自有住房和水电燃料等价格。

[4] 规模以上工业企业指年营业收入 2000 万元以上的工业企业。

[5] 畜牧数据为初步数据，未经自治区畜牧厅反馈。

资料来源：

本公报中城镇新增就业、登记失业率、社会保障数据来自地区人力资源和社会保障局；人口数据来自地区公安局和地区卫计委；物价指数来自国家统计局喀什调查队；财政数据来自地区财政局；畜牧数据来自地区畜牧局；水产品产量数据来自地区水利局；农业机械数据来自地区农机局；外贸进出口、招商引资等数据来自地区商务局；旅游数据来自地区旅游局；公路、铁路、民航客货运量数据来自地区道路运输管理局、喀什火车站、喀什机场公司；公路通车里程来自地区交通运输局；汽车保有量来自地区公安局；邮电业务总量等数据来自地区邮政管理局及电信、移动、联通公司；金融数据来自人民银行喀什分行；保险业数据来自中国保险监督管理委员会新疆监管局；卫生、新农合数据来自地区卫生局；低保、社会福利业、农作物受害面积等数据来自地区民政局；教育数据来自地区教育局；科技数据来自地区科技局；专利数据来自地区知识产权局；广播、电视、电影数据来自地区广电局；报纸、期刊、图书数据来自喀什日报社和维吾尔出版社；环境数据来自地区环境保护局；造林面积来自地区林业局；安全生产数据来自地区安全生产监督管理局；对口援建数据来自援疆办；城乡居民人均可支配收入由自治区统计局和国家统计局新疆调查总队反馈，其他数据均来自地区统计局。

重要文件辑录

中共喀什地委　喀什行政公署 关于取消一切形式无偿用工的决定

喀党发〔2017〕1号

（2017年1月26日）

为从源头上减轻农民群众负担、化解基层社会矛盾、扭转乡村干部作风，地委、行署决定，从即日起，在全地区取消一切形式的无偿用工。

一、全面取消农村义务工和劳动积累工。

二、严禁任何组织以包括一事一议在内的任何形式确定无偿用工。

三、严禁乡村组织和个人无偿使用劳务。

四、违反本决定的，必须立即整改；仍有违背的，将严肃问责追责。

五、各级党组织书记是执行本决定的第一责任人，不作为、搞变通、打折扣的将依纪从重处理。

六、做出本决定是落实社会稳定和长治久安总目标的迫切要求，是把以习近平同志为核心的党中央和以陈全国同志为班长的自治区党委对喀什各族人民群众的关怀落到实处的具体举措，是推进治理体系和治理能力现代化的必由之路，是整治作风顽疾、狠刹“四风”“四气”的关键之举。各级党组织和党员干部要深刻认识取消一切形式无偿用工的重大意义，切实把工作精力聚焦到总目标上来，使农村管理方式和基层干部作风取得革命性的转变。

七、本决定公开宣传并传达到所有农户。

中共喀什地委　喀什行政公署
关于严禁用行政强制手段服务农业生产
维护农民生产经营自主权的通知

喀党发〔2017〕2号

喀什经济开发区党工委，各县、市委、人民政府，地委各部门，行署各委、办、局，各人民团体，中央、自治区驻喀各单位：

《农业法》第七十二条规定："各级人民政府、农村集体经济组织或者村民委员会在农业和农村经济结构调整、农业产业化经营和土地承包经营权流转等过程中，不得侵犯农民的土地承包经营权，不得干涉农民自主安排的生产经营项目，不得强迫农民购买指定的生产资料或者按指定的渠道销售农产品"。《农村土地承包法》第九条规定："国家保护集体土地所有者的合法权益，保护承包方的土地承包经营权，任何组织和个人不得侵犯"；第十四条第二款规定"发包方'尊重承包方的生产经营自主权，不得干涉承包方依法进行正常的生产经营活动'"；第十六条第一款规定"承包方'依法享有承包地使用、收益和土地承包经营权流转的权利，有权自主组织生产经营和处置产品'"。《中共中央办公厅国务院办公厅〈关于完善农村土地所有权承包权经营权分置办法的意见〉的通知》明确要求"尊重农民意愿。坚持农民主体地位，维护农民合法权益，把选择权交给农民，发挥其主动性和创造性，加强示范引导，不搞强迫命令、不搞一刀切"。

一段时期以来，我们一些基层干部习惯用"五统一"等行政强制手段服务农业生产。这种方式不符合法律规定，背离了党中央国务院的基本要求，干预了农民的生产经营自主权，抑制了农业生产要素的发挥，阻碍了农业农村经济持续健康发展，影响了农民成为真正的生产单元和市场主体，一定程度上滋生了农民"等靠要"思想，致使农村活力不足。过多使用行政强制手段，造成部分基层干部在做群众工作时简单粗暴，甚至发生侵害群众利益的行为，严重地影响了党群干群关系。

为了落实好党在农村的法律法规和各项政策，深入推进农业供给侧结构性改革，进一步解放生产力、发展生产力，充分尊重农民的生产经营自主权，调动农民生产积极性，适应市场经济的要求促进农业良性发展、农村社会稳定、农民持续增收，加快农民脱贫致富步伐，让农村更加充满活力，凝聚起实现社会稳定和长治久安总目标的强大合力，地委、行署要求，严禁用行政强制手段服务农业生产，维护农民生产经营自主权。

一、严禁用行政手段，强制统一生产

投入，统购统销种子、地膜、化肥、农药和农机具等生产资料。提倡对农民加大政策宣传、科技引导，由农民自主购买农业生产资料。依法加大对农资市场的监管。依法确保粮食安全和以小麦种子为主的种子安全。

二、严禁用行政手段，强制统一作物布局，安排种植计划、规定作物品种。提倡积极搜集市场信息，科学分析市场行情，用市场的手段、效益的比较、示范的办法引导农民自主种植，合理优化农业产品产业结构。

三、严禁用行政手段，强制统一作物播种，强行集中犁地、整地、铺膜和播种。提倡农民通过各种合作形式，适度推进机械化、规模化、集约化。

四、严禁用行政手段，强制统一技术措施，不分作物品种、区域特点、生长情况集中安排修剪、施肥、打药等产中管理。提倡因地因水、良种良法、分类指导、科学施策。

五、严禁用行政手段，强制统一灌溉收费，不顾农作物需水规律、时间、水量，一刀切灌溉，平均摊水费。提倡根据农作物需求合理调配水资源，周密计划、科学计量，充分发挥农民用水者协会作用。依法建立和完善政府调控、市场引导、公众参与的水资源管理体制。

各县市、各部门要充分认识到，严禁用行政强制手段服务农业生产，维护农民生产经营自主权是落实社会稳定和长治久安总目标的迫切要求，是整治作风顽疾、狠刹“四风”“四气”的具体措施，是适应市场经济规律的关键之举，更是一项严肃的政治纪律。要充分尊重农民的主体地位和生产经营自主权，把农村干部的工作方向从催种催收中转移出来，在产前宣传培训、市场引导、效益引导和农资储备监管上下功夫；在技术指导、科技服务、疫病防治上下功夫；在产后发布市场信息、促进农产品销售、农产品加工增值、农情统计分析上下功夫。要大力培养农民专业合作经济组织和农民经纪人，帮助其成为市场经营主体，引领农民发展生产、脱贫致富。

各县市、各部门要严格执行地委、行署的要求，迅速传达部署，宣传发动群众，明确责任时限，立刻整改落实。要做好调整期各项准备工作，既要积极彻底落实政策，又要防止出现大的波动和矛盾纠纷。对违反本通知要求，在执行中搞变通、打折扣、不作为和挑拨矛盾、煽动对立的人和事一经发现，依法依纪严肃追责、从重处理。要加强舆论宣传，让各级党员干部、广大农民群众和全社会深刻领会以习近平同志为核心的党中央和以陈全国同志为班长的自治区党委对喀什各族人民的深切关怀。突出宣传紧紧围绕总目标，加快转变作风，关心爱护农民，密切基层干群关系的重大意义。使严禁用行政强制手段服务农业生产，维护农民生产经营自主权的重大决策切实落到实处。

中共喀什地委
喀什行政公署
2017 年 1 月 29 日

索　引

说明：

1. 本索引为综合性主题索引。
2. 索引款目按汉语拼音字母（同音字按声调）顺序排列。
3. 款目后的阿拉伯数字表示内容所在的页码。
4. 同一主题的内容在文中多处出现的，在其款目后用不同的页码标明。
5. 对特载、专记、大事记、附录等栏目不作主题索引。

A

B

C

D

E

F

G

H

J

K

L

M

N

P

Q

R

S

T

W

X

Y

Z